알코올의 역사

Alcohol

A History

알코올의 역사

인류의 가장 오랜 발명품

로드 필립스 지음 · 윤철희 옮김

연암서가

머리말

인류는 술을 마시기 시작한 이후로 술과 어려운 관계를 맺어왔다. 술에 든 알코올은 색깔이 없는 액체로, 그 자체로는 물질적인 가치나 문화적·도덕적 가치를 조금도 갖고 있지 않다. 인류는, 다른 많은 물품에 그랬던 것처럼, 시간과 장소에 따라 다양한 가치관을 술에 부여해왔다. 그런데 이들 가치관은 복잡했을 뿐더러 모순적인 경우도 잦았다. 더불어 술은 술을 소비하는 사회의 권력과 젠더(gender), 계급, 민족(ethnicity), 연령 같은 복잡한 특징들과 뒤섞여왔다.

이 모든 가치관은, 본질적으로, 알코올이 인체의 신경계에 끼치는 영향에서 비롯된다. 술을 마셔본 독자라면 비어(beer, 탄수화물이 당화糖化하면서 생긴 당분이 발효돼서 만들어지는 알코올성 음료-옮긴이)나 위스키, 와인(wine, 포도나 다른 과일이 발효돼서 생기는 알코올성 음료-옮긴이), 칵테일, 또는 술을 생산하는 데 사용된 무수히 많은 곡물로 만든 음료의 첫 모금을 들이켜는 것으로 시작되는 첫 단계나 그 이후 단계의 취기(醉氣)를 잘 알 것이다. 일반적으로 소량의 술은 마신 이에게 행복감을 선사하는데, 그 상태에서 더 마시면 극도의 희열과 사회적 억압에서 벗어났다는 해방감, 균형감각과 조정력의 상실, 혀 꼬임, 구토, 의식 상실로 이어질 수 있다. 알코올 중독이 심해지면 목숨을 잃을 수도 있다.

말할 나위도 없지만, 술을 지나치게 많이 마신 사람 모두가 기분 좋고 유쾌한 행복감을 초월하는 상태를 경험하는 것은 아니다. 사람들은 그런 기분의 가치를 높게 평가하면서 그런 기분을 느끼려 애썼다. 더불어 일부 문화권에서는 과음했을 때 수반되는 딴 세상에 온 것 같은 희열을 영적인 (spiritual) 상태로, 마신 이가 신(神)들에게 더 가까워질 수 있게 해주는 상태로 여겼다. 술이 음주자에게 해를 끼칠 가능성 때문에 과한 음주에 대해 심각하게 경고한 문화들도 있다. 그런 문화권에서는 겉모습만 보더라도 주취(酒醉)상태가 된 것을 벌하는 다양한 처벌이 생겨났다.

술을 바라보는 관점이 이렇게 상반된 데 따른 결과가 술을 향한 관점이 양극화된 거였다. 한편에서, 알코올성 음료(alcoholic beverages)는, 공장에서 술을 마신 19세기 러시아 노동자부터 18세기 초에 진(gin)을 마시려고 런던의 여성 전용 드램숍(dramshop, 스피릿을 소량dram 단위로 파는 술집-옮긴이)에 모인 여성들에 이르기까지 다양한 사람들의 일상적인 교제활동을 원활하게 해주는 사회적 윤활유이자 접착제로 폭넓게 활용돼 왔다. 역사적으로 술은 결혼식과 장례식에서 나름의 역할을 수행했고, 상업적인 행사와 정치 행사, 기타 행사를 기념해왔다. 1797년에 미 해군 최초의 호위함을 진수할 때 마데이라(Madeira, 마데이라 섬에서 생산되는 화이트와인-옮긴이)가 사용됐고, 일부 동아프리카인은 바나나비어(banana beer)로 결혼을 축하했다. 노동에 대한 대가로 술을 주는 경우도 잦았고, 유럽인들이 경제활동을 더 넓은 세상으로 확장할 때에는 술이 통화(通貨)로 널리 사용됐다. 위스키와 진, 럼은 노예뿐 아니라, 비버모피와 코프라(copra, 코코넛 과육을 말린 것-옮긴이) 같은 물품, 영향력, 토지를 사들이는 데 사용됐다.

 술은 마신 이의 마음이 편안해지도록 도와주고, 때로는 걱정거리를 잊게끔 도와준다. 알코올성 음료는, 특히 비어와 와인은 신성(神性)과 결부되는 경우가 잦았고, 역사적으로 인류는 알코올성 음료에 질병을 치유하는 의학적 속성이 있다고 믿었다. 몇몇 시대의 경우, 일부 주종(酒種)으로 치료하지 못하는 질환이나 병, 신체이상을 떠올리기란 어려웠다. 사람들은 술이 기생충과 종양을 제거하고 소화를 도우며 심장질환과 맞서 싸울 수 있게 해줄 뿐 아니라, 노인을 회춘시키고 수명을 연장시켜 준다고 믿었다.

 다른 한편에서, 술은 개별 소비자뿐 아니라 술을 소비하는 사회까지 위험하게 만드는 골치 아픈 존재로 묘사돼 왔다. 술은 악(惡)으로, 신이 아니라 악마가 건넨 선물로 묘사돼 왔다. 자신들이 믿는 하나님이 술을 승인했을지도 모른다는 생각에 기겁한 19세기의 일부 기독교 신학자들은 예수가 보인 첫 기적이 물을 와인이 아닌 포도주스로 바꿔놓은 것이라는 점을 보여주려고 성경을 재해석하기까지 했다. 이슬람과 일부 다른 종교는 술과 여러 중독성 물질의 소비를 금했다. 술은 질병과 정신이상, 사고(事故), 패륜행위, 불경죄, 사회 혼란, 재앙, 범죄, 죽음의 원흉이라는 비난을 받아왔다. 중세시대부터 현재에 이르기까지, 술을 다른 모든 문제의 발원지이자 핵심적인 문제로 보는 시각은 일부 사회 비평가에게는 관례나 다름없었다.

 술을 비판하는 많은 비판가도 적당히 마신 술이 반드시 심각한 결과를 낳는 것은 아니라는 점은 인정해왔다. 역사적으로 이런 입장을 반영한 많은 정부 당국이 여러 가지 규제로 술의 생산과 유통, 소비를 포위해서는 술의 부정적인 영향을 완화시키려고 애써왔다. 알코올성 음료에 함유된 알코올 함량의 통제, 아동의 음주 금지, 태번(tavern, 사람들이 모여 알코올성 음료를 마시는 사업장으로, 숙소와 식사가 제공된다-옮긴이)과 바(bar, 점포 내에서 소비할 용도의 알코올성 음료를 제공하는 시설-옮긴이)의 영업시간 제한 등이 그런 규제에 해당됐다. 남녀가 알코올 섭취량을 자발적으로 제한할 수 있을 거라고는 자신하지 못한 탓에, 사회 구성원 모두가 술을 철저히 삼가는 편이 더 낫다고 판단한 정부들도 있었다. 그런 금주령이 다양한 시대에 걸쳐 유대교와 기독교의 소규모 종파, 무슬림 세계의 드넓은 지역, 미국과 벨기에, 인도, 러시아 같은 여러 나라, 그리고 신도 규모가 상당히 큰 교파인 말일성도 예수 그리스도 교회(the Church of Jesus Christ of Latter-day Saints, 모르몬교) 같은 교파들에서 실행됐다.

따라서 술에 가해진 규제는 술의 역사에서 핵심적인 주제다. 이런저런 방식으로 술을 제한하지 않은 사회는 드물기 때문이다. 규제는 다양한 형태를 취했다. 연령(아동)이나 성별(여성), (북미원주민 같은) 민족/인종에 의해 규정되는 인구집단의 술 소비를 금지하는 게 여기에 해당한다. 일부 경우, 술 소비 패턴은, 사회적인 따돌림에 의해 강화되기도 하는 사회적 압박이라는 비공식적인 규제를 받아왔다. 다른 경우에는 규제를 거역한 이를 처벌하는 입법의 형태를 취했다. 의사들은 술이 아동의 신체에 여러 가지 위험을 초래한다고 경고하면서 수천 년간 아동의 음주를 말려왔다. 최저 법정 음주연령(minimum legal drinking age)은 19세기와 20세기에 이르러서야 법으로 규정되고 집행됐다.

술에 부여된 다른 속성들은 술의 역사에서 또 다른 주제를 형성한다. 여러 고대문화에서 술은 신과 긍정적으로 결부됐고, 기독교 주류(主流)는 술을 수용하면서 와인을 가장 중요한 종교의식에 통합시켰다. 하지만 종교단체들은 과도한 술 소비가 초래하는 개인적인 효과와 사회적인 효과를 비판한 두드러진 비판세력이기도 했다. 이와 비슷하게, 의사들은 수천 년간 일부 알코올성 음료에 의학적인 가치가 있다고 여기면서도(금주령이 선포된 1920년대에 미국의 의사 절반이 위스키에 치료 효과가 있다고 생각했고, 25%는 비어도 똑같다고 생각했다), 과도한 음주가 건강에 끼치는 여러 가지 위험도 경고해왔다.

따라서 술이 특정 사회에서 차지하는 상반된 지위는, 그리고 술이 초래하는 위험을 최소화하는 동시에 술이 제공하는 이점을 실현할 길을 찾아내려는 투쟁은 술의 역사에서 중요하다. 주류(酒類) 판매 금지론자(prohibitionist)들은 그런 방안을 찾아내려는 노력을 간단히 포기하고는, 무책임한 술꾼들이 술을 남용해서 그들 자신과 사회질서를 위기로 몰아넣는 걸 허용하는 것보다는 적정량을 마시는 이들에게서 술을 빼앗는 편이 더 낫다는 입장을 옹호하는 듯 보인다. 반면, 금주론을 지독히 격하게 반대하는 인물일지라도 그와 정반대되는 입장을 채택하자는 사람은, 즉 술에 가해진 제약은 모두 제거해야 마땅하다고 주장하는 사람은 드물다.

술을 둘러싼 이런 논쟁이 물질적인 진공상태나 문화적인 진공상태에서 치러진 건 아니었다. 술은 거의 모든 사회에서 지위와 권력을 상징하는 강력한 표지였다. 고대 이집트 같은 많은 초기 사회에서, 비어는 모든 계급이 소비했지만, 와인을 소비한 계급은 엘리트뿐이었다. 와인만 소비한 그리스에서 와인의 품질은 천차만별이었다. 엘리트층이 소비한 와인은 풍미와 식감, 알코올 함유량 면에서 하층계급이 소비한 와인하고는 완전 딴판이었다. 일부 경우, 술은 (적어도 이론상으로는) 식민지를 지배하는 인구집단에게만 허용됐다: 아프리카에 주둔한 일부 영국 관리는 원주민에게는 금주정책을 집행하면서도 자신들은 술을 마셨고, 미국과 캐나다의 백인정부들도 원주민에게 동일한 정책을 실행했다.

알코올이라는 물질 자체를 놓고 보면, 유럽인과 북미인들은 19세기까지는 술(주로 비어와 와인)을 수분 섭취용으로 폭넓게 소비했다. 안전하게 마실 수 있는 식수원(食水源)이 그리 많지 않았기 때문이다. 로마는 건국

후 몇 세기 이내에 여러 송수로(aqueduct)를 통해 음용(飮用)에 적합한 물을 공급받아야 했다. 티베르강이 오염됐기 때문이다. 유럽(중세시대부터)과 미국(18세기부터)의 여러 도시의 도심에 있는 주요 수로(水路)와 우물은 심하게 오염된 탓에 안전한 식수원으로 쓸 수 없었다. 발효된 알코올성 음료는, 증류한 알코올을 물에 첨가했을 때 그러는 것처럼, 발효과정에서 많은 유해 박테리아를 죽이기 때문에 안전한 마실 거리였다. 술은 '알코올'과 '마실 거리(drink)'가 동의어가 될 정도로 기본적인 음료가 됐다: 술을 둘러싼 논쟁은 '음주 문제(the drink question)'라 불리고, '대량음주(heavy drinking)'는 물이나 차(茶)를 많이 마시는 행위를 가리키는 게 아니었다.

수분을 섭취하는 안전한 형태라는 술의 쓸모는 술의 유용성을 보여주는 강력한 근거였고, 식수로 적합한 물이나 다른 비(非)알코올성 음료를 믿음직하게 공급할 대안이 존재하지 않는 한, 그 어떤 정부도 금주정책을 채택할 수 없었다. 절주와 금주(temperance and prohibition)운동이 유럽과 미국의 시(市)정부들이 도시 주민에게 안전한 식수를 공급하려고 대규모 프로젝트를 시작한 것과 같은 시기에, 그리고 커피와 차, 기타 비알코올성 음료들이 널리 소비되기 시작한 것과 동시에 일어난 것은 전혀 우연한 일이 아니다.

그와 동시에, '마시기(drinking)'라는 표현이 일반적으로 음주를 가리키기는 하지만, 안전한 물을 마시게 되기 전까지 사회의 모든 구성원이 술을 수분 섭취용으로 마셨다고 가정해서는 안 된다. 물은 식수로 적합하건 그렇지 않건 공짜였지만, 술은 그렇지 않았다. 가난한 이들은 구할 수 있는 물은 무엇이건 마셔야 했는데, 이런 관행은 의심의 여지없이 그들의 낮은 기대수명에 한몫을 했다. 아이들이 술을 자주 마신 것도 아니었고, 일부 사회의 여성들은 술을 마시는 걸 금지당하거나 그러지 말라는 만류를 강하게 받았다. 일반적으로 흔히 용인되는, 초기 사회의 모든 구성원이 알코올성 음료를 소비했다는 주장은 분명 잘못된 것으로, 이 책에서 다루는 이슈 중 하나다.

이 책은 술을 소비한 다양한 문화권에서 술을 취급한 방법에 대한 전체적인 조망이자, 술이 권력구조와 권력의 행사과정, 성별, 계급, 인종/민족, 세대 같은 이슈와 관련된 방식에 대한 묘사이자 설명이다. 이 책은 유럽에 초점을 맞추고 북미도 폭넓게 다룬다. 알코올성 음료들은 다른 지역에서 기원됐을지도 모르지만, 더불어 그 음료들이 세계 전역에서 소비되는 것은 분명하지만, 유럽인들이 술을 그들의 문화에 다른 지역 사람들보다 더 폭넓게, 그리고 더 많은 양을 통합해 들였다는 것이 필자가 대는 타당한 근거다. 이윽고, 유럽인들은 그들의 알코올성 음료들을, 그리고 술 문화를 더 넓은 세계로 확장시켰다. 술은 제국주의와 식민지 건설, 탈식민지화(decolonization) 과정에서 유럽인과 다른 지역 사람들이 접촉하고 협력하고 갈등하는 영역 중 하나가 됐다. 필자는 이 책을 쓰면서 글로벌한 관점을 채택하려고 노력했지만, 그러는 동안에도 아시아와 태평양 같은 지역의 음주 문화를 분석하기보다는 유럽의 술이 확장된 이야기를 우선시했다. 그런 접근방식이 이 책을 주제 면에서 더 정연하게 만들어준다고 생각한다.

필자가 활용한 모든 자료의 저자에게 감사드리고 싶고, 필자가 이용한 여러 도서관과 아카이브의 스태프들에게도 감사드린다. 영국도서관(the British Library)과 런던의 웰컴의학사 연구소(the Wellcome Institute for the History of Medicine), 프랑스의 여러 문서보관소(Archives Départementales)가 그런 곳이다. 동료 매튜 맥킨(Matthew McKean)과 미셸 호그(Michel Hogue)는 유용한 조언을 해줬고, 닥터 로브 엘-마라기(Dr. Rob El-Maraghi)는 일부 의학적인 이슈에 도움을 줬다. 텍스트에 대한 유용한 비평과 제안을 숱하게 많이 해준 데이비드 파헤이(David Fahey)와 토머스 브레넌(Thomas Brennan)에게도 대단히 감사드린다. 당연한 말이지만, 오류가 있거나 생략된 게 있으면 그건 모두 필자인 내 탓이다.

용어 사용법에 대해

에일(Ale)과 비어(Beer)

곡물을 원료로 한 발효음료를 가리킬 때, 나는 모든 시대에 걸쳐 '비어'라는 용어를 사용했다. 중세는 예외인데, 그 시대의 경우에는 '에일'(홉 없이 만들어진 술)과 '비어'(홉을 넣어 만든 술) 사이를 구분했다. 중세 말기에 유럽의 많은 지역이 마신 술이 에일에서 비어로 이행한 것을 강조하기 위해서였다. 홉이 사용되지 않은 (고대 메소포타미아와 이집트, 그리고 중세 초기의 갈리아Gaul 같은) 초기 시대와 (사하라 이남 아프리카의 많은 문화권 같은) 여러 문화권에서는 그런 음료를 '에일'이라고 부르는 게 더 이치에 맞을 것이다. 하지만 사학자들은 일관되게 '비어'를 통칭으로 사용해 왔고, 나도 그런 전례를 따랐다.

위스키(Whiskey)와 위스키(Whisky)

'위스키'의 영어 철자를 (아일랜드와 미국 같은) 일부 지역에서 생산된 특정 스피릿(spirits)를 가리킬 때는 'whiskey'라고 쓰고 (스코틀랜드와 일본 같은) 다른 지역에서 생산된 스피릿을 가리킬 때는 'whisky'라고 쓰는 게 보편적이지만, 철칙은 아니다. 이 책에서는 내내 'whiskey'를 통칭으로 썼다.

| 일러두기 |

◎ 영어 alcohol은 맥락에 따라 때로는 '술'로, 때로는 '알코올'로 옮겼다. '순수 알코올 양'처럼 알코올의 물질적인 면을 가리킨다고 판단될 때는 '알코올'로 옮겼고, '술 소비량'처럼 알코올의 사회적이거나 경제적, 문화적인 특징을 가리킨다고 판단될 때는 '술'로 옮겼다. 이따금씩 정확한 맥락이 모호한 경우가 있는데, 그런 경우에는 적절하다 생각되는 쪽을 선택했다.

◎ '비어'와 '와인', 기타 술은 원어 발음을 그대로 적었다. 이렇게 한 이유는, 예를 들어 'beer'의 경우, 본문에 옮긴이 주로 단 위키피디아(wikipedia)의 정의에 따르면, 술의 원료가 아닌 술을 생산하는 과정에 초점을 맞춘 정의이기 때문이다. 보리라는 원료에 초점을 맞춘 '맥주'보다는 '비어'로 번역하는 것이 더 합리적이고, 'banana beer'의 경우를 보면 '바나나 맥주'보다는 '바나나비어'가 더 합리적이라고 판단했다.

◎ 술을 마실 수 있는 시설이 여러 개 등장한다. 그것들을 모두 '술집'으로 옮기는 것보다는 시설에 대한 구분을 하는 게 더 타당하다는 판단에서 '태번' '퍼블릭 하우스' '인' 등도 다 원어 발음 그대로 옮기고, 해당 시설에 때한 뜻풀이를 옮긴이 주로 달았다.

◎ 지은이가 양(量)을 표기할 때 헥토리터(100리터)와 데카리터(10리터)를 쓸 때가 간간이 있다. 영어권 사람들은 어떨지 모르지만 우리말로 옮기고 읽으면 쓸데없는 혼동만 일으킬 것 같아 모두 리터로 환산해서 옮겼다. 예를 들어 본문에 '2,000만 헥토리터'라고 돼 있는 것은 '20억 리터'로 환산해서 옮겼다.

◎ 본문에 인용된 성경 구절은 대한성서공회가 2002년에 발행한 『한영 성경전서』의 해당 구절을 그대로 옮겼다.

1장

고대 세계의 술

자연과 인간의 손

인간이 만든 알코올성 음료의 기원은 9,000년쯤 전인 BC 7000년까지 거슬러 올라갈 수 있다. 하지만 선사시대의 인류가 그보다 수천 년, 수만 년 전부터 온갖 과일과 베리(berry)를 통해 술을 마셨던 것은 거의 확실하다. 적당히 익은 과일과 베리가 달콤한 시점을 지나면 부패가 시작된다. 그러면 야생 이스트(wild yeast)들이 과일과 베리에 포함된 당분을 소비하기 시작하면서 자연 발효과정에 의해 알코올이 생긴다. 그렇게 썩어가는 과일의 과육과 과즙에서 생산된 술은 알코올이 3%나 4% 수준에, 때로는 5%를 상회하는 수준에 도달하는 경우가 빈번하다. 이는 오늘날의 많은 비어에 함유된 알코올의 농도(strength)와 유사한 수준이다.[1] 과일이나 베리는 두 가지 조건이 충족되기만 하면 종류에 관계없이 모두 이런 종류의 발효과정을 거칠 수 있다. 첫째, 과일의 당도가 적정한 수준이어야 한다. 그러기만 하면 이스트들이 모여들 것이다. 과일이 익을수록 당도가 상승하면서 더 달콤해진다. 익은 과일의 당도는 질량의 5%에서 15% 사이인

게 보통이다.[2] 둘째, 과일의 껍질이 갈라졌을 때 과육(果肉)에 든 당분에 접근할 수 있는 야생 이스트가 주위에 (과일의 껍질이나 근처의 나무나 덤불에) 있어야 한다.

다양한 포유동물과 새, 나비가 썩어서 발효된 과일을 먹고는 다양한 정도의 취기를 경험하는 것으로 알려져 있다. 알코올을 소비하는 대표적인 동물로 유명한 말레이시아 나무두더지(Malaysian tree shrew)는 발효된 꽃꿀(flower nectar)을 자주 먹는데, 이 꿀의 알코올 농도는 거의 4%에 달하기도 한다. 이 동물이 꿀을 마시고 지각하는 세상은 유별나게 재미있을 것이다. 그런데도 이 나무에서 저 나무로 뛰어다니는 이 동물의 민첩성은 알코올을 섭취했음에도 별다른 손상을 받지 않는 듯하고, 나무두더지가 취기와 관련된 위험천만한 행동을 한다는 증거는 하나도 없다. 다른 동물들은 순전히 주기적으로 찾아오는 우연한 기회에만 알코올을 소비한다. 1954년에 뉴올리언스의 어느 신문은 이주하는 개똥지빠귀(robin) 수천 마리가 시내 공원의 덤불에 열린 너무 익은 베리를 먹고 취했다는 기사를 보도했다. 지역의 조류관찰자(birdwatcher)는 개똥지빠귀의 뒤를 이어 베리를 먹은 찌르레기(blackbird)들이 개똥지빠귀보다 술을 더 잘 견딘다는 것 같다고 말했다: "찌르레기들은 잔디밭에 떨어져서는 술이 깰 때까지 굴러다녔다. 그런데 개똥지빠귀들은 가관이었다! 크고 통통한 개똥지빠귀 세 마리가 배수로 바닥에 너부러져 있는 걸 봤다."[3]

술에 취한 듯 보이는 동물을 찍은 동영상은 인터넷에서 인기가 좋은데, 그중 상당수는 진실을 가감 없이 담은 것처럼 보이지만, 아프리카코끼리들이 마룰라(marula)나무의 썩어가는 과일을 먹고는 술에 취해가는 모습을 담은, 오랫동안 폭넓게 확산된 동영상에 대한 과학자들의 견해는 회의적이다. 코끼리는 너무 익었거나 썩어가는 마룰라 열매 대신 잘 익은 마룰라 열매를 좋아하기 때문에 그런 일이 일어날 성싶지는 않다. 가능성

이 더 떨어지는 건, 어른 코끼리가 겉모습만 봐도 술에 취한 듯 보이는 혈
중 알코올 농도에 이르려면 물을 전혀 마시지 않은 상태에서 최소 알코올
함유량 3%인 마룰라 열매를 평상시 최대 과일 섭취량의 400배 이상 먹어
야 하기 때문이다.[4] 코끼리보다 덩치가 작은 생물은, 단순히 덩치 때문에,
발효된 과일을 먹은 데 따른 취기를 더 잘 느낄 것이다. 선사시대에 영장
류와 인류가 그런 동물의 대열에 속했을 게 분명하다.

 2,000만 년 전, 우리의 영장류 조상들은 과일과 베리 위주의 식단에 의
존해 살았다: 초기 인류의 치아구조는 칼로리의 거의 대부분을 과일에서
조달하는 요즘 유인원들의 치아구조와 유사하고, 현대 인류의 게놈은 거
의 전적으로 채식을 하는, 그중 대부분은 과일을 먹는 침팬지의 게놈에
가깝다. 다른 포유류와 조류처럼, 인류는 덜 익었거나 썩기 시작하는 과
일을 택하기보다는 화려한 색깔로 눈길을 잡아끄는 적당히 익은 과일을
선호했을 것이다. 하지만 훨씬 쉽게 손에 넣을 수 있는, 너무 익어서 땅에
떨어진 과일을 그러모으기도 했을 것이고, 그러면서 과일이 익는 계절이
끝날 때 간간이, 또는 정기적으로 알코올을 소비했을 것이다. 너무 익은
과일이나 베리를 먹는 것과 약간 몽롱하면서도 즐거운 느낌 사이의 관련
성을 유추해냈다면, 그들은 그걸 정기적인 관행으로 만들고는 해마다 과
일수확기가 오기만을 고대했을 것이다.

 우리가 지금 하는 얘기가 술의 선사시대에 대한 얘기이기는 하지만,
세상에 비어나 와인이 존재하기 이전에 물(water)이 존재했었다는 사실을
강조하는 건 중요하다. 물은 지구상 생명체의 필수품이다. 인류는 일상생
활을 하면서 주로 땀과 대소변 형태로 상실하는 수분을 보충하기 위해 주
기적으로 물을 마셔야 한다. 인간이 수분 공급을 위해 섭취할 필요가 있
는 물의 양은 기후와 식단, 육체활동의 패턴에 따라 다양하지만, ―현대
서구사회의 성인의 경우 하루에 대략 2리터 정도의―물이 항상 필요하

다는 사실에는 변함이 없다. 식수를 장거리 운송할 수단이 고안되기 전까지, 인류는 강이나 개천, 호수, 샘, 우물, 비나 눈 같은 형태로 신선한 물을 자주 접할 수 있는 지역에만 거주했다. 인류는 수십만 년 동안 물에 의존했다. 개개인의 수분 섭취를 위해서도 그랬고, 식단을 구성하는 과일이나 채소, 베리, 육류, 생선, 기타 식품의 공급을 원활하게 만들기 위해서도 그랬다. 이 식품들은 모두 물을 필요로 했을 뿐 아니라 물을 함유하고 있었다. 알코올성 음료가 선사시대 식단의 일부가 됐다고 하더라도, (수만 년간) 그런 음료가 수분 섭취에 기여한 정도는 무시해도 될 정도였을 게 분명하다. 끊임없이 옮겨 다녀야 했던 유목민들이 상당한 양의 술을 생산할 수는 없었을 것이기 때문이다.

인류가 영구 정착지를 세우고 곡물을 경작하며 가축을 기르기 시작한 신석기시대(약 BC 1만 년부터 4000년까지)에 모든 게 변했다. 재배에 적합한 많은 종류의 곡물이 등장하기 시작했는데, 거기에는 비어를 만드는 데 적합한 곡물들, 그리고 많은 야생 포도보다 번식이 용이하고 과육 대 씨(ratio of flesh to seed)의 비율이 높아서 와인 생산용으로 선택된 포도 품종들이 포함됐다. 이 기간에 비어와 와인이 존재했다는 것을 증명하는 증거들이 발견됐다. 그런 증거를 발견할 수 있었던 부분적인 이유는 신석기 문화들이 도자기를 생산하기 시작했던 덕분이다; 고고학자들은 점토로 만든 항아리와 단지에서 씨앗, 곡식 낟알, 이스트, 산(酸), 기타 잔류물의 형태로 알코올성 음료의 가장 오래된 증거들을 찾아냈다. 이런 발견들은 신석기 이전 시대(대략 BC 1만 년 이전)까지 거슬러 올라가는 와인과 비어의 증거를 발견하는 게 가능할까 하는 의문을 제기한다. 액체를 담는 데 사용된—아마도 나무나 가죽으로 만들었을—용기들이 완전히 분해됐을 것이기 때문이다.

따라서 인류의 술의 역사는 최소 9,000년 전에—하지만 분명히 그보다 훨씬 더 이른 시기에—썩어가는 과일과 베리의 자연발효의 자연사(史)와 합쳐졌다. 역사는 최초의 와인 생산자나 비어 생산자가 포도나 다른 과일을 으깨거나 보리나 다른 곡물을 가공하고는, 거기서 얻은 액체를 발효될 때까지 놔두는 것으로 시작됐다. 발효의 생물학적 과정은 프랑스 과학자 루이 파스퇴르가 19세기 중반에 와인으로 실험을 한 후에야 설명됐다. 하지만 그보다 수천 년 전에, 누군가가 어디에선가—현재 가장 가능성이 높은 지역으로 여기는 곳은 중국 북동부와 아시아 서부다—역사에 남을만한 관찰을 한 듯 보인다: 과일이나 베리의 과즙(또는 물과 꿀의 혼합물이나 가공한 곡물)을 충분히 따스한 상황에 단기간 내버려두면, 거품이 일기 시작한다. 거품이 꺼지면, 그 결과 생긴 음료는 소량을 마셨을 때는 유쾌한 기분을 안겨줬고, 최초의 소량에 뒤이어 더 많은 양을 마시면 딴 세상에 있는 것 같은 감각을 안겨줬다.

그러면서 세상은 완전히 달라졌다. 일부 사람에게, 술과 술 제조법의 발견은 건강과 쾌락을 위한 새로운 기회들을 창출했다: 사람들은 알코올성 음료의 영양가가 원료로 사용된 곡물의 영양가보다 일반적으로 높다는 걸 알게 됐다; 수세기 동안 그 음료들은 지구상 많은 지역에서 얻을 수 있는 오염된 물보다 더 안전한 마실 거리였다; 그 음료들은 마신 이에게 행복감을 안겨줬다; 그러면서 그 음료들의 이미지는 유쾌함과 생식력, 영성(靈性) 같은 긍정적인 특징들과 빠르게 결부됐다. 이와는 정반대로, 다른 사람들은 술의 도래가 인류에게 남긴 기나긴 숙취 비슷한 것을 역사에서 찾아냈다: 사람들은 오랫동안 술에 사회 혼란과 폭력, 범죄, 죄악, 악덕, 육체적 질환과 정신적인 질환, 죽음 같은 부정적인 특징들을 부여해왔다.

의도적으로 최초의 술을 생산해서 이런 상반된 역사에 생명을 부여한 이가 누구인지를 우리는 결코 알아내지 못할 것이다. 술의 역사를 거슬러 올라가면 갈수록, 그 문제에 대해서는 더욱 더 짐작에 의존하게 된다. 계획에는 없던 발효과정을 꼼꼼하게 살펴본 이로부터 시작하는 게 나을 성싶다. 최초의 술이 와인이었다면, 술의 역사는 선사시대 인류가 식용으로 야생포도를 모으고, 신선한 과일을 나무나 가죽용기, 또는 바위에 있는 우묵한 그릇형태의 자국에 보관한 것에서 시작될 것이다. 포개놓은 포도 더미의 바닥에 있는 포도들이 위에 있는 포도들 무게 때문에 으깨졌을 것이고, 포도의 껍질이나 근처에 있는 나무나 덤불에 거주하는 야생 이스트들이 모여들면서 발효된 과즙이 생겼을 것이다. 석류나 산사나무 열매 같은 다른 과일에서 시작됐을 수도 있다. 특유의 단맛 때문에 귀한 대접을 받은 음식인 꿀 같은 생판 다른 원료에서 시작됐을지도 모른다. 꿀이 액화되고 빗물에 의해 희석된 후 발효를 거쳐 생겨난 알코올성 음료는 훗날 미드(mead, 벌꿀 술—옮긴이)로 알려지게 됐다(꿀을 발효시키려면 약 30% 정도의 물로 희석해야 한다).

고고학자들은 일부 초창기 알코올성 음료에 이런 원료들이 (보리와 쌀 같은) 다른 많은 곡물과 더불어 사용됐다는 것을 확인했다. 당분을 가진 원료를 액화시켜서 야생 이스트들이 각자의 할 일을 하기에 충분할 정도로 따스한 환경에 오래 내버려두기만 하면 발효가 일어났고, 그 결과 알코올을 함유한 액체가 생겼다. 이 액체의 알코올 수준은 낮았을 것이고, 풍미와 질감은 비어나 와인이나 다른 평범한 술이라고 보기 힘들 정도였을 테지만, 아무튼 알코올성 음료이기는 했을 것이다.

초창기 술에 대한 이야기의 다음 단계는 이런 의도하지 않은 발효에서 인간이 기획한 발효과정으로 넘어간다. 포도나 과일, 베리를 그러모으고 저장했다가 우연히 와인을 빚게 된 우리의 선조는 이렇게 발효된 액체를 한두 번 맛보고 그 액체의 기분 좋은 효과를 경험한 후 발효를 흉내 내려고 애썼을 것이다. 발효와 관련된 생물학적 과정에 대해서는 아는 바가 전혀 없었을 테지만 말이다. 이 기분 좋은 음료로 변모할 과즙을 생산하려고 포도나 다른 과일을 용기에 여러 번 쌓아본 그는 이후로는 모든 과일이나 베리를—어쩌면 손으로, 어쩌면 발로—으깨는 것으로 과정을 단축시켰을 것이고 그 결과 생산되는 와인의 양이 늘었을 것이다.

비어 양조는 더 복잡했을 것이다. 비어의 원료인 곡물에는 발효가 가능한 당분 함량이 매우 적기 때문이다. 곡물에도 당분과 탄수화물이 들어 있기는 하지만, 그 성분들은 물에 전혀 녹지 않는다. 그래서 이스트가 곡물을 알코올로 탈바꿈시키려면 그런 성분을 물에 녹게 만들어야 한다. (가공하지 않은 곡물로 알코올의 흔적을 가진 음료를 만드는 건 가능하지만, 그렇게 만든 음료는 비어나 와인을 그토록 매력적인 음료로 만들어주는 효과를 마신 이에게 선사하지 못한다.) 사람이 곡물을 씹으면 곡물에 들어 있는 당분이 변환된다: 인간의 침에 들어 있는 효소(enzyme)가 효력을 발휘하기 때문으로, 곡물을 씹어서 뱉는 건 카리브해 지역과 라틴아메리카, 태평양의 다양한 문화권에서 유럽인과 접촉하기 전에 알코올성 음료를 만든 방법 중 하나였다. 더 흔한 공정은 곡물을 몰팅(malting, 곡물을 싹이 틀 때까지 물에 담근 후에 말린다)하고 으깨서(따뜻한 물에 담근다) 발효가 가능한 수용성 당분을 함유한 액체를 만드는 것이다.

이 공정은 분명 과일이나 베리, 꿀을 발효시키는 것보다 훨씬 더 복잡하다. 비어가 자연발생적으로 생산되고—줄기에서 연달아 떨어지거나 바람에 흩날린 곡물 낟알 위에 비가 내리고, 그런 곡물에 싹이 트고 햇볕에 건조된 후, 다시 비가 내린 후에 마지막으로 야생 이스트에 의해 발효된다—소비됐을지도 모르지만, 그걸 마신 사람들이 그 공정을 복제할 방법을 어떻게 알아냈는지는 확인하기 어렵다. 당연한 말이지만, 인류는 결국 그 공정을 터득했다. 하지만 과일과 꿀을 발효시키는 게 상대적으로 더 간단했기 때문에, 사람들은 비어가 만들어지기 전에는 과일 기반이나 베리 기반의 와인, 또는 미드를 선호했다.

알코올성 음료와 관련한 인류의 역사는 우연히 발생한 이런 다양한 발효에 의해 시작됐을 것이다. 아니, 그러지 않았을지도 모른다. 최초의 의도적인 술 생산이 의도에 없던 발효과정들을 관찰한 뒤에 이뤄졌다고 말하는 그런 시나리오들은 순전히 추측에 불과할 뿐이기 때문이다. 최초의 비어나 미드, 와인이 만들어진 환경에 대한 우리의 지식은 빵을 처음 구운 사람이나 계란을 처음 삶은 사람에 대한 지식과 비슷한 수준이다. 그럼에도 설명이 불가능한 것을 설명해야 할 필요성은 늘 강하게 존재했었고, 많은 문화권에서 알코올성 음료의 기원을 설명하는 이야기를 내놨다. 일부 이야기는 와인과 비어의 출현을 인간이 아닌 신들의 덕으로 돌린다. 수메르인들이 비어의 여신으로 모신 닌카시(Ninkasi)에게 바치는 (BC 1800년경에 나온) 노래는 비어를 만드는 방법과 비어를 마셨을 때 따라오는 기쁨을 묘사한다. 이집트에서는 저승의 신이자 지상 모든 생명체의 근원인 오시리스(Osiris)가 와인과 비어를 인간에게 베풀었다고 믿었다. 그리스에서 와인은 디오니소스(Dionysus)와 결부됐고, 로마에서는 바커스(Bacchus)와 결부됐다. 한편, 유대교와 기독교에서는 와인의 기원을 인간인 노아(Noah)에게서 찾는다. 노아는 대홍수의 물이 빠진 후에 짐승들을 실은 방주가 당도한 곳인 아라라트 산(Mount Ararat)의 비탈에 포도나무를 심었다고 한다: 구약에는 "노아가 농업을 시작하여 포도나무를 심었더니"라고 적혀 있다.[5] 이와는 반대로, 홍수 이야기의 바빌로니아 버전에서는 와인과 비어가 홍수가 일어나기 전에 배를 만드는 일꾼들에게 제공된다.

노아는 그가 경작한 포도로 와인을 만드는 법을 직관적으로 (또는 하나님의 계시나 지도에 의해) 알고 있었던 듯하지만, 최초의 발효가 우연히 일어났음을 강조하는 다른 이야기들도 있다. 그중 한 이야기는 배경이 페르시아의 잠쉬드 왕(King Jamsheed)의 궁궐이다. 신선한 포도를 무척 좋아한 왕은 포도철이 지났을 때도 포도를 먹으려고 포도를 몇 항아리 보관했다. 그런데 왕도 모르는 사이에 포도가 발효된 탓에 어느 항아리에 담긴 포도가 더 이상은 달지 않자, 왕은 그 항아리에 '독(毒)'이라는 표지를 붙인다. 얼마 안 있어, 왕실의 하렘에 속한 어느 여인이 끔찍한 두통에 시달리다가 스스로 목숨을 끊어 고통을 끝장내겠다는 생각에 이 '독'을 조금 마셨다. 취기에 쓰러져 잠들었다 깨어난 그녀는 (직관적인 판단과는 달리) 두통이 씻은 듯이 사라졌다는 걸 알게 됐다. 그녀는 마법 같은 치유법에 대해 왕에게 고했고, 왕은 그 즉시 더 많은 포도를 발효되게끔 놔뒀다.[6]

중국의 이야기는 이와는 다르다. 중국 이야기는 처음에 발효된 곡물은 쌀이었다고, "버려진 쌀이 발효된 다음에 빈 항아리에서 장시간을 보낸 후 풍부한 향(香)을 축적하게 됐을 때" 술이 생겼다고 밝힌다. 그러나 와인을 다룬 11세기 중국의 논문은 더 실용적인 관점을 취한다: "와인을 처음 발명한 이에 대해 내가 할 수 있는 말은 그 이는 분명 현인(賢人)이었다는 것뿐이다."[7]

이 이야기들은 오래도록 와인에 결부된—와인의 종교적·의학적 특성 같은—일부 문화적 이미지를 보여주지만, 술의 역사적인 기원을 더 잘 이해할 수 있게 해주지는 않는다. 술의 역사적 기원을 이해하려면 고고학자에게 기대를 걸어야 한다. 일부 고고학자는 초창기 술을 찾아나서는 탐구 작업을 소규모 사업 수준에 달할 정도로 성장시켰다. 그들이 찾아 나선 알코올의 증거는 일반적으로 알코올 생산에 사용된 과일이나 베리, 곡물의 찌꺼기나 도자기와 술통(vat)의 내벽에 흡수된 액체의 화학적 잔류물 형태를 띠고 있다. 포도와인의 잔류물은 일반적으로 포도씨, 주석산(tartaric acid, 포도와 일부 다른 과일에서 자연스럽게 생겨난다), 이스트, 블랙 그레이프(black grape)가 몇 안 되는 다른 과일과 공유하는 색소인 말비

딘(malvidin)의 형태를 취한다. 발효되지 않은 포도주스와 훨씬 더 신선한 포도도 와인과 동일한 증거를 남길 수 있지만, 포도주스는 중국과 숭농에 만연하는 따스한 기후 상황에서는 거의 100% 빠르게 발효된다. 실제로 이런 증거의 대부분이 두 지역에서 취합됐다. 수천 년을 견뎌낼 수 있는 알코올성 음료를 입증하는 다른 증거로는 옥살산 칼슘(calcium oxalate, 또는 비어 양조용으로 사용되는 용기에 빈번하게 축적되는 '비어스톤beerstone'), (쌀, 보리, 수수, 에머밀emmer 같은) 양조에 활용된 곡물의 낟알, 밀랍, 도자기의 내부를 봉하고 안에 담긴 알코올성 음료를 보존하려고 자주 사용한 수지(樹脂) 등이 있다.

세상에 알려진 초창기 술의 역사를 구성하는 여러 발견―대략 BC 7000년부터, 지금부터 2,000년쯤 전에 있었던 서기(西紀)의 개시까지―은 술의 기원에 대한 내러티브를 끊임없이 바꿔놓고 있다. 고고학자와 사학자, 언어학자, 화학자, 여타 학문의 종사자들은 이런저런 종류의 술을 보여주는, 시기적으로 가장 앞선 사례라고 주장하는 증거를 찾아냈다는 보고서를 자주 내놓는다. 알코올성 음료의 형태를 보여주는 시기적으로 가장 이른 증거는 중국 북부에서 발견됐지만, 가장 이른 와인 양조시설은 아르메니아에 있는 것이라는 주장이 있다. 가장 이른 상업적 브루어리(brewery, 비어 양조장-옮긴이) 중 하나가 페루에 있었다는 증거가 있고,[8] 알코올을 증류한 최초의 증거는 현재 파키스탄과 인도가 지배하는 영역인 인도 북부 지역에서 발견됐다는 주장이 있다.[9] 세상에 알려져 있는 가장 이른 액체상태의 술은 중국 중부에서 발견된 것으로, 밀폐된 청동 용기에 보관된 이 술은 놀랍게도 4,000년 전에 양조된 것이다. 이런 다수의 발견 덕에, 학계의 시선은 오랫동안 비어와 와인, 증류주의 출생지로 여겨져 온―그리고 인류에게 아랍어가 어원인 "알코올"이라는 단어를 선사한―중동에서 다른 곳으로 옮겨가고 있다. 고대 알코올에 대한 증거들이 중동 지역에 상당히 많이 집중돼 있기는 하지만 말이다.

연구자들이 새로운 분석기법을 개발하고 새로운 장소들을 조사함에 따라 고대 술의 역사가 계속 수정될 거라고 예상하는 것은 당연한 일이지만, 그런 활동이 우리 지식의 역사적인 깊이를 더하는 데에는 현실적으로 한계가 있을 것이다. 초창기 알코올성 음료에 대한 증거의 대부분이 도자기에 담긴 잔류물 형태를 취함에 따라, 도자기가 광범위하게 사용된 신석기시대 이전의 증거를 찾아낼 거라는 예상은 하기 어렵다. 액체를 담는 용기를 만드는 데 점토를 사용하기 이전 시기에, 알코올성 음료들은 나무나 가죽으로 만든 용기에, 어쩌면 직물로 만든 용기에 보관됐을 텐데, 이 소재들은 모두 오래 전에 썩어 없어지면서 안에 담긴 지극히 중요한 잔류물도 함께 앗아갔다.

따라서 알코올성 음료에 대한 초창기 증거를 중국 북부 허난성(河南省) 지아후(賈湖)의 (BC 7000~5600년 시기의) 신석기 초기 마을에서 발견된 도자기 10여 개에서 찾아낸 건 놀라운 일이 아니다. 잔류물을 바탕으로 판단할 때, 우리가 궁금해한 음료는 쌀과 꿀, 과일—아마도 주석산 함량이 높은 과일인 포도나 산사나무열매—을 조합한 원료로 만든 와인이었다. 쌀은 발효에 적합한 당분을 만들어낸 곰팡이에 노출됐을 것이다. 꿀은 단맛을 내려고 마지막에 첨가됐을 테지만, 발효되지 않은 액체에 야생 이스트를 끌어 모으려고 발효 전에 첨가됐을 수도 있다; 포도와 산사나무 베리는 이스트를 끌어 모으는 데 주도적인 역할을 할 수 있지만, 쌀은 그렇지 못하다.[10]

사람들이 어떤 사회적 맥락에서 이 음료를 마셨을지 알아낼 도리는 없다. 하지만 중국 와인에 대한 후대의 증거가 꽤 많은 청동 용기에서 발견됐는데, 이는 고대 중국에서는 술이 부(富)와 결부됐음을 보여준다. BC 1900년경(4,000년 전)에 만들어진 것으로 추정되는 이 용기들은 발효된 음료를 담고 있던 것에 머물지 않고, 수천 년이 흐른 후에도 여전히 그 액체를 담고 있었다. 용기 하나는 '향긋한 냄새'를 풍기는 것으로 묘사된 액체를 26리터(표준적인 와인병으로 36병쯤에 해당) 담고 있었지만, 후각으로만 느낄 수 있는 이 증거는 순식간에 사라졌다. 향과 풍미를 전달하는 화합물이 공기에 노출되고 채 몇 초도 되지 않아 휘발됐기 때문이다.[11]

중국에서는 와인을, 동시대의 이집트에서처럼, 고관대작이 내세에서 마실 수 있도록 그의 시신과 함께 매장했다. 조상들과 커뮤니케이션할 수 있는 정신상태에 도달하려고 와인을 마시는 의식들도 있었다.[12] 장례 목적으로 와인을 마셨음을 보여주는 더 많은 증거가 나중의 상(商)왕조(BC 1750~1100년)에서 모습을 드러냈다. 발굴된 고분 수천 기는 와인을 담은 용기들을 망자와 함께 매장하는 경우가 잦았음을 보여준다. 유력인사(무정武丁왕의 왕비와 함께 매장된 청동 용기의 70%가 와인 용기였다)뿐 아니라, 일부 빈자(貧者)의 고분에서도 그랬다.[13] 주(周)왕조(BC 1100~221년)의 경우, 와인이 장례 목적으로 사용됐다는 증거는 적지만, 일상적으로 마시지는 않았더라도 기념할 만한 행사가 있을 때는 음복(飮福)을 해야 한다는 게 강하게 강조됐다. 멧돼지와 코뿔소를 사냥한 후 연 잔치 때 마시는 '달착지근한 와인'을 묘사한 시(詩)가 여러 편 있고, 와인을 가리키는 명칭 — 또는 상이한 와인들을 가리키는 명칭 — 이 급증했다. 중국의 초창기 술을 보여주는 증거들은 와인의 원료가 쌀과 꿀, 과일이었음을 가리키지만, 와인 제조와 관련된 후대의 언급들은 일반적으로 곡물(밀과 수수)을 가리키고, 공정 — 몰팅, 쿠킹cooking, 곡물 발효 — 은 당시 제조된 술이 와인이 아니라 비어였음을 보여준다.

우리가 현재 가진 지식으로는, 술 생산의 증거를 가장 오랫동안 지속적으로 보유한 곳은 중국이다. 대여섯 종류의 곡물로 만든 9,000년 된 발효음료의 잔류물에서 시작되는 중국의 술 생산 증거는 21세기 초에 급성장하는 중국 와인 산업에까지 단절되지 않고 이어진다. 그런데 (중국의 가장 이른 술보다 3, 4천 년 뒤에 시작되기는 했지만) 초기에 술을 생산했다는 증거가 아시아 서부, 즉 현대의 이라크와 이란, 터키, 아르메니아, 조지아의 영토에도 폭넓게 퍼져 있다. 이 지역들 일부에서는 술의 역사가 쭉 이어지지는 못했다. 이슬람이 7세기에 술을 금지했고, 계승된 무슬림 정부들이 술을 금하는 정책들을 시행했기 때문이다. 예를 들어, 현재 이란과 사우디아라비아 국민들이 술을 마시는 것은 금지돼 있다(외국인을 위한 술은 약간 허용된다). 반면 터키의 와인 산업은 상당한 규모다.

아시아 서부에서 가장 오래된 술의 증거는 현대 이라크와 이란의 국경선을 따라 걸쳐 있는 자그로스 산맥(Zagros Mountains)에 있는 하지 피루즈(Jajji Firuz) 마을에서 나온 것으로, 연대는 BC 5400~5000년(7,000년 전)으로 추정된다. 거기서 발견된 도자기에 담긴 명명백백한 잔류물은 비어와 와인을 모두 가리킨다. 비어는 항아리 안쪽에서 발견된, 맥주를 양조할 때 흔히 남는 잔류물인 수산(oxalate)이온의 존재와 동일한 지역에 있는 탄화된 보리의 존재에서 추론할 수 있다. 한편, 와인은 항아리 내부에 포도씨와 주석산, 수지를 남겼다. 항아리에 담겼던 게 와인이 아니라 발효되지 않은 포도주스였을 가능성도 있지만, 당분이 풍부한 주스는 이 지역의 따스한 기후 때문에 틀림없이 이스트를 끌어 모으면서 빠르게 발효되기 시작했을 것이다. 수지의 흔적 역시 항아리에 와인이 담겨 있었다는 결론을 지지한다. 수지는 방부제로 와인에 널리 사용됐기 때문이다. 이는 오늘날에도 그리스식 레스티나(Greek restina) 같은 지중해 동부의 수지가공 와인(resinated wine)에 계속 이어지는 관행이다(하지만 보존 목적이 아니라 풍미를 가미하기 위한 용도다). 따라서 이 술독들이 담고 있던 음료들은 중국에서 발견된 초창기 증거들처럼 여러 종류의 발효된 과일과 곡물로 만든 게 아닌, 단일 곡물로 만든 것이었다. 마시기 전에 다른 음료나 첨가제를 섞었을 수는 있지만 말이다.

하지 피루즈 와인 항아리의 총량은 54리터였다(표준적인 와인병 72병에 해당한다). 이 마을이 지금 남아 있는 술독 6개보다 약간 많거나 훨씬 많은 와인에 접근할 수 있었는지 알 길은 없지만, 와인이 (이듬해 수확철이 될 때까지) 1년을 버텨야 했었다는 걸 감안하면 이건 충분히 많은 양은 아니다. 술독들이 보석과 다른 호사스런 공예품들 가까이에서 발견됐다는 사실은 와인이 부유한 가정의 소유물이었음을 보여준다.[14] 제작 연대가 BC 3500~3000년으로 추정되는, 와인에서 생긴 주석산이 들어 있는 더 많은 도기 와인 용기가 하지 피루즈 남쪽에 있는 교역소(trading post)이자 군사적 요충지인 고딘 테페(Godin Tepe)에서 발견됐다. 이 술독들의 용량은 각각 30리터에서 60리터 사이였고, 술독 내부에 있는 수직 패턴으로 착색된 흔적은 점토마개로 봉한 술독을, 코르크로 봉한 요즘 병과 흡사하게, 옆으로 뉘어 보관했다는 것을 보여준다. 동일한 마을에서, 고고학자들은 발효 중인 포도주스에 사용됐을 법한 커다란 대야와 와인 양조에 사용됐을 법한 깔때기도 발견했다.

그런데 연대가 BC 4100년에서 4000년 사이로, 시대적으로도 앞서고 완성도도 훨씬 더 뛰어난 와인 양조시설이 하지 피루즈와 고딘 테페가 있는 자그로스에서 그리 멀리 떨어지지 않은, 아르메니아 남부의 리틀 코카서스 산맥(Little Caucasus Mountains)의 아레니(Areni) 마을 근처에서 발견됐다. 포도를 (아마도 발로) 으깨는 데 사용했을 얕은 대야가 있었는데, 포도즙은 대야에 난 구멍을 통해 땅에 묻은 통으로 흘러가 거기에서 발효됐을 것이다. 이 용기들은 컵과 주발들과 더불어 말비딘과 포도씨, 눌린 포도 같은 증거를 보여줬고, 같은 곳에서 발견된 말린 포도덩굴들도 이곳이 와인 양조시설이었다는 믿음을 한층 더 강력하게 뒷받침한다. 시설의 규모는 지금부터 6,000년 전인 이 시기에 와인으로 빚기에 적합한 포도들

이 재배됐을 거라는 걸 보여준다.[15]

우리가 볼 수 있듯, 아시아의 두 지역—중국 북동부 지역, 그리고 코카
서스 산맥과 터키 동부, 이라크 동부, 이란 북서부와 경계를 맞댄 아시아
서부의 상대적으로 작은 지역—이 초창기 술의 흔적들을 보여줬다. 그
시기에 술이 다른 곳에서 생산되지 않았다는 말이 아니다. 세계 대부분
지역의 사회들이 각 지역에 있는 자원 중 일부를 술로 발효시켰기 때문이
다. 중앙아메리카의 나우아족(Nahua)은 아가베(agave, 용설란) 품종의 과즙
을 발효시켰고, 아프리카의 많은 사회는 야자나무 수액을 발효시켰다. 술
로 빚기에 적합한 원료들이 있었음에도 원주민이 술을 만들었다는 증거
가 전혀 없는 북미 지역 대부분이라는 이례적인 경우를 제외하면, 술 생
산에 대한 지식과 기법을 습득하지 못한 문화들은—북극이나 호주의 사
막처럼—적합한 과일이나 곡물이 자라지 않는 환경에 거주했다.

그런데 사례가 이렇게 많은데도, 술 생산의 기원이 얼마나 멀리까지
거슬러 올라가는지를 결정하는 것은 불가능한 일로 판명됐다. 알코올 발
효가 아프리카나 아메리카에서 처음 실행됐을지도 모르지만, 가장 확실
한 것은 지금부터 5,000년에서 9,000년 전인 BC 7000년에서 3000년 사
이의 시대로 추정되는 중국과 아시아 서부의 증거들이다. 여기에 관련된
지역들은 거리가 수천 킬로미터 떨어져 있지만, 그보다 몇 천 년 전부터
실크로드와 다른 교역 네트워크를 통해 연결돼 있었다. 따라서 발효에 관
한 지식이 한 지역에서 발전된 후 다른 곳으로 전파됐을 수 있다. 그렇지
않으면, 각 지역이 독자적으로 발효작용을 인위적으로 시작했을지도 모
르고, 아직 확인되지 않은 아시아의 제3의 지역이 술 생산 공정을 발견한
후에 대륙의 다른 지역들로 전파했을지도 모른다.

고대 세계에서 가장 보편적이던 알코올성 음료 두 가지를 생산하는 공
정인 비어 양조와 와인 양조는 각기 상이한 보급경로와 발전경로를 거친

듯하다. 와인 양조 지식과 기술의 전파는 일직선에 가까운 형태로 이뤄진 듯 보인다. 아시아 서부에서 지중해 동부와 이집트로 이동한 후, 크레타섬(Crete)과 그리스, 이탈리아 남부로 옮겨간 다음, 2,000년쯤 전에 유럽의 나머지 지역에 도달했다. 와인 양조 지식은 상이한 경로를 통해 이탈리아 북부에 있는 에트루리아인들(Etruscan)에게 당도한 듯 보인다. 에트루리아인들이 그리스인과 동일한 시기에 와인을 빚고 있었기 때문이다. 페니키아인(Phoenician)이 동일한 지식을 스페인에 직접 전파했을 가능성도 있다.

이와는 대조적으로, 비어 양조는 거의 비슷한 시기에 많은 지역에서 실행되고 있었다. BC 3500~3000년으로 추정되는 중국의 수수비어와 고딘 테페의 보리비어 같은 초기 증거 외에도, 음료에 꿀과 허브를 첨가한 상이집트(Upper Egypt, BC 3500~3400)와 스코틀랜드(BC 3000년경)에도 비어를 양조한 흔적들이 있다.[16] 동시대에 발생한 지식이 이렇게 폭넓게 확산된 건 비어 양조가 많은 문화권에서 독자적으로 발견됐음을 보여준다; 하지만 증거들이 드문드문 퍼져 있는데다 들쑥날쑥하기 때문에 거기에서 확고한 결론을 도출하는 건 위험한 일이다.[17]

술 생산과 술을 소비하는 문화에 대한 훨씬 더 믿음직한 증거는 BC 3000년경부터 연이어 드러난다. BC 3000~2500년경에 이집트에서 와인을 생산했다는 것을 그림으로 상세하게 보여주는 증거가 있고, BC 1000년부터 실시된 이집트의 센서스는 사원(temple)들이 소유한 포도밭 513곳을 명단으로 작성했다. 포도밭 대부분의 소재지는 나일 삼각주(Nile Delta)이지만, 훨씬 남쪽에 있는 오아시스들에도 포도밭이 흩어져 있었다. 어디서건, 포도나무는 (발효에 필요한 이스트에게 서식지를 제공한) 다른 초목들과 같은 공간을 공유하는 편이었다. BC 2550년에 사카라(Saqqara)의 고위관료가 소유한 2.5에이커 규모의 블록에서처럼 말이다: "길이

200큐빗(cubit, 고대의 길이 단위로 약 45cm-옮긴이)에 폭 200큐빗… 엄청나게 많은 나무와 포도나무가 늘어서 있고, 무척 많은 양의 와인이 거기서 빚어졌다."[18]

이집트 포도밭의 포도들은 덩굴이 타고 올라가도록 만든 격자구조물(trellis)이나 나무들 위에서 길러졌다. 포도가 익으면 따서 바구니에 담고는 커다란 통에서 발로 밟아 으깼다. 벽화들은 4명에서 6명의 남자가 포도를 밟는 걸 보여준다. 남자들은 각자 포도껍질에 미끄러져 포도즙으로 떨어지는 것을 방지하기 위해 머리 위 장대에 걸린 끈을 붙들고 있다. 때때로 일꾼들은 여자들이 부르는 노래의 곡조에 맞춰 포도를 밟았다. 추수의 여신에게 바쳐진 다음과 같은 노래가 그런 노래에 속한다: "이 일을 하는 동안 여신께서 우리와 함께 머무시기를… 우리 나리가 왕께서 거듭 총애하는 이가 되어 (와인을) 마시기를." 이집트 벽화에서 와인은 변함없이 빨갛거나 짙은 색으로 표현된다. 이건 (예술적인 방책으로 그런 게 아니라면) 블랙 그레이프가 사용됐다는 것을, 그리고 레드와인은 검정포도의 껍질에서 색소를 얻는다는 것을 감안하면 발효 이전이나 발효 동안에 껍질의 접촉이 있었다는 것을 나타낸다.

발효는 포도를 으깬 통 안에서 시작됐을지도 모르지만, 발효가 계속되고 종료된 곳은 와인 보관에 사용된 커다란 점토항아리 안이었다. 항아리가 꽉 차면, 도기로 만든 마개(cap)로 항아리를 봉한 후 나일 점토(Nile clay) 덩어리로 밀폐했다. 항아리 꼭대기 근처에 조그만 구멍들을 뚫었다. 발효가 진행되는 동안 이산화탄소가 (발효의 산물인 알코올과 더불어) 밖으로 빠져나와 가스의 압력 때문에 항아리가 갈라지거나 폭발하는 일이 없도록 말이다. 이 구멍들은 나중에 막았다. 와인을 산화시키고 상하게 만드는 공기를 와인과 차단하기 위해서였다. 마지막으로 점토 인장(clay seal)—요즘 와인 레이블의 선조—이 마개에 고정됐다. 거기에는 와인의 산지인 포도밭과 와인을 빚은 이의 이름, 수확 연도, 와인의 품질이나 스타일 같은 사항을 비롯한 정보들이 새겨졌다. 투탕카멘 왕(King Tutankhamen)의 고분에서 나온 어느 술독에 붙은 인장에는 이렇게 적혀 있다. "즉위 4년, 강 서쪽의 아톤(Aton) 신전─생명, 번영, 건강!─에서 빚은 달콤한 와인. 수석 양조인 아페레르쇼프(Aperershop)." 다른 지역에서 나온 술독의 인장에는 "떠들썩한 유흥을 위한 와인", "최상급 와인", "공물용 와인", 심지어는 "납세용 와인"이라는 다양한 문구가 적혀 있다.[19] 납세용으로 사용된 와인의 품질이 고급이었는지 보통이었는지는 명확하지 않다; 아마도 와인의 품질이 현물로 납부하는 세금의 가치를 결정했을 것이다.

많은 고대 문화권에서 그랬던 것처럼, 이집트에서는 엘리트들만 와인을 마셨다. 와인이 희소하다는 사실은 세계 모든 곳에서 와인에 문화적 가치를 부여했다. 와인은 1년에 딱 1번만 양조됐는데, 이 점에서 와인은 비축해둔 곡물을 이용해 1년 내내 소량씩 계속 만들 수 있는 비어와 달랐다. 더군다나, 와인을 빚는 데 적합한 포도─과즙을 다량 배출하는, 과육 대 씨앗 비율이 높은 포도─는 다른 곡물을 재배할 수 있는 곳보다 더 적은 지역에서만 성공적으로 익었다. 적은 지역에서만 빚어지고 이듬해 수확철이 될 때까지 1년을 견뎌야만 하는, 소량만 생산된 와인은 언제든 마실 수 있는 비어하고는 닮은 점이 거의 없었고, 이런 희소성 덕에 와인은 비어보다 훨씬 더 비쌌다. 포도가 자라지 않는 지역의 소비자에게 와인을 수송하지 않았을 때조차 말이다. 희소성과 비용이라는 서로 관련된 두 가지 특징은 와인의 사회적 특징에, 그리고 어쩌면 종교와 영성과 결부된 최종적인 이미지에 기여했다. 비어와 달리, 와인은 때때로 장거리(예를 들어, 메소포타미아의 티그리스강과 유프라테스강 하류)에 걸쳐 교역됐고, 엘리트에 의해 소비됐으며, 축제와 의식에 사용됐다. 따라서 와인은 역사적

기록에 기입될 가능성이 높았고, 그 결과 고대에 비어가 훨씬 더 보편적으로 소비됐음에도, 우리는 고대의 비어보다는 고대의 와인에 대해 더 많은 것을 알고 있다.

BC 1770년경에 바빌론에서 공포된 법전으로, 역사상 가장 이른 시기에 성문화된 법전으로 알려진 함무라비 법전은 비어의 가격과 농도(strength)를 규제했다. 이 법은 '와인숍(wine-shops)'을 거론하지만, 이 시설들이 판매한 주종은 대체로 비어였던 게 분명하다. 메소포타미아의 대중적인 음주장소들은 일반적으로 여성에 의해 운영됐고, 종종 매춘과 연계됐다는 암시가 이 법전을 비롯한 여러 곳에 있다.[20] 이것이 술의 장구한 역사를 관통하는 주제들을 보여주는 역사 초기의 표현이다: 여성에 의한 알코올성 음료의 생산, 그리고 술과 섹슈얼리티(sexuality)의 연계.

고대 세계에서 비어는 상대적으로 풍부한 음료가 됐을 뿐 아니라, (대부분의 요즘 비어와 달리) 영양가가 현저히 높았다. 몰팅 공정이 원료로 사용된 곡물의 칼로리를 높인 덕에, 비어는 동일한 양의 곡물로 만든 빵보다 칼로리가 높았다. 더불어, 비어는 탄수화물과 비타민, 단백질이 풍부했다. 마신 이에게 유쾌한 기분을 안겨주기까지 했다. 고대 비어의 알코올 수준을 확실하게 알아낼 도리는 없지만, 취기를 느낄 정도로 충분히 셌을 것이다. 하지만—수분 섭취를 위해서는 탁월한 정도인—하루에 1리터나 2리터를 마셔도 마신 이가 일상생활을 효율적으로 안전하게 하지 못하게 만들 정도로 세지는 않았을 것이다. 맛도 있었을 것이다. 거르지 않은 탓에 비어 표면에 곡물의 겨와 줄기가 떠다니는 탁주(濁酒)였을 테지만 말이다. 그런데 고대의 술 생산자와 소비자는 순수주의자(purist)는 아니었다. 그들은 다양한 과일과 베리, 곡물, 꿀을 함께 발효시켰을 뿐더러, 스트레이트 비어를 만들 때는 고수(coriander)와 향나무(juniper), 기타 첨가제로 비어에 풍미를 가미하는 경우가 자주 있었다. 이집트에서는 보리로 비어를 만들었지만, 밀과 수수, 호밀도 이따금씩 사용됐다. 비어는 (피라미드를 만드는 이들 같은) 일꾼과 노예에게 급여의 일부로 제공됐고, 의학적 속성을 가진 것으로 여겨져서 특히 설사약으로 제공됐다.[21]

따라서 비어는 거의 모든 면―건강, 영양, 수분 섭취, 쾌감―에서 뛰어난 음료였고, 일반대중은 비어만 마시고 엘리트는 와인만 마신다는 통념이 퍼져 있음에도, 얼마 지나지 않아 보편적인 음료가 됐다. 실제로는 술을 마시는 이는 누구나 비어를 마셨다. 하지만 부자들은 비어로 와인을 보충한 반면, 인구의 대다수는 그러지 못했다. BC 2세기에 그려진 이집트 벽화들은 왕실 가족과 수행원들이 두 가지 음료를 마시는 연회장면들을 보여준다. 비어일 가능성이 큰 어느 음료는 커다란 항아리에 담긴 음료를 빨대나 대롱으로 마신다. 마시는 이가 표면에 떠다니는 겨와 줄기를 삼키는 걸 막기 위해서일 것이다. 그림을 보면 아마도 와인일 것 같은 다른 음료는 잔으로 마신다.[22] 이런 상이한 음주 방식은, 이런 행사에서 두 음료 모두 소비되기는 했지만 비어의 소비량이 와인보다 많았다는 걸 보여준다.

고대 사회에서 부유하고 권세 있는 이들이 와인을 독점한 이유 하나는 단순했다. 비용. 와인은 생산비가 더 들었고, 상대적인 희소성은 가격을 한층 더 높였다. 메소포타미아에서 와인의 가격은 엘리트가 집중돼 있는 소도시(town)들로 와인을 수송해야 할 필요성 때문에 상승했다. 비어는 바빌론과 우르(Ur), 라가시(Lagash) 같은 남부 도시에 가까운 평원에서 자란 보리로 손쉽게 빚었지만, 와인은 북동부에 있는 산악 지역에서 생산한 후 티그리스와 유프라테스강을 따라 하류로 수송됐다. 이것이 장거리 와인교역에 대해 알려진 최초의 사례지만, 소규모 생산과 고비용 구조 때문에 교역범위는 일부 지역으로만 국한됐다. 와인과 다른 상품들은 남쪽으로 흐르는 강을 낀 시장들로 쉽게 보내졌지만, 와인 수송 전용으로 건조된 바지선들은 각각의 운송이 끝난 후 해체됐다. 강물의 흐름을 거슬러 북쪽으로 돌아갈 길이 없었기 때문이다. 따라서 상품의 최종가격에는 바지선을 건조하는 데 들어간 자본비용이 포함됐다. 그런데 상인들 입장에서 와인은 수익이 짭짤한 교역품인 게 분명했다. BC 1750년에 벨라누(Belanu)라는 바빌론 상인은 유프라테스 강변에 당도한 화물에 와인이 없다는 걸 알고는 당황하는 모습을 보였다. 그는 대리인에게 편지를 썼다. "배들이 시파르(Sippar, 바빌론에서 북쪽으로 50km 거리에 있다)에 당도하면서 여정을 마쳤소. 그런데 어째서 좋은 와인을 사서 보내지 않은 거요? 와인을 사서 인편으로 열흘 안에 보내주시오!"[23]

와인의 가격을 감안하면, 라가시의 통치자 같은 사람들만 그토록 많은 양을 구매할 수 있었다. 라가시의 통치자는 BC 2340년에 "산맥에서 가져온 큼지막한 술병들에 든 와인을 보관할" 와인셀러(wine cellar)를 지었다고 전해진다. 이 술병들은 암포라(amphora)의 선조였다. 암포라는 훗날 그리스와 로마의 상인들이 지중해와 유럽 전역으로 수백만 리터의 와인을 수송하는 데 사용한 찰흙 항아리다. 일반대중은 비어만 마셨다. 메소포타미아인의 식단에서 비어가 차지하는 자리는 기본적인 일상식사를 "빵과 비어"로 묘사한 데서 엿보인다. 닌카시에 대한 찬가는 마신 이를 신나게 만들어주는 비어를 찬양한다. "간을 행복하게 만들고 심장을 기쁨으로 채우누나."[24]

비어와 와인은 포도 재배가 곡물 재배보다 훨씬 더 어려웠던 이집트에서도 비슷하게 소비됐다. 처음에, 와인은 동쪽에서 수입됐다. 이집트 왕 스콜피온 1세(Scorpion I, BC 3150년경)의 묘실에서 발견된 와인 항아리 수백 개는 자그로스 산맥의 고딘 테페에서 발견된 것과 동일한 침전물과 수지를 담고 있었고, 항아리의 재료는 현재 이스라엘과 팔레스타인이 있는 지역에서 가져온 듯 보이는 찰흙이었다. 이건 술독을 수입하고 와인으로 채운 후 훨씬 떨어진 곳으로 재수출하는 복잡한 와인 산업이 존재했다는 것을 시사한다.

고대 이집트에서 와인은 엘리트층의 식단의 일부로 소비됐을 뿐 아니라, 여러 의식에도 채택됐고, 종종은 기도의 대상인 신에게 바치는 헌주(libation)로 부어지기도 했다. 비어와 오일, 꿀, 물도 헌주로 이용됐지만, 와인은 고대 세계 전역에서 한층 더 종교적이거나 영적인 이미지를 갖는 경향이 있었다. 파라오 람세스 3세(Ramses Ⅲ)가 아몬-라(Amon-Ra) 신에게 다음과 같이 말하면서 드러낸 것처럼, 포도나무를 심는 건 종교적인 의무로 간주됐을 것이다: "아몬-라 님을 위해 남쪽 오아시스에 와인정원들을 만들었고, 북쪽 오아시스에도 수도 없이 많이 만들었나이다." 람세스는 생전에 5만 9,588개의 와인 항아리를 신들에게 바쳤다고 주장했다.[25] 생전이 중요한 만큼이나 사후도 중요했다. 중국에서 술을 담은 용기를 망자와 함께 묻은 것처럼, 와인도 저명한 이집트인들과 함께 매장됐기 때문이다. 투탕카멘이 (요즘 대부분 나라에서 법정 음주연령이거나 그보다 낮은) 19세에 사망했을 때, 와인 항아리 36개가 그와 함께 묻혔는데, 대부분 그의 재임 4년차, 5년차, 9년차에 만들어진 와인이었다. 파라오들이 생전에 비어를 마시기는 했지만, 비어를 그들과 함께 묻지는 않았다. 그럴 만한 자격이 없어서가 아니라, 1주나 2주가 지나면 상하는 것으로 알려져 있었기 때문이다.

와인이 풍족한 그리스와 로마의 전성기가 되기 전까지는 비어에 대해 부정적인 입장을 보여주는 증거가 전무하다는 걸 알아둘 필요가 있다. 그리스와 로마인들은 비어를 와인에 비해 심하게 열등하다고 생각했다. 그들은 와인이 더 남자답고 문명화된 음료라고 말했다; 남자를 여자처럼 만들고 야만인에게나 어울리는 비어는 위대하면서 교양 있는 사람이 되기를 열망하는 사람은 피해야 하는 음료였다. 이런 관점들(다음 장에서 더 자세히 탐구된다)은 지금도 여전히 퍼져 있는, 와인은 본질적으로 세련된 품성을 갖고 있고 문화적으로 비어보다 우등하다는 믿음에 기여했다. 와인이 '문명'의 표지라는 주제를 다룬 터무니없는 글이 많이 쓰여졌는데, 이 글들은 엘리트의 삶은 개화됐고 대중의 삶은 문화적인 의미 면에서 거의 가치가 없다는 가정에 근거를 뒀다. 이 글들은 그리스와 로마가 형체를 갖추기 전까지만 해도, 고대의 대부분의 사회에서 엘리트들이 와인보다 비어를 훨씬 더 많이 마셨을 게 분명하다는 현실을 무시한다. 엘리트들이 일반대중에 비해 더 오래 지속된 유물이나 사상을 생산해냈다고 한다면, 그건 비어의 도움을, 적어도 와인과 맞먹는 정도의 도움을 얻은 결과였다.

그때까지만 해도 비어는 열등하다고 천대받는 것과는 거리가 멀었다. 메소포타미아의 고전문학인 『길가메시 서사시(The Epic of Gilgamesh)』는, 야생의 인간 엔키두(Enkidu)를 인간으로 만든 과정에서 보여주듯, 비어를 마시는 걸 인간이 되는 데 필수적인 것으로 본다: "엔키두는 음식 먹는 법을 몰랐다; 비어를 마시는 법을 배우지 못했다. 매춘부는 그녀의 입을 열었다. 그녀는 엔키두에게 말했다. '음식을 먹어요, 엔키두. 그건 생명을 빛나게 하는 것이니. 이 땅에서 그러는 것처럼 비어를 마셔요.' 엔키두는 물릴 때까지 음식을 먹었다; 비어는 7잔 마셨다. 그의 영혼이 자유롭고 쾌활해졌고, 심장은 크게 기뻐했으며, 얼굴은 발갛게 상기됐다. 그는… 털이 수북한 몸을 문질렀다. 그는 스스로 자기 몸에 기름을 발랐다. 그는 인간이 됐다."[26]

BC 700년경에 열린, 미다스 왕(King Midas)으로 여겨지는 인물의 장례 연회에서는 비어와 와인이 모두 제공됐다.[27] 연회의 증거들은 겉만 보면 자연스러운 언덕처럼 보이는, 인간이 흙으로 지은 언덕에 있는 5m×6m 크기의 매장실(burial room)에서 발견됐다. 소재지는 고르디온(Gordion)

으로, 지금은 터키 중부에 있지만 예전에는 미다스가 통치한 프리지아 (Phrygia) 제국의 수도였다. 매장실에는 60살에서 65살 정도인 남성의 해골이 목관(木棺) 안의 염색한 직물 위에 누워 있었고, 청동 용기 150개가 관 주위를 둘러싸고 있었다. 100개가 넘는 물그릇이 방 곳곳에 흩어져 있었고, 150리터들이 통 3개도 있었는데, 이 통들에 담긴 음료를 청동주전자에 따라주고 거기에서 음료가 다시 개인들의 그릇으로 옮겨졌을 것이다. (손잡이가 두 개 달린 커다란 주발들도 있었는데, 그건 목이 타는 조문객용일 것이다.) 이 음주용 식기 세트에 쓰인 그릇의 수는 조문객 규모가 매장실의 크기에 비해 지나치게 컸다는 것을 암시하므로, 목제가구와 청동주발, 접시, 통들은 (아마도 실외에서 열렸을) 연회가 끝난 후 시신 주변으로 옮겨져 배치됐을 게 분명하다.

미다스 왕의 장례연회에서 소비된 식사와 음료에는 여러 가지 재료가 동원됐다. 식사는 굽기 전에 기름과 꿀, 와인 등 양념장에 재워둔 염소나 양고기로 만든 스튜에 렌즈콩과 곡물을 섞은 후 여러 가지 허브와 향신료로 풍미를 더했다. 따라 나온 음료 역시 복잡했다: 포도와인과 보리비어, 미드의 짬뽕음료, 더 긍정적으로 표현하자면 "혼합음료"가 될 것이다. 150리터들이 통 3개가 절반씩만 차 있었다고 치면, 이 음료의 양은 조문객 100명에게 제공할 수 있는 양인 200리터 이상이었을 것이고, 그 덕에 이 행사는 유쾌한 자리가 됐을 것이다.

미다스 왕의 연회는 고대에 치른 일종의 경야(經夜, wake: 장사지내기 전에, 근친이나 친구들이 관 옆에서 밤샘하는 일)였을까? 음식을 먹고 마신 데에는 종교적인 의미도 있었을까? 고대와 그 이후에 와인과 종교 사이에는 강한 (비어와 종교 사이보다 더 강한) 유대관계가 있었다. 이런 강한 유대관계에 대해 대여섯 가지 설명이 제기돼 왔다. 하나는, 약하거나 조금 더 발전된 취기는 마신 이에게 일상세계에서 벗어나 신들에게 다가가는 것 같은 몽롱한 기분을 안겨준다는 것이다. 그런데 이 설명으로는 와인이 다른 알코올성 음료와 절대적으로 차별화되지 않는다. 차이점은 와인의 알코올 함량이 비어보다 많다는 것, 그래서 비어와 동일한 양의 와인을 마실 경우 마신 이가 더 빠른 속도로 신에 가까워진다는 것이다. 다른 설명은 포도주스의 온도가 높아지면 불(火) 같은 외적인 자극이 없어도 거품이 일어나는 발효라는 명백한 기적으로부터 와인이 영적인 가치를 획득했다는 것이다. 하지만 이건 발효를 거치는 모든 음료의 공통점이다. 요란한 편에 속하는 와인의 발효가 거품만 일어나는 비어의 발효보다 더 인상적이었을지는 모르지만 말이다. 세 번째 설명은—봄에 번창하고, 여름과 가을에 열매 맺은 후, 겨울에 죽은 듯 보였다가 봄이 오면 다시 잎과 꽃이 자라는—포도나무의 생활주기(life cycle)를 보면서 고대인들이 죽음과 부활의 기적을 떠올린 듯 보인다는 것이다. 그러나 다른 많은 식물과 나무도—비어 양조를 위해 사용되는 곡물은 해당되지 않지만—해마다 동일한 사이클을 거친다. 와인이 갖는 영적인 이미지에는 이 속성들이 모두 반영됐을 것이다.

술이 잔치나 종교적 축제와 강하게 결부되는 건 그 시기에 와인이 누린 높은 지위를 보여준다; 삶의 중요한 사건을 찬양하는 자리건 죽음을 추모하는 자리건, 이런 연회가 중요한 정치적 이벤트인 경우가 잦았다. 그런 자리는 사회적 동맹을 형성하고 굳건히 다지며, 사회적 부채를 창출하고, 사회적인 특출함을 과시하는 용도로 활용됐다.[28] 고대 세계의 모든 알코올성 음료는 발효라는 인지 가능한 경이로움과 약간의 취기만으로도 생겨나는 딴 세상에 온 것 같은 기분을 반영한 종교적 함의를 갖고 있었다. 와인이, 고대의 많은 문화에서 그랬던 것처럼, 다른 음료보다 강한 종교적 이미지를 갖고 있었던 것은 와인 자체의 본질적인 특성 때문이라기보다는 와인이 희소했기 때문에 그랬을 것이다. 메소포타미아와 이집트와 기타 지역의 사회 엘리트들이 사실상 그들만이 접근할 수 있었던 음료의 경건한 이미지를 강조한 건 놀랄 일이 아니다; 그들은 와인 덕에 일반대중이 접근할 수 있던 것보다 더 위대한 신성(神性)에 접근하면서 친밀해졌다. 일부 문화에서는 미드도 신성시했다. 미드가 희소했기 때문에, 벌은 신성한 존재라는 널리 퍼진 통념 때문에, 꿀은 고대 세계에 알려진 가장 단 상품이었기 때문에 그랬을 것이다. 사람들은 강한 단맛을 귀하게 여겼고, 기독교인들은 훗날 이 관념을 예수님의 '다정함(sweetness)'이라는 아이디어에 적용했다.[29]

술이 고대 세계에서 종교적인 자리만 차지했던 건 아니었다: 술은 의약품으로 자주 사용됐다. 술 자체로 활용되기도 했고, 병을 치료하는 특성을 갖고 있다고 믿어진 본초(本草)와 허브, 다른 곡물을 위한 매체(medium)로 활용되기도 했다. 중국과 중동에서 식별해낸 신석기 알코올성 음료의 상당수가 술 생산에 사용되지 않는 많은 식물 원료를 담고 있었다. 그런 식물들을 풍미를 가미하려는 용도로 활용했을 수도 있지만, 의약적인 가치 때문에 첨가했을지도 모른다.

고대 이집트는 이에 대한 포괄적인 정보를 제공한다. 상형문자로 기록된 식물들의 이름 대부분이 파악되지 않았지만 말이다. 고수는 예외로, 위(胃)에 생긴 문제의 보편적인 치료제는 고수와 브리오니아(bryony), 아마(亞麻), 대추를 우린 비어였다. 고수는 체스트 트리(chaste-tree)와 정체가 불확실한 과일과 함께 갈아 섞은 다음 맥주에 우리고는 물기를 빼서 마시는 식으로 혈변(血便) 치료제로 처방되기도 했다.[30] 일반적으로, 와인은 소화를 돕는 꽤 좋은 보조제로 간주됐고, 식욕 증진과 기생충 구충, 소변 조절, 관장제로 처방됐다. 와인에 카이피(kyphi)를 섞는 경우가 잦았는데, 카이피는 고무질(gum)과 수지, 허브, 향료, 심지어는 항문에 난 털과 동물과 새의 대변을 섞은 혼합물이었다. 알코올은 고체를 물보다 더 효과적으로 용해시켰고, 와인은 높은 알코올 농도 덕에 많은 약물을 위한 대단히 훌륭한 매체가 됐다. 와인은 외용으로는 부기를 가라앉히는 연고로 사용됐고, 알코올이 소독약이라는 깨달음은 와인을 외상 치료용 붕대에 적시는 것으로 이어졌다.[31]

와인은 한의학에서도 가치가 높았다; "의학적 치료"를 뜻하는 한자(醫, 의원 의-옮긴이)에는 와인을 뜻하는 한자(酉, 술 유-옮긴이)가 들어 있어서, 와인과 의학 사이의 가까운 관계를 보여준다.[32] 가장 오래된 한의학 문서들은 와인을 중요한 약품이자 소독약이라고, 그리고 체내에 약기운을 순환시키는 수단이라고 썼다. 이런 특별한 용도를 가진 와인은 소독약, 마취제, 이뇨제로 채택됐고, 도교(道敎) 전성기에 술은 불로장생의 영약에 들어가는 성분이었다.[33]

이 모든 긍정적인 특성이 알코올성 음료에 결부됐지만, 사람들은 알코올성 음료에는 부정적인 측면도 있다는 걸 깨달았다. 무엇보다도, 과음이라는 간단한 문제가 있었다. 궁궐 내에 만연한 과음이 상왕조(BC 1750~1100년)의 망국을 초래했다는 주장이 있다. 그에 대한 반동으로, 후대의 통치자들은 과도한 음주에 대해 경고하는 데서 그치지 않고 과음을 사형으로 처벌할 수 있도록 만들기까지 했다.[34]

축제기간 중에는 음주를 대체로 용인했고 심지어는 권장하기까지 했다는 건 이집트의 나켓(Nakhet) 고분에서 발견한 한 장면이 시사한다. 그 그림에서 어느 소녀는 부모에게 와인을 바치면서 말한다. "두 분의 건강을 위해 바칩니다! 이 와인을 드시고, 두 분의 나리께서 두 분께 내리신 축제일을 기념하소서."[35] 영적인 몽환상태에 도달할 때까지 마시는 것 같은, 잔치에서 느끼는 가벼운 취기는 용인했겠지만, 축제와 다른 자리에서 일어나는 과음은 때로는 감당하지 못할 지경이었다. 이집트의 현자(賢者) 아니(Ani)는 술에 취한 이에게 이런 말을 했다. "네가 말을 하면 입에서 허튼소리가 튀어나온다. 네가 넘어져서 팔다리가 부러지더라도 부축하러 올 사람은 아무도 없을 것이다."[36] 또 다른 현자는 이렇게 충고했다. "술에 취하지 말거라. 그랬다가는 미치광이가 될 테니까." 이집트의 예술가들은 술에 젖은 축제현장의 무척 지저분한 측면을 보여주는 것을 피하지 않았고, 벽화들은 구토하는 남녀와 인사불성 상태로 연회장에서 들려나가는 남녀를 그렸다. 그림에 도덕적인 반감이 명확히 드러나지는 않지만, 일부 글은 공공장소에서 술에 취하는 건 사적으로 과음하는 것보다 더 눈살이 찌푸려지는 행위임을 보여준다.

고대 세계에 모습을 드러내기 시작한 주제 하나가 현재에 이르기까지 술의 역사를 관통해왔다: 적당한 술 소비는 용인되는 데서 그치지 않고, 건강과 기쁨을 안겨주는 여러 이유 때문에 좋은 일이었다. 그러나 지나치게 많은 술을 마시는 건, 특정한 경우(요즘에 폭음binge-drinking이라 부르는 것)건 주기적인 패턴으로 벌이는 일이건, 나쁜 일이었다. 그건 음주자의 건강과 도덕적인 판단에 해로웠고, 그의 행동에 직접적으로 영향을 받는 이들에게 유해했으며, 더 넓게는 사회에 피해를 줬다. 적당함과 과도함 사이의 선을 정의하는 방법에 대한, 그리고 선을 넘는 사람이 없도록 만드는 방법에 대한, 오늘날에도 계속되는 논쟁이 이어졌다. 역사적으로, 일부 비평가는 음주자가 제멋대로 행동하는 것이 둘 사이를 구별하는 선이라고 봤지만, 이건 음주자가 그 선을 넘은 이후에야 과음을 정의할 수 있다는 뜻이었다. 다른 이들은 특정한 양의 알코올을 적당하고 안전한 양이라고 처방했다. 현대의 공중보건 정책 입안자들이 하루 표준 알코올 소비량 최대치를 추천하는 것처럼 말이다. 지금껏 존재했던 사회들이 술의 생산과 유통, 소비를 통제하려고 다양한 시도를 해온 것처럼, 과도한 음주를 예방하려는 시도들은 규제의 역사에서 중요한 가닥을 형성한다. 후대의 일부 사회는 술을 전면적으로 금지하려고 시도했는데, 그런 사례에서는 적당한 소비와 과도한 소비 사이의 구분은 할 필요가 없었다. 술을 상대적으로 소량만 생산하고 소비한 고대 사회에서 그런 구분은 그다지 큰 쟁점이 아니었을 것이다. 하지만 고대 그리스와 로마에서 그랬던 것처럼, 술 생산량이 늘고 알코올성 음료들이 일상식단의 핵심 품목이 되면서 그 주제는 훨씬 더 중요해졌다.

2장

그리스와 로마

와인의 우월성

비어는 고대 세계의 상당기간 동안 일반대중이 마신 술이었지만, 그리스와 로마가 지배한 이탈리아(Roman Italy)에서는 비어를 전혀 마시지 않았다. 이 두 사회는 곡물을 비어 양조에 활용하지 않은, 세상에서 둘 밖에 없는 사회였다. 두 반도(半島, 그리고 부속 도서들)의 기후조건은 같은 시기에 와인을 빚은 다른 지역들보다 포도 재배에 한층 더 적합했다. 로마인과 그리스인은 소비패턴 면에서 계급과 성별에 따라 중요한 차이점이 있기는 했지만, 이집트인과 메소포타미아인처럼 비어와 와인을 모두 마시는 대신, 사회 전 계층에 걸쳐 와인만 소비했다. 그리스인과 로마인은 전적으로 와인만 마셨을 뿐 아니라, 비어는 일반적으로 해로운 속성을 갖고 있는데다 그들처럼 문명화된 사람에게는 특히 더 어울리지 않는 음료라는 이념적이고 의학적인 주장들을 폈다. 두 사회가 각기 품은 야만인을 교화한다는 사명감의 일환으로, 그들은 지중해와 그 너머 지역 곳곳에 있는 비어를 마시는 대부분의 사회에 와인을 수출했고, 나중에는 유럽 서부와 중부에 포도 재배와 와인 양조에 대한 지식을 전파했다. BC 500년부터 AD 100년이라는 상대적으로 짧은 기간 내에, 와인 생산이 서쪽으로는 스페인과 포르투갈부터 동쪽으로는 요즘의 헝가리까지, 북쪽으로는 잉글랜드부터 남쪽으로는 크레타 섬에 이르기까지 유럽 도처로 퍼졌다.

포도 재배와 와인 양조에 대한 지식은 이집트로부터 크레타 섬을 경유해서 그리스에 도달했다. 이집트와 크레타 섬 사이의 와인 교역은 일찍이 BC 2500년부터 시작됐고, 크레타 섬은 BC 1500년경에 자체적으로 포도를 재배하고 와인을 빚었다. 크레타 섬에 거주한 미노스 문명(Minoan) 거주자들이 비어를 생산하고 소비했다는 것을 보여주는 증거도 보리 기반의 액체를 담은 듯 보이는 항아리와 주전자 형태로 남아 있다. 따라서 크레타 섬은 주요한 발효음료 두 종을 모두 아우르는 술 문화를 가졌다는 점에서 이집트와 메소포타미아와 비슷했다. 그리스는 이 점에서 두드러진다: 그리스인들이 포도 재배와 와인 생산이 도입되기 전에 비어를 마셨다는 것을 보여주는 믿을 만한 증거가 하나도 없는데다, 그들은 와인 양조와 유사한 행위인 비어 양조를 채택하지도 않았다. '취하게 만드는 물질(intoxicant)'을 가리키는 그리스어 메수(methu)가 다른 언어에서 쓰는 미드(mead)라는 단어와 대단히 비슷한 것을 보면, 그리스인들은 와인이 그들의 식단에 들어오기 전에는 미드를 마셨을 성싶다. 그런데 그들은 비어를 피하면서, 앞으로 볼 내용처럼, 비어는 그들의 문명에는 적합하지 않다는 정교한 주장들을 구축했다. (미케네인Mycenaean으로 알려진) 그리스인들은 BC 1420년부터 2세기 동안 비어와 와인을 마시는 크레타 섬을 지배했는데, 그들이 궁전에서 와인을 마셨다는 것을 보여주는 증거는 많다. 그 시기에 제작된 선형문자 B(Linear B, 크레타 섬에서 발견된 두 가지 초기 문자체계 중 두 번째 것-옮긴이) 명판 중 하나에 적힌 디오니소스(그리스의 와인의 신)에 대한 언급이 그 증거다. 하지만 그리스인이 섬을 점령한 동안 비어를 마셨다는 증거는 하나도 없다. 크레타 섬의 토착민들은 계속해서 비어를 마셨을 법한데도 말이다.[1]

　그리스인들이 크레타 섬에 있던 동안 비어를 접했더라도, 그게 긍정적인 경험은 아니었을 게 확실하다. 그들은 섬을 떠날 때 비어 양조 지식과 기법을 섬에 그대로 남겨두고 떠났고, 심지어 그런 걸 접해 봤었다는 사실을 망각한 게 분명하다. 훗날의 그리스작가들이 다른 사회에서 마시는 비어를 묘사할 때면 예전에 그런 음료를 본 적이 전혀 없었다는 듯 굴기 때문이다. 하지만 그리스인들은 포도를 기르고 와인을 빚는 법은 확실하게 배웠고, 그 지식을 본토로 전파했다. 이 시기가 될 때까지, 아시아 서부와 중동에서 포도를 재배한 곳은 대부분, 무더운 지역에서 몇 곳 안 되는 상대적으로 서늘한 지역에만 주로 국한됐다. 메소포타미아 북부와 서부에 있는 산악지대, 지중해의 동쪽 해안에 있는 계곡들, 이집트의 나일 삼각주처럼 말이다. 그런데 그리스 본토 곳곳의 많은 지역이 포도를 경작하기에 적합했다. BC 1000년경, 포도밭 수백 곳이 와인의 주요 시장이던 아테네와 스파르타, 테베, 아르고스(Argos) 같은 도시들 가까운 곳에 자리를 잡았다. 500년 후, 와인 수요가 늘면서 훨씬 더 멀리 떨어진 곳에도, 특히 더욱 외딴 섬에도 포도밭을 세워야 했다. 타소스 섬(Thasos), 레스보스 섬(Lesbos), 키소스 섬(Chios) 같은 섬들은 와인의 품질 덕에 명성을 얻었다. BC 400~300년경에는 전례가 없던 규모의 진정한 와인 산업이 그리스에 자리를 잡았고, 얼마 안 있어 와인은 올리브와 다른 곡물과 더불어 지중해 지역의 경제와 통상의 주요 품목 세 가지 중 하나가 됐다.

　그리스인들은 그들이 빚은 와인을 수출하는 데 그치지 않고, 새로운 지역에 그들 소유의 포도밭을 마련해서 포도를 재배하는 식으로 새 지역들을 개척하며 다른 곳의 기존 생산량을 증대시키기까지 했다. 일찍이 BC 5세기에 그리스 와인을 프랑스와 이집트의 다양한 지역, 흑해(the

Black Sea) 주변, 유럽 중부에서 볼 수 있었다. 그리스가 이집트를 식민지로 삼은 BC 300년경에 그들은 새 포도밭을 많이 세웠고, 프랑스 남부(마르세유 인근)와 시칠리아, 이탈리아 본토의 남부 지역에 포도를 소개하기도 했다. 이탈리아 남부가 포도를 재배하기에 성공적인 지역으로 판명되자, 그리스인들은 그곳을 '잘 길든 포도의 땅(the land of trained vines)'라는 뜻의 '오이노트리아(Oenotria)'라고 부르기까지 했다. 그 지역에서는 포도 재배가 대단히 중요해졌고, BC 400~300년대 것으로 추정되는 이탈리아 남부의 어느 발굴현장에서는 포도덩굴이 고고학자들이 복원한 초목의 3분의 1을 차지하기까지 했다.[2]

하지만 포도 재배와 와인 생산의 이동경로가 단선적이었던 건 아니었다. 포도 재배를 스페인에 소개한 건, 한때 사람들이 생각했던 것처럼 그리스인이 아니라, 페니키아인이었을 수도 있다. 또는 외부의 영향하고는 아무 상관없이 독립적으로 지식을 쌓았을 수도 있다. 이와 비슷하게, 이탈리아 북부의 에트루리아인들은 페니키아인들로부터 와인 양조에 대한 지식을 전해 받은 듯 보인다. 와인을 수송하는 데 사용된 커다란 술독인 에트루리아 암포라는 페니키아 형식을 본떴다.[3] 그리스인들이 이탈리아 남부에 포도밭을 도입하던 시기에, 에트루리아인들은 와인을 빚고는 알프스 너머에 있는 프랑스의 부르고뉴(Burgogne) 같은 먼 곳까지 와인을 수출하고 있었다.

그렇더라도, 고대 세계 최초의 주요한 장거리 와인 교역경로를 구축한 건 그리스인이었다. 그리스 암포라—AD 1세기 전까지 와인과 다른 곡물을 운송하는 데 사용된 점토항아리—수천 개를 유럽 도처에서 찾아볼 수 있다. 볼품없이 생긴 암포라는 모양과 크기가 다양하다. 암포라는 제각기 생산자나 생산지의 스타일을 반영한 탓에, 암포라 대부분은 생산지가 어디인지를 꽤 쉽게 파악할 수 있다. 암포라 대다수는 용량이 25리터에서 30리터 사이고, 하나같이 밑이 뾰족하며, 몸체는 위로 갈수록 불룩해지고, 손잡이가 두 개 있다. 이런 디자인 때문에 암포라는 양끝을 잡고 운반했다. 내용물이 가득 든 암포라는 한 사람이 들기에는 너무 무거웠다: 평균적인 암포라는 와인을 약 30kg 담을 수 있었고, 여기에 암포라 자체의 무게가 더해졌다. 암포라는 끝부분이 뾰족하기 때문에 회전시켜 운반할 수 있었지만, 지지물 없이는 똑바로 세울 수 없는 탓에 보관이 어렵기도 했다. 와인셀러에서는 일반적으로 암포라들을 서로서로 기댄 상태로 보관했다. 와인으로 배를 가득 채운 많은 술꾼이 서로에게 기대는 것처럼 말이다. 암포라를 배에 실을 때는 끝부분을 목재 골조나 모랫바닥에 고정시켰다. 결국에는 나무통(wooden barrel)이 이런 암포라를 대체했다. 나무통은 와인을 더 많이 담을 수 있고, 한 사람이 굴리고 회전시킬 수 있다는 점에서 장점이 상당했다. 하지만 나무통의 채택은 사학자에게는 전혀 반가운 일이 아니다; 초기 와인교역의 증거물로서 수 세기를 살아남은 암포라와 달리, 나무통은 썩어서 없어졌기 때문이다.

고대 와인은 대부분 지중해 곳곳과 유럽의 여러 강물을 따라 수상 운송됐다. 어떤 품목을 운송하건 단연코 가장 저렴한 운송수단이 수상 운송이었기 때문이다. 그러나 수상 운송은 리스크가 큰 벤처로, 그리스 암포라 수십만 개가 그리스의 교역이 행해진 수상 운송로의 물밑에 놓여 있다. 이 암포라들은 폭풍이 칠 때 가라앉거나 암초에 걸려 좌초했을 때 유실된 화물들로, 프랑스 남부 해안 주변에 대단히 많이 집중돼 있다. 어느 곳에는 암포라가 1만 개 가량 있는데, 여기에 든 와인은 요즘 병으로 40만 병에 해당하는 약 30만 리터일 것이다. 그리스가 그리스와 갈리아 사이의 주된 교역관문인 마실리아(Massilia, 마르세유)를 통해 해마다 갈리아로 보낸 와인은 1,000만 리터에 달할 것으로 추산된다. 그리스 와인문화의 전파를 잔과 주발의 형태로 보여주는 증거도 있다. 부르고뉴 북부에 있는 샤티옹쉬르센(Châtillon-sur-Seine)에는 대단히 큰 크라테르(krater, 와인과 물을 섞을 때 사용한 용기)가 있다. 이 크라테르는 높이가 2미터이고 용량이 1,000리터들이라는 것을 감안하면 장식용으로 만들어진 게 분명하지만, 켈트족이 지배하는 갈리아에서 와인이 차지하는 지위를 웅변하기도 한다.[4]

그리스 본국에서는 그리스사회의 전 계층이 와인을 마셨지만, 소비된 와인의 품질과 와인을 마시는 상황에는 계층 간에 중요한 차이점이 있었다. 그리스의 가장 유명한 와인 관련 제도는 심포지엄(symposium)이었다; 이 단어의 요즘 뜻―콘퍼런스나 미팅―은 원래 뜻을 상당히 많이 희석시킨 것이다. 그리스어 심포지온(symposion)은 "함께 마시다(drinking together)"라는 뜻으로, 밤새도록 와인을 마시고 논의하고 여흥을 즐기려고 모인 그리스 상류층 남성들(보통 12명에서 24명 사이)의 모임을 가리킨다. 심포지엄은 젊은 청년을 성인 남성사회에 소개하는 자리일 수도, 즉 통과의례일 수도 있었다. 심포지엄에 대한 묘사는 지금까지도 상당히 많이 전해진다. 심포지엄은 밤이 깊어지는 동안 사용한, 화려하게 장식된 도자기 항아리와 잔에 선명하게 묘사돼 있다. 그림은 머리에 화관(花冠)을 쓴 남성들이 소파에 몸을 기울이고는 얕은 와인잔(goblet, 퀼릭스kylix라 불렸다)으로 와인을 마시면서 얘기를 나누고 가수와 악사들에게 귀를 기울이는 모습을 보여준다. 일부 심포지엄은 남성들이 밤새도록 정치와 예술을 논하는 진지한 자리였다. 음주와 함께 매춘부와 시동(侍童)들과 섹스를 하는 떠들썩한 술판으로 보이는 심포지엄들도 있었다. 많은 심포지엄이 이 모든 행위가 뒤섞인 자리였을 것이다.

심포지엄의 구성방식은 다양했지만, 일부 표준적인 특징은 있었다. 와인 첫잔은 물을 타지 않은 스트레이트(straight)로 마셨던 것 같지만, 나머지 잔은 물을 섞어 마셨다. 일반적으로 그리스인들은 와인을 스트레이트로 마시는 건 야만적인 일이라고 생각했고(일부 작가들은 와인을 스트레이트로 마시면, 심지어 같은 양의 물을 섞어 희석시키더라도, 마신 이가 미칠 수도 있다고 주장했다), 그래서 와인에 물을(때로는 바닷물을) 섞는 게 보편적이었다. 풍미를 더하려고 허브와 향료도 넣었다. 각 심포지엄의 주최자(심포지아크symposiarch)가 와인과 물의 비율을 정했는데, 항상 물의 양이 많았다. 3:1, 5:3, 3:2 비율이 보편적이었던 듯 보이는데, 이는 참석자들이 음료의 총량에서 와인이 25%에서 40% 사이를 차지하는 음료를 마셨다는 뜻이다. 부유한 그리스인들이 선호했던 와인의 상당량은 신선한 포도로 만든 게 아니라, 말린 포도로 빚어서 알코올 함량이 높은 고당도 와인이었다. 그래서 희석된 와인의 알코올 수준은 대체로 요즘 맥주와 동일한 4%에서 7% 사이였을 것이다. 목표는 약간의 취기와 유쾌한 분위기를 이끌어내기에 충분할 정도로 독한 술을 만드는 거였지, 참석자들이 지나치게 취하거나 지나치게 이르게 곯아떨어지게 만들 정도로 독한 술을 만드는 게 아니었다. 의도했던 술의 강도나 소비량이 빗나가는 일이 많았던 게 분명하다. 일부 술병과 퀼릭스에 그려진 이미지들은 인사불성으로 쓰러진 남자들, 균형을 잡으려고 서로를 부둥켜안은 남자들, 토하는 남자들을 보여준다.

심포지엄을 다룬 현대의 많은 연구는 이상적인 심포지엄은 참석자들이 심하게 취할 정도까지 술을 마시지 않는 것이었음을 보여준다. 그리스인들은 적당한 양을 마시는 것을 자랑스러워하면서, 이런 미덕을 술을 지나치게 많이 마시는 (스키타이Scythian와 트라키아Thracian 같은) 다른 문화들과 대비시켰다. 코믹한 시를 쓴 시인 알렉시스(Alexis)는 적절하게 마시는 그리스의 음주방식을 찬양하면서 다른 사회의 관행들을 "마시는 게 아니라 흠뻑 젖는 것(drenching, not drinking)"이라고 묘사했다. 다른 사회에서는 지나치게 탐욕스럽게 술을 들이켜기 때문에 온몸이 젖는다는 뜻일 것이다.[5] 물론, 물로 희석시킨 와인(이는 지혜와 쾌감을 섞는 것으로 묘사됐다)은 취기를 적당한 수준으로 유지하는 데 도움이 됐다. 그리스인들은 와인(그리고 비어)을 희석시키지 않고 마신다며 다른 음주 문화를 비판했다.

그리스인들은 와인을 마시는 철저히 문명화된 제도인 심포지엄이 편안하면서도 무척이나 진지한 자리가 될 것이라고 기대했다. 시인 우불루스(Eubulus)가 지은 것으로 보이는 희곡은 와인 크라테르를 연달아 마시는 데 따르는 효과들을 조리 있게 보여준다. 심포지엄 참석자 각자가 마신 양이 어느 정도였는지는 크라테르의 크기와 참석자 수에 달려 있었다. 우불루스의 주장을 곧이곧대로 받아들일 필요까지는 없다. 하지만 그의 희곡은 참석자들이 적당한 음주에서 과음으로 넘어감에 따라 진행되는 효과들을 잘 보여준다. 희곡에서 심포지엄 주최자는 다음과 같이 말한다.

나는 현명한 이들만을 위해 크라테르 세 개를 섞었소.

그들이 마시는 첫 크라테르는 건강을 위한 거요.

둘째는 사랑과 기쁨을 위한 거요.

셋째는 잠을 위한 거요. 그걸 마실 때가 되면, 현명한 이들은 집으로 향할 테니 말이오.

넷째는 더 이상 우리 것이 아니라, 오만함의 것이오.

다섯째는 고함(shouting)으로 이어질 거요.

여섯째는 취하는 수준으로 이어지오.

일곱째는 멍든 눈으로 이어지오.

여덟째는 법원의 소환장으로 이어지고,

아홉째는 분노로 이어지며,

열째는 광기로 이어지는데, 그 지경이 되면 사람들은 물건을 집어던지

게 된다오.[6]

이건 참석자들이 셋째 크라테르를 마신 후에는 마시는 걸 중단하고 집에 가야 마땅하다는 충고인 게 분명하다. 그보다 더 마시는 데 따르는 좋은 결과는 하나도 없으니 말이다. 그리스에서 넷째 크라테르를 마신 결과인 '오만함(hubris)'은 시민이라면 저질러서는 안 되는 범법행위로, 겁탈과 간통만큼이나 심각한 짓들을 아우를 수도 있는 용어였다.[7] 여덟째 크라테르를 마실 무렵, 참석자들은 법에 저촉될 실제적인 위험에 처하고, 크라테르 10개를 전부 마시면 사람들은 미칠 지경에 몰린다. 이 시는 와인을 지나치게 많이 마신다는 간단한 일만으로도, 심지어 와인을 잘 희석시켰을 때조차도, 기분 좋은 행동이 폭력적인 행동으로 전락하는 방식을 생생하게 묘사했다. 이 시는 역사적으로 존재해온, 술에 대한 긍정적인 인식과 부정적인 인식 사이의 긴장상태를 생생하게 묘사한다.

와인은 심포지엄의 본질인 사교행위를 매끄럽게 해주는 윤활유로만 활용되지는 않았다; 참석자들이 한 게임은 와인이 이 행사의 중심이었음을 보여준다. 일부 게임에는 부풀린 와인스킨(wineskin, 와인을 담은 가죽부대-옮긴이)이 사용됐는데, 이 부대에 기름을 바른 후 게임 참가자들이 그 위에서 균형을 잡으려고 애써야 하는 게임도 있었다. 코타보스(kottabos)라는 다른 게임에 참가한 선수들은 자기 주발에서 꺼낸 소량의 와인이나 와인 찌꺼기를 장대 꼭대기에 균형을 잡고 있는 청동원반에 던졌다. 목표는 원반이 떨어지면서 장대 중간쯤에 고정된 더 큰 원반을 때려 소리가 나게끔 만드는 거였다.[8] 물이 담긴 주발에 떠있는 접시에 와인과 찌꺼기를 던져 접시를 채워서는 가라앉히는 게임도 있었다. 이 게임은 고대의 와인은 오늘날 마시는 맑은 액체가 아니라 포도와 포도덩굴에서 나온 조각과 덩어리, 허브 같은 첨가제들이 함유된 상태였음을 상기시켜 준다.

이런 게임에는 다양한 운동신경과 균형감각, 정확성이 관여돼 있는데, 이 모두는 술에 의해 손상될 가능성이 높을뿐더러 밤이 깊어질수록 손상의 정도가 심해졌을 것이다. 이런 게임에서 이기는 건 승자에게 와인을 감당 해내는 능력이 있다는 걸 보여줬을 것이다. 이 게임들은, 간단한 게임이라도, 와인이 심포지엄에서 중추적인 역할을 했다는 걸 분명히 보여주고, 일부 게임은 참석자들과 주최자가 말 그대로 와인을 내던질 정도로 충분히 부유했다는 걸 보여줬다.

관례상, 심포지엄은 남성에게만 국한된 행사였다. 여성 참석자는 악사나 시녀, 매춘부, 때때로 술에 취해 몸이 좋지 않은 남성을 돌보는 여성들이었다. 그리스 상류층 여성도 와인을 마셨지만, 이런 관행은 우호적인 시선을 받지 못했다. 그리스 작가 상당수—모두 남성—는 남자들은 와인을 희석시켜 마시는 반면, 여자들은 와인을 스트레이트로 마시는 것을 선호한다고, 그래서 불행한 결과가 이어질 거라는 게 뻔히 예상된다고 주장했다. 이 주장이 맞건 틀리건, 이런 생각은 여성을 야만인과 동일한 반열에 올려놨다. 이 믿음이 보여주는 측면 하나는 와인을 마신 여성들이 도덕적인 태도를 상실하고는 성적으로 난잡해지는 경향이 있다는, 자주 표명된 두려움이었다. 술 마시는 여성과 성적인 행위 사이를 관련짓는 것은 서구문화에서는 보편적인 일로, 남성에게 허용된 행위와는 상이한 행위기준을 여성에게 적용하는 식으로 성도덕에 이중 잣대가 적용된다는 것을 보여주는 탁월한 사례다.

그리스의 엘리트 남성에게 와인은 분명 특별한 음료였다. 와인을 마신 다른 사회의 엘리트에게도 같은 말을 할 수 있긴 하지만, 결과적으로는 비어를, 그리고 그걸 마시는 사람들을 비방할 정도로 와인을 높이 평가한 사회는 한 곳도 없었다. 그리스인들은 주변 지역과 접촉하면서 오로지 비어만 마시는, 또는 비어와 다른 알코올성 음료들을 마시는 사람들을 만났다. 그리스 병사들은 비어와 대추야자와인(date wine)이 생산되는 지역에 있을 때는 그것들을 마셨다. 하지만 비어를 언급한, 특히 BC 7세기의 트라키아인의 비어 음주를 언급한 최초의 그리스 기록의 내용을 어느 사학자는 "부적절하다"고 불렀다: 이 기록은 (윗부분에 떠다니는 겨와 다른 찌꺼기를 피하려고) 빨대로 비어를 마시는 그들의 관행을 여성이 펠라치오를 하는 것에 비유했다.[9]

BC 400년경에 아르메니아를 여행하면서 갈대로 비어를 마시는 광경을 본 그리스의 장군 크세노폰(Xenophon)은 꽤나 애매한 글을 남겼다: "주발에 밀과 보리, 콩, 보리 와인이 약간씩 있었다… 물을 붓지 않으면 굉장히 독했다. 그 음료는 익숙한 사람에게는 대단히 좋았다."[10] 아르메니아 비어는 그리스의 와인이 그랬던 것처럼 물로 희석시킬 수도 있을 정도로 독했고, 크세노폰은 그게 대단히 좋았음을 인정했다. "그 음료에 익숙한 사람에게는"이라는 단서가 그 자신은 그게 마음에 들지 않았음을 보여주는 것 같지만 말이다.

비어에 대한 공평무사한 묘사는 그리스의 보편적인 태도가 된 입장과 대비된다. 그리스인들은 BC 5세기부터 비어가 남성들을 "여자처럼 나약하게" 만든다고 맹비난하기 시작했다. 비어와 여성성을 결부시키는 건 체액(體液)을 통해 신체를 이해하는 사상에서 비롯됐을 가능성이 있다. 이 관점은 남성은 따뜻하고 건조한 것으로, 여성은 차갑고 습한 것으로 간주했다. 동일한 개념체계는 와인을 뜨거운 음료로 간주했고(일부 예외는 있었다), 따라서 와인은 남성에게 알맞았다. 히포크라테스는 곡물을 차가운 물질로 간주했다. 빵으로 가공하면 뜨거웠지만 말이다. 그런데 후대의 의학 필자들은 비어를 차가운 음료라고 지적하면서, 따라서 남성보다는 여성과 더 비슷하다고 적었다(히포크라테스는 그러지 않았다). 요약하자면, 와인은 남성적인 음료로, 비어는 여성적이거나 나약한 음료로 간주됐다.[11]

알코올이 두 주종 모두에 든 유효한 성분이라는 것을 몰랐던 그리스인들은 한술 더 떠 비어와 와인을 다른 음료라고 생각했다. 아리스토텔레스는 와인을 아편과 다른 약물과 함께 분류했지만, 비어는 별도의 카테고리에 넣었다. 그는 두 술은 마셨을 때 일어나는 효과가 각기 다르다고 생각했다. 와인을 취할 때까지 마신 사람은 얼굴을 바닥으로 향해 넘어졌다. 와인은 마신 사람의 "머리를 무겁게" 만들기 때문이다. 반대로, 비어에 취한 사람은 뒤로 자빠졌다. 비어는 "사람을 멍청하게 만들기" 때문이다.[12] 이런 표현이 그다지 조리 있게 들리지는 않을 테지만, 아무튼 이 표현은 그리스인들이 두 음료를 꽤나 다른 음료로 간주했다는 것을 잘 보여준다.

그리스인들은 비어를 마신다는 이유로 외국인들을 나무랐을 뿐 아니라, 그들의 음주습관도 개탄했다. 앞서 봤듯, 트라키아인과 스키타이인 같은 야만적인 민족은 술을 과하게 마시는 사람들로, 지저분하고 소란스러운 술꾼들로, 만취하는 게 일반적인 사람들로 묘사됐다. 그들은 이런 음주관습을 어느 정도는 기후 탓으로 여겼다. 그리스 철학자들은 서늘한 기후에서 산 사람은 전쟁에서는 용맹할지 모르지만 다혈질이고 격정적이기도 해서 부적절한 정도로 술을 마시게 된다고 주장했다. 이런 못된 짓만으로 만족하지 못한 야만인들은, 문명화된 음료인 와인만 마시는 그리스인들과 달리, 사람을 취하게 만드는 물질들을 활용하고 나면 난잡해졌다. 그중 최악은 스키타이인이었다. 그들은 와인과 비어를 희석시키지 않고 마실 뿐 아니라 미드와 발효밀크도 마셨고, 향정신성 성분을 함유한 듯 보이는 대마초와 다른 약초들도 이용했다.[13]

더군다나, 그리스 작가들이 서늘한 기후에 거주하는 데 따른 결과로 생각했던 호전성과 과음이 결합하면 유독한 결과가 생길 수도 있었다. 마케도니아의 알렉산더 대왕과 그의 아버지 필리포스 2세(Philippos Ⅱ)는 그 점을 보여주는 탁월한 사례였다. 필리포스는 스펀지처럼 술을 마셨고,

군대를 지휘해서 전투에 나서는 날을 포함해서 날마다 취해 있었다고 한다. 그는 그리스 포로들에게 족쇄를 채운 후 그의 포도밭에서 강제노동을 시켰다고 한다.[14] 알렉산더의 경우는 술에 취하면 예측불허에다 사람을 죽일 정도로 폭력적인 상태에 빠졌다고 한다. 후대의 로마 비평가는 알렉산더가 "동료들의 피로 더럽혀진 채 연회를 떠나는 경우가 잦았고" 술에 취해 다툼을 벌이는 동안 (언젠가 그의 목숨을 구해준) 친구 클리투스 (Clitus)를 죽였다고 전했다.[15]

로마인들은 와인을 우월한 음료로 생각한 그리스의 전통을 그대로 지속시켰다. 그리스인처럼, 로마인들은 와인을 위하면서 비어를 피했고, 다른 문화들을 부분적으로는 그들이 마시는 술과 음주방법으로 판단했다. 처음에 로마인들은 "심포지엄 같은 문명화된 세계"의 일부가 되기를 원하는 것과, 플리니우스 같은 작가들이 분류한 "호색과 과도한 포도주 사이의 연관관계"에 저항하는 것 사이에서 갈팡질팡했다고 어느 사학자는 주장한다.[16] 이 갈등을 해결하기 위해, 로마인들은 생활을 가능하게 해주는 와인의 역할을 역설했고, 그들이 거주하는 반도에서 난 와인의 탁월함을 강조했다. 훗날 로마인들은 그들의 관습을 제국 곳곳에 확장시킬 때 다른 사회의 외국인 엘리트에게 와인 소비를 전파했다. 처음에는 와인 교역이 이뤄졌다. 예를 들어, AD 70~80년경에 로마가 지배하는 갈리아와 런던 사이에 상당한 규모의 와인 교역이 이뤄졌다.[17] 로마인들은 직접 빚은 와인을 수출하는 데서 그치지 않고 포도 재배와 와인 생산을 유럽 곳곳으로 확장시켰다. 이런 점에서, 그들은 일찍이 BC 500년에 프랑스의 라타라(Lattara, 현대의 라트Lattes 인근) 항구와 활발하게 교역했던 에트루리아인의 초기 활동을 바탕으로 활동했다. 그 시기의 에트루리아 암포라와 BC 400년경의 포도 압착 플랫폼이 발굴됐다. 후자는 프랑스에서 행해진 가장 이른 시기의 상업적 와인 생산을 보여줄 뿐 아니라, 현대의 와인 양조에 사용되는 주요한 포도속(屬)인 유라시아의 포도나무(비티스 비니페라Vitis vinifera)가 이식됐다는 것도 보여준다.[18]

그런데 로마인들은 와인 제국주의를 한층 더 심화시켰다. 서기(西紀)가 시작될 무렵, 로마인들은 요즘에 가장 잘 알려진 (보르도Bordeaux, 론 밸리Rhône Valley, 부르고뉴를 포함한) 프랑스의 와인 산지 상당수와 잉글랜드, 그리고 유럽 중부와 동부의 많은 지역에 포도밭을 만들었다. 이 포도밭들의 주인은 처음에는 로마인들이었다. 그러나 이윽고, 로마인이 아닌 제국의 주민들이 소유권을 부여받았다. 현대 유럽의 와인 산업이 제대로 된 산업으로 발돋움한 데는 그리스 와인 생산자가 이탈리아 남부에, 그리고 에트루리아 와인 생산자가 이탈리아 북부에 끼친 영향을 적절히 인정해야 하지만, 그와 동시에 로마의 성장과 로마의 어마어마한 와인 수요가 한몫을 한 것도 사실이다.

로마에 상당한 규모의 와인 시장이 형성된 것은 식단의 변화에서 비롯됐을 가능성이 크다. 여러 세기 동안, 로마인들은 풀스(puls)로 알려진 귀리죽이나 포리지(porridge, 오트밀에 우유나 물을 부어 죽처럼 끓인 음식-옮긴이) 형태로 곡물을 소비했고, 빵은 로마인의 식단에 상대적으로 늦게 당도했다. 빵은 개별 가정에서 구워졌을지도 모르지만, 최초의 공공 베이커리가 BC 171년과 168년 사이에 설립됐다.[19] 습한 음식(풀스)에서 마른 음식(빵)으로 옮겨가려면 곁들여 마실 음료가 필요했는데, 그렇게 선택된 음료가 와인이었다. BC 300년에 10만 명 가량이던 인구가 불과 3세기만에 100만 명 이상으로 급팽창한 로마는 와인을 향한 갈증을, 특히 일반대중이 마실 형편이 되는 저렴한 와인을 향한 강렬한 갈증을 표명했다. 로마는 1년에 1억 8,000만 리터 가량의 와인을 수입했을 것으로 추정된다. 시내에 거주하는 모든 남성과 여성, 아동이 하루에 와인을 거의 0.5리터씩 마신 셈이다.[20] 대부분의 와인은 시 주위, 그리고 BC 2세기 동안 포도밭이 급격히 확장된 남부 해안 지역의 포도밭에서 가져왔다.

이 지점에서 우리는 와인이나 다른 술의 1인당 소비량에 대한 역사적 추정치는, 고대와 고대 그리스·로마시대뿐 아니라 현대에 이르기까지, 조심스럽게 취급해야 한다는 걸 마땅히 강조해야 한다. 20세기가 되기 전까지 대부분의 시대의 술 소비량 추정치들은 인구 규모와 입수 가능한 알코올성 음료의 양에 대한 추정치를 바탕으로 산정됐는데, 두 가지 추정치의 오차범위는 모두 상당히 크다. 예를 들어, 일부 지역과 시대에는 와인이 특정 지역이나 소도시에 반입될 때 세금을 부과했다. 그래서 우리는 특정 공동체에 반입되는 와인을 기록한 재정기록을 갖고 있다. 하지만 그런 경우에도 밀반입됐기 때문에 세무기록에 오르지 못한 양이 어느 정도인지, 주민들이 세금이 붙지 않는 저렴한 와인을 마시려고 시외로 나갔는지 여부를 전혀 알지 못한다. 인구 추정치의 경우, 그 추정치는 믿음직한 센서스가 행해지기 이전 시기에는, 말 그대로 추정치일 뿐이다. 기본 인구와 전체 술 소비량 모두가 불확실할 때, 1인당 소비량 수치는 상당히 의심스럽다.

설령 통계적으로 정확한 1인당 소비량이 있다고 하더라도 그 수치가 대단히 유용한 건 아니다. 다양한 인구집단이 술 소비량과 관련해서 보여주는 폭넓은 편차를 무시하기 때문이다. 역사적으로, 아동은 성인보다 술을 덜 마셨고, 남성은 여성보다 술을 많이 마셨다. 성인 남성들 간에도, 일부—개인들이나 특정 사회계급의 구성원들—는 다른 사람들보다 역사적으로 더 많이 마셨다. 그 결과는 1인당 소비량이라는 광범위한 용어가 표현하는 것은, 80세 인구와 1세 인구를 동일한 수만큼 합친 인구를 묘사하는 것과 평균연령 41세인 인구를 묘사하는 것과 같은 정도로만 유용하다는 것뿐이다. 틀린 묘사는 아니지만, 전체 인구의 모습을 그려내는 데는 진실을 호도하는 쓸모없는 묘사라는 뜻이다.

음료에 담긴 알코올의 함량도 의문점이다. 과거에 소비된 알코올성 음료의 1인당 소비량을 계산하는 이유 중 하나는 사람들이 마신 순수한 알코올의 양을 알아보려는 것이다; 그런데 그 수치는 누군가가 하루에 와인을 1리터 마시느냐 비어를 1리터 마시느냐 스피릿을 1리터 마시느냐에 따라 달라진다. 하지만 과거에 마신 알코올성 음료의 알코올 함량에 대한 믿음직한 정보가 없는 경우가 비일비재하다. 그럴법한 알코올 함량에 대한 추정치에 사소한 오차가 있을 경우, 1인당 소비량을 연간 단위로 일반화할 때 그 오차는 꽤나 크게 증폭된다.

우리는 로마의 사례에서 이 모든 문제점과 맞닥뜨린다. 로마의 경우, 서기 1세기에 모든 구성원이 와인을 하루에 0.5리터 마셨을 거라고 계산할 수 있다. 하지만 와인이 얼마나 폭넓게 소비됐는지는 확신할 수 없다. 사회적 스펙트럼의 이쪽 끝에 속한 사람부터 저쪽 끝에 속한 사람까지 와인을 마셨던 것처럼 보이기는 하지만 말이다. 로마인에게는 그리스 심포지엄의 로마 버전인 콘비비움(convivium)이 있었다. 하지만 콘비비움은 시간이 흐르면서 갈수록 격식을 따지는 연회 모델에 자리를 내줬고, 새 연회 모델이 식사를 중요시하면서 와인의 으뜸가는 지위는 희석되기에 이르렀다.[21] 여성이 콘비비움에 참석하는 것을 허락하는 일이 이따금씩 있었다; 하지만 여성의 참여는 상당한 논쟁거리였고, 일부 남성은 유부녀가 와인을 마시면 간통으로 이어진다는 것을 근거로 삼아 유부녀가 와인을 마시는 것을 맹렬히 비난했다. 이런 상황은 여성은 본질적으로 성적인 존재이고 술은 사회가 성적인 표현을 억누르고 통제하려고 구축한 제약들을 마비시켜 버린다는 가정을 바탕으로 한, 여성의 음주와 성적인 난잡함을 연계시킨 역사적인 연결고리를 상기시킨다.

시인 유베날리스(Juvenalis)는 "사랑의 여신이 취했을 때 그녀에게 중요한 건 무엇인가? 그녀는 자신의 사타구니와 머리를 분간하지 못한다"고 썼다. 여러 시기에 걸쳐, 로마의 여성들은—종교의식에서 와인을 헌주로 붓는 것을 비롯한—와인과 연관된 행위가 모조리 금지됐다. 그리고 일부 시대에, 로마법은 아내가 와인을 마시는 현장을 목격한 남편이 아내와 이혼하는 것을 허락했다(BC 194년에 이런 바탕에서 이뤄진 마지막 이혼이 허용됐다). 더 혹독한 형벌은 사형이었다. 와인셀러의 열쇠를 갖고 있는 것을 발각 당했다는 단순한 이유만으로 가족들로부터 굶어 죽으라는 선고를 받은 어느 여성에 대한 이야기도 있다.[22] 발레리우스 막시무스(Valerius Maximus)는 『기억할 만한 행동과 격언들(Memorable Deeds and Words)』(AD 1세기)에서 에그나티우스 메케니우스(Egnatius Mecenius)의 사연을 전한다. "그는 몽둥이로 아내를 때려죽였다. 아내가 와인을 약간 마셨기 때문이다. 그가 한 짓 때문에 그를 법정에 데려간 이는 아무도 없었을 뿐더러, 누구도 그를 비난하지 않았다. 고결한 이라면 누구나 그녀가 무절제한 짓을 저질렀기에 그런 처벌을 받아 마땅하다고 생각했기 때문이다. 과하게 술을 마시겠다는 욕망을 품은 여성은 미덕으로 향한 문은 모두 닫아걸고 악행으로 향한 문은 모두 열어젖히는 게 분명하다."[23]

따라서 로마의 여성이 소비한 와인의 양에 대해서는 약간의 불확실성이 분명히 존재한다. 여성들이 일반적으로 와인과 단절돼 있었던 게 사실이라면, 남성들은 와인을 추정치의 2배인 하루에 1리터씩 마셨을 것이다. 그런데 모든 남성이 와인을 마셨을까? 로마 사회의 전 계층이 와인을 마셨던 건 맞다; 부유층과 유한계급이 와인을 자주 마신 것으로 보이고, 와인은 병사들이 받는 보급품의 일부이자 노예들이 가진 권리의 일부이기도 했다. 고고학자들은 로마의 도시들에서 술집을 수백 곳 발견했고, AD 79년에 베수비오산이 분출했을 때 파묻힌, 주요한 와인 수송항구 폼페이(Pompeii)에서는 술집 200곳 정도가 발굴됐다. 75m 길이의 어느 거리의 길가에는 술집이 최소 8곳 있었다.[24]

로마인들의 주량이 얼마였건, 그들은 (최소한 공개적으로는) 과음과 주취를 규탄했고, 어떤 사람이 술에 빠졌다는 혐의는 그 사람의 평판에 해로웠다. 키케로(Cicero)는 반대자들에게 술꾼 낙인을 찍는 걸 특히 좋아했다. 그는 주된 라이벌인 마르크 안토니우스(Mark Anthony)가 집에서 방종한 생활을 하고 날마다 이른 아침에 술을 마시기 시작했다고 주장했다. 키케로는 그 점을 상세히 묘사하려고 마르크 안토니우스가, 아마도 와인을 지나치게 마신 결과로, 상원에서 구토를 한 일을 인용했다. 로마의 비평가들에 의하면, 과도한 와인 소비는 이런 수치스러운 장면들로 이어질 수 있을 뿐더러, 습관적인 과음은 모든 형태의 육체적 질환과 정신적 질환을 낳을 수 있었다. 루크레티우스(Lucretius)는 와인의 분노가 영혼을 불안하게 만들고 신체를 약하게 만들며 다툼을 유발한다고 경고했고, 세네카(Seneca)는 와인이 마시는 이의 성격상 결함을 드러내고 확대시킨다고 썼다. 플리니우스는 와인의 특성을 칭송하는 한편으로, 와인의 영향력 아래 폭로된 진실 중 다수는 입 밖에 내지 않는 편이 나았다고 경고했다.[25]

그런데 로마가 통치한 이탈리아에서 '와인'이 가리키는 음료는 많았다.[26] 대카토(Cato the Elder)가 노예에게 제공한 와인은 의심할 여지없이 질이 떨어지는 거였고, 노예들은 연중 3달은 포도주스가 총량의 5분의 1밖에 안 되는 혼합물을 받았다. 그가 노예들에게 해마다 와인 암포라 7개(약 250리터)─요즘 병으로 하루 1병에 해당─를 허용한 것을 보면, 카토의 인심이 그리도 후했던 것은 와인의 품질이 그리 좋지 않았기 때문인 것 같다. 당연한 말이지만, 우리는 그 와인의 알코올 농도를 모르고, 일부가 주요 축제들을 위해 비축됐는지, 와인 배급이 연중 고르게 이뤄졌는지 여부도 모른다.[27]

가난한 로마인 다수가 포스카(posca) 같은 와인 기반 음료를 마셨다. 포스카는 물과 시큼한 와인(sour wine, 상했지만 아직 식초로 변하지는 않은 와인)

을 섞은 거였다. 엄밀히 말해, 그 와인도 콘비비움이나 심포지엄에서 제공된 희석한 와인만큼이나 '와인'이었다; 여기서 품질은 논점이 아니다. 포스카는 상하지 않은 와인보다 훨씬 쌌고, 병사들이 보급품의 일부로 받은 것도 포스카였다. 병사들은 아프거나 부상을 당했을 때만 우리가 와인이라고 생각할 만한 것을, 즉 신선한 포도로 빚고 좋은 환경에서 보관한, 알코올 함량이 높은 와인을 받았다. 로마 병사들은 일상적으로 받는 보급품의 일부인 묽은 포스카보다는 그런 와인을 선호했을 게 분명하다. 아프리카 북부에 주둔한 군대가 와인과 교환할 노예와 가축을 얻으려고 현지인을 약탈한 사례가 있는 것으로 전해진다. BC 38년에, 헤롯(Herod)은 로마 병사들이 보급품 부족을 이유로 폭동을 일으키겠다고 위협하자 와인과 다른 식품들을 공급했다.[28] 로마에서 얻을 수 있던 와인과 비슷한 또 다른 음료는 로라(lora)로, 와인을 빚은 후에 남은 찌꺼기(껍질, 씨, 포도 잔류물)를 물에 담가 만든 것이었다. 결과물은 알코올이라고 부르기 힘들 정도로 묽고 연했겠지만, 어쨌든 로라는 물과 경쟁해서 이길 수 있을 정도로 물과 다르기는 했다. 카토는 포도 수확철이 지난 후 석 달간은 노예들에게 로라를 지불했다고 기록했고, 바로(Varro)는 겨울 동안 자기 농장의 일꾼들에게 그걸 줬다.

따라서 로마 남성은 계층을 불문하고 와인을 마셨다고 말할 수는 있지만, (마시기 전에 물로 희석시켰을지라도) 사회 상류층이 풍미와 색상, 알코올을 온전히 갖춘 와인을 마신 것과 하층계급 전체가 알코올이 거의 없는 밍밍하고 연한 음료인 와인을 마신 것이 별개의 일인 것은 분명하다. 감각과 심미적인 측면은 별개로 하더라도, 부유한 로마 남성들은 하층 사람들보다 훨씬 더 순수한 알코올을 소비했다. 그리고 남성 전체가 모든 여성보다 더 많은 술을 소비했던 건 확실하다.

로마인들은 비어를 마시지는 않았지만, 유럽으로 진군해가는 동안 비어를 숱하게 많이 접했고, 그중 다수는 비어의 품질에 대한 견해를 남겼다. 플리니우스는 비어를 희석시키지 않는 데 따른 효과에 대한 그리스인의 반감을 반복하면서 이렇게 밝혔다. "서쪽 민족들에게는 특별한 술이 있다. 물에 젖은 곡물로 만든 것으로 갈리아인과 히스파니아인(Hispanian)들 사이에서 다양한 방법으로 만들어진다… 히스파니아인들은 그런 유형의 술을 숙성시키는 법을 가르치기까지 했다. 이집트도 곡물로 비슷한 술을 만드는 법을 스스로 고안했는데, 그걸 마시면 세상 어디에도 없는 취기가 느껴진다. 그들은 (곡물에서 얻은) 그 주스들을 와인을 마실 때 희석시키는 식으로 약하게 만들지 않고 순수하게 마시기 때문이다."[29] 이건 비어 자체보다는 비어를 마시는 방법에 대한 견해에 가깝다. 플리니우스는 우유가 뼈에 좋고 물이 피부에 좋은 것처럼 비어는 힘줄에 영양을 공급한다고 꽤나 긍정적으로 썼다.[30] 이건 다양한 음료를 식단에 포함시키자는 주장으로, 전반적으로 보면 로마인들은 그리스인들이 와인에 대해 가진 시각보다는 더 균형 잡힌 시각을 취했다. 그들은 비어를 마시는 민족들 가운데에서 목격한 취중 추태를 보고하며 개탄하기는 했지만, 그리스인들이 그랬던 것처럼 비어 자체를 비난하지는 않았다.

한편, 로마인들은 와인이 비어보다 우월하다고 생각했던 게 분명하다. 그들은 비어를 자신들의 식단에 통합시키지도 않았을 뿐더러 외국의 엘리트들이 음료를 선택할 때 와인을 채택하게 만들 정도로 영향력이 컸다. 그들은 이집트를 점령한 BC 1세기에 와인 마시기를 이집트의 상당히 폭넓은 사회적 집단에게까지 확장시킨 듯하다. 그렇다고는 해도, 이집트 인구의 상당부분은 비어를 계속 마셨다. 이집트 국내의 와인 생산으로는 이집트 인구 전체에 와인을 공급할 수 없었고, 이탈리아에서 수입한 와인은 대다수 이집트인에게는 지나치게 비쌌기 때문이다. AD 301년에 반포된, 로마제국 곳곳의 다양한 상품에 대한 최대가격을 고정시킨 칙령에서 우리는 비어와 와인의 가격이 차별화됐다는 걸 알 수 있다. 켈트족이 만든 비어는 1파인트(pint, 1파인트는 1갤런의 8분의 1로, 영국에서는 0.57리터이고 미국에서는 0.47리터이다-옮긴이)에 4데나리(denarii, 고대 로마의 은화-옮긴이) 인 데 비해, 같은 양의 이집트 비어는 2데나리 밖에 안 됐고, 가장 싼 와인 은 8데나리였다. 따라서 이집트인 입장에서 가장 싼 와인은 비어보다 4배 비쌌고, 제국의 다른 지역에서 만든 비어는 2배 비쌌다.[31] 가격 차이가 생 산과 유통(일부 와인의 경우, 장거리 수송)에 따른 각각의 비용을 반영했는 지 여부는, 그리고 와인의 상대적인 희소성이나 문화적 특징 때문에 와인 에 프리미엄이 붙었는지 여부는 논란의 여지가 있다.

와인의 특징 중 일부는 종교와 연관된 와인의 이미지에서 비롯됐다. 그리스에서 와인의 신은 제우스와 인간 여성인 세멜레(Semele) 사이에서 태어난 디오니소스였다. 디오니소스에 대한 설화에 따르면, 제우스는 디 오니소스가 여전히 세멜레의 자궁에 있을 때, 속임수에 넘어가 세멜레를 내워 죽였다. 하지만 제우스는 디오니소스를 구해내 그가 태어날 때까지 자기 넓적다리에 착상시켰다. 훗날, 디오니소스는 크레타에 있는 집에서 추방돼 이집트로 도주하고, 거기서 그와 동일시되는 존재인 와인 빚는 법 을 배웠다. 이 설명은 와인 양조 지식이 이집트에서 크레타로, 그 다음에 그리스로 전파된 것과 대단히 비슷하다. 실제로 디오니소스는 멀리 BC 1000년대 때부터 크레타에서 와인의 신으로 추앙받았던 듯하다.[32] 그리 스인들은 디오니소스를 와인이 가진 모든 장점을 와인에 부여한 인물로 인정하면서, 빈번하게 와인을 헌주로 붓는 것으로 그에게 경의를 표했다. 그리스정부는 그를 둘러싸고 발전된 숭배행위(cult)를 처음에는 반대했 지만 결국에는 그걸 승인했고, 디오니소스는 그리스 기득권층에 수용되 면서 그의 얼굴이 일부 주화에 등장할 정도까지 됐다.

로마에서 와인의 신 바커스는 폭넓은 찬양을 받았다. BC 3세기 무렵 이탈리아 중부와 남부에서는 바커스에 초점을 맞춰 숭배행위를 벌이는 집단이 모습을 드러냈다. 그 집단의 회원 규모가 어느 정도였는지는 명확하지 않다; 단지 그 집단의 지지자 대다수가 여성이었다고 하고, 그들이 연 축제(바커스 축제bacchanalia라고 불렸다)들이 와인을 땔감삼아 벌이는 난교에 짐승을 희생으로 바치는 행위가 간간이 끼어드는 식으로 묘사되는 경우가 잦았다. BC 186년에 로마 원로원은 이 숭배행위를 금지시켰다. 원로원이 이 컬트집단의 소위 부도덕한 행각 때문에 그런 조처를 내렸을 수도 있지만, 바커스 숭배가 로마 당국에 대한 저항형태였을 법도 하다. 비밀서약을 강요하는 바커스 숭배조직의 구조와 위계구조, 그들의 자금조달과 재산보유 상황은 정부가 공식적으로 인정한 가족과 정치적 지배계급의 패턴에 영향을 미쳤다. 원로원의 금지조처는 음주 때문에 발생하는 일들 때문이라기보다는 이런 상황 때문에 발동됐을 가능성이 더 높다. 음주 때문에 벌어지는 추태도, 여성이 관련됐을 경우에는 특히 더 비난받았지만 말이다.[33]

그리스와 로마의 와인 문화 사이에는 일부 차이점도 있지만, 두 문화는 와인 생산방법을 비롯해서 상당히 많은 특징을 공유했다. 와인용 포도를 수분이 날아가면서 쪼글쪼글해지도록 햇볕에 건조시키는 일이 잦았다. 그렇게 하면 과즙의 풍미가 더 강해지고 당분 함유량도 높아지는데, 그렇게 해서 빚은 와인은 풍미도 더 농축되고 알코올 함량도 높았다. 이렇게 빚은 와인은 희석해서 소비할 용도로 빚은 이상적인 와인이었다. 최종적으로 소비되는 음료는 풍미와 알코올 양쪽이 다 우수한 수준이기 때문이다. 베이스 와인(base wine)은 알코올 함량이 높았을 뿐더러, 발효되지 않은 포도주스(그 덕에 알코올 수준이 어느 정도 떨어졌을 것이다)를 섞거나 때로는 꿀을 섞어 단맛을 높이는 경우도 잦았다. 4세기 말이나 5세기 초에 편집된 레시피 컬렉션인 『아피키우스(Apicius)』는 (꿀과 후추, 월계수 잎,

사프란 같은 성분이 들어간) 향료주(spiced wine)와 장미와 제비꽃 꽃잎을 우려낸 와인을 만드는 법을 제공했다.[34]

와인과 동일한 양의 꿀을 넣으라고 요구하는 어느 레시피를 따를 경우, 오늘날 우리가 알고 있는 그 어떤 와인과도 다른 달착지근하고 끈적거리는 와인이 만들어졌을 게 분명하다. 그런데 단것을 좋아하는 사람에게 어필하는 와인을 만들려는 시도가 있었던 것처럼, 단맛을 줄이려는 방법들도 있었다. 때때로 소금물을 와인에 첨가했다. 로마 시인 플리니우스가 말했듯 "와인의 단맛을 더 생동감 있게 만들려고" 그랬는데, 염분이 어느 정도 당분에 대응한다는 뜻일 것이다. 다른 첨가제로는 허브와 향료뿐 아니라 납도 있었다. 납은 단맛에 약간 기여했다. 몇몇 레시피는 포도주스를 납 용기에 끓이라고 권했고, 납 화합물을 와인에 첨가하라고 명시한 레시피들도 있었다. 납은 와인이 상하는 속도를 늦춰주는 방부제였지만, 유독성 물질이기도 했다. 그래서 많은 술꾼의 목숨을 앗아가는 데는 실패했더라도, 적어도 앓아눕게는 만들었을 게 분명하다.

고대 와인의 맛을 재현하는 건 불가능하다. 그 시대 작가들은 와인을 묘사할 때 와인을 당도와 강도의 두 축(軸)에 올려놓는 경향이 있었다: 와인들은 다소 달고 다소 독했다. 단맛의 기준은 꿀이었는데, 일부 와인은 "꿀같이 달다"고 묘사됐다. 와인 빛깔의 농도도 평가의 대상이었는데, 와인의 빛깔과 농도 사이의 관계를 잇는 게 가능하다. 아로마를 언급한 작가는 드물었다. 카토가 와인에 '달콤한 아로마'를 넣기 위한 레시피를 다음과 같이 제공하기는 했지만 말이다: 발효 중인 와인에 피치(pitch)를 바르고 따뜻한 재와 향기 나는 허브, 골풀(rush), "제조자가 보관해둔 야자"로 덮어라.[35]

아로마는 심미적인 측면에서보다는, 와인이 상하고 있다는 걸 보여주는 지표로서 더 중요했을 것이다. 카토는 와인에서 나는 악취를 제거하는 레시피도 제공했다. 이 사실은 그리스와 로마의 와인들이, 수지 같은 방부제를 활용했음에도, 오랜 시간을 버텨낼 정도로 충분히 안정적이지는 않았다는 걸 보여준다. 이듬해 수확철이 될 때까지 1년을 버텨줄 와인을 만든다는 단순한—요즘 기준으로 보면 대단히 평범한—목표를 세우는 경우가 잦았다. 울피아누스(Ulpianus)가 "오래된 와인이란 무엇인가?"라고 묻자, 카토는 전년도 수확철에 만든 와인이라고 대답했다.[36] 그리스 작가 아테나이오스(Athenaeus)는 최상급 와인의 최적 연령은 5년에서 25년 사이라고 밝혔지만, 그 시대에 그가 제시한 최고 목표는 지독히도 비현실적으로 보이고, 보관환경이 좋은 와인에 대한 얘기일 경우에는 5년조차도 가능할 성싶지 않은 목표로 보인다. 그럼에도, 오래 숙성된 고급 와인은 빚어진 지 얼마 안 된 평범한 와인보다 가격이 높았다. 품질이나 숙성 연도만 기준이었는지 여부는 명확하지 않다. AD 301년에, 로마 황제 디오클레티아누스(Diocletianus)는 보통 와인의 가격을 숙성된 와인 가격의 절반에서 3분의 1 사이로 정했다.[37]

빛깔, 농도, 맛에 대한 선호 때문에 일부 와인은 칭찬의 대상이 됐고, 그리스와 로마의 많은 작가가 각자가 선호하는 와인의 명단을 주석을 달아 발표했다. 그리스에서 이집트산 마레오틱(Mareotic) 와인은 폭넓은 찬사를 받았다. 클레오파트라가 이 와인에 취해 미쳐 날뛰기 시작했다는 이야기가 있었는데도 말이다. 아테나이오스는 심지어 알렉산드리아 남서부에서 생산된 타에니오틱(Taeniotic) 와인이 마레오틱 와인보다 낫다고 생각했다; 그의 말에 따르면, 타에니오틱 와인은 빛깔이 연하고 향이 나며 마시면 기분이 좋고 약간 톡 쏘는 듯하며, 물로 서서히 희석시켰을 때 녹아 없어지는 기름진 특징이 있다. 플리니우스는 나일 삼각주 중부에 있는 세베네치아(Sebennys) 와인을 칭찬했다. 그리스 본토에서 생산된 와인의 경우에는 에게해의 타소스 섬에서 난 와인이 자주 칭찬을 받았다. 타소스의 통치자들이 제정한 와인 양조공정과 품질, 심지어 판매에 적용된 이런저런 규제는 아마도 역사적으로 가장 이르게 나온 와인 관련 법안이었을 것이다: 와인은 특정한 크기의 타소스 암포라에 담아서만 판매할 수 있으며, 판매에 앞서 희석시켜서는 안 된다. 규정된 와인 양조공정에는 포도 건조와 포도즙 끓이기가 포함돼 있는데, 두 공정 다 알코올과 당분 함량을 상승시켰다. 타소스는 한동안 번영을 누렸지만, BC 2세기 무렵 타소스와인의 인기가 식으면서, 로도스(Rhodes)와 코스(Cos), 레스보스, 스키아토스(Skiathos) 섬에서 난 와인들에 추월당했다.[38]

로마 작가들도 와인을 평가했다. 이탈리아산 와인만 놓고 볼 때는 남부산 와인을 선호했다. 제국의 수도에 와인을 공급한 로마 남부의 해안 지역인 라티움(Latium)과 캄파니아(Campania)에서 난 와인을 특히 더 선호했다. 와인 생산이 확장되기 시작했을 때, 양(量) 때문에 질(質)이 희생될지도 모른다는 우려가 일부 있었다. 칼럼넬라(Columnella)는 전체 인구에 와인을 공급하는 건 중요한 일이지만, 생산자들이 품질을 위태롭게 만드는 일은 절대 있어서는 안 된다고 적었다. 그는 수확량이 많은 신품종을 심는 대신 상대적으로 수확량이 적은 품종을 계속 기르는 것을 높이 평가하기까지 했다.[39] 그중에서도 두드러진 와인은 두 지역의 경계선에 위치한 팔레르니움(Falernium) 포도밭에서 빚은 와인이었다. 그 와인의 강렬한 특성에 대한 언급이, 그리고 BC 121년에 그해의 집정관 오피미우스(Opimius)의 이름을 딴 오피미안(Opimian)으로 알려진 전설적인 빈티지에 대한 언급이 많다. 페트로니우스(Petronius)는 그의 희곡 「사티리콘(Satyricon)」에 "팔레르노와인(Falernian). 집정관 오피미우스. 100년산"이라는 레이블(label)이 붙은 병들을 가져오는 만찬 주최자를 등장시킨다. 페트로니우스는 관객이 이런 설정을 이해할 거라 예상한 게 분명하다. 예상하듯, 팔레르노 와인의 가격은 대단히 높았다: 베수비오산의 분출로 파괴된 폼페이의 많은 술집 중 한 곳에서 팔레르노 와인의 가격은 보통 와인의 4배였고, '최상급 와인'의 2배였다.[40]

로마인들이 그들이 거주하는 반도에서 난 와인만 높게 평가한 것은 아니었다. 로마에서 선택 가능한 와인 셀렉션은 진정으로 제국이라는 말에 어울리는 규모였으니까. AD 1세기에 와인 카탈로그를 준비한 플리니우스는 와인 91종과 50종의 고급 와인, 외국산 와인 38종에다 소금을 넣은 와인, 설탕을 넣은 와인, 인공 감미료를 넣은 와인도 포함시켰다.[41] 그는 포도품종뿐 아니라 양조 지역을 기준으로 와인을 평가한 것으로 유명했다. 플리니우스 같은 와인비평가는 그 시절의 로버트 파커(Robert Parker, 미국의 와인평론가-옮긴이)였을 것이다. 카에쿠반 와인(Caecuban wine)에 89점을 주고 팔레르노 와인에 100점에 못 미치는 96점을 주며, 특정지역과 빈티지를 추천하고, 그 과정에서 일부 와인의 가격을 급등시키는 식으로 말이다.

맛과 농도가 와인을 평가하는 둘 밖에 없는 기준은 아니었다. 그 시대의 많은 필자가 와인을 평가할 때 와인이 안겨주는 감각적인 쾌감만큼이나 와인이 안겨준다는 건강상 이점과 의학적 특성을 따졌기 때문이다. 아테나이오스는 마레오틱 화이트와인을 "탁월하고, 하얗고, 기분 좋고, 향이 좋으며, 소화가 잘되고, 연하며, 머리가 아플 것 같지 않고, 이뇨작용이 있다"고 묘사했다. 일반적으로 와인은 적당히만 마시면 건강에 좋은 것으로 간주됐다. 서양의 의학적 전통에 근본적인 저작을 남긴 히포크라테스는 와인을 소화를 돕는 보조물로 추천했다. 하지만 모든 와인이 동일한 효과를 내는 건 아니었다. 와인에 완하제(緩下劑) 속성이 있다는 이집트인들의 믿음을 그대로 반영한 히포크라테스는 "진하고 독한 와인은 더욱 건조하고, 그래서 대소변이나 침으로 잘 배출되지 않는다"고 언급했다. 더욱 생산적인 건 "부드럽고 진한 와인들로… 배에서 부글거리며 변으로 잘 배출된다."[42]

와인을 '뜨거운' 물질이라고 언급하는 것에서 보듯, 와인과 소화 사이의 관계는 서양의학의 원칙이 됐다. 신체가 균형 잡을 필요가 있는 뜨거운 요소들과 차가운 요소들을 담고 있다고 이해할 때, 이 점은 중요했다. 와인은 아동의 몸처럼 선천적으로 대단히 뜨거운 것으로 간주되는 신체나, 환자가 열병을 앓는 등의 병환을 앓아 뜨거워진 몸에는 추천되지 않았다. 이런 경우, 와인은 몸에 열기를 더하면서 불균형을 악화시켰고, 이건 부모들이 아이에게 와인을 주지 말라는 충고를 듣는 한 가지 이유였다. 이와 반대로, 와인은 선천적으로 차가운 몸에 추천됐는데, 죽음이라는 최후의 차가움에 다가가고 있는 노인의 몸이 그렇다고 믿어졌다.

의사들도 와인의 위험성에 대해, 보통은 과하게 소비했을 때의 위험성에 대해 경고했다. 세네카와 플리니우스가 열거한 와인 관련 질환 중에는 기억상실, 정체성 혼동, 언어능력과 시력 손상, 자기애적인 방종, 반사회적 행동, 복부 팽창, 입 냄새, 오한, 현기증, 불면증, 돌연사 등이 있었다.[43] 와인을 상당량 소비하는 것은 운동선수들에게도 추천되지 않았다. 에픽테토스(Epictetus)는 올림픽에 참가해서 성공을 거둔 자들은 디저트와 냉수를 피했고, 마시고 싶다는 기분이 들 때마다 와인을 마신 게 아니라 드물게만 와인을 마셨다고 언급했다. 필로스트라투스(Philostratus)는 와인을 지나치게 많이 마신 운동선수는 "똥배가 나오고… 와인을 과도하게 마시면 맥박이 빠르게 뛰는 증상이 생긴다"고 밝혔다.[44]

와인과 비슷하게, 비어도 의학적으로 긍정적인 특성과 부정적인 특성을 모두 부여받았다. 앞서 봤듯, 플리니우스는 비어가 힘줄에 좋다고 생각했다. AD 1세기에 의학에 관한 글을 쓴 켈수스(Celsus)는 영양가 면에서 비어를 우유와 와인보다 높이 평가했다. 한편, 고대 의사들 대다수는 비어 음주의 육체적 효과에 대해 부정적인 글을 썼다. 켈수스가 글을 쓴 직후에 글을 쓴 그리스의 약학자 디오스코리데스(Dioscorides)는 비어가 이뇨제이며 콩팥과 힘줄에 다양한 영향을 끼치지만, 인체조직의 막(膜, membrane)에는 해로우며 속 부글거림, 두통, 언짢음, 상피병(象皮病)을 초래한다고 생각했다. 하지만 비어도 와인처럼 약초와 다른 치료제의 매체로 활용할 수 있었다. 어느 의사는 좋은 젖이 풍부하게 나오기를 원하는 여성들에게 익지 않은 참깨를 으깬 것이나, 어부들이 사용하는 유형의 지렁이 5마리에서 7마리를 대추야자와 함께 비어에 섞어서 마시라고 조언했다. 다른 의사는 회충을 다룰 때 비어에 적신 좌약과 허브를 이용하라고 권했다.[45]

알코올성 음료들은 다른 면에서도 건강에 좋은 선택이 됐다: 안전하지 않거나 오염된 물을 대체하는 대안 음료. 이것은 물을 구할 수 있는 세계의 많은 지역에 술도 함께 존재하는 이유에 대한 보편적인 설명이다. 사람들은 그런 지역의 물은, 이런저런 이유에서, 마시기에 안전하지 않거나 마시면 위험하다고 믿었다. 사람들은 마셔도 되는 물을 구할 수 있는 곳에만 정착했다. 하지만 필수불가결한 물을 전달하는 담수호와 강, 개천, 자분정(自噴井, 수압에 의해 지하수가 저절로 솟는 샘-옮긴이)은 시간이 흐르면서 인간과 짐승의 배설물과 쓰레기, 산업 폐기물에 의해 오염돼갔다. 결국 거주지에 있는 물을 마시는 건 사람들을 병들게 만들고 때로는 죽게 만드는 반면, 비어나 와인을 마신 사람들은 일반적으로 건강을 유지한다는 인식이 모습을 드러낸 듯 보인다. 저 멀리 고대 그리스·로마 시대에 이미 납에 노출된 물을 마시는 것은 위험한 일이라는 경고가 있었고, 근대 초기(대략 AD 1500년부터 1800년 사이)에 유럽의 의사 대다수는 물을 철저히 삼갈 것을 권했다.

알코올성 음료가 유럽인들의 식단에 주식으로 자리 잡은 것은 그것들이 물보다 안전했기 때문이라는 주장은 논리적이고 설득력이 있지만, 거기에는 조건이 있어야 한다. 우선, 술들 사이에는 차이가 많았다. 와인을 빚는 공정에서, 포도주스는 일부 박테리아를 제거하는 뜨거운 발효과정에 노출되는데, 딱 그 정도만큼만 정수 처리되지 않은 물보다 안전하다. 그리스와 로마에서 흔히 그랬던 것처럼 그 와인을 물로 희석하면, 그 음료는 덜 안전해진다. 와인에 들어있는 알코올과 산(酸)이 거기 첨가된 물에 든 박테리아 일부를 죽이더라도 말이다. 시큼한 와인과 물을 섞어 만든 로마의 포스카 같은 변종 와인도 알코올과 산을 함유하고 있어서 정수 처리되지 않은 물보다는―눈곱만큼일지라도―마시기에 더 안전했을 것이다. 비어의 경우, 양조과정에 물이 사용된다. 발효과정의 온도와 거기에 더해진 알코올은 비어를 생산에 사용된 물보다 더 안전하게 만들어준다. 종합해보면, 알코올성 음료들은, 절대적으로 안전하지는 않더라도, 물보다는 안전하다는 결론을 내릴 수 있다(16세기 전까지는 그리 널리 생산되지 않았던 진과 위스키 같은 증류로 얻은 음료들은 훨씬 더 안전했다: 증류를 하려면 알코올이 증발할 때까지 기본 발효액체를 가열해야 하고, 최종 생산물의 알코올 함유량은 다른 발효음료보다 훨씬 많다).

변비를 치료하거나 소화를 돕는 등의 의학적 특성 때문에 술을 마시는 것과, 구할 수 있는 가장 안전한 음료라는 이유로 술을 마시는 것은 전혀 별개의 일이다. 전자의 행동은 술을 물을 첨가해서 이따금씩 마실 수도 있는 음료로 대우한다. 후자는 사람들을 전적으로 술만 마시는 쪽으로 이끌 것이다. 따라서 고대 세계에서 술 소비가 다음의 3단계를 거쳤을 거라고 생각하는 것도 가능하다: 1단계, 뜸하게 소비되는 음료이자 의례나 축제 때 주로 소비되는 음료; 2단계, 부분적으로는 건강에 대체로 유익하다는 믿음 때문에 더 보편적으로 소비된 음료; 3단계, 물보다 안전하다는 믿음 때문에 소비된 유일한 음료. 처음 두 단계는 쉽게 겹쳐지지만, 3단계는 일상식단의 주요한 요소라는 사뭇 상이한 지위를 알코올성 음료에 부여한다. 술을 재량껏 마시는 음료로 대우하던 사람들이 필수적으로 마셔야 하는 음료로 대우를 바꾼 건 언제였을까? 16세기와 17세기에 유럽의 의사들은 하나같이 물을 마시는 건 위험한 일이라고 믿었다. 그런데 그런 관점의 유래가 어디까지 거슬러 올라가는지 알아내기는 힘들다. 수질은 분명 장소마다 차이가 있었을 것이다. 국지적이거나 일시적인 오염 때문에, 수질이 열악한 지역보다 지리적으로 더 넓은 지역의 물을 문화적으로 혐오하는 결과로 이어진 사례들이 많지만 말이다. 구할 수 있는 물이 안전한 때조차, 사람들이 그냥 비어나 와인, 다른 알코올성 음료를 — 보잘것없는 포스카조차 — 물보다 선호해서 그랬을 수도 있다. 비어는 분명 영양가가 높고, 와인도 비어만큼은 아니지만 일부 영양분을 제공한다. 둘 다 마신 이에게 행복감을 주고 때로는 약간의 취기에 따른 쾌감이나 심각한 취기에 따른 일시적인 기쁨을 안겨준다.

우리는 물이 안전하지 않은 경우가 빈번하다는 걸 알지만, 이런 일이 어디서 언제 일어났는지는 확신하지 못한다. 메소포타미아인들이 비어를 택한 것은 티그리스와 유프라테스가 오염됐었기 때문일까? 이집트인 대다수가 비어를 받아들인 건 나일강의 수질 때문이었을까? 아니면 비어가 그들이 합리적으로 요구할 수 있는 모든 것을 제공했기 때문에 그랬던 걸까?: 비어는 신체에 수분과 영양을 제공하고, 맛이 좋으며, 강물은 상대도 되지 않을 정도로 기분 좋은 느낌을 전달했다. 물은 수분을 제공하지만, 그게 다다. 비어를 마실 수 있는데도 물을 마시는 이유는 무엇인가?

로마인들이 급증하는 인구에 물을 공급하는 데 문제를 겪었던 건 확실하다. 애초의 도시를 티베르강의 강둑을 따라 건설한 탓에 티베르강은 얼마 되지 않아 오염됐다. 처형된 사람들의 시신을 강에 던지는 관행 탓에 오염이 가속화됐을 것이다. 로마인에게 음용수를 (더불어 공중목욕탕과 분수, 제조업에 쓸 물을) 제공하기 위해, BC 312년과 AD 226년 사이의 500년간 11개의 송수로가 건설됐다. 이들 수로는 모두 합해 로마의 100만 주민이 각자 하루에 1리터 가량의 물을 소비할 정도의 물을 제공했다. 그게 모두 소비됐다면, 그리고 로마인의 식단에 든 와인과 식품이 동일한 양의 물을 함유했다면, 그 분량은 수분을 섭취하는 데 충분했을 것이다.

유럽인들이 집단적으로 물을 피하고 알코올성 음료를 선호했다는 가정에 전제돼야 하는 또 다른 조건이 있다. 그들 중 상당한 규모가 문화적이거나 경제적인 이유 때문에 술을 마시지 않았던 게 거의 확실하다는 것이다. 아동들도 비어나 와인을 약간 마셨을지 모른다; 하지만 그들이 수분 섭취를 위해 술을 충분한 양을 소비했다는 증거는 하나도 없고, 부모들은 자식들에게 술을 주지 말라는 조언을 자주 들었다. 여성들은 술을 마시는 걸 자주 만류 당했고, 로마시대에 그랬던 것처럼 실제로 그러는 걸 금지당하기도 했다. 아동들과 여성들이 수분 섭취를 위해 충분한 비어나 와인을 마시지 않았다면, 그들은 물 대신 무엇을 마셨을까? 우유는 상업적으로 팔릴 정도로 많은 양이 생산되지 않았고, 과일주스는 희귀했으며, 커피와 차 같은 온수(溫水) 기반 음료들은 1,000년 이상의 시간이 흐른 후에야 유럽에 당도했다. 빈민들 입장에서, 술이 주머니 사정을 넘어설 경우 물을 마시는 것 외에는 다른 대안이 없었을 게 분명하다.

수질이 나쁜 물을 마시는 게 (열악한 영양상태와 주거환경과 더불어) 빈민들의, 그리고 전 계층의 여성의 기대수명을 낮추는 데 기여했다는 결론을 내려야 한다. 물 소비가 역사적으로 높은 수준의 유아기 사망률(childhood mortality)과 관련이 있다고 보는 게 합리적이다. 다른 면에서 보면, 술은 술을 소비하는 이들의 사망률을 낮추고 기대수명을 높이는 데 기여했을 게 분명하다. 하지만 이건 어디까지나 추측만 가능한 일일 뿐이고, 역사적으로 중요한 수준의 질병률과 사망률을 낳은 많은 변수로부터 술만 딱 떼어 분리해낼 수는 없다. 마찬가지로 확실한 건, 우리가 성별과 연령, 사회적 지위를 고려하지 않은 채로 술 소비와 그에 따른 결과들을 일반화할 수는 없다는 것이다.

그럼에도, 그리스와 로마가 그들보다 앞서 존재한 그 어떤 사회보다 더 폭넓고 세련된 술 소비문화를 발전시켰다는 것은 확실하다. 사회의 거의 모든 계층이 술을 마셨을 뿐더러, 알코올성 음료들—특히 와인과, 조금 덜한 정도의 비어—은 논의와 분석의 중요한 주제가 됐다. 와인과 비어가 소비된 방식들은 문화권 내의, 그리고 문화권 사이의 사회적 차이를 보여주는 의미심장한 지표들이 됐다. 더불어, 그리스와 로마의 술 소비 패턴과 특정 알코올성 음료에 대한 태도는 음주에 대한 기독교의 영향력 있는 교리들에 영향을 끼쳤고, 음주에 대한 중세의 이데올로기와 관행의 기초가 됐다.

3장

___

종교와 술

기독교와 이슬람이 밟은 경로들

술과 종교 사이의 관계는 수천 년 전에 시작됐다. 앞에서 봤듯, 중국에
서건 중동에서건 술에 대한 초창기 증거 중 상당수가 다양한 종류의 종교
의식에 술이 사용됐음을 보여주는 맥락에서 발견됐다. 많은 고대문화권
과 그리스·로마문화에서, 신들은 특히 비어나 와인, 미드 같은 다양한 알
코올성 음료와 결부됐다; 바커스와 디오니소스는 그중에서도 가장 널리
알려진 신들일 뿐이다. 술이 신에게 바쳐진 유일한 물품은 아니었다. 그
리스에서 데메테르(Demeter)는 빵과 과일, 채소의 여신이었다. 하지만 와
인과 비어는 종교와 더 지속적으로 관련지어졌다. 그렇게 된 이유는 그저
추측만 가능하다. 보편적으로 통용되는 어느 주장에 따르면, 더 많은 양
의 술을 마시는 데서 (약한 취기에서 심한 취기로 발전하는 데서) 비롯된 편안
한 느낌과 몽롱함, 혼미함은 마신 이가 평소 하는 체험하고는 생판 다른
감각이어서, 사람들은 그런 상태를 "딴 세상에 온 것 같다"고 생각하게
된다. 술은 마신 이의 정신을 감각적인 차원으로 고양시켰고, 그 사람은

그 차원을 영적이거나 종교적인 의미를 가진 차원으로 이해했다.

긍정적이건 부정적이건, 술과 종교 사이의 관계는 역사적으로 변함이 없는 것으로 여겨졌지만, 기독교와 이슬람—동일한 밀레니엄에 출현한 두 종교—은 각기 다른 방식으로 술과 독특하고 꾸준한 관계를 구축했다. 기독교는 알코올성 음료 하나—와인—를 자체의 상징과 의례에서 중심적인 자리로 격상시킨 반면, 이슬람은 술을 철저히 거부하고 추종자에게 알코올성 음료를 마시는 걸 금지한 최초의 주요 종교다. 두 종교 모두 선례들이 있었다. 한편에서, 와인은 로마의 와인의 신인 바커스를 중심으로 한 컬트 집단의 의식에서 중추적이었고, 유대교의 교리와 의식에 필수적이었다; 다른 한편에서, 기독교 이전 시대의 일부 유대교 교파와 (스파르타의 법 같은) 세속 법률들은 술 소비를 금했다. 하지만 후자의 금지사례들은 그다지 중요치 않거나 단명했다. 이와 대조적으로, 술에 대한 기독교와 무슬림의 교리들은 추종자 수백만, 수천만 명에게 장기적인 의미가 있었고, 오늘날에도 술에 부여되는 종교적인 무게를 상당히 많이 부여했다.

기독교가 술에 대해 취한 입장의 직접적인 배경은 유대교의 토라 (Torah, 기독교 성경의 구약에서 첫 다섯 책)로, 토라에는 와인과 와인 음주의 결과에 대한 언급이, 그리고 그리스어 버전에는 비어에 대한 언급이 많다 (그러나 히브리어 번역과 후대의 번역에는 비어에 대한 언급이 없다).[1] 신약에서 포도나무는 가장 빈번하게 언급된 식물이고, 와인도 많이 언급된다; 하지만 서기 첫 세기에 지중해 동부에서 비어가 광범위하게 소비됐음에도 비어에 대한 언급은 전혀 없다.

일부 성경학자와 비평가 사이에 다양한 용어의 의미와, 술에 대한 성경의 언급을 어떻게 해석해야 마땅한지에 대한 논란이 있다. 성경의 일부 텍스트를 와인 소비를 긍정적으로 대한 것으로 읽을 수도 있지만, 다른 경우에는 중립적인 태도이고, 또 다른 경우에는 명백히 부정적이다. 창세기의 한 구절은 와인을, 사무적인 방식으로, 식사에 필수불가결한 것으로 취급한다: "살렘 왕 멜기세덱이 떡과 포도주를 가지고 나왔으니."[2] 다른 구절은 와인을 찬양한다: "너는 가서 기쁨으로 네 음식물을 먹고 즐거운 마음으로 네 포도주를 마실지어다. 이는 하나님이 네가 하는 일들을 벌써 기쁘게 받으셨음이라."[3] 와인의 치료용 용법도 인식하고 있었다. 디모데는 "이제부터는 물만 마시지 말고 네 위장과 자주 나는 병을 위하여는 포도주를 조금씩 쓰라"고 충고하고,[4] 누가는 "가까이 가서 기름과 포도주를 그 상처에 붓고 싸매고"라며 와인에 살균 특성이 있음을 암시한다.[5]

그런데 성경의 다른 구절들은 어떤 음주건 그에 대해 경고하는 듯 보인다. "이는 그가 주 앞에 큰 자가 되며 포도주나 독한 술을 마시지 아니하며"라는 구절이 그렇다.[6] 와인을 다룬 성경의 많은 구절이 적당한 음주와 과도한 음주 사이를 명확히 구분하면서 후자를 비난한다: "술을 즐겨하는 자들과 고기를 탐하는 자들과도 더불어 사귀지 말라"[7]와 "이와 같이 집사들도 정중하고 일구이언을 하지 아니하고 술에 인이 박히지 아니하고 더러운 일을 탐하지 아니하고.[8] 이런 사례에서 성경은 과음을 폭식과 악착같이 돈을 모으는 행위 같은 다른 형태의 과도함과 더불어 비난했다. 음식과 돈 자체가 비판의 대상이 아니었던 것처럼, 와인 자체가 아니라 와인의 남용이 비난의 특정 표적이었던 것 같다.

19세기가 되기 전까지만 해도 이런 모호한 태도는 종교 비평가들에게 주요한 쟁점이 아니었다. 그때까지만 해도, 술은—당시 구할 수 있던 음용수보다 안전한 대안이었기 때문에 특히—폭넓게 소비됐고, 사회는 비어와 와인의 적당한 소비는 긍정적인 시각으로 봤다. 성경에 들어 있는 술에 대한 부정적인 메시지는 하나같이 소비 자체가 아니라 과도한 소비나 다른 형태의 남용을 겨냥한 것이라는 가정이 있었다. 성경이 인용될 때, 그건 거의 항상 주취상태와 그와 연관된 죄악에 대해 경고하기 위함이었다. 그런데 19세기에 유럽과 북미에서는 안전한 음용수와 비(非)알코올성 음료를 더 폭넓게 구할 수 있게 됐고, 많은 인구가 물을 대체하는 필수적인 대안으로 접근했던 술의 역할은 끝났다. 간단히 요약하면(이 논점들은 9장에서 더 상세히 탐구된다), 상황이 술의 대안들을 이용할 수 있게 되는 쪽으로 바뀌면서 이전까지는 불가능한 일이었던 절대 금주를 실행 가능한 선택대안으로 만들어줬다. 그에 따른 결과 중 하나는 주취와 습관적인 과음에 따른 부정적인 결과를 겨냥하던 세간의 주목과 비판이 상당부분 분량을 불문한 술의 소비로 옮겨갔다는 것이다.

절주(temperance)와 금주(prohibition)를 주장한 이들의 아이디어를 점점 더 많이 받아들이는 문화적 분위기에서 연구하던 19세기 성경학자들은, 술을 극소량만 소비하더라도 죄악과 사회적 무질서로 이어질 것이라는 폭넓게 수용된 관념의 시각에서, 성경에 담긴 술에 대한 언급을 재해석하기 시작했다. 그들은 물었다. 음주가 부도덕으로 이어진다면 예수가 가나(Cana)에서 열린 결혼식 연회에서 물을 와인으로 바꾼 까닭은 무엇인가? 예수는 왜 와인을 마셨나? 성찬식에서 와인이 그리스도의 피를 상징하게 된 연유는 무엇인가? 알코올성 음료를 가리키는 데 사용된 많은 상이한 히브리어 단어의 존재와 확연한 모호성을 기회삼아, 그들은 '두 와인 이론(two-wine theory)'을 채택했다: 성경에 있는 '와인'에 대한 긍정적이고 만족스러운 언급은 와인―발효의 결과로 빚어진 음료―을 가리킨 게 아니라 발효되지 않은 포도주스를 언급한 것인 반면, 부정적인 언급은 실제 와인을 가리킨 것이라는 이론. 그들 입장에서 보면, 가나의 결혼식에서 일어난 기적은 예수가 물을 와인이 아니라 포도주스로 바꾼 거였다(냉소주의자들은 이걸 꽤나 변변찮은 기적으로 볼 것이다). 이와는 반대로, 그들은 와인의 부정적인 사례들은 실제 사건과 관련돼 있다고 주장했다. 노아가 와인을 지나치게 많이 마셔서 옷을 찢고 발가벗었을 때, 롯(Lot)의 딸들이 아버지가 그들과 섹스하고 있다는 걸 알아차리지 못하도록 와인으로 아버지를 인사불성으로 만들었을 때가 그런 사례였다. 이런저런 사례에서, 두 와인 이론의 지지자들은 술이 실제로 효과를 발휘하면서 도덕적인 행동과 비도덕적인 행동 사이의 경계선을 지워버렸다고 주장했다.

19세기에 창설된 많은 기독교 교파(말일성도 예수 그리스도 교회와 구세군 같은)가 신도들의 음주를 막으면서 성경의 두 와인 해석을 지지했다. 주류 교파에서도 포도주스로, 또는 "발효되지 않은 와인(unfermented wine)"이라는 모순적인 표현으로 부른 음료로 성찬식을 축하하자는 운동이 있었다. 구약과 신약에서 술이 차지하는 위치는 지금도 여전히 활발한 논쟁거리다. 일부 비평가는 성경에 있는 비어와 와인에 대한 긍정적인 언급과 부정적인 언급, 중립적인 언급을 다 아우르면서, 그것들 대부분은 부정적이라는 결론을 내렸다; 그게 맞는 말인지 여부는, 그리고 거기에 무슨 의미가 있는지 여부는 성경을 읽는 개인들이 개인적으로 해석하고 선택할 몫이다.

분명한 건 와인이 유대교와 기독교 모두에서 대단히 중요했다는 것이다. 창세기는 대홍수의 물이 빠지고 대지에 식물을 다시 심고 사람을 다시 살게 할 필요가 있었을 때, 노아가 처음 재배한 식물이 빵을 만들기 위한 곡물이 아니라 와인을 공급하기 위한 포도나무였다고 전한다. 노아는 포도를 재배하고 나아가 와인을 만들었는데, 이는 명백히 좋은 일이었다. 하지만 와인을 지나치게 많이 마신 노아가 입고 있던 옷을 모두 찢어버리고는 텐트 안에서 인사불성이 되면서 이야기는 나쁜 결과로 끝맺는다. 막내아들 함(Ham)이 들어와 아버지가 알몸인 것을 보았고, 이런 불쾌한 행위 때문에 노아는 함의 아들 가나안(Canaan)을 저주했다.[9] 이 이야기는 복잡하다(비평가들은 함이 아버지를 상대로 몇몇 형태의 성폭행을 가했음을 내비친다). 그리고 함이 아니라 가나안이 벌을 받는 이유에 대해서도 여러 가지 설명이 있다. 그런데 이 맥락에서 중요한 건, 본질적으로는 좋은 와인을 문제없이 소비하는 것으로 시작된 일이 홍수가 난 이후의 신세계에서 살아가는 인간의 삶의 전형인, 하나님의 법을 위반하고 가족에 비극을 안겨주는 데 이르렀다는 것이다.[10]

과도한 알코올 소비의 문제점들을 보여주는 노아와 와인의 이야기에 대한 일부 유대교의 해설에서 비극은 더 뚜렷하게 예시된다. 어느 이야기에서는 노아가 아라라트산의 비탈에 포도나무를 심으려는 참에 사탄이 수확을 일부 공유하는 대가로 도움을 주겠다고 제의한다. 노아는 합의했고, 사탄은 그 즉시 양, 사자, 유인원, 돼지 순서로 짐승들을 도살하고는 (방주에 탔던 동물들을 가져다가 그랬을 텐데, 이는 이 종들을 번식시키는 것을 문젯거리로 만들었다) 그것들의 피를 포도밭에 비료로 줬다. 이 행위의 의미는 노아가 와인 첫잔을 마신 후에 나타난다. 첫잔을 마신 이의 행동은 양처럼 온순하다. 그런데 둘째 잔을 마신 후, 마신 이는 사자처럼 용감해진다. 와인 셋째 잔은 마신 이를 유인원처럼 행동하게 만들고, 넷째 잔을 마신 후에 마신 이는 진창에서 뒹구는 돼지처럼 군다.[11]

구약의 다른 구절들은 주취상태를 못되거나 상스럽거나 짐승 같은 행동들뿐 아니라 명백한 죄악과도 결부시킨다. 롯의 딸들의 경우, 그들은 "우리 아버지로 말미암아 후손을 이어가자"는 생각에 아버지와 동침하려고 아버지에게 와인을 권하면서 근친상간을 저질렀다. 그들은 롯이 성행위를 하지 못할 정도로 취하지는 않으면서, 딸들 각자가 연이은 밤에 그와 각기 동침했을 때 "그 딸이 눕고 일어나는 것을 깨닫지 못하도록" 만들 정도로 충분히 취해 있게끔 와인의 양을 정확하게 조절한 듯 보인다.[12] 여기에 이렇게 덧붙일 수도 있다. "그녀가 누구인지도 알아보지 못하게."

와인에 대한 명백히 긍정적인 표현들이 이런 와인 남용 사례들과 공존한다. 히브리인들을 이집트에서 이스라엘로 이끌던 모세는 척후병들을 파견했고, 그들은 남자 둘이 어깨에 장대를 짊어지고 운반해야 할 정도로 크고 무거운 포도다발을 갖고 돌아왔다. 유대인들은 오랜 이동이 끝난 후 과즙이 풍부한 신선한 포도를 먹는 걸 높이 평가했을지도 모르지만, 그보다는 그들을 노예로 삼은 이집트 엘리트들이 마시던 대단히 귀한 음료인 와인을 마신다는 생각에 더 즐거웠을 가능성이 있다. 히브리인들의 신은 연례축제에서 와인(그리고 빵과 기름과 고기)을 즐기라고 명했고[13] 사제들에게 빵과 와인을 공물로 바치라고 지시했다: "그 소제로는 기름 섞은 고운 가루 10분의 2에바를 여호와께 드려 화제로 삼아 향기로운 냄새가 되게 하고 전제로는 포도주 4분의 1힌을 쓸 것이며."[14] 와인에 대한 가장 긍정적인 표현은 다음과 같은 단언이었다. "사람의 마음을 기쁘게 하는 포도주와 사람의 얼굴을 윤택하게 하는 기름과 사람의 마음을 힘 있게 하는 양식을 주셨도다."[15]

히브리인들에게 와인이 중요했다는 사실은 하나님이 당신의 법을 거역한 이들에게 한 협박에서 강하게 암시된다: 그들은 멀리 떨어진 지옥에서 영원토록 불타는 고통을 당하는 게 아니라, 와인을 갖지 못하는 훨씬 더 즉각적인 형벌에 시달릴 것이다. 최소한, 포도밭들을 황량하게 만들겠다는 위협에서 이런 점이 암시되는 것 같다: "새 포도즙이 슬퍼하고 포도나무가 쇠잔하며 마음이 즐겁던 자가 다 탄식하며… 포도주가 없으므로 거리에서 부르짖으며 모든 즐거움이 사라졌으며 땅의 기쁨이 소멸되었도다"[16]와 "내가 그들을 진멸하리니 포도나무에 포도가 없을 것이며 무화과나무에 무화과가 없을 것이며 그 잎사귀가 마를 것이라."[17]

비어는 전혀 도외시되지 않았다. 비어를 폭넓게 소비한 사회에서 응당 예상 가능한 일이다.[18] 야훼는 하루에 2리터를 (안식일에는 그보다 더 많이)

마시라고 말했고, 비어에 대한 다른 긍정적인 언급들도 있다. 비어는 "죽
게 된 자에게, 포도주는 마음에 근심하는 자에게 줄지어다. 그는 마시고
자기의 빈궁한 것을 잊어버리겠고 다시 자기의 고통을 기억하지 아니하
리라"는 표현이 있다.[19]

술에 대한 입장을 종합해보면, 구약과 신약은 고대 세계와 그리스·로
마시대 필자들이 택한 태도를 꽤나 관습적으로 고쳐 쓴 표현으로 읽을 수
있다: 와인과 비어는 선하거나 악한 존재가 될 잠재력을 가졌고, 그것들
이 가져오는 결과는 소비방식에 달려 있다; 음료로서, 그것들은 그것들이
가진 효과에 의해 판단됐지, 음료 자체에 내재된 다른 특징에 의해 평가
되지 않았다. 술 소비는 (신약의 저자들을 포함한) 유대인 사이에서 흔한 일
이었으므로 이건 놀랄 일이 아니다. 와인은 퓨림 축일(Purim) 같은 축제
에 통합됐고, (최후의 만찬을 포함한) 유월절(passover seder)에 한 자리를 차
지했으며, 유대 의사들은 그리스와 로마의 동료 의사들처럼 와인을 폭넓
은 육체적 질환과 정서적 질환의 내복약과 외용약 모두로 채택했다.[20]

유대인들 사이에서 와인은 지극히 평범한 존재이자 치료효과를 가진
존재이고 상징적인 존재였던 반면, 기독교인들 사이에서 와인은 더 강
렬하고 중요한 의미를 가졌다. 서기 첫 세기에 뚜렷하게 설명된 성변화
(transubstantiation) 교리는 성체성사에서 빵과 와인의 실체는, 비록 외적
인 모습은 그대로 유지하더라도, 그리스도의 살과 피가 된다고 주장한다.
4세기에 성 아우구스티누스(St. Augustinus)는 키프리아누스(Cyprianus)가
한 다음과 같은 말을 인용했다. "그리스도께서 '나는 참된 포도나무이니
라'고 말했으므로 그리스도의 피는 물이 아니라 와인이다; 와인이 없다면
그 잔은 우리를 구원하고 활기차게 해주는 그분의 피를 담은 것으로 볼
수 없다; 와인이야말로 그리스도의 피이므로."[21] 이게 성체성사에서 축복
을 받은 와인만 가리키는 것이지 일상적으로 소비되는 와인을 가리키는

것은 아니지만, 기독교 교리가 와인의 남용에 대해 다른 종교보다 더 엄중한 관점을 취했다는 걸 발견하는 건 놀랄 일이 아니다. 과음은 보편적인 범위의 개인적인 결과와 사회적인 결과를 낳았을 뿐더러, 기독교인 입장에서 과음은 종교적인 의미를 가진 성체를 오용하는 것과 관련이 있었다. 기독교 치세에 와인과 다른 알코올성 음료를 마시는 것을 관리하는 더 체계적인 규제들이 생겨난 것은 이런 이유에서일 것이다.

기독교는 그리스도를, 많은 점에서, 새로운 와인의 신과 닮은 인물로 소개했다. 기독교는 기존 믿음의 상징을 다수 채택했고, 서기 첫 세기에 여전히 숭배되고 있던 다른 와인의 신들과 그리스도 사이에는 유사점이 많았다. 디오니소스는 신과 인간 여성 사이에서 태어났고, 그 역시 물을 와인으로 탈바꿈시키는 기적을 행했다(디오니소스는 그리스도가 그랬듯 여섯 항아리가 아니라 세 항아리만 와인으로 채웠지만). 서기 첫 몇 세기 동안 그리스도와 와인의 신들 사이에는 복잡한 상호작용이 있었다. 키프로스의 파포스(Paphos)에서 발견된 5세기의 모자이크는 타블로(tableau)에 있는 어린 디오니소스를 묘사하는데, 이는 기독교의 성상에서 동방박사들이 예수의 탄생을 경배하는 모습과 닮았다.[22]

와인이 그리스도 이미지에 너무도 중요했기 때문에 예수가 행한 최초의 기적은 결혼을 축하하는 자리에서 물을 와인으로 변화시킨 거였다. 어머니인 마리아가 잔치가 끝나기도 전에 와인이 동났다고 말하자, 예수는 하인들을 불러 세척용 물로 여섯 항아리를 채우라고 말한 후, 하인 한 명에게 그 물 한 사발을 잔치를 이끄는 남자에게 주라고 지시한다. 기적적으로(예수의 입장에서는 한 마디 말이나 몸짓도 없이) 물은 와인이 됐다. 이 기적은 부분적으로는 성변화를 예시한다: 예수가 잔치 주최자에게 사발을 보였을 때, 거기에는 여전히 물이 담긴 것처럼 보였고, 그는 그걸 맛보고 나서야 그게 와인임을 깨달았다(여기에서 그게 화이트와인이었다는 걸 추론할 수도 있다). 성변화에서 그러는 것처럼, 본질적인 속성은 변했지만 겉모습은 변하지 않았다.

예수는 이런 기초적인 기적 외에도, (식수로 쓸 게 아니라 세척에 쓸) 오수를 고급 와인으로 바꿔놓았다; 주최자는 손님들이 와인의 품질을 제대로 알아보지 못할 정도로 취하기 전에 최상급 와인을 제일 먼저 대접하는 게 보통인데, 예수가 제공한 와인은 손님들에게 제일 먼저 대접돼서 동난 와인보다 더 나았다고 말했다.[23] 그게 와인이었을까? 여기서 사용된 단어는 여러 의미로 해석이 가능하다. 하지만 맥락—결혼 축하연—은 전형적으로 와인이 대접되는 행사다. 세척용 물이건 아니건, 그 물이 축제에 적절한 물로 간주되지 않았다는 것을 주목할 필요가 있다.

19세기 전까지 많은 세기 동안 종교학자와 성직자들은 성경에서 언급된 와인이 발효된 포도주스로 만든 알코올성 음료라는 사실에 의문을 제기하지 않았다. 성찬식에서 와인을 사용한 것, 그리고 와인이 수백 년 동안 그리스도를 상징해 온 방식이 이 점을 잘 보여준다. 종교화(宗敎畵) 장르 중 하나로 '와인프레스(wine-press, 포도즙 짜는 기구-옮긴이) 안의 그리스도'가 있었다. 이 그림들은 포도를 으깨 즙을 짜내는 통 안에 선 예수를 보여준다. 그리스도는 대개는 십자가를 지고 가시면류관을 쓰고 있는 모습으로 그려진다. 그의 머리와 몸에 난 상처에서 나온 피가 발로 누르고 있는 포도로 흘러내린다. 따라서 통에서 쏟아지는 붉은 액체는 그리스도의 피와 포도주스의 혼합물로, 둘이 본질적으로 하나로 수렴됐음을 보여준다. 화가의 마음이나 이런 작품을 감상하는 감상자의 마음에서, 이 그림에 등장하는 것이 우리가 잘 아는 와인이었다는 것은 의심의 대상이 될 수 없다.

와인이 기독교에서 이토록 중심적인 역할을 차지했기 때문에 와인은 차차 종교와 결부되었다. 실제로, 서기의 첫 두 세기에, 일부 기독교 필자는 비어를 열등하고 유해한 음료로 묘사한 그리스인과 로마인의 편견을 그대로 받아들였다. 4세기의 기독교 역사가 에우세비우스(Eusebius)는 이집트 비어는 "불순물이 섞여 있고 탁하다"고 썼다. "주님께서 그들 가운데서 살기 전에, 이집트인들은 그걸 음료로 마셨다"(기독교 개종자들이 선호하는 음료를 비어에서 와인으로 바꿨다는, 일부 사학자들이 이의를 제기하는, 보편적인 관념에 대한 힌트가 여기에 있다). 비슷한 시기에 성 치릴로(St. Cyril)는 비어는 "이집트인들이 마시는 차갑고 탁한 술로 불치병을 초래할 수도 있지만", 반면에 와인은 "마음을 기쁘게 한다"고 썼다. 이후, 5세기의 기독교 사상가 테오도레트(Theodoret)는 이집트 비어는 "자연스러운 음료가 아니라 인공적인 음료"라고 썼다. "신맛이 나고 악취가 나며 몸에 해로울 뿐더러 조금의 기쁨도 안겨주지 못한다. 이런 것들이야말로 불경죄에 따르는 교훈으로, '사람의 마음을 기쁘게 해주는' 와인과 다르다."[24] 비어에 대한 이런 묘사는 6세기 무렵이면 자취를 감춘 듯 보이고, 후대에 비어에 대한 기독교의 비판은 이교도의 축제에서 비어를 소비한 것이나 그저 과도하게 소비됐다는 점만을 언급했다. 기독교인들이 비어를 받아들였고 교회의 수도원이 와인과 함께 비어를 생산했던 건 분명하다.

시간이 흐르고 성찬식에서 와인을 사용하는 게 중요해지면서 교회와 수도원 같은 종교기관들이 대규모 와인 산업의 중요한 후원자가 됐다. 수도원 소유 토지에 많은 포도밭이 만들어졌고, 수도원은 와인의 중요한 상업적 생산자가 됐다. 성찬식에 필요한 와인은 소량뿐이었지만, 와인은 일부 교단의 식단과 교회의 위계에서 필수불가결한 요소였다; 많은 수도원이 세속사회의 부유층에게 팔 판매용 와인도 빚었다. 로마제국이 가장 멀리까지 영역을 넓힌 AD 400년경, 교회는 포도 재배와 와인 양조법이 (보르도와 부르고뉴, 론 밸리처럼 현재 유명한 지역들을 포함한) 프랑스의 많은 부분과 현재의 잉글랜드, 포르투갈, 스페인, 독일, 오스트리아, 헝가리, 폴란드까지 확산되는 것을 도왔다.

유럽 중부와 동부의 게르만족들(프랑크족Frank과 부르군트족Brugundian과 기타 민족)이 5세기에 침략을 시작했을 때, 서로마제국의 대다수 지역 곳곳에는 포도 재배와 와인 생산이 교회의 도움에 힘입어 확고히 뿌리를 내린 상태였다. AD 500년경, 게르만족의 주요 집단 각각은 서로마제국이 있던 지역에 대한 정치적인 통제를 굳건히 다진 상태였다. 그들을 '야만인(barbarian)'이라고 부른 건 로마인이었는데, 얼마 안 있어 이 단어에는 "문화적으로 열등하다"는 의미가 부여됐다. 나중에 일부 개별 민족의 이름—특히 반달족(Vandal)과 훈족(Hun)—이 마찬가지로 부정적이지만 더 구체적인 의미를 갖게 됐다. 앞에서 봤듯, 로마인들은 그들의 언어뿐 아니라 그들의 음주관습도 반대했다; 대체로 (그리스와 로마인을 제외한 다른 모든 집단처럼) 게르만족은 비어를 마셨고, 주기적으로 비어를 과음한다는 평판이 자자했다. 율리우스 카이사르(Julius Caesar)는 게르만족이 와인을 못미더워하면서 와인이 남자들을 여자처럼 나약하게 만들 거라고 두려워한 까닭에, 처음에는 그들 지역에 와인을 수입하는 것을 반대했다고 썼다.

게르만족은 와인을 처음 접했을 때는 와인을 반대했지만, 그런 거부감을 빠르게 극복했다. 게르만 엘리트들은 오래지 않아 비어와 미드와 함께 와인을 소비하고 있었다. 2세기에 그리스 철학자 포시도니우스(Posidonius)는 게르만족의 아침식사가 구운 고기와 우유, 희석하지 않은 와인으로 구성돼 있다고 묘사했다.[25] 9세기 말, 앨프레드 대왕(King Alfred the Great)은 비어를 (무기와 육류, 의복과 더불어) 영국에서 살아가는 데 기본적인 필수품 중 하나라고 언급했다. 다음 세기에 영국의 수도원장 앨프릭(Aelfric)은 음료들의 위계를 다음과 같이 제시했다: 와인은 부자용, 에일은 빈자용, 물은 극빈자용.[26] 갈리아에 거주했던 켈트족(Celt) 사이에서도 상황은 비슷했고, 비어도 폭넓게 소비됐다. 6세기에 어느 의사는 이렇게 썼다. "비어나 미드, 향료를 넣은 미드를 마시는 건 누구에게나 극도로 적합한 일이다. 제대로 만들어진 비어는 유익함 측면에서 탁월하고 사리에 맞다… 이와 비슷하게, 잘 만들어진 미드도, 안에 든 꿀이 질 좋은 것이기만 하면, 큰 도움이 된다."[27]

게르만족과 켈트족이 다양한 알코올성 음료를 마셨음에도, 로마제국의 쇠망을 연구한 18세기 사학자 에드워드 기번(Edward Gibbon)은 '야만인들'을 묘사할 때 로마인들이 품었던 최악의 편견들을 그대로 따랐다(더불어 그것들을 그 나름의 방식으로 증폭시켰다). 그는 쓰기를, 그들은 "밀이나 보리에서 별다른 손을 쓰지도 않고 추출해낸, 겉모습 면에서는 와인과 흡사한 액체인 독한 비어에 과하게 중독됐다." 덧붙이기를, "이탈리아의 풍성한 와인을 맛본" 일부 야만인은, 그리고 "이후의 갈리아족은 그 맛있는 술을 맛보고는 탄식했다." 그는 "독한 술을 향한 무절제한 갈증을 느낀 야만인들은 그런 대단히 부러운 선물을 부여한 솜씨나 자연이 있는 지역으로 자주 몰려들었다."[28] 요약하면, 기번은 야만인들이 서유럽의 일부 지역을 침략한 주된 이유가 와인을 손에 넣기 위해서였다고, 그것도 와인이 안겨주는 감각적인 쾌감 때문이 아니라, 순전히 비어보다 훨씬 더 빨리 취하게 만드는 와인의 능력 때문이었다고 생각했다.

동쪽에서 급습한 민족들과 맞닥뜨린 서유럽 사람들은, 그 사람들은 비어를 들이켜면서 와인을 갈망하는 민족이라는 에드워드 기번의 관점을 공유했을까? 만약 그랬다면, 서유럽 사람들은 애초에 로마의 후원 아래 심고, 그런 후 기독교 선교사와 수도원에 의해 확장된 포도밭 때문에, 그리고 개화된 문명과 기독교의 독실함의 상징으로 차차 간주돼온 와인 때문에 두려움에 떨었을 게 분명하다. 야만인들이 막돼먹고 무질서하게 살았지만 와인을 사랑한 게 사실이라면, 그들이 거한 술판을 벌여 기존 와인 비축량을 다 마셔댄 끝에 포도밭을 황폐화시키는 상황을 쉽게 상상할 수 있었을 테니까.

하지만 서유럽을 침공한 게르만족은 와인 생산에 간섭한 게 아니라, 기존에 확립된 상거래 패턴을 혼란에 빠뜨렸다. 로마의 상업시스템이 붕괴하면서, 그리고 제국이 해체되고 그 자리를 제국 도처에 수립된 소규모 정치단위들이 대체하면서 교역은 감소했다. 생산지에서 소비된 에일은 이 과정에서 영향을 받지 않았지만, 와인 교역은 피해를 받았다. 정치적 불안정이 보르도의 영 와인(young wine, 빚은 후 1~2년간 저장하고 5년 이내에 마시는 와인-옮긴이)산업에 끼친 영향은 상상만 가능하다. 5세기만 놓고 볼 때, 보르도 지역은 고트족(Goth), 반달족, 서고트족(Visigoth), 프랑크족의 침략을 연달아 받았다. 그러다 7세기에 스페인에서 가스코뉴족(Gascogne)이 도착했고(그러면서 이 지역에 가스코뉴라는 이름이 붙었다), 8세기에는 프랑크족이 돌아왔다. 정치권력이 그렇게 급격히 바뀌고 동맹관계가 급변하는 게 기존의 상업적 유대관계의 연속성이나 새로운 관계의 안정적인 발전에 유익했을 리가 없다.

새로 등장한 이들이 와인에 적대적이었다는 뜻은 아니다. 그들이 기존의 포도밭을 확장시키지는 않았지만, 그리고 로마제국이 무너질 때 와인 교역이 훼방을 받았지만, 게르만의 다양한 종족은 와인 생산을 어느 정도는 말짱한 상태로 유지시켰다. 서고트족의 법조문은 포도밭을 손상시킨 행위에 중벌을 내렸고, 부족의 이름이 절도와 약탈의 대명사가 되면서 사학자들이 오랫동안 그들을 헬스 앤젤스(Hell's Angels, 오토바이 폭주족-옮긴이)의 중세 초기 버전으로 취급했던 바이킹(Viking)은 북유럽의 와인교역에 적극적으로 참여했다. 새 정치세력의 많은 통치자가 포도밭을 수도회(monastic order)에 넘겨줬다. 포르투갈의 고트족 왕 오르도뇨(Ordono)가 9세기에 그런 일을 했고, 100년 후에는 잉글랜드 왕 에드위그(Eadwig)와

에드가(Edgar)가 포도밭을 몇몇 수도원의 수도사들에게 넘겨줬다.[29] 이 민족들에게 와인은 에드워드 기번이 시사했듯 인사불성이 될 때까지 들이붓는 술이 아니라, 식단에 포함된 값나가는 물품이자 의학적인 조제용 물질(preparation)이었던 게 분명하다. 그 시대의 레시피들은 고기 스튜와 과일을 준비할 때는 와인이 있어야 한다고 요구했고, 제국이 붕괴한 후 엘리트들이 와인에 취한 태도는 로마와 그리스 비평가들이 해준 조언과 다를 게 거의 없었다. 예를 들어, 7세기의 앵글로색슨 문헌은 "와인은 아동이나 우둔한 자들을 위한 술이 아니라, 나이 들고 더욱 현명한 이들을 위한 술"이라고 조언했다.[30]

기독교 교회의 와인 홍보는 와인의 문화적 지위, 그리고 게르만족과 켈트족 엘리트들의 와인 소비를 강화했다. 그들 대다수는 곡물은 쉽게 재배되지만 기후 탓에 포도 수확량이 미미하거나 재배가 불가능한 지역인 유럽 북부에 거주했다. 와인은 때로는 단거리를 가로질러 수입하거나 때로는 장거리 밖에서 수입해야 했고, 와인은 운송비 탓에 비어보다 훨씬 비싸졌다. 와인을 빚을 수 있는 곳에서도 중간계급 생산자들은 와인을 일상적으로 마시지는 못했다. 교환상품으로서 와인이 가진 가치 때문이었다. 그래서 비어는 주요 와인 생산 지역 외부에서는 일반대중이 마시는 술로 남았다. 비어는 영양가가 높은 음료였고(일정한 곡물은 빵 형태보다는 비어 형태일 때 영양가가 더 높았다), 마시기에 적합한 물의 상당량보다 더 안전했다. 이 두 가지 고려사항 모두 빵으로 구울 곡물 재고량을 보존하려고 에일의 생산을 규제하려는 시도가 전혀 없었던 까닭을 설명하는 데 도움을 준다. 여러 시대에 여러 정부가 곡물을 재배할 땅을 보존하기 위해 포도를 재배하는 지역을 제한하려고 (나중에는 빵으로 구울 곡물을 비축하기 위해 곡물 기반 스피릿의 증류를 제한하려고) 노력했다. 그러나 금주령을 내린다는 아이디어들이 정부 정책에 영향을 끼치고 비어가 초기 스타일처럼 더 이상 영양가가 높지 않았던 20세기 초가 되기 전까지는, 어느 누구도 빵으로 구울 곡물을 보존하기 위해 비어 생산을 규제하려는 시도를 하지 않았다.

중세 초기의 다양한 시점에 기후와 다른 요인들 때문에 곡물 수확량이 빈약했다. 860년대에 유럽의 상당 지역에서 가뭄 때문에 수확량이 줄었고, 그 다음 10년 동안에는 독일의 대부분 지역에서 메뚜기가 익은 곡물을 게걸스럽게 해치웠다. 곡물 비축량이 부족해지고 수확량이 형편없는 탓에, 중세와 그 이후 시기에도 툭하면 국지적이거나 광범위한 지역에서 식량 부족과 기아가 이어졌다. 그 많은 사망자를 순전히 기아 탓으로 돌릴 수는 없을 성싶지만, 많은 사람이 영양실조로 면역력이 약해지면서 질병으로 목숨을 잃었다. 전쟁 역시 곡물 부족을 가져왔는데, 외국 군대가 들판에 있는 곡물을 일부러 망가뜨리는 경우가 잦았다. 곡물 공급이 부족해지면 항상 에일 생산량이 감소했고, 사람들은 어쩔 도리 없이 유일한 대안인 물을 마셔야만 했다. 기아가 만연한 시대에 수반된 질병과 사망률에 오염된 식수가 기여했다는 건 사실일 것이다.

중세 초기에 유럽인들이 일상적으로 마신 술의 양이 어느 정도인지 알아내는 건 불가능하다. 소비량은 지역별로, 또한 계급과 성별, 연령별로 천차만별일 게 분명하다. 어느 추정치는 8세기와 9세기에 수도사는 에일 1.55리터를 마셨고 수녀는 1.38리터를 마셨다고 밝힌다. 평신도들이 소비한 에일의 양은 비어 0.6리터에서 2.3리터(그리고 와인 0.6리터에서 1.45리터) 사이라고 편차가 큰 수치로 추정했다.[31] 알코올 소비량은 전 계급에 걸쳐 축제 기간에 늘고, 속죄하고 금식하는 시기에는 줄어들었을 것이다. 곡물 수확량이 형편없는 해에는 분명히 줄었을 것이다.

중세 초에, 에일은 양조 후 며칠 안에 소비할 용도로 생산됐다. 그보다 더 오래 보관하려는 의도는 없었다. 에일은 일반적으로 각 가정에서 소량만 양조됐고, 에일 양조는 보통은 빵을 굽고 식사를 준비하는 여성들이 떠맡은 책임의 일부였다. 이 시기에 에일 양조에 대한 언급은 유럽의 전지역—잉글랜드, 아이슬란드, 스페인, 프랑스, 기타 지역—에 흩어져 있지만 상세하게 언급하는 경우는 거의 없는데, 그건 에일 양조가 너무 흔한 일이라서 그랬을 것이다. 8세기에 샤를마뉴(Charlemagne) 대제는 에일의 품질을 유지하려고 궁내 양조 책임자를 임명했고, 전승(戰勝)을 기념하려고 에일을 즐기기도 했다. 영국과 아일랜드의 몇몇 학자는 대륙에서 빚은 에일이 고국에서 구할 수 있는 에일에 비해 품질이 형편없다며 불평을 늘어놓았다.[32]

최초의 대규모 양조활동은 8세기부터 수도원에서 행해졌다. 수도원은 상업적 생산을 위한 장비를 구입하기에 충분할 정도로 부유했을 뿐더러, 필요한 곡물 공급량을 제공하는 토지도 보유하고 있었다. 그 점 외에도, 규모가 큰 수도원들은 일반 가정보다 더 많은 양을 생산해야 했다. 더 많은 인원의 식사 필요량을 충족시켜야 했기 때문이다: 수도원에 거주하는 많은 수도사와 수도원에 머무는 다양한 여행객. 이와 대조적으로, 서유럽 대부분의 지역에 거주한 전형적인 일반 가정은 식구가 네다섯 명으로, 에일을 성인 남성만큼 많이 마시지는 않는 여성과 아이들이 거기에 포함됐다.

생갈(St. Gall, 현재의 스위스에 있다)의 수도원은 양조를 받아들인 최초의 수도원 중 한 곳이었다. 그곳 건물 중에는 양조장이 세 곳—한 곳은 수도사용 에일 생산용이고, 다른 하나는 빈객(賓客)을 위한 곳, 셋째는 순례자와 극빈자를 위한 곳—있었는데, 세 에일 사이에 질적인 차이가 있었는지는 명확하지 않다. 일반적으로, 수도사들은 와인과 에일 중 무엇을 빚을지를 자유로이 선택할 수 있었는데, 대다수는 둘 다와 함께 다른 알코올성 음료도 빚은 듯 보인다. 843년에, 파리 인근 수도원의 원장은 모든 종류의 농작물의 공급이 너무 부족해서 음료 생산이 어렵다고 썼다. 와인용 포도는 희귀했고, 페리(perry, 배즙으로 빚은 술-옮긴이)를 만들 배는 구할 수가 없으며, 곡물 부족은 에일을 꿈도 꾸지 못하게 만들었다. 따라서 수도사에게 남은 마실 거리라고는 물뿐이었다. 이 기록은 우리가 바라마지 않던, 음료들 사이의 위계를 확연하게 보여준다.[33]

많은 교단과 수도원이 와인 그리고/또는 비어를 일상적인 배식으로 규정했다. 8세기에 규칙을 표준화하려는 시도가 몇 차례 있었음에도, 허용된 주종과 분량은 천차만별이었다. 일부 교단에서, 알코올 함량이 많은 와인은 문젯거리였다. 9세기에 독일 풀다(Fulda)에서 창립된 수도원의 문헌은 이를 다음과 같이 명료화했다: "수도원장은 교우들에게 성스러운 규칙을 설명하는 동안에 와인을 마시는 것은 수도사의 소명에 걸맞지 않다는 걸 드러내는 문구를 읽었고, 그래서 그들은 주취로 이어질지도 모르는 독한 술은 전혀 마시지 말고 약한 비어만 마시자고 만장일치로 정했다. 훨씬 나중에 공동체의 구성원이 늘어난 탓에 병자가 많아지고 그들 사이에 질병이 만연했을 때, 이 규칙은 피핀 왕(King Pipin)의 이름 아래 열린 평의회에서 완화됐다. 생을 마칠 때까지 와인과 독한 술을 삼간 교우는 그리 많지 않았다."[34] 816년에 열린 아헨(Aachen) 종교회의는 수도원이 하루에 배식하는 술은 와인 0.5파인트와 에일 1파인트여야 한다고 정했다. 이 사례들은 에일이 기독교 성직자에게 적합한 것으로 간주됐다는 걸 보여준다. 이 방침은 기독교가 그리스와 로마인들로부터 물려받은 반(反)에일 입장과 의미심장하게 결별한 것으로, 와인이 기독교의 교리와 의례에서 중심적인 위치를 차지하고 있다는 시각에서 보면 그 의미는 더욱 크다.

AD 1000년경까지 상당히 넉넉한 양이 유럽 전역으로 흘러간 듯 보이는 와인을 생산한 이가 누구였는지에 대해서는 논란이 있다. 와인이 상징적으로 워낙 중요했고 성찬식용 와인을 꾸준히 공급할 필요가 있던 교회가 서로마제국을 침략한 동쪽 민족들의 유린으로부터 포도나무를 거의 단독으로 보호했다고 많은 사학자가 주장해왔다. 그런데 게르만족에 대한 더 미묘하고 긍정적인 시각 때문에, 하나님의 영광을 위해 포도나무를 보살피고 포도를 수확하는 독실한 수도사들의 이미지와, 그 반대편에서 와인 공급량이 동날 때까지 술에 취해 흥청거리는 야만적인 이교도들의 시나리오를 손쉽게 대비하는 게 어려워졌다.

　그런데 수도사와 사제들이 중세 초기에 포도 재배가 살아남는 데 속세의 지주들보다 정말로 더 많이 기여했을까? 교회의 토지 소유 기록은 체계적으로 관리돼 왔고, 속세의 개별 지주들의 기록보다 더 잘 살아남았다. 성직자들은 문자 해독률이 높았고, 기독교 시설과 문서보관소는 연속성이 더 높았기 때문이다. 실제로, 우리는 속세의 보유자산에 대한 많은 지식을 평신도 지주들이 교회에 바치거나 유증(遺贈)한 포도밭을 기록한 교회기록을 통해서만 아는 경우가 잦다. 예를 들어, 6세기 아니면 7세기에 파리 귀족 에망트루드(Ementrud)는 포도밭을 포함한 재산을 그녀의 측근과 파리의 교회 대여섯 곳에 남겼다.[35] 764년에 하이델베르크 근처에 로어샴(Lauresham)의 생나제르(St. Nazarius) 수도원이 창립됐을 때, 속세의 지주 두 사람이 수도원에 포도밭을 바쳤다. 다음 세기에는 속세의 기증자들이 더 많은 포도밭을 바쳤고, 864년에 수도원이 소유한 포도밭은 다인하임(Deinheim) 한 곳 근처에만 100곳이 넘었다.[36] 이 중에서 교회가 소유한 포도밭이 몇 퍼센트고 속세 지주 소유 포도밭이 몇 퍼센트였는지는 모르지만, 이 시대에 교회가 포도 재배와 와인 생산을 전적으로 책임지지는 않았던 게 분명하다(많은 견해가 시사하듯 와인 양조공정에 일어난 혁신들을 책임지지 않았던 것도 분명하다).

　이 시대에 속세의 포도밭 소유주들이 상당한 규모였을 법하다는 걸 인정할 수는 있지만, 와인 생산을 기독교의 첫 밀레니엄까지, 그리고 그 이후까지 연장시킨 교회의 역할은 전적으로 인정해야만 한다. 교회에서 와인이 차지하는 중요성은, 무엇보다도, 기독교가 영향력을 확장한 곳이면 어디로건 포도 재배가 퍼지는 것을 보장했다. 유럽 중부 곳곳에 전도시설이 설립되면서, 각각의 시설은 성찬식용 와인을 생산하려고 포도나무를 심었다(가톨릭 선교사들이 15세기부터 18세기까지 라틴아메리카와 캘리포니아 곳곳에 믿음을 퍼뜨리면서 반복했던 패턴).

일부 수도원 포도밭은 규모가 컸다. 9세기 초에 파리 인근에 있는 생제르맹 데 프레(St.-Germain-des-Pres) 수도원이 소유한 토지는 총 2만 헥타르로, 그중 포도밭이 300에서 400헥타르였다. 포도밭은 전체 토지 곳곳에 흩어져 있었지만, 포도밭의 위치는 프랑스에서 가장 중요한 단일시장인 파리로 와인을 손쉽게 운송할 수 있도록 마른강(Marne)과 센강(Seine) 가까운 곳에 잡게 되었다. 토지를 임대한 소작농이 대부분 재배한 수도원의 포도밭은 해마다 와인 약 130만 리터를 생산했는데, 이는 요즘 병으로 170만 병에 해당한다.[37] 상당한 규모의 생산량이었다.

하지만 대다수 교회 포도밭은 규모가 상당히 작았고, 의례용으로 필요한 양을 공급하려고, 그리고 성직자나 수도원의 하루 와인 배급량과 특별행사를 치르기에 충분할 정도의 양을 공급하려고, 아마도 여분으로 남은 일부를 시장에 팔려고 포도를 재배했다. 포도밭을 소유하지 않은 교회들은 포도가 자라지 않거나 포도 재배가 널리 확산돼 있어서 와인 공급량을 확보하는 데 어려움이 전혀 없는 지역의 교회들뿐이었다. 포도가 살 수 있는 더 외딴 지역에서, 성직자들은 포도나무를 심으라고 권장하는 데 그치지 않고 그러라고 명령하기까지 했다. 814년에 아헨 종교회의는 모든 대성당은 규범집을 제정해야 한다고 결정했는데, 그 규범 중 하나가 포도를 재배하는 의무였다.[38]

AD 500년부터 1000년 사이에, 다양한 교단이 포도를 가꾸는 책임을 졌고, 유럽의 포도밭 숫자는 상당히 증가했다. 성찬식에 필요한 와인의 양은 대단히 적었기 때문에, 중세 교회가 직접 생산한 와인 대부분은 종교와 관련이 없는 자리에서 소비됐고, 그러면서 성직자의 식단에 필수불가결한 일부가 됐다. 앞서 봤듯, 수도사는 날마다 술(에일 그리고/또는 와인)을 1.5리터 정도 마셨을 것이고 수녀는 그보다 덜 마셨을 것이다. 유럽 서부에서 가장 영향력이 큰 모델이 된 성 베네딕트(St. Benedict) 수도원의 규칙은 수도사 1인당 하루에 마실 와인의 양을 허용했지만, 와인과 수도사 사이의 강한 긍정적 관계와는 대조적으로, 성 베네딕트회는 와인 배급을 마지못해 인정했다: "와인은 수도사를 위한 음료가 아니다; 하지만 요즘 수도사들은 이걸 납득하지 못하기 때문에, 우리는 적어도 이 문제에 대해서는 적당히 마셔야지 배가 터지도록 마시지는 말자는 합의를 봐야 한다… 우리는 각자 하루에 와인 1헤민(hemina, 0.5리터 정도)이면 충분하다고 믿는다. 하나님으로부터 금욕이라는 선물을 수여받은 이들은 자신들이 특별한 보상을 받았다는 것을 깨달아야 마땅하다." 하지만 부원장(prior)은 와인의 의학적인 가치를 인정했기 때문에 아픈 수도사에게 더 많은 양을 배급하는 걸 허용했다. 베네딕트회 수사들은 와인을 마시지 않을 때는 에일을 마셨다.[39]

와인과 에일이 서기 첫 밀레니엄에 유럽인들의 문화와 식단에 단단히 자리를 잡은 건 분명하다. 로마제국이 붕괴했음에도 와인의 인기는 떨어지지 않았고, 기독교의 확산은 포도 재배를 퍼뜨렸다. 이른바 야만인들도 유아기에 있던 유럽의 와인 산업의 파괴자가 아닌 옹호자인 걸로 판명됐다. 이런 엄청난 변화들은 술을 전혀 위협하지 않았지만, 이슬람은 술을 위협했다. 현재의 사우디아라비아에서 비롯된 이슬람은 중동 전역에서 빠르게 지지를 얻었고, 그 후에는 훨씬 먼 곳까지 영적이고 군사적인 정복의 여정에 올랐다. 이슬람은 서쪽으로 이동하면서 지중해를 따라 아프리카의 북쪽 주변부 상당부분을 차지했고, 8세기 무렵에는 시칠리아와 이베리아반도까지 영토를 넓혔으며, 짧은 기간 동안은 프랑스 남서부—(지역에 따라) 와인과 비어가 식단에 필수적이던 지역들—까지 장악했다.

이슬람의 발흥과 확산은 술의 역사에서 중요하다. 이슬람은 술의 생산과 유통, 심지어는 소비까지 금지하는 포괄적인 금주정책의 첫 사례이기 때문이다(1920년부터 1933년까지 미국에 반포된 잘 알려진 금주령 같은 최근의 금주령 정책들은 술의 생산과 판매는 범죄로 여겼지만 소비는 죄가 아니었다). 게다가, 이슬람의 금주령은 상당히 성공적인 것으로 판명됐고, 무슬림 세계의 많은 지역에서 거의 1,500년간 유지됐다. 터키처럼 공식적으로 이슬람을 표방하거나 이슬람 세력이 두드러진 일부 현대 국가가 술을 공개적으로나 암암리에 허용하는 건 사실이지만, 이란과 사우디아라비아를 포함한 다른 많은 나라에서 소비되는 술의 양은 대단히 적다. 그곳 주민 입장에서, 술을 마시는 것은 미국의 말일성도 예수 그리스도 교회(모르몬)처럼 술을 금지하는 다른 종교의 신자들처럼 의문의 대상조차 아니다. 미국의 모르몬교도와 술 소비를 금지하는 나라의 무슬림 사이의 중요한 차이점은 모르몬이 술을 삼가겠다고 선택한 반면, 이란과 사우디아라비아 같은 나라들의 무슬림들은 술을 마시는 걸 법으로 금지 당했고 술을 마시면 처벌을 받을 수도 있다는 것이다.

이슬람이 처음 뿌리를 내린 중동 지역은 이슬람 통치 이전 시대에 알코올성 음료를 폭넓게 소비하던 곳이었고, 와인과 비어의 초창기 증거 일부가 발견된 곳이었다. 애초에, 예언자 무함마드(Muhammad)는 유대인과 기독교인보다 더 술에 적대적이지는 않았다. 그러나 짧은 기간이 지난 후 그는 추종자들이 와인과 다른 발효음료를 마시는 걸 금지시켰다. 이 음료들이 그 자체로 사악해서—훗날의 금주론 옹호자들이 채택한 입장—그런 게 아니라, 인간의 허약함이 과음으로, 그런 후에는 신성모독과 죄악, 부도덕, 반사회적 행동으로 이어지기 때문이다.

코란(Qur'an)은 와인에 대한 긍정적인 언급과 부정적인 언급 모두를 많이 담고 있고, 어느 학자는 코란에 담긴 모든 언급을 비판적으로 분석하면 코란이 와인을 "대단히 모순적으로" 대한다는 것을 알 수 있다고 말한다. "어떤 구절에서는 혐오스러운 것들을 구성하는 강한 액체였던 것이 다른 구절에서는 '좋은 식품'의 근원이 된다."[40] 그런데 코란의 텍스트가 완결된 문헌이 아니라 차츰 시간이 흐를수록 '밝혀졌다(revealed)'는 걸, 그리고 나중의 텍스트들이 앞선 텍스트들을 폐지할 수 있었다는 걸 강조할 필요가 있다. 이런 식으로 읽으면, 코란의 와인 언급은 연대를 무시하는 방식으로 읽었을 때보다 덜 모순적이고, 술에 대해 처음 언급했을 때보다 나중의 언급에서 술을 더 일관되게 비난한다. 와인은 사람을 취하게 만드는 음료와 건강에 좋은 음료로 모두 묘사되지만, 특히 어느 한 구절은 와인에 대한 무슬림의 최종 교리를 대표하는 것으로 이해된다: "믿는 자들아, 와인과 도박과 우상과 점(占)치기는 사탄이 고안해낸 혐오스러운 것들이다. 그것들을 피하면 번성하리라. 사탄은 와인과 도박이라는 수단으로 너희 가운데 원한과 증오를 불러일으키며 너희들이 알라를 기억하며 기도 올리는 것을 막으려 드느니라."[41]

이 구절은 술 때문에 악화된 무슬림 공동체 내의 갈등들에 대한 반응이었던 것으로 판단된다. 무함마드가 술을 금지시킨 건 그가 결혼식에서 한 경험의 결과라고 설명하는 이야기가 있다. 손님들이 와인을 마시면서 유쾌하게 결혼을 축하하는 모습을 본 무함마드는 하나님이 주신 선물이라며 와인을 찬양했다. 그런데 이튿날 집으로 돌아온 그는 손님들이 지나치게 과음하면서 그들의 즐거움이 분노로 바뀌고 축하의 자리가 폭력의 자리로 돌변한 것을 봤다. 사건의 잔해와 부상자들을 돌아본 무함마드는 와인을 저주했고, 그때부터 무슬림들에게 어떤 형태로건 술을 마시지 말라고 충고했다. 새로운 정보나 통찰, 지도(guidance)의 관점에서 한 가지 입장이 다른 입장을 폐기하는 코란에서, 이건 술에 대한 교리가 발전하는 것을 보여주는 모델에 부합한다. 하지만 지상에서 취기를 불러일으키는 음료를 삼간 무슬림들은 맛있는 와인이 강물로 흐르는 것으로 묘사되는 낙원에서는 그것들을 접할 것이다. 그런데 코란의 어느 곳을 보더라도 지상의 와인과 천국의 와인이라는 이 두 가지 와인이나 그것들을 마셨을 때 생기는 결과들이 직접적인 관계를 맺는다는 내용은 없다.

코란은 술을 반대하는 충고는 강하게 하지만, 술 소비를 명확하게 금지하지는 않았다. 일부 학자에 따르면, 후대의 해설과 하디스(hadith, 무함마드의 말씀)가 와인 소비의 금지를 장려한 건 무슬림의 정체성을 강화하고 무슬림 지도자들이 백성들을 더 쉽게 통제할 수 있게 해주기 위함이었던 것 같다.[42] 그렇기는 해도, 이슬람에서 술에 대한 사상에는 두 가지 주요 계통이 있다. 지배적인 계통은 신실한 신도들에게 카므르(khamr)로 알려진, 사람을 취하게 만드는 음료는 무엇이건 금지됐다는 것이다. 그걸 약간이라도 마시거나 사거나 팔거나 대접한 사람은 처벌받을 수 있지만, 술을 상하게 만들거나 폐기한 사람은 아무도 처벌받지 않을 것이다. 이와 대조되는 소수학파는 카므르는 과일로만 만든 것으로, 율법이 철저히 금지한 것은 그것뿐이라고 주장한다; 꿀이나 대추야자 같은 재료로 만든 다른 발효음료들은 허용할 수 있지만, 이런 음료를 마시고 취하는 것은 금지됐고 처벌이 가능하다.[43] 술을 의학적인 목적에서 사용해도 되는지 여부를 놓고도 비슷하게 의견이 갈린다. 대다수 이슬람학자들은 그래서는 안 된다는 데 동의하지만, 환자가 약품 같은 특정 형태의 술을 취하지 않을 경우 생명이 위험할 때 같은 특정 상황에서는 사용해도 된다고 믿는 사람들도 있다.[44]

무함마드는 과일주스를 만들거나 보관할 수 있는 용기의 종류를 제한하는 것으로 와인 생산을 단념시킨 것으로 보인다. 가죽으로 만든 용기만 허용됐고, 박, 유약을 바른 단지, 피치로 코팅한 도기 용기는 금지됐다. 어느 용기에 담겼건, 그 안에 든 과일이나 포도주스가 와인으로 발효되는 것을 막을 수 있는지 여부는 알기 어렵지만 말이다. 과일과 베리가 익는 늦여름의 따스한 기후를 감안하면, 더불어 주위에 이스트들이 존재했을 게 분명하다는 것을 감안하면 술 금지령이 시행되기 전에도 술 생산이 있었을 것이다. 무함마드의 아내들은 그를 위해 가죽으로 만든 용기로 나비드(nabidh, 전통적으로 건포도나 대추야자로 만드는 것으로 알코올성일 수도 있고 아닐 수도 있다)라는 알코올성일 가능성이 있는 음료를 만들었다. "우리가 아침에 나비드를 준비하면 그분은 저녁에 그걸 드셨고, 밤에 나비드를 준비하면 아침에 드셨다."[45]

준비와 소비 사이의 12시간은 발효가 시작되기에 충분할 정도로 긴 시간일 수도 있고 아닐 수도 있지만, 그 결과 만들어진 음료가 오늘날 알코올성으로 분류되기에 충분한 양의 알코올을 함유하고 있었을 성싶지는 않다. 코란은 발효음료의 소비를 금지하는 데 그치지 않고, 무슬림이 음료의 발효 여부를 알지 못하는 상황을 다루기도 했다. 어느 때에 나비드를 접한 무함마드는 그걸 소비해도 좋다는 믿음이 생길 때까지 세 번 희석했다.[46] 이건 코란이 알코올이 전무한 음료를 주장한 것은 아니라는 걸 시사하는 듯하다. 아마도 과일이 재료인 음료는 단기간 내에 발효가 시작될 가능성이 있다는 것을 인식했을 것이다. 하지만 마시는 이가 발효가 일어났는지 여부를 진심으로 확신하지 못할 경우, 알코올이 함유된 음료도 충분히 희석시키면 소비가 가능했다.

이슬람의 술 금지는 에일과 와인, (대추야자와인과 석류와인 같은) 다른 알코올성 음료가 보편적으로 소비되던 지역인 중동과 아프리카 북부, 유럽 남서부의 드넓은 지역에 영향을 끼쳤다. 초기 이슬람은 무슬림이 통치하는 영토에 거주하는 비(非)무슬림의 술 소비를 금지하지는 않았고, 초기 무슬림 세계의 많은 지역에서 와인 프레스와 다른 와인 생산의 증거들이 발견됐다.[47] 시간이 흐르면서, 무슬림제국의 상이한 지역에서 금주령이 다양한 강도로 집행됐다. 종교의 기원지와 가까운 지역에서 더 엄격하게 집행됐고, 무슬림 세계의 주변부에서는 덜 엄격하게 집행됐을 것이다. 예를 들어, 스페인과 포르투갈, 시칠리아, 사르디니아, 크레타에서 많은 정책이 꼬리를 물고 이어지거나 심지어는 공존하기까지 했다. 일부 칼리프(caliph, 과거 이슬람 국가의 통치자-옮긴이)들은 와인 생산을 법으로 금지시켰지만 실생활에서는 생산을 계속하는 것을 허용했고, 심지어는 와인에 세금을 부과하는 것으로 현실을 인정하기까지 했다. 아랍의 자료는 무슬림 치하의 스페인 남부(특히 안달루시아)와 포르투갈에 와인을 생산하기 위한 포도밭이 널리 퍼져 있었다는 걸 보여준다. 이슬람은 원예학이 무척이나 발달해서 널리 알려진 포도품종의 수가 증가했고, 농업을 다룬 일부 무슬림 문헌에는 발효통 관리법에 대한 가르침이 포함됐다. 처음 몇 세기 동안 무슬림 세계의 몇몇 지역에서 일부 칼리프가 음주를 용인하거나 못 본 척했지만, 다른 칼리프들은 그러지 않았다. 10세기에 칼리프 오즈만(Ozman)은 스페인 발렌시아(Valencia)의 포도밭 중 3분의 2를 파괴하라고 명령했다; 살아남은 포도나무는 신선하게 먹거나 건포도로 먹을 포도를 얻기 위함이었을 것이다.

그런데 무슬림 법학자들이 술 소비 금지령을 술 소비를 허용하는 방식으로 해석한 곳도 스페인이었다. 그들은 코란에서 언급한 음료는 포도로 만든 와인이었고, 그 언급은 전적으로 그런 종류의 와인만 가리켰다고 주장했다(메카와 가장 가까운 포도밭은 메카에서 1,000마일 떨어져 있었지만, 술 금지령 이전에는 시리아와 다른 지역에서 생산된 와인이 소비용으로 수입됐다). 따라서 그들은 대추야자로 만든 와인은 허용된다고 주장했다. 그런데 대추야자와인이 허용된다면, 대추야자보다 더 취하게 만들지만 않으면(즉, 대추야자보다 알코올 농도가 높지 않으면), (포도와인을 포함한) 무슨 와인이건 허용됐다.[48] 말할 나위도 없이, 술을 확실하게 금지한 것처럼 보이는 정책을 효과적으로 약화시킨 이런 해석을 모든 무슬림 학자가 수용하지 않았다. 이 주장은 음주가 주취상태로 이어지지 않더라도 경건한 생각에 집중하지 못하게 만드는 것만큼은 분명하다는 반대편의 주장에 대답하지 못했다.

장기적으로 보면, 무슬림이 술의 생산과 소비를 수용했다는 걸 보여주는 사례는 많다. 예를 들어, 16세기에 오토만(Ottoman) 크림반도(Crimea)에서 와인이 상당한 규모로 생산됐고, 다수인 기독교 인구와 소수인 무슬림 양쪽의 구성원이 포도밭을 소유했다. 무슬림 국가는 이런 활동에 부과한 세금에서 득을 봤지만, 무슬림은 사람을 취하게 만드는 품목은 하나도 갖고 있지 않다는 픽션을 유지하기 위해, 세금은 기독교인이 생산한 와인과 무슬림이 생산한 포도주스에 부과됐다.[49]

후대의 금주령 경험들—예를 들어, 20세기 러시아와 미국—을 보면 무슬림 사회에서 행해진 최초의 술 금지령이 어느 정도 저항을 낳았을 거라는 생각이 든다. 새로운 신앙의 채택과 결합된 가장 단호한 활동들만 개인적인 가내(家內)생산을 단축시키면서 음주습관에 급격한 변화를 초래했다. 그런데도 일부 무슬림 필자는 전체 인구가 음주를 빠르게 단념했다고 주장한다: "불과 몇 시간 안에 도시국가(메디나Medina) 전체가 술을 자제하게 됐고, 인간이 알코올 의존에 맞서 벌인 역사상 가장 성공적인 캠페인이 기적적으로 성취됐다."[50]

이슬람이 탄생하고 몇 십 년 내에, 시인 아부 질다 알-야스쿠리(Abu Jilda al-Yaskuri)는 왕년의 행동들에 대해 이렇게 뉘우쳤다:

나는 한때 고급 와인으로 부자가 됐었네.
야스쿠르(Yaskur)의 귀족이자 저명한 사람이었지.
지금은 흘러간 즐거운 그 시절을
나는 영원토록 존경받는 지금의 시간과 맞바꿨다네.[51]

스페인의 일부 무슬림도 음주의 가능성을 포용한 듯하다. 그들 사이의
와인 소비량은 기독교인들의 그것보다 낮았을 것으로 생각되지만 말이
다.[52] 무슬림들은 그리스의 심포지엄을 연상시키는 자리에서 술을 마셨
다: 남성들이 저녁식사를 마치고 쿠션에 편하게 몸을 기대 물로 희석시킨
와인을 마시려고 모였다. 시동들이 와인을 부었고, 참석자들은 대화를 하
고, 시를 낭송하며, 여성 가수와 무희들이 공연을 펼쳤다. 무슬림 치하 스
페인에서 유대인들 사이에서는 비슷한 행사들이 흔한 일이었다. 그들은
근심을 제거하고 기쁨을 가져오는 와인의 능력을 찬양하는 특별한 시(詩)
장르를 만들었다.[53] 그 장르에 속한 후대의 시 중에 우마르 하이얌(Omar
Khayyam)의 『루바이야트(*Ruba'iyat*)』가 있는데, 와인과 사랑을 찬양하는
이 긴 시에는 다음과 같은 구절이 있다. "나는 거품이 이는 빈티지 없이는
살 수가 없네/와인 없이는 육신이라는 짐 덩어리를 감당할 수가 없네."
그는 한 걸음 더 나아가 불법 음주가 (그리고 성관계들이) 보편적이라는 걸
냉소적으로 암시했다:

연인들과 술꾼들은 지옥에 갈 거라는데,
받아들이기 쉽지 않은 말 많은 격언이야.
연인과 술꾼이 지옥에 간다면,
내일이면 천국은 텅텅 비고 말 거야.[54]

무슬림의 술 금지령을 준수하는 것만으로는 충분하지 않은 경우가 잦았을 것이다. 알코올성 음료의 생산과 소비를 종료시키는 칙령을 반포하는 건 쉬웠지만, 그것들을 만드는 원료들은 공급량이 풍부했다. 에일을 양조하는 데 쓸 수 있는 곡물들은 빵을 굽는 데 필요했고, 신선하게 먹거나 건포도로 먹으려고 재배한 포도들은 으깨서 발효시킬 수 있었다. 생식용 포도(table grape)는 와인용으로는 적합하지 않았을지라도, 그걸 발효시키는 건 여전히 가능한 일이었고, 쪼그라지면서 건포도가 되기 시작한 포도는 익기만 한 포도보다 알코올 함량이 높은 와인으로 만들 수 있었다. 무슬림 세계에서 알코올성 음료들을 금지시켰음에도, 비밀리에 알코올성 음료들이 만들어졌고 소비됐던 건 확실하다. 그 정책에 대한 저항이 얼마나 폭넓었는지는 알 길이 없지만 말이다.

이슬람의 술 금지령이 얼마나 성공적이었건—오랜 동안 현저히 성공적이었던 것처럼 보인다—그 정책은 역사적으로 음주를 향한 지배적인 태도들과 급격한 단절이 이뤄졌음을 보여준다. 기독교와 유대교의 일부 주변부 분파들이 술 자제를 요구했지만, 유대교와 기독교의 주류 교단은 영양과 건강, 주흥(酒興)이라는 이유 때문에 음주를 용인할 뿐 아니라 장려하기까지 했다. 그들은 과음과 주취상태를 비난하면서 인간은 과도하게 마시려는 유혹에 맞서야 마땅하다고 주장했고, 그런 이들의 의지가 지나치게 약할 때는 형벌을 가했다. 하지만 그들은, 무슬림 교리가 효과적으로 해낸 것처럼, 테이블에서 그 유혹을 제거한다는 대안을 고려하지는 않았다.

기독교인이 술을 과하게 또는 취할 지경까지 소비해서는 안 된다는 걸 명확하게 하려고, 통회의 7시편(penitentials, 기독교인이 비도덕적인 짓을 했을 때 반드시 해야 하는 속죄에 대한 안내)에는 하나님께 저지르는 다양한 죄악과 모욕적인 행위에 주취가 포함됐다. 이런 행위에 부과되는 고행은, 와인이나 육류를 소비하지 않고 사흘을 보내는 것같이, 일반적으로 가벼웠다. 거하게 술을 마시고 나면 이틀 정도는 와인이나 에일 생각이 전혀 들지 않는다는 것을 감안할 때 이건 꽤나 약한 처벌이었다. 어느 시편에서 묘사한 다음과 같은 형태를 취할 때는 특히 더 그랬다: "정신상태가 달라지고 혀가 꼬이면서 눈빛이 난폭해지며 현기증이 일고 배가 부풀어 오르며 통증이 뒤따른다." 평범한 주취상태는 상대적으로 온화한 고행 처분을 받았지만, 일부 경우에는 고행의 강도가 세졌다. 일반적인 패턴을 따르자면, 동일한 통회의 시편은 성직자에게 평신도보다 더 심한 고행을 규정했다. 성직자는 더 높은 행동기준을 적용받았기 때문이다. 평신도가 와인이나 빵 없이 사흘을 보냈다면, 성직자는 7일을, 수도사는 2주를, 부제(deacon)는 3주를, 장로는 4주를, 주교는 5주를 보냈다.[55]

스페인의 속죄 고행은 한층 더 나아간다. 만취한 성직자는 20일간 고행했다. 그가 구토를 했다면, 고행은 40일로 연장됐다; 그가 성체(Eucharist)를 토해서 불경죄를 악화시켰다면, 추가로 20일이 더해졌다. 이런 상황에서 평신도에게 부과된 고행은 덜 가혹해서, 각각 10일, 20일, 40일로 정해졌다.[56]

통회의 시편에서 주취상태를 자주 언급했다는 게 반드시 중세 초기에는 취한 사람이 많았다는 뜻은 아니지만, 교회가 그걸 못 마땅해 했다는 건 보여준다. 주취가 다른 금지된 행동들, 즉 사회적 통념에 어긋나는 성적인 행동과 신성모독 같은 행위들과 자주 결부됐기 때문이라는 데에는 의심의 여지가 없다. 이런 관점에서 보면, 통회의 시편의 작가들이 주취한 성직자를 특히 끔찍하게 여긴 이유를 알기 쉽다. 그 시대에 주취상태에 대한 설명에 성직자들이 그리도 두드러지게 많이 등장하는 것도 그 때문일 것이다. 투르(Tours)의 주교는 "와인을 마셔 완전히 인사불성이 되는 경우가 잦아서 그를 테이블에서 끌어내리려면 네 사람이 필요했다." 수 아송(Soissons)의 주교는 "지나친 과음을 거의 4년간… 정신이 나갔다"는 말을 들었다. 그는 왕족들이 그 도시를 방문할 때마다 창살에 갇혀야만 하는 지경이었다. 투르의 그레고리(Gregory of Tours)는 수도사들이 각자의 수도실에서 기도를 드리는 것보다 더 많은 시간을 태번에서 술 마시는데 쓰고 있다고 불평을 늘어놓았다.[57] 847년에, 아마도 성직자의 음주에 대한 광범위한 인식 때문인지, 고위 성직자 평의회는 교단에 속한 사람 중 취할 때까지 습관적으로 술을 마시는 이는 누구건 지방(脂肪)과 비어, 와인을 40일간 삼가야 마땅하다고 명령했다. 평의회는 비어와 와인 모두를 금지품에 포함시키는 것으로 명령의 심각성을 알렸고, 그러면서 이를 범한 수도사는 1달 이상을 물 말고 다른 것은 마시지 못하게끔 효과적으로 강제했다.

이런 형벌은 당국이, 종교 당국이건 세속 당국이건, 과도한 술 소비에 맞서서 벌인 지속적인 전투의 일환이었다. 하지만 몇몇 국가의 정부가 금주령 정책을 실험한 대략 1914년부터 1935년 사이의 짧은 기간이 되기 전까지, 비무슬림 정부 중에서 술을 철저히 금지하는 급진적인 행보를 취한 곳은 한곳도 없었다. 오히려, 기독교의 발흥은 술의 한 가지 형태, 즉 와인을 전례가 없는 지위에 올려놓았고, 그러는 와중에 교회가 더 보편적인 술 소비를 암묵적으로 허락했다고 주장할 수도 있다. 당연한 말이지만, 유럽인들은 술을 마시기에 앞서 교회의 승인을 받을 필요가 없었고, 기독교의 두 번째 밀레니엄이 시작될 때 에일과 와인은 그들의 식단에서 점차 빠져서는 안 될 존재가 됐다.

4장

중세, 1000~1500

산업의 탄생

AD 1000년경부터 유럽의 정치적·경제적·문화적 풍경이 변화하면서 술과 음주 문화의 사회적 지위가 상당히 변했다. 동쪽 민족들이 유럽 서부로 이주하고 로마제국이 해체된 데 따른 혼란으로 점철된 4세기 또는 5세기가 지난 후, 상대적으로 평화롭고 정치적으로 안정된 시대가 찾아왔다. 평화와 정치적 안정 모두 경제 발전과 교역의 성장을 일궈냈다. 꾸준히 증가하기 시작한 유럽 인구는 1000년부터 1300년 사이에 4,000만 명에서 8,000만 명으로 2배가 됐고, 유럽 북부와 이탈리아 북부에서는 한바탕 도시화가 이뤄졌다. 이 도시들(앤트워프, 브뤼헤, 플로렌스, 밀라노 같은)은 새로운 술 문화와 시장을 상징했고, 그곳의 상인과 전문가, 장인들은 새로운 업무방식을 발전시켰다. 유럽 기후가 온난화 단계에 접어들면서 농업이 활발해지고 포도 재배가 북쪽으로 더 올라간 지역에서도 가능해진 것과 더불어, 사회와 경제의 발전은 술 소비 패턴과 술 산업의 조직화에 오래도록 지속된 엄청난 영향을 끼쳤다. 이토록 이른 시기에 '술 산업'

이 존재했을 거라고 생각하는 건 부적절한 일처럼 보일지도 모르지만, 에일과 와인의 생산과 교역조직에 상당한 변화가 일어난 것을 보면 그런 용어를 쓰는 것도 정당한 일인 듯 보인다.

중세 내내, 에일은 시골 지역의 가정집에서 양조됐다. 시골 지역에도 약간의 상업적 생산이 있었을 가능성은 있지만 말이다. 에일 생산에는 시간이 걸렸고 장비가 필요했다. 그래서 에일 양조를 일상적인 농업활동에 통합하는 게 항상 쉬운 일은 아니었다. 추수철처럼 모든 일손을 들판에 동원할 필요가 있는 시기에는 특히 더 그랬다. 그 결과, 많은 소작농이 에일을 구입하거나, 물건이나 곡물과 교환했다. 더불어, 시골 지역의 일부 수도원은 구성원이 소비하는 것보다 훨씬 더 많은 에일을 만들었고, 대지주들도 소작인들에게 팔 용도로 에일을 만들었다.

11세기부터 모습을 드러내고 성장하기 시작한 도시들의 환경은 소규모 에일 생산에는 불리했고, 상업적인 양조를 더 현실적인 일로 만들어줬다. 가장 중요하게 발전한 단일요소는 도시 소비자들이 집중된 시장이 창출된 거였다. 도시거주자들이 직접 먹을 식량을 재배하거나 음료를 생산할 가능성은 점점 더 줄었고, 소매업자―제빵사, 푸주한, 신선한 곡물과 조리음식을 파는 상인―들이 도심으로 몰려들기 시작했다. 비어 양조만 놓고 봤을 때, 도시인구의 대부분을 차지하는 빈민과 노동자는, 양조에 필요한 장비와 통(barrel)을 구입할 형편이 됐더라도, 그런 것들을 놓을 공간이 전혀 없는 비좁은 환경에 거주했다. 많은 수가 시골에서 온 이주자였던 이 사람들은 에일의 생산자 겸 소비자가 되는 걸 중단하고는 소비만 하는 존재가 됐다.

대도시와 시골의 부유한 가정에서는 가족과 하인들이 마실 에일을 빚으며 양조를 계속했지만, 중세 동안 더욱 더 많은 일반인이 수와 규모 면에서 성장을 거듭한 상업적 브루어리에서 만든 에일을 구입했다. 에일 수요가 늘어난 데 대한 반응으로 생겨난 이 브루어리들의 등장과 성장, 분포는 그들에게 이득을 준 규모의 경제라는 단순한 요인 외에도 다른 많은 조건에 의해 조성됐다. 시정(市政)이 경제생활을 규제하는 활동을 더 활발히 벌이면서 양조의 많은 측면에 개입하기 시작했다. 이 시기에 숱하게 많은 소도시를 잿더미로 만든 화재 위험 때문에 일부 시정부는 양조업자에게 장작을 땔감으로 쓰라고 요구했다. 전통적으로 쓰던 지푸라기는 위험한 불꽃을 담은 연기를 피워내는 경향이 있었다. 일부 도시에서는 화재 가능성을 더 낮추기 위해 양조장은 나무가 아닌 돌로 지어야 한다고 규정했다.[1] 네덜란드의 도시정부들은 그루이트(gruit, 에일에 씁쓸한 맛을 가미하는 데 사용되는 허브)의 판매를 통제했는데, 그 탓에 그루이트 가격이 급등했다. 대량구입을 하면 비용이 절감됐지만, 그에 따른 이득을 취할 수 있었던 건 상업적 양조업자들뿐이었다. 질 좋은 에일을 빚으려면 깨끗한 물도 다량 필요했는데, 양조업자들은 양조과정에서 나온 폐기물로 물을 오염시키고 있었다. 잉글랜드의 (런던과 브리스톨, 코번트리 같은) 몇몇 소도시가 양조업자가 공중 식수의 식수원에 접근하는 것을 금지시킬 정도였다.[2] 이런 규제 중 다수가 양조업자에게 상당한 비용을 부담시켰고, 그러면서 중세 도시에서 소규모 가내 양조가 살아남는 게 갈수록 어려워졌다.

많은 돈이 드는 주요한 기술 혁신도 있었다. 맥아즙(wort)을 끓이는 용도로 사용된 도기 용기를 구리주전자(copper kettle)로 차차 대체한 게 그것이다.[3] 열을 더 효율적으로 활용하는 구리주전자를 쓰면 질 좋은 에일이 만들어진다는 평판이 자자했다. 게다가 구리주전자는 훨씬 더 큰 규모로 만들 수도 있었다. 도기 용기의 크기는 대략 150리터가 한계였지만, 13세기 말에 사용된 구리주전자는 용량이 1,000리터였고, 15세기 무렵의 일부 주전자는 에일을 4,000리터까지 담을 수 있었다. 말할 나위도 없지만, 이 새 주전자들은, 그보다 크기가 작은 것들조차, 상당한 정도의 자본을 투자해야 만들 수 있었고, 그래서 이런 상황은 시간이 흐르는 동안 도시의 소규모 양조업자들을 문 닫게 만드는 힘으로 작용했다.

일부 도시가 이런 추세에 앞장서면서 에일의 가내 생산을 전면적으로 금지시켰다. 위트레흐트가 1493년에 그렇게 했다. 반면, 다른 도시들은 복잡한 규제로 소규모 양조업자들의 목을 옭죈 규제 네트워크를 차츰 만들어냈다. 일부 도시는 양조업자에게 면허를 취득하라고 요구했다. 예를 들어, 함부르크 시정부는 1381년에 면허 시스템을 확립하면서 양조는 권리가 아니라 특전(privilege, 공적으로 허가받아야만 하는 활동)임을 표방했다. 15세기 중반 무렵, 함부르크(중요한 양조 중심지)는 개인이 가정집에서 하는 양조를 사실상 불법화했다. 다른 중심지들은 양조공정 전체를 통제하는 법률들을 제정했다. 14세기 초부터, 뉘른베르크 시정부는 에일의 성분과 양조에 걸리는 기간, 양조를 하는 장소와 시간대, 에일을 제공할 수 있는 양을 규제했다. 잉글랜드와 오스트리아, 뉘른베르크 같은 다양한 곳에서는 에일의 가격을, 처음에는 국지적으로(locally), 이후에는 지역적으로(regionally) 고정시켰다.[4] 잉글랜드에서 1267년에 최초의 전국적인 규제가 공표됐다. 그해에 공표된 빵과 에일에 대한 법률은 비어의 가격을 도시에서는 2갤런에 1페니로, 시골에서는 3갤런에 1페니로 정했다. 곡물가격이 오르면 높은 가격을 청구할 수 있었지만, 비어는 곡물재배지와 가깝고 사업운영비가 덜 드는 시골에서 항상 더 쌌다. 마지막으로, 양조업자들이 항상 에일의 소매가를 직접적으로 염려한 건 아니었지만(일부 태번이 양조업자들과 연계돼있기는 했지만), 판매시간 및 여타 조건은 종종 시 규제 당국의 관할이었다. 런던의 태번들은 일찍이 1189년부터 면허를 따야 했고, 14세기 초에는 영업시간이 법으로 확정됐다.

이런 무수히 많은 방식으로, 도심지가 더욱 붐비고 도시조직이 더 복잡해져감에 따라 도시의 비어 생산조직은 갈수록 발전됐다. 생산과 판매에 적용되는 규제들이 양조산업에만 적용된 것은 아니었다. 그런 규제들은 경제와 사회의 많은 차원에 가해지는 시정의 통제력이 확산되고 강화되는 현실을 반영했다. 양조는 중세 인구 중 상당부분이 계속해서 삶을 이어가는 시골 지역에서 더 확산되는 편이었고, 소유와 생산의 집중은 더 천천히 일어났으며, 시골의 대규모 브루어리라 해봐야 규모 면에서 도시의 브루어리들과 상대가 안됐다. 잉글랜드 남서부에 있는 도시 엑세터(Exeter)에서, 1365년부터 1393년 사이에 가구의 75%가 최소한 1번은 에일을 양조하고 판매했지만, 10회 이상 그렇게 한 가구는 29%밖에 안됐다.[5] 관대하게 보더라도, 이 가구 중 4분의 1만을 1년에 평균 3회 비어를 만들고 판 고정적인 양조업자라고 부를 수 있었다. 1년에 양조 3회는 '자주(regular)'라는 단어의 정의를 대단히 낮게 잡은 것이다.

상업적 양조로 이행한 데 따른 주목할 만한 결과는 여성의 참여가 준거였다. 양조가 집안에서 행하는 과업이었을 때, 양조작업을 한 사람은 ('에일와이프alewife'와 '브루스터brewster'라 불리는) 여성이었다. 여성에게 양조는 여성이 책임진 조리와 빵 굽기, 가사관리 같은 살림살이의 일부였다. 흑사병이 돌기 몇 십 년 전, 노샘프턴셔 브릭스톡에 있는 영지(領地, manor)에서는 300명 넘는 여성―거기 거주하는 전체 여성의 3분의 1―이 판매용 에일을 빚었다. 14세기 초에 인구가 1만 명 정도였던 옥스퍼드에는 브루스터가 115명 가량 있었고, 주민이 1만 7,000명인 노리치를 위해 에일을 빚은 브루스터는 250명이었다.[6] 브루스터 대다수는 기혼자였고, 많은 이가 지속적이거나 풀타임 기반이 아니라, 간간이 에일을 양조했다. 그런데 대다수가 제한된 분량만 양조를 한 반면, 일부 브루스터는 더욱 상업적인 토대에서 활동했다. 1301년부터 1302년까지 요크셔 헐의 모드 엘리아스(Maud Elias)는 에드워드 1세(King Edward Ⅰ)의 가정집에 에일 100갤런을 팔았다.

브루스터 입장에서는 상당한 양이었지만, 생산량 단위가 1만 갤런 단위인 상업적 활동 앞에서는 변변찮은 수준이었다. 이 정도 규모의 양조는 남성들이 장악했다. 양조장의 수와 규모는 이렇게 상승한 반면, 여성들의 참여는 그 추세에 반비례했다. 1311년에 옥스퍼드에는 브루스터가 137명 있었지만, 그 숫자는 흑사병이 막 도래한 1348년이 될 때까지 지속적으로 줄어서 83명이었다.[7] 1340년대 말에 흑사병이 돌기 전까지 영국 도처에서 행해진 거의 모든 상업적인 양조활동은 브루스터의 몫이었지만, 16세기가 끝날 무렵에 이 일에 관여한 여성은 희귀한 편으로, 그중 다수는 브루어(brewer)의 과부로, 타계한 남편의 이름 아래 사업을 계속해도 좋다는 허가를 받은 여성들이었다.

흑사병은 잉글랜드의 에일 양조와 소비 양쪽에 급작스러운 변화를 일으킨 듯 보인다. 전염병의 기세가 한풀 꺾인 후에도 생산에 관여한 여성은 드물었지만, 에일의 소비는 늘었다는 것을 보여주는 증거들이 있다; 더 많은 사람이 더 많은 에일을 마시고 있었는데,[8] 에일의 소비량을 볼 때는 전염병 때문에 인구가 줄었다는 점을 감안해야 한다. 기술적이고 상업적인 변화와 (그리고 이후에 이뤄진 홉의 도입과) 결합된 활황세 시장은 양조업을 갈수록 수익성 좋은 사업으로 만들어줬고, 수익이 변변찮은 소규모 양조를 회피하는 재산가들을 끌어 모았다. 이 사람들은 도시에서 벌어지는 상업의 세계에, 그리고 도시의 투자방법과 유통시스템에 더 친숙했다. 여성들이 법적으로 배제된 건 아니었다(여성들이 잉글랜드 양조업자 길드의 회원이 누리는 특전 중 일부를 거부당하기는 했지만 말이다). 하지만 남성들이 양조업과 관련기관을 갈수록 독점화하는 동안 여성들은 서서히 사업에서 배제됐다.

이 과정을 연구한 가장 저명한 사학자인 주디스 베넷(Judith Bennett)은 여성들이 양조업에서 사실상 자취를 감춘 것을 다양한 형태를 띤 여성혐오(misogyny) 문화의 결과로 설명한다.[9] 그중에서 가장 두드러진 건 그루이트로 풍미를 더한 전통적인 음료인 에일을 브루스터와 동일시하고, 홉으로 만든 새 음료인 비어를 남성 브루어(brewer)와 동일시한 거였다(이 문제는 아래에 설명했다). 에일은 계속 만들어졌지만('비어'와 '에일'이라는 두 단어가 상당히 많이 혼용되지만), 이 이행기에 에일은 퇴장길에 오른 음료로 묘사됐다. 더불어, 여성 양조업자들은 부정직하고 불결하며 부도덕하다는 새로운 이미지들이 등장하기 시작했다. 요약하면, 15세기와 16세기 동안 남성의 상업적 양조라는 새로운 문화와 경제가 출현했다. 이런 변화는 16세기에 제도적인 형태를 취했다. 다양한 정부가, 생산이 됐건 판매가 됐건, 양조산업의 전 측면에서 여성들을 배제하기 시작했다. 그 결과, 주위의 문화적 위력에 의해서건 명백한 법률적 수단에 의해서건, 여성들은 새로운 비어 양조산업에서 배제됐다. 여성들은 자수성가하고 사회적 지위를 획득하는 수단으로서 양조업을 활용하는 대신, 중세 말 경제에서 명망이 떨어지는 직업들의 참여자로 남았다. 앞으로 볼 내용처럼, 여성들이 16세기에 출현한 증류업의 소규모 국면에 참여하기는 했지만 말이다.

이 시기에는 도시에서 판매하려고 현지에서 비어를 생산하기도 했지만, 상당한 양의 비어 교역이 시작되기도 했다. 성숙해가는 산업의 또 다른 측면이었다. 중세의 이 국면이 되기 전까지, 비어는 (와인과 달리) 일반적으로 국가나 도시 같은 지역 시장들만 찾아냈다. 비어가 좋은 상태로 남아있는 건 불과 며칠, 기껏해야 2주 정도—멀리 떨어진 시장으로 수송해서 좋은 상태로 팔기에는 지나치게 짧은 기간—였기 때문이다. 잉글랜드와 플랑드르 사이처럼 상대적으로 짧은 거리 사이에서 일어나는 에일 교역은 일부 있었지만, 제한된 규모로만 이뤄졌을 뿐이었다. 상황을 바꾼 건, 9세기 이후로 일부 수도원에서 비어를 만들려고 간간이 활용한 식물인 홉이 비어에 쓴 맛을 가미하려고 사용한 허브 혼합물인 그루이트를 대체한 거였다. 홉은 방부제다. 일부 박테리아를 죽이고 비어의 수명을 연장시켜서 비어를 장기간 수송할 수 있게, 그 결과 더 먼 곳으로 수송할 수 있게 해준다. 홉을 사용하기 전에는 박테리아의 발생을 막는 데 고농도의 알코올이 때때로 사용됐었다. 따라서 홉의 도입은 알코올 함량이 낮은 비어를 생산할 수 있다는 뜻이었다. 홉으로 맛을 낸 비어는 홉을 넣지 않은 에일보다 덜 달았다. 따라서 홉의 도입은 비어의 스타일과 맛을 변화시켰다. 일부 시장에서는 이 변화를 더 열렬히 환영했다.

홉은 1200년경부터 독일 북부에서 양조할 때 주기적으로 사용되기 시작했고, 얼마 안 있어 함부르크 같은 항구도시들이 활기찬 비어 수출의 중심지가 됐다. 항구는 비어 (그리고 다른 상품의) 교역을 장악했다. 수상운송이 육상운송보다 훨씬 더 저렴했기 때문이다. 중세의 도로는 상태가 형편없었고, 나무바퀴가 차축에서 벗어나기 일쑤인 수레에 실려 울퉁불퉁한 지역을 가로질러 운송할 때면 통에 든 액체들은 툭하면 새나왔다. 더군다나 육로 운송비는, 국경이나 지역의 경계선을 넘을 때 상품에 부가되는 세금과 더불어, 목적지시장에서 상품이 더 이상 경쟁력을 갖지 못하는 지경에 이를 정도로 상품가격을 올려놓을 수 있었다. 비어를 육로로만 운송해야 할 때, 비어의 원산지가격이 100km당 25%에서 70%까지 올랐다는 추정치가 있다.[10] 연안운송은 훨씬 더 안전하고 저렴한 수단이었다. 13세기와 14세기 동안, 브레멘과 함부르크, 비스마르 같은 발트해 연안의 독일 항구들은 저지대 국가들(Low Countries, 벨기에, 네덜란드, 룩셈부르크 등-옮긴이)과 수익성 좋은 비어 교역관계를 수립했다. 그보다 거리가 짧은 경우조차 수상운송이 더 저렴했다. 1308년부터 1309년까지 브리스톨에서 코번트리 주교와 리치필드(Lichfield)의 리치필드 거주자에게 와인을 보낼 때 세번강과 육로 루트가 모두 사용됐다. 배럴-마일 당 비용은 수상운송의 경우 0.4펜스였지만, 이 여행의 육로부분의 비용은 그보다 6

배 비싼 2.5펜스였다.[11]

함부르크는 유럽의 북부 해안을 따라 이뤄지는 비어 수출을 장악했다. '함부르크 비어'가 독일 북부에서 만든 비어의 통칭이 될 정도였다. 암스테르담은 14세기 초부터 함부르크 비어에 수입관세를 부과했지만, 그런다고 수요가 둔화되지는 않았다; 1360년대 무렵 연간 수송량은 500만 리터 이상으로, 이 수량은 함부르크의 총 비어 생산량의 약 5분의 1이었다.[12] 이와 동일한 시기부터, 독일의 양조업자들은 발트해 지역 곳곳과 스칸디나비아까지 수출 지역을 확장하기 시작했다. 독일인이 이 모든 수출 시장에서 성공을 거둔 것은 현지에 비어가 없어서 그런 게 아니었다. 현지 양조업자들의 기술수준이 떨어져서였다. 이런 점에서, 독일 북부 양조업자들이 유럽 북부시장을 장악한 건 기술적인 이점을 유지할 수 있는 동안만 가능했는데, 15세기가 끝날 무렵에는, 특히 저지대 국가들에서, 기술적 격차가 상당히 좁혀졌다.

와인의 생산과 유통이, 비어의 그것처럼, 중세 후기부터 발전했다. 이시기 와인 생산에 대한 쓸 만한 통계치는 드물지만, 성장하는 시장, 특히 유럽 북부의 급팽창하는 도시시장의 수요를 충당하려고 와인 생산량이 급격히 늘었던 건 분명하다. 1000년부터 1200년 사이에 포도나무가 엄청나게 심어졌다. 대체로 인구증가에 자극을 받아 일어난 일이었지만, 포도나무가 자랄 수 있는 새로운 지역들을 창출해낸 기후 온난화의 도움도 있었다. 프랑스 지주들은 포도나무를 심으려고 삼림을 벌목하고 습지의 습기를 뺐으며, 경작하기 힘든 땅을 포도 재배지로 전환시켰다. 독일에서 포도나무는 라인란트와 슈바벤, 프랑코니아, 튀링겐에서 번창했다. 포도나무는 14세기 초에 동쪽으로는 멀리 떨어진 헝가리의 국경에도 심어졌는데, 여기에 포함된 토카이 지역은 이후로 아이콘이 된 스위트와인을 생산한다. 잉글랜드에서 1086년에 행해진 농업 센서스인 『둠즈데이 북

(*Domesday Book*)』에는 포도밭이 42곳만 등재돼 있는데, 그로부터 2세기 후에 포도밭의 수는 1,300곳이 넘었다. 이탈리아 북부 같은 일부 지역에서는 베네치아와 밀라노, 플로렌스, 제노바 같은 급성장하는 도시들에 와인을 공급하기 위해 포도밭이 늘어났다. 이와 비슷하게, 파리의 인구 성장은 센강과 마른강, 욘강 주변의 포도 재배를 자극했다. 그러는 동안, 잉글랜드의 런던, 저지대 국가의 헨트, 브뤼헤, 브뤼셀, 발트해 연안의 도시들처럼 근처에 적절한 와인산지가 부족한 도시들이 팽창하면서 그곳들로 와인을 수출하는 지역들의, 특히 독일의 라인강 계곡과 프랑스 남서부의 포도나무 재배의 성장에 박차가 가해졌다.

유럽의 중세시대에 몇 군데 주요한 와인루트가 확립됐다. 하나는 현재의 보르도에 기반을 둔 루트로, 아키텐의 엘레오노르(Eleanor of Aquitaine)와 훗날 잉글랜드의 헨리 2세가 되는 노르망디 공작 헨리(Henry, Duke of Normandy)의 결혼으로 아키텐(보르도 지역)과 잉글랜드 사이에 구축된 왕실(王室)간 관계의 덕을 많이 봤다. 아키텐과 잉글랜드가 동일한 왕의 통치를 받게 되면서, 프랑스 남서부에서 잉글랜드 상업도시들의 상대적으로 번창한 상인들에게로 와인이 흘러가기 시작했다. 13세기 무렵, 대부분이 현재의 보르도에 있는 포도밭보다 내륙에 있는, 현대의 남서부 지역에서 생산된 가스코뉴 와인이 잉글랜드 시장을 강타했다. 이건 영 와인으로, 오늘날이라면 '누보(nouveau)'로 불렸을 것이다. 수확하고 몇 주 내에, 발효가 완료된 직후에 운반됐기 때문이다. 해마다 10월에 선박 수백 척이 보르도에서 잉글랜드로 최소 1주일에 걸친 항해에 나섰다. 소규모 선단들은 프랑스 북서쪽에 있는 루아르 밸리에서 빚은 와인을 싣고 낭트와 라로셸에서 항해에 나섰다. 와인의 상태가 불안정하고 1년을 견디는 와인이 드물던 시기에, 갓 빚은 이 와인은 대단히 귀한 대접을 받으면서 좋은 가격에 팔렸다. 추가적인 수송은 날씨가 허용하는 이듬해 봄에 이뤄졌다;

불과 6개월에서 8개월밖에 묵지 않았음에도 묵은 와인이 된 이 와인들은 열등품으로 간주됐고, 그래서 가격도 쌌다. 이 와인의 대부분은 레드와인 (밝은 빛깔 때문에 '클라레claret'라고 불렸다)이었지만 화이트와인도 일부 있었다: 1460년에 기록된 스코틀랜드의 재정기록을 보면 "가스코뉴 와인 5 파이프(pipe, 포르투갈식 술통으로 535리터-옮긴이), 화이트 하나, 레드 넷"이라는 영수증이 있다.[13]

여름이 끝나갈 때면, 즉 이 프랑스 와인의 구입 가능성이나 품질이나 두 가지 모두가 낮아지기 시작할 때면, 키프로스와 코르푸, 그리스, 이탈리아 등 지중해에서 출발한 와인이 잉글랜드에 당도했다. 이 와인들은 프랑스산 와인보다 더 달고 알코올 함량이 훨씬 높았다. 그래서 품질이 오래 유지됐고, 지중해를 가로지르고 지브롤터 해협을 통과하며 대서양 해안을 올라 잉글랜드와 유럽 북부로 이어지는 장기간의 여름철 항해에도 살아남을 정도의 지구력을 갖게 됐다. 길면 3개월이 걸리기도 할 정도로 진을 빼는 항해였다. 때로는 범선으로 항해에 나섰지만, 갤리선(galley, 주로 노예들이 노를 저어서 항해하는 배-옮긴이)으로 항해에 나서는 경우도 있어서 간혹은 상인들이 직접 노를 젓는 일도 있었다. 그런데 그런 노고를 할 만한 가치가 있었다. 맛이 더 좋고 질도 좋은 지중해 와인은 가스코뉴 와인보다 도매가가 2배 더 높았고, 그것들을 소매로 팔 수 있는 면허를 가진 태번이 런던에 세 곳뿐이라 수요는 한층 더 솟구쳤다.

제한된 지중해산 와인 교역은 잉글랜드에서 규모는 작지만 짭짤한 시장을 형성했지만, 보르도의 수출품은, 특히 14세기 초에, 규모가 상당했다. 1305~6년, 1306~7년, 1308~9년의 3년간, 수출은 1년 평균 9만 8,000 배럴로, 거의 9억 리터에 달했다. 잉글랜드 왕들이 단골이자 가장 충성스러운 고객이었다. 헨리 3세는 1243년 한 해에만 가스코뉴 와인 1,445 통(cask)을, 약 165만 5,000리터를 구입했다. 당연한 말이지만, 와인 생산량은 늘 날씨가 좌우했다. 1310년 수확량은 이전 몇 해 수확량의 절반밖에 안됐다. 수출은 정치적 사건의 영향도 받았다. 1324년에 프랑스와 잉글랜드가 전쟁에 돌입하면서 수출이 급격히 줄었고, 백년전쟁이 발발한 1330년대에 다시 그런 일이 벌어졌다.

보르도산 와인은 유럽 북부의 다른 중요한 도시 시장과 발트해 근처의 소도시들에도 수출됐다. 이 인구 중심지들은 라인강과 북해에서 시작되는, 독일 북부와 저지대 국가들, 잉글랜드, 스칸디나비아, 발트해 연안으로 이어지는 와인 교역루트에서도 와인을 공급받았다. 유럽 동부에서는 폴란드 왕실의 소재지이자 부유한 상업 엘리트의 고장인 폴란드 도시 크라쿠프가 훌륭한 와인 시장이 됐을 뿐 아니라 이상적인 환적(transshipment)지점이 됐다. 지중해 지역의 많은 지방에서 빚어진 와인이, 종종 이탈리아 상인에 의해 선적된 와인이 유럽 동부와 러시아, 발트해 주변의 다른 시장을 향하기에 앞서 그곳에 당도했다.[14]

15세기에 유럽 북부에 등장한 장거리 비어 교역처럼, 와인 교역은 유럽의 술 산업 발전의 중요한 측면이었다. 기관들과 상거래 규약이 발전했고, 많은 도시에서 빈트너(vintner, 와인 상인) 길드가 요직을 맡기 시작했다. 일찍이 13세기의 첫 몇 십 년에 런던 부시장(alderman, 시의회 의원) 중 3분의 1 이상이 빈트너였고, 1215년에 마그나 카르타를 서명한 도시를 대표한 시장도 그랬다. 유럽 전역에서, 군주와 통치자, 시 당국과 같은 다양한 종류의 통치세력이 와인에 화폐나 다른 종류의 세금을 부과했다. 잉글랜드의 와인 운송업자는 '프리사지(prisage)'를 내야 했다. 프리사지란 왕이 21배럴이 넘는 운송품마다 2배럴의 와인을 취하고, 그보다 작은 운송품에서는 1배럴을 취하는 권리였다. 파리 시 당국은 와인이 도시성벽의 관문을 지날 때 세금을 부과한 반면, 크라쿠프 시는 시내의 상인들이 교역하는 모든 와인에 세금을 부과했다.[15] 그런 세수는 수익이 짭짤해서 수혜자들은 그걸 포기하는 걸 꺼렸다. 1340년대에 잉글랜드 왕은 프리사지로 와인 200통(18만 리터) 이상을 챙겼다. 동일한 기간 동안 플랑드르의 브뤼헤에서 시 수입의 88%가 와인과 비어에 매긴 세금에서 비롯됐다.[16] 네덜란드가 스페인에 맞서 일으킨 봉기(1566~1648)를 뒷받침한 가장 큰 단일 재원은 비어에 매긴 세금으로, 그래서 "비어가 벨기에를 낳았다"고 주장할 법도 하다.[17]

와인상인들이 와인에 부과된 세금을 성공적으로 회피한 경우가 잦았던 게 분명하다고 하더라도, 유럽의 인구가 늘고 와인을 마시는 부유층이 증가하면서 AD 1000년부터 세수가 꾸준히 늘었던 게 확실하다. 더 많은 땅에 포도나무가 심어졌고, 생산은 수요를 따라잡으려고 꾸준히 늘었다. 포도밭을 소유한 교회와 속세 지주들은 대체로 연속성이 있었지만, 많은 수도원이 자체적인 필요량만큼만 와인을 생산했다. 이런 경향은 교단별로 달랐지만, 소비량은 상당한 규모일 수 있었다. 부르고뉴에 있는 클뤼니 수도원에서는 하루를 시작하며 빵과 와인 1잔으로 이뤄진 믹스툼(mixtum)이라는 가벼운 식사(small meal)를 제공하였고, 주된 식사(main meal, 고행기에 먹는 식사 포함)로는 희석하지 않은 와인 0.5파인트를 제공하였다. 축일(祝日)에는 피그멘툼(pigmentum) ─ 꿀과 후추, 계피를 가미한 따뜻한 와인 ─ 을 제공하였다.[18]

많은 수도원의 양조장이 전적으로 자체적으로 쓸 양만 생산했다면, 생산량의 대체적인 상승은 개인들이 보유한 양조장의 산출량이 놀라울 정도로 증가된 것과 관련이 있을 것이다. 하지만, 중세 초기에 그랬던 것처럼, 이 시기에도 많은 속세의 지주가 유형적이거나 무형적인 혜택을 기대하면서 교회에 포도밭을 넘겼다. 12세기부터 십자군은 수도원에게 정말 유용한 운동인 것으로 판명됐다. 많은 기사(騎士)가 타지에서 사망할 경우 자신들의 영혼을 위해 기도해달라면서 교회에 땅을 바쳤기 때문이다. 중요한 교단인 시토회(Cistercian) 산하 거의 모든 수도원이 1100년대 동안 최소 한곳의 포도밭을 기증받았다. 예를 들어, 1157년에 어느 과부와 그녀의 여섯 아들이 타계한 남편이자 아버지를 위해 기도해달라며 시토회 수도원에 포도밭 4에이커를 바쳤다.[19]

부르고뉴의 시토(Citeaux)에 있는 시토회 본성당에 그런 기증품이 수십 건 바쳐졌다는 것은, 14세기 중반 무렵에 이 교단이 현재 그 지역에서 가장 귀중한 코뮌—본(Beaune), 포마르(Pommard), 본(Vosne), 뉘(Nuits), 코르통(Corton) 등—중 일부에 있는 포도밭 수백 헥타르를 축적했다는 뜻이다. 시토회는 1336년에 부조(Vougeot)의 코뮌에 포도밭 50헥타르를 갖고 있었다. 당시 부르고뉴에 있는 단일 포도밭으로는 가장 큰 거였다. 시토회가 포도밭과 와인셀러에서 꼼꼼하게 일한다는 명성이 드높아지면서, 그들은 토지뿐 아니라 명성과 특권도 획득했다. 1171년에 교황 알렉산더 3세(Pope Alexander Ⅲ)는 시토회가 소유한 포도밭에 대해 교회세 지불을 면제해줬고, 나중에는 그 면제에 대해 도전하는 이는 누가 됐건 파문시키겠다고 으름장을 놨다. 이건 다른 와인 생산자들이 시토회가 받는 우호적인 대접에 반대했을지도 모른다는 걸 시사한다. 같은 해에, 부르고뉴 공작은 시토회가 생산한 와인의 수송과 판매에 부과하는 게 정상이었을 세금을 내는 의무에서 시토회를 해방시켰다.[20]

이런 종류의 격려 덕에 시토회는 급격히 교세를 확장했다. 교단은 설립되고 50년 내에 수도원 400곳을 거느린 진정한 제국이 됐다. 수도사들은 그들이 있는 모든 곳에 포도나무를 심었다. 많은 수도원이 성찬식과 자체적으로 소비하는데 필요한 양만큼만 와인을 빚었지만 말이다. 그런데 시토의 본성당과 비슷한 다른 곳들은 상당한 수준의 상업적 생산자가 됐다. 라인강 계곡의 기후가 화이트와인 생산에 대단히 적합하다는 걸 발견한 부르고뉴 출신 수도사들이 창립한 라인 지역의 에베르바흐 수도원

(Kloster Eberbach)이 그랬다. 1500년경, 에베르바흐 수도원은 유럽에서 가장 큰 포도밭 지역인 700헥타르 가까운 포도밭을 소유했고, 사업가 기질을 발휘한 수도사들은 라인강 하류의 쾰른으로 와인을 수송할 선단도 보유했다.

에베르바흐 수도원 같은 대규모 와인 생산 사례는 드물지만, 그런 사례들은 1000년경부터 증가한 와인 생산량의 폭넓은 경향을 반영했다. 그렇다고는 해도, 생산량이 일직선 형태로 꾸준히 늘어난 건 결코 아니었다. 흑사병이 유럽 인구를 3분이 1 가까이 줄인 1350년부터 1400년까지는 생산량이 줄었다. 2, 3세기 동안 인구가 급격히 팽창하는 것을 목격했던 규모 큰 소도시와 도시들은 불과 2, 3년 사이에 주민들이 전염병으로 죽거나 병을 피해 도망치면서 인구가 급격히 주는 것을 목격했다. 인구가 줄면서 와인 시장도 줄었다. 포도밭에는 숙련 노동자가 부족했고, 최악의 영향을 받은 지역에 있는 많은 포도밭이 그냥 방치됐다.

중세 무렵, 와인과 비어는 유럽인의 식단에 주식으로 자리 잡았다. 하지만 구할 수 있는 다른 알코올성 음료들도 있었다. 많은 지역에서 미드(발효된 희석 꿀)를 소량씩 마셨다. 발효된 사과주스인 사이다(Cider)는 노르망디와 브르타뉴처럼 사과가 잘 자라는 지역에서 대중적이었다. 노르만족이 11세기에 잉글랜드에 사이다를 소개한 것으로 여겨진다. 사이다 산업은 잉글랜드 남서부에 확고히 자리를 잡았다. 마지막으로, 발효된 음료를 증류해서 더 강한 알코올성 음료로 만드는 과학이 13세기부터 유럽 전역에 퍼지기 시작했다. 하지만 증류(보통은 와인으로 브랜디 만들기)는 16세기가 되기 전까지는(6장을 보라) 주로 수도원에만 국한됐고, 스피릿은 거의 전적으로 의학적 용도로만 활용됐다.

비어와 에일의 공급량은 풍부했지만, 둘 중 어느 것도 살 형편이 안 되는 탓에, 상당량이 오염돼서 마시기에 안전하지 않은 물만 마신 빈민이 많았던 게 분명하다. (대체로 부적절하고 건강에 나쁜 식단과 열악한 거주환경과 더불어) 이런 관행은 분명 이 시기의 낮은 기대수명에 기여했다. 흑사병이 도는 동안, 유대인들이 치명적인 전염병을 발발시키려고 우물에 독을 타고 있다는 주장에는 이 시대에 물을 마시는 것이 어떤 행위인지를 보여주는 강력한 암시가 있다.[21] 독일과 프랑스의 일부 지역에서는 문제의 근원이라 여겨지는 것을 제거하려고 유대인들을 살해했다. 이 에피소드는 중세 유럽에 만연한 반유대주의의 증오뿐 아니라, 사람들이 물에 대해 품은 지속적인 의혹과 물의 소비실태 모두를 잘 보여준다. 유대인이 비어나 와인통에 독을 풀었다는 혐의를 받지 않았다는 건 주목할 만하다.

노숙자와 떠돌이 노동자, 심지어 거처가 있는 노동계급 빈곤층의 식단은 거의 알려져 있지 않다. 하지만 그들보다 상위계층의 증거는, 고르지는 않지만, 간간이 존재한다. 피레네 산맥의 작은 언덕에 있는 몽타유 마을에서, 소작농들은 하루 식단의 일부로 와인을 마셨다. 타라스콩과 파미에에서 노새로 가져온 와인을 집집을 돌아다니며 파는 와인상인 1명을 거주자 250명이 먹여 살렸다; 그러나 양치기들은 시큼한 와인만 마셨고, 일부는 날마다 우유를 약간 마셨다. 질 좋은 와인은 축제 같은 행사를 위해 따로 남겨뒀다.[22] 동쪽과 북쪽으로 멀리 떨어진 와인산지 로렌에서, 와인은 로렌 공작의 소비량처럼 다량 소비되기도 했고, 직접 마실 요량으로 와인을 빚은 소작농들의 그것처럼 소량만 소비되기도 했다. 15세기 말에, 공작의 가정은 1달에 와인 7,000리터를 소비했다. 이는 요즘 표준 병으로 하루 300병에 해당한다. 하지만 얼마나 많은 사람이 그걸 공유했는지, 얼마나 배분됐는지는 모른다. 공작은 여행할 때 따라다닌 수행원들에게 1인당 하루에 와인 2리터나 3리터를 제공했다. 공작의 주방도 음식을 준비하느라 와인을 썼다. 1481년 한해에만, 468리터가 "나리의 생선요리를 위해" 할당됐다.[23]

잉글랜드와 스코틀랜드의 왕실들도 와인, 특히 가스코뉴 와인 수요의 급증에 한몫했다. 1243년에 잉글랜드의 헨리 3세는 약 33만 갤런에 해당하는 와인 1,445통을 사느라 2,300파운드 이상을 썼다. 일부는 질이 떨어졌지만, 3분의 2 이상은 고급으로 간주됐고, 비용은 배럴당 2파운드 이상이었다. 1251년에 헨리의 딸 마거릿(Margaret)이 스코틀랜드의 알렉산더 3세와 결혼할 때, 하객들은 와인 2만 5,000갤런을 마셔치웠다. 결혼 축하파티에 참석한 하객들은 거기에 곁들여 사슴 1,300마리, 암탉 7,000마리, 멧돼지 170마리, 청어 6만 마리, 빵 6만 8,500덩이를 소비했다.[24] 알렉산더 3세는 10만 리터가 넘는 와인 때문에 보르도 상인에게 빚진 2,197파운드를 버윅 항구에서 1년간 거두는 모든 수입으로 지불하겠다고 맹세했다.[25]

중세 귀족들도 술 교역을 후원했다. 노섬벌랜드 백작의 가정은, 백작의 가족과 시종들의 수는 모르지만, 한해에 에일 27,500갤런과 와인 1,600갤런을 소비했다. 1419년에 집안에서 소비할 용도로 가내에서 에일을 양조한 데임 앨리스 드 브리엔(Dame Alice de Bryene)의 가정도 레드와인 262갤런과 화이트와인 105갤런을 소비했다. 성직자를 보면, 1464년에 취임식을 연 요크(York) 대주교는 와인 100통을 소비하는 것으로 축하를 받았다.[26]

사회의 하층 사람들은 선물로, 그리고 급여와 연금의 일부로 술을 받았다. 1499년에 낭시의 간호사들은 레드와인 1,874리터를 받았고, 마이너 형제는 '생계 지원용'으로 레드와인 2,342리터를 받았다. 와인은 로렌의 공작들이 종자(valet)와 매 관리인(falconer), 트럼펫 연주자(trumpeter), 산파처럼 다양한 직위에서 봉사하는 남녀에게 보상으로 제공하는 연금에도 포함됐다. 한편, ─석공, 목수, 달구지 제조공을 포함한─ 모든 종류의 장인이 와인과 비어, 기타 과일을 급여의 일부로 받았다. 봉류-앙-포레(Bonlieu-en-Forez)의 교회종탑을 지을 때 일꾼들에게 계란과 육류, 호밀 빵, 수프용 콩과 '많은 와인'이 제공됐다.[27] 비어의 경우도 그랬다. 비어는 유럽의 많은 지역에서 급여의 일부로 제공됐고, 유럽의 앞바다에서도 마찬가지였다: 비어는 선원들이 바다에 있는 동안 하루에 소비하는 칼로리의 상당부분을 제공했다.[28]

에일은 일반적으로 중세 동안 잉글랜드에서 추수철 일꾼들에게 제공된 식단의 일부였는데, 시간이 흐르면서 더 많은 양의 에일이 제공된 듯 보인다. 1256년부터 1326년 사이에, 에일은 노픽에서 추수철에 일한 일꾼에게 제공된 식사의 가치의 20% 미만을 차지했지만, 1341년부터 1424년까지 20% 이하로는 절대 내려오지 않았고, 때로는 41%까지 치솟았다. 1인당 소비량 기준에서, 수확을 도운 일꾼에게 공급된 에일의 실제 분량은 2배 이상 늘어, 1256년에 2.83파인트(1.61리터)였던 게 1424년에는 6.36파인트(3.61리터)가 됐다.[29] 오늘날에 그러는 것처럼 작업 중에 술을 마시는 데 따르는 갈등은 전혀 없었다. 대다수 사람들은 수분을 섭취하려고 하루 내내 정기적으로 술을 마셨기 때문이다.

근무 중이거나 전투 중인 병사에게 술을 공급하는 것은 문제가 있다는 인식도 없었다. 1066년에 노르만족의 잉글랜드 정복을 묘사한 바이외 태피스트리(Bayeux Tapestry)는 노르만족 군대가 해안에 가져온 군용품과 다른 보급품 사이에 있는, 와인통을 실은 우마차를 보여준다. 텍스트는 '마차와 포도주(carrum cum vino)'라고 설명한다. 와인은 윌리엄 공(Duke William)이 소비할 용도였거나, 조금 냉소적으로 보면, (제1차 세계대전 동안 영국군 사이에서 럼이 그랬듯) 병사들의 투지를 북돋우려는 용도로 사용됐을 거라고 가정할 수도 있다. 그런데 우리는 이 시기에 프랑스와 다른 나라의 병사에게도 술(와인과 에일)이 보급품의 일부로 정기적으로 공급됐다는 것도 안다. 1406년 동안 퀴스탱(Custines) 성(城)을 경비할 책임을 진 여섯 명이 하루에 와인 2리터를 공급받았다. 날카로운 눈으로 계속해서 침입자를 경계해야 하는 게 주된 직무였던 사람들에게 바람직하다고 생각되는 일반적인 양보다 많은 양이다. 1316년에 잉글랜드의 에드워드 2세는 스코틀랜드에서 작전 중인 휘하 군사에게 와인 4,000배럴을 하사했고, 1327년부터 시작된 프랑스군의 작전계획은 일반병사들에게 하루에 와인 약 0.1갤런을 공급했다.[30] 술은 군대가 행군하고 싸울 때, 그리고 빈번하게 벌인 농성 중에 식수가 오염됐을 때 특히 유용했다. 1216년에 도버 성이 40일간 포위됐을 때, 병사 1,000명이 와인 600갤런과 에일 2만 갤런 이상을 바닥냈다.[31] 와인을 물에 푸는 것(와인을 희석시키는 것을 바라보는 다른 방식)은 일부 유해 박테리아를 죽이고 병사들 사이에 질병이 도는 것을 피하려는 수단이었다. 예를 들어, 장티푸스를 퍼뜨리는 미생물은 와인에 담그면 죽는 것으로 알려져 있다.[32]

1000~1500년 시기를 통틀어 유럽 전역에서 이와 같은 술 소비 사례는 이보다 몇 배 증가할 수도 있다. 이런 사례를 통해 볼 수 있는 것은 전반적인 인상일 뿐이다. 이 사례들이 지역적으로, 그리고 장기간에 걸쳐 지나치게 산재해 있는 탓에 패턴과 경향의 발전경로는 파악하기 어렵다. 그럼에도, 술 소비가 하층계급보다는 사회적·정치적 상류층에서 더 많았다고, 남성들 사이에서 여성들 사이에서보다 더 많았다고 예상하는 게 옳다. 남성들이 여성의 음주를 불안해했다는 걸 보여주는 증거는 많다. 이게 반드시 여성이 남성보다 적게 마셨다는 것을 뜻하지는 않더라도, 평균적으로 보면 여성이 덜 마셨다고 가정하는 게 사리에 맞다.

중세에 에일과 와인의 더 일반화된 소비수준은 불확실하게 남아 있다. 잉글랜드 같은 지역에서 에일의 소비량이 가격과 알코올 함량 모두 더 높았던 와인보다, 절대량 측면에서, 훨씬 더 많았을 게 분명하지만 말이다. 14세기 잉글랜드에서, 에일은 도시에서는 1페니에 2갤런이었고, 시골에서는 1페니에 3갤런이었다. 가스코뉴 와인이나 스페인산 와인의 가격은 대략 갤런 당 6펜스여서, 와인은 같은 분량의 에일보다 12배에서 24배 비쌌다.[33] 각 음료가 전달하는 순수한 알코올 양을 감안하면 4배에서 8배 비쌀 뿐이지만 말이다. 14세기 말부터 15세기 초까지 유럽 북부에서 소비된 에일의 1인당 소비량을 추정한 어느 자료는 1년에 177리터에서 310리터 사이의 범위를 보여준다. 꽤나 준수한 하루에 0.5리터에서 0.67리터 사이이다. 이 필자가 내린 결론에는 그런 수치들의 불확실성이 반영돼 있다: "중세 동안 잉글랜드의 대체적인 추정치인 하루에 4리터에서 5리터 사이는 합리적이기는 하지만 지나치게 높은 것일 수도 있다. 1인당 하루에 1.1리터 정도가 더 조리에 맞고 가능성도 높은 추정치다." 그는 계속해서 부유한 농촌가정의 식구들은 하루에 에일을 0.5리터밖에 소비하지 않은 반면, 귀족가정은 1.5리터에서 2리터 사이를 소비했을 거라고 추정치를 제시한다.[34]

와인의 경우, 프랑스의 1인당 소비량에 대한 어느 추정치는 연간 183리터에서 781리터 사이의 범위를 제시한다. 하루에 0.5리터에서 2리터를 약간 넘는 수치다. 14세기 초에 수도사는 작은 쪽의 양을 받았고(축일에는 1리터를 더 받았다), 높은 수치인 2리터는 퀴스탱 성에서 보초임무를 수행한 여섯 병사에 해당한다. 병사들은 정신을 바짝 차리고 경계심을 유지해야 마땅함에도 이토록 대단히 관대한 와인 수당을 받았다. 우리는 이 통계치 묶음의 양극단 사이에서 교황 휘하 신학교 학생들의 연간 220리터(하루에 0.5리터)와 베르닌(Vernines)의 객실청소부를 위한 연간 365리터(하루에 1리터) 같은 수치들을 찾을 수 있다.[35] 꽤나 분명한 사실은, 중세 유럽에서 소비된 에일이나 와인의 1인당 소비량을 대체적으로 보여주는 수치는 없다는 것이다. 개별적인 사례들이 옳다고 하더라도, 소비량의 편차가 대단히 크고, 성별이나 계급, 직업, 맥락에 따른 명백한 상관관계는 존재하지 않는 듯 보인다. 중세에는 많은 사람이 술을 많이 마셨고 1인당 소비량이 오늘날의 그것보다 많았던 게 거의 확실하다는 대단히 모호한 결론에 도달한 건 실망스럽지만, 아마 이것이 우리가 할 수 있는 최선일 것이다.[36]

중세에 일(日) 단위로 마신 술의 양은 상당했을 것이다. 대부분은 에일 1리터 그리고/또는 와인 1병이나 2병에 해당하는 양일 것이다. 하지만 이 양은 때때로 수분 섭취에 필요한 양에 못 미쳤다. 중세의 많은 사람이 해가 떠서 질 때까지 고된 육체노동을 했다는 것을 고려하면 특히 더 그렇다. 이런 결론은 그들이 추가적인 수분을 어디서 얻었느냐는 의문을 제기한다. 귀리죽과 수프에 든 수분은 분명 중요한 수분의 출처였을 테지만, 이 시대에는 다른 알코올성 음료가 부족했기 때문에 상당히 많은 유럽인이 물을 마셨을 거라고 판단해야 한다. 물의 안전성이 염려됐더라도 가난한 이들에게는 다른 대안이 없었다. 잉글랜드에서 비어와 에일의 가격은 법에 의해 고정돼 있었고, 1283년의 규제 아래에서 에일 4리터―성인 2명을 위한 합리적인 하루 허용량―는 공예가가 받는 하루 급여의 3분의 1이자 노동자가 받는 하루 급여의 3분의 2에 해당했을 것이다. 남성이 받는 급여의 3분의 2 정도를 받은 여성들은 에일이나 비어를 구입할 수 있는 능력이 훨씬 더 떨어졌을 것이다. 이건 물을 마시지 말라고 경고하는 사회적 처방과 그것 말고는 다른 대안이 허용되지 않는 물질적인 환경을 반영한 실제 관행 사이를 조심스럽게 구분 지어야만 하는 또 다른 사례다.

상류층은 알코올성 음료를 더 많이 마셨을 것이다. 그런데 그들은 더 나은 음료를 마셨을까? 중세에 생겨난 경향 중 하나가 감정업(connoisseurship)이었다. 특정 품목들이 품질 인식을 통해 문화적인 등급을 획득하기 시작했다는 뜻이다. 술에 적용해보면, 이건 전혀 새로운 게 아니었다; 우리는 그리스와 로마의 필자들이 여타 제품보다 더 훌륭하다고 간주한 와인 리스트를 제시한 것을 본 바 있다. 와인이 비어보다 더 이른 시기에 이런 식의 차별화 작업을 이끌어냈다고 기대하는 게 옳을 듯하다: 중세 후기가 될 때까지만 해도 비어가 상당한 거리를 운송되는 일은 없었고, 사람들은 현지에서 양조된 비어를 마셨기 때문에 사람들이 선택할 수 있는 비어의 범위는 좁았다. 그런 시대에도, 선호하는 양조업자들이 있었을 가능성은 대단히 크다. 숱하게 많은 양조업자들이 서로서로 경쟁하는 규모 큰 소도시들에서는 특히 그랬다. 그러나 더 거리가 긴 비어 교역의 발전은 신상품들을 많은 시장에 가져왔고, 앞서 봤듯, 저지대 국가와 스칸디나비아 지역에서 함부르크에서 수입된 비어는 현지 상품들보다 더 인기 좋은 상품이 됐다.

런던과 앤트워프, 파리 같은 핵심 시장의 부유한 와인 소비자들은 특히 운이 좋았다. 유럽과 지중해 지역의 많은 지방에서 생산된 와인들 가운데서 주기적으로 와인을 선택할 수 있었기 때문이다. 와인 감정업은 중세에 더욱 체계화된 듯하다. 영국 소비자들은 엄청난 양을 소비한 보르도 와인의 바디(body)와 밝은 빛깔에 높은 점수를 줬다. 그들은 와인의 빛깔 때문에 그 와인을 '클라레'라 불렀고, 그 이름은 20세기 후반이 되기 전까지 보르도산 레드와인을 가리키는 데 흔히 사용됐다. 이탈리아의 부유한 와인 소비자들은 흔한 포도품종으로 만든 와인('라틴 와인Latin wine'이라 불렀다)과 (토스카나의 산 지미냐노San Gimignano 주변 지역에서 나는 베르나차 vernaccia 포도로 만든 와인 같은) 새로운 품종들로 만든 와인과 유럽의 다른 지역에서 만든 와인 사이에 품질의 차별을 뒀다. 13세기 말의 시인 체코 안졸리에리(Cecco Angiolieri)는 그걸 이렇게 적었다:

나는 그리스산과 베르나차만 원한다네.

라틴 와인은

내게 바가지를 긁는 마누라보다 더 혐오스러우니까.[37]

유럽산 와인의 품질에 따른 랭킹은 프랑스에서 허구의 '와인들의 전투 (Battle of the Wines)'를 낳았다. 이는 13세기와 14세기에 지어진 시 두 편의 주제였다. 각각의 시는 프랑스의 존엄왕 필리프(Philip Augustus)가 기획한 와인시음—본질적으로 요즘에 벌어지는 와인경연대회의 선조—을 다룬다. 와인과 교회 사이의 관계를 강조하기라도 하듯, 왕은 영국인 성직자를 와인 감정가로 지명한다. 이 성직자는 용납이 안 되는 것으로 판단되는 와인은 무엇이건 '파문'할 수 있도록 와인을 맛볼 때 스톨(stole, 사제가 어깨에 두르는 기다란 천-옮긴이)을 두른다. 가장 뛰어나다는 판정을 받은 와인들에게는 오늘날에 그러는 것처럼 메달이 주어지는 게 아니라, 교황에서 귀족에 이르는 교회와 속세의 직함들이 주어진다.[38]

두 편 중 먼저 지어진 시에서, 와인들은 유럽과 지중해의 다른 지역을 대표하는 와인도 일부 있지만, 대개가 화이트와인이고 프랑스산이다(특히 레드와인보다 화이트와인이 더 흔했고, 지금도 흔한 프랑스 북부산이다). 이름이 언급된 와인 70종 중 보르도 지역 와인은 2종뿐이고, 앙주-푸아투 (Anjou-Poitou)산이 6종, 부르고뉴산이 2종, 랑그도크(Languedoc)산이 4종이었다. 몇 안 되는 프랑스 이외 지역 와인에는 알자스(Alsace), 모젤 (Mosel), 스페인과 키프로스산 와인들이 포함돼 있는데, 성직자는 키프로스산을 가장 뛰어난 와인으로 판정했다:

왕께서는 뛰어나다 판정된 와인들에 왕관을 씌우면서

각각에게 영예로운 직함을 하사하셨네.

키프로스산 와인은 교황으로 임명됐네.

천상에서 밝게 빛나는 별과 비슷하기에.[39]

전부해서 20종의 와인이 품질이 뛰어나다는 명예를 얻었다. 차점자는 추기경으로 임명됐고, 다른 와인들은 각기 왕과 백작, 귀족으로 임명됐다. 프랑스 북부에서 생산된 8종의 와인은 모두 '파문'됐다.

와인이 갈수록 산지와 연계됨에 따라, 와인에 가해지는 규제가 점점 엄격해졌다. 부르고뉴에서 가지치기, 포도나무 관리, 수확과 관련해서 가해진 규제들처럼, 일부 규제는 산지에서 품질을 통제하려는 의도로 기획됐다. 시 대표와 포도나무 재배자들로 구성된 협의회는 부르고뉴에서 수확을 시작할 수 있는 날짜(뱅 드 방당주ban de vendange라 불렸다)도 칙령으로 반포했고, 익은 포도를 따는 방법을 정했을 뿐 아니라, 포도나무 소유자들이 그들 소유가 아닌 포도밭에 들어가 포도를 훔치는 행위도 중단시켰다. 다른 규제로는 무역상과 소매업자들이 와인에 불순물을 섞는 걸 막으려고 애썼다. 저질 와인을 질 좋은 와인과 섞는 일이 종종 생기면서, 여러 지역의 와인을 섞은 와인이 높은 가격을 호령하는 와인의 산지에서 생산된 와인 행세를 했다. 제프리 초서(Geoffrey Chaucer)는 『캔터베리 이야기(*Canterbury Tales*)』에 런던에서 팔리는 위조 와인에 대해 경고하는 면죄부 판매자(Pardoner)를 등장시킨다:

그대들에게 말하노니, 화이트건 레드건 와인을 피하시오.
저들이 내놓는 스페인산 와인은 특히 더 그러하오.
피시 스트리트(Fish Street)와 칩사이드(Cheapside)에서 파는 것도 그렇다오.
그 와인은 신기하게도 길을 찾아내서는
스스로—뭐라면 좋을까, 자발적으로?—

이웃 지역들에서 자란 와인들과 섞인다오.[40]

초서는 자기가 하고 있는 얘기에 정통했다: 그의 집안은 누대에 걸쳐 와인과 태번 사업에 종사했었고, 그는 자랄 때 와인셀러 위층에 살았다.

고객들은 위조 와인 외에도 '바로잡은(corrected)' 와인―상한 와인이 풍기는 악취와 안 좋은 맛을 은폐하려고 첨가제를 처리한 와인―을 사지 않으려고 조심해야 했다. 갈수록 많은 공기에 노출된 통에 보관해놓고 조금씩 덜어내서 파는 와인은 툭하면 산화됐을 것이다. 게다가, 중세에 와인통의 위생상태를 생각하면 많은 통이 브레타노마이세스(brettanomyces)에 감염됐을 게 분명하다. 브레타노마이세스는 오늘날 "훈제고기"나 "쥐고기 같은," 심지어는 "썩어가는 시체" 등 다양하게 묘사되는 맛을 와인에 안겨주는 이스트다. 냄새와 맛이 불쾌한 와인이 꽤나 흔했을 터라―게다가 이 시대는 엄청나게 많은 악취가 불쾌감을 안겨주던 시대다―와인을 바로잡는 법에 대한 조언을 제공하는 책이 많았다. 중세와 근대 초기에 그런 조언이 빈번하게 나왔다는 것은 상한 와인을 기꺼이 내버리는 사람은 손에 꼽을 정도였고, 그 와인을 다시 맛좋게 만들려고 무슨 짓이건 했을 거라는 뜻이다. 부유하고 미각에 민감한 사람이라면 상한 와인을 버렸을 테지만―노섬벌랜드 백작은 '상한' 와인을 식초로 만들었다―대다수 사람들은, 말 그대로, 그 와인을 최상의 상태로 바로잡으려고 애썼다.

베리 공작에게 봉사한 기사가 썼을 가능성이 높은, 널리 유포된 14세기 말의 저작 『파리의 훌륭한 안주인(Le Ménagier de Paris)』은 남편에 대한 순종과 하인 채용, 개 훈련, 이 잡기 같은 다양하고 유용한 주제에 대해 젊은 부인에게 조언한다. 상한 와인을 바로잡는 방법들도 묘사한다. 시어버린 와인은 신선한 포도 한 양동이를 와인통에 넣으면 마실 만한 것으로 만들 수 있다; 악취가 나는 와인은 딱총나무(elder wood)와 카르다몸(cardamom, 서남아시아산 생강과 식물씨앗을 말린 향신료-옮긴이) 가루를 첨가하면 상태가 개선된다; 탁한 와인은 삶아서 구운 계란 흰자를 담은 봉지를 넣어두면 맑아진다; 화이트와인의 달갑지 않은 빛깔은 통에 호랑가시나무(holly) 잎을 넣으면 제거할 수 있다; 쓴맛 나는 와인은 끓인 옥수수를 넣으면 쓴맛이 약해지고, 그게 실패할 경우에는 센강에서 가져온 물로 잘 씻은 모래를 한 양동이 넣으면 된다.[41] 이 개선책 중 일부는 효과가 있었을 것이다. 계란 흰자(조리하지 않은 날것)는 지금도 때때로 와인을 청징(淸澄)하는 데(정화하는 데) 사용된다. 나머지 처방의 경우, 그것들의 효과는 독자의 추측에 맡긴다.

개인들은 각자의 와인을 바로잡으려고 그런 방법들을 사용했을지 모르지만, 소매업자와 무역상에게는 그런 방법이 허용되지 않았다. 더 엄밀히 말하자면, 어떤 식으로건 와인에 손을 대는 것이 허용되지 않았다. 런던에서, 태번의 셀러들은 구조를 와인을 따르는 것을 고객이 볼 수 있도록 만들어야 했다. 일부 태번 책임자들이 불법행위를 은폐하려고 커튼을 치기는 했지만 말이다. 와인의 향과 맛을 '개선'하는 데 사용된 것으로 알려진 첨가제로는 피치, 밀랍, 수지, 가루 낸 월계수 잎 등이 있고, 보랏빛 염료는 색을 진하게 만드는 데 사용됐다. 1306년에 프랑크푸르트에서 발표된 법령은 증류된 스피릿을 첨가하는 걸 금했고, 1371년의 뷔르츠부르크(Würzburg) 법은 와인에 스피릿과 명반, 가루유리, 백악, 쇠 부스러기를 사용하는 걸 금했다.[42] 런던의 태번 책임자인 존 펜로즈(John Penrose)가 와인 일부에 불순물을 섞다가 발각됐을 때, 그는 그 혼합물을 일부 마시고 나머지는 버리라는 선고를 받았고, 5년간 와인을 파는 것을 금지 당했다.[43] 1456년에 롬바드의 와인 무역상들이 스위트와인에 이물질을 첨가했을 때, 런던 시장은 와인 150배럴을 내버리라고 명령했다. 이 일에 대한 약간 모호한 설명에 따르면, 와인이 "모두가 보는 앞에서 빗물이 이룬 개울처럼" 길거리를 흘러내렸고, "거기에서 지독히도 혐오스러운 냄새가 났다."[44]

이런저런 규제도 에일과 비어의 품질을 통제했다. 11세기 잉글랜드에서는 에일이 제대로 만들어지고 가격이 매겨졌는지를 증명하는 '에일 검사관(ale-conner, 말 그대로 '에일을 아는 사람ale-knower')'들이 임명됐다. 그런데도 여전히 양조업자들은 그들을 속여 넘길 수 있었다. 1369년의 법정기록은 브리스톨 인근인 손버리(Thornbury)의 모든 양조업자가 "양조를 할 때마다, 감식가가 도착하기에 앞서, 양조된 술 중에서 우수한 등급의 술 3분의 1을 따로 빼내 지하실에 보관해뒀다. 그 술은 양조장 외의 사람들에게는 팔지 않았고, 양조장을 술집처럼 빈번하게 찾는 얼간이들에게만 팔았는데, 가격은 4분의 1갤런 당 최소 1페니였다. 나머지는 양조장 외부에 갤런 당 2.5펜스나 3펜스에 팔아서 소도시 전체 지역에 심각한 피해를 입혔다."[45]

시중에 있는 와인과 에일 중 상당수가 질이 확연히 떨어지고 불순물이 섞여 있다는 의심이 흔했음에도, 유럽인들은 엄청난 양을 들이켰다. 흑사병이 휩쓸고 간 14세기 말부터 주취에 대한 불안감이 늘어난 듯 보인다. 이건 비평가들이 너무 민감해진 상황을 반영했을지도 모르지만, 광범위하게 퍼진 비극적인 죽음에 대한 집단적인 반응으로서 대량음주가 실제로 증가한 실태를 반영했다고 믿을 수도 있다. 1인당 알코올 소비량에 대한 일련의 추정치는 유럽 북부에서 소비량이 조금 상승했다고 밝히지만, 이 통계치들은 결정적인 게 못된다. 알코올성 음료를 마시는 것과 주취상태가 되는 것 사이의 관계는 소비량과 음료의 알코올 함량, 소비자의 신체적 특징, 소비 패턴—술을 정기적으로 소량씩 마시느냐, 아니면 폭음을 하느냐 여부—을 포함한 많은 요인의 영향을 받는다. 간단히 말해, 1

인당 소비량만 놓고서는 주취상태가 되는 사람이 얼마나 많았는지를 추론할 수가 없다.

그렇다고는 하더라도, 비평가들은 주취자 증가 경향에 대해 비판의 속도를 높였다. 어느 사학자가 "지나친 술 탐닉"에 맞선 "훈계의 급격한 증가"라고 부를 정도였다.[46] 술에 대한 일부 코멘트는 다른 시대의 그것보다 특히 더 두드러지거나 덜 두드러지지 않다; 그들은 술에 취하는 것은 딱한 선택이고 음주자에게, 더 넓게는 사회에 부정적인 결과를 안겨준다는 점을 다시금 강조한다. 『캔터베리 이야기』에서 면죄부 판매자(일부 비평가는 그가 낭송하는 내내 술에 취해있었다고 주장한다)는 길동무들에게 이런 견해를 밝힌다.

성경을 보시오, 성경은
욕망은 와인과 주취와 같은 종류라고 역설하오.
술에 취해 이상해진 롯이
자신도 몰랐다고는 해도 딸들을 눕힌 것을 보시오;
그는 자기가 무슨 일을 하는지도 모를 정도로 취했소…
하지만 주님이시여, 진지하게 주목하고 기도하시오!
감히 말하건대, 지극히 고상한 모든 행위와
구약에 기록된 승리들은
전능하신 하나님의 가호 아래 거둔 승리이고,
금주를 하면서 거둔 것이고, 기도하며 거둔 것이오.
성경을 보시오. 그러면 그렇다는 걸 알게 될 거요.[47]

이건 철저한 금주를 요구한 것일지도 모르지만, 그런 것 같지는 않다. 이건 일반적인 주취상태에 대한 경고였을 것이고, 중요한 결정을 내릴 때 술기운의 영향 아래서 그러는 건 회피하라는 충고였을 것이다.

면죄부 판매자는 이 말을 하면서 성직자 동료들을 겨냥했을 것이다. 중세시대에 성직자는 주취상태를 설명할 때 등장하는 대표적인 인물들이었기 때문이다. 13세기에 프랑스 북부 지역을 방문한 교회 고위관리는 술을 통제하는 규칙을 위반한 사제들을 많이 봤다. 생 레미의 사제는 지역 태번의 단골손님으로 술에 절어 사는 것으로 악명이 높았는데, 그는 태번에서 대여섯 차례 싸움에 휘말렸다; 길레메르비유(Gilemerville)의 사제는 가끔씩 태번에서 옷을 잃어버렸다(아마도 도박 때문에, 또는 다른 상황에서); 피에르포앙(Pierrepoint)의 사제는 습관적으로 술에 취했다; 그랑크루트(Grandcourt)의 사제는 과음으로 악명이 높았다; 판리웨(Panlieu)의 사제는 술꾼으로 유명했을 뿐 아니라 와인을 파는 것으로도 유명했고, 교구 주민들을 취하게 만드는 일도 잦았다.[48]

이런 사례들이 시사하듯, 태번들은 주취 에피소드에 많이 연루됐다(이는 술 취한 손님에게 더 이상 술을 파는 것을 금지하는 현대의 법적 요건과는 한참 거리가 멀다). 공중(public) 음주장소들을 도박과 매춘, 다른 형태의 저열하다고 여겨지는 행동들이 벌어지는 장소라는 비난이 더더욱 많이 보인다. 이런 상황은 음주가 다른 형태의 부도덕을 발생시킨다는, 역사적으로 꾸준히 반복되는 관념을 쉽게 강화했다. 그에 대한 반응으로, 많은 지역의 당국들이 음주를 규제해서 용인되지 않는 행동을 통제하려고 시도했다. 일부는 음주시간을 제한하려고 애썼다. 1350년에 왕실이 내린 칙령은 파리의 인(inn, 여행객에게 숙소를 제공하면서, 보통은 식사와 술도 제공하는 시설이나 건물-옮긴이) 주인들에게 노트르담 대성당이 통행금지시간을 알리는 종을 친 후에는 새 손님을 들이지 말 것을 요구했다.

대량음주와 주취에 대한 염려가 이렇게 많았음에도, 중세의 의사들은 광범위한 질환과 상태를 치료하기 위해 술을 채택한 그리스와 아랍의 전통에 의지하면서, 비어와 와인이 건강에 안겨주는 치유적인 특징들을 찬양했다. 14세기 프랑스의 의과의사 앙리 드 몬데비유(Henri de Mondeville)는 와인이 혈액에 좋다는 점을 강조했다. 찾아낼 수 있는 최상급 와인—향이 좋고 기분 좋은 맛이 나는 연한 화이트, 또는 장밋빛—이어야 한다는 점을 지적하기는 했지만 말이다. 드 몬데비유는 성변화 교리를 세속적으로 고쳐 쓴 이론에서, 와인이 혈액생성에 가장 좋은 음료라고 썼다. 와인은 혈류에 직접 투입돼서 즉시 혈액으로 변화되기 때문이었다. 그러나 그는 와인과 우유를 둘 다 마시면 그에 따른 이점도 볼 수 있다고 덧붙였다: 와인만 마시는 사람은 안색이 발그레한 반면, 우유만 마시는 사람은 창백했다. 두 음료의 균형을 적절히 잡으면 얼굴은 창백하고 뺨은 발그레한 이상적인 안색이 만들어졌다.[49]

중세에 나온 일부 의학적 조언에 따르면, 와인을 지나치게 이른 나이에 마시기 시작하면 안 됐다. 1493년에 어느 독일인 의사는 아동은 생후 18개월 때 와인을 떼고(그 자체로 흥미로운 표현) 그 대신 물이나 꿀을 줘야 마땅하다고 권했다. 그런데 유모가 아이에게서 와인을 떼어내지 못할 경우, "연한 화이트와인을 잘 희석시켜 줘야 한다."[50] 아동에게 와인을 먹이지 말라는 고대의 충고와는 반대였음에도, 독일과 이탈리아, 프랑스의 여러 의사가 갓난아이에게 모유와 함께 와인을 주거나 꿀과 우유와 함께 빵에 적셔 먹이라고 말했다.[51]

1000년에서 1500년 사이에 일어난 도시행정기관의 성장, 교회권력의 통합, 경제와 통상구조의 변화는 한 데 결합해서 유럽의 사회와 문화에서 술이 차지하는 위치에 많은 중요한 변화를 초래했다. 그중에서 가장 의미심장한 것은 비어와 와인 양쪽의 양조장 소유권이 집중되고 장거리 교역이 시작되면서 술 산업이라고 불러도 무방할 정도의 산업이 생긴 거였다. 총 생산량이 늘었다. 그리고 과음에 대한 견해가 증가한 것은 소비량이 늘었다는 결론으로 이어진다. 교회가 성직자와 평신도의 과음에 대해 더 엄격한 목소리를 채택한 듯 보이지만, 16세기에 교회는 술과 관련해서는 너무 느슨하고 관대하다는 비판을 받았었다.

5장

근대 초기의 유럽, 1500~1700

술과 종교, 문화

술은 약 1500년부터 18세기까지 근대 초기 시대에 유럽 인구의 일상 식단에 굳건히 자리를 잡았고, 사람들이 구할 수 있는 술의 유형도 엄청나게 변했다. 1세기 넘는 동안 극소량만이 의학적 용도로 제조됐던, 알코올 함량이 훨씬 높은 스피릿(spirits)은 16세기 동안에는 입수경로가 훨씬 더 폭넓어지면서 많은 사람이 소비했다(이것이 6장의 주제다). 앞서 봤듯, 비어 양조는 이미 주요한 조직적·기술적 변화를 겪었다: 규모 면에서 커졌고, 홉이 사용되면서 비어의 수명이 연장됐으며 더 먼 시장까지 운송이 가능해졌다. 16세기 동안, 불안정하기로 악명이 높던 와인에도 보존과 관련된 이슈가 제기되기 시작했다. 일부 지역의 와인 생산자들은 와인의 상태를 보존시켜 주는 물질로 브랜디(brandy)를 와인에 첨가하기 시작했고, 그러기 위해 스피릿을 상업적으로 유통시켜도 될 정도로 많이 만들고 있었다. 이런 '강화와인(fortified wine)'들은, 특히 셰리(sherry)와 포르투와인(port)은 보통 와인보다 알코올 수준이 높고 좋은 상태를 오래 유지했다.

잉글랜드와 유럽의 다른 지역에서 이 술들을 열성적으로 소비하는 사람들이 빠르게 증가했다.

그런데 스피릿과 강화와인들이 유럽인의 음주 패턴에 영향을 주기 시작하기 전에, 종교적인 변화인 종교개혁(Protestant Reformation)이 유럽의 술 역사에 중요한 결과를 가져왔다. 개신교(protestantism)는 유럽의 남부보다는 북부에서 더 성공한 냉대기후(cool-climate) 종교였다. 일반적으로 술의 지리학이라고 해도 무방할 이 이론에 따르면, 개신교는 와인이 쉽게 생산되고 더 흔히 소비된 지역인 남부와 지중해 지역보다는 비어를 마시는 (그리고 나중에는 스피릿을 소비한) 사회에서 더 큰 인기를 얻었다. 이 상관관계는 상당히 흥미롭다. 게다가 이 이론은 가톨릭 문화권에서는 와인이 사회적 통합의 중요한 상징이었고, 따라서 와인에 가해지는 위협은 그게 무엇이건 공동체에 위험한 것으로 간주돼 저항을 받았다고 주장했다.[1] 개신교도들은 당대의 음주관행을 비판하면서 술 소비를 절제하자는 메시지를 들고 가톨릭 유럽을 휩쓰는 현대판 야만인으로 간주됐을지도 모른다. 그런데 개신교가 유럽의 와인 생산 지역에서 성공을 거두지 못한 것은 그저 우연의 일치였던 듯 보인다. 첫째 이유는, 프랑스 남부와 독일 북부, 스위스의 일부 와인 생산 지역도 개신교가 주장하는 대의를 지지했다. 다른 이유는, 따라야 할 신앙을 결정한 주체가 일반대중이 아니라 대체로 정치 리더들(왕, 공작, 기타)이었다는 것이다.[2]

개신교도들은 와인과 다른 알코올성 음료에 진짜로 위협적인 입장을 취했을까? 마르틴 루터(Martin Luther)와 장 칼뱅(Jean Calvin) 같은 개혁가들은 로마교회(가톨릭교회)의 교리와 관행을 숱하게 반대하면서, 로마교회가 모든 종류의 부도덕을 향해 느슨한 태도를 취하고 있다고 비판했다. 그런데 술에 대한 개신교와 가톨릭의 입장은 본질적으로 동일했다: 식사의 일부로, 그리고 건강증진용으로 일상적으로 소비하는 것은 바람직하지만, 그런 필요를 넘어선 음주는—그리고 물론 주취상태는—죄악이고 사회적으로 위험하며 처벌해야 마땅하다. 그런데 개신교도들은 이런 기본적인 메시지에서는 가톨릭과 뜻을 같이 했지만, 로마교회가 이런 법규들을 집행하는 데 실패했다고, 그리고 대량음주를 못 본 척하고 있다고 주장했다. 개신교도들은 세상에 만연한 대량음주가 기독교 세계에 영향을 끼치는 신성모독과 죄악의 주요 원인이라고 믿었다. 가톨릭 사제와 수도사들을 그들을 모범 삼았을 죄 많은 무리와 마찬가지로 죄 지은 자이자, 게으르고 술에 젖은 간음자들로 자주 묘사했다. 교리를 보면, 개신교도들은 술 소비에 대해서는 더욱 엄격했다. 19세기와 20세기에 금주운동을 벌일 때, 개신교도가 가톨릭신도보다 훨씬 더 활동적이었다는 점은 주목할 만한 가치가 있다.

16세기에 술을 철저히 삼가자고—비어와 와인이 대다수 성인이 먹는 일상식단의 고유한 일부로, 물보다 훨씬 건강에 좋은 대안으로 여겨지던 시기에 주장하기에는 놀라운 정책—요구한 과격한 개신교도는 손에 꼽을 정도였다. 장차 금주운동가가 됐을 법한 사람 중 하나가 독일인 개혁가 제바스티안 프랑크(Sebastian Franck)로, 그는 술이 모든 종류의 악덕에 기여한다고 비난하면서, 인간은 술에 저항하기에는 지나치게 허약한 존재라고 믿는다며 술을 모두 금지시킬 것을 요구했다. 그는 술을 마시는 사람은 누구건 신자들의 공동체에서 축출해야 옳다고 썼다: "고통스럽도다! 우리는 와인에만 취하는 게 아니라, 거짓말하는 영혼과 과오와 무지에도 취한다… (술에 대한) 금지령이 존재하지 않는 한, 그런 금지령이 자리 잡히지 않는 한, 나는 그 문제에 대해 말하는 그 어떤 복음과 기독교집단도 인정하지 않는다. 그 부도덕한 것을 하나님의 공동체에서 제거해야 한다."[3]

그런 사상과는 반대로, 개신교 지도자 대다수는 술 자체가 아니라 과음을 억제한다는 실현 가능성이 더 높은 (그렇지만 여전히 벅찬) 과업을 시도했고, 여러 개신교 교회가 불필요한 음주를 반대하는 엄중한 법규들을 도입했다. 장 칼뱅도 그런 인물로, 그는 사람들을 태번으로 모으는 일부 관행을 금지시키는 것으로 태번이 사교장소로서 매력이 떨어지게끔 만들려고 노력했다. 그가 1547년에 도입한 규제는 다른 이에게 술을 대접하는 것을 금했고, 이를 위반했을 때 따르는 벌금은 3수(sou)였다. 주취의 경우, 초범은 벌금 3수였고, 재범은 벌금 5수였으며, 세 번째로 죄를 저질렀을 때는 벌금 10수와 일정기간 구금으로 처벌했다.[4] 루터교(Lutheran)를 믿는 독일의 많은 소도시에서 이와 유사한 버전들을 적용했는데, 이런 규제들은 단순한 위협에 머물지 않았다. 1500년대 후반 동안 네덜란드의 엠덴(Emden)에 있는 칼뱅파 공동체에서는 술에 취했다는 판결을 받은 자가 총 사회질서 위반자의 4분의 1을 차지했다. 그렇게 유죄판결을 받은 이 중 남성의 수는 여성의 5배에 달했다.[5]

또 다른 개혁가인 마틴 부처(Martin Bucer)도 엄격한 술 정책을 채택했다. 그는 기독교인들이 경건하게 행동하는 것을 보장하려면 그들이 먹고 마시는 것들을 (그리고 입는 옷과 일반적인 생활방식을) 주시해야 한다고 믿었다. 그는 공중 음주장소의 존재 자체를 반대했다. 인(inn)이 여행자를 위해 필요하다는 점은 인정하면서도, 인의 주인은 손님들의 영적인 행복뿐 아니라 육체적인 욕구도 돌보는 도덕적이고 품위 있는 사람이어야 한다고 주장했다.[6] 부처는 나중에 일부가 아메리카에 정착한 영국 청교도 내에서 영향력이 큰 신학자였다. 16세기 동안, 잉글랜드의 청교도는 과음이라는 악에 반대하면서 태번이 주요 문제라고 봤다. 그들은 태번은 죄와 부도덕, 신성모독이 자행되는 장소일 뿐 아니라 범죄와 사회적 무질서가 빚어지는 장소라고 주장했다. 어느 영국 청교도가 1631년에 흥미롭게 묘사했듯, 에일하우스는 "불경한 부엉이들이 도사리고 모든 악이 부화되는

사탄의 둥지"였다.[7]

개신교도들은 모든 형태의 술에 엄격했지만, —가톨릭처럼 그들도 그리스도의 피를 상징한다고 여겼던 —와인의 경우에는 남용되는 일이 없도록 더 특별한 관심을 기울였던 것 같다. 개신교도들은 기독교인이 성찬식을, 가톨릭이 그러는 것처럼 연 1회에 그치지 말고, 더 빈번하게 열 필요가 있다고 강조했다. 더불어, 그들은 영성체를 받는 사람은 로마교회가 12세기 이후로 행해온 관행에 따라 빵만 받는 게 아니라, 빵과 와인을 모두 받아야 한다고 주장했다. 칼뱅은 교회가 성찬식 와인을 사람들에게서 "훔치고 있으며" 그걸 "머리를 밀고 성유를 바른 일부 남성에게 특별한 재산"으로 주고 있다고 맹비난했다.[8] 그가 와인에 유별나게 집착했다는 건 와인을 봉급의 일부로 1년에 7배럴씩 받았다는 데서 잘 드러난다.[9]

16세기에 술 소비를 통제하는 것은 그보다 앞선 세기의 정치 당국과 종교 당국이 겪었던 것 못지않은 난제였다. 때때로—노동하지 않는 날에, 축일에, 그리고 결혼 같은 축하잔치에—술은 공동체의 다른 구성원과 함께 기쁨과 주흥을 나누려고 소비됐다. 하지만 비어와 와인은 노동을 하는 1주일의 모든 날에 소비됐다; 작업과 음주를 엄격히 분리해야 한다는 인식은 전혀 없었다. 있다 하더라도, 일꾼들은 휴식시간과 식사시간에 술을 마셨을 것이다. 현대 서구의 작업규율 모델—고정된 작업시간 준수, 정해진 휴식시간, 면밀히 감독되는 작업—은 19세기에야 출현했다; 근대 초기의 노동자들은 작업 중에 술을 마셔도 될 거라고 예상했다. 현대의 노동자가 작업 중에 식수에 접근할 수 있을 거라 예상하는 것처럼 말이다.

산업혁명 이전의 유럽에서 일반대중이 보여준 음주 패턴은 알려져 있지 않다. 대다수 사람들은 시골에 살면서 가업에 종사했는데, 그런 상황에서는 모든 식구가 가족의 집단적인 생존에 기여했다. 그들이 술을 얼마나 주기적으로 마셨고 얼마나 많이 마셨는지는 알려져 있지 않다. 기록을 거의 남기지 않았기 때문이다. 우리는 노동시장에 있는 일부 노동자가 받은 술 배급에 대한 산발적이고 불균등한 정보를 갖고 있다. 17세기에 네덜란드 상선의 선원들은 비어를 겨울철에는 하루에 1.6리터, 여름철에는 2리터를 마셨다. 그런데 장거리 항해에서 비어는 상하기 전까지만 소비됐다는 걸 명심해야 한다.[10] 대구를 잡으려고 대서양을 가로질러 캐나다 해안까지 항해한 브르타뉴와 노르망디 출신 어부들은 각자 와인이나 사이다를 240리터 가량 받았다.[11] 그런데 작업 중 음주는 선박에서 일한 사람들에게만 국한되지 않았다. 프랑스의 집안 하인들은 뱅 드 도메스티크 (vin de domestique)라고 불리는 저질 와인을 생활필수품의 일부로 마셨고, 공사장 일꾼들은 (유럽의 어느 지역에서 일했느냐에 따라) 비어나 와인을 급여의 일부로 자주 받았다. 어느 도제가 남긴 일기는 18세기 초 영국 인쇄소의 음주 패턴을 잘 보여준다. "인쇄소의 동료는 날마다 아침 먹기 전에 [에일을] 1파인트 마셨다. 아침에는 빵과 치즈와 함께 1파인트, 아침과 저녁 사이에 1파인트, 저녁에 1파인트, 오후 6시쯤에 1파인트, 그날 작업을 마친 후에 또 1파인트."[12] 모두 합하면 하루에 6파인트를 마신 셈이다.

　베네치아 공국은 작업 중 음주를 보여주는 가장 극적인 사례를 제공했다. 베네치아 공국의 막강한 해군력을 뒷받침한 것은 노동자를 2,000명 이상 고용한 대규모 조선소인 아스널(the arsenal)이었다.[13] 아스널의 노동자들은, 당시의 대다수 노동자와 비슷하게, 작업 중에 수분을 섭취하고 영양을 보충할 용도로 비어나 와인을 받게 될 거라 기대했다. 그런데 그들은 신분이 높았기 때문에, 아스널 당국은 그들에게 대단히 질 좋은 와인을 대단히 많이 제공했다. 베반다(bevanda)라고 불리는 술을 만들기 위해 와인을 물 2에 와인 1의 비율로 희석했는데, 베반다의 최종 알코올 수준은 요즘의 많은 비어와 비슷한 4% 아니면 5%였을 것이다. 이탈리아 북부산 와인은 희석시키면 독하지도 않고 맛도 없어지는 경향이 있었다. 노동자들이 불만을 제기한 후, 아스널 관리자들은 이탈리아 남부의 온난 기후 지역에서 빚은 고알코올 와인으로 방향을 바꿔 해마다 아드리아 해안을 따라 상당한 양을 수송해왔다. 아스널에서 일한 숙련 노동자의 요구 사항에 대단히 예민했던 아스널 관리자들은 노동자들이 흡족해할 와인을 위해서는 가격을 따지지 않을 정도였다.

일단 베네치아에 도착한 와인은 2,000리터들이 대형 통에 보관됐다. 담당직원은 날마다 대략 6,000리터 정도인 필요량을 희석했는데, 거기에 사용한 물은 때때로 소금물로 오염된 지역의 우물이 아니라 브렌타강에서 특별히 가져온 담수였다. 그러고 나면 노동자들이 작업시간 동안 언제든 마실 수 있도록 장정 12명이 베반다를 양동이에 담아 6에이커 규모의 아스널의 다양한 지역에 하루에 두 번씩 운반했다. 베반다는 단순한 갈증 해소제 이상이었다; 베반다는 노동자들이 10시간에 달하는 기나긴 하루 노동을 견디는 걸 도와준 흥분제로―잔업을 하는 노동자들은 별도의 배급을 받을 수 있었다―베반다가 제시간에 당도하지 않으면 작업반장은 작업자를 보내 그걸 가져왔다.

노동자들은 고정수당의 일환으로 와인 배급을 받는 데서 그치지 않았다. 그들은 선박이 완성돼 진수되면 추가로 지급된 와인을 즐기기도 했다: 선박 건조에 관여한 작업자와 도제 각자를 위한 희석하지 않은 와인 2리터. 와인 지급은 노동자에게만 국한되지 않았다. 아스널의 고위관리들은 금전으로 받는 급여의 3분의 1에 해당하는 양의 와인을 받았다. 이게 그들이 고급 와인을 주문하게 만든 또 다른 인센티브였다. 와인통은 그들의 집으로 곧장 배달됐고, 분량은 수령자의 계급에 따라 1년에 450리터에서 1,800리터 사이였다. 와인 배급은 베네치아 공국에서 일하는 다른 이들에게도 확대됐다. 소 도살자들은 시가 운영하는 도살장에서 일할 때 와인을 받았고, 베네치아의 군함과 상선에서 일하는 선원과 자유인 신분의 노 젓는 사람들도 마찬가지였다.

　그런데 아스널이 세상의 주목을 받은 건 거기서 일하는 노동자들의 갈증이 정말로 놀라운 수준이었기 때문이다. 그들은 1년에 50만 리터 이상을 마셨고, 와인은 아스널의 연간예산에서 두 번째로 비싼 품목으로, 와인보다 비싼 품목은 선박용 목재뿐이었다. 와인용 예산은 타르와 캔버스, 로프 같은 선박 건조에 필수적인 물품을 구입하는 데 지출된 비용보다 훨씬 많았다. 이윽고 베네치아 원로원은 공국의 연간 총예산의 2%를 차지하는 아스널의 와인비용에 근심을 표하기 시작했고, 결국에는 조사를 명령했다. 1615~19년 시기에 평균적으로 날마다 1인당 3.2리터이던 와인 소비량이 1630년대 말에는 하루 5리터로 시간이 흐르는 동안 꾸준히 증가했다는 게 밝혀졌다. 16세기 중반에 노동자 1인당 하루 소비량이 2.5리터였으니까, 1인당 소비량이 채 1세기가 지나기도 전에 2배가 된 셈이었다.

　당국에서는 1630년대 중반에 와인 '분수(fountain)'를 지어서 와인 소비량 증가를 사주한 듯 보인다. 확 트인 방에 설치된 '분수'는 청동튜브 3개를 통해 베반다가 흘러나오는 구조물이었다. 아스널을 방문한 프랑스인 로베르 드 코트(Robert de Cotte)는 분수를 이렇게 묘사했다. "지름이 1인치인 수도꼭지 3개가 있는 대야: 분수는 끊임없이 흐르고, 거기 있는 모든 인력은 와인을 양껏 마시려고 그리로 간다."[14] 분수는 1분에 와인 10리터를, 또는 주중 작업일 동안 6,000리터를 뿜어낸 것으로 추정된다. 분수를 설치한 의도는 명확하지 않다. 와인을 희석하는 통에 든 베반다의 품질에 대한 염려가 일부 있었던 듯 보이기는 한다. 노동자들이 각자의 배급량을 마시는 동안 와인에 손을 집어넣고는 했기 때문이다. 위생문제가 분수의 설치 이유라면, 분수 설치는 손을 씻는 관행이 알려져 있지 않던 시기에 한 일치고는 놀라울 정도의 결벽증을 드러낸다. 분수는 이런 유형의 오염을 줄였을 테지만, 배반다가 끊임없이 흐르는 탓에 와인의 본질적인 품질을 개선할 수는 없었다. 공기에 계속 노출된 탓에 와인이 산화됐을 게 분명하기 때문이다. 로베르 드 코트는 "이 와인은 최상품은 아니다"[15]라고 썼는데, 이건 프랑스인인 그가 모든 이탈리아산 와인에 대해 품고 있는 생각이었을 수도 있다.

분수가 설치된 후에 소비량이 증가한 것을 보면 아스널 노동자들의 안목은 분명히 낮았을 것이다. 그런데 늘어난 소비량에 대한 조사는 분수의 효과는 무시하면서 다른 이유들을 제시했다. 첫째, 노동자들은 점심시간 90분 동안 조선소에 머물면서, 식사하는 동안 그들에게 배급된 와인이 아니라 공국의 와인을 마시고 있었다. 둘째, 노동자들의 친구와 친척, 부랑자, 아스널을 방문한 다양한 통상대표단과 정치적 대표단 구성원을 포함한 엄청난 규모의 남녀가 분수에서 공짜로 마실 수 있는 와인을 양껏 마시고 있었다. 베네치아 정부가 경제문제를 꾸준히 관찰하고 있었음에도, 와인분수는 계속 유지됐다. 공국의 부와 관대함을 보여주는 강력하고 뚜렷한 상징이기 때문일 것이다.[16] 외국인들이 분수에 대한 언급을 많이 한 것에서 보이듯 그들이 분수에서 강한 인상을 받은 데서 알 수 있듯, 다른 곳의 노동자들이 이처럼 와인에 무제한 접근하는 일은 드물었다.

우리는 근대 초기 유럽의 일반적인 술 소비량 수준의 경우에서도 또다시 불확실성에 직면한다. 통계치는 정확하지 않고, 1인당 소비량 추정치는 성별과 계급, 연령에 따른 소비량 변화라는 지극히 중요한 점에서 도움이 되지 않는다. 다음과 같은 연간 1인당 비어 소비량이 보여주듯, 개별 소도시에서 얻은 수치들은 지나치게 범위가 넓은 경우가 잦다:

루뱅(1500년) 275리터(성인만)

앤트워프(1526년) 369리터

브뤼헤(1550년) 263리터

헨트(1580년) 202리터

비스마르(1600년) 1,095리터(병원 입원환자)[17]

앤트워프의 수치는 주민 1인당 하루에 비어 1리터인 셈이다. 그런데 근대 초기의 유럽 인구에서 아동과 젊은이가 상당한 비중을 차지했다는 점을 감안할 경우, 비어의 주된 소비자인 성인 남성이 평균으로 제시된 수치보다 (아마도 50% 가량) 많은 비어를 마셨을 가능성이 있다. 그런데 이 시대에는 최소 법정 음주연령이 없었고 성인과 아동을 가르는 선이 오늘날하고는 다르게 그어졌다는 점도 명심해야 한다. 젊은 사람들은 종종 10 대에 들어서자마자 풀타임으로 일하기 시작했다. 우리는 이 젊은 노동자들이 20대 이상의 노동자들과 동일한 양을 마셨는지 여부를 알지 못한다.

헨트의 202리터는 하루에 비어 0.5리터를 약간 넘는 양인데, 이건 성인 남성이 0.75리터나 그보다 조금 더 많은 양을 마셨다는 뜻일 것이다. 반면, 비스마르의 병원에 입원한 환자들은 하루에 비어를 3리터씩 받은 듯 보인다. 비어 소비량에 대한 다른 수치로는 1621년에 덴마크의 아동구빈원의 하루 2리터와 1558년에 스톡홀름 성(城)의 하루 4.5리터가 있다. 스톡홀름 성의 경우 법이 개정되기 전인 1577년에 귀족들은 하루에 비어를 5.2리터 받았고, 상인과 일꾼들은 하루에 3.9리터를 받았다.[18]

수치의 편차들은 관행의 편차를 반영하는 듯하다; 이 시기에 오늘날에 적용되는 것보다 더 엄격한 표준 술 소비량이 있었을 거라 가정할 필요는 없다. 하지만 이 시대의 성인 대다수에게 단순히 수분을 섭취할 용도로만 하루에 물이 최소 2리터 필요했을 거라는—육체노동의 수요를 감안하면 그보다 2배 더 많은 양이 필요했을 수도 있다는—점을 명심하는 것은 중요하다. 비어 1리터나 2리터면 이 필요량을 어느 정도 충족시켰을 테고, 나머지는 음식에 든 수분이나 순수한 물, 또는 다른 알코올성 음료가 벌충했을 게 분명하다.

많은 빈민이 물을 마시지 말라는 심각한 경고를 숙지하고 있었다면(그들은 분명 잘 알고 있었을 것이다), 그들이 어쩔 도리 없이 물을 마셔야 할 때 느꼈을 두려움을 우리는 그저 상상만 할 수 있을 따름이다. 일부 (샘물이나 빗물 같은) 물은 (강물이나 우물 같은) 다른 물보다 덜 해로운 것으로 간주됐지만, 일반적인 충고는 물을 음료로 마시지 말라는 거였다. (만연했던 의학적 견해에 따르면) 눅눅하고 쌀쌀한 기후 탓에 사람들이 몸을 건조하고 따스하게 만들어주는 데 기여하는 식품과 음료를 소비해야만 하는 잉글랜드에서는 (그리고 유럽 북부의 다른 지역에서도) 물을 마시는 게 특히 위험한 일로 간주됐다. 하지만 일부 의학적 조언은 가난한 이들이 물을 마시는 것 말고는 달리 대안이 없다는 것을 인지했다.

빈자들이 비어를 살 형편이 안 된다면, 가격이 더 비싼 편인 와인을 살 형편도 안 됐을 게 확실하다. 그런데 근대 초기 유럽의 와인 소비량 수준도 비어의 그것만큼이나 불확실하다. 일상적으로 소비되는 음료로서, 와인은 산지인 유럽의 남쪽 절반에서 더 흔했다. 그런데—세금이 부과된 와인의 양과 인구 추정치를 바탕으로 산출한 경우가 잦은—관련 수치들은 다시 한 번 편차가 심하다. 어느 추정치가 제시한 프랑스의 일부 소도시와 도시의 연간 와인 소비량 사례는 다음과 같다:

파리(왕궁의 약제상과 조수들, 1555년) 680리터
툴(대성당 일꾼, 1580년) 456리터
뮈롤(공사장 일꾼, 1591년) 365리터

생제르망 데 프레(수도사, 17세기) 438리터

파리(1637년) 155리터

리옹(1680년) 200리터

툴루즈(17세기 말) 274리터.[19]

약제상과 조수가 평균적인 파리 시민보다 와인을 (아마도 스피릿도) 더 마셨을 거라고 예상할 수도 있지만, 거의 5배(하루 1.9리터 대 0.4리터)나 더 많이 마셨을 성싶지는 않다. 후대의 전반적인 소비량이 더 많은 것처럼 보이기에 특히 더 그렇다. 다시금, 개별적인 수치들과 1인당 소비량은 뭔가 다른 것을 가리키는지도 모른다. 하지만 그게 무엇인지는 알기 어렵다. 와인 소비량의 범위 안에 통일된 구심점이 없기 때문이다.

휴 래티머(Huhg Latimer) 주교와 토머스 크랜머(Thomas Cranmer) 대주교가 개신교 반역자이자 이단자로 (각기 1555년과 1556년에) 화형당하기에 앞서 옥스퍼드에 갇혀 있을 때 받은 식단은 엘리트의 음주를 엿보게 해주는 흔치 않은 기회를 제공한다. 그들은 끼니마다 술(에일이나 와인, 또는 둘 다)을 제공받았는데, 지위가 더 높은 크랜머는 더 많은 양을 받았다. 평균적으로, 크랜머가 저녁으로 받은 빵과 에일은 비용이 1실링(상당한 양)인 반면, 래티머의 비용은 그의 4분의 1이다. 크랜머는 두 끼니에 6펜스 비용이 드는 와인도 받은 반면, 래티머의 비용은 그 비용의 절반에 못 미쳤다. 크랜머가 끼니와 끼니 사이에 마신 알코올성 음료의 비용은 2펜스였지만, 래티머는 1펜스밖에 안 됐다. 지위에 따른 배식량의 명확한 차이에 더불어, 술에 소비된 비용의 순수한 규모도 주목할 만하다: 와인과 더불어 빵과 에일(이 둘이 예산에 함께 합산된 것은 에일이 액체로 된 빵으로 간주됐다는 관념을 강화한다)은 그들이 옥중에서 먹은, 생선과 가금류, 육류와 기타 식품 같은 광범위한 품목들로 구성된 식사비의 29%를 차지했다.[20]

종합해보면, 술 소비량과 추세를 자신 있게 묘사하는 것은 불가능하다. 통계정보는, 설령 믿음직하다고 할지라도, 드문드문 흩어져 있고, 특정 인구나 집단, 개인의 1인당 소비량 같은 쓸모가 제한된 숫자 이상의 정보로 우리에게 도움을 주지는 못한다. 경제적 상황과 인구통계학적 상황을 바탕으로 한 추론이 항상 도움이 되는 것도 아니다; 16세기 동안 인구가 늘고 자원에 대한 압박이 가해지면서 물가는 급격히 치솟았고, 그래서 비어와 와인의 소비량이 줄었을 거라 예상할지도 모른다. 그러나 현실은, 둘 다의 생산이 꾸준히 증가한 듯 보인다는, 소비도 늘었다는 것을 가리키는 듯 보인다는 것이다. 게다가, 특히 더 복잡해지고 정교해진 와인 교역은 생산지에서 소비지로 와인이 꾸준히 믿음직스럽게 이동하는 것을 보장해줬다.[21]

근대 초기의 음주 패턴을 믿음직하게 묘사하는 게 어렵기는 하지만,—주로 의학과 종교분야의—다양한 권위자가 술에 대해 품은 생각을 들려주는 당혹스러운 문헌들이 있다. 14세기 중반에 인쇄술이 발명되면서 책들이 인쇄기에서 쏟아져 나오기 시작했다. 적어도 17세기 중반까지는, 식단을 다룬 서적이 인기가 무척 많은 장르에 속했다. 대다수가 의사에 의해 집필된 책 수백 권이 식품과 음료, 그것들이 신체와 지적인 행복감에 끼치는 영향을 다뤘다. 이런 문헌에 대한 걸출한 사학자인 켄 알발라(Ken Albala)에 따르면, "와인은 열광적인 대접을 받았고, 필수불가결한 영양분으로 자주 간주됐다."[22]

비어와 와인 모두 우수하고 영양가 높은 음료로 평가됐음에도, 과음을 경계하는 친숙한 경고가 근대 초기 내내 큰소리로 터져 나왔다. 특히, 지나치게 많은 와인은 증기를 머리로 보내 영혼을 야수같이 만들고 관능적인 쾌락에 대한 욕망과 다른 욕정들을 초래한다는 비난을 받았다. 공동체의 가치관을 표현하고 강화하는 수단으로 자주 활용되는 대중적인 격언들은 절주 메시지를 전달했다. 어느 프랑스 격언은 "빵은 바닥날 때까지 먹어라, 하지만 와인은 적당히 마셔라"라고 충고했다. 다른 격언은 "지나치게 많은 와인에 굴복하는 이는 지혜가 없는 사람이다"라고 말했고, 다른 격언들은 여성의 음주에 대한 남성들의 보편적인 근심을 표명했다: "술에 취한 여자는 그녀의 몸뚱어리의 주인이 아니다." 하지만 격언들은, 그 격언을 입에 담은 사람들처럼, 와인 자체에 대해서는 적대적이지 않았다. "와인은 왕처럼 마시고 물은 소처럼 마셔라"라는 16세기 프랑스 격언은 와인과 사회적 신분 사이의 관계를 반영한 반면, 다른 격언은 물에 대한 부정적인 입장만 드러냈다: "물은 사람을 울게 만들고, 와인은 사람을 노래하게 만든다." 하지만 다른 격언은 와인을 마시는 것의 사교적인 측면을 지적한다: "친구 없이 마시는 와인은 연서인(witness) 없이 사는 인생과 비슷하다."[23]

소비량 수준만이 아니라 계급과 성별, 연령에 따른 술 소비 유형도 다양했다. 특히 북부 유럽 도처에서, 가장 싼 술인 비어조차 살 형편이 되지 않는 궁핍한 이들을 제외한 사회의 전 계층이 비어를 소비했다. 일부 빈민은 축제 시즌에 제공되는 비어를 약간 마셨는데, 그들은 많이 마시고픈 욕심을 충족시키려고 거기에 물을 섞어 마셨을 것이다. 그 외에도, 사람들은 가능할 때면 언제든 비어를 마시면서 물을 피했고, 많은 사람이 자신들의 식단에 소량의 브랜디와 다른 스피릿을 첨가하기 시작했다. 심지어 사회적 신분이 높은 사람들―중상류층―조차 많은 유형의 알코올을 마셨다. 그런데 와인 생산지인 유럽 남부의 음주 패턴은 사뭇 달랐던 듯 보인다. 비어는 스피릿과 마찬가지로 덜 흔하게 소비됐고, 와인 소비량은 계급에 따라 편차가 있었다. 소농들은 와인을 희석시키거나, 포도껍질 같은 와인의 잔류물을 물에 담아서 얻은 연하고 묽은 저알코올성 음료 같은 와인 부산물을 마셨다. 그들은 물로, 때로는 우유로 그걸 보충했다. 부유층은 이들과는 달리 와인을 마셨는데, 와인의 품질(그리고 비용)은 소비자의 지위에 비례해서 높아졌다.

이 무렵에는 비어의 국제적인 장거리 교역이 확립되고 탄탄해진 상태였지만, 유럽에서 소비되는 비어의 대부분은 소비지 현지에서 생산된 거였다. 곡물은 거의 유럽 전역에서 자랐고, 지역의 비어는 조금이라도 떨어진 곳에서 수송돼 온 비어보다 쌌다. 와인은 문제가 달랐다. 유럽 북부의 대부분에는 포도나무가 드문드문 심어져 있었기 때문이다(프랑스의 루아르 밸리와 독일의 라인강 하류 지역은 예외다). 유럽 남부는 북부에 와인을 공급했고, 유럽 북부의 잉글랜드와 저지대 국가들, 독일, 발트해 연안 지역에는 번창한 중산층 계급이 포함된 대도시 인구들이 있었다. 근대 초기 동안, 이 인구들은 식품과 음료를 포함한 물질적 생활의 모든 측면에서 일어난 혁신들을 선뜻 받아들였는데, 그 혁신들은 몇몇 와인산지의 성공과 새로운 스타일의 와인 기반 음료의 성공을 효과적으로 가능케 한 원인이었다. 1587년에, 윌리엄 해리슨(William Harrison)은 런던 시장에서 거래되는 프랑스산 와인 56종과 이탈리아와 그리스, 스페인, 카나리아제도 같은 지역에서 생산된 다른 와인 30종의 리스트를 작성했다. 잘 알려져 있지 않은 후자의 와인 스타일은 "달콤하고, 매력적이고, 향료나 꿀을 가미했고, 라즈베리를 넣었고, 무스카텔 포도를 넣었고, 저질이고, 밋밋하고, 변덕스럽고, 단맛이 나면서 독했다."[24] 이처럼 선택의 폭이 넓었던 건 당시 런던이 광범위한 제품들을 뒷받침하는 소비자 시장(consumer market, 구매자가 개인적으로 소비하려고 물건을 구입하는 시장-옮긴이)이었음을 웅변한다.

16세기에 와인업계에서 생겨난 성공담 중 하나가 1519년에 (왕실간 결혼으로) 합스부르크제국의 일부가 된 스페인이었다. 그러면서 스페인은 네덜란드의 동맹국이 됐고, 오래지 않아 앤트워프는 스페인산 와인의 주요 목적지가 됐으며, 앤트워프에 도착한 스페인산 와인은 현지에서 소비되거나 유럽 북부와 그 너머 곳곳으로 재수출됐다. 이 와인은 17세기 초부터 폴란드에서 특히 인기가 좋았다.[25] 스페인산 와인의 생산자들이 유럽에서 거둔 성공을 감안하면, 그들이 스페인이 중미와 남미에 새로 획득한 식민지를 또 다른 시장으로 눈여겨보면서, 저 멀리 대서양 반대편에서 와인을 생산하는 것을 중단시키라고 왕에게 꾸준히 압력을 행사한 것은 놀라운 일이 아니다. 그러나 그런 일은 벌어지지 않았다. 남미의 많은 지역이 포도 재배에 이상적이라는 게 판명됐을 뿐더러, 유럽에서 아메리카로 수송된 와인 중에 괜찮은 상태로 도착한 와인이 드물었기 때문이다. 하지만 아메리카 시장이 없었더라도, 16세기 내내 스페인의 포도밭과 와인 생산량은 정부 당국이 경작 가능한 토지를 포도 재배에 빼앗기는 것을 염려하는 지경까지 성장했다. 1597년에, 펠리페 2세(Felipe Ⅱ)는 궁궐에서 쓸 고급 와인을 확보하고, 신민들 사이에서 주취자를 대규모로 양산하는 원인이라 믿어진 저질 와인의 생산을 줄이려는 의도로 규정을 시행했다. 무엇보다도, 이 법규들은 레드와인과 화이트와인을 섞는 행위와 해로운 첨가제를 사용하는 것을 금했고, 바야돌리드(Valladolid, 왕궁 소재지)의 와인 생산자에게 면허를 취득하라고 요구했다.[26]

스페인산 와인—본토산과 카나리아제도산 모두—은 1453년에 잉글랜드가 가스코뉴를 잃은 후에, 그리고 그 결과 잉글랜드가 3세기 전에 보르도산 와인을 쉽게 접할 수 있게 해준 정치적인 연결고리를 잃은 후에, 잉글랜드에서 특히 인기 좋은 상품이 됐다. 잉글랜드로 수출되는 양이 늘면서 특히 주목을 끈 스페인산 와인이 스페인 남부에서 생산된 강화와인인 셰리(sherry, 당시에는 '색sack'이나 '셰리-색sherry-sack'이라고 자주 불렸다)였다. 셰리는 몇 세기 동안 전형적인 영국의 (그리고 스페인의) 술로 남았고, 윌리엄 셰익스피어를 통해 문화적인 어휘가 됐다. 셰익스피어의 「헨리 4세(Henry IV)」2부에서 팔스타프(Falstaff)는 헨리 왕자(여기서는 해리라 불린다)의 장점들이 셰리에서 비롯됐다고 믿는다. 팔스타프는 셰리가 우둔함과 멍청함을 몰아내고 지능과 기지를 활발하게 만든다고 주장한다. 셰리는 피를 데워주고 겁쟁이를 용감하게 만든다. "해리 왕자의 용맹함은 여기에서 비롯된 거야; 왕자님은 아버지로부터 선천적으로 물려받은 차가운 피 때문에 빈약하고 척박하며 헐벗은 땅하고 비슷한 걸 가지신 거지. 비옥하고 질 좋은 셰리를 상당량 마시는 빼어난 노력을 곁들여 거름을 주고 절약하고 논밭을 간 덕에 왕자님은 대단히 따뜻하고 용맹해졌어. 나한테 아들이 1,000명 있다면, 내가 그놈들한테 제일 먼저 가르칠 원칙은 홀짝홀짝 마시는 짓 따위는 하지 말고 색(sack)에 중독되라는 거야."[27]

잉글랜드는 17세기와 그 이후의 시기에 스페인산 와인을 향한 충성심을 유지했다. 1590년대에 연 평균 640파이프(배럴)의 카나리아산 와인이 런던에 상륙했는데, 그 숫자는 1630년대에 5,000 이상으로, 그리고 1690년대에 6,500으로 치솟았다.[28] 1634년에 작가 제임스 오웰(James Howell)은 단언했다. "잉글랜드로 들어온 카나리아산이 세계 다른 지역으로 가는 양보다 더 많다고 생각한다. 색과 카나리아산 와인이 우리에게 처음 당도했을 때, 우리는 그것들을 아쿠아 비타이(aqua vitae) 정도의 양으로 (즉, 증류된 스피릿을 마실 때처럼 소량으로) 마시고는 했었다. 그것들은 다리를 손으로 끌거나 눈이 코에 달려 있거나 뼈가 무거워 제대로 사지를 움직이지 못하는 자들에게나 적합했으나, 지금 그것들은 젊은이 늙은이 가리지 않고 모두의 목구멍으로 우유처럼 넘어간다."[29] 이름이 알려지지 않은 시인은 스페인산 와인을 찬양하는 우스꽝스러운 시를 한 편 썼다.

우울해서 근심하는 그대를 모두에게 말하노니
스페인 사람들(Spaniards)은 그대들을 쾌활하게 만들어줄 주스를 갖고 있다네.

　좋은 와인이로구나, 좋은 와인이야, 나는 그걸 칭찬하지,
　불쾌한 기분에 편안함을 안겨줄 수 있는 와인을.
　그건 마음을 편안하게 해주고, 핏줄 하나하나를 빠르게 뛰게 만드네,
　반쯤 죽은 사람도 다시 이승으로 불러 올 걸세.[30]

　근대 초기에 등장한 또 다른 알코올성 음료가 스파클링와인(sparkling wine)이었다. 요즘에는 와인에 이산화탄소를 주입하는 간단한 방법을 비롯한 다양한 방법으로 스파클링와인을 생산하지만, 원래 스파클링와인은 밀폐된 병 안에서 와인이 발효될 때 생겨났다. 와인으로 발효되는 포도주스는 발효 중에, 병에 그대로 남는 알코올과 공기 중으로 확산되는 이산화탄소를 발생시킨다. 그런데 발효가 밀폐된 병 안에서 일어날 경우, 이산화탄소는 병에서 탈출하지 못한다; 이산화탄소는 액체에 용해됐다가 와인이 개봉될 때 기포(氣泡)로 천천히 탈출한다. 19세기 이후로 폭넓게 사용된 현대의 '샴페인 방식(Champagne method)'에서는 이스트와 설탕을 베이스와인(base wine)에 첨가한 후 밀폐해서, 잠재적인 거품을 생산하는 병 안의 2차 발효를 초래한다.

　스파클링와인의 기원은 상당한 논쟁거리다. 하지만 1660년대에 런던의 왕립협회(Royal Society)에 와인에 관한 논문을 제출한 영국인 과학자 크리스토퍼 메렛(Christopher Merret)의 역할을 강조하는 신빙성 높은 주장이 제기됐다. 논문에는 병에 든 와인에 설탕을 첨가한 후 병을 밀폐해서, 와인을 개봉했을 때 거품이 나게 만드는 2차 발효를 일어나게 만드는 과정에 대한 설명이 들어 있다. 메렛이 연구하고 출판한 과학 분야에는 유리 제조(따라서 병과 관련이 있다)와 나무껍질(코르크와 관련이 있다) 등도 있었다. 메렛의 발견은 우연히 이뤄졌을 가능성이 있다. 17세기에 설

탕은 부유한 유럽인들 사이에서 인기를 얻어가고 있었고, 그들은—원래 유럽 외부에서 소비될 때는 설탕을 넣지 않았던 커피와 차, 초콜릿을 포함한—모든 것에 설탕을 넣기 시작했다. 파인즈 모리슨(Fynes Moryson)이 1617년에 다음과 같이 밝혔듯 영국인들은 와인에도 설탕을 넣기 시작했다. "젠틀맨들은 설탕을 섞은 와인만 마시면서 흥청거렸다… 영국인들의 입맛이 이런 식으로 단맛을 즐겼기 때문에, 영국인들을 즐겁게 해주려고 태번에서 파는 와인에 (상인이나 젠틀맨들의 셀러에 대해서는 말할 수 없으므로) 설탕을 채워 넣는 게 보통이었다."[31]

일부 젠틀맨이 차나 커피에 그러는 것처럼 와인 1잔에 설탕 1티스푼을 넣는 대신, 와인 상인에게서 구입해 집으로 가져가는 병에 설탕을 넣은 다음, 나중에 마시려고 병을 봉하는 것도 상상이 가능하다. 그들은 병을 땄을 때 거기 든 와인이 달고 거품이 나지 않는 게 아니라, 드라이(dry)하고 거품이 많이 난다는 걸 발견했을 것이다. 따라서 초기의 스파클링와인—가장 일찍 '샴페인 방식'으로 만든 와인—들은 프랑스 북부 수도원 셀러라는 신비스럽고 낭만적인 분위기에서가 아니라, 그날그날의 입맛 취향을 충족시키려고 와인에 설탕을 첨가하려 애쓰던 런던 젠틀맨의 셀러에서 우연히 만들어졌을 가능성이 있다. 오리지널 스파클링와인들(샴페인 포함)은 아마도 요즘 가장 인기 좋은 드라이(쌉쌀한, brut) 스타일보다 훨씬 더 달았을 것이다; '무설탕' 샴페인은 19세기 말에 영국 시장에서 처음 만들어졌다.

한때 스파클링와인을 발명한 사람이라고 믿었던 프랑스 수도사 동 피에르 페리뇽(Dom Pierre Pérignon)은 발명자로 간주하기에는 지나치게 많은 신화에 꽤 오랜 시간 둘러싸여 있다. 1660년대에 에피네 인근 오빌리에 수도원의 와인 양조자였던 페리뇽은 앞을 못 보는 장애인으로, 우연히 그의 와인에 거품을 집어넣었다는 명성을 얻었다. 그걸 처음 맛본 그는 이렇게 탄복했다고 한다. "내가 별들을 마시고 있구나!" 하지만 이건, 그리고 페리뇽 스토리의 상당부분은 프랑스혁명 이후에 프랑스 교회의 평판을 되살리려는 과정의 일환으로 19세기 초에 개발된 거였다.[32] 최초의 스파클링와인을 생산한 곳이라는 타이틀을 획득할 만한 다른 후보는 프랑스의 리무와 이탈리아의 프란차코르타로, 두 지역 다 현재 스파클링와인으로 유명한 곳들이다. 영국 시장은 13세기에 보르도와인이 그랬고 16세기에 셰리가 그랬던 것처럼, 스파클링와인이 초기에 성공을 거두게 만든 원인이었다.

포르투도 잉글랜드의 소비자 사이에서 얻은 인기 덕에 초기에 성공한 또 다른 와인이었다. 포르투는 셰리처럼 브랜디로 강화한 와인으로, 차이점이라면 알코올로 변환되는 과정에 있는 포도주스에 설탕을 넣기 전에, (셰리처럼 발효 이후가 아니라) 발효 중인 와인에 브랜디를 첨가한다는 것이다. 브랜디를 첨가하면 알코올 수준이 이스트를 죽이는 수준에까지 오르고, 그러면서 잔여설탕이 알코올로 변환되지 않은 까닭에 달면서도 알코올 함량이 높은 포르투가 생긴다. 포르투 스타일의 와인은 1670년대에 처음 생산된 듯 보이는데, 포르투는 아마도 잉글랜드로 운송 중인 와인통에 브랜디를 안정제(stabilizer) 겸 방부제로 첨가하는 보편적인 관행에서 파생됐을 것이다. 영국의 와인 무역상들은 프랑스와 하는 교역이 주기적으로 중단될 때 생기는 적자를 벌충할 요량으로 포르투갈에 눈을 돌렸다. 영국에 수입되는 포르투갈산 와인의 상당량은 도우로 밸리(Douro Valley, 현재 포르투와인의 유일한 산지)산으로, 포르투(Porto)에서 선적됐다. 그러면서 이 와인에 포르투(porto)라는 이름이 붙었고, 프랑스어에는 그 이름으로 남았다.

16세기에 등장한 또 다른 와인 스타일도 단맛을 좋아하는 유럽인들의 입맛에 어필했다: 헝가리의 토카이 지역에서 생산한 달콤한 화이트와인인 토카이 아슈(Tokaji aszu). 1570년 전후에 처음 만들어진 토카이 아슈는 일반적인 수확철이 끝난 후에 쪼글쪼글해지기 전까지 포도나무에 남아 있는 포도로 만들었다(그리고 지금도 그렇게 만든다, aszu는 "건조됐다dried"는 뜻이다); 그래서 포도는 수분이 없어지고 당분의 비율이 늘어났다. 그렇게 빚은, 몇 달간 발효되는 경우가 잦은 와인은 맛이 풍부하고 달고 값이 비쌌다. 이 와인은 많은 엘리트 시장에서 히트를 쳤다. 1562년에 교황 비오 4세(Pius IV)는 토카이 아슈를 교황에게 적합한 와인이라고 공표했고, 프랑스의 루이 15세(Louis XV)는 이 와인을 "와인들의 왕이자 왕들의 와인"이라고 공표했다.[33] 토카이 아슈는 19세기 내내 유럽의 왕궁과 황제의 궁전에서 폭넓게 제공됐다. 와인의 품질을 보호해야 한다는 우려가 컸던 까닭에 1730년경에 포도밭 분류 시스템이 자리를 잡았다. 생산지와 생산 방법을 관할하는 다른 규제들('명칭appellation' 시스템의 선조)이 18세기 말에 첨가됐다.

오늘날 볼 수 있듯, 이 시기에 많은 상이한 와인 스타일이 유럽의 중류층과 상류층 사이에서 유행했다. 잉글랜드에서는 특히 더 그랬고, 그 외의 지역에서는 편차가 있었다. 영국 하류층은 18세기에 진(gin)으로 눈길을 돌렸지만, 그때가 될 때까지 그들의 식단에 올라가는 주종은 꾸준했다: 에일과 비어. 잉글랜드의 비어가 1530년과 1552년 사이의 20년간 종교개혁의 피해자가 되기는 했었지만 말이다. 잉글랜드에서는 (홉으로 만든) 비어가 비어 양조업자들이 길드 지위를 획득할 정도로 충분한 인기를 얻었지만, 헨리 8세(Henry VIII)가 1530년에 양조에 홉을 사용하는 것을 금지시켰고, 그래서 (그루이트로 만든) 에일만 합법적인 음료가 됐다. 이건 헨리 개인의 취향을 반영한 결과인지도 모른다. 그런데 여기에는 종교적인 측면도 있었다. 잉글랜드에서 양조에 사용한 홉의 대부분은 개신교를 믿는 저지대 국가에서 수입한 거였다. 아직까지는 로마교회와 절연하지 않은 상태였던 헨리는 1530년에 교회에 의해 신앙의 수호자로 명명됐다. 헨리 8세는 홉을 함유한 비어는 개신교적―유럽의 주요 비어 생산지가 개신교 국가가 됐다는 사실에서 강화된 인상―이라고 간주했던 듯하다. 이 이론은 그가 잉글랜드 공동체에서 비어를 제명한 이유를 설명해준다.

에일이 잉글랜드인에게 적합한 유일한 양조음료라는 주장은 비어 금지를 지지했다. 잉글랜드인 의사 앤드루 보르데(Andrew Boorde)는 (홉을 넣은 비어가 금지된 기간인) 1542년에 이렇게 썼다. "에일은 몰트와 물로 만든다… (그리고) 에일은 잉글랜드인 입장에서 자연스러운 술이다… 비어는 몰트와 홉, 물로 만든다. 그건 네덜란드인 입장에서 자연스러운 술이다. 최근 들어 비어는 많은 잉글랜드 남성에게 손상을 초래할 정도로 잉글랜드에서 많이 이용된다; 비어는 배앓이와 결석 같은 곤경을 일으키면서 그들의 목숨을 앗아간다…; 따라서 비어는 차가운 술로 남자를 뚱뚱하게 만들고 배를 부풀어 오르게 만든다; 네덜란드 남자들의 얼굴과 배에서 드러나듯 말이다."[34] 그럼에도, 이 시기에 소량의 홉이 잉글랜드에서 재배됐고, 홉을 넣은 비어에 대한 수요가 일부 있었던 건 명확하다. 1552년에 에드워드 6세(Edward Ⅵ)는 홉 사용에 대한 금지령을 해제했고, 잉글랜드의 양조업자들은 비어 생산을 재개했다.

술을 즐기는 술꾼으로 자주 묘사됐던 헨리 8세 역시 로마교회와 최종적으로 단절하고 잉글랜드의 수도원을 해체하면서 잉글랜드 양조산업에 충격을 가했다. 수도원은 오랫동안 증류와 양조의 중심지였다. 그런데 그것들이 사라지면서 스피릿과 에일의 생산은 전적으로 개인 소유주들의 손에 남게 됐는데, 그들 중 다수는 자신들의 솜씨를 속세에서 발휘한 전직 수도사들이었다. 에일은 자체 브루어리를 갖고 있던 옥스퍼드와 케임브리지의 대학들에서도 만들어졌다. 가내 에일 생산이 최후를 맞는 동안, 브루스터(여성 양조업자)들은 그보다 훨씬 더 빨리 사라지고 있었다. 길드

내에서 여성의 활동은 제약을 받았고, 양조업자 남편이 세상을 떠난 후에는 그 과부가 양조업을 계속해도 좋다는 허락을 받기는 했지만, 1521년에 그런 여성은 재가하자마자 권리를 포기해야 했다.[35]

앞서 봤듯, 에일에서 비어로 주종을 바꾼 것은 양조산업 입장에서는, 그리고 여성들 입장에서는 중요한 의미가 있었다. 비어가 내구성이 좋은 덕에 수출용 음료가, 그리고 군대 같은 중요한 고객들이 선택하는 음료가 됐기 때문이다. 런더너(Londoner)들은 일찍이 1418년에 루앙을 포위하고 있는 그들의 군대에 에일과 비어를 모두 보냈었다. 그러나 잉글랜드군은 16세기 초에 비어만 마셨다. 헨리 8세의 치세 첫 몇 년간, 대략 1512년에서 15년 사이에, 순전히 잉글랜드군 함대에 비어를 공급한다는 목적 아래 포츠머스에 대규모 브루어리가 건설됐다.[36] 근대 초기의 육군과 해군에 비어를 공급하고 성장하는 비어 교역을 감당하는 데 필요한 생산량 규모 탓에, 여성들은 양조업의 가장 수익성 좋은 부문에서 빠르게 배제됐다. 여성들은 필요한 자본에 접근하지 못했고, 자기 이름을 내걸고는 계약서에 서명할 수 없었던 유부녀들은 사업 제휴를 할 수도 없었다. 16세기 동안 유럽 북부 도처에서 발달한 소규모 증류산업에서 많은 여성이 활발하게 활동하기는 했지만, 그들은 더 규모가 큰 양조산업에서는 사실상 자취를 감췄다.

부유한 유럽인들은 갈수록 일부 술을 건강과 수분 섭취를 위한 물질적 필수품이라기보다는 문화적 가치를 지닌 품목으로 취급했다. 부유한 중산층과 상류층은 비어와 와인으로 갈증을 해소할 수 있었고, 스피릿을 즐기는 것으로 맛과 취기를 충족시킬 수 있었지만, 이것들이 보편적인 음료가 아닌 경우가 잦았다. 앞서 봤듯, 16세기 말 잉글랜드에는 산지나 스타일에 따라 분류된 100종이 넘는 와인이 수입됐고, 모든 음료가 이런 종류의 (요즘 말로) 브랜드 차별화(brand differentiation)를 겪었다. 1504년에 캔터베리 대주교 취임식에 주문된 음료 명세서에서 이런 변화를 볼 수 있다: 레드와인 6파이프(pipe, 파이프 한 통에는 535리터가 들어간다), 클라레 4파이프, 고급 화이트와인 1파이프, 오세이(Osey)와인 1파이프, 마므지(malmsey) 1버트(butt, 573리터), 라인(Rhenish)와인 2티어스(tierce, 예전에 영국에서 술을 계량할 때 쓰던 단위-옮긴이), 런던 에일 4턴(tun, 1턴에는 1,146리터가 들어간다), 켄트산 에일 6턴, 영국식 비어 20턴.[37] 명세서의 일부는 포괄적이거나(레드와인) 꽤나 포괄적이지만(고급 화이트와인), 나머지는 원산지를 구체적으로 거론한다. 구별해야 할 가치가 없는 것이라면, 이 주문서가 에일 10턴이 아니고 켄트산 6턴과 런던산 4턴일 이유가 무엇이겠는가? 동시에, 이 명세서는 아직까지는 개별 양조업자를 지정하지 않고 있다.

하지만 17세기 말 무렵, 와인을 생산자에 따라 구분하기 시작했다. 그 무렵, 귀족이자 보르도 고등법원(왕립법원) 원장이며 오브리옹 성 주변에 포도밭을 갖고 있던 아르노 드 퐁탁(Arnaud de Pontac)은 부유한데다 지위를 의식하는 런던시장에 그의 와인을 팔기 시작했다. 다른 이들만큼이나 지위를 의식했던 영국의 일기작가(diarist) 새뮤얼 피프스(Samuel Pepys)는 로열오크(Royal Oak) 태번을 방문한 일을 기록했다. 거기서 그는 "오 브리옹이라는 프랑스산 와인을 마셨는데, 그 우수한 와인은 내가 한 번도 맛본 적이 없는 특별한 맛이었다."[38] 그 와인 맛이 어땠는지 상상하는 것은 흥미로운 일이다; 와인의 맛을 그렇게 평한 피프스 입장에서, 그 와인은 런던에서 구할 수 있는 여타 클라레하고는 사뭇 다른 맛이었을 게 분명하다.

대륙을 여행하는 영국인들이 여행길에 접한 와인에 대한 비판적인 감상을 피력하기 시작했다. 존 레이먼드(John Raymond)는 로마 근처의 알바노(Albano)를 이렇게 평했다. "굳이 고대 유물이 아니라 고급 와인 때문에

라도 관광할 가치가 있다; 이탈리아의 최상급 와인 중 하나다." 카파롤라 (Caparola)의 개울과 분수에 대한 리처드 라셀(Richard Lassel)의 가이드는 이렇게 밝혔다. "이 정원들을 걸은 후, 그토록 많은 물을 마신 후에는 약간의 와인을 마실 만하다. 저택 앞부분의 웅대한 테라스 아래에 있는 진귀한 셀러에서 나오는 와인은 부족할 일이 없을 것이고, 아마도 당신은 이곳의 와인사업이 수도(水道)사업만큼이나 훌륭하다고 생각하게 될 것이다." 리처드 플렉노(Richard Fleckno)는 로마의 와인을, 와인 생산자들은 아니더라도, 칭찬했다: "그곳에는 질 좋은 육류와 맛있는 와인, 훌륭한 과일이 있다… 하지만 그건 그곳의 날씨의 장점에서 비롯된 것이지 그곳 사람들이 발휘한 장점은 하나도 없다."[39]

비어와 에일이 커다란 통에 담겨 운반되고 보관된다는 점을 감안할 때, 개인 소비자가 개인적으로 소비할 용도로 그걸 보관해둘 가능성은 없었다. 하지만 부유한 와인 애호가들은 유리제조업의 발달을 활용할 수 있었고, 그 결과 와인 무역상과 태번에서 와인을 담을 수 있는 와인병을 구입할 수 있었다. 새뮤얼 피프스는 1663년에 미트라(Mitre) 태번에 가는 것은 즐거운 일이라고 기록했다. 거기서 그는 새로 획득한 병에 자기 와인이 부어지는 것을 지켜봤다. 각각의 병에는 그가 개인적으로 쓰는 문장(紋章)이 장식돼 있었다. 와인에 매혹된 피프스는 런던의 무역상이자 정치인인 토머스 포베이(Thomas Povey)의 셀러에 대해 썼다: "선반 대여섯 곳에 새롭고 오래된 온갖 종류의 와인병이 서 있고, 각각의 병에는 레이블이 붙어 있는데, 그렇게 많은 병이 질서 있게 정리된 모습을 나는 그 어떤 서점의 책들에서도 본 적이 없었다." 그곳을 다시 방문한 피프스는 와인을 서늘하게 보관하려고 셀러에 우물을 뚫었다고 기록했다. 이와 달리, 피프스 본인의 셀러는 작은 통과 용기들로 구성된 컬렉션이었던 듯하다. 그는 병을 몇 병 갖고 있었음에도 병에 대해서는 언급하지 않았다: "나는

클라레 2티어스와 카나리아산 2쿼터 통, 더 작은 색(sack)통을 갖고 있다;
텐트(Tent, 스페인산 레드와인) 1통, 말라가(Malaga) 1통, 화이트와인 1통이
내 셀러에 있는 전부다." 피프스는 자신의 컬렉션(요즘 와인병 750병 이상에
해당하는 양)을 대단히 흐뭇해했다. "지금 살아있는 내 친구 중 그 누구도
자기 이름을 내건 컬렉션을 가진 사람이 없다."[40] 이 견해는 개인용 와인
셀러의 신기함뿐 아니라 그런 셀러가 지위와 신분을 표방한다는 것을 시
사한다.

사람들이 와인의 심미적인 측면의 차이점에 더 많이 주목하면서(나중
에는 포도품종에 대한 전반적인 평가가 이어졌다), 더 많은 시선이 와인의 우
수한 치유 특성에 쏟아졌다. 와인을 마시기 전에 와인을 데우는 널리 퍼
진 관행의 관점에서, 마시는 와인의 온도에 대한 논의가 일부 있었다. 프
랑스의 프랑수아 1세(Francis Ⅰ)의 주치의 브루에랭 샹피에르(Bruyerin
Champier)에 따르면, 많은 사람이 와인을 불로 데우거나 따뜻한 물로 희
석시키는 반면, 쇠로 된 날을 가열해서 와인에 집어넣는 사람들도 있었
고, 빈민들은 불에서 바로 꺼낸 이글거리는 작대기라는 덜 고상한 방법으
로 동일한 효과를 달성했다. 샹피에르는 이 모든 관행을 못마땅해 했지
만, 서늘한 셀러에서 꺼낸 와인을 곧바로 마시는 것을 반대하는 조언도
했다. 그런 와인의 온도는 목구멍과 가슴, 폐, 위, 창자를 손상시키고 간을
썩게 만들며, 불치병을 초래하고 때로는 급사를 불러온다고 그는 썼다.
그는 서늘한 셀러를 가진 이들에게 와인을 마시기 전에 와인을 주변온도
로 데우라고 충고했다(와인을 '실온(室溫)'에서 대접한다는 관념을 보여주는 초
창기 표현).[41] 유사한 논의가 비어와 관련해서도 벌어졌다. 와인을 데우는
것보다 비어를 데운다는 글을 읽는 게 더 놀라운 일이기는 하지만 말이
다.

그런데 데운 와인에 대한 일치된 의견은 없었다. 와인을 음미하는 데

따르는 감각적인 경험에 대한 고려 때문이 아니라, 체온에 가해지는 효과에 대한 고려 때문에 특히 그랬다. 샹피에르가 와인을 차갑게 마시지 말라는 조언을 하고 20년쯤 후, 또 다른 의사 로랑 자베르(Laurent Jaubert)가 와인과 다른 음료를 차갑게 해서 마시라고, 특히 피가 뜨거운 젊은이들에게 권했다.[42] 다른 의사들은 체액의 관점에서 볼 때, 와인의 따뜻함은 온도계로 측정할 수 있는 온도하고는 별개의 것이라고 호소했다. 이탈리아 의사 발다사레 피사넬리(Baldassare Pisanelli)는 노인들의 식단에 와인을 넣으라고 추천했다. "노인들의 자연스러운 체온이 계속 낮아짐에 따라, 노령에 동반되는 차가움을 극복하기 위해서는 신체를 데워줄 보충적인 체온의 출처가 필요하기 때문이다." 피사넬리는 말을 이으면서, 아동들은 와인을 마시면 안 된다고 말했다. "가느다란 불쏘시개에 더 많은 불씨를 집어넣는 셈으로, 아이들의 마음을 어지럽히기" 때문이다. 비슷한 논리로, 젊은이들은 "따뜻하고 열렬한 속성"을 갖고 있고, 그래서 그들이 와인을 마시면 "영혼이 강한 자극을 받게 되는 위험에 직면하며 육체적으로는 미쳐 날뛰듯 흥분한다." 이건 아마도 와인이 성적인 억제를 느슨하게 만든다는 경고일 것이다.[43] 이게 보편적으로 퍼진 견해인 듯 보인다. 실비오 안토니아노(Silvio Antoniano) 추기경은 1584년에, 아동, 특히 계집아이는 와인을 마시지 말아야 하고, 축축함과 건조함(wet and dry) 사이에서 균형이 잡힌 소박한 음식들을 먹어야 한다고 썼다.[44] 이런 종류의 조언은 사람들이 보편적으로 품고 있는 가정에는 반하는 것이었다. 역사적인 출처에 의해 자주 정당화된 듯 보이는 보편적인 가정은, 아동과 젊은이들이 주기적으로 소량의 술(비어와 와인)을 소비했다는 것이다. 이런 기록은 물이 아니라면, 아동이 마셔야 하는 음료는 무엇인가 하는 (피사넬리와 안토니아노는 제기하지 않은) 의문을 제기한다.

고대 세계의 생물학적 모델과, 계급에 따라 특유한 생물학적 특징이라는 만연한 사상을 함께 도입한 일부 의사는 특정 와인은 특정 계급에 더 적합하다는 관념을 발전시키기 시작했다. 올리비에 드 세르(Olivier de Serres)는 포도 재배를 전문으로 하는 토양(soil) 과학자였지만, 그렇다고 해서 의학적인 관점을 발전시키는 일을 멈추지는 않았다. 그는 1605년에 이렇게 썼다. "바디감이 꽉 찬 우수한 레드와인과 블랙와인들"은 "노동계급에 적합하다… 그들은, 유한계급이 화이트와인과 클라레를 찾는 것과 비슷하게, 그런 와인을 엄청나게 찾는다." ("레드와인과 블랙와인" 사이의 구별은 아마도 중간쯤 진한 레드와인과 굉장히 진한 레드와인의 차이일 것이다.) 또 다른 농학자 겸 의사 장 리보(Jean Liebault)는 2, 3년 후에 그 이유를 설명했다: "레드와인은 화이트나 클라레보다 영양분을 더 많이 공급하고, 그래서 고된 일을 하는 사람에게 더 적합하다; 노동과 격한 활동은 레드와인이 가진 약점들을 중화시키기 때문이다." 블랙(대단히 진한)와인의 경우, "포도 재배자와 농부들에게 가장 좋다… 더 많은 영양을 알차게 공급하면서 일하는 남성들을 더 강하게 만들어주기 때문이다."[45]

리보는 진한 색 와인은 마신 이를 압박하고, 그들의 피를 "걸쭉하고 침울하며 느리게 흐르게끔" 만들지만, 이건 상스럽고 저속하며 걸쭉하고 느릿느릿한 것으로 알려져 있는 육체노동자에게는 전혀 걱정거리가 아니라고 지적했다. 그런데 이 와인은 귀족과 부르주아, 성직자에게는 끔찍한 효과를 안겨줄 것이다. 그들은 하는 일 때문에 활기 넘치고 영적이어야 할 필요가 있기 때문이다. 그런 사람들은 간과 비장의 폐색, 식욕상실, 복부 냉습(冷濕)에 시달릴 것이다. 이 이론들은 와인을 효과적으로 의인화해서, 소비자들이 각자에게 상정된 육체적·성격적 특징의 유사성에 따라 각자에게 적합한 와인을 찾아낼 수 있게 해줬다.

그런 주장들은 알코올성 음료들이―특히 와인이―서로간에 어떤 차이점을 갖고 있건, 공통적으로 치유 효과를 갖고 있다는 일반적인 의학적 믿음의 범위 내에서 기존의 주장을 더 잘 개선한 거였다. 영국인 의사 앤드루 보르데는 와인이 "인간이 가진 모든 힘을 활기차게 만들고, 사람들에게 영양을 공급한다"고 썼다. "와인은 좋은 피를 만들고, 뇌와 온몸에 영양을 공급한다." 외과의들은 환자들에게 에일을 팔았고, 여성들은 젖이 잘 돌게 만들려고 별도의 비어를 마셨다. 영국에서 처음 발행된 부인과(gynecology) 편람에 들어 있는 약제법 중 43개에 일부 형태의 술이 포함돼있었다.[46]

　의학적인 이유에서건 수분 섭취와 쾌락이라는 세속적인 이유에서건, 와인은 분명히 프랑스의 많은 지역의 식단에서 중심이 돼가고 있었다. 일부 의사는, 아마도 프랑스 북부에 사는, 와인을 살 형편이 아닌 소작농들에게 와인 대신 비어나 사이다를 마셔도 좋다고 허용했지만, 다른 이들은 비어는 지나치게 독하기 때문에 와인을 연하게 녹인 용액이 훨씬 더 낫다고 주장했다. 16세기에, 사이다를 마시는 것이 당시 사이다로 (그리고 나중에 사과 기반의 증류 스피릿인 칼바도스calvados로) 유명한 지역이던 노르망디에 널리 퍼진 한센병의 원인이라는 주장이 제기됐다. 이런 주장에 기분이 상한, 어느 정도 이름이 알려진 개신교 의사 줄리앙 르 포르미에(Julien le Paulmier, 그의 이름의 발음은 '사과나무'를 가리키는 프랑스어 포미에pommier와 무척 가깝다)가 사이다 옹호에 뛰어들었다. 그는 1572년에 일어난 성 바르톨로메오 축일의 대학살(St. Bartholomew's Day Massacre of Protestants) 이후로 그가 겪은 심계항진을 사이다가 치료해줬다고 믿었다. 르 포르미에는 와인은 전문가들이 엄중히 통제해야 하는 위험한 약으로, 어떤 와인을 소비하는지도 모르고 희석시키는 방법도 모르며 기후나 계절, 개인적인 필요에 적합하게 만드는 방법도 모르는 환자들에게 와인을 맡겨둬서는 안 된다고 주장했다. 이와는 반대로, 사이다는 소화와 혈액에 유익했고, 따뜻하지만 적절한 정도로 그러며, 일반적으로 와인이 가진 장점은 모두 갖고 있지만 와인의 약점은 하나도 갖고 있지 않았다. 요약하자면, "사이다를 마시는 사람은 와인을 마시는 사람보다 장수한다"고 르 포르미에는 썼다.[47]

르 포르미에의 이런 혹평이 있었음에도, 와인은 갈수록 환자를 돌보는 데 필수불가결한 존재가 됐다. 루이 14세가 1676년에 유명한 군병원 앵발리드(Les Invalides)를 설립할 때, 왕은 병원이 환자용으로 해마다 구입하는 와인 중 첫 5만 5,000리터에 부과되는 세금을 면제해줬다. 병원이 와인에 지출하는 비용이 어찌나 컸던지(베네치아의 아스널을 상기시킨다), 불과 30년 후인 1705년에 면세분량은 13배 오른 연간 80만 리터가 됐다. 앵발리드에서 요양하는 장교에게는 하루에 1.4리터의 와인이 배급됐고, 아침에 0.25리터가, 점심과 저녁에 0.5리터가 제공됐다. 부사관은 그보다 적은 양을 배급받았고, 특정 축일에는 저녁에 제공되는 와인의 양이 2배였다. 와인이 워낙 중요했기에, 장교들은 온천에서 치료를 하러 앵발리드를 떠날 때 목적지에서 와인을 구할 수 없을 때를 대비해 와인을 가져갔다. 한편, 와인 배급 박탈은 병실 벽에 음란한 낙서하기, 쓰레기나 대소변의 창문 밖 투기, 청결규정 미준수, 소등시간 이후 불이나 촛불을 켜는 것 같은 위반에 가해지는 형벌이었다.[48]

앵발리드 같은 시설의 외부에서는 대중주점에서 술을 마시는 사람의 수가 늘고 있었다. 당연한 말이지만, 각각의 언어에는 그런 장소를 가리키는 고유한 단어가 있었다: 예를 들면, 잉글랜드에서는 태번과 인, 프랑스에서는 카바레(cabaret)와 겡게트(guingette), 독일에서는 가스트스태텐(Gaststätten). 그리고 그런 곳에서 제공하는 술의 유형(잉글랜드에서는 각기 에일과 진을 제공하는 에일하우스와 드램숍), 식사도 함께 제공하느냐 여부(태번), 여행자를 위한 숙소와 더불어 식사와 술도 제공하느냐 여부(인)를 기초로 한 보편적인 카테고리들이 있었다. 다양한 사법기관이 주점들을 어느 정도 정확하게 규정했고, 각 장소가 고객에게 제공해도 좋다고 허용된 게 무엇인지를 정했다. (이 책에서는 모든 카테고리를 '퍼블릭 하우스public house'라는 포괄적인 용어로 아우를 것이다.) 퍼블릭 하우스의 유래는 수천 년을 거슬러 올라갈 수도 있지만, 퍼블릭 하우스는 16세기에야 유럽의 시골과 도시공동체 모두에서 고정된 시설이자 서민들이 정기적으로 모이는—아마도 종교개혁에 의해 가능해졌을 관행—장소가 됐다. 중세 내내, 공동체의 삶에서 가장 중요한 중심은 대단히 가까운 곳에 있는 교회였다. 교회는 사람들이 좋아하는 회합장소이자 유희를 벌이는 곳이었다. 교구주민들은 처치에일(church-ale, 에일이 사용된 교회의 축제-옮긴이) 같은 축제 때 빈민 구제에 쓸 기금을 모으려고 기증된 음식과 에일을 팔았다. 개혁가들이 교회의 사용을 성스러운 용도로만 제한하자—많은 경우 춤추기와 게임하기, 집단음주 같은 활동을 금지하려고 애썼다—사람들은 세속적인 활동의 터전을 지역의 에일하우스나 태번으로 옮겼다.[49]

1577년경에 잉글랜드에 주민 142명 당 1곳씩 에일하우스가 있었다는 사실이, 그리고 그보다 50년 후에 대략 100명당 1곳이 있었다는 사실이 잉글랜드 도처에 퍼블릭 하우스가 있었다는 것을 시사한다.[50] 에일하우스는 시골마을보다는 도시와 규모가 큰 소도시에 더 빼곡히 분포돼 있었다. 잉글랜드 인구의 절반이 18세 미만이었다는 점을 감안하면, 전체적으로 잉글랜드의 성인이 술을 마실 장소는 꽤나 많았다는 걸 알 수 있다. 런던 내에는 퍼블릭 하우스가 16가구 당 1곳씩 있었고, 빈민층 지역에는 6가구나 7가구 당 1곳씩 있었다.[51] 이 수치는 가내 양조의 감소도 웅변한다. 그 정도의 에일하우스 비율은 성인 인구가 상당비율을 차지하는 정기적인 단골들이 있어야만 유지 가능하기 때문이다. 잉글랜드의 시골에서, 에일하우스는 숫자가 늘어가는 부랑자와 떠돌이 일꾼들을 위한 저렴한 술과 식사, 숙소를 제공했고, 그런 에일하우스는 대안적인 공동체나 가정

을 제공하는 지경에까지 이르렀다.[52]

　퍼블릭 하우스를 관리하는 규제들은 유럽 전역에서 다양했지만, 많은 개신교 지역의 당국들은 사람들을 그리로 끌어 모으는 바로 그 행위들을, 즉 사교를 위한 음주와 게임, 때로는 춤을 금지시키려고 애썼다. 가톨릭 지역에서, 주점들은 대중의 질서 유지라는 관점에서는 규제를 덜 받았다. 프랑스 경찰이 1677년에 공포한 명령은 브랜디 판매자들에게 11월 1일부터 3월 말까지 오후 4시 이후에는 문을 닫으라고 요구했다. 범죄, 그리고 주취상태가 될 때까지 술을 마시고는 어둠으로 덮인 긴 시간 동안 말썽을 초래하게 될 바람직하지 않은 짓들을 막기 위해서였다. 이 시기에 나온 다른 규제들은 파리의 태번 주인에게 (싸움 같은) 소란행위는 무엇이건 경찰에 신고할 것을 요구했고, 부랑아나 매춘부 같은 바람직하지 못한 자들에게 서비스를 제공하는 것과 도박을 하는 것을 금지시켰다.[53]

　퍼블릭 하우스와 범죄 사이의 관계는 불확실하다. 동시대 당국자들은 퍼블릭 하우스가 범죄자들의 소굴이라고 확신했지만 말이다. 아마도 그랬을 것이다. 퍼블릭 하우스가 범죄나 부도덕한 행위에 관여하지 않는 남성들이 모이는 곳이기도 했지만 말이다. 그런데 1660년에 잉글랜드 왕 찰스 2세(Charles Ⅱ)가 반포한 '방탕함 반대령(the Proclamation against Debauchery)'은 태번을 지목했다. 그 시대 필자들은 음주와 다른 부도덕한 범죄행위들을 손쉽게 연관 지었다. 어느 작품은 어떤 탈영병이 그를 찾으러 파견된 병사들 중 한 명을 쏜 이유로 주취에 초점을 맞췄다: "그가 내놓은 자기변명은 자기는 그 짓을 했을 때 취해 있었다는 게 전부였다."[54] 또 다른 이는 "나태함은 취한 것과 관련이 있고, 주취는 사통과 간통에, 간통은 살인과 관련이 있다"고 썼다.[55] 셰익스피어의 비극들에 나온 다수의 살인이 음주와 관련이 있다: 〈맥베스〉에서 던컨과 호위병들의 살해, 그리고 〈오셀로〉에서 데스데모나와 로드리고의 죽음은 그의 희곡을 보

는 동시대 관객들이 그 내용을 잘 이해했을 거라는 점을 보여주는 사례들이다.[56]

그런데 태번과 범죄 사이의 관계를 딱 집어서 확연하게 보여주기는 더 어렵다. 일부 연구는 폭력적인 범죄의 4분의 1이 일부 유형의 태번과 연관이 있다고 밝히지만 말이다.[57] 퍼블릭 하우스에서 싸움이 일어나는 건 흔한 일이었던 듯 보이고, 태번은 소매치기나 다른 유형의 절도 같은 범죄를 저지를 기회를 많이 제공했을 것이다. 1674년에, 어느 여성이 런던의 에일하우스에서 은으로 된 잔을 훔친 죄로 유죄판결을 받았다. 그녀는 에일을 주문하고는 그걸 마시며 시간을 조금 보내다, 은잔의 주인이 요강을 가지러 가자 잔을 갖고 에일하우스를 떠났다.[58]

근대 초기 퍼블릭 하우스의 고객에 여성이 포함된 경우가 잦았지만, 여성이 남성과 동일한 이유로 술집에 접근하는 경우는 드물었다. 16세기에 독일 아우크스부르크에서 여성은 유부녀이고 남편이 같은 시간에 거기서 술을 마실 경우에만 아무 문제없이 태번에서 술을 마실 수 있었다.[59] 다른 여성들은 물건을 팔거나, 집에 가져갈 와인이나 비어를 사거나, 상거래를 수행할 때나 일시적으로 태번에 들어갈 수 있었다. 하지만 그런 자리는 드물었다. 대개, 독신여성과 유부녀가 태번에 혼자 들어가면 그들의 평판은 위태로웠다. '저속하다'와 '수치스럽다'는 수식어로 불린 그들은 성적으로 헤픈 여자거나 매춘부라는 의심을 받았다. 말할 필요도 없지만, 태번을 찾은 남성 고객들의 도덕관념을 드러내는 의혹. 이런 낙인은 남편을 집에 데려가려고 태번을 찾아온 유부녀들이 태번에 발을 들여놓기보다는 문간에 서서 남편을 불러내게끔 만들었다.

태번은 남성에게도 문제 있는 장소가 될 수도 있었다. 아우크스부르크(그리고 유럽 도처)에서 남성이 명예를 위해 지켜야 할 원칙에는 술을 마시면서도 가족과 가정을 부양하는 능력이 들어 있었다. 서구사회에서 술의 역사가 이어지는 내내 꾸준히 제기된 (그리고 19세기와 20세기에 금주운동이 벌어지는 동안 대단히 두드러지게 제기된) 불만은 이 행동들 사이에서 균형을 잡지 못하는 남자가 지나치게 많다는 것, 그리고 남자는 선택을 해야만 할 때는 가정에 대한 책임보다는 술을 택한다는 거였다. 이 남자들은 그런 짓을 하는 동안 16세기 중반 이후로 늘어난, 주취상태로 인식된 통념에 기여하고 있었다. 이런 인식은 세간의 인식이 더욱 예민해진 결과물이었을 것이다. 개신교 당국자들은 음주를 엄중 단속했다. 그게 올바른 행위였기 때문이다. 반면 가톨릭 당국자들은 반종교개혁(Counter-Reformation, 가톨릭의 자기개혁운동-옮긴이)이 도덕성을 더 엄격하게 바라봄에 따라 같은 일을 했다. 잉글랜드에서 1552년에 주취는 (교회의 법정에서 판단될 범죄라기보다는) 민간인이 저지르는 범죄였다. 이듬해에는 태번의 수를 제한하려는 시도가 있었다. 1583년에 영국의 윤리학자 필립 스텁스(Philip Stubbs)는 주취를 연상하게 만드는 글을 썼다: "나는 그게 소름끼치는 악행이라고, 더불어 잉글랜드에 그런 일이 너무 많이 벌어진다고 말한다. 모든 카운티와 도시, 소도시, 마을, 기타 장소에 에일하우스와 태번과 인이 넘쳐나는데, 그런 곳들은 밤이건 낮이건 술고래들이 넘쳐난다. 당신도 그들을 보면 경악을 금치 못할 것이다. 수중에 돈이 남아 있는 한 와인과 좋은 에일을 앞에 놓고 온종일, 그리고 밤새도록, 아마도 1주일 내내 앉아있는 그들을 볼 수 있다; 그들은 말도 제대로 못할 지경이 될 때까지 서로서로 들이붓듯 마시고 흥청거린다."[60] 영국 성공회도 집단적으로 취하는 자리로 자주 활용된 처치에일을 금지했다.

주취상태가 지금처럼 최악인 시대는 없었다는 인식은 많은 시대에 흔했다; 그런 관념은, 가정(family)이 사라지기 직전이라는 믿음처럼, 유래가 까마득한 옛날까지 거슬러 올라갈 수 있다. 그건 향수가 깃든 일반화된 문화의 한 측면으로, 그런 향수는 결국에는 진보와 발전이라는 이데올로기의 도전을 받는다. 술꾼이 만연한다는 끊임없이 등장하는 심각한 경고의 단조로움을 넘어, 우리는 시대적으로 특유한, 그리고 계급에 특유한 중요한 편차들을 살펴봐야 한다. 근대 초기 유럽의 사례에서, 주취의 두 근원은 각기 별개의 것으로 판명됐다. 하나는, 앞서 봤듯, 대중적인 주점의 확산으로, 대중주점은 유럽인들에게, 특히 남성들에게 과음할 기회를 점점 더 많이 제공하는 곳으로 간주됐다. 다른 하나는 증류주인 스피릿이 음주 문화의 주류(主流)에 당도한 것으로, 이것이 다음 장의 주제다.

6장

증류로 얻은 스피릿, 1500~1750

사회 질서에 대한 위협

중세가 끝나기 전까지, 유럽에서 소비된 알코올성 음료는 순전히 발효에서 생겨난 것들이었다. 그중에서도 가장 중요한 건 비어와 와인이었다. 미드와 사이다, 다른 과일 기반 와인들도 생산지에서 소비되기는 했지만 말이다. 증류에 의해 생산된 알코올성 음료는 12세기에 유럽에 등장했지만, 16세기까지도 그것들은 극소량만, 거의 전부가 의학적 용도로만 생산됐다. 그런데 16세기가 끝날 무렵, 증류로 얻은 스피릿이 유럽과 아메리카 음주 문화의 주류(主流)에, 그리고 거기 거주하는 인구의 혈류에 투입됐다. 처음 생산된 스피릿 형태는 와인을 증류해서 얻은 브랜디였지만, 오래지 않아 다른 음료들도(특히 위스키와 진, 보드카)이 곡물에서 증류됐다. 설탕 생산의 부산물인 당밀(molasse)을 증류한 럼(rum)의 생산이 17세기에 시작됐다. 비어와 와인보다 알코올 함량이 훨씬 많고 문화적인 전통이랄 게 없는 이런 새로운 알코올성 음료의 등장은 술 소비와 규제의 패턴에 단기적으로도 장기적으로도 의미가 있었다. 그것들은 1500년부터

1750년까지 시기를 술의 역사에서 중요한 시기로 만들어줬다.

알코올 증류는, 일반적으로 포도나 곡물, 과일이나 감자 같은 야채로 만든, 알코올을 함유한 액체를 가열하는 것이다. 물보다 낮은 온도에서 끓는 알코올은 용액에 든 물보다 먼저 기화되고, 그 증기를 모아 식히고 응결시키면 액체 형태로 농축된 알코올이 생산된다. 요즘 스피릿은 1회나 2회, 때로는 3회의 증류를 거친다; 증류를 할 때마다 이전 단계의 액체보다 알코올 함유량이 많은 액체가 생긴다. 이 공정의 기원은 명확하지 않지만, 4세기 초에 그리스 연금술사 조시모스 오브 파노폴리스(Zozimos of Panopolis)의 저작에 있는 이미지는 그게 증류장비라는 것을 쉽게 알 수 있다.[1] 이게 그 시기에 증류한 알코올성 음료들이 생산됐다는 뜻은 아니다. 증류는 휘발점이 다른 물질들을 분리하는 데도 사용할 수 있다. 초창기 증류는 더 강한 알코올성 음료를 생산하기 위해서가 아니라, 수은과 물, 다양한 기름 같은 물질들을 정제하는 데—그리고 비금속을 금덩어리로 바꾼다는 연금술의 궁극적인 목표를 추구하는 데—사용됐을 가능성이 높다. 더불어, 고전문헌들은 발효음료의 생산과 소비에 대해서는 많이 언급하지만, 증류로 만든 음료에 대해서는 전혀 언급하지 않았다. 나중에 그리스 연금술사들의 연구를 발전시킨 아랍 과학자들이 알코올을 증류했을지도 모른다. 증류과정과 연관된 많은 용어의 어원이 아랍어다: 우선 '알코올'이라는 용어가 그렇고, 액체를 가열하고 증기를 식히는 데 사용되는 도구인 '알렘빅(alembic, 증류기)'도 그렇다. 증류가 현대의 파키스탄과 인도의 국경지대에서 시작됐다는 주장도 있다.[2]

유럽인들이 알코올을 증류하는 과학을 언제 배우고 응용했는지는 명확하지 않다. 최초의 스피릿은 이탈리아 남부 살레르노(Salerno)의 명망 높은 의과대학에서 1100년에 생산됐다는 주장이 있는데,[3] 만약 그렇다면 알코올 증류가 더 폭넓은 인기를 얻기까지는 꽤나 오랜 시간이 걸린 셈이다. 12세기의 나머지 기간 내내 증류에 대한 언급들이 등장하기는 하지만, 일부는 물을 정수하는 게 목표였고, 알코올을 증류했다는 기록은 하나도 없다. 알코올을 증류한 몇 안 되는 사례는 순전히 호기심에서 비롯됐을 것이다. 아니면 생산된 알코올의 맛이 너무 형편없어서 증류를 한 이가 그 효과와 잠재력을 제대로 인식하기에 충분할 정도로 마시지는 않았을 것이다.

증류한 알코올을 음료로서 명확하게 거론한 최초의 언급은 유래가 13세기로 거슬러 올라간다. 스페인에서 무슬림 과학을 연구한 카탈로니아 학자 라몬 룰(Ramon Lull)은 자신이 증류로 얻은 스피릿의 향과 냄새에 탄복하면서, 그게 전투에 임하기 전에 병사들에게 나눠줄 탁월한 자극제가 될 수도 있다는, 앞날을 예견한 제안을 했다.[4] 그의 동료인 발렌시아 출신의 아르날두스 드 비야 노바(Arnaldus de Villa Nova)는 증류로 얻은 알코올이 회춘효과를 갖고 있다고 홍보했다. 이때는 그들의 동포인 폰데 데 레온(Ponce de Leon)이 신세계에서 회춘효과가 있는 물(청춘의 샘, the Fountain of Youth)을 찾아다닐 때보다 두 세기 전이었다. 아르날두스가 심취해 있던 과학 분야 중 하나가 젊음을 유지하거나 되찾는 방법이었다. 그가 추천한 방법 중에는 사프란(saffron)과 알로에, 독사 주스(viper)를 마시는 것, 쾌활하고 온건하게 사는 것, 섹스와 격렬한 활동을 피하는 것 등이 있었다.[5] 그가 증류로 얻은 스피릿을 보고는 또 다른 효과적인 물질을 찾아냈다고 생각했을 거라는 건 놀랄 일이 아니다. 그는 알코올이 "모든 질환과 병을, 염증과 쇠약함을 치료하는 능력을 갖고 있으며, 노인을 청춘으로 돌려놓는다"고 열변을 토했다.[6] 나중에 13세기 이탈리아에서는 상당수 학자들이 증류로 얻은 알코올—이 무렵에는 '생명의 물(the water of life)'이라는 뜻의 아쿠아 비타이(aqua vitae)로 알려지고 있었다—은 내복약으로 먹건 상처에 바르건 의학적인 가치가 있다고 추천했다.

그런데 알코올 증류는 대중적으로 수용되고 훌륭하다는 평판을 듣게 되기에 앞서, 연금술에 대한 반작용의 피해자가 됐다. 14세기에 연금술은 자연의 법칙에 반대되는 마술과 유사한 것으로 선포됐고, 교회와 세속정부들이 비슷한 목소리로 연금술을 비난했다. 교황 요한 22세(John XXⅡ)는 1320년대 초에 연금술이론의 일부 측면을 이단이라고 선포했고, 1326년에 스페인 아라곤(Aragon)의 종교재판 총책임자는 연금술을 탄압하는 운동을 시작했다. 연금술은 잉글랜드와 베네치아를 비롯한 여러 지역에서 금지됐고, 1380년에 프랑스의 샤를 5세(Charles V)는 연금술과 폭넓게 연관 지어졌던 증류장비를 소유하는 것을 사형에 처할 만한 중죄로 만들었다.[7]

증류로 얻은 알코올의 생산을 권장하는 분위기가 아니었다. 그런데 일부 과학자와 학자들은 굴하지 않고 연구를 계속했고, 연금술사에 대한 압박이 점차 느슨해지던 15세기 내내 스피릿을 생산했다는 기록이 간간이 드물게 기록됐다. 페라라(Ferrara)의 왕실의사 미켈레 사보나롤라(Michele Savonarola)는 증류를 다룬 책『데 아쿠아 아르덴테(De Aqua Ardente)』('불타는 물에 대해'라는 뜻으로 기초액체를 가열하는 데 사용하는 불을 가리킨 것이다)를 펴냈는데, 책에서 그는 스피릿의 치유효과와 유럽의 많은 지역에 계속해서 영향을 끼치던 전염병을 다루는 그것들의 효험을 강조했다. 한편, 레오나르도 다빈치는 에일이나 와인에서 알코올을 만들어내려고 개량된 알렘빅을 설계했다. 그는 그렇게 얻은 알코올을 용액(solvent)으로 사용하는 데서 그치지 않고, 군사용 목적의 소이탄으로 사용하고자 했다. 하지만 그는 증류로 얻은 스피릿은 마시지 말라고 경고했다. 15세기 말 무렵, 의학적 목적의 증류 알코올은 연금술과 상당히 다른 것이었다. 둘 다 동일한 장비를 사용했지만 말이다. 증류 알코올은 많은 나라에서 스피릿을 증류하고 처방하고 판매할 권리를 부여받은 의사와 약제사들에 의해 전

담됐다. 때때로 증류액은 순수한 형태로 사용됐다; 때로는 꽃과 초목, 허브, 향료와 함께 증류됐는데, 각각의 형태가 특정 질병에 처방됐다. 1498년에 스코틀랜드의 재무상은 "던디(Dundee)에 있는 왕에게 아쿠아 비타이를 가져온 이발사(이발사 겸 외과의사)에게 어명에 따라" 9실링을 지불했다고 기록했다.[8] 수도사와 수녀들이 때때로 의학적 효능이 있는 '물들'을 만든 곳인 수도원에서도 아쿠아 비타이를 만들었다. 스코틀랜드에서 행한 증류를 거론한 최초의 언급 중 하나―"몰트 여덟 꼬투리를 그것으로 아쿠아 비타이를 만드는 존 코르(John Cor) 수사에게 주라"는 명령―에서 생산자는 교단의 구성원이다.[9]

거기에 부여된 통칭 아쿠아 비타이가 스피릿에 건강한 음료라는 이미지가 결부됐음을 시사했다―증류과정에서 기초액체인 물에서 알코올이 분리된다는 것은 아이러니다. 이 이름은 다른 언어에도 그대로 복제됐다. 프랑스어에서는 오드비(eau-de-vie, 생명수)로, 스칸디나비아어에서는 아쿠아비트(aquavit)로, 게일어에서는 우스게 베아(uisge beatha)나 우스케바(usquebaug)로 불렸는데, 게일어는 18세기에 '우스키(usky)'와 '우이스키(uiskie),' '위스키(whiskie)'가 됐다. ('불에 탄 와인burnt wine'을 뜻하는 '브랜디'라는 단어는 17세기에 네덜란드어 브란데베인brandewijn에서 만들어졌다.) 1476년에 독일에서 아쿠아 비타이를 다룬 최초의 인쇄서 중 하나가 출판됐는데, 책은 관절염부터 입 냄새에 이르는 다양한 상태를 예방하기 위해 아침마다 아쿠아 비아티를 반 스푼씩 마시라고 권했다. 다른 의사들은 신체적 질환(브랜디는 두통과 심장질환, 통풍, 귀먹음을 치료했다)에 대한 효능, 그리고 외모를 개선하는 데 도움을 주는(브랜디는 가슴을 두툼하게 해주고 머리가 세는 것을 막아줬다) 효능, 정서적인 문제와 다른 문제들을 치료하는(브랜디는 우울증과 건망증을 없앴다) 브랜디의 유익한 효능에 대해 썼다.[10] 여기에 노화와 관련해서 흔하게 언급되는 (귀먹음, 건망증, 백발 같은) 상태들이 포함된 것은 브랜디를 마시는 게 젊음을, 그러면서 수명 자체를 연장시킨다는 주장을 반영한다.

브랜디와 여타 스피릿에 결부된 본질적인 특성은 열기(heat)였다. 아쿠아 비타이는 만드는 과정에서 열을 사용하고, 알코올을 함유한 액체를 기화시킨 후에 나오는 '불타는 물(아쿠아 아르덴스aqua ardens)'과 '뜨거운 물'로도 알려져 있었다. 증류를 하는 이들이 자신들을 '물을 가열하는 사람들(water-burners)'이라고 부르는 경우도 잦았다. 농축된 알코올이 의심의 여지없이 입과 식도에 불타는 듯한 느낌을 전달하기 때문에, 사람들은 증류로 얻은 스피릿이 그것들을 만드는 데 필요한 불의 열기를 구현하고 있다고 믿었다. 열기를 안겨주는 음료로서 스피릿은 당시의 지배적인 의학 모델 때문에 의학적으로 중요한 역할을 수행했다. 당시 의학 모델은 건강을 열기와 냉기(cold), 건조함과 습함 같은 체내에서 공존하는 여러 속성의 균형으로 이해했다. 아쿠아 비타이는 지나친 냉기에 대응하기 위해 사용할 수 있었고, 따라서 몸이 식어가는 노인에게 이상적이었다. 하지만 몸이 너무 건조하다고 믿었던 늙은 과부에게는 필요치 않았는데, 그렇게 불같은 음료와 접했다가는 몸에 불이 붙을지도 모르기 때문이었다. 브랜디는 젊은이에게도 권장되지 않았다: 선천적으로 따뜻하다고 간주된 젊은이들이 '뜨거운 물'을 소비했다가는 과열될 수도 있었다. 종합해보면, 의학의 무기고에 입성한 최초의 스피릿인 브랜디의 건강상 유익함은 반박의 여지가 없는 듯 보였다. 의사들은 브랜디를 선뜻 처방했고, 환자들은 그 약을 기쁘게 받았다. 브랜디는 종합강장제로 인기를 얻었고, 일부 부자들은 증류로 얻은 알코올이 제공하는 따스함과 에너지를 단번에 들이켜는 것으로 하루를 시작하는 습관을 들였다. 이 전통은 오늘날에도 유럽의 일부 지역에서 계속되고 있다.

1545년에 독일인 의사 발터 리프(Walter Ryff)는 브랜디의 의학적 가치에 대한 포괄적인 설명을 내놨는데, 이 설명에서 그는 브랜디를 음료가 아니라 '강력한 약물'로 마셔야 한다고 썼다. 리프는 먼저 와인—특히 혈액 공급을 증가시키는 '걸쭉한 레드와인'—이 가진 모든 치유적인 속성들을 기술했다. 그러고는 브랜디가 와인의 진액(essence)이기 때문에, 브랜디는 의학적 속성을 더 많이 갖는다고 주장했다. 그는 이렇게 썼다. "아쿠아 비타이는 차갑고 습한 머리와 뇌를 치료하는 데 특히 유용하다… 중풍, 경하고 중한 뇌졸중, 마비, 수종, 간질, 사지 떨림의 위협을 몰아내고, 추위 때문에 사지가 말을 듣지 않으면서 무감각해질 경우, 그걸 살갗에 바르거나 적정한 양을 마시면 된다."[11]

그런데 브랜디와 여타 스피릿은 높은 알코올 함량 때문에 문제들을 드러내기도 했다. 이 시기에는 알코올 수준을 측정할 수 없었다. 스피릿에 다양한 첨가제를 넣고 희석하거나 불순물을 섞어 마시는 게 빈번했더라도, 많은 아쿠아 비타이의 알코올 함량은 오늘날 알코올 강도 최대 허용치인 40%를 족히 상회했을 가능성이 꽤 크다. 와인을 증류했다는 단순한 점 때문에, 브랜디는 와인보다 알코올 함량이 훨씬 많다. 이 점 하나만으로 스피릿이 주취를 낳을 가능성이 더 많았다(또는 많다)는 뜻은 아니다. 주취는 음료에 함유된 알코올의 양이 아니라, 소비되는 음료의 양에 의해 결정되기 때문이다. 스피릿이 처음으로 시장에 진입했을 때, 그걸 마신 소비자들은 와인과 비어를 들이켤 때처럼 맛있게 마셨을 가능성이 있다. 결과는 유감스러웠겠지만. 하지만 그들이 그걸 소량으로 소비했을 가능성이 더 크다.

비어나 와인 같은 발효음료의 과소비가 우려를 자아내고 역사적으로 규제와 처벌의 제약을 받았다면, 증류로 얻은 알코올이 주취와 개인적인 위험, 사회적인 혼란을 야기할 가능성이 훨씬 더 큰 이유와 스피릿의 생산과 소비가 더 엄격하게 규제된 이유도 쉽게 이해할 수 있다. 알코올이 스피릿과 비어, 와인에 공통으로 포함된 물질이라는 게 파악되지 않은 시절이라, 스피릿은 처음에는 별개의 음료 취급을 받았고, 상당한 규제를 받은 많은 물품 중 첫 물품이 됐다. 18세기 초 무렵, 연금술을 억압하려는 시도가 반복되면서 스피릿을 완전히 금지시키자는 요구가 있었다. 유럽인에게 브랜디를 (나중에는 진과 보드카, 럼을) 제공했던 워터-버너들은 이후 몇 세기 동안 다양한 강도로 은근히 심화될, 술과 건강, 사회 질서에 대한 논쟁을 촉발시켰다.

근본적인 문제는 브랜디의 소비를 애초에 브랜디의 정당한 용도라고 생각했던 의학적 목적에만 국한시키는 게 불가능하다는 거였다. 실제로, 브랜디가 유용하게 쓰일 상황을 규정하는 것은, 따라서 어떤 것이 정당한 소비이고 어떤 것이 오용인지를 구체적으로 정하는 것은 불가능했다. 와인처럼, 브랜디는 구체적인 질병에 처방됐을 뿐 아니라, 육체적이고 감정적으로 행복한 상태를 유지하기 위해 날마다 마실 수도 있는 종합강장제로 제한된 양을 소비할 것을 승인받은 의약품이었다. 이런 모호성, 그리고 브랜디 음주가 가져온 양면적인 결과는 증류를 다룬 1532년도 독일서적에 잘 요약돼있다. 저자는 브랜디가 "슬픔과 우울함에 좋다… 육체적인 강인함을 되돌려주고 마신 이를 쾌활하고 행복하게 만들어준다"고 썼다.[12] 일상생활에 흔한 걱정과 골칫거리들 가운데에서 어떤 것이 육체적이고 정서적인 질환인지를 의학적으로 규정하는 것이 어려운 만큼이나, 치료를 위한 복용이 어디에서 끝나고 오락을 위한 음주가 어디서 시작되는지를 결정하기란 어려웠다.

스피릿은 20세기 이전까지 의학적인 이미지를 강하게 유지했지만, 브랜디는 16세기 초기 동안에 의학전문가들의 수중에서 벗어났다. 소도시인 콜마르(Colmar)는 1506년에 알코올 증류업자들에게 면허를 발행하고 세금을 부과하고 있었다.[13] 많은 곳에서, 증류를 해도 좋다는 권리는 주류 판매허가를 받은 이들과 식초제조업자 같은 식품과 음료를 생산하는 길드들로 확장됐다; 프랑스에서 이 길드들은 1530년대 무렵에 증류 특전을 허용 받았다.[14] 한편, 잉글랜드에서 증류는 1550년대 이전까지는 의사들의 감독 아래 남아 있었는데, 1550년대에 증류업자들을 조사하기 위해 왕립의사협회(Royal College of Physicians)의 위원회가 임명됐다. 잉글랜드에서 증류업의 독점이 종료된 것은 1601년으로, 엘리자베스 1세는 그녀의 신민들이 "차가운 복부를 데우려고 저렴한 아쿠아 비타이를 원하는 만큼 마시는 것"은 당연한 일이라고 선언했다.[15]

의사들이 아쿠아 비타이에 대한 통제권을 상실한 것처럼, 교단들도 마찬가지였다. 개혁가들은 1530년대부터 개신교가 지배세력이 된 대다수 지역에서 수도원을 해체했다. 많은 전직 수도사와 수녀들이 속세로 돌아와서는 증류행위를 계속했고, 여성들은 증류업계에서 대단히 두드러졌다. 1564년에 뮌헨의 증류업자 30명 중 절반이 여성이었다; 잉글랜드와 헝가리, 브라운슈바이크(Brunswick) 같은 다양한 지역에서 여성들이 아쿠아 비타이를 만들고 있다는 보고들이 있었다; 잉글랜드의 스피릿 생산량의 상당부분이 일하는 여성들의 손에서 빚어졌다. 이 시기에, 증류는 거의 소규모 가내활동이었고, 16세기 무렵에 여성 증류업자들은 에일 생산에서 거의 자취를 감춘 브루스터들의 후예였다. 1546년에 서거가 임박한 헨리 8세는 햄프턴 궁전(Hampton Court)의 정원 두 곳을 관리하면서 그가 쓸 "허브와 물과 다른 필수품을… 온갖 방법으로 만들고 증류"하는 일을 할 여성을 임명했다.[16]

와인뿐 아니라 곡물 기반의 발효액체(본질적으로 에일)들도 원료로 삼은 알코올 증류는 유럽 북부 지역에서 중요한 의미가 있었다. 그곳 기후에서 포도 재배는 불가능했다. 무척이나 혹독한 겨울들이 주변부 지역에 있는 많은 포도밭을 파괴한 기간인 16세기에는 특히 더 그랬다. 곡물 기반 스피릿은 수입 와인을 살 형편이 안 되는 사람들을 현지에서 생산한, 비어보다 알코올 함량이 높은 음료에 접할 수 있게 해줬다. 몸을 데워주는 스피릿의 특징이 기후는 서늘하고 겨울은 차가운 유럽 북부의 시장에서 특히 더 잘 수용됐다고 주장할 수도 있다. 1600년경, 곡물 기반 아쿠아 비타이는 아일랜드와 스코틀랜드, 독일, 스칸디나비아, 기타 지역에서 생산되고 있다. 일부 소비자는 스피릿을 지나치게 선뜻 받아들였을 것이다. 스코틀랜드의 증류업은 보리 수확량의 많은 부분을 차지했고, 1579년에 흉작을 예상한 스코틀랜드 의회는 백작과 경(卿), 남작, 젠틀맨을 제외한 이들의 증류를 금지시켰다. 의회는 "우리 영토 전역에서 엄청난 양의 몰트가 아쿠아 비타이를 만드는 데 소비되고 있는데, 이는 식량 부족의 가장 큰 원인이다"라고 선포했다.[17]

스피릿 소비가 사회적으로 확산되고 1인당 소비량이 늘면서, 과도한 음주에 대한 예상 가능한 경고들이 나왔다. 신성로마제국(the Holy Roman Empire)에서 1530년에 발령된 경찰 조례는 누군가의 건강을 위해 술을 건배하는 관행(이미 금지된 상태였다)을 주취자가 증가한 원인으로 봤다: "건강을 약속하는 오용사례와 장난이 사방에서 늘어나고 더 깊이 뿌리를 내리며 확산됨에 따라 신성모독과 살인, 치사, 간통, 다른 비행들로 이어지고 있다."[18] 1550년에 네덜란드 의사 라에비우스 렘니우스(Laevius Lemnius)는 아쿠아 비타이가 너무 흔한 음료가 되면서, 독일 서부와 플랑드르 사람들이 유익한 수준을 넘어서는 양을 마시고 있다고 밝혔다.[19] 이 경고들은, 그들이 로마교회가 용인하거나 권장했다고 주장한 온갖 종류의 부도덕한 행위들을 억제하려는 새로운 개신교교회들의 소망을 부분적으로 반영했다. 스위스에서 장 칼뱅은 주취를 처벌하는 데서 그치지 않고, 태번에서 음주를 중심으로 벌어지는 사교행위를 제한하는 엄격한 법규들을 도입했다. 그런 규제는 모든 종류의 술에 영향을 끼쳤지만, 스피릿은 건강과 사회 질서 양쪽에서, 발효된 알코올성 음료보다 잠재적으로 훨씬 더 위험한 것으로 여겨졌다.

스피릿이 건강에 좋다는 게 계속 홍보되기는 했지만, 거기에는 종종 단서가 달렸다. 1572년에 뉘른베르크의 의사들은 "브랜디가 다른 술보다 훨씬 더 심각한 해를 입힌다. 임신한 여성과 젊은 노동자에게 특히 더 그렇다. 그리고 브랜디는 일상생활에서 많은 심각한 질환과 병폐를 초래한다"고 경고했다.[20] 유럽 도처의 정부들은 스피릿의 생산과 판매, 소비를 규제하려는 시도를 시작했다. 독일의 뉘른베르크 시는 1567년에 공중보건을 위해 브랜디를 "질 좋고 적절한 와인이나 와인 찌꺼기"로만 만들 것을 요구했다.[21] 아우크스부르크는 일찍이 1472년에 브랜디에 세금을 매기기 시작했고, 다양한 시정부들이 일요일이나 교회예배 중에 브랜디를 파는 것을 금지시키기 시작했다. 뉘른베르크도 1496년에 그렇게 했다 (16세기에 몇 차례 더 그렇게 했는데, 이는 법규 준수에 문제가 있었다는 것을 시사한다). 뮌헨은 1506년에, 아우크스부르크는 1529년에 그렇게 했다. 뉘른베르크에서는 법이 금한 날 외에는 브랜디를 장터에 있는 가판대에서만 팔 수 있었다. 하지만 아우크스부르크에서는 청과상이나 공인(工人)의 가게에서 합법적으로 구입하거나 증류업자의 집에서 직접 구입할 수 있었다.[22]

독일의 여러 소도시에서, 사교적인 상황에서 일상적으로 소비될지도 모르는 음료가 되는 것을 막으려는 의도에서 기획된 규제들이 브랜디를, 와인과 비어가 그런 일을 당했던 것처럼, 포위했다. 법규들은 시민들이 브랜디를 구입한 장소에서 앉아서 마시는 것을 금지했다. 대신, 고객은 브랜디를 판매점에서 서서 마시거나 집에 가져가 사적으로 소비할 수 있었다.[23] 술을 산 자리에서 마실 경우, 누군가의 건강을 위해 건배하고 마시는 건 금지됐고, 대다수 손님은 점포 내에서는 1페니히(pfennig)어치만 마실 수 있었다.[24] 브랜디 1잔(shot)이 하루를 시작하는 대중적인 방식이 됐기 때문에, 독일의 일부 국가는, 낮 시간과 저녁에 팔고 마실 수 있던 와인과 비어와는 달리, 평일 아침에 브랜디를 파는 것을 제한했다.

정부 당국들은 스피릿 소비를 제한하려고 열심이었다. 그래서 스피릿은 여흥을 위해 마시는 술이 아니라, 본질적으로 치료용이라는 사실을 소비자에게 끊임없이 상기시켰다. 하지만 고위관료들은 규제를 완화하라는 늘어가는 압박을 받기도 했다. 독일 도처의 시에서 증류업자와 브랜디 소매업자들이 자기들이 시골에서 규제를 받지 않는 생산자와 판매상들과 불공정한 경쟁을 벌이고 있다고, 브랜디는 무척 유익한 음료이기 때문에 당국에서는 브랜디 입수를 더 어렵게 만들기보다는 브랜디 입수를 더 잘 할 수 있도록 장려해야 마땅하다고, 인플레이션이 심했던 16세기 동안 물가가 오르는 바람에 1페니히로 살 수 있는 브랜디의 양은 극소량밖에 안 된다고 주장했다. 아우크스부르크 시의회는 1580년에 한도를 2페니히로, 1614년에 4페니히로 올리는 것으로 대응했다. 고객이 브랜디를 마시는 동안 의자에 앉는 것을 허용하는 데 동의했지만, 브랜디를 안주와 함께 마시는 것을 허용하는 것은 고집스럽게 거부했다. 브랜디에 지속적으로 부여된 특별한 지위는 1614년에 나온 경고에 의해 한층 더 강조됐다. "브랜디는 무절제하게 마실 술이 아니라, 건강과 의학적 목적으로만 마시는 술이다."[25]

하지만 질병 치유를 위한 소량의 복용량으로 소비를 제한하려는 시도는 헛수고로 판명됐고, 스피릿 생산은 유럽 곳곳으로 빠르게 확산됐다. 종교처럼, 증류산업은 인쇄술의 발명의 첫 수혜자에 속했다. 구텐베르크의 업적 덕에, 증류기법을 묘사하고 아쿠아 비타이의 가치를 찬양하는 서적들이 시냇물이 흐르듯이 연달아 출판되었다. 1525년에 증류를 (그리고 구체적으로는 브랜디를) 다룬 서적들이 프랑스어, 독일어, 네덜란드어, 이탈리아어, 영어를 포함한 다양한 유럽어로 출판됐다. 증류공장이 사방에 세워졌고, 소비는 의심의 여지없이 늘어나는 생산량과 보조를 맞췄다; 하지만 두 부문에 대한 유용한 통계치는 없다. 스피릿은 드문드문 과세의 대상이었을 뿐이었고, 생산자들은 뻔질나게 세금을 피했던 것 같기 때문이다.

17세기 무렵에 유럽인의 음주 문화에 단단히 자리를 잡은 스피릿은 갈수록 정상적인 모습이 돼갔고, 17세기 중반 무렵 스피릿의 생산과 판매에 적용된 정책들은 비어와 와인에 적용된 것들과 비슷했다. 증류업자 길드가 설립됐고, 그들이 생산한 상품에 이런저런 세금이 부과됐다. 아우크스부르크에서 불법 생산된 스피릿을 팔았다는 죄로 기소된 마지막 사례가 (이 경우에 판매된 술은 호밀을 증류한 술이었다) 1643년에 발생했다. 하지만 그 법률은 이후로 몇 십 년간 법전에 남아 있었다. 영국의 증류산업이 하늘로 날아올랐고, 런던증류업자협회(the London Company of Distillers)가 창립된 1621년에는 증류업자 200여 명이 '아쿠아 비타이, 아쿠아 콤포시타Aqua Composita, 그리고 기타 독하고 뜨거운 물들'을 생산하고 있었다. 다른 증류소들도 와인 찌꺼기(초기의 그라파grappa, 포도로 만드는 독한 이탈리아 술-옮긴이), 비어 찌꺼기, 썩은 과일 같은 다양한 원료로 스피릿을 만들었다.[26]

증류의 역사에서 굉장히 중요한 개발 중 하나가 프랑스 남서부에서 주요한 농축주(concentrations)들이 탄생한 거였다. 첫 술은 일찍이 14세기에 개발되기 시작한 아르마냑(Armagnac)으로, 이 술은 한참이 지난 후 보르도 북부의 샤랑트(Charente) 지역에서 상업적으로 훨씬 더 중요해졌다. 지금도 여전히 프랑스 브랜디 생산의 중심지인 (그리고 프리미엄 브랜디에 이름을 내준 지역인 코냑Cognac을 포함한 지역인) 샤랑트는 중요한 자원을 두 가지 보유했다: 화이트와인을 대량으로 생산하는 포도밭과 증류공장에서 쓰는 불에 땔감을 제공하는 숲. 네덜란드 기업가들이 1620년대에 증류소를 세우기 시작했고, 오래지 않아 이 증류소들은 유례를 찾아볼 길이 없는 분량의 브랜디를 생산하고 있었다. 잉글랜드는 1640년대 중반에 샤랑트에서 해마다 브랜디 20만 갤런 가량을 수입하고 있었다; 수입량은 1675년에 100만 갤런으로 치솟았고, 1689년에는 수치가 2배가 됐다.[27]

이런 수치들은 유럽시장에서 거래된 스피릿의 양이 17세기 동안 확연하게 증가한 게 분명하다는 걸 시사한다. 파리 경찰은 1677년에 "사기꾼, 방랑자, 기타 못된 자들"이 그들의 "허랑방탕한" 삶을 떠받치는 "사악한 짓들"과 절도, 다른 범죄들을 저지르려고 브랜디를 이용하고 있다고 주장했다. 그들은 "저녁이 되면 동틀 때까지 어느 지역이 됐건 마음에 드는 지역의 브랜디 판매점을 회합장소로 삼아 브랜디를 과음한 후… 격노한 상태로 술집을 떠난 그들은 밤새 엄청난 혼란을 일으키면서 공공의 안전을 방해하고 있다." 경찰은 해가 짧고 어둠이 일찍 내리는 10월 1일부터 5월 말 사이에는 브랜디와 리쿼(liquor) 판매상이 오후 4시 이후에 손님을 들이는 것을 금지했다.[28]

하지만 브랜디에 대해 표명된 이런 의구심은 곡물 기반 스피릿이 유럽인의 음주 문화의 주류에 진입한 17세기 초에 야기된 불안감에는 비할 바가 아니었다. 곡물을 증류하고 주니퍼베리(juniper berry)로 풍미를 더한 네덜란드 음료 진(gin)과 보리로 만든 위스키가 그런 술이었다.[29] 진과 위스키가 의혹을 받게 된 것은, 지금은 친숙해진 증류과정을 통해 만들어진 술이기는 했어도, 그것들이 상품으로 거래되는 음료 범주에 상대적으로 새로 등장한 술로, 장점과 위험성이 알려지지 않은 상태였기 때문이다. 스코틀랜드의 제임스 6세(James VI)는 1609년에 남부의 섬들에 거주하는 반항적인 신민들의 정신상태는 위스키와 와인 탓이라고 밝혔다: "그 섬들을 덮친 심각한 식량 부족과 그들의 불화에서 비롯된 잔혹하고 비인도적인 야만성의 주된 원인 중 하나는 독한 와인과 아쿠아비트(aquavite)를 향한 그들의 지나친 사랑이었다."[30] 그런데 문제가 더 많은 건 분명 위스키였다. 그래서 제임스는 각 가정이 가족들이 사용하는 데 필요한 양만큼 위스키를 만드는 것은 허용하면서도 그 이상을 수입하는 것은 금지했다. (귀족과 '부유한 젠틀맨들'은 예외였다.)

곡물 스피릿과 브랜디는 서로 딴판인 술이었음에도 규제 측면에서는 1500년부터 1700년 사이에 유사한 경로를 밟았다. 우선 그들은 처방된 약물로 규정됐다. 예를 들어, 1505년에 스코틀랜드의 위스키 교역은 에든버러에 있는 왕립외과의사협회(the Royal College of Surgeons)의 통제 아래 있었다.[31] 이후로 그 술들은 엄격한 조건 아래 소매로 팔렸다. 그것들이 건강에 유익한 건 맞지만 쾌락을 위한 소비만큼은 통제할 필요가 있다는 판단에서였다. 마지막으로, 스피릿이 오락적 소비의 세계로 진입하면서, 엄격한 규제는 폐지되거나 사문화됐고, 당국들은 세금 부과로 벌어들이는 수입이 엄청나다는 걸 깨달았다. 네덜란드는 17세기 초에 스피릿에 세금을 부과했다; 1643년에 잉글랜드가, 1년 후에는 스코틀랜드가 뒤를 따랐다. 스코틀랜드와 잉글랜드가 통합된 1707년에 소비세는 스피릿 1갤런 당 1페니였다.[32]

럼의 역사는 달랐다. 당밀과 설탕 제조과정에서 나온 폐기물을 발효시킨 후 증류해서 만든 럼은, 일찍이 1552년에 모호하게 언급된 기록이 있기는 하지만, 17세기 초에 카리브해 지역의 영국 및 프랑스 식민지에서 처음 생산됐다.[33] (중국과 인도에도 발효된 사탕수수주스의 초기 사례들이 있다.) 럼은 카리브해 지역 식민지의 유럽인 주민과 원주민 사이에서 빠르게 대중적인 술이 됐다. 럼에는— '불로 불을 몰아내는' 방법으로 열병을 없애주는 등—광범위한 의학적 특성이 부여됐고, 사람들은 럼에 함유된 칼로리 때문에 럼을 소중히 여겼다.[34] 럼은 유럽의 군함과 상선에서도 틈

새 시장을 찾아냈다. 럼은 물통에 방부제로 첨가됐고, 대서양의 아메리카 쪽을 항해하는 선박에 실을 수 있는 유일한 알코올이었다. 왕립(영국) 해군은 일찍이 1655년에 수병들에게 날마다 럼을 지급했고(이 관행은 1970년까지 지속됐다), 럼은 오래지 않아 선원들의 술로 인식됐다. 럼이 잉글랜드로 소량 수입되기는 했지만(영국의 항구에서 선원들 사이에 인기가 좋았다), 럼은 상대적으로 미미한 술로 남았다. 대서양을 횡단하는 데 따르는 수송비 탓에 브랜디와 현지에서 생산된 곡물 스피릿보다 훨씬 더 비쌌기 때문이다. 하지만 럼은 17세기와 18세기에 북미의 음주 문화의 중요한 일부가 됐다. (카리브해에서 수입한 당밀을 이용한) 많은 럼 증류업자가 아메리카 대륙에 식민지를 세울 정도였다.

보드카는 또 다른 주요한 증류 알코올성 음료였다. 이 술은 현재 러시아와 폴란드, 벨라루스, 우크라이나가 점령한 광범위한 지역에서 처음 생산됐다. 최초의 생산자는 (보통은 호밀인) 곡물 기반 음료를 (유럽의 다른 지역에서처럼) 환자가 복용하거나 외상에 바르는 식의 의학적 용도로 증류한 수도사들이었을 것이다. 그런데 16세기 무렵, (꿀과 향료, 허브 같은) 맛을 내는 첨가제 투입을 포함한 여러 발전이 이뤄지면서 보드카는 대중적인 음료가 됐다. 보드카를 처음 개발한 게 폴란드인이냐 러시아인이냐 하는 것은 논란거리다; '적은 물(little water)'을 뜻하는 단어는 양쪽 언어 모두에서 유래했을 수 있다. 18세기 폴란드에는 증류로 얻은 스피릿('탄다 to burn'는 뜻의 폴란드어에서 유래한 고르잘카gorzalka라 불렸다)에 대한 언급들이 있지만 이걸 보드카로 여길 수 있는지는 명확하지 않다.[35] 폴란드가 보드카의 출생지이건 아니건, 폴란드의 보드카 산업은 17세기 끝 무렵에 자리를 잡았다. 1620년에 많은 도시가 증류업자에게 면허를 발급하고 있었고, 그해에 그단스크(Gdansk) 한 곳만 면허를 68장 발행했다. 1693년에 크라쿠프의 증류업자가 보드카에 대한 레시피를 출판하면서 보드카를 감자뿐 아니라 곡물로도 만들 수 있음을 보여줬다.

러시아에서 차르(tsar)들은 일찍이 1470년대부터 보드카에 대한 일련의 독점권을 확립하면서, 그걸 수입원이자 정치적·사회적 통제수단으로 활용했다.[36] 16세기에 이반 4세(Ivan IV)는 새로운 특권층을 만들어내고는 그 구성원들이 바치는 충성의 대가로 보드카에 대한 배타적인 접근권을 줬다. 표트르 대제(Peter the Great)는 지지자에게 보드카를 계속 나눠주면서 그걸 외교관과 손님들을 다루는 데 활용했다. 그는 1695년에 바보와 어릿광대들의 술 취한 위원회(the Drunken Council of Fools and Jesters)를 창설하면서 (그 자신을 포함한) 구성원들에게 "날마다 취할 것과 결코 맑은 정신으로 침대에 들지 말 것"을 요구했다.[37] 러시아가 보드카 생산에 이리도 일찍 참여한 것은 이후 몇 세기 간의 분위기를 규정했다. 이후 황실의 행정가들과 그들을 계승한 소비에트 정권들은 술에서 얻는 세수에 의존했다.

17세기에 유럽이 증류로 얻은 알코올성 음료를 수용하면서 그것들의 장점에 대한 논란이 이어졌다. 스피릿 사이의 비교 뿐 아니라, 오랫동안 살아남은 발효주인 비어와 와인과의 비교도 행해졌다. 비평가들은—17세기에 부유한 유럽인들의 식단에 소개된—차와 커피, 초콜릿도 이런 맥락에서 논의했는데, 그들이 알코올성 음료와 비알코올성 음료 사이를 예리하게 구별하지 않았다는 점은 주목할 가치가 있다. 사람들은 새로운 뜨거운 음료들에 든 활성 성분인 카페인을 아직은 식별해내지 못했지만, 그런 음료들이 알코올의 효험과 크게 다르지 않은 자극제 효험을 보인다는 것은 인식하고 있었다. 요즘에는 차와 와인, 커피, 비어를 쉽게 대체해 마실 수 있는 음료로 간주하지는 않지만, 17세기의 일부 필자는 차가 와인이 가진 유익함은 모두 전달하면서도 취기와 숙취라는 약점은 갖고 있지 않기 때문에 차가 와인보다 낫다는 주장을 전혀 이상하게 여기지 않았다. 커피의 경우, 많은 필자가 커피 소비를 술의 오용에 대해 그러는 거처럼 격렬하고 대대적으로 비난했다. 어느 프랑스 의사는 커피와 초콜릿은 "처음에 입맛에 맞지 않는 상태로 있을 때는 의약품으로만 사용됐지만, 설탕으로 맛있어진 이후로는 독(毒)이 됐다"고 지적했다. 그는 커피가 불면증을 야기하고 식욕을 떨어뜨리며 아동의 성장을 저해하고 "남녀 모두의 생산력을 떨어뜨린다"고 지적했다. 마지막 맥락에서, 그는 거세되는 말을 본 어느 여성의 견해를 전했다. "사람들은 숫말이 암말에게 품은 열정을 누그러뜨리려고 말에게 커피를 줬다."[38]

알코올성 음료와 비알코올성 음료에 대한 논의는 그 모든 음료 중에서 가장 폭넓게 입수할 수 있는 음료, 즉 물을 아울렀다. 물 자체의 가치에 대해서는, 그리고 다른 음료들과 비교했을 때 가치에 대해서는 의견이 분분했다. 어느 프랑스 의사는 물이 "모든 음료 중에서 가장 건강에 좋다… 우리를 소진시키는 과도한 열기를 억제하는 물질"이라고 선언하면서 "물만 마시는 사람은 와인을 마시는 사람보다 보통 더 건강하게 장수한다. 처음으로 와인을 마신 노아 이후로… 인간의 수명은 점점 더 짧아졌고, 질병은 전보다 훨씬 더 자주 창궐한다"고 주장했다.[39]

이런 소수의 목소리는 대다수 다른 이의 목소리에 파묻혔는데, 그런 이들 중에는 17세기 잉글랜드의 저명한 의사인 리처드 숏(Richard Short)이 있었다. 숏은 물이 ('아프리카와 리비아' 같은) 뜨거운 기후에서 사는 사람들에게 적합하다는 데는 동의했지만, 잉글랜드 같은 냉대기후 국가의 주민에게는 위험하다고 주장했다. 그런 나라의 주민 중 "많은 이가 물을 마심으로써 스스로 위험에 빠질 뿐 아니라, 많은 이가 목숨을 잃었다." 물은 그들의 선천적인 열기를 파괴하고 온갖 종류의 질환을 초래했다. 신체가 이미 차가워지고 있어서 따뜻하게 가열할 필요가 있는 노인들은 특히 더 그랬다. 닥터 숏은 "물의 새로운 음용방식"에 대해 경고하면서 식사

후에 물을 마시는 관행이 "요즘에 부쩍 늘었다"고 묘사했다.

숏의 견해는 트렌드를 과장한 것일지는 모르지만, 물이 17세기 식탁에 오른 음료수의 범위에 더욱 자주 들어가고 있었다는 가능성을 제기한다. 빈자들이 물을, 의심의 여지없이 상당량이 질이 나쁜 물을 마시는 것은 거의 확실한 일이었지만, 숏이 생각한 것은 주로 중산층과 상류층이었던 것 같다. 그는 사람들이 식사에 와인을 곁들인 후에 물을 조금 마시는 것은 인정했다. 그러면 와인을 희석시키는 단순한 결과만 나오기 때문이다. 그러나 그는 비어를 마신 후 물을 마시는 것은 "미친 짓"이라고 묘사했다.

숏은 스피릿이 최상의 음료라고 밝히지는 않으면서 와인("절대적으로 물보다 낫다")과 비어("달콤하고 건강에 좋으며 영양가가 높다")를 추천했다. 숏은 와인과 비어가 더 유익하고 더 쉽게 소화되는 타당한 의학적 이유들을 제시하는 한편, 미식(美食)의 전통에 호소하는 것으로 물을 반대하는 사례에 힘을 실어줬다: "우리나라에서는 물을 마시는 게 익숙하지 않다… 아주 오래된 관습을 바꿔서는 안 된다… 한 국가의 식단 관습은 합리적이다." 숏은 물을 마시는 데 대한 그의 견해를 의심할 여지를 독자에게 조금도 남기지 않았다: "양귀비와 아편처럼 사람을 멍하게 만드는 마취제와 물을 우리나라에 줘야 할 이유를 나는 전혀 모르겠다."[40]

물에 대한 논쟁을 보면 술이 입수 가능한 물보다 더 안전한 음료였던 경우가 잦다는 걸 상기하게 된다. 숏은 오염에 대해서는 그런 식으로 논하지 않았다. 우물에서 떠온 물이 강에서 떠온 물보다 나쁘다고 쓰기는 했지만 말이다. 그러나 그와 동시대를 살았던 사람들은 물을 마시는 데 대해 우려를 표명했다. 런던에 "질 좋고 깨끗하며 건강에 좋은 물"을 공급하자는 17세기의 어느 제안은 공급되는 물의 대부분이 악취 나는 흙탕물로 "많은 용도에 적합하지 않다"고 밝혔다. 제안은 "육류에 드레싱을 하거나 빨래와 제빵, 양조, 음용(飲用) 같은 용도에 적합한 빼어나게 질 좋은 물"을 도시에 공급할 폐쇄형 송수로를 건설할 것을 요구했다.[41] 음용이, 깨끗한 물이 사용돼야 할 용도 리스트의 제일 마지막에 자리한 것은 의미심장하다.

같은 시기에 바닷물을 담수화(desalinizing, 염분 제거)하자는 제안도 나왔다. 담수화는 군함과 상선에게는 대단히 귀중한 공정이었을 것이다. 유럽인들이 세계 나머지 지역을 탐험하면서 장기간의 항해는 더욱 더 흔한 일이 됐다; 아메리카와 아프리카, 아시아에 정착지가 세워졌다; 유럽에서 멀리 떨어진, 대구가 풍부한 뉴펀들랜드(Newfoundland) 해안에서 고기를 잡았다. 그런 항해들은 선원들을 위한 충분한 음용수를 운반하고, 물을 담은 나무통 안에서 물이 상하지 않도록 보장하는 문제들을 제기했다. 스피릿의 획득 가능성이 더 확산되면서 물이 상하는 속도를 늦추려고 스피릿을 물에 첨가하는 일이 잦아졌지만, 담수화는 그보다 더 매력적인 대안이었다.

17세기에 널리 홍보된 어느 발명은 24시간마다 바닷물에서 90갤런의 담수를 생산한다고 약속했다. 이 방법의 후원자들은 이 방법이 선원들에게 요긴할 뿐 아니라 "바닷가 인근에 있는, 질 좋은 물이 부족하거나 물에서 짠맛이 나는" 공동체에도 굉장한 도움이 될 거라고 주장했다. 의사 23명이 담수화 제안을 지지했는데, 거기에는 물을 마시는 것을 심하게 반대했다는 것을 우리가 이미 확인한 리처드 숏도 포함돼 있었다. 짐작건대, 잉글랜드에 거주하는 영국인에게 물은 위험했겠지만, 영국 선원들이 아프리카와 서인도제도의 따스한 기후를 항해할 때는 물을 안전하게 소비할 수 있었을 것이다. 담수화 공정을 지지한 의사들은 "바닷가의 짠맛 나는 물, 그리고 바다에서 쓰는 부패한 물은 엄청나게 많은 환자를 양산할 텐데, 담수화 이후로 건강에 좋은 물을 사용하면 환자 수는 줄어들 것"이

라고 지적했다.[42]

안전한 식수를 공급하려고 기획된 이런 제안들은 유럽인들이 알코올성 음료만 마셨다는 생각이 잘못이라는 것을 상기시킨다. 수질에 대한 우려가 있었다 하더라도, 다량의 술의 구입 가능성과 소비에 대한 걱정이 훨씬 더 많았다. 17세기 말과 18세기 초에 영국에서 사람들이 술에 취하는 것은 흔한 일이었다. 이 시기에 영국의 비어 생산량은 절정에 달했고, 어느 비평가는 오래지 않아 왕국 전체가 "양조장이자 증류소나 다름없는 곳, 술꾼들만 거주하는 곳"이 될 거라고 예상했다.[43]

하지만 스피릿은―많은 소비자뿐 아니라 소비량이 느는 것을 목격하면서 걱정한 사람들에게도―그보다 더 큰 골칫거리였다. 진은 브랜디보다 훨씬 독했다고 하는데, 그렇기에 훨씬 '더 뜨거운' 음료가 소비자들을 '과열'시킬 수도 있다는 말이 나왔다. 아침에 브랜디를 과하게 많이 마시면 오후에 와인과 비어를 오용하는 것으로 이어졌고, 그 위험은 곡물 스피릿이 관여됐을 때 훨씬 더 컸다. 18세기 초에 있었던 다수의 도덕적 공황상태들은 스피릿의 잠재적인 위험에 대한 경고들을 정당화했다. 그중에서 가장 극적이고 문서로 가장 잘 기록된 것이 1700년과 1750년 사이에 잉글랜드의 여러 지역을 장악한 것으로 믿어지는 '진 광풍(gin-craze)'이었다('진'은 증류로 얻은 광범위한 스피릿을 가리키는 통칭으로, 여기서 다루는 것은 주니퍼를 가미한 스피릿이 아니라 모든 곡물 기반 술을 가리킨다).

이 현상을 바라볼 때 현실과 과장된 수사를 분리하기란 어렵다.[44] 현실은 당시의 사학자들과 훗날의 일부 사학자들이 내놓은 무척이나 걱정스러운 설명에서 묘사하는 것만큼 심각하지는 않았을 것이다. 사학자 도로시 조지(Dorothy George)가 1925년에 내놓은 "1720년에서 1751년 사이에 스피릿을 중심으로 한 주지육림이 가져온 점증적으로 참담한 결과를 과장하는 것은 가능할법하지 않다"는 묘사는 그 자체가 과장된 묘사로 보인다.[45] 진 음주의 결과로 널리 퍼진 파탄과 사망에 대한 당시의 설명들은, 검증할 수 있는 사건들을 허술하게 해석한 것을 기초로 삼아 도덕적인 공황상태의 본보기를 만들어낸 것일 것이다. 그렇기는 해도, 18세기 전반기 동안 스피릿의 생산과 소비가 잉글랜드 일부 지역(특히 런던)에서 급격히 증가했다는 것은 명백하고, 이게 많은 개인의 건강과 행복, 그리고 더 일반적으로는 사회 질서에 여러 가지 영향을 끼쳤던 건 분명하다. 하지만 현상의 규모와 그에 따른 결과들을 측정하고 그런 현상이 도덕적 공황상태를 야기한 이유를 이해하기란 어렵다.

잉글랜드에서 진의 인기는 브랜디 부족에서 시작됐다. 17세기 말에 잉글랜드는 상당량의 브랜디를 프랑스에서 수입하고 있었다: 1680년대에 연간 200만 갤런. 개신교도인 네덜란드 왕자 오렌지공 윌리엄(William of Orange)이 1688년에 잉글랜드 왕이 되면서 잉글랜드와 가톨릭의 열렬한 신자인 프랑스 왕 루이 14세(Louis XIV) 사이의 관계가 깨졌고, 그 결과 이 수입량은 차단됐다. 윌리엄의 즉위는 프랑스산 브랜디의 수입량을 다년간 급격히 줄이는 데서 그치지 않고(잉글랜드에 당도한 브랜디에는 가혹한 관세가 매겨졌다), 네덜란드에서 유래한 음료인 진을 대중화시켰다. 진은 처음에는 네덜란드에서 수입됐지만, 오래지 않아 잉글랜드의 증류업자들이 진, 또는 진에 불순물을 섞은 버전을 다량 생산하고 있었다.

1690년에서 1720년대 사이에, 영국 의회는 스피릿의 생산을 장려했다. 스피릿을 유익한 음료로 간주했기 때문은 아니었다. 가톨릭을 믿는 프랑스산 와인과 브랜디의 수요를 줄이기 위해서였다. 진은 애국적인 술이 됐다. 진이 잉글랜드의 국민 술을 대신하지는 못했지만. 의회는 갤런당 2펜스의 세금을 지불하는 사람은 사실상 누구나 스피릿을 상업적으로 증류해도 좋다고 허용했다. 이 낮은 세율은 비어에 적용되는 세금이 100%까지 증가한 1710년까지 변하지 않았다. 1720년대 이전에도 증류에 간간히 규제가 가해졌지만, 그것들은 곡물 부족에 대한 우려를 반영하면서 술 생산 때문에 식량 부족이 초래되지 않도록 만들려는 의도에서였다. 공교롭게도, 1715년에서 1755년 사이의 기간에는 풍작이 이어졌다(흉년은 3년뿐이었다). 그래서 증류용 곡물은 넘쳐났고 상대적으로 저렴했다.

증류에 관한 규제를 완화한 결과는 1736년에 런던 내부와 주변에 1,500곳으로 추정되는 증류소가 설립되는 것으로 이어졌다. 대다수(아마도 그중 4분의 3)는 100파운드보다 싼 장비를 쓰는 소규모 증류업자였고, 6곳 중 1곳만 1,000파운드 이상 가는 장비를 보유했다.[46] 따라서 증류산업은 18세기 초에 점점 더 소수의 대형회사들에 의해 장악되고 있던 양조업하고는 확연히 달랐다.

스피릿 생산은 양조업보다 낮은 세율을 적용받았을 뿐더러, 스피릿 판매에 따른 혜택들도 있었다. 스피릿 소매업자들은 면허를 구입할 필요가 없었다. 식사를 팔거나 숙소를 제공하지 않았기 때문에, 에일하우스 주인들보다 더 작고 수수한 점포만 필요했다. 1720년에 다른 인센티브가 더해졌다. 스피릿을 증류하고 판매하는 사람은 군대에 숙소를 내줘야 하는 의무를 면제받았다. 이건 인(inn) 주인과 마구간 주인 등 여러 사람에게 부과된 짜증나는 부담이었다. 이런 우호적인 상업적 환경 아래, 그리고 경기가 좋은 시장에서, 다수의 드램숍(소규모 스피릿 소매상)이 번창했다. 정확성을 확신할 수 없는 당시의 보고서들에 따르면, 1725년에 런던에는 드램숍이 8,500곳 넘게 있었다. 주택 11채당 1곳씩 있는 셈이었다.[47] 웨스트민스터와 세인트 자일스(St. Giles) 같은 빈민층 지역에서 드램숍은 주택 4채당 1곳을 차지했다고 한다. 이건 믿기 어려운 밀도로, 드램숍의 수는 과장된 듯 보인다; 술집 주인이 평균적으로, 주택 3채는 고사하고, 10채에 사는 손님에게 술을 팔아서 가게를 유지할 수 있는 방법이 있다고는 보기 어렵다.

이 숫자들은 당시에 취합되고 알려진 것들이다. 정확하건 아니건, 이 숫자들은 스피릿을 향한 만족을 모르는 욕구로 보이는 것에 대한 불안감을 부채질했을 뿐이었다. 세금이 부과된 진의 생산량이 1688년의 50만 갤런에서 1720년의 250만 갤런으로 치솟았고,[48] 거기에 불법 생산된 스피릿과 그 결과 소득세 기록에 적히지 않은 미지의 양이 더해졌을 게 분명하다. 그런데 스피릿에 부과된 세금이 너무 낮았기 때문에, 스피릿은 세후(稅後)라 하더라도 알코올 강도 당 비용의 계산을 매우 중요시하는 소비자들의 심중에서 에일과 비어와 같이 먹거나 그 대안으로 마실만한 매력적인 술로 남았다. 스피릿의 맛도 그런 매력의 일부였을 것이다. 대부분은 옥수수로 만들었지만, 일반적으로—때때로 (오리지널 네덜란드산 진처럼) 주니퍼베리로, 때로는 고수와 유황산과 테레빈유 같은 첨가제로—풍미가 더해졌고, 종종 설탕으로 단맛을 냈다. 단맛은 진이 특히 여성에게 어필하는 데 기여했던 걸로 생각된다. 1600년대에 유럽에 당도한 설탕은 미각의 선호도를 대체로 단맛 쪽으로 밀어붙였고, 그래서 남성들도 빈번하게 와인에 설탕을 넣어 달게 만들었지만 말이다.

1700년대 초부터 잉글랜드의 스피릿 산업에 우호적인 환경이 조성됐다. 그런데 바로 그 성공이 문제였다. 1720년대 무렵, 스피릿 소비량 수준, 그리고 건강과 사회 질서에 끼치는 영향에 대한 인식이 상류층과 중산층 사이에서 경종을 울렸기 때문이다. 1720년에 합법적으로 생산된 250만 갤런은 전체 런더너에게 해마다 스피릿 3갤런을, 요즘 표준 병으로 15병에 해당하는 양을 공급하기에 충분한—메트로폴리스에 거주하는 모든 남자, 여자, 아동이 하루에 1온스씩 마시기에 충분한—양이었다.[49] 그런데 앞서 밝혔듯, '남자, 여자, 아동'이라는 공식은 서구사회에서 술 1인당 소비량을 표현할 때는 논리를 오도하는 추상적인 개념이다. 역사적으로 아동은 성인보다 훨씬 적게 마셨고, 여성은 남성보다 술을 덜 마셨기 때문이다.

그런데도 18세기에 잉글랜드를 휩쓴 진 광풍의 맥락에서 '남자, 여자, 아동'은 특별한 반향을 낳는다. 제기된 우려의 상당부분이 전통적으로 과음하는 소비자인 남성들이 진을 남용할 뿐 아니라—특히—여성과 아동들도 진을 남용하고 있다는 믿음에 의존했기 때문이다. 진은 '마더 진(Mother Gin)'이나 '마더 제네바(Mother Geneva)'로 불렸다. 진을 여성과 아동들과 연결시키는 명칭이다. 진을 엄청나게 마셔대는 어머니들이 나이가 꽤 든 아이들이 배고프다고 찡얼거리는 걸 막으려고 아이들에게 진을 먹인다는, 그리고 젖을 먹는 유아들에게 간접적으로 진을 먹인다는 얘기가 돌았다. 진 광풍을 묘사한 가장 유명한 그림인 윌리엄 호가스(William Hogarth)의 동판화 〈진 레인(Gin Lane)〉의 전면과 복판에는 젖가슴을 드러내고 젖을 먹이는 여자가 있다. 계단에 큰대자로 뻗은 그녀는 인사불성이라서, 젖먹이가 그녀의 손에서 빠져 나와 아래에 있는 계단으로 머리부터 먼저 떨어지고 있다는 걸 감지하지 못한다.

진 광풍이 끝날 무렵인 1751년에 〈진 레인〉을 작업한 호가스는 진 음주의 효과가 여성과 그녀의 가족에게 미치는 영향을 생생하게 묘사한 그 시대의 많은 저작에서 영감을 얻었을 게 분명하다. 어느 필자는 "아이를 가진 여성들이 독한 흥분제인 리쿼에 길들여질 경우, 작은 배아들도 분명히 그중 일부를 마시게 될 것"인데 그렇게 되면 "그 배아들이 그걸 요구할 수 있기도 전에, 심지어는 그것들을 볼 수 있기도 전에 독한 리쿼들에 대한 애정"을 발전시키게 만들 거라고 밝혔다.[50] 그는 많은 어머니와 유모가 아이들에게 진을 먹이고 있으며 모유에 대한 수요가 급락하고 있다고 덧붙였다. 또 다른 필자는 진을 마시는 어머니의 아동들을 다음과 같이 묘사했다: "한 아이는 안짱다리이고, 다른 아이는 곱사등이이며, 다른 아이는 눈이 퉁방울이었고, 다른 아이는 얼굴이 원숭이 상이었다. 그리고 그 아이들 모두 그들 어머니의 어리석음을 보여주는 눈에 잘 띄는 표지를 갖고 있었다."[51]

여기서 묘사된 아이들은 괴물 같지만, 적어도 그들은 어머니의 알코올성 습관을 이겨낸 생존자들이기는 하다. 스피릿에 반대한 많은 필자가 이 치명적인 음료의 소비가 출산율 감소와 사망률 증가로 이어진다고 지적했다; 진이 가져온 파멸을 다룬 호가스의 작품에는 죽음의 이미지가 많이 포함돼있다. 여기서 표명되는 사망률과 유아의 건강에 대한 우려는 잉글랜드에만 국한된 게 아니었다. 유럽의 모든 국가가 정치적, 경제적, 군사적 목적에서 강력한 인구 성장 환경을 조성하는 데 관심을 가졌기 때문이다. 훗날 태아알코올증후군(fetal alcohol syndrome)이라 불릴 증상에 시달리는 아이들을 생생하게 묘사한 어느 비평가는 아이러니하게도 그들은 "애국자와 조국의 수호자들, 그리고 조상들이 바다와 뭍에서 획득한 영국의 영광의 지지자들로 구성된 후대(後代)를 제공해서 우리에게 희망을 주는 자손!"이라고 묘사했다.[52]

일련의 다른 주장도 스피릿 소비에 반대했다. 어느 주장은 진 음주가 영양가 높은 식품에 대한 식욕을 급격히 상실하는 것으로 이어진다고 했다. 영양실조에 시달리는 최하층계급이라는 시나리오가 식품 생산자와 무역상들의 감소하는 이익이라는 전망보다는 덜 걱정스러운 듯 보이지만 말이다. 당시의 일부 이야기는 고기를 사는 사람이 아무도 없어서 고기를 내버리거나 개에게 먹이는 푸주한들 얘기를 들려준다. 다른 이야기는 낙농업자가 팔리지 않은 우유를 하수도에 버리고 있다고 전했다. 진이 식욕을 너무도 심하게 억누르기 때문에 18세기 노동계급 식단의 필수품이던 빵의 수요가 줄었다는 말이 돌았다. 어느 팸플릿 저자는 의회가 개입해서 진의 가격을 인상시켜야 마땅하다고, 그래서 빈자들을 "빵과 육류와 비어라는 자연스러운 입맛"으로 복귀시켜야 한다고 주장했다.[53] 진은 가장 평범한 의미에서 사회적으로 지장을 주기도 했다. 진은 가족의 안정과 번영과 인구의 건강을 훼방했을 뿐 아니라, 범죄와 부도덕함으로 이어지기도 했다; 남녀들은 그들의 음주습관을 지탱하기 위해 절도와 매춘, 살인으로 내몰렸다는 말을 들었다. "그러면서 때로는 가장 잔혹하고, 일찍이 들어본 적이 없는 살인을 수반하는 필사적인 폭행과 길거리 강도 행각이 뒤를 이었다."[54]

스피릿의 증류와 판매를 금지하거나 제한해야 한다는 주장에 맞선 것은 사회 붕괴의 시나리오가 과장됐다는 가정에 바탕을 둔 좀 더 온건한 제안들이었다. 아마도 진(gin) 산업과 이해관계가 있었을 이 계열의 일부 필자는 비어 음주자도 진 음주자만큼이나 제멋대로 굴며, 부도덕성과 관련해서 볼 때 드램숍은 에일하우스에서 발견되는 과음에 비하면 새 발의 피에 불과하다고 주장했다. 그들은 증류산업이 곡물 재배자의 번성에 기여하고 있고, 그 결과 장비제작자와 수레제작자, 곡물을 런던으로 운반하는 연안수송선에 배치된 선원들을 포함한 다른 사람들도 수혜를 받는다고 주장했다. 정부도 술 사업에 이해관계가 있었다: 1730년에 거둔 잉글랜드 국세의 4분의 1이 모든 유형의 술에서 비롯된 것으로 추정된다.

진 소비와 그에 따른 사회적 결과에 대해 몰두하는 현상은 1720년부터 1750년대가 될 때까지 계속됐고, 그 결과 이 문제를 다루는 상이한 방법들을 시도한 일련의 법규가 제정됐다. 1729년에 통과된 첫 법은 스피릿에 부과되는 세금을 2펜스에서 5실링으로 30배 인상하는 것으로 소매상 쪽을 공략했다; 면허세로 1년에 20파운드를 부과했다; 길거리에서 진을 파는 데 매기는 벌금을 10파운드로 정했다. 그런데 런던의 판사와 의사들의 로비 결과로 제정된 이 법은 4년만 집행된 후에 폐지됐다. 법을 회피하는 행태가 너무도 만연해서 정부로서는 그걸 막는 데 무력했기 때문이다.

합법적으로 생산된 스피릿의 양은 계속 늘어, 1720년에 250만 갤런이던 게 1730년에는 380만 갤런이 됐다. 1729년 법률이 일단 폐지된 후, 생산량이 치솟으면서 1735년에 640만 갤런에 달했다. 이렇게 세금이 부과된 총량보다 많은 미지의 양을 불법 스피릿이 차지했다.

1729년 법률의 폐지 직후, 판사들과 종교단체들이 주도한 또 다른 운동이, 취객과 범죄가 늘고 있는데 그 주범은 스피릿이라고 주장했다. 미들섹스(Middlesex) 카운티의 대배심은 빈자들이 "술에 취해서는 이성을 가진 피조물이라고는 보기 힘든 혐오스러운 상태로 거리에서 빈번하게 목격된다"고 보고했다. "… 그것 때문에 그들은 자신들에게나 공동체에 쓸모없는 존재로 전락했다."[55] 그런 묘사는 면허세를 1년에 50파운드 부과하는 1736년 법률의 통과로 이어졌다. 이 시점에 진의 옹호자들이 다시 발끈했고, 런던의 거리에서는 폭동을 일으키겠다는 위협이 난무했다. 1729년 법률만큼이나 효력을 발휘하지 못한 이 법은 3년 후에 폐기됐고, 스피릿의 생산과 판매, 소비는 실질적으로 제한을 받지 않았다. 소비는 820만 갤런에 세금이 부과된 1743년에 절정에 달한 듯 보인다. 이건 잉글랜드 전체 인구 1인당 1갤런이 넘는 양인데, 불법 생산, 성별과 연령에 따른 소비 편차, 스피릿이 런던 시내에 집중됐고 다른 항구와 산업 중심지에서는 소비량이 그보다 적었다는 사실을 고려할 경우, 성인 남성들은 1년에 스피릿 10갤런을 상회하는 양을, 요즘 병으로 주당 1병씩 마셨을 게 분명하다. 성인 남성 중 상당한 규모를 차지하는 소수집단이 주기적으로 상당한 양을 마시기에 충분한 양이 유통되고 있었던 게 분명하다.

그런데 스피릿 생산량은 1740년대 중반부터 줄었고, 또 다른 법이 통과된 1751년에 이른바 광풍은 이미 잦아들고 있었다. 1751년 규제는 증류업자들이 자신들의 상품을 파는 것을 금하고는 소매업자에게 2파운드라는 준수한 면허세를 부과했다. 스피릿이 처음에 왜 그리 매력적이었는지를 이해하는 게 스피릿이 매력을 상실한 이유를 이해하는 것보다 쉽다. 일련의 법률은, 비효과적이었지만, 생산을 혼란에 빠뜨리고 공급량을 믿지 못하게 만들었을 것이다. 음주자들이 비어로, 특히 새로 나온 더 독한 '흑맥주(porter)' 스타일로 복귀했을 수도 있다. 1750년대에 30년간 이어진 풍년이 막을 내렸다; 1757년과 1759년, 1760년의 작황은 너무 형편없어서 식량 공급을 보호하려고 증류가 전면적으로 금지됐다. 그때에는 이미 스피릿 생산이 줄어든 상태였지만, 어쨌든 금지령은 기존 추세를 강화시켰다.

진 패닉은 술과 권력 사이의 관계 중 일부를 수면으로 끌어올렸다. 이건 술 소비를 통제하려고 국가가 전력을 기울인, 유럽에서 벌인 첫 시도였다; 앉아서 술을 마시는 것을 막는, 또는 건배와 술대접을 막는 16세기 규제들은 시장에서 공개적으로 술을 마시는 것을 없애겠다는 영국 의회의 목표에 비하면 하찮은 수준이었다. 이 정도 규모의 규제는 전례가 없었기에, 실수들이 빚어졌다. 소매상의 면허 취득비용을 인상한 1729년의 첫 법률은 많은 소매상을 사업에서 몰아내고 남은 소매상들이 면허취득비용을 손님들에게 전과하게끔 강요하려는, 그렇게 해서 수요를 억누르려는 의도에서 제정됐을 것이다. 의회는 뒤이어 소매보다는 생산에 초점을 맞췄다. 그렇기는 해도, 정부는 법을 적용할 마음이 내키지 않았다. 합법적으로 유통되는 술 산업이 제공하는 세수를 의식한 정부는 증류업과 진 소매업이 지하로 내몰리는 걸 보고 싶은 생각이 없었다.

진에 반대하며 치러진 전투도 계급전쟁이자 젠더 전쟁이었다. 중산층과 상류층은 진 산업을 대체로 빈궁하고 제멋대로 살면서 위험한 서민층에 의해, 그리고 그들을 위해 유지되는 산업으로 묘사했다. 진을 파는 술집들은 사회의 쓰레기들을 위한 불결한 소굴로 묘사됐고, 술집 주인들은 기껏해야 아무 의욕이 없는 자로, 심하면 범죄자로 간주됐다. 스피릿과 도덕 사이의 관계들은 계급적인 관점으로 조심스레 끌려 들어왔다. 부유한 시민들은 비어와 와인, 브랜디, 코디얼(cordial, 풍미를 더한 스피릿)을 책임감 있게 즐길 수 있는 사람들로 묘사됐지만, 하류층은 가족들을 잘해야 궁핍하게 만들고, 최악의 경우 죽음에 몰아넣는 일 없이는 조잡한 리큐르를 살 형편도 안 되거나, 형편이 되더라도 지나치게 과음하는 바람에 가족들을 부도덕과 범죄로 몰아넣는 일이 비일비재한 사람들로 그려졌다. 여성의 음주라는 특별한 악행에 대한 강조는, 여성은 선천적으로 어머니가 될 운명이며 가족을 향한 특별한 책임을 지고 있다고 믿는 당대의 주장들을 반영했다. 여성의 과음은 개탄스러운 일일 뿐더러 부자연스러운 일이었다.

그런데 런던의 많은 노동자에게 마실만한 형편이 되는 진은 분명, 베푸는 게 거의 없는 그들의 인생에서 누릴 유쾌한 경험으로서 매력적인 존재였을 것이다. 빈곤한 노동자 중 다수는 최근에 시골에서 도시로 이주해 온 사람들로, 허물없이 어울리는 사교 메커니즘이 지배하는 축제 분위기에서 술을 마시는 데 익숙했지만, 도시환경에 그런 메커니즘은 존재하지 않거나 효과가 덜했다. 부유층은 대중적으로 널리 퍼진 주취를 사회적 무질서와 사회 붕괴의 증거로 해석했을 것이라 믿어진다. 중요한 점은 노동계급 음주의 대중적인 성격이었을 것이다; 역사적으로 보면, 법은 가정에서 술에 취하는 것보다는 공공장소에서 술에 취하는 것을 처벌했다. 진을 마시는 런던 빈민을 비판한 사람들은 결코 금욕적인 사람들이 아니었다. 그들은 그저 자기들 집에서 남들 눈에 띄지 않게 술을 마실 수 있는 사람들이었다. 당시의 시 1편은 이런 이중 잣대에 눈길을 던진다:

이제 욕심 많은 위인들은, 자기들보다 열등한 이들을 못살게 굴면서
온갖 종류의 악행들은 독점하누나.

많은 돈이 드는 폭동을 벌였다가는 부가 낭비될 터이니,
가난한 자들은 금주로 얻은 건강에 만족해야겠구나.[56]

드램숍을 무질서와 범죄의 터전으로 바라보는 시선이 많았지만, 대부분의 스피릿 소매업자들은 다른 식품과 술 소매업자들과 동일한 사회적 집단 출신이었던 것으로 보이고, 그들의 점포도 다른 소규모 상인의 그것들과 다른 점이 전혀 없었다.[57] 하지만 몇 가지 점에서 진 교역은 다른 상품들하고는 달랐고, 다시금 여성과 관계가 있었다. 우선, 여성들은 잉글랜드에서 진 구입자로 묘사되는 경우가 대단히 많았던 듯하다. 유럽 도처에서 여성들이 두드러진 증류업자였던 것만큼이나 말이다. 면허를 받은 판매자 중 약 4분의 1이, 그리고 아마도 면허를 받지 않은 상인의 3분의 1이 여성이었다. 그런데 1738년부터 1939년까지 벌금 10파운드를 지불하지 못해서 투옥된 진 판매자 중 4분의 3이 여성이었다. 당국이 여성 상인들을 표적으로 삼은 탓에 그랬을 수도 있지만, 이 수치들은 여성이 (여성이 10%에서 15%를 차지하는) 식품상인들보다 진 거래에서 더 두드러진 존재였음을, 그리고 그들이 빈곤층 수준에서, 아마도 가판대나 수레에서 진을 파는 노점상 가운데에 특히 흔했다는 사실을 시사한다.[58] 이런 현실이 진 광풍의 여성화를 강화했을 것이다.
　여성이 에일하우스보다 드램숍을 더 자주 애용했을 가능성도 있다. 여성들은 에일하우스를 거의 찾지 않았다. 에일하우스는 단골손님이 거의 남성이었는데, 남성들도 여성이 운영하는 드램숍에서 스피릿을 마셨을 것이다. 진은 여성용 술로 인식되는 경우가 잦았다. 설탕을 넣어 달게 만들었을 때는 특히 그랬다. 많은 드램숍 주인이 여성이었다는 사실은 드램숍을 여성들의 새로운 사교장으로, 역사적으로 남성들이 품었던 불안감의 근원으로 만들어줬을지도 모른다. 스피릿 반대운동에 거듭 등장하

는 진과 여성 사이의 관계는 공공장소에 여성이 존재하는 것에 대한 적대감을, 하류층의 음주가 갖는 사회적 함의에 대한 적대감과 비슷한 정도의 적대감을 반영했을 수도 있다.

사회 하층민의 관점에서 보면, 진을 규제―진을 더 비싸게 만들어서 입수하기 어렵게 만든다는 뜻―하려는 시도는 진 음주를 문화적 저항의 한 형태로 탈바꿈시켰다. 빈자들은 소비세 관련 업무를 하는 일부 치안판사와 경찰국장들과 동맹을 맺은 듯 보인다. 그들은 많은 법률 위반을 눈감아줬고, 일부 경우에는 납부된 벌금을 되돌려주기까지 했다.[59] 증류업자들은 '의회 브랜디(parliament brandy)'와 '의회 진'이라 불리는 음료를 생산하는 것으로 법의 무력함을 조롱했다. 진 법률이 제정될 때마다 소동이 벌어졌다. 특히 엄격한 1736년 법이 통과됐을 때, 런던에서는 '마담 제네바'의 사망을 애도하는 모의 장례식이 열렸다. 진을 억압하려는 시도는 진의 매력을 증가시켰던 것 같고, 진은 계급갈등의 격전장이 됐다.

진 광풍은 스피릿의 역사에서는, 그리고 더 일반적인 술의 긴 역사에서는 짧은 시기에 벌어진 일이지만, 표면 아래에서 발효되는 경우가 잦았던 이슈들을 생생하게 보여준 사례였다. 진 광풍의 가장 두드러진 측면은, 일부 상류층이 사회 질서를 약화시키려고 위협하는 술의 위험한 오용이라고 판단한 상황을 엄격하게 다루려는 시도였다는 것이다. 가난한 소매업자들의 문을 닫게 만들고 소비자가 치러야 할 진 가격을 인상시키는 것으로 소비를 줄이려고 노력한 진(gin) 법의 적용범위는 유례가 없는 것이었다. 이런 법률들이 실패한 것은 대중적인 저항과 법 집행 메커니즘의 부재 때문이었다. 정부가 술에서 걷어지는 세수에 의존하기도 했고, 동시에 심각한 시도들을 해서 저렴한 진에 대한 접근을 차단할 경우 분출할지도 모르는 공공의 무질서를 두려워했기 때문이기도 하다. 진 법률들은 금주령을 부과하려는 시도는 아니었지만, 술 생산과 소비를 줄이려는 20세기의 일부 노력과 닮았다.

　18세기에 스피릿을 중심으로 술을 통제하려는 시도가 이뤄졌던 것은 우연이 아니다. 16세기 초부터 스피릿이 주류(主流)시장에 진입한 것은 지도층의 불안감을 야기하면서 날림으로 만든 광범위한 규제들을 가져왔다. 그런 법들은 대부분의 관할 지역에서 정상화됐지만, 스피릿은 비어와 와인과 유사하거나 비슷한 규제의 대상이 됐다는 점에서 사회적 불안의 대상으로 계속 남았다. 19세기에 반알코올 운동이 등장했을 때, 그들이 겨냥한 주요 표적은 스피릿이었다. 이건, 우리가 술의 역사에 대해 말할 때, 서로 상이한 별개의 역사를 갖는 경우가 잦은 다양한 알코올성 음료를 염두에 둘 필요가 있다는 점을 상기시킨다.

7장

유럽의 술을 접하다, 1500~1700

유럽 이외의 세계

알코올성 음료들이 유럽에서 비롯되지는 않았다. 하지만 알코올성 음료들은 AD 1500년까지 1,000년 동안 유럽의 대중문화와 엘리트 문화에 전례가 없을 정도로, 그리고 동시대 세계 그 어느 지역에서도 어깨를 나란히 하지 못할 정도로 단단히 자리를 잡았다. 상당수 유럽인이 (단순히 금전적인 이유 때문에) 일상적으로는 물만 마셨지만, 1500년 무렵에 비어와 와인이 유럽에서 매우 광범위하게 소비됐기 때문에, 우리는 그것들을 그 지역 식단의 필수품으로 간주해야 한다. 유럽인들이 아메리카와 아프리카, 아시아의 지역들을 체계적으로 접촉하고 정복하고 식민지로 삼기 시작한 16세기와 17세기에, 술은 그들의 물질적·사회적·문화적 생활에 무척 필수적인 물품이어서, 술 없이 사는 것은 빵 없이 사는 것만큼이나 상상도 할 수 없는 일이었다.

유럽인들이 아메리카와 아프리카, 아시아로 장거리를 항해할 때, 바다에서 몇 주나 몇 달을 보내야 하는 항해 동안 술은 필수물자에 속했다. 초기 탐험가들은 그들이 조우한 원주민들과 술을 공유했다. 그들이 유럽에서 술을 접대용으로 썼던 것처럼 말이다. 그런 후 특정 지역에서 접촉이 점차 잦아지고 유럽인 정착지가 세워지면서, 무역상과 정착민들은 그들의 알코올성 음료를 페루와 뉴잉글랜드, 인도같이 전혀 다른 지역의 원주민에게 더 자주 소개하기 시작했다. 그들은 술을 북아메리카의 비버가죽부터 남아시아의 향신료, 서아프리카의 노예, 그리고 모든 지역의 섹스같은 모든 것을 구입하는 교환수단으로 활용했다. 결국, 유럽인들은 영구정착지를 세우면서 포도나무를 심고 브루어리(양조장)를 만들었으며 나중에는 증류공장을 건설했다. 유럽 이외 세계의 많은 지역에서 술을 자급자족하게 된 것이다.

그런데 출신지에서 멀리 떨어진 곳에 정착한 유럽인들은 그들이 떠나온 고국의 음주 패턴을 그대로 되풀이하지는 않았다. 술 소비는 역사적으로 더 일반적인 사회적·문화적 상황을 반영해 왔는데, 식민지의 맥락에서 그런 상황은 유럽의 그것과는 사뭇 다른 경우가 잦았다. 식민지 인구는 대체로 유럽에서 술을 가장 많은 마시는 인구집단인 성인 남성들로 구성되는 경우가 빈번했다(정착 초기단계에서는 특히 더 그랬다). 이건 식민지의 1인당 알코올 소비량이, 술을 덜 마시는 여성과 아동의 존재 때문에 1인당 소비량이 줄어드는 유럽의 그것보다 많다는 뜻이었다. 유럽인 정착민의 술을 소비하기 시작한 원주민들은 그들 나름의 소비 패턴을 만들어냈고, 두 음주 문화 사이의 상호작용은 문제가 많은 관계들을 빈번하게 빚어냈다.

그런데 유럽인들이 이런 관계를 발전시키는 것도, 결국에 식민지로 변하게 될 멀리 떨어진 목적지에 도착하는 게 선행돼야 가능한 일이었다. 장거리 항해에 술이 중요하다는 것은 잘 알려진 사실이다. 선원들은 술이, 많은 양은 아니더라도, 정기적으로 공급될 거라 기대했고, 술은 바다에서 다른 음료보다 수명이 더 길었다. 일반적으로 비어와 와인, 브랜디를 담은 통들은 1번에 몇 주, 몇 달간 선원들을 연명시키려고 배에 싣는 식품과 음료품목에 포함됐다. 아벨라(Arbella)호가 청교도들을 잉글랜드에서 매사추세츠로 실어 나른 1630년에, 배는 와인 1만 갤런, 비어 42톤, 물 14톤, 브랜디 12갤런을 가져갔다. 해안선을 가까이 따라가는 경우가 잦은 장거리 항해에서는 식품과 신선한 물을 보충하려고 뭍에 여러 차례 정박했을 것이다. 하지만 술을 보충할 기회는 있다 하더라도 극히 적었다. 장거리 항해는 더 많은 술을 필요하게 만들었다. 1500년에 인도로 원정을 간 포르투갈인들은 와인을 25만 리터 이상 싣고 간 것으로 추정된다. 원정에 참여한 1,200명이 하루에 와인을 1.2리터쯤 마셨다는 뜻이다. 와인은 선원의 식단에 필수적인 일부였을 뿐 아니라, 뱃사람이 미지의 바다를 헤치고 항해하는 것에 대해 느끼는 공포를 극복하는 것을 도왔다; 선박의 균형을 잡아주는 유용한 평형수(ballast)이기도 했다. 소비될수록 균형을 잡아주는 효과가 줄기는 했지만 말이다.[1]

식품을 먹을 수 있는 상태로 유지하는 건 어려운 일이었다. 물을 안전한 음용수로 유지하는 것도 그만큼 어려웠다. 나무통에 보관된 물은 몇 주 내에 상하면서 냄새와 맛이 불쾌해졌다. 17세기 말에 바닷물을 선원들이 마시기에 충분한 식수로 만들 수 있도록 선상에 담수화 공장을 건설하는 프로젝트들이 있었다. 하지만 효과적이고 효율적인 담수화 공장은 요원한 일이었고, 그러는 동안 물을 음용 가능한 상태로 보관하는 방법 중 하나가 물통에 브랜디를 첨가하는 거였다. 농축된 알코올은 희석했을 때에도 일부 박테리아를 죽였고, 배에 실린 물이 상하는 것을 완전히 방지하지는 못하더라도 부패속도를 늦추기는 했다. 비어와 와인도 배에 실려 선원들에게 (희석된 상태로 자주) 제공됐지만, 그것들 역시 시간이 흐르면 상할 수 있었고, 배가 열대를 항해할 때는 특히 더 그랬다. 증류로 얻은 스피릿만이 이런 항해를 좋은 상태로 견뎌냈다.

유럽에서 아프리카를 돌아 아시아로 가는 극히 긴 항해는 특별한 문제들을 안고 있었다. 17세기에 네덜란드인들이 네덜란드령 동인도제도(Dutch East Indies, 인도네시아)와 수익성 좋은 향신료 교역 시스템을 확립했을 때, 네덜란드 선박들은 편도 항해에만 바다에 6개월 이상 있었다. 이 항해들은 선상의 공급품에 많은 부담을 줬고, 선박들이 식품과 음료를 실으려고 아프리카와 인도 해안의 여러 정박지에 머물기는 했지만, 술 공급량은 빠듯했다. 네덜란드인들은 현재의 케이프타운(Cape Town) 인근 식민지에 포도나무를 심었다. 그러면서 중요한 남아프리카 와인 산업이 시작됐다. 이 산업의 노골적인 목적은 장거리 항해의 중간지점에서 자국 선박에 와인을 공급한다는 거였다. 의사인 얀 반 리베크(Jan van Riebeeck)가 1658년에 첫 포도밭을 세웠고, 이듬해에 첫 와인이 빚어졌다. 케이프와인은 현지 정착민들에 의해 소비됐고, 항해 중에 소비할 용도로 선박들에 실렸으며, 아시아 식민지에 있는 네덜란드 정착민들의 소비를 위해 선적됐다. 정착민들은 와인의 품질이 이전에 수령했던 유럽산 와인보다 훨씬 떨어진다고 불평했다.[2]

16세기와 17세기에 유럽인이 접촉한 원주민 대부분은 술을 전혀 모르는 사람들이 아니었다. 반 리베크는 사하라사막 이남 아프리카에서 포도로 와인을 빚은 최초의 인물이었을 테지만, 아프리카 많은 지역의 사람들은 오랫동안 곡물과 꿀, 과일, 야자나무 수액, 우유 같은 물품을 발효시켜 저알코올성 음료를 만들어 왔다.[3] 그것들은 결혼식 같은 무수히 많은 의식에서 소비됐고, 사회적이고 경제적인 거래뿐 아니라 조상 숭배를 위해서도 사용됐다. 환대의 징표로도 제공됐다: 1491년에 콩고(Kongo) 왕국을 방문한 최초의 포르투갈 특사는 야자와인을 받았다.[4] 이후로 찾아간 포르투갈 방문자들은 간간이 와인을 선물하는 것으로 화답한 것 같고, 유럽의 술은 포르투갈 탐험가와 상인들이 와인을 상업적 교환수단으로 활용한 16세기와 17세기에 일관된 경로를 통해 아프리카 남부 주민에게 당도하기 시작했다. 이 시기에 와인은 포르투갈의 중요한 수출품이었고, 아프리카인들은 나름의 발효음료들을 갖고 있었음에도 와인의 가치를 높이 쳤다. 와인의 알코올 함량이 훨씬 높았기 때문이다. 현지의 곡물 기반 비어의 알코올 수준은 2% 정도였고, 야자와인은 5%였다. 그러나 포르투갈산 수입 와인의 알코올 함량은 10% 이상이었을 가능성이 무척 높고, 현지에서 생산된 음료들보다 훨씬 더 독했을 것이다.

스피릿은 당연히 더 독했다. 18세기에 럼과 곡물 기반 스피릿이 아프리카의 지역들로 상당량 흘러들기 시작했고, 술과 화기(火器)는 선호되는 교환품목이 됐다. 곡물 기반 술 상당수는 유럽에서 런던 다음으로 큰 항구인 함부르크에서 비롯됐다. 일부 럼은 뉴잉글랜드에서 아프리카 서쪽 해안에 당도했고, 잉글랜드의 항구인 리버풀에는 아프리카로 수출할 진을 생산할 증류소들이 세워졌다.[5]

카나리아제도에서 상당량이 환적된 포르투갈산 와인은 16세기 중반부터 시작된, 앙골라(Angola)에서 브라질로 향하는 노예무역에서 중요한 역할을 수행했다. 원주민과 포르투갈인 노예 무리 사이의 난폭한 분쟁 때문에, 포르투갈 노예무역의 중심지인 루안다(Luanda, 앙골라의 수도-옮긴이) 총독은 시내 노예시장에 술을 운반하는 것을 금지시켰다. 그러나 와인은 그때에는 이미 가치 있는 교환수단으로 자리를 굳힌 상태였고, 일부 경우에는 노예를 구입하는 대가로 지불하는 주된 수단이었다. 네덜란드인들이 1640년대에 몇 년간 루안다를 점령하면서 와인의 중요성은 더욱 돋보였다. 그들은 와인 약 7만 리터를 발견했지만, 그 와인은 얼마 안 돼 소비되거나 교역으로 사라졌다. 네덜란드인들은 원주민 노예상인들이 와인을 대가로 지불하지 않으면 노예를 팔려고 들지 않는다는 것을 발견

했다. 그들은 어쩔 도리 없이 스페인에 와인을 주문해야 했다.[6]

네덜란드인들은 카리브해 지역에서도 활동하고 있었다. 카리브해의 소앤틸리스제도(Lesser Antilles)의 (그리고 남아메리카 근처 지역들의) 카리브인들은 카사바(cassava)나무 뿌리로 발효음료를 생산했다.[7] 오위코우(oüicou)와 페리노(perino) 같은 다양한 이름으로 불린 그 음료는 카리브 여자들에 의해 생산됐다. 여자들은 카사바 뿌리를 간 다음 물을 붓고는 걸쭉한 갈색 그레이비(gravy, 고기 육즙에 밀가루 등을 넣어 만든 소스-옮긴이) 같은 물질이 될 때까지 담가뒀다. 그러고서 물기를 뺀 축축한 가루를 케이크 형태로 뭉친 후 구웠다. 그 케이크를 씹은 여성들은 씹어서 생긴 액체를 그릇에 뱉었고, 거기서 그 액체는 알코올 수준이 비어와 비슷한 음료로 발효됐다.[8]

씹으면 침에 있는 효소가 카사바 뿌리에 든 녹말을 당분으로 변환시키고, 그 당분은 발효를 일으킨다. 유럽인들은 이 과정을 매혹적으로 여기는 동시에 혐오스럽게 여겼다. 카사바 뿌리가 인간의 소화 시스템과 만나면 청산가리를 만들어내므로 카사바 뿌리는 극도로 위험하다는 걸 잘 알았기에 특히 더 그랬다. 17세기 중반에 바베이도스(Barbados)에서 나온 어느 이야기는 이 음료를 이렇게 묘사했다. "카사바 뿌리로 만들었는데, 내가 말했듯 그 뿌리는 맹독이다; 그래서 그걸 씹어서 물에 뱉은 그들의 노부인들은 남은 이빨이 적다… 이 과즙은 서너 시간 후에 발효되면서 독성이 제거된다." 일부 유럽인은 그걸 마신 경험을 보고했다. 소수는 그게 "훌륭하고" "맛있다"고 봤다; 최소한 1명은 그 맛이 "불쾌한 약물"을 떠올리게 만들었다고 밝혔다.[9] 찰스 다윈은 티에라 델 푸에고(Tierra del Fuego)에서 행해지는 관행을 "역겹다"고 묘사했다.[10] 하지만 유럽인들은 카리브사람들이 고구마로 만든 알코올성 음료인 모비(mobbie, 또는 마비 mabi)는 전혀 꺼리지 않았고, 모비는 18세기까지 백인들 사이에서 인

기가 좋았다.[11]

스페인 정복자들이 중남미를 침공했을 때, 그들은 와인을 갖고 갔고, 보급도 꾸준히 받았다. 하지만 오래지 않아 그들은 형편없는 상태로 당도하는 일이 비일비재한 스페인의 보급품에서 독립하려고 포도나무를 심기 시작했다. 그런데 그들이 만난 원주민들은 손쉽게 입수 가능한 원료들로 만든 다양한 종류의 술을 이미 알고 있었다. 정복당하기 전의 마야 사회에서 공공의식에는 발체(balche) 음주가 동반됐다. 발체는 꿀과 나무껍질을 발효시켜 만든, 종교적인 이미지가 강한 음료였다. 알코올 함량이 낮아서 누군가 그걸 마시고 취하려면 상당한 양을 마셔야 했다.[12] 하지만 공적인 자리에서 취하는 일이 일어났고, 그럴 경우에는 의례화된 폭력이 뒤따르는 경우가 잦았는데, 그런 폭력은 사회 질서를 교란하는 게 아니라 더 강화시켰다고 한다.[13]

안데스산맥의 많은 지역에서, 사람들은 (유카yucca와 다른 과일과 더불어) 옥수수로 만든 (치차chicha라고 불리는) 비어를 일상식단의 일부로 마셨는데, 스페인인들이 도착할 때까지 1,000년 이상 그랬을 가능성이 있다. 옥수수비어는 잉카(Inca)인의 식단의 일부로, 잉카인들도 치차를 망자에게 바치는 장례식 같은 제식이나 의식에 사용했다. 치차는 잉카제국 내부의 모든 공동체에서 여성에 의해 생산됐지만, 생산은 항상 중앙에서 통제했고, 국가는 도로와 운하, 건물 같은 대규모 공공 프로젝트에 고용된 사람들에게 치차를 배분하는 것을 관리했다. 스페인인들은 애초에는 치차를 적대시하며 생산을 금지시켰지만, 치차가 교환수단으로 잉카 경제에 깊숙이 자리하고 있었기에 조만간 이 초기 금주령을 폐기했다.[14]

스페인인들은 멕시코에서도 수천 년간 다양한 발효음료를 소비해온 사람들을 만났다. 가장 잘 알려진 음료는 풀케(pulque)로, (테킬라를 만드는데 사용되는 용설란하고는 품종이 다른) 용설란(agave, 또는 maguey) 수액을 발효시켜 만든 알코올 함량이 5% 가량 되는 희뿌연 음료다. 커다란 용설란은 하루에 수액 4리터에서 7리터를 만들면서 죽기 전까지 풀케를 1,000리터까지 생산할 수 있었다. 따라서 플랜테이션 한 곳에서 상당한 양의 풀케를 생산할 수 있었다. 풀케는 건강에 유익한 식품이었고(비타민 B$_1$이 풍부했다), 이질과 기타 질병의 발병을 줄이는 데 중요한 역할을 했을 것이다. 물 공급원이 오염됐을 때는 안전한 음료였고, 물 공급이 부족할 때는 수분의 출처이기도 했다.[15] 그렇더라도, 풀케는 생산하고 하루나 이틀 이내에 마셔야 했다. 빠르게 질이 나빠지면서 강하고 불쾌한 악취를 풍겼기 때문이다. 1552년에 어느 스페인인은 그 냄새가 개의 시체에서 나는 악취보다 더 심하다고 밝혔다.[16]

풀케는 멕시코인들이 먹는 일상식단의 일부가 아니었다; 하지만 종교 행사에 사용됐고, 멕시코의 풀케와 고대 중동과 중국의 와인의 문화적 활용 사이에는 유사점들이 있다. 멕시코 원주민에게는 와인의 신이 많았는데, 그 신들 모두는 오메토츠틀리(Ometochtli, 두 마리 토끼Two Rabbits)라는 통칭으로 알려져 있다. 풀케의 기원에 대한 왁스텍(Huaxtec, 아즈텍Aztec)의 설명에서는 어느 여성이 용설란의 수액을 활용하는 법을 발견한다. 바빌로니아와 다른 고대문화들이 와인의 발견에서 여성이 수행한 역할을 강조했던 것처럼 말이다. 최초의 풀케 잔치 이야기에서 참석자 모두는 누구도 취하는 일이 없도록 4잔만 제공받는다. 5잔을 받은 왁스텍 추장만 예외다. 성경에서 와인에 취한 후에 발가벗은 노아의 이야기와 비슷하게, 왁스텍의 지도자는 풀케에 너무 취한 나머지 옷을 벗었다고, 그래서 심기가 상한 다른 참석자들이 그를 처벌하기로 결정했다고 한다.[17]

스페인인들은 16세기에 라틴아메리카 곳곳에서, 특히 칠레와 페루에서 와인 생산을 확고히 자리 잡게 만드는 데 성공했지만, 멕시코에서 포도를 재배하는 데는 실패했다. 풀케는 중요한 알코올의 출처로 남았다;

아니, 단순히 생존하는 데서 그치지 않고 20세기 전반에 멕시코의 국민주로 알려지게 됐다. 그런데 식민지 초기의 스페인 당국은 풀케 생산이 늘고, 와인보다 훨씬 싼 풀케가 원주민뿐 아니라 가난한 스페인 정착민들이 자주 찾는 술이 되자 걱정이 깊어졌다. 당국에서는 순수한 화이트 풀케(pulque blanco)는 문제가 되지 않는다고 생각했다. 그러나 허브와 뿌리, 다른 첨가제가 혼합되면(pulque mezclado) 취기의 효과가 극대화되면서 환각을 유발한다고 말할 수도 있는 지경을 맴돌았다. 식민지 당국은 첨가제의 정체가 무엇인지 알아내려고 애썼지만, 오렌지껍질, 다양한 나무의 뿌리, 후추, 육류, 동물의 배설물을 포함한 걷잡을 수 없이 방대한 명단만 제출됐다.[18] 스페인인의 정착이 시작되고 10년밖에 안 된 일찍이 1529년에, 풀케를 다른 물질과 섞는 것을 금지하면서도 불순물을 섞지 않은 풀케는 생산과 판매, 소비가 자유롭다는 내용이 담긴 칙령들이 반포됐다. 16세기 말 무렵, 교회와 세속정부들은 풀케의 소비 증가에 불안감을 표명했고,[19] 스페인 총독은 1608년에 풀케에 대한 관할권을 원주민 지도자들에게 이양했다. 이 음료를 규제하려고 1648년에 심판관위원회(a commission of judges)가 설립됐다.[20]

풀케에 대한 용인은 식민지 정부가 풀케에 세금을 부과하는 것을 허용한 1650년의 결정에 의해, 그리고 얼마 안 있어 거기서 얻어진 세수가 상당하다는 깨달음에 의해 강화됐다: 1663년에 스페인에 제출된 보고서에 따르면, 풀케세를 연간 15만 페소까지 거둘 수 있었다. 재정수입에 대한 그런 전망은 풀케에 대한 새로운 평가로 이어졌다. 왕실 정부에 제출된 보고서는 풀케의 "건강에 유익하고 의학적인" 속성에 시선을 돌리면서, 사람들이 그걸 남용할 때에도 문제는 소비자에게 있지 술 자체에 있지는 않다고 밝혔다. 보고서는 과소비가 풀케를 불법화하는 근거일 경우, 와인도 금지해야 한다는 주장도 사리에 맞을 거라고 지적했다. 그럼에도 풀케가 원주민에게 끼치는 영향에 대한 우려가 일부 있었다. 그래서 보고서는 멕시코 총독에게 풀케가 그들을 "와인보다 더 취하게 만드는지" 여부와 풀케가 그들을 "노골적인 죄악과 하나님께 바치는 예배에 대한 다른 모욕"으로 이끄는지 여부를 물었다.[21]

풀케는 이 술이 가져오는 세수를 원한 스페인 정부와, 풀케리아스 (pulquerias, 풀케를 파는 가판대로, 대규모 술꾼을 끌어 모을 수 있는 곳)를 부도 덕과 범죄의 온상으로 간주한 멕시코의 스페인 총독 사이에서 쟁점으로 남았다. 식민지 당국은 1692년 6월에 멕시코시티의 왕궁과 다른 정부건 물들의 파괴로 이어진 폭력에 풀케가 땔감을 제공했다고 봤다. 그 폭동은 식량 부족에 대한 대중적인 불만을 반영한 것이었음에도 말이다. 스페인 총독은 멕시코시티에서 풀케를 소비하는 것을 즉시 금지시켰고, 열흘 후 에는 금지범위를 식민지 전체로 확대했다. 그런데 그로부터 2주 후, 뿌리 와 허브를 섞지 않은 풀케 블랑코에 한해 풀케가 다시 합법화됐다. 어느 사학자는 '우수하고 건강한' 풀케(순수한 풀케)와 '나쁘고 위험한' 풀케(혼 합 풀케)의 이중성과, 스페인 식민지 내의 민족공동체들이 섞이는 것을 방 지하려는 욕망 사이의 유사점에 눈길을 던졌다: 폭동 3주 후, 총독은 멕시 코시티를 처음에 설립된 방식대로 스페인 구역과 원주민 지역으로 분리 하자는 제안을 내놨다. 그러면서, 풀케를 섞는 데 따르는 위험은 민족공 동체를 섞는 데 따르는 위험의 메타포가 됐다.[22]

그런데 스페인인들이 아메리카를 처음 정복했을 때, 그들은 와인 생산 을 발전시키는 데 관심이 있었지 풀케에는 별 관심이 없었다. 스페인인들 이 남미의 서쪽 해안까지 제국을 확장한 16세기 초에, 와인은 인구의 전 계층에서 소비됐다. 무슬림 축출은 스페인의 포도 재배와 와인 생산을 복 원하는 길을 말끔하게 정리했고, 소비는 치솟았다. 스페인인 대다수는 날 마다 와인을 마시는 데 익숙했다. 그래서 그들이 아메리카에 정착했을 때 우선적으로 할 일 중 하나가 포도밭을 만드는 거였다는 것은 놀랄 일이 아니다. 1519년에, 왕실에서는 신세계로, 특히 음용에 적합한 물이 귀한 지역으로 향하는 모든 배에 포도나무의 가지와 뿌리를 실어 보내라고 명령했다.[23] 와인은 종교적인 용도로도 필요했고, 포도 재배는 라틴아메리카 도처에 있는 예수회(Jesuit)와 다른 전도시설들과도 밀접하게 결부됐다. 그렇기는 하지만, 당시 성찬식에서는 성직자만이 와인을 마셨다. 그래서 종교의식에 필요한 와인의 양은 대단히 적었다; 스페인이 아메리카에 세운 식민지에서 얼마 안 있어 생산하고 있던 와인의 방대한 양을 교회의 자체적인 필요량으로는 설명할 수 없었고, 따라서 와인은 분명 종교적인 품목이 아니라 엄청나게 세속적인 품목이었다.

와인을 스페인에서 신세계로 수송할 수도 있었지만―그리고 한동안 그렇게 했지만―그렇게 하는 것은 비용이 많이 들뿐더러 위험한 일이기도 했다. 와인은 불안정해서 대서양의 반대쪽에 나쁜 상태로 도착하는 일이 비일비재했기 때문이다. 그렇기는 해도, 스페인의 생산자들은 식민지를 그들의 와인을 보낼 잠재적인 수익성이 짭짤한 시장으로 봤다. 그래서 그들은 그곳의 와인 생산을 제한하려고 시도했다. 1595년에 스페인 생산자들의 압력을 받은 펠리페 2세(Felipe Ⅱ)가 아메리카의 식민지에서, 예수회 선교시설은 제외하고, 더 많은 포도나무를 심는 것을 금지시켰다. 그러나 그의 칙령은 대체로 무시됐다. 어쨌든 그때까지 스페인 정착민과 선교시설들은 지역 도처에 포도 재배 환경을 탄탄히 조성했기 때문이다. 라틴아메리카의 첫 포도나무가 1520년대 초에 멕시코에 심어졌고, 포도밭이 1540년 무렵에 페루에, 1540년대에 칠레에, 1550년대에 아르헨티나에, 1560년대에 볼리비아와 콜롬비아에 만들어졌다. 요약하자면, 스페인의 식민지화가 시작되고 50년 내에 포도 재배가 대륙의 상당 지역의 곳곳으로 (그리고 현재 고급 와인 생산으로 유명한 구체적인 많은 지역으로) 확장됐다. 이에 비하면, 메소포타미아에서 이집트로, 그런 후에 그리스로 이동하는 데 1천년이 걸린 포도 재배의 전파속도는 거북이걸음이나 다름 없었다.

교회는 많은 지역에서 포도 재배를 장려하는 데 선구적인 역할을 했고, 예수회와 아우구스티노회(Augustinian)가 포도밭으로 적합한 부지를 식별해내는 기술은 중요했다. 그런데 정부 당국이 와인 생산에 속세사람이 참여하는 것을 장려하기도 했다. 1524년에, 뉴스페인의 사령관 에르난 코르테스(Hernán Cortes)는 장차 멕시코시티가 될 지역의 정착민에게 포도나무를 심으라고 명령했다; 토지와 원주민 노동력을 보조받은 정착민은 누구나 그가 보유한 원주민 100명 당 최고급 포도나무 1,000그루를 심으라고 요구했다. 하지만 이 지역에서 와인을 생산하려는 시도는 수포로 돌아갔다. 기후가 적합하지 않았기 때문이다. 멕시코 북부는 문제가 달랐다. 1550년대 말 무렵, 현재의 텍사스 경계 근처에서 와인이 생산되고 있었다. 1597년에 펠리페 2세가 하사한 토지에 설립된 와이너리(winery, 와인 양조장—옮긴이) 1곳이 지금도 운영되고 있다. 태평양에서 가까운, 그리고 현재 멕시코의 주요 와인 생산 지역인 바하 캘리포니아(Baja California)의 첫 포도나무는 그보다 1세기 이상 지난 18세기 초에 심어졌다.

식민지 초기의 행정관들은 포도를 심은 지역을 유지하고 확장하는 데 몰두했다. 오래지 않아 페루가 라틴아메리카의 핵심적인 와인산지가 됐다. 포도나무는 1540년경에 처음 심어졌고, 1567년에 페루 남부를 방문한 어느 고위관리는 티티카카호(Lake Titicaca) 근처의 포도밭에 포도나무를 더 많이 심으라고 요구했다. 목표—정착민들이 스페인에서 수입한 와인에 대한 의존에서 해방되도록 현지의 와인 공급을 보장하는 것—는 조만간 실현됐다. 페루의 일부 강변계곡의 경작환경이 무척 좋아서, 첫 나무를 심은 지 불과 20년 후인 1560년대 무렵에는 포도밭 면적이 4만헥타르에 달했다. 가장 중요한 지역 중 한 곳인 페루 남부의 모케과 밸리(Moquegua Valley)도 중요한 시장이 된 은광(銀鑛)공동체들과 가깝다는 지리적 이점의 수혜를 받았다.[24] 페루산 와인, 그리고 훗날의 페루산 브랜디는 현지시장에만 제공되는 데 그치지 않고 라틴아메리카의 다른 지역들과 교역하는 중요한 상품이 됐고, 그러면서 페루 경제의 발전에서 은(銀) 다음으로 중요한 상품이 됐다.[25]

페루의 와인 산업은 1500년대 말에 와인 수요가 늘면서 호황을 맞았고, 와이너리의 수도 급격히 늘었다. 어쩌면 너무 급격히 증가된 건지도 모른다. 17세기 초에 와인 공급과잉이 가격을 하락시켰기 때문이다. 일부 자연재해(1600년의 화산분출과 1604년의 지진)와 더불어, 가격 하락은 산업의 위축을 초래했다. 브랜디의 인기가 늘면서 포도 수요가 다시 솟구친 18세기에 다시 확장됐지만 말이다. 18세기 말 무렵, 포도나무를 심는 광란은 기름진 모케과 밸리에서 포도가 다른 작물들을 밀어내는 것으로 이어졌고, 주민들은 예전에는 길러서 먹던 콩과 옥수수, 밀, 감자를 사서 먹어야 했다. 그때까지만 해도 이 지역은 증류해서 수출용 브랜디로 만들 와인을 상당량 생산하고 있었다. 1786년에 700만 리터 가까운 와인이 이 용도로 생산됐다.[26]

1550년대에 라틴아메리카의 스페인 식민지 곳곳에서 포도나무 그루 수가 늘고 와인이 대량 생산된 것은 다음 세기 초에 북아메리카의 식민지화를 시작하던 영국인에게 영감을 주고 모델이 돼줬다. 북미의 기후와 다른 상황이 남미의 그것들과는 확연하게 다르다는 것을 인식하지 못했거나 그 중요성을 무시한 게 분명한 영국인들은 북미의 동부 해안지대에서 포도를 재배해서 와인과 브랜디 공급을 프랑스에 의존하는 관계에서 잉글랜드를 해방시키겠다는 계획을 세웠다. 영국인이 최초의 영구 정착지인 버지니아의 제임스타운(Jamestown)에 정착한 해인 1607년부터 2년간 포도나무를 기르려는 시도들이 있었다. 실패가 계속됐음에도, 주민들은 와인을 만들어야 한다는 압박을 꾸준히 받았다. 1619년에 각각의 세대주들은 1년에 10그루씩 포도나무를 심고 관리하며 포도 재배법을 배우라는 지시를 받았다. 결과는 분명 인상적이지 않았다. 3년 후에 각 세대가, 어명에 따라, 포도 재배법과 와인 양조법이 담긴 매뉴얼을 받았기 때문이다. 아메리카에 와본 적이 없는 프랑스인 저자는 토종 포도나무를 활용하라고 권했다; 그는 자기 조언을 따르는 사람들은 "버지니아에서 와인을 마시게 될 것"이라고 낙관적으로 밝혔다.[27]

　　1623년과 1624년에 버지니아에 포도나무를 심으라고 명령하는 후속 법률들이 공표됐지만, 1세기 전에 스페인인들이 멕시코시티의 정착민에게 포도나무를 재배하라고 시도했던 것처럼, 공식 정책은 기후와 다른 여건 때문에 실패했다. 유럽에서 버지니아로 수입한 포도나무들은 겨울의 한파나 익숙하지 않은 질병 때문에 죽었다. 한편, 토종 포도로 빚은 와인은 맛이 매력적이지 않아서 거부당했다. 몇몇 개인이 토종 포도로 빼어난 와인을 만들었다고 주장하면서, 식민지의 가능성을 보여주려는 의도로 1622년에 버지니아산 와인 몇 통을 런던에 보냈다. 하지만 와인은 운송 중에 상했고, 그러면서 와인 산지로서 식민지가 가진 전망에 도움보다는 해를 더 끼쳤을 것이다. 영국인들은 담배가 버지니아의 성공적인 작물이 됐을 때에야 거기서 와인을 만들려고 애쓰는 데서 흥미를 잃게 됐다.

　　와인 생산은 북미의 다른 정착민에게도 어려운 일로 판명됐다. 네덜란드 식민지 주민들은 1640년대에 뉴욕 인근에 포도밭을 만들었고, 스웨덴인 정착민들은 델라웨어강(the Delaware River) 강변에 똑같은 일을 했으며, 독일인들은 펜실베이니아에서 와인용 포도를 재배하려고 애썼다.[28] 펜실베이니아라는 주 이름의 유래가 된 윌리엄 펜(William Penn)은 1680년대에 포도 재배를 열렬히 지지하면서 그의 땅이 조만간 "동일한 위도에 있는 유럽 나라들이 생산하는 것처럼 훌륭한 와인"을 생산하게 될 거라는 희망을 피력했다.[29] 그는 펜실베이니아 동부에 스페인산 포도나무와 프랑스산 포도나무를 심었지만, 와인이 성공했다는 기록은 하나도 없다. 반면에 펜이 수입상으로부터 프랑스산, 스페인산, 포르투갈산 와인을 구입했다는 기록들은 있다. 그 기록들은 그가 직접 관리한 포도밭의 성공 여부를 떠들썩하게 알려준다.

버지니아 정착민들은 결국 토종 옥수수로 비어를 양조하는 쪽으로 방향을 틀었지만, 네덜란드 이민자들은 뉴암스테르담(New Amsterdam) 식민지에서 일찍이 1613년에 아메리카 최초의 유럽 스타일 비어를 생산한 것으로 대체로 믿어진다. 17세기 동안 비어는 북미의 유럽인에게 주요한 술이 됐다. 와인─대다수 이민자들의 고국인 유럽 북부의 상류층의 술─생산이 도저히 극복되지 않는 난점을 가진 듯 보였기 때문이다. 영국인 이민자들인 청교도들이 메이플라워(Mayflower)호를 타고 플리머스만(Plymouth Bay)에 당도한 1621년에, 그들은 '사방에서 포도나무'를 봤다고 보고했다. 그것들은 당시 버지니아에서 먹을 만한 와인을 만드는 데 실패한 토종 포도였지만, 청교도들의 눈은 그 포도에 사로잡혔고, 의심의 여지없이 그들은 성찬식용으로 쓰고도 풍족하게 남을 와인의 공급을 상상했다.

청교도들은 사방에서 강과 개천도 봤지만, 잉글랜드에서 했던 경험 탓에 현지의 물을 마시는 것을 못 미더워했다. 플리머스 최초의 정착민들은 비어가 동나자 한동안 물을 마셔야만 했는데, 그건 그들이 마지못해, 최후의 수단으로 한 일이었다. 아이러니는, 정착민들이 발견한 것처럼, 그 물이 (영국의 대다수 물과 달리) 꽤나 안전한 식수였다는 것이다. 윌리엄 우드(William Wood)는 1635년에 이렇게 썼다. "세상에 이보다 좋은 물은 없을 것이다. 그런데도 나는 일부 사람들처럼 감히 좋은 비어보다 이 물을 좋아하지는 못하겠다. 하지만 누구라도 질 낮은 비어나 유장(乳漿: 젖에서 지방과 단백질을 빼고 남은 성분), 버터밀크(buttermilk)보다는 물을 선택할 것이다. 이 물을 마시는 이들은 비어를 마시는 사람처럼 건강하고 생기 넘치며 튼튼해질 것이다."[30] 매사추세츠에 거주하던 청교도들은 버지니아에 있는 동포들보다 운이 더 좋았던 것으로 보인다. 일찍이 1625년에, 버지니아의 물은 "정말로 짜다"고, "썰물 때면 끈적끈적하고 지저분한데, 그 물 때문에 우리 중 많은 사람이 건강을 잃었다"고 묘사됐다.[31] 버지니아의 많은 우물이 소금기로 오염됐을 뿐 아니라, 박테리아의 성장을 가능케 한 따뜻한 기후 탓에 1657년부터 59까지, 그리고 1680년대와 1690년대의 상당기간 동안 전염병이 돌았다.

물을 마시는 것은 당대 잉글랜드에서 나온 거의 모든 의학적 조언에 반하는 일이었지만, 많은 청교도가 물을, 아마도 주기적으로 마셨던 게 분명할 것이다. 하지만 그들은 문화적인 이유로, 그리고 아마도 미각(味覺)적인 이유로 술을, 특히 비어를 선호했다. 그들이 타고 온 배는 술을 상당량 싣고 있었다. 메이플라워호는 비어와 브랜디를 식량으로 싣고 있었다; 1628년에 당도한 탈보트(Talbot)호는 비어 45턴(약 1만 갤런)을 뭍에 내려놨고, 1630년에 보스턴에 청교도들을 내려준 아르벨라호는 와인과 비어, 브랜디 형태로 수천 갤런의 술을 가져왔다. 1630년대 동안 수가 급격하게 증가한, 매사추세츠로 간 이민자들은 보리와 홉 뿌리, 구리주전자—비어 생산의 기초 필수품—를 갖고 가라는 충고를 들었다. 같은 시기에, 호밀과 보리, 밀이 심어졌고, 1630년대 중반에는 많은 매사추세츠 주민이 비어를 자급자족하게 됐다.[32]

그보다 1, 2세기 전에 잉글랜드에서 그랬던 것처럼, 여성들이 주방에서 대부분의 양조를 해냈다. 1656년에 체서피크(Chesapeake) 지역의 여성들은 지나치게 게을러서 양조를 하지 못한다는 비난을 받았다: "일부 고장에서는 비어를 꾸준히 마시지만, 다른 고장에서는 물이나 우유, 물이나 음료 말고는 없다; 그런 고장은 정숙한 부인들(감히 그렇게 불러도 된다면)이 태만하고 게으른 곳이다; (카운티가 충분한 양을 제공하기 때문에) 몰트로 만들 옥수수가 부족하기 때문이 아니라 그들이 나태하고 부주의하기 때문이다."[33] 이런 점에서, 아메리카는 동시대 유럽에 비해 양조업조직의 초기 단계를 대표했다. 당시 유럽에서 여성들이 수행한 가내 양조의 상당 부분은 남성들이 수행하는 상업적 양조에 자리를 내줬다. 그런데 판매용 비어를 양조하려면 100파운드를 내고 면허를 딸 것—여성들이 지불하기에는 터무니없이 높은 고액—을 요구하는 1637년 법률은 아메리카 식민지의 양조업도 동일한 방향으로 나아갈 것임을 보여줬다. 추가된 규제들은 비어의 가격과 알코올 함량을 통제했다. 그 법률들은 효력이 없어 2년 이내에 폐기됐지만, 영국령 북미에서 이후로 이어질 술에 대한 복잡한 규제의 분위기를 설정했다.

매사추세츠의 양조업은 1637년도 법률이 폐기되고 한동안 규제를 받지 않았고, 나흘이나 닷새마다 일정량의 비어를 빚는 일은 가내 브루스터(여성 양조업자)의 손에 계속 맡겨졌다. 대다수는 비어를 빚는 가정 내에서 소비할 용도였지만, 일부는 판매되거나 생선과 맷돌 같은 이질적인 물품들과 교환됐다. 생산된 가정 내에서 소비되지 않은 비어는 공적인 자리에서, 잔치에서, 장례식에서, 건설 프로젝트의 완공식에서 소비되기도 했다. 비어의 영양가를 잘 아는 여성들은 임신 중이거나 출산했을 때 마시려고 비어를 구입했고, 노인들은 아플 때 마시려고 비어를 구입했다. 하지만 이 시기의 비어 양조는 대체로 불규칙적이었고 체계도 없었다; 비어는 그저 필요한 때 필요한 곳에서 만들어졌다.

청교도들은 비어를 건강에 좋은 음료로 받아들였다. 일반적으로 '청교도주의(Puritanism)'는 음주와 많은 섹슈얼리티 표현을 혐오한다는 이미지를 갖고 있다. 17세기 청교도들이 도박과 게임, 춤 같은 활동을 반대한 것은 맞지만, 그들은 영양 조달 목적의 적당한 음주는 염려하지 않았다; 알코올성 음료를 날마다 소비하는 것은 빵을 먹는 것만큼이나 용인되는 일이었다. 청교도들은 입수 가능한 다른 알코올성 음료들 가운데서 와인이 가진 특정한 문화적·종교적 가치를 인정했다; 하지만 와인은 대서양을 잘 횡단하지 못했고, 토종 포도로 와인을 빚으려는 간간이 있었던 시도들은 실패했다. 저명한 전도사인 인크리스 매더(Increase Mather)는 와인을 "하나님의 훌륭한 피조물"이라고 부르면서도 누구건 "자신에게 좋은 수준보다 1잔 더" 마시는 것은 안 된다고 경고했다.[34] 성공회를 받아들인 잉글랜드에서 도망 온 보트피플인 청교도들은 대개가 16세기 중반에 제네바에 엄격한 음주 관련법을 부과한 장 칼뱅의 추종자였다. 칼뱅은 적절한 음주는 인정했지만, 어떤 형태의 술이건 순전히 쾌락이라는 사교적인 행위 때문에 소비하게 되는 지점에, 즉 마시는 이가 선을 넘으면 주취상태에 빠질지도 모르는 곳에 선을 그었다.

주취 하나만으로도 충분한 죄였다. 그런데 주취가 신성모독과 부도덕, 폭력을 야기하면 문제는 더 심각했다. 이건 모든 기독교 교파에 공통된 주류(主流) 입장이었고, 17세기 동안 아메리카의 영국 식민지 도처에서 시행된 술 관련 정책들을 잘 보여준다. 그런데 매사추세츠의 청교도 리더들만큼 법을 강력하게 집행한 당국은 없었다. 그들은 가톨릭과 잉글랜드의 성공회교회들이 하나님의 법률을 집행하는 데 해이했으며, 도덕과 사회 질서를 약화시키려고 술을 허용했다고 믿었다. 그들은 매사추세츠에서 동일한 일이 벌어지는 것을 막기로 결심했다. 17세기 내내, 그들은 술의 과소비에 맞서 지속적인 전투를 벌였다.

그들이 세운 규제 중 다수는 술 제공자에게 초점을 맞췄다: 태번, 인,

에일하우스의 미국식 버전으로, 가정집의 방 한 곳에서 이웃들이 그 집 식구의 서빙을 받으며 그 집에서 빚은 비어를 마실 수 있는 '오디너리 (ordinary)'. 아마도 집주인에게 부수입 정도만 제공했을 오디너리 대다수 는 수수하고 검소했지만, 소수의 오디너리는 식탁보, 쿠션이 딸린 의자, 양초 같은 호사를 제공했다. 매사추세츠의 에식스 카운티(Essex County) 에서 작성된 어느 부분적인 회계장부는 새뮤얼 베넷(Samuel Bennett)이 1657년 6월부터 1658년 9월 사이에 토머스 클라크(Thomas Clark)의 오디 너리에서 19번 술을 마셨고, 각각의 방문 때마다 비어 3쿼트(quart)를 (쿼 트 당 2펜스에) 마셨다는 것을 보여준다. 3주에 1번씩 방문하는 것으로 단 골손님이 될 수는 없었다. 그가 15개월 동안 소비한 총액 9실링 6펜스가 토머스 클라크를 부자로 만들어주지도 못했다. 식민지에 있던 다른 대중 술집—인과 태번—들은 제공하는 서비스가 다양했다. 일부는 식사를 제 공했고, 일부는 숙소를 제공했으며, 집행된 면허 관련 법률에 따라 비어 와 와인, 사이다, 스피릿을 제공했다.

이곳들 모두 어느 정도 규제를 받았다. 1630년대에 법률들은 주인이 식사와 비어에 청구할 수 있는 액수, 손님이 태번에 머물 수 있는 날수, 심 지어 손님이 태번이나 오디너리에서 술을 마실 수 있는 최대시간을 구체 적으로 정했다: "30분 마실지어다."[35] 일찍이 1637년에, 매사추세츠주 의 회는 음주시설에서 행해지는 행동들에 대한 공포를 표명했다: "제기된 많은 불만을 바탕으로 당 의회가 보기에, 하나님의 훌륭한 피조물 중 최 악인 취객 상당수가 귀중한 시간을 허비하고, 당 의회의 관할 지역 내에 있는 인과 식당에서 다른 무질서들이 빈번하게 자행되고 있다. 그리하여 하나님의 이름이 심하게 손상되고, 종교인들은 비난하며, 당 주(州)의 안 녕은 심하게 손상됐다."[36] 치안판사들이 내놓은 해결책은 모든 술의 가격 을 1쿼트에 1페니로 제한하는 것으로, 이 방책은 비어의 판매량을 효과적으로 제약했다. 순경들은 술 관련법을 위반한 것으로 의심되는 모든 행위를 조사하고 기소하라는 강한 권고를 받았다.

이 법들은 태번에서 술을 마시는 데만 집중했지만, 식민지의 음주 중 상당수는 술(특히 비어와 사이다, 더불어 스피릿)이 만들어지는 곳, 즉 가정에서 이뤄졌다. 1636년과 1654년에, 매사추세츠 법은 (외부인이 아닌) 가족 구성원만이 가내에서 빚은 술을 마셔도 된다고 구체화했고 과음을 금지했다. 1675년에 매사추세츠는 십일조 징수원(tithingman)―10세대나 12세대 당 1명―사무국을 설립했다. 징수원의 책임은 식민지의 가정에서 술 관련 법을 위반한 사례들을 신고하는 거였다.[37] 이 "맑은 정신에다 신중한" 남자들은 공개된 회합에서 임명됐기 때문에, 그들의 감시 아래 있는 사람들은 그들이 누구인지 잘 알았다. 따라서 그들의 존재 자체가 과음을 억지했을지는 모르지만 그들이 대단히 큰 효과를 거뒀을 성싶지는 않다.

매사추세츠 법률들은 비어 생산도 규제했다. 비어 양조는 일요일에는 금지됐다. 1651년에 비어 양조자들은 가격이 낮은 옥수수가 아니라 보리로 비어를 만들라는 요구를 받았다. 규제는 사용된 몰트의 양에 따라 비어의 가격을 규정했다; 몰트 함량이 높을수록 가격이 높았다. 1670년대에 더 엄격한 조치들이 뒤를 이어서, 알코올 수준이 더 높은 음료들을 폭넓게 입수할 수 있게 됐다. 1672년에 보스턴의 오디너리 중 4분의 3이 비어만 팔았지만, 1679년에는 모든 곳이 비어와 사이다를 팔았고, 3분의 2는 와인도 팔았으며, 절반이 스피릿을 팔았다. 리쿼 소매업자의 수도 꾸준히 늘어서, 오디너리의 수를 훨씬 상회했다. 알코올 입수 가능성이 확장된 데 따른 대응으로, 1680년의 매사추세츠 법은 각 도시마다 음주장소의 수를 제한했다. 인구가 4,500명인 보스턴에는 기존의 수보다 절반가량 줄어든 16곳(인 10곳과 와인 태번 6곳)만 할당됐고, "와인과 리쿼를 파는 소매상 8곳"이 더해졌다.[38] 다른 주요 도시들에는 2곳에서 6곳 정도로 술집이 허용됐고, 소규모 공동체에는 각기 1곳만 허용됐다. 이에 따른 결과 중 하나는 소규모 양조업의 감퇴, 그리고 오디너리와 연계된 소수의 대형 상업적 양조업자들의 발흥이었다.

매사추세츠는 용인되는 주량에 대한 가이드라인도 하달했다. 요즘의 많은 정부가 알코올 1일 최대 섭취량을 추천하는 것처럼 말이다. 1645년에 주 의회는 "한 사람이 1번에 허용된 0.5파인트가 넘은 와인을 마시면 과음"이고, "한가하게 앉아서 30분 이상 계속 술을 마시는" 사람은 누구건 벌금 2실링 6펜스를 부과하겠다고 선언했다.[39] 나중의 법률들은 "계절적으로 이상한 시간"이나 오후 9시 이후에 술을 마시는 데 벌금 5달러를 규정했고, 손님이 과음하거나 30분 이상 술을 마시거나 야심한 밤에 술을 마시는 것을 허용한 술 판매자에게도 벌금을 규정했다. 말할 나위도 없지만, 태번에서 도박과 게임, 춤은 금지됐다. 그에 따른 결과는 술의 생산과 판매, 소비를 둘러싼 복잡한 규제로, 이 모든 것은 매사추세츠의 지도자들이 종교와 도덕, 사회 질서에 너무 해롭다고 판단한 과음을 예방하려고 기획됐다.

주취에 대한 형벌은 몇 번이고 거듭 개정됐는데, 이는 사람들이 법률을 거의 준수하지 않았다는 것을 시사한다. 상습범을 처벌하는 형벌의 수위는 갈수록 높아졌다. 1670년대와 1680년대에 과음을 한 사람에게는 3실링 4펜스의 벌금이 부과됐고, 술에 취한 채로 발견된 사람에게는 10실링의 벌금이 부과됐다. 재범과 3범은 벌금이 각기 2배와 3배가 됐고, 벌금을 지불하지 못하는 사람은 누구나 "10대까지" 채찍을 맞았으며 3시간 동안 차꼬에 갇힐 수도 있었다. 과음이나 취하는 죄를 네 번째로 저지른 사람은 범죄자의 선한 행동을 보장하는 보증인 2명이 보석금을 낼 때까지 투옥됐다.[40]

아메리카의 초기 정착지에 과음에 대한 불안감이 있기는 했지만, 이곳에서 술을 마련하는 것은 분명히 우선순위가 높은 일이었다. 조지아 주가 설립된 1733년에 주가 새로 이주해온 정착민 각자에게 비어 44갤런을 제공했을 정도였다.[41] 1인당 하루 2쿼트는 (비어가 충분히 오랫동안 마셔도 될 만한 상태를 유지하기만 하면) 한 사람이 3달 가량을 마실 수 있는 양이었다. 3달은 각자 필요한 양을 마련하려고 양조를 시작하기에 충분한 시간이다. 식민지에서 비어 음주를 권장하겠다는 계획에서 비롯된 주지사의 후한 술 인심은 오히려 애초 의도를 한층 더 훼손하는 지경까지 몰아갔다. 정착민에게 럼의 원료인 당밀 65갤런도 제공했기 때문이다. 서둘러 당밀을 발효시켜 증류한 정착민들은 조지아의 기후에서 비어보다 훨씬 더 오래가는 훨씬 더 독한 술을 스스로 생산했다.

럼은 뭍에 오른 선원들이 단골로 찾은 유럽과 북미의 항구도시의 태번에서 인기가 높아졌다. 럼은 영국과 유럽의 내륙에 있는 인구 중심지에서 상당한 규모의 시장을 확보하지는 못했지만, 북미 곳곳에서는 대단히 인기 좋은 술이 됐다. 럼과 당밀, 그리고 설탕은 17세기 중반부터 카리브해에서 북미 식민지로 수출하는 핵심품목이 됐다. 당밀은 식품에 단맛을 내고, 아메리카 식민지 시장에 가까운 곳에 세운 증류소에서 럼을 생산하는 용도로 사용됐다. 카리브해 지역의 설탕 생산자들은 원료를 북미로 수출할 수 있어서 행복했다. 럼을 만들고 수송하는 데 따르는 비용과 리스크가 절감됐기 때문이다. 17세기 말 영국의 식민지에, 특히 매사추세츠와 로드아일랜드에 숱하게 많은 럼 증류소가 있었다.

미국인들이 옥수수로 위스키를 만들기 시작한 후로도, 럼은 선호되는 '독주(毒酒)'였고, 미국 독립전쟁이 카리브해에 있는 영국 식민지들과 하던 설탕교역을 방해하기 전까지는 비어의 주요 대안이었다. 이런 점에서, 북아메리카에 있는 유럽인(특히 영국인) 정착민들은 그들이 대서양 반대쪽에 남겨두고 온 것과는 다른 음주 패턴을 확립했다. 비어는 영국과 세계 곳곳에 폭넓게 확산된 식민지에서 가장 널리 소비된 술이었지만, 북아메리카에서는 스피릿—주로 럼—의 인지도가 훨씬 높았다. 원료를 구하기가 쉬웠고 술의 총 분량에서 알코올이 차지하는 비율이 높다는 점을 감안하면, 수송도 훨씬 쉬웠다. 점점 더 북아메리카의 내륙 깊은 곳으로 들어가는 외딴 공동체들로 육로수송을 할 필요가 있었을 때, 이 점은 진정한 이점이었다.

북아메리카의 유럽인 정착민들은 유럽의 술 소비 패턴하고만 결별한 게 아니었다; 그들은 대륙의 원주민에게 술을 소개하기도 했다. 유럽인이 당도하기 전에 북미원주민의 문화는, 자작나무껍질로 만든 비어에 대한 언급이 이따금 있기는 하지만, 심지어 제한된 의식용으로도 발효를 몰랐다는 게 일반적으로 합의된 주장이다. 예외라면 미국 남서부에 있는 몇몇 종족이 종교용으로 선인장과즙을 발효시켜 술을 만들었다는 것이다. 대륙의 다른 곳에는 카페인을 함유한 음료와 자극제 효과를 내는 음료들이 있었다. 술을 마셔서 이런 효과를 얻을 수 있음에도, 술이 안겨주는—의기양양함과 위험 감수를 포함한—일련의 특유한 효과들은 유럽인과 접촉하기 전에는 북미원주민에게 알려지지 않았다. 북미원주민에게는 알코올과 알코올로 만들 수 있는 술의 종류, 알코올이 낳는 감각적인 효과를 가리키는 말이 없었다. 그들의 언어에 그런 것들을 의미하는 새 단어들이 도입됐다.[42]

초기의 유럽인 탐험가들은 북미원주민에게 와인과 브랜디를 (그리고 식품과 화기와 기타 물품을) 여러 가지 이유로 건넸다. 때로는 인사용과 기증용으로, 때로는 물품 교역의 대가로, 때로는 다른 목적으로. 유럽인들은 북미원주민이 맨 정신이라면 절대로 합의하지 않았을 거래가 성사될 때까지 술을 권했다고 한다.[43] 17세기 초에, 영국인 탐험가 헨리 허드슨

(Henry Hudson)은 그가 조우한 사람들이 "음흉한 꿍꿍이를 감추고 있는지 알아보려고" 술을 제공했다. 아마도 술에 취한 그들이 허드슨 일행을 공격하려는 계획을 털어놓을 거라는 뜻일 것이다. 이 항해의 연대기 작성자는 원주민 중 한 명이 술에 취했을 때를 기록했다. "그건 그들에게는 낯선 경험이었다. 그걸 어떻게 받아들여야 할지 몰랐기 때문이다." 이 기록은 원주민에게 술이 알려져 있지 않았다는 믿음을 강화시켜 준다.[44]

유럽인과 북미원주민 사이에서 이뤄진 술 관련 거래는 17세기 전반부에 점점 더 보편화된 듯 보인다. 유럽인정착지가 북아메리카의 동부 해안과 내륙으로 확장됨에 따라, 그리고 현지에서 생산된 비어와 럼의 공급량이 더 풍부해짐에 따라, 원주민도 쉽게 술을 접하게 됐다. 1630년대에 오지에 있는 교역소에서 탐험가와 상인들이 술을 공급했는데, 결국에는 술과 비버가죽의 교환비율이 공식화되는 지경에 이르렀다. 메인(Maine)에서 스킨 4파운드는 브랜디와 향신료 7갤런과 교환할 수 있었고, 스킨 2파운드는 사냥꾼에게 미드 6갤런을 안겨줬다.[45] 원주민들은 유럽인의 정착지 복판에서도 술을 접했다. 일부는 집에서 비어를 빚은 여성들 같은 생산자에게서 직접 술을 구입했다; 일부는 유럽인을 위해 일한 대가로 술을 받았으며, 다른 이들은 이따금 마을의 태번에서 유럽인과 함께 술을 마셨다.[46]

식민지 당국은 갈수록 보편화되는 이런 거래들을 보면서 불안감을 느꼈다. 17세기 중반부터 식민지들이 북미원주민에게 술을 파는 것을 금지하는 법률들을 차례차례 실행했다. 뉴네덜란드의 네덜란드인들이 1643년에 그렇게 했고, 코네티컷이 1687년에 뒤를 따랐다.[47] 북미원주민이 술을 감당하지 못한다는, 그들은 심하게 취할 때까지 술을 마시고 때로는 단지 취하기 위해서 술을 마신다는, 그들의 주취는 사회 질서 문제를 초래한다는 보편화된 믿음이 있었다. 1684년에 어느 여성이 '북미원주민 여성'에게 술을 제공한 죄로 기소됐다. 자기변호에 나선 그녀는 남편이 바다에 있으며, 그녀는 어린 아이들을 부양하고 있다고, 그리고 "그 인디언은 제 수고의 대가로 6펜스를 주겠다며 저를 유혹했고, 저는 저 자신과 아이들을 먹여 살리려고 1페니를 기꺼이 받은 결과 이렇게 법정에 서게 됐다"고 항변했다.[48]

유럽인들이 이런 거래에서 얻은 이득이 무엇이건, 북미원주민들이 유럽인에게서 받은 술을 귀중품으로 여겼던 건 분명하다. 술은 그들이 먹는 일상식단의 일부가 아니었다. 인디언들은 식민지 아메리카에서 쉽게 구할 수 있는 음용수를 마셨고, 제례용으로는 다른 음료를 마셨기 때문이다. 남서부 곳곳에서, 북미원주민은 제례에서 '검은 음료(black drink)'를 마셨다. 그건 감탕나무(yaupon holly) 잎으로 만든 차로, 카페인과 테오브로민(theobromine)을 함유하고 있었다.[49] 인위적으로 유도된 구토나, 마신이가 단식 중에 소비한 음료의 과도한 양 때문에 초래된 구토가 제례의 일부였다. 술이 북미원주민 사회에 소개된 후, 술은 쾌락용으로만 소비되는 데서 그치지 않고 접대의식과 결혼, 의례용 춤, 애도의식에도 통합됐다.[50] 요약하자면, 북미원주민은 술을 유럽인들이 그랬던 것처럼 많은 다양한 목적에서 채택했다.

술이 초기 유럽인 정착민들의 일상식단의 일부였던 것은 맞지만, 적어도 식민지시대에 북아메리카에는 음용수로 적합한 물이 많았기 때문에, 그들이 술을 마신 건 더 이상은 오염된 물보다 안전해서 그런 게 아니었다는 점을 명심해야 한다. 유럽인들은 문화적인 이유에서 술을 마셨다: 술은 그들이 유럽에서 가져온 일상식단에, 상거래와 사교적인 관계에 깊이 박혀 있었고, 그들에게 쾌감을 줬다. 그러므로 기능적인 관점에서는 유럽인과 인디언 모두 술을 거의 동일한 목적에서 소비했다: 술은 개인들에게 쾌감을 줬고, 많은 종류의 문화적 교류를 기념했으며, 사회적·민족적 집단 내부와 집단들 사이에서 사교를 위한 위력적인 매개물이 될 수 있었다. 북동부의 북미원주민이 종교적 의미를 가진 몽환적이고 영적인 상태를 불러일으키는 능력 때문에 술을 사용했다는 주장도 있지만, 이 주장에는 이런저런 반론도 있다.[51] 두 인구집단이 보여주는 소비패턴의 주요한 차이점은 술이, 유럽인들 가운데에서 그랬던 것처럼, 북미원주민의 일상식단에 없어서는 안 될 요소가 아니었다는 것이다.

북미원주민이 술을 다양한 맥락에서 소비했음에도, 당시 유럽인들이 내놓은 그들의 음주 패턴에 대한 많은 이야기는 심각한 주취 에피소드와 술과 결부된 무질서와 폭력이 등장하는 에피소드에 초점을 맞췄다. 최소한 이로쿼이족(Iroquois) 가운데서는 주취를 정당한 변명거리로 여겨서, 가해자가 술에 취했다는 이유로 처벌받지 않은 범죄행위가 있었다는 증거가 일부 있다. 어느 사학자는 이로쿼이족 남자들이 쾌감을 위해서가 아니라 술에 취하기 위해 술을 마신다고, 그래서 그들은 취하기에 충분한 양의 술이 있어야만 술을 마시기 시작한다고 썼다. 그들은 일단 취하고 나면 기물을 부수고 서로를 폭행하고 죽이는 경우가 잦았다. 분명, 이로쿼이족은 이런 행위들을 적어도 문제가 있는 행위로 여겼다. 이로쿼이족 추장들이 상인과 경찰 당국에 자기 종족에게 술을 파는 것을 중단해달라고 요청했기 때문이다. 동시에, "이로쿼이족 사회는 가해자가 술에 취했을 경우 지독히도 참혹한 행동조차 기꺼이 용서해줬다."[52]

주취와 취중 폭력은 북미원주민이 유럽인과 접촉한 초기에 보여준 음주행동을 묘사할 때 거듭해서 다뤄진 주제였다. 1630년대에 세인트 로렌스 밸리(St. Lawrence Valley)에서 활동한 예수회 선교사 폴 르 쥔(Paul Le Jeune)은 이렇게 평했다. "야만인들은 늘 식충이였다. 그런데 유럽인들이 온 이후로는 술꾼이 됐다… 그들은 음주를 자제하지 못한다. 술에 취한 것을 자랑스럽게 여기고 남들을 취하게 만든다."[53] 뉴프랑스(New France,

퀘벡)에서 원주민들이 브랜디를 마시고는 "돼지같이 취해서" 서로서로 싸우고 식민지 주민들을 살해했다는 얘기가 있다. 1660년대 무렵에 퀘벡 주교는 현지 원주민에게 술을 공급하는 상인은 누구건 파문하라고 명했다.[54] 선교사들이 술과 관련해서 제기한 문제 중 하나가 술이 북미원주민을 기독교인으로 개종시키는 것을 더 어렵게 만든다는 거였다. 뉴프랑스의 어느 예수회 신부는 "여기서 주취가 엄청난 악행을 행했는데, 그 결과는 야만인들을 기독교와 완전히 떼어놓는 거였다"라고 썼다.[55]

술에 취한 원주민에 대한 이런 이야기들은, 술에 취하려고 드는 북미원주민의 선천적인 성향이 그들을 유럽인과 차별화한다는 함의와 함께, '술에 취한 인디언'의 이미지를 낳았고, 술기운이 정착민 사회에서보다 북미원주민 사이에 더 만연했다는 이미지도 생겼다. 일부 북미원주민이 술에 취하게 됐다는 데에는, 그리고 일부가 취했을 때 폭력적으로 변했다는 데에는 의심의 여지가 없다. 하지만 우리는 그 이야기들이 얼마나 믿을 만한지, 또는 정확한지 알 길이 없다. 두 눈으로 목격한 것을 묘사하려고 한 이야기였을 때에도 그렇다. 음주와 연관된 폭력이 얼마나 자주 일어났는지도 마찬가지다. 제시된 증거가 일화나 에피소드 성격을 갖는 걸 감안하면, 북미원주민의 행동을 측정하거나 계량하는 일은 당시 유럽인 중 어느 정도 규모가 주기적으로 만취할 때까지 심하게 술을 마셨는지를 계산하는 것만큼만 가능하다. 술이 몰고 온 아수라장과 살인에 대한 이야기 중 일부 또는 다수는 당시 유럽인이 품고 있던 상상력에 어울리게끔 재구성된 것일 수도 있다. 다른 지역의 원주민이 식인(食人)풍습을 갖고 있다는 이야기가 등장하는 많은 사례에서처럼 말이다.[56]

술을 마시는 북미원주민들이 일반적으로 폭음을 한다는 전제를 받아들인 일부 학자는 유전적인 설명을 제시했다. 북미원주민이 알코올을 처리하는 능력 면에서 유럽인과 다르다는 설명이다. 그런데 그런 차이점이 존재한다는 증거는 전무하고, 북미원주민들 사이에서 드러나는 음주 패턴의 편차는 그런 주장에 반론을 제기한다. 유럽인 인구 내부에서 폭음을 하는 이와 꾸준히 취해 있는 이들의 패턴이 그런 것처럼 말이다.[57] 일부 사학자는 문화적인 설명을 내놓았다: 일부 북미원주민이 그들에게 음료를 건넨 상인들로부터 폭음 행동을 배웠다. 물론 여기서 발동하는 다른 가정이 있다. 이 상인들 자신이 술고래로, 술에 절어 있었다는 가정이다. 아마도 그들은 대개 그랬을 것이다. 그들은 출신지 공동체의 감시의 눈길과 사회적 통제에서 멀리 떨어진 외딴 지역에서 일하는 성인 남성이었다. 18세기 중반에, 미시시피 밸리(Mississippi Valley)를 여행한 프랑스인 장 보쉬(Jean Bossu)는 "프랑스인들 사이에서조차 술에 취하는 행각을 바로잡기가 어렵다. 인디언들은 그들을 쉽게 흉내 내고, 백인들이 불같은 물(브랜디)을 마시는 법을 가르쳐줬다고 말한다"고 썼다.[58]

여기에 명심해야 할 또 다른 중요한 점이 있다: 유럽인들은 수천 년간 그들의 술 소비문화를 발전시켰다. 처음에, 술은 제한된 양만 입수 가능했다. 술 소비가 더 흔해지면서 음주를 다루는 규칙이 확립됐고, 과도한 음주의 결과가, 사람들이 늘 거기에 주의를 기울이지는 않았더라도, 세상에 알려지게 됐다. 일부는 규칙을 위반했고, 일부는 처벌받았다. 그와 반대로, 북미원주민은 유럽인이 럼과 다른 음료를 소개하기 전까지는 술을 마시는 전통이 없었고, 술을 수세기에 걸쳐 지속적으로, 단계적으로 공동체에 도입하지도 못했다. 모피 무역 덕에, 유럽인과 접촉하고 몇 십 년 내에 일부 원주민 주위에 술이 넘쳐 났다. 효과적인 공동체의 규제가 없는 사이, 유럽인 상인과 무역상이 그들의 모델이었건 아니건, 과도한 소비가 그들의 술 문화로 빠르게 자리 잡았을 것이다.

우리는 식민지의 유럽인 주민 사이에서 폭음과 주취가 전혀 드문 일이 아니었다는 걸 안다. 앞서 봤듯, 일찍이 1637년에 매사추세츠 주 의회는 널리 퍼진 주취에 재갈을 물리려는 행보들을 취했다. "과음한 탓에 혀짤배기소리를 하거나 말을 더듬거나 갈지자걸음을 걷는 사람, 과도한 음주 탓에 구토를 하는 사람, 소명을 따르지 못하는 사람"이 취한 사람으로 정의됐다.[59] "말투나 몸짓으로 볼 때 이해력을 제대로 활용하지 못하는" 사람도 그런 사람이었다.[60] 주취자로 유죄판결을 받은 식민지 주민은 때때로 채찍을 맞았다. 술에 취한 자는 짐승보다 나을 게 없으니 두들겨 맞는 짐승처럼 취급해야 한다는 논리에서였다.

꽤나 심각한 결과를 낳을 수 있었는데도, 주취는 현지에서 생산한 술이 수입된 술 물량에 덧붙여짐에 따라 식민지 초기에 늘어난 듯 보인다. 청교도 지도자 존 윈스롭(John Winthrop)은 젊은이들이 "뜨거운 물(스피릿)을 무절제하게 마시는 데 너무 몰두한다"고 밝혔다.[61] 일찍이 1622년에 버지니아 회사(the Virginia Company)는 식민지 총독에게 "버지니아의 이름이 들먹여지면서 퍼지는" 현지의 과도한 음주 뉴스에 대해 뭔가 조치를 취하라고 부탁했다.[62] 당국에서 주취사고를 줄이려고 온갖 노력을 다했음에도, 미국 식민지의 법정기록은 주취에 대한 기소로 가득하다. 젊은이와 단기 체류자가 특히 문제 많은 계층으로 자주 언급됐지만, 술 관련 범죄로 기소된 소비자 가운데서 어느 인구집단이 과도하게 부각됐는지 여부는 분명치 않다(인 주인과 다른 소매상들이 때때로―예를 들어, 주취를 허용하거나 폐점시간이 지난 후에 술을 제공했다는 이유로―기소됐지만 그 집단은 논의에서 제쳐놓았다).

원주민공동체와 유럽인공동체 사이에 주취의 빈도와 규모에 유의미한 차이가 있었는지 여부는 근본적인 의문으로 남는다. 원주민의 주취를 사방에서 볼 수 있었다는 유럽인 비평가들의 주장은 유럽에서 빈곤한 노동계급의 음주행동을 바라보는 중산층의 견해나, 다른 인구집단이 지나치게 마셔서 사회 질서를 교란시킨다는 많은 집단이 제기한 주장을 지나치게 빼박았다. 아메리카의 식민지 당국들은 두 공동체의 음주 문화 사이에 차이점이 있다고 생각한 게 분명하다. 각각의 공동체에 상이한 정책들을 채택했기 때문이다. 앞서 봤듯, 그들은 식민지주민들이 사는 도시에서는 술 유통을 규제하려고, 그렇게 해서 주민들이 술을 마실 장소들을 제한하려고 시도했다. 주민들이 마실 양을 제한하려는 게 목표였던 것은 분명하지만. 한편, 북미원주민을 겨냥한 정책들은 그들이 어떤 식으로건 술을 접하는 것을 막으려고 시도했다.

차이점은 각각의 인구집단이 가진 적당량을 마시는 능력을 당국이 어떻게 가정하느냐에 달려 있었을 것이다: 북미원주민의 경우에는 능력을 파악하는 게 불가능한 일이었지만, 식민지주민과 관련해서는 일반적으로 가능한 일이었다. 한편, 별도의 정책들이 더 실용적인 판단을 반영한 것인지도 모른다: 술이 여전히 신기한 물품이던 북미원주민에게는 술 공급을 차단하는 게 가능했지만, 술이 영양공급과 문화적 측면에서 필수품이던 유럽인에게 같은 일을 하는 것은 생각도 하지 못할 일이었다. 17세기에 (그리고 나중에) 북미원주민을 상대로 금주정책을 펴려고 애쓴 당국자들 자신이 술 소비자로, 그들이나 동료 주민에게서 그토록 주요한 품목을 앗아간다는 것은 생각도 못할 일이었다. 금주령은 그로부터 3세기 후에야 민족적인 관점이 아닌 보편적인 관점에서 의미를 갖게 됐다.

북미원주민과 유럽인, 술 사이의 복잡한 관계는 17세기에 시작됐다. 바로 그 시작부터, 유럽인들은 북미원주민에게 병적인 음주행동이라는 이미지를 덧씌웠고, 술에 저항하지 못하고 인사불성이 되거나 폭력을 휘두를 때까지 술을 마시는 '술에 취한 인디언'이라는 고정관념을 에피소드성 이야기로 퍼뜨렸다. 이건 20세기가 될 때까지 미국과 캐나다의 원주민들을 향한 정부의 정책들을 뒷받침한 끈질긴 선입견으로 판명됐다. 대다수 선입견처럼, 이 이미지도 무비판적으로 일반화됐다. 이 경우, 이 이미지는 북미원주민을 제각기 구분되지 않는 한 덩어리의 집단으로 취급한다. 지역마다, 인구집단마다 술에 대한 경험이 다양하다는 것을 인정하는 대신에 말이다. 앞으로 보게 될 내용처럼, 많은 북미원주민이 땅과 문화를 빼앗겼고, 가정과 사회적 네트워크를 강제로 포기해야 했으며, 유럽인의 종교를 억지로 채택해야 했다. 다른 사회와 계급에서 핍박 받는 사람들처럼, 일부 원주민 집단은 술과 다른 약물로 방향을 틀었다. 그러므로 술의 도입은 북미원주민이 경험한 광범위한 격변을 보여주는 양상 중하나였다. 유럽인과 접촉하면서 광범위한 격변을 겪은 것은 세계 다른 지역의 원주민들에게도 해당되는 말이지만, 이렇게 특별하고 끈질긴 음주 선입견을 뒤집어쓴 건 북미원주민뿐이었다.

8장

유럽과 아메리카, 1700~1800

술과 계몽, 혁명

의사이자 포도밭 투자자, 금주운동 옹호자, 미국 독립선언문 서명자인 벤자민 러시(Benjamin Rush)는 1797년에 미국의 술 역사에서 가장 유명한 문서에 속하는 문서를 출판했다: "도덕과 육체를 재는 온도계(A Moral and Physical Thermometer): 절주와 폭음의 발전규모-평상시 사회체제에 리쿼들이 끼치는 영향." '온도계'는 음료를 '절주(temperance)'를 발전시키는 음료와 '폭음(intemperance)'을 조장하는 음료, 두 부류로 구분하고는 각각을 마셨을 때 생길 거라 추정되는 효과들을 보여줬다. 러시는 절주 항목 아래에 물을 먼저 제시하고는, 물의 효과는 "건강과 부(富)"라고 적었다. 그 다음으로는 우유와 (함께 소비하는) 물과 '소량의 비어'가 나왔는데, 이들은 모두 "정신의 평온함, 명성, 장수와 행복"을 가져온다. 사이다와 페리(배를 기반으로 만든 사이다), 와인, 흑맥주, '독한 비어'가 뒤를 이었는데, 이 음료들은 "식사에 소량만 곁들여 마셨을 때에만 유쾌함, 튼튼함과 영양"을 가져온다.

이런 긍정적인 속성들은 러시가 폭음과 결부시킨 음료들로 방향을 틀면서 급격히 변한다. 가장 덜 해로운 펀치(punch, 술과 설탕, 우유, 레몬, 향료를 넣어 만드는 음료-옮긴이)는 게으름과 도박, 병환, 빚으로 이어지는 것으로 묘사된다. 다른 술 대부분은, 즉 "토디(toddy, 독한 술에 설탕과 뜨거운 물을 넣고 만든 술-옮긴이)와 에그 럼(egg rum)," "그로그(grog, 럼에 물을 탄 것-옮긴이)-브랜디와 물," "아침에 마시는 진과 브랜디, 럼 한 모금" 같은 것들은 말다툼과 싸움, 경마, 거짓말, 욕설, 위증, 절도, 살인 같은 악행들로, 아침의 손 떨림, 구토, 충혈된 눈, 다리의 따가움과 붓기, 절망감을 포함한 질병들로, 감옥과 멍든 눈, 해진 옷, 병원, 구빈원, 무기징역, 교수대를 포함한 결과들로 이어졌다.[1]

"도덕과 육체를 재는 온도계"는 좋은 술과 나쁜 술, 그리고 양자의 긍정적이고 부정적인 결과 사이를 그 어느 것보다도 확실하게 구분한, 눈을 사로잡는 생생한 묘사였다. 요즘 시각에서 보면 신기한 언어를 구사하는 것 같고 스피릿을 마시는 데 따르는 효과들이 일반화하기에는 약간 설득력이 없어 보이지만, 이 문서는 주취를 죄악과 범죄를 잇는 첫 연결고리로 바라보는 일이 잦았던 당시의 보편적인 관점을 반영했다. 17세기 말에 오언 스탁튼(Owen Stockton)은 『술고래들에게 보내는 경고(A warning to drunkards)』에서 주취를 "한 사람이 신성모독에서 살인에 이르기까지 많은 엄청나고 눈물겨운 죄악들을 저지르게 만드는 모든 악의 뿌리이자 모든 선(善)을 부패시키는 물질"이라고 묘사했다.[2] 병리적인 행동 대다수의 기원을 술에서 찾을 수 있다는 이런 관점은 20세기 들어서도 번창했고, 19세기에 등장한 금주령 정책들을 지지하는 목소리의 상당부분을 떠받쳤다.

그런데 러시는 흥미로운 개념들을 소개하면서 절주 술(사이다, 와인, 비어)과 폭음 술(스피릿) 사이의 구분을 중요시했다. 전자는 식사와 함께 소량을 소비하면 유익하고 건강에 좋은 것으로 묘사됐지만, 위스키나 럼을 적당히 즐기는 것은 전혀 허용되지 않았다. 대신, 러시는 사람들이 와인과 사이다, 비어는 적당히 즐길 수 있지만, 스피릿은 그렇게 즐길 수 없음을 내비쳤다. 러시가 명단으로 작성한 술이 가져온 결과—범죄와 그에 따른 형벌—들은 다른 이들이 주취 탓으로 돌렸던 것이다. 이 명단은 러시의 마음속에서, 술을 한 모금 마시는 것은 불가피하게 더 많은 양을 마시는 것으로 이어지고 결국에는 주취로 귀결된다는 것을 보여준다. '절주'와 '폭음'은 인간의 음주습관을 가리키는 것이지만(당시에는 이들 음료 모두에 알코올이 포함돼있다는 인식이 없었지만), 러시는 이 용어들을 술의 카테고리에 부여했다. 러시는 분명히 진과 브랜디, 럼, 다른 증류주를 본질적으로 중독성이 있는 술로 간주했다. 그런 술을 적당량만 마시는 것은 가능하지 않다는 관점에서 말이다. 다른 말로 하자면, 주취(그리고 나중에 '알코올 중독alcoholism'이라 불리게 될 것)의 원인은 소비자뿐 아니라 알코올성 음료 유형 자체의 본성에 있다고 본 것이다.

1740년대 중반에 태어난 벤자민 러시가 집필한 기간은 1790년대 말기다. 그는 18세기 중 상당기간의 사회적 풍경을 조망할 수 있었고, 우리는 술에 대한 그의 저작이 의사이자 공인(公人)으로서 겪은 체험에서 영향을 받았다고 가정할 수 있다. 분명, 그는 독립전쟁 전후 미국의 술 소비량과 소비 패턴을 염려했다. 하지만 당시 미국이나 다른 지역의 술 소비량이 어느 정도였는지 결정하기란 어렵다. 몇몇 시기(6장에서 논의했던, 잉글랜드 일부 도시에서 진을 마시던 시기 같은)를 제외하면, 18세기 동안 술 소비량이 늘었는지 줄었는지를 보여주는 제대로 된 증거는 없다. 주로 노동계급에 초점을 맞춘 시기인 이어지는 세기(9장에서 논의한다.)와 달리, 이 시기에는 술 소비를 사회 엘리트와 결부시키는 주제들이 다수 등장한다.

18세기에 포르투갈에서 생산된 두 유형의 강화와인(브랜디나 증류로 얻은 포도 스피릿을 첨가해서 알코올 수준을 높인 와인)이 영국과 미국 상류층 사이에서 인기를 얻었다. 하나는 포르투갈이 대서양에 보유한 섬이자 이 와인 산지의 이름을 딴 마데이라(madeira)였다. 지금은 일반적으로 셰리 스타일의 스위트와인인 마데이라는 사실상 18세기에 발명됐다. 마데이라는 18세기 초에는 별날 게 없고 가격도 비싸지 않은 식사용 와인(table wine)이었지만, 100년 내에 부유층만 구입할 형편이 되는 값비싼 강화음료가 됐다.

마데이라와인이 최초에 인기를 얻게 된 것은 맛 때문이 아니라 전략적인 이유에서였다. 마데이라섬은 유럽에서 아프리카와 인도, 카리브해, 북아메리카로 가는 대여섯 개의 대서양 항로를 항해하는 선박들의 인기 있는 기항지였다. 16세기 동안 많은 선박이 이 섬에서 빚은 와인이 든 통을 싣고는 했다. 대개는 화물로 실었지만, 항해 중에 선원들이 마실 용도로 싣기도 했다. 18세기 초가 되기 전까지 전형적인 마데이라와인은 흰 포도로 만들었고, 거기에 검은 포도의 즙을 첨가해서 와인에 핑크와 레드의 다양한 색조를 부여했다. 그런데 여름의 더위와 파도가 심한 바다에 노출된 와인은 상하는 일이 잦았다. 18세기 중반 무렵, 마데이라의 일부 와인 양조업자들이 증류로 얻은 포도 스피릿을 안정제로 와인에 첨가하기 (그 결과 와인을 강화하기) 시작했다. 그러던 중에, 이 강화와인 몇 통이 여전히 와인이 가득 찬 상태로 마데이라로 돌아왔다. 생산자들은 그 와인이 혹독한 항해를 견뎌냈을 뿐 아니라 항해 덕에 상태도 나아졌다는 것을 알게 됐다. 세기 중반부터, 일부 생산자가 와인을 배에 실어 대서양을 왕복시키거나 심지어 멀리 인도까지 왕복시킨 후에 팔기 시작했고, 빈하 다 로다(vinha da roda, 왕복여행으로 만든 와인)라는 레이블이 붙은 와인은 프리미엄 가격에 팔렸다. 결국, 생산자들은 와이너리 지붕 아래에 저장실이나 특별 온실을 만들고는 거기에서 마데이라를 열기 속에 숙성시켰다. 파도의 움직임을 모방하려고 술통들을 앞뒤로 굴렸는데, 나중에는 증기로 구동되는 기계가 사용됐다.

마데이라는 다양한 스타일로 시장에 나왔다. 각각의 스타일은 특정시장의 선호도에 맞게 주문에 따라 제조(customized)됐는데, 이는 다음 세기에 샴페인이 택한 마케팅 방식이었다. 마데이라와인은 때때로 카리브해의 플랜테이션 주인들에게 강화되지 않은 상태로, 붉은 포도액(발효되지 않은 주스)과 브랜디와 함께 수출됐다. 수령인이 각자의 기호대로 색과 맛을 내면서 강화할 수 있도록 말이다. 사우스캐롤라이나와 버지니아의 고객들은 드라이하고 심하게 강화된 화이트 마데이라를 선호했다; 필라델피아는 브랜디를 덜 넣은, 더 달고 황금빛 나는 마데이라를 찾았고, 뉴요커는 브랜디는 훨씬 적고 단맛은 더 많이 나는 불그스름한 빛깔을 원했다.[3]

마데이라는 인기를 얻으면서 부자의 술로 팔렸고, 특히 통에 담겨 숙성된 마데이라는 18세기의 호사품 중 하나가 됐다; 대략 1780년부터, 생산자들은 올드 와인(old wine, 10년산 이상)을 '지적인' 고객에게 특히 적합한 와인이라고 마케팅했다. 어느 역사가가 적은 대로, "오래된 와인일수록 마시는 이의 기품이 한층 더 깊어진다."[4] 호화로운 지위와 긴밀히 연결된 마데이라의 가격은 꾸준히 상승했다. 1710년대에 섬에서 5파운드 정도에 팔리던 수출용 마데이라 1파이프(약 435리터가 들어가는 통)의 가격은 1720년대에는 8파운드로, 1740년대에는 22파운드로, 1800년대 초에는 43파운드로 올랐다. 인플레이션을 고려하면, 마데이라 가격은 100년 사이에 3배가 됐다. 이 기간 동안 마데이라는 킹스턴(자메이카)과 보스턴, 런던시장에서 가장 싼 와인에서 가장 비싼 와인으로 탈바꿈했다.[5] 마데이라의 지위를 보여주는 표지 하나는 위조가 널리 퍼지고 있었다는 것이다. 일부 시장에는 마데이라와 비슷한 맛이 나도록 조작한 와인이 넘쳐났다.

마데이라는 영국과 대영제국 곳곳에서도 인기를 얻었지만, 가장 큰 성공을 거둔 곳은 북미와 카리브해로, 이 지역에서 마데이라는 부유한 식민지 주민이 선택하는 술이었다. 18세기 말에 바베이도스 설탕플랜테이션 주인의 아침식사에 오른 음료에 대한 설명은 이렇다. "차(茶) 한 그릇(dish), 커피 한 그릇, 클라레 다량, 혹(hock, 독일산 화이트와인-옮긴이)과 니거스(negus, 포도주와 설탕, 레몬을 넣은 음료-옮긴이) 다량, 마데이라, 생거리(sangaree, 포도주에 물을 타고 설탕 등을 가미한 음료-옮긴이)."[6] 마데이라의 위신이 어찌나 대단했던지, 마데이라는 1775년에 제1차 대륙회의(the First Continental Congress)의 활동을 위한 건배에, 그리고 1797년에 미 해군의 첫 호위함 중 하나인 콘스티튜션호(the Constitution)의 진수식에 사용됐다.

18세기에 마데이라의 뒤를 이어 인기를 얻은 또 다른 강화와인인 포르투(Port)도 포르투갈산이었지만, 산지는 포르투갈 본토였다. 포르투는 도우로 밸리산 레드와인을 수송하면서 와인을 안정시키려고 스피릿을 첨가한 17세기에 처음 만들어졌다. 하지만, 완성된 와인에 알코올을 섞은 게 아니라, 발효과정 중에 섞었다. 그렇게 하면서 알코올 수준을 이스트를 죽이는 수준까지, 그리고 발효가 끝나기 전에 발효를 중단시키는 수준까지 상승시켰다. 발효되지 않고 남은 당분 덕에 와인은 단맛이 났고, 첨가된 알코올은 알코올의 강도에 기여했으며, 그래서 현대의 포르투 대다수가 가진 특성이 생겨났다: 알코올 수준이 강화되지 않은 와인의 보편적인 수준보다 높은 달착지근한 레드와인.

18세기까지는 알코올 함량의 표준은 존재하지 않았다. 그러면서 시간이 흐르는 동안 와인에 첨가되는 스피릿의 양이 많아졌다. 18세기 초에 생산자들은 와인이 든 435리터들이 통에 브랜디를 10리터에서 15리터 부었지만(약 3%), 세기말이 되면서 그 양은 10%로, 그러고는 17%로 늘었다. 수치는 1820년에 22%로 안정됐다.[7] 테일러 플라드게이트(Taylor Fladgate) 같은 현대의 포르투 생산자들은 와인 435리터 통마다 알코올을 약 115리터 섞는다(전체 양의 26%). 18세기의 대다수 포르투는 오늘날보다 알코올 함량이 적었다(보통은 20%)는 의미다.

1703년에 영국과 포르투갈이 맺은 메수엔 조약(Methuen Treaty)은 프랑스와 영국이 전쟁을 벌이는 동안 줄어든 프랑스산 와인과 브랜디의 수입량을 보충하려고 수입 포르투에 낮은 수준의 관세를 매기는 것을 허용했다. 영국으로 흘러드는 포르투의 양이 급격히 늘었고, 1728년에―표준병 1,500만 병 이상에 해당하는―와인 1,160만 리터가 영국에 들어왔다. 수요는 공급문제를 야기했다. 포르투는 도우로 밸리의 한 지역에서 생산됐고, 그래서 생산할 수 있는 양이 제한적이었기 때문이다. 마데이라의 경우에 그랬듯, 도우로 밸리의 기업형 생산자들은 다른 지역에서 생산된 와인을 이용해서 포르투를 위조하기 시작했다. 그런 후에는 영국 시장이 기대하는 맛과 품질을 맞추기 위해 와인을 '개선(improve)'했다. 질 낮은 와인에 고급 와인을 섞고, 단맛을 위해 설탕과 더 많은 알코올을, 빛깔을 내려고 으깬 딱총나무열매(elderberry)를, 풍미를 강화하려고 계피와 후추, 생강 같은 향료를 첨가한 것이다.

영국 수입업자와 소비자들은 오래지 않아 이런 혼합물들을 발견하고는 건강에 위험하다고 비난했다. 수요는 빠르게 줄었고, 수입량은 1728년에 1,160만 리터이던 것이 1744년에는 870만 리터로, 1756년에는 540만 리터로 줄었다. 런던 시장에서 포르투의 가격이 폭락했다: 1730년대 말에 16파운드에 팔렸던 1통을 1756년에는 2파운드 조금 넘는 가격에 살 수 있었다. 재앙에 직면한 포르투갈 정부는 포르투 생산을 규제하려고 세계 최초의 포괄적인 와인법률 중 하나를 도입했다. 법은 포르투를 생산할 수 있는 곳으로 도우로 밸리의 한 지역을 구체적으로 지정했고, 그러면서 그 지역은 세계 최초로 공식적으로 지정된 와인 생산지가 됐다. 법은 와인 양조공정도 규제했다. 빛깔과 풍미를 더하려고 이 물질을 투입하는 것은 금지됐고, 정부는 그러려는 유혹을 미연에 방지하려고 도우로 지역의 모든 딱총나무수풀을 벌목했다.[8]

사기행각이 전혀 자행되지 않았다는 것을 보장하기란 불가능했지만, 이런 단호한 조치 덕에 영국 시장의 신뢰가 회복되면서 수입량과 가격이 반등했다. 1770년대에 해마다 1,600만에서 1,800만 리터 사이의 포르투가 영국에 들어왔고, 1799년의 수입량은 거의 6,000만 병에 해당하는 4,400만 리터에 달했다. 영국 인구가 900만 명 정도였으니까, 모든 남자와 여자, 아동이 포르투를 1년에 6병씩 마시기에 충분한 양이었다.

하지만 아동들은 포르투를 마시지 않았다. 문화적으로 포르투는 남성의 술로 인식됐지만(그래서 여성을 포르투 소비시장에서 제외시켰지만), 남성대다수는 포르투를 살 형편이 못됐다. 1년에 6병 넘게 마실 수 있었던 사람들은, 그리고 1주에 6병을 해치웠을 가능성도 있는 다수는, 1세기 동안 '3병 사나이(3-bottle men)'―앉은자리에서 포르투 3병을 마실 수 있는 사나이―로 알려졌다. 18세기 영국의 상류층 남성동아리는 요즘에 '폭음(binge-drinking)'으로 매도되는 행위를 탄복하며 바라봤고, 포르투를 다량 마시는 능력은 그 시대 남성성의 자질 중 하나였다. 평균 이상의 성취를 이뤄낸 일부―'6병 사나이'―에는 극작가 리처드 셰리던(Richard Sheridan)과 총리를 역임한 아들 윌리엄 피트(William Pitt the Younger)가 있었다. 옥스퍼드대학의 고전학자 존 포터(John Porter)는 앉은자리에서 포르투 13병을 마실 수 있었다고 한다. 그 앉은자리 자체가 그가 이룩한 업적의 일부일 것이다.[9]

포르투는 18세기 말에 영국 상류층 남자들 사이에 널리 퍼진 듯한 대량음주(heavy drinking) 문화를 뒷받침했다. 대량음주가 새로운 현상이라 기보다는, 음주가 엘리트층의 남성성과 결부돼가던 18세기에서 더 공개적으로 논의되던 지속적인 현상이었을 가능성도 있지만 말이다. 스코틀랜드 작가 제임스 보즈웰(James Boswell)의 음주경력은 잘 알려져 있다. 보즈웰이 유명한 『새뮤얼 존슨의 생애(Life of Samuel Johnson)』를 완성하지 못한 것은 "포르투와 다른 술에 탐닉하는 바람"에 장애가 생긴 탓일 가능성도 있다.[10] 엘리트 남성들이 대량음주와 너무도 가까운 관계여서, "귀족처럼 취했다(drunk as a lord)"는 표현이 말 그대로 설득력을 갖게 된 듯하다. 1770년에 〈신사의 잡지(the Gentleman's Magazine)〉는 어떤 남성이 취했다고 할 때 쓸 수 있는 표현방법 99가지를 리스트로 작성했는데, 고풍스러운 "아도니스(Adonis)의 영혼을 조금 마셨다"와 상스러운 "나를 발가벗겼다"가 거기에 포함됐다.

포르투는 신사들이 마시는 음료에 그치지 않았다. 신사들이 반드시 술에 취하려고 술을 마신 것도 아니었다. 옥스퍼드 크라이스트처치(Christ Church)의 주임사제 시릴 잭슨(Cyril Jackson)은 1799년에 와인 무역상에게 프랑스산 브랜디를 보내줘서 고맙다는 서신을 보냈다: "당신에게 고백하건대, 이건 내가 여태껏 마셨던 그 어떤 것보다 맛좋은 물건이군요. 그러니 성심을 다해 보관해놓고 아플 때만 마시도록 하겠소."[11] 잭슨은 풍미가 탁월한 술이 치유력도 좋다고 실제로 믿었던 듯하다. 그런데 그가 동시대의 많은 이들이 하는 방식대로 술을 마구 마셔댈 의도는 없다고 와인 무역상에게 확약할 필요성을 느꼈다는 건 흥미롭다.

잭슨은 18세기에 생산된 최고급 브랜디 중 하나를 즐기고 있었을 것이다. 브랜디는 18세기 초에 프랑스의 많은 지역에서 생산됐지만, 보르도 북부의 대서양 해안에서 가까운 샤랑트 지역이 급격히 인기를 얻기 시작했다. 18세기 초에 샤랑트로부터 해마다 수송된 브랜디의 양은 7,000

배럴에 못 미쳤다. 그런데 그 숫자는 1727년에 2만 7,000배럴로, 1780년에 5만 배럴로, 1791년에 8만 7,000배럴로 치솟았다. 1세기 동안 12배 늘었다. 마데이라와 비슷하게, 브랜디는 무일푼에서 벼락부자가 됐다. 브랜디는 처음에는 뱃사람과 군인, 빈자들이 구입할 수 있는 음료로 원래는 최저질 잉여 와인을 증류해서 얻은 술이었지만, 차츰 상류층에 어필하면서 브랜디의 위계를 정리한 명단이 등장하기까지 했다. 1720년대에 샤랑트의 코냑 지역에서 생산된 브랜디가 다른 지역에서 생산된 브랜디보다 25% 가량 더 팔리고 있었다.[12] 브랜디도 마데이라와 포르투가 밟은 길을 걸었다: 성공은 위조로 이어졌고, 1791년에 샤랑트의 생산자들은 산업을 규제하고, 특히 부유층 소비자들을 겨냥해 만든 고급 브랜디의 산지와 품질을 보증하기 위해 협회를 결성했다.

스코틀랜드의 위스키 증류업은 18세기에 급격히 인기를 얻은 또 다른 술 산업이었다. 하일랜즈(Highlands)의 작은 시골집에서 생산되던 위스키는 1780년대 이전까지는 저지대(Lowland)에 사실상 알려지지 않은 술이었다. 그런데 그 10년 사이, 대형 증류공장이 많이 건설됐다. 킬바지(Kilbagie)에 있는 증류공장 한 곳은 건설과 설비장착에 4만 파운드라는 거금이 들었고, 일꾼을 300명 고용했으며, 증류 후 남은 곡물찌꺼기를 먹일 소 7,000마리와 돼지 2,000마리를 길렀다.[13] 스코틀랜드산 위스키의 잉글랜드 수출량은 믿기 어려운 비율로 치솟았다. 1777년에 2,000갤런에 불과했던 게 1780년대 중반에는 40만 갤런 이상이 됐다. 위스키는 포르투처럼 과도한 음주와 자주 결부됐다.[14]

엘리트 남성들은 이 시기에도 역시 그들의 와인셀러를 뽐내기 시작했다. 페르네이(Ferney)에 있는 사유지에서 호화로운 만찬을 주최하기도 했던 볼테르(Voltaire)는 보졸레(beaujolais, 그가 애호한 술)와 부르고뉴(보졸레 통을 보충하는 데 사용했다), 말라가산 스페니시와인을 상당량 사들였다. 타바네스 공작(the Duke of Tavanes)의 셀러는 본(Beaune)과 메독(Medoc)산 와인 수백 병을 비축했다. 그는 키프로스와 헝가리산 와인도 갖고 있었다. 디종(Dijon) 고등법원(왕립법정)의 첫 원장은 자신의 고향을 무척 사랑했던 듯하다: 그가 가진 고급 와인 대부분은 샹베르탱(Chambertin)과 부조(Vougeot), 몽라셰(Montrachet) 같은 사유지에서 생산한 부르고뉴였다.

그들이 마신 와인은, 그들이 즐긴 브랜디가 그랬던 것처럼, 세기가 지나는 동안 품질이 나아졌을 가능성이 높다. 프랑스의 많은 지역에서 와인의 품질을 개선하는 데 대한 관심이 늘고 있었기 때문이다. 보르도아카데미와 (부르고뉴를 대표하는) 디종아카데미는 와인 양조기법을 다루는 논문 경연대회를 여러 차례 후원했다. 와인 생산자들은 그들이 사용하는 포도 품종에, 포도의 익은 정도에, 발효와 숙성과정에 더욱 더 관심을 쏟기 시작했다. 세기 중반 무렵, 오브리옹과 라피트(Lafite), 라투르(Latour), 마고(Margaux) 같은 보르도의 (아직 샤토châteaux로 알려지지는 않은) 사유지 중 일부의 와인이 이미 잘 알려져 있었고, 로마네(Romanée)와 몽라셰 같은 명망 높은 부르고뉴의 와인들은 최고가를 호령했다. 항상 그렇지만, 와인의 명성을 보여주는 좋은 가이드는 품질이 아니라 가격이다.

현대의 와인 양조업자들에게 잘 알려져 있는 많은 새로운 기법이 도입됐다. 최종 와인의 알코올 함량을 높이려고 포도액(must, 포도주스)이 발효하기 전에 설탕을 넣는 기법도 그중 하나였다. 현재 이 공정은 1801년에 출판한 저작에서 이 공정을 지지한 장-앙투안-클로드 샤프탈(Jean-Antoine-Cladue Chaptal, 화학자이자 훗날 나폴레옹 정부의 장관)의 이름을 딴 '챕탈리제이션(chaptalization)'으로 불린다. 그런데 포도액에 설탕을 넣는 것은 그보다 훨씬 전부터 실행됐다. 『백과사전(*Encyclopedia*)』(1765)에 실린 와인에 관한 논문이 설탕 사용을 권했고, 일련의 프랑스 과학자들은 발효과정을 가급적 빨리 시작하게 만드는 수단으로 설탕이나 꿀, 설탕

시럽을 첨가하라고 권했다. 화학자 피에르-조지프 마케르(Pierre-Joseph Macquer)는 1776년에 수확한 덜 익은 포도의 신맛 나는 주스에 설탕을 넣는 실험을 하고는 그게 그해에 수확한 포도로 빚은 다른 와인만큼이나 맛이 좋다고 발표했다: 이 실험에 지나치게 감상적인 부분은 전혀 없었고, 그 주스에 인위적으로 단맛을 냈다는 것을 보여주는 미각적인 증거도 전혀 없었다.[15]

하나같이 품질 개선을 겨냥한, 와인을 다룬 방대한 양의 연구에 다양한 분야의 과학자가 뛰어들었고, 연구결과는 나폴레옹 정부가 1803년에 프랑스 곳곳의 포도 재배자에게 배포한 책『샤프탈 방법에 따른 와인 생산법(*The Art of Making Wine according to the Method of Chaptal*)』에 요약됐다. (혁명 때문에 부진했던 프랑스의 경제와 수출을 자극하려는 시도의 일환이었다.) 책은 과학적인 연구뿐 아니라 포도 재배자들의 경험도 담고 있었다. 샤프탈이 주도적인 생산자들에게 설문지를 발송했었기 때문이다. 책은 토양 (보르도의 최상의 지역에서 발견되는 가볍고 통기성 좋은 토양의 이점을 지적하고 있다)과 기후, 와인 양조기법에 대한 당대의 지식을 요약했다. 18세기 동안 프랑스에서 이런 접근방식과 관행을 폭넓게 채택하고 있었다면, 일류 와인의 전반적인 품질은 꾸준히 개선됐을 게 확실하다.

말할 나위도 없지만, 품질개선은 프랑스 사회의 빈곤층이 소비하는 와인에까지는 확장되지 않았다. 어쨌든 그들 중 다수는 손에 넣을 수 있는 음용수는 뭐가 됐건 마시는 것 말고는 다른 대안이 없었다. 보졸레와 부르고뉴를 즐긴 볼테르는 그가 소유한 포도밭에서 포도를 재배하면서 하인들에게 집에서 빚은 와인을 제공했는데, 그는 이 와인을 "내가 가진 것 중에서는 질이 나쁜 와인이지만, 결코 건강에 유해하지 않다"고 묘사했다.[16] 하인들이 (볼테르가 불평했던 것처럼) 그의 좋은 와인을 틈틈이 훔쳤다는 건 조금도 놀랄 일이 아니다. 프랑스 인구의 3분의 1 이상을 차지한 빈민층이 소비한 와인은 묽고 풍미도 없으며 매우 시큼했을 게 분명하다. 1794년에, 파리 당국은 레스토랑과 바 68곳의 와인 샘플을 채취한 후, 불과 8곳의 와인만이 와인이라고 묘사해도 타당할 정도라고 발표했다. 프랑스혁명이 특별한 어려움과 곤란을 가져온 것은 사실이지만, 혁명 전에 유통되던 와인의 상당량도 마찬가지로 품질이 미심쩍었던 듯하다. 역사적으로 와인은 스타일과 (품질을 어떤 식으로 판단하건) 품질 수준이 다양했다. 하지만 18세기에 이뤄진 와인 양조법의 개선이 최상급 와인과 최하급 와인 사이의 격차를 과거 그 어느 때보다도 넓혔을 가능성이 크다.

18세기 동안 와인과 다른 알코올성 음료들의 문화적인 의미는 사회계급들 사이에서, 그리고 성별 사이에서 다양했을 것이다. 하지만 술은 폭넓은 인기를 누렸다. 감각적인 쾌감을 위해 소량을 음미하거나 즐겼건, 아니면 궁핍한 생활환경과 노동환경을 견디려는 마취제로 벌컥벌컥 들이켰건(이게 음주행동과 동기에 관해 존재하는 두 가지 선입견이다), 18세기 남성들은 특히 음주에 심취했고, 주취는 사회에 만연한 상태였던 듯 보인다. 앞서 봤듯, 남성끼리만 교제하는 클럽 같은 자리에서 마시는 대량음주와 술을 감당하는 능력은 상류층 남성의 남성성을 보여주는 표지였다. 닥터 존슨(Dr. Johnson)의 유명한 견해에 이 점이 잘 농축돼 있다. "클라레는 소년을 위한 리큐다; 포르투는 사나이를 위한 것이다; 그런데 영웅이 되기를 염원하는 이는… 브랜디를 마신다."[17] 브랜디를 얼마나 마셔야 영웅적인지에 대한 언급은 없지만, 한 모금이 그런 양이었을 성싶지는 않다. 안식일 위반과 신성모독, 절도에서 살인 같은 죄악을 포함한 일련의 행위의 발단에 무절제한 술 소비가 있다고 여긴 벤자민 러시 같은 많은 비평가가 이런 식의 태도에 우려를 표했다.

그런데 18세기 동안, 최소한 영국 내에서, 상류층 비평가들은 부자의 주취와 빈자의 주취를 구분하기 시작했다. 주취를 이렇게 계급 기준으로 구별하면서 주취를 죄악이자 부도덕한 범죄의 삶으로 내딛는 첫걸음이라고 무차별적으로 비난하던 기존 관점은 자취를 감추기 시작했다. 18세기 중반 무렵, 엘리트의 주취는 사회적인 결과를 전혀 낳지 않는 (따라서 사회와 법이 간과해도 괜찮은) 개인적인 악행으로 간주됐을 가능성이 높다. 반면, 빈곤한 노동계급(지독히도 가난하고 궁핍한 사람들은 취하기 위해 마시는 것은 고사하고, 술을 살 형편도 안 됐다)의 대량음주는 범죄와 사회적 무질서와 결부됐다.[18]

이 관점은 18세기 전반기를 휩쓴 이른바 진 광풍과 동시에 일어난, 주취의 법적 결과에 대한 격렬한 논쟁에서 도출됐다. 사람들을 술로 몰아넣을지도 모르는 상황을, 공감하는 사람은 거의 없었을지라도, 인정하는 사람은 일부 있었다. 네덜란드 철학자 버나드 맨더빌(Bernard Mandeville)은 "지나치게 고통스러운 근심들에 파묻힌, 먹을 것을 달라고 찡얼대는 자식새끼들과 혹독한 겨울의 서리, 지독히도 휑한 집안에 대한 그 모든 걱정스러운 고민을 가진" 가난에 시달리는 가여운 이를 언급했다. 당대의 다른 비평가 대다수처럼, 맨더빌은 빈곤층에 분명하게 초점을 맞췄다. 치안판사로서 일한 까닭에 런던의 범죄에 대한 특별한 시각을 얻게 된 작가 헨리 필딩(Henry Fielding)은 '쓰레기 같은 사람들'이 저지르는 범죄가 느는 것은 음주 때문이라고 봤다.[19]

많은 비평가가 널리 퍼져 있다고 쉽게 인정한 부자들 사이의 주취는 상이한 결과들을 가져오는 것으로 인식됐다: 빈자들이 지나치게 많이 마셨을 때 사회에 지장을 주는 반면, 따라서 당국이 개입하는 게 마땅한 반면, 술에 취한 부자들은 얼마나 개탄스러운 짓을 했건 사법권 너머의 다른 차원에 있는 도덕적인 허약함이라는 죄를 지었다. 여기서 직접 다루는 이슈는 범죄를 저질렀느냐 여부가 아니라—살인은 술에 취한 귀족이 저질렀건 술에 취한 노동자가 저질렀건 본질적으로 살인이었다—주취에 결부된 의미였다. 부자들의 폭음은 도덕적으로 무례한 짓일지는 모르지만, 그건 어디까지나 개인적인 문제였다. 빈자들의 폭음은 다음과 동일시할 수 있는 사회적 위협이었다: 술에 취한 남자들은 일과 가정에 대한 책임을 방치했고, (주취에 특히 취약한 것으로 여겨진) 여성들은 가정과 아이들을 방치했다. 이런 담론이 18세기 초기와 중반에 몰아친 진 광풍에 의해 여성과 아동을 강조하면서 등장했던 건 분명하다(6장을 보라).

범죄 문제도 중요했다. 법학자들은 술에 취한 사람이 범죄를 저질렀을 때 죄에 대한 책임이 어떤 의미를 갖는지에 대해 논쟁을 벌였다. 논쟁에서 중요하게 다뤄진 것은 주취가 사람에게서 이성을 앗아갈 수 있다는, 그래서 그 또는 그녀가 천성에서 벗어난 행동을 하도록 이끌 수 있다는 것을 받아들이는 것과, 아무리 술에 취한 사람이라도 그 또는 그녀의 행위에 대해 책임을 져야 마땅하다고 믿는 것 사이의 갈등이었다. 어떤 사람이 범죄를 저질렀을 때, 영국법에는 주취를 정상참작상황이라며 항변하는 것에 대한 공식적인 조항이 없었다. 그런데도 일부 피고는 자신들의 행동을 그런 식으로 변명하려고 애썼다. 사법 당국은 법정이 그런 항변을 기각해야 옳다는 데 일반적으로 동의했다: 매튜 헤일(Matthew Hale)은 피고가 "자발적으로 광기에 휘말리는 특권을 가져서는 안 된다"고 주장했고, 18세기의 위대한 법학자 윌리엄 블랙스톤(William Blackstone)은 그걸 "허약한 변명"이라고 불렀다. 존 로크(John Locke)는 판관이나 배심원단은 그 또는 그녀가 범죄를 저지르던 시점에 술에 취한 사람의 정신상태를 확인할 도리가 없기 때문에, 정신이상만이 책임에 관한 법(the rule of responsibility)의 유일한 예외일 수 있다고 주장했다.[20]

현실에서, 경감사유로 주취를 주장하려고 애쓴 피고는 드물었다. 1680년과 1750년 사이에 런던 중앙형사법원(올드 베일리the Old Bailey)에 선 피고 중 2% 미만만 그렇게 했고, 주취를 내세운 변호가 무죄선고나 감형을 받는 데 한몫을 한 재판은 몇 건 되지 않은 것으로 보인다.[21] 하지만 세월이 흐르면서, 일부 피고는 술이 그들의 정상적인 성격을 변화시키는 효과를 발휘했고, 그래서 악의적인 의도 없이 죄를 저질렀다고 주장했다. 태번에서 싸우다가 친구를 살해한 사건은 이런 종류의 항변의 주요한 사례다. 다른 피고들은 주취와 정신이상을 결합시켰다. 양의 시체를 훔친 죄로 기소된 엘리자베스 로울러(Elizabeth Lawler)는 "머릿속이 엉망진창이 되고 정신이 나간 데다 자신이 누구인지조차 몰랐다고 항변했다."[22]

1790년대에 프랑스에서 벌어진 일부 이혼사건의 피고들도 자신들이 술에 취했을 때는 책임이 줄어든다고 주장했다. 어느 피고는 법정에서 "아내를 학대했다는 것을 인정한다"고 말했다. "그는 아내의 행동에는 아무런 불만도 없지만, 아내에게 가한 학대와 거친 언사, 위협들은… 그가 취했을 때에 자주 벌어졌다."[23] 여성 고소인들은 남자들이 취해서 귀가해서는 그들을 폭행하는 일이 잦다고 항의했고, 많은 여성이 최악의 학대가 일어난 에피소드를 남자들이 온종일 술을 마실 수 있는 부활절과 성령강림절 같은 종교축제와 결부시켰다. 한편, 루앙(Rouen)의 어느 여성은 이혼법정에 "남편은 날마다 술에 취해있고, 그가 주취에서 얻는 이득은 아내를 학대하는 것"이라는 불만을 제기했다. 유부녀가 술에 취했다는 혐의를 받았을 때, 남편들은 그걸 폭력이 아니라 성적 부도덕함과 결부시켰다. 어느 여성은 "술에 취해 인상불성이 돼서는 일어날 수 있는 최악의 부도덕함에 몸을 내놓을 지경에 이르렀다"는 말을 들었다.

가정이 주취의 효과가 발휘되는 보편적인 장소인 반면, 군대는 술이 소비되는 고도로 계층화된 특별한 장소였다. 군대에서 주취는 부도덕함과 폭력, 범죄뿐 아니라 불복종, 기강해이, 효율저하라는 군대 특유의 문제로도 이어질 수 있었다. 영국 육군이 대량음주에 대한 특별한 우려를 제기한 것은 조금도 놀랄 일이 아니다. 영국 육군의 일반병사들은 군대에 납품하는 상인에게서나 태번에서, 심지어 자기들 사무실에서 원하는 만큼 많은 술에 언제든 접근할 수 있었고, 술을 살 형편도 됐다. 별도의 술—보통은 럼—이 전투 전에, 승전 후에, 왕족의 탄생이나 기념일 같은 특별한 경우에 제공됐다.[24] 공식적인 술 배급은 18세기 동안 늘어난 듯 보인다. 영국 육군이 미국 독립전쟁에서 싸울 무렵, 럼 배급은 더 이상 특별한 경우에만 국한되지 않았고, 일반적으로 하루에 1질(gill, 약 5온스), 또는 1달에 약 1갤런에 달했다. 하지만 불변의 철칙은 없었던 듯 보인다. 어느 장교는 부하들에게 하루에 럼 0.5파인트를 나눠준 듯 보인다.[25] 북미에서 리쿼로 럼을 선택한 것은 럼이 너무도 쌌기 때문이다. 다른 지역에서는 다른 음료들이 인기가 있었다: 영국에서는 (가격에 따라) 비어와 에일과 함께 위스키와 진이, 인도에서는 다양한 과일과 곡물을 증류하거나 코코넛꽃의 발효된 수액을 증류한, 비어보다 훨씬 더 저렴한 아라크 (arrack)가 인기였다.

그런데 영국 육군의 술 배급량은 항해중인 수병에게 공급된 양에 비하면 하찮은 수준이었다. 평균적인 1일 할당량은 와인 1파인트나 (물과 함께 제공된) 브랜디나 럼 0.5파인트, 단거리 항해에서는 비어 1갤런이었다. 보병에게 나눠준 양보다 많은 양이기는 했지만, 항해 중인 수병은 (별도의 술을 선상에 밀반입하기는 했지만) 추가 공급량을 구매할 기회가 없었고, 그들은 군함에 탑승한 장교들의 지속적인 감시 아래 있었다. 반면, 보병이 엄격한 감시를 받는 경우는 드물었다. 그들은 장기간 작전에 동원됐을 때에도 대부분의 시간을 요새나 주둔지에 배치됐는데, 거기서 그들이 막사에 거주하는 일은 드물었다. 헛간과 민간인 주택, 태번을 임시숙소로 정한 그들은 장교들의 날카로운 눈에서 멀리 떨어진 곳에서 원하는 만큼 마실 수 있었다.

18세기에 영국 육군이 행한 대량음주와 주취의 정도는 추측만 가능하다. 일반적으로 술은 무제한 공급됐고, 술에 접근하는 것을 가로막는 주된 제한요인은 비용이었다. 일반병사는 현금을 거의 받지 못했다. 그래서 그들은 절도로 술을 입수하거나 다른 보급품이나 개인사물을 (때로는 동료들과) 교환했다. 서인도제도에서 보병들은 배급으로 나온 묵은 럼을 엄청난 양의 새로 빚은 더 독한 럼과 교환했다.[26] 일부는 책임감 때문에 음주량을 줄였을지도 모르는데, 글을 읽을 줄 아는 보병은 18세기에 보병에게 널리 배포된 소책자 『군인의 감시(The Soldier's Monitor)』의 영향을 받았을지도 모른다. 성공회 소속 사회개혁가인 조시아 우드워드(Josiah Woodward)가 집필한 이 책은 병사들에게 술에 대한 흔한 경고를 가르쳤다. 우드워드는 무절제가 "용감한 병사들을 그의 천성에서 가장 위대하고 고상한 모든 것들로부터 완벽하게 떼어놓는다. 그렇게 해서 생긴 바로 그 유치한 인간의 힘은 그의 강인함을 능가하고, 그의 아둔함은 그가 가진 재량과 맞먹는다"고 썼다.[27]

영국 병사들이 심하게, 그리고 자주 술을 마신다는 보고서가 많다. 어느 외과의사의 친구는 1744년에 플랑드르 작전에 나선 병사들이 "진과 브랜디 등을 계속 마신 탓에 휘청거리며 브뤼헤에 도착했다"고 썼다. 영국군과 아일랜드군의 상대적인 주취 정도에 대한 논의가 일부 있었다. 캐슬레이 경(Lord Castlereagh)은 영국인이 위스키를 더 과음했다고 생각한 반면, 어느 육군 외과의는 폭음의 결과로 다리에 생긴 궤양에 시달리는 아일랜드 병사가 영국군보다 훨씬 더 많은 것 같다고 지적했다.[28]

병사들이 폭음을 한 결과는 건강과 도덕, 범죄, 군의 효율성 같은 여러 이슈에 걸쳐 있었다. 군의관들은 술 남용의 신체적인 위험에 대해 경고했고, 심하게는 (군 배급품의 일부인 묵은 럼과 구별되는) 새로 빚은 럼이 치명적일 수 있다고도 경고했다. 새로 빚은 럼은 상당량이 납에 오염돼 있었기에 치명적일 수도 있었다. 어느 장교는 1762년에 마르티니크

(Martinique)에서 이런 보고서를 제출했다: "여기 도착했을 때 병사들이 심하게 앓고 다수가 죽었다는 것을 알게 됐습니다. 환자명단은 날마다 늘었는데, 주로 그들이 뭍에서 받은 질 나쁜 럼 때문이었습니다."[29] 비슷한 정도로 염려스러운 것은 술의 영향 아래 규율이 무너지는 거였다. 울프 장군(General Wolfe)은 1758년에 이렇게 밝혔다. "지나치게 많은 럼은 군대의 규율에 반드시 영향을 끼친다. 우리는 그게 매순간 부정적인 결과들을 낳고 있음을 보여주는 두드러진 증거를 갖고 있다. 부사관들은 술에 취한 채로 근무하고, 두 보초병은 술에 취한 채로 초소에 가며, 나머지는 진창 속을 기어 다니고 있다."[30]

술은 18세기의 모든 군대에 난제를 제시한 것으로 보인다. 캐나다의 케이프브레턴섬(Cape Breton Island)에 있는 루이스버그 요새(the Fortress of Louisbourg)의 처음 몇 년간, 거기 주둔한 병사들은 와인과 브랜디를 무제한 공급받았다. 하지만 만연한 질병, 군 규율과 관련한 문제들, 총독이 제출한 "인(inn) 주인들이 식민지를 완전히 망치고 있다"는 1717년 보고서 때문에 당국에서는 술 정책을 재고하게 됐다.[31] 식민지시기가 끝나기 전인 1750년대에 병사들을 술에서 떼어놓으려는 지속적인 시도들이 있었다. 일부 규제는 평일에 병사에게 술을 파는 것을 금지했다; 다른 규제들은 식민지에서 술을 마시는 장소의 수를 제한했고, 보병과 수병들이 군복을 술과 바꾸는 것을 금지한 것 같은 다른 규제들은 군대 자체를 겨냥했다.

병사들의 주취를 억제하려고 채택된 종합적인 정책은 없었지만, 개별 지휘관들은 현지에 어울리는 다양한 해결책을 채택했다. 일부는 스피릿의 구입 가능성을 완전히 제한하려고 애썼고, 일부는 초병근무를 서는 동안 술을 마시는 것만 금지시켰다. 다른 장교들은 더욱 엄격한 정책을 채택하면서 병사들이 군에서 지급하는 보급품 이외의 다른 스피릿에 접근하는 것을 막으려고 시도했다. 병사들을 막사에 고립시켜야만 효과적으로 실행됐지만 말이다. 1759년에 퀘벡에 주둔한 영국군 사령관은 군대에 리쿼를 팔아도 좋다는 면허를 모두 취소시키고는 술에 취한 모습으로 발견된 병사는 술의 출처를 밝힐 때까지 하루에 20회씩 채찍을 때리리라고 명령했다. 더불어, 그의 럼 배급도 6주간 중단됐다. 영국 육군에서는 주취 하나만으로도, 불복종이나 다른 부정행위로 상황이 악화되지 않았을 때에도, 처벌이 가능했다. 형벌은 대체로 추가근무나 훈련이었지만, 주취 동안 저지른 규율위반이나 범죄행위에는 더 심각한 결과가 따랐다. 이런 종류의 사건들은 군대가 아메리카에 주둔했을 때 더 보편적이었던 듯하다. 거기서는 가격이 저렴한 럼을 쉽게 구할 수 있었기 때문이다.

이런 방침들은 거의 전적으로 스피릿을, 주로 럼과 진, 브랜디를 겨냥했다. 비어와 에일에는 거의 관심을 쏟지 않았고, 와인에 대한 관심은 더 적었다. 이것들 모두 충분한 양을 소비하면 주취로 이어지는 데도 말이다. 군이 리쿼를 보급품으로 공급하는 것을 대체로 반대하면서 와인이 특유한 치유적 특징을 갖고 있다는 의학적 통설에도 의문을 제기한 의무장교 존 벨(John Bell)도 와인과 비어를 일상음료로 삼는 것에는 상대적으로 긍정적이었다. 그는 와인은 일반적으로 건강을 증진하는 속성들을 갖기 때문에 군에 정기적으로 주어야 옳고, 비어는 "기운이 나게 하고 소독성분이 있으며 유익한 음료로… 대단히 영양이 풍부하다"고 생각했다. 리쿼의 경우, 벨은 감기에 걸렸거나 피로한 병사에게는 줄 수도 있다고 허용했지만 다른 이에게 그래서는 안 된다고 밝혔다.[32]

병사들은 비어로, 또는 물로 수분을 섭취해야 했다(스피릿만으로는 필요한 수분을 섭취할 수가 없었다). 영국 육군의 주취에 대한 모든 언급이 비어를 심하게 마셔서가 아니라 리쿼를 마신 데에서 비롯됐다고 가정한다는 것은 주목할 가치가 있다. 그런데, 18세기 병사들이 사학자들이 일반적으로 생각하는 것보다 물을 더 많이 마셨다고 보는 것도 가능하다. 서인도 제도의 의무장교였던 헥터 맥클린(Hector McLean)은 장교들은 일반적인 건강을 위해 적정량의 와인을 마시는 게 좋다고 충고하면서도, 고된 작업을 한 병사에게는 물이나 레모네이드만 허용해야 옳다고 권했다.[33] 1780년에 찰스턴(Charleston)에 주둔한 왕실포병대(the Royal Artillery)의 사령관은 럼 배급을 받지 못했다고 불만을 제기하는 일부 병사들의 진정서를 받았다. 그들은 럼은 "저희가 겸허히 생각하건데 이런 무더운 날씨에 노동하는 사람들의 건강에 필수적인 품목"이라고 썼다. "… 저희가 아침 6시부터 저녁 6시까지, 이 고장에서는 특히 질이 좋지 않은 물만 마시면서 고된 일을 할 수 있을 거라고는 생각할 수 없습니다."[34] 순수한 물만 마실 때까지 점차 희석시킨 리쿼를 주는 것으로 습관적인 주취를 보이는 몇몇 사람을 치료한 저명한 의사의 보고서도 있다.[35]

여러 정부가 시민들에게 음용수를 정기적으로 공급할 시스템의 건설을 시작하기 수십 년 전에, 벤자민 러시는 "도덕과 육체를 재는 온도계"에서 물을 마시라고 권했다. 그런데 러시는 다른 곳에서는 무더운 환경에서 차가운 물을 마시거나 지나치게 많은 물을 마시는 것을 조심하라고 경고했다. 그는 "필라델피아의 여름 치고 많은 사람이 차가운 물을 마시는 데 따른 결과로 생긴 사건이 일어나지 않은 적이 드물다. 일부 계절에는 이런 이유로 하루에도 네다섯 명이 돌연사한다"고 밝혔다. 이런 사망사건들은 "공동체에서 노동하는 계층"에서 흔하게 발생했다. 공공펌프에서 물을 마시는 사람들이자, "지나치게 참을성이 없거나 지나치게 무식해서 물을 마시는 데 따르는 병적이거나 치명적인 결과를 예방하는 데 필요한 예방책을 활용하지 못하는 사람들"이었다.[36] 대단히 차가운 물이 따뜻한 신체에 끼치는 영향은 흐릿해지는 시야, 비틀거림과 쓰러짐, 호흡 곤란, 목구멍에서 나는 괴성, 사지가 차가워지는 증상을 야기한다고 러시는 썼다. 4, 5분 안에 죽음이 뒤따를 수도 있었다. 덜 심각한 경우, 따뜻한 상태에서 대단히 찬 물을 마신 사람은 흉부와 복부 경련에 시달릴 수도 있었다.

그런데 러시의 관점에서, 문제는 물 자체가 아니라 수온과 소비자의 체온, 소비하는 물의 양이었다. 그는 동일한 상황에서 펀치나 비어를 마실 때도 동일한 문제가 생길 수 있다고 지적했다. 러시가 언급한 '예방책'은 냉수가 주는 충격을 완화시키는 거였다. 잔이나 사발로 물을 마실 경우, 마시는 사람은 물이 데워질 때까지 한동안 그릇을 두 손으로 감싸야 한다. 개천이나 펌프에서 직접 물을 마실 경우, 물을 마시기 전에 신체가 수온에 익숙해지도록 차가운 물을 두 손과 얼굴에 끼얹어야 한다.[37] 그런데 러시는, 그와 동시대를 산 사람들 다수와 달리, 물을 마시는 것을 반대하는 조언을 아무 데서도 하지 않았다.

물은 수분을 섭취하는 효과적인 방법이었지만, 술은 문화적으로 깊이 뿌리 박혀 있었고, 민간인에게서 술을 빼앗듯 병사들에게서 술을 빼앗기는 어려웠다. 1791년에 자메이카에 주둔한 육군 외과의사는 럼을 하루만 주지 않으면 "부하들 사이에서 불만이 즉시 모습을 드러내기 시작할 것이다. 그보다 더 오래 주지 않으면 불만은 때때로 폭동상태에 이를 정도까지 치솟을 것이고 탈영은 악명 높은 수준에 달할 것이다"라고 밝혔다.[38] 실제로, 일부 장교가 간간히 시도한 것 말고는 병사들에게서 리쿼를 빼앗는 데 관심을 갖는 사람은 거의 없었다. 음주 문화는 장교들 사이에도 부하들 못지않게 뿌리내려 있었고, 그들은 술이 의학적인 특성을 갖고 있고 무덥고 추운 날씨와 병사들이 힘든 상황에 처했을 때 이점을 보인다고 믿었다.

음주 때문에 과업을 수행하는 데 실패하거나 복종하지 않는 병사들은 이런저런 처분을 당했지만, 음주 자체는 —심지어 대량음주도— 별다른 대안이 없었기 때문에 폭넓게 용인됐다. 이런 관점에서 보면, 군은 민간 사회와 비슷하지 않았다. 18세기 중반 무렵, 상류층은 노동빈곤층의 리쿼 음주라는 단순한 행위에 도덕적으로 문제가 있다고 결정했다. 군대의 위계에서, 장교들은 부하들의 음주를 받아들이면서 음주가 군의 규율과 효율을 저해하는 행동으로 이어질 때에만 조치를 취하는 편이었다.

18세기에 일어난 두 개의 거대한 혁명은 술에 사뭇 다른 영향을 끼쳤지만, 미국과 프랑스의 두 경우 모두에서 과세제도는 혁명을 매개하는 영향력을 발휘했다. 새로 건국된 미합중국이 직면한 주요 난제 하나가 독립전쟁 때문에 지게 된 빚을 갚을 자금을 마련하는 거였다. 초대 재무장관 알렉산더 해밀턴(Alexander Hamilton)은, 이전과 이후의 많은 정치인처럼, 술에 부과하는 세금이 풍부하고 영구적인 세원이라고 예상했다. 모든 자료가, 지금에 와서는 소비량을 신뢰성 있게 계량할 수 없지만, 이 시기의 미국인들이 술꾼이었음을 시사한다. 자주 인용되는 어떤 자료는 1790년부터 1800년까지 음주연령에 속한 미국인들이 모든 출처(스피릿, 와인, 비어)에 든 순수 알코올을 1인당 6갤런 이상 소비했다고 밝힌다. 동일한 자료는 100년 후 소비량은 그 수치의 3분의 1 수준이었고(1890년대에 2.2갤런),[39] 그보다 100년 후에는 절반에 못 미친다(2003년부터 2005년까지 2.5갤런)고 밝혔다.[40] 그 계산이 옳다면, 해밀턴이 재정을 채우려는 탐욕스러운 눈길을 동포들의 음주습관을 향해 던진 것도 크게 놀랄 일은 아니다. 술에 과세하는 것은 영국 정부가 차에 과세하려고 시도했던 것보다 반발을 일으킬 가능성이 적었다. 해밀턴과 다른 이들이 절주 아이디어를 공감했다는 점도 영향을 줬을 것이다.

동시에, 해밀턴은 독립전쟁 때문에 재정이 바닥난 영국 정부가 술의 세수를 늘리려고 노력했을 때 직면했던 문제점들을 주목했을지도 모른다. 폭넓게 퍼진 밀주와 다른 형태의 세금회피 때문에 세수가 심하게 훼

손됐다. 윌리엄 피트 총리는 스코틀랜드에서 잉글랜드로 꾸준히 흘러드는 위스키의 흐름에 새로운 세금을 부과하려고 시도했다. 면허발급이라는 단순한 방법부터 증류소가 증류하려고 준비한 발효된 '액체(wash)'의 양에 따라 세금을 부과하는 방법을 포함한, 위스키에 세금을 부과하는 다양한 시스템이 시도됐다. 그러나 저지대의 증류업자들은 하일랜드에 있는 동종업계 종사자와 런던의 증류업자 모두를 상대로 다양한 대비책을 세웠고, 런던의 증류업자들은 스코틀랜드 위스키가 잉글랜드에 들어오지 않기를 바랐다. 이런 조치들은 헌법으로 엮인 잉글랜드와 스코틀랜드 사이의 관계라는 이슈들도 제기했다.[41]

의회는 1791년 3월에 연방정부가 스피릿에 세금을 징수하는 것을 가능케 해주는 법률을 통과시켰다. (카리브해에서 수입한 당밀로 만든 럼 같은) 미국에서 수입한 원료로 제조된 스피릿은 (프랑스산 브랜디 같은) 수입 스피릿보다 낮은 세율을 적용받았고, 미국 현지의 원료로 미국에서 생산한 스피릿은 그보다 더 낮은 세율을 적용받았다. 증류업자들도 규모에 따라 구분했다. 몇몇 주는 이미 스피릿에 그런 세금을 (일부 주는 생산자가 아니라 소매상에게) 부과하고 있었다. 일관성 없이 적용되고 있다고 여겨졌지만 말이다; 위스키(증류주의 가장 주요한 형태)의 상당량은 외딴 변경 지역의 옥수수 농부들에 의해 소량씩 생산됐다. 인구중심지하고는 거리가 먼 지역에 사는 이 농부들은 곡물을 물으로 수송된 것보다 더 효율적이고 저렴하게 술로 변환시키고는 그들이 만든 위스키를 지역에 판매했고, 그들이 쓸 용품을 구입하는 교환수단으로도 활용했다. 1791년 주세는 이런 상업적 목적에서 만들어진 위스키뿐 아니라 농민이 스스로 소비하려고 만든 위스키에도 부과됐다. 더불어, 세금은 위스키 판매영수증에 부과하는 게 아니라, 판매 이전에 부과할 수도 있었다; 농촌의 생산자들은 각자가 보유한 증류소의 생산용량을 기준으로 연간수수료를, 또는 증류된 위스키 1갤런 당 9센트를 납부해야 했다. 이건 형편이 좋지 않은 농부가 다수였던 생산자들이 생산한 모든 분량에 세금을 납부해야 한다는 뜻이었다. 수송 중에 (누출되거나 상해서) 일부를 잃는 바람에 판매시점에서 버는 실제 수입이 줄어들더라도 말이다.[42]

정부는 세금은 반드시 필요하다고, 그리고 세금을 부과하는 것은 공정한 일이라고 봤다. 미국의 세율은 다른 나라에서 부과된 유사한 세율보다 훨씬 낮았고, 미국을 대표하는 스피릿에 부과되는 세금이 수입된 술에 부과되는 것보다 훨씬 낮다는 사실은 국내 증류업자에게 경쟁적인 이점을 줬다. 그러나 농민들은 증류를 상업적인 활동이 아니라 살면서 벌이는 일상적인 행위로 봤고, 그래서 그들은 새 세금이 극도로 불공정하다고 봤다. 새 세금은 살아남으려고 기를 쓰는 농민들을 표적으로 삼으면서, 이미 공급부족 현상이 일어난 경화(硬貨, hard currency)를 변경 지역에서 뽑아내겠다고 위협했다. 세금을 회피하면 훨씬 더 큰 고난이 이어졌다. 세금회피로 기소된 사람은 누구건 집에서 멀리 떨어진 필라델피아에서 재판을 받아야 했다. 종합해보면, 동부인에 의해 서부인에게 부과된 주세는 앞서 영국이 식민지주민에게 부과했던 세금과 거의 다르지 않았다.[43]

세금에 대한 항의는 처음에는 신문사에 보내는 편지와 진정서 형태를 취했다. 그러다 1791년 가을에 (정부가 갤런 당 9센트에서 7센트로 세금을 낮추는 양보를 했음에도) 반대운동의 수준이 위스키 반란(the Whiskey Rebellion)으로 알려진 사건으로 격상됐다. 세금납부를 거부하는 움직임이 퍼졌다. 최초의 반응은 세금을 징수하러 농민의 부동산에 찾아온 세리(稅吏)들을 위협하고 구타하기, 심지어 타르를 바르고 깃털을 붙이기였다. 세금 징수원에 맞서서 벌이는 행위들이 1792년부터 강화됐다. 펜실베이니아 서부와 다른 주들에서 특히 더 그랬다. 정부가 증류업자 대여섯 명을 기소하려고 장군이 지휘하는 보안관과 군대를 파견한 1794년에 연방

병사들과 현지 민병대 사이에 전투가 벌어지면서 양측에서 사망자가 나왔다. 납세저항자들에게 그들이 내건 대의를 포기하고 미국 정부와 법에 충성하겠다고 공표할 기회가 주어졌다. 그들이 거절하자, 조지 워싱턴 대통령은 민병대 병력 1만 3,000명을 동원했다. 해밀턴과 워싱턴 본인을 수행한 병사들은 위스키세에 대한 저항이 특히 강한 지역으로 행군했고, 무장병력과 마주친 반란세력은 흩어졌다. 수십 명이 체포됐다. 그중 2명은 반역죄로 기소돼 사형선고를 받았지만 워싱턴은 그들을 사면했다.

위스키 반란은 미합중국의 초창기에 빚어진 여러 지역과 계급 사이의 갈등을 두드러지게 보여줄 뿐 아니라, 당시 증류업이 차지하는 중요성을 잘 보여줬다. 1800년 전후에 음주연령이 된 미국인이 1년간 순수 알코올을 6갤런 이상 소비하고 있었음을 보여주는 동일한 자료는 그 알코올의 절반이 스피릿에서 비롯됐음을 보여준다. 비어가 2위였고, 와인은 한참 뒤떨어진 3위였다. 예를 들어, 1800년의 순수 알코올 6.6갤런 중 스피릿에서 비롯된 건 3.3갤런이었고, 비어에서는 3.2갤런, 와인에서는 0.1갤런이었다.[44] 알렉산더 해밀턴은 1791년에 위스키세는 부분적으로 음주를 제지하는 효과가 있다고 정당화했다; 생산자들이 세금을 소비자에게 전과시킬 수 있으므로, 인상된 가격이 소비량을 떨어뜨릴 거라는 거였다. 해밀턴은 스피릿을 이용하는 것이 "다른 그 어떤 원인보다, 맑은 정신으로 지내거나 무절제한 상태가 되거나 하는 상대적인 습관에 의해 좌우되는" 듯 보인다고 밝혔다.[45]

해밀턴의 위스키세가 다음과 같은 긴장을 구현한 것이라고 말할 수도 있다: 미 재무성에 도움을 줄 충분한 세수에 대한 기대는 그가 개탄했던 바로 그 음주행위에 의존했다. 결국, 세금은 국내산과 수입산을 가리지 않고 모든 종류의 스피릿의 가격을 높이는 것으로 이어졌지만, 수요는 꾸준히 늘었다. 반항의 중심지였던 펜실베이니아에서 거둔 위스키세는 1794~95년($66,401)에서 1797~98년($123,491) 사이에 2배 이상 늘었다.[46] 일부 증가는 세금을 더 효과적으로 징수한 덕일 테지만, 수요와 소비도 확장됐을 것 같다.

프랑스에서는 스피릿이 아니라 와인이 개혁가들의 시선을 끌었다. 1789년의 프랑스혁명은 와인에 심각한 영향을 줬다. 특히 구체제에서 부과한 많은 세금을 없애 소비를 촉진시키면서 현대 프랑스 와인 산업의 발전을 위한 무대를 제공했다. 1789년의 혁명에 앞서 제기된 불만의 리스트는 와인 같은 소비재에 부과된 세금을 포함한 온갖 종류의 세금에 대한 광범위한 혐오를 보여준다. 루아르 밸리에 있는 므네투(Menetou) 지역의 어느 공동체는 와인에 부과된 세금이 "만백성에게는 가장 해롭고 왕께는 가장 수익이 떨어지는 것"이라고 불만을 제기했고, 다른 공동체는 자비로운 사람이 일부 '불행한' 사람의 집에 와인 1병을 보낼 때조차 거기에도 세금을 부과하려 애쓰는 일부 열성적인 관리를 피하는 건 불가능할 거라고 밝혔다. 세금은 온갖 종류의 범죄행각으로 이어진다는 얘기가 나왔다: "이 나라에 비밀 와인숍이 얼마나 많단 말인가! 종종 그곳들은 지나치게 많은 와인을 마셔 인사불성이 돼서는 짐승보다 못한 수준으로 전락한 사람들의 소굴이다… 그로부터 폭행과 폭력, 건강 상실, 성격 변화, 품행이 방정한 사람들에 대한 경멸이 이어진다."[47]

가장 부담스러운 세금 중 하나가 와인이 시내로 들어올 때 부과된 세금이었다. 인구가 50만 명으로 단연 프랑스 최대의 도시소비자 시장이던 파리에서, 와인은 시의 관문과 센강의 초소에서 세금을 내야 했다. 와인에 붙은 세금은 처음에는 꽤나 공정했지만, 1789년이 될 때까지 계속 올라서 애초의 와인가격을 3배로 올려놓았다. 더불어, 세금이 통에 담긴 와인의 양이나 가치와는 무관하게 통의 개수를 기준으로 부과됐기 때문에, 덜 비싸고 질 낮은 와인을 소비하는 사람은 부유한 동료시민이 선호하는 술에 보조금을 지불하는 꼴이 됐다. 시내가격이 높은 탓에 빚어진 한 가지 결과가 파리지앵들이 정기적으로, 특히 일요일과 다른 휴일에 성벽 밖에 있는 태번과 바(bar)로 이동한 거였다. 그들은 거기서 면세 술을 즐길 수 있었다. 가장 인기 좋은 태번 중 한 곳인 리 텡부어 로얄(Le Tambour Royal)은 1년에 와인을 130만 리터 가량 팔았다고 한다.

파리 사람들은 시내에 들어올 때 내는 세금의 영향을 덜려고 다양한 속임수를 썼다. 상인들은 세금의 영향을 줄이려고 관문을 통해 고알코올 와인을 가져와서는 그걸 희석시켰다. 관문을 통과하는 수레의 다른 품목 아래 술통을 숨기는 식으로 더 많은 와인—엄청난 양일 테지만, 확실한 수치는 결코 알 길이 없다—이 시내에 밀반입됐다. 소량의 브랜디는 여성밀수꾼의 펑퍼짐한 스커트 아래 감출 수 있었다. 그리고 성벽 너머로 뚫은—목재나 철, 가죽, 납을 안에 댄—터널과 운하들이 있었다. 1784년에, 당국에서는 성벽의 둘레를 확장하기로 결정했다. 늘어나는 인구를 기존 성벽 바깥에서 아우르기 위해서였다. 이 프로젝트는 인기가 없었다. 성벽 밖에 있는 값싼 태번들을 도심에서 훨씬 더 먼 곳으로 밀어냈기 때문에 특히 그랬다. 관리들은 1788년에 새 성벽을 가로질러 뚫린 와인 터널 80곳을 찾아내 폐쇄했다.

1780년대 말에 물가가 꾸준히 오르고 일자리가 줄고 인구 대다수가 점점 큰 압박을 받으면서, 와인과 다른 물품에 붙는 세금을 반대하는 목소리가 프랑스에서 커졌다. 1780년대가 저무는 동안 정치적·경제적·사회적 위기가 쌓이면서, 파리에서 폭동이 일어났다. 1789년 7월 12일-13일 밤에 분노한 군중은 시 관문에 설치된 관세징수용 장애물 대다수를 파괴하거나 불태웠다. 타당한 이유도 없이 우발적으로 일어난 폭동이 아니었다. 서민들의 생활수준과 포도 재배자의 생계, 심지어 상인들의 생계를 위협하는 기관들을 정확하게 표적으로 삼은 거였다. 프랑스혁명의 시발

점은 관습적으로 7월 14일에 일어난 바스티유(Bastille) 습격으로 간주되지만, 관세징수용 장애물의 파괴도 그렇게 볼만하다. 왕실의 감옥이던 바스티유는 커다란 규모만큼이나 엄청나게 상징적이었지만, 관세징수용 장애물의 파괴는 평범한 파리지앵들이 벌인, 그들을 더 깊은 빈곤 속으로 몰아가는 기관들을 파괴하려는 분투를 대변했다.

그런데 파리와 다른 지역의 와인 소비자 입장에서 혁명의 첫 몇 년은 실망스러웠다. 1790년에 새 성벽을 완성하기 위해 시는 와인에서 얻은 세수가 필요했고, 국세는 새 세금법이 개발될 때까지 유지됐다. 그러나 혁명정부는 1791년에 와인에 붙은 세금을 포함한 간접세를 폐지했다. 5월 1일 자정에 새 정책이 효력을 갖자마자 수레 수백 대로 구성된 수송대가 와인 200만 리터를 싣고 파리에 입성했다. 애국적인 파리지앵들은 밤새 1파인트 당 3수에 팔린 와인으로 파티를 벌였다. 어마어마한 양의 브랜디가 같은 방식으로 팔렸고, 프랑스 도처에서 동일한 장면이 연출됐다. 1790년대 동안 대개는 흉작 때문에 가격이 올랐지만, 그리고 궁핍해진 정부가 1798년에 다시 간접세를 도입했지만, 혁명기 동안 와인 가격은 그 이전보다 싼 수준을 유지했다.[48]

와인 소비량은 혁명 동안 늘었을 것 같다. 가격이 낮아져서만 그런 게 아니라, 포도를 재배하고 와인을 생산하는 토지가 늘었기 때문이다. 통계치는 불확실하지만, 어느 추정치는 혁명 전에 27억 2,000만 리터에서 1805~12년 시기에 평균 36억 8,000만 리터로 늘었다고 본다. 20년 사이에 3분의 1이 증가한 셈이다. 이건 포도밭의 증가, 생산량 증가, 또는 둘 다의 결과인 게 분명하다. 이 수치는 인구 증가보다 더 급격히 늘었다. 와인의 1인당 소비량도 늘었다는 뜻이다. 이 시기에 와인 수출량은 아주 적었다. 프랑스가 이 시기의 대부분 기간 동안 와인을 수입하는 나라들과 전쟁을 벌이고 있었기 때문이다.

전체적으로 보면, 18세기에는 명확하게 규정된 계급 기반의 음주 문화와, 엘리트와 대중의 음주 사이의 극명한 차별화가 등장했다. 북미이건 영국이건 유럽이건 가릴 것 없이, 부유층은 사회적인 특징을 가진 포르투와 마데이라, 다양한 브랜드의 와인을 마셨다. 그러면서 그들은 자신들의 음주 문화를 서민들의 그것과 더욱 노골적으로 빈번하게 차별화했다. 엘리트들은 주량이 아니라 주종과 음주방식을 강조하면서, 몇 세기 전에 그리스와 로마인들이 비어를 마시는 사람들을 '야만인'이라고 비난했을 때 품었던 술에 대한 이데올로기를 그대로 반영했다. 한편 사회 하층에 속한 사람들은 정당한 가격으로 술을 마실 권리가 자신들에게 있다고 인식하면서 그 권리를 방어했다. 이런 점에서, 1789년 7월에 파리 주위의 관세 징수용 장애물이 불탄 것과 그보다 5년 뒤에 미국에서 일어난 위스키 반란에 영감을 준 출처는 동일하다고 봐도 무방하다.

9장

술과 도시, 1800~1900

계급과 사회 질서

19세기 동안 서구사회 도처의 술 소비량에 일반적인 패턴은 존재하지 않지만—일부 국가에서는 늘었지만 다른 국가에서는 줄었고, 전체적으로 지역간, 인구집단간 편차가 있었다—유럽과 북미 도처에서 터져 나온 술 관련 담론을 공통으로 꿰뚫은 주제는 있었다. 바로 술 남용과 늘어나는 산업노동계급 사이의 연관관계였다. 술은, 사회경제적 변화를 우려한 것이건 가치관과 행동이 변하는 것을 우려한 것이건, 많은 우려의 중심이 됐다. 술 남용은 소비자를 병들게 하거나 목숨을 앗아가는 데, 가정을 망치는 데, 매춘과 자살, 정신이상, 범죄행각 같은 다양한 행동을 초래하는 데 책임이 있다는 얘기가 나왔다. 앞서 봤듯, 역사적으로 술은 많은 사회적 병폐의 원인이라는 비난을 받았는데, 이런 경향은 19세기 들어 한층 더 심해졌고(10장을 보라), 많은 비판가가 절주(temperance)라는 해법—적절한 음주가 해법이라는 관념—을 포기하고는, 자발적이건 강제적이건 철저한 금주(total abstinence)만이 해법이라는 생각을 받아들였다. 이런 정책 변화를 뒷받침하는 혁신 중 하나가 많은 도시인구에 안전한 식수를 공급한 거였다. 공중보건에 대한 우려에 의해, 그리고 개인과 사회의 위생과 도덕성을 지키려는 아이디어에 의해 추진된 이런 기술적이고 물질적인 발전은 19세기에 탄생한 많은 급진적인 반알코올 운동에 기반을 제공했다.

19세기에는 통계학에서 일어난 혁명 덕에 훨씬 더 믿음직한 다량의 데이터가 서구국가들의 손에 들어온 후 다시 사학자들의 손으로 넘어왔다. 그런 19세기 이전 시기에 있었던 술 생산과 소비에 대한 우리의 감(感)은 말 그대로 감일 뿐이다. 그런데 19세기 중반부터는, 그리고 일부 지역에서는 그보다 조금 더 이르게, 생산과 과세에 대한 꽤나 믿음직한 수치들이 존재하고, 그러면서 광범위한 소비수준을 추론하는 게 가능해졌다. 그 수치들은 유럽과 북미 전체에 공통적인 패턴은 존재하지 않는다는 것을 보여준다. 가장 종합적인 관점에서 볼 때, 그리고 지역적인 편차를 고려하지 않았을 때, 영국의 술 소비량은 19세기 동안 꾸준히 늘었다; 미국에서는 1840년대부터 줄었고, 독일에서는 1850년대부터 늘다가 20년 후에 줄었다. 독일에서 가장 인기 좋은 술은 비어와 브랜디였다; 많은 프랑스 소비자가 1870년대부터 와인에서 스피릿으로 방향을 틀었고, 영국인은 비어와 스피릿 사이에서 균형을 잡았다. 그런데 이 모든 편차를 하나로 아우른 게 있다. 비평가들이 출판한 담론에 공통된 다음과 같은 주제였다: 술 소비량이 늘었건 아니건―심지어 그게 줄었더라도―도시노동자(노동하는 남성들이 여성들보다 스트레스를 더 받았다)들은 지나치게 술을 많이 마시고 있고, 그런 현상에 대해 뭔가 조치를 취해야만 한다.

이 믿음은 19세기에 일어난 사회적·경제적 변화의 속도와 범위에 대한 중산층과 상류층의 우려를 반영했다. 대다수 나라에서 인구가 급격히 늘었고, 경제가 산업화되기 시작하면서 대도시의 숫자가 급격히 늘었다.

도시에는 공공장소에서 툭하면 술기운을 빌려 교제에 나서는 노동자 수만 명이 바글거렸는데, 가정과 클럽, 다른 모임장소에서 사적으로 술을 마시면서 난폭한 심정을 진정시키거나 인사불성 상태에 빠져들 형편이 됐던 부유층은 노동자들의 그런 행태가 불안하기만 했다. 시골과 도시에서 벌이는 음주행동의 차이에 대한 신뢰할 만한 통계치는 존재하지 않지만, 대다수가 노동자인 도시거주자가 술을 더 많이 소비했을 가능성이 크다. 태번과 바(bar)는 도시에 워낙 흔했을 게 확실하고, 남자들은 근무 후에, 그리고 주말에 이런 장소에 모였다. 떠들썩한 교제장소라는 이미지가 떠오를지도 모르겠다. 어쨌든 술은 이 남자들이 고된 노동으로 점철된 삶에서 벗어나 도피하는, 액체로 된 피난처를 제공했을 게 분명하다. 여성들도 (더 고되지는 않았을지라도) 남성들과 비슷하게 고되게 살았지만, 여성들이 이런 장소에 출입하는 것은 일반적으로 금지됐다. 그래서 여성들은 각자의 집에서 남의 간섭을 받지 않는다고 볼 수도 있는 방식으로 술을 마셨다. 1830년 이전의 반알코올 운동가들이 여성의 과음에 대해 내놓은 의견은 판에 박힌 거였다. 하지만 가정생활이라는 관념이 대두되면서 여성의 음주가 문화적으로 투명한 존재가 돼버렸다는 것은 주목할 만하다. 절주운동가들은 1830년대부터 남성노동자들의 음주에 단호히 초점을 맞췄다.[1] 어느 비평가는 영국의 귀족들이 "음주습관을 무척 많이 개선했다"고, 술 문제는 '포악한 계급'에, 하류계급에 집중돼 있다고 밝혔다.[2]

오스트레일리아의 고용인들이 "존경할 만하고 성품이 착한" 사람들이 오스트레일리아로 이민 오기를 원했을 때, 그들의 소원에는 노동계급이 술 남용의 피해자라는 보편적인 믿음이 반영됐다. 오스트레일리아 남부에서 일할 이민자를 구하는 어느 광고는 상당히 구체적이었다. "우리는 게으름뱅이는 원하지 않습니다. 술꾼도 원치 않습니다. '이마에 땀을 흘리며' 살아가는 것을 부끄러워하지 않는, 믿음직하고 맨 정신인 사람들을 환영합니다." 이민희망자가 채워야 하는 신청서양식에는 지원자의 성품을 보증할 수 있는 "존경할 만한 세대주" 2명이 서명해야 했는데, 양식에는 구체적으로 이렇게 적혀 있었다. "펍(pub) 주인이나 비어나 스피릿을 파는 사람은 서명할 수 없습니다." 이민자들과 처음부터 제대로 된 관계를 맺기 위해, 영국에서 오스트레일리아로 이민자를 실어 나르는 데 (진이 빠지는 4개월 항해에) 사용된 선박 중 일부는 술을 전혀 싣지 않아서 '절주선(temperance ship)'으로 알려졌다. 다른 배들은 승객에게 판매할 술을 제공했다. 1등 선실 승객이건, 중급인 2등 선실 승객이건, 최하급인 3등 선실 승객이건 가리지 않았다. 1835년에 1등 선실을 타고 항해한 어느 은행가는 동료승객들을 "지독히도 상습적인 술꾼들로 해결책이 형벌밖에는 없는 것 같은 사람들"이라고 묘사했다.[3] 그가 언급한 승객들이 어느 부류의 승객인지는 명확하지 않지만, 그가 구사한 수사는 (그리고 범죄에 대한 시사는) 노동계급의 음주에 대한 당시 상류층의 입장을 그대로 반영한다.

술 소비량 증가의 상당부분은 스피릿 탓으로 돌릴 수 있다. 19세기에 와인과 비어 같은 '천연(natural)'음료와 스피릿 같은 '생산된(industrial)' 음료 사이를 구분하는 것은 흔한 일이 됐다. 정당화하기 어려운 이런 구분은 프랑스와 기타 지역의 절주운동가들이 (1700년대 말에 벤자민 러시가 그랬던 것처럼) 스피릿을 비난하는 한편으로 와인을 옹호하는 데 도움을 줬다. 그들이 보기에 와인이 천연제품이라는 것은 명백한 사실이었다. 와인은 시골에서 빚어졌고, 포도 재배는 농업의 한 형태였다; 와인 생산자가 하는 일은 포도를 압착하고 자연이 나머지 과정을 맡도록 놔두는 게 전부였다. (19세기 독일에서 잠재적인 알코올 수준을 높이려고 포도주스에 설탕을 넣는 행위에 대한 논란이 있었다. 이 관행의 반대자들은 설탕을 넣지 않은 와인을 '천연'이라고 지칭하기 시작했다.)[4] 반면, 스피릿은 공장처럼 생긴 도시의 증류소에서 생산됐다. 증류소 굴뚝에서는 연기가 쏟아져 나왔고, 말이 끄는 수레는 원료(곡물)를 운반하고 최종 생산품을 실어 날랐다. 스피릿의 유래가 산업혁명보다 훨씬 전이었음에도, 사람들은 스피릿을 산업주의 (industrialism) 아래 대량생산된 술로 생각하기 시작했고, 많은 산업노동자가 그것을 마시려고 몰려드는 것은 적절한 일인 듯했다.

프랑스 노동자가 마시는 술은 대부분 와인이었지만, 스피릿이 차지하는 비중이 커지고 있었다. 1인당 소비량 기준으로, 파리지앵은 19세기 초에 스피릿을 통해 순수 알코올을 2.9리터 가량 마셨는데, 이 수치는 1840년대에 5.1리터로, 세기말에는 7.3리터로 치솟았다.[5] 영국 노동계급은 19세기 초에 스피릿('진'으로 통칭됐다)를 채택한 게 확실하다. 잉글랜드에 '국민주(酒)'라는 게 있었다면 그건 비어였다. 하지만 19세기의 첫 30년간 브루어리의 생산량은 거의 변하지 않았다. 같은 기간에 인구가 거의 3분의 1 가량 늘었는데도 말이다. 반면, 스피릿 소비량은 거의 2배가 됐다. 1820년대 전반기에 해마다 370만 갤런에서 470만 갤런 사이이던 것이 1826년부터 1830년까지 사이에 해마다 740만 갤런 이상으로 늘었다.[6] 이무렵 통계를 수집하면서 통계에 관심을 쏟기 시작한 각국 정부는 경계심을 품고는 이런 술 소비량 추세를 주목했다. 1830년에 영국 의회가 비어법(Beer Act)을 통과시켰다. 부분적으로는 노동자들을 영양가가 더 풍부한 천연음료로 되돌려 놓으려는 의도에서였고, 부분적으로는 경제적으로 고된 시간을 보내는 노동자들을 달래려는 의도였으며, 부분적으로는 영국 비어 시장을 독점이라 할 정도로(생산량의 85%) 차지한 대형 양조업체 12곳을 약화시키기 위해서였다.[7] 비어 법 아래에서, 2기니(2파운드보다 약간 더 많은 액수)라는 소액을 납부한 세대주는 누구나 비어를 양조해 자신들의 점포에서 팔 수 있었다. 유일한 제약은, 교회 예배시간을 제외하면 언제든 영업할 수 있는 퍼블릭 하우스와 달리, 오후 10시에는 문을 닫아야 한다는 거였다.

6개월 내에 잉글랜드와 웨일스 전역에서 이런 비어하우스 2만 4,000곳이 문을 열었고, 이듬해에는 수천 곳이 더 개업했다. 그래서 거의 모든 동네에 바가 있었다. 사람들이 술을 이보다 더 쉽게 손에 넣은 적은 일찍이 없었을 것이다. 비어 법은 독한 비어와 사이다에 붙는 세금도 폐지했다. 그 즉시 비어 가격이 20% 가량 인하됐다. 환경이 이렇다면, 규제도 받지 않고 세금도 내지 않는 분량이 많았던 생산량을 계산하기는 힘들지만, 소비량이 늘 거라 예상할 수 있었다. 기반이 탄탄한 중산층과 상류층 시민들의 머릿속에서 음주인구가 늘고 있다는 생각이 피어나기 시작한 것은 의심의 여지가 없었다. 비어법이 효력을 발휘하고 몇 시간 안에, 비어가 노동자들의 방탕과 나태, 범죄를 양산하고 있다는 불평이 터져 나왔다. 시드니 스미스(Sydney Smith) 목사는 "누구나 할 것 없이 술에 취해 있다. 노래하고 있지 않은 자는 큰대자로 뻗어 있다. 국왕의 백성들은 짐승 같은 상태다"라고 공표했다.[8] 다른 이들은 오래지 않아 비어법이 여러 가정에 가져온 피폐함을 묘사하면서 비어숍을 매춘부와 범죄자, 정치적 과격 집단의 도피처로 묘사했다. 1세기 전에 진과 드램숍에 퍼부어진 온갖 혐의가 다시 등장한 것이다.

1830년대 말에는 비어하우스 4만 곳 이상이 잉글랜드와 웨일스의 법에 따라 면허를 받았고, 5만 6,000곳 가까운 퍼블릭 하우스가 영업 중이었다. 비어하우스를 개업하는 데 필요한 비용이 소액이라는 점을 감안하면, 그런 상황은 예견된 일일지도 모른다. 그런데 법률 제정의도 중 하나가 진을 마시는 노동자를 비어 소비자로 전환시킨다는 거였다면, 법률은 부분적인 성공만 거뒀을 뿐이었다. 꽤나 기본적인 가구만 갖추고 비어만 제공하는 비어하우스들과 경쟁하는 처지에 몰린 많은 퍼블릭 하우스가 음주공간을 리노베이션하고는 스피릿뿐 아니라 비어도 제공하기 시작했다. 안락한 가구를 갖춘, 그리고 때로는 여흥을 위한 악사들을 갖춘 퍼블릭 하우스들은 '진-궁궐(gin-palaces)'로 알려지면서 진 음주의 또 다른 물결을 일으켰다고 한다.

세간의 눈길은 정확히 노동계급에 맞춰졌다. 의회의 위원회는 그 점을 분명히 했다: "지난 몇 년간 사회의 상류층과 중산층에서는 주취의 악덕이 감소됐다; 하지만 같은 기간 동안 노동계급 사이에서는 늘었다."[9] 그 결과 1834년에 비어 법이 개정돼 면허수수료를 50% 인상시켰고, 경찰에게 비어숍 수색권한을 줬으며, 술집주인에게 '성품이 좋다'는 걸 증명하는 증명서를 소지할 것을 요구했고, 비어숍을 다음과 같은 두 범주로 구분했다: 점포 내에서 소비할 비어를 파는 곳과 다른 곳에서 소비할 비어를 파는 곳. 전자는 "점포 내에서 마실 것"이라는 모호한 문구가 적힌 간판을 내걸어야 했다. 1869년에 비어하우스의 면허를 발행하는 권한이 지역 치안판사에게 넘어갔고, 그러면서 면허 발행건수가 서서히 감소했다.

19세기 영국에서 비어하우스는 노동계급의 상태에 대한 폭넓은 논란의 중심이 됐다. 카를 마르크스의 동료인 프리드리히 엥겔스 같은 논객들은 노동자들이 과도한 섹스와 술에서 위안을 찾은 데 대한 변명으로 내세울 수 있는 그토록 심한 생활환경과 노동환경을 창출해냈다며 정부와 고용자들을 비난했다. 논쟁의 참여자가 노동자에게 적대적이었건 동정적이었건, 참여자 모두는 술 소비량 수준이 높고 주취가 빈번하게 일어난다고 가정했다. 통계치는 술 판매량이 인구성장을 꽤나 앞질렀음을 확실하게 보여준다: 1824년부터 1874년까지 잉글랜드 인구는 88% 성장했지만 술 판매량은 92% 늘었고, 영국산 스피릿은 237%가, 외국산 스피릿은 152%가, 와인은 250%가 늘었다.

노동계급이 영국 인구의 대다수를 대표하고 스피릿과 와인 소비량 증가에 큰 기여를 한 것은 분명하지만, 이 수치들은 노동자계급의 소비 증가량이 중산층과 상류층 음주인구의 소비 증가량보다 많았는지 여부를 알려주지도 않고 알려줄 수도 없다. 19세기 중반 무렵에 와인과 스피릿은, 그리고 차는 부유층이 일상적으로 마시는 음료가 됐다. 어느 프랑스 의사는 대량음주는 프랑스 사회 전 계층에서 일어나는 현상이지만 음주의 패턴과 상황은 계급별로 다양하다고 보고했다. 일반적으로 형편없는 식단으로 살아가던 노동자들은 정기적으로 폭음을 하는 경향이 있었을 뿐 아니라, 정기적으로 폭음하는 자리에서 마시는 브랜디의 양도 "어마어마했다." 반면, 상류층 폭음자들은 영양상태도 좋은데다 폭음을 삼가는 경향도 있었다. 그 의사는 노동계급의 패턴은 간질환 같은 것으로 드러날 가능성이 더 높고,[10] 일부 질병 카테고리에서 노동자가 과잉대표(overrepresentation)되는 현실이 노동자가 사회적으로 위신이 높은 사람들보다 더 많이 마신다는 만연한 믿음을 강화했을 가능성이 있다는 것을 발견했다. 영향력이 컸던 1872년 저작은 과도한 음주가 걸인과 방랑자, 범죄자, 노동자 사이에 집중돼 있다고 발표했다.[11]

프랑스에서는 또 다른 요인이 음주 패턴에 작용했다: 1860년대부터 필록세라(phylloxera)라고 불리는 작고 노란 진딧물이 프랑스의 포도밭을 파괴하면서, 이후로 수십 년간 프랑스산 와인 생산량이 급격히 줄었다. 필록세라 진딧물은 북미 토종으로, 북미의 포도나무들은 그에 대한 저항력이 있다. 하지만 1850년대와 1860년대에 실험용으로 도입한 미국산 포도나무의 뿌리에 붙어 프랑스에 당도한 이 진딧물은 오래지 않아 저항력을 전혀 갖지 못한 유럽산 포도나무로 이주했다. 1860년대 초에 프랑스 남부에서 고통스럽게 고사하는 포도나무들이 처음 발견됐다. 1890년대 무렵 필록세라는 보르도와 부르고뉴, 론 밸리를 포함한 프랑스의 주요 와인산지 곳곳의 포도밭을 황폐화시켰다. 질병은 프랑스에서 유럽 다른 지역의 포도밭 곳곳으로 퍼졌다; 1873년에 스페인에, 1880년대에 이탈리아에

도착했고, 그 후에는 (수입산 포도나무에 붙어) 멀리 캘리포니아와 페루, 오스트레일리아까지 퍼졌다. 이걸 근절하지 못하던 프랑스 과학자들도 결국에는 필록세라 대처법―유럽산 포도나무를 저항력이 있는 미국산 뿌리줄기(根莖, root-stock)에 접붙이는 것―을 개발했다. 그러나 그때까지 유럽의 와인 산업은 일시적이었더라도 심각한 생산 차질에 시달렸다.

프랑스의 와인 생산은 프랑스 과학자들이 발견하는 데 몇 년이 걸린 접붙이기 해법을 재빨리 채택한 다른 유럽 나라들보다 더 시달렸다. 프랑스 도처에서 포도나무 경작면적이 3분의 1 정도 줄었고, 일부 지역에서는 포도나무의 5분의 4를 잃었다. 프랑스의 와인 생산량은 1860년대와 1880년대 사이에 절반으로 줄었고, 생산량은 1900년대 초가 되기 전까지는 완전히 회복되지 않았다. 그 결과, 20년간 와인이 부족했다. 아프리카 북부에 있는 프랑스 식민지 알제리에서 와인 생산량을 늘리는 데 성공하고, 와인에 불순물을 섞거나 물로 희석하는 관행이 폭넓게 확산됐는데도 말이다. 수입산 건포도로 빚은 와인을 프랑스 남부산 레드와인에 섞은 것이 1890년에 프랑스 시장에서 거래된 와인의 10분의 1 가량을 차지했다.

필록세라는 프랑스 와인 산업에 축복이자 저주였다. 단기적으로는 손해였지만, 포도밭을 더 합리적으로 재배치하고 포도나무를 재이식하는 것으로 이어지기도 했다. 한편, 프랑스 와인 시장을 재건하고 국내와 해외의 소비자들이 필록세라가 만연하던 시기에 유통된 일부 혼합물이 아니라 진짜 와인을 마시고 있다는 것을 보장할 필요성 때문에, 와인의 산지와 품질을 보증하려고 기획한 원산지명칭통제법(Appellation d'Origine Contrôlée)의 초기형태가 채택됐다.[12] 그러나 프랑스산 와인의 소비자들은 단기간은 다른 음료로―많은 이가 물을 마실 기회를 포착했다는 증거가 없으므로, 다른 알코올성 음료로―방향을 틀었다. 영국에서 프랑스산 와인이 부족한 현실은 스코틀랜드의 위스키 생산을 활발하게 만들었다.

미국에서는 프랑스의 포도나무들이 죽어가던 시기에 캘리포니아 와인 산업이 하늘로 날아올랐고, 대륙횡단철도의 완공은 미국 동부도시에 거주하는 와인 소비자들이 프랑스산 와인을 캘리포니아산 와인으로 교체하는 것을 가능하게 해줬다.

프랑스 국내의 술 소비량은 19세기 동안 꾸준히 늘었다. 1840년대에 성인 각자는 모든 출처(와인, 비어, 스피릿)로부터 평균적으로 술 19리터를 소비했고, 그 수치는 1870년대에 25리터로, 1900년에는 35리터로 늘었다. 수치는 이후 50년간 그 수준에 안정됐고, 그러면서 19세기는 유의미한 성장이 일어난 시기가 됐다. 그렇더라도, 술 소비량의 글로벌 수치들은 중요한 편차들을, 특히 성별의 중요성을 은폐한다: 남자들은 여자들보다 술을 훨씬 더 많이 마셨다. 지역적 편차도 상당했다. 술이 생산되는 지역들의 소비량은 평균을 상회했다: 비어와 스피릿을 생산하는 북서부와 와인을 생산하는 남부와 남서부 지역들.[13]

와인은 프랑스의 알코올 섭취에서 중요한 요소였다. 그런데 와인의 상당량이 생산되는 지역이자 소비된 술의 대부분을 대표하는 지역인 남부에서는 더욱 중요했다. 프랑스 북부에서는 비어와 스피릿이 더 중요한 역할을 수행했다. 시장에서 거래된 와인의 양은 변화가 많았고, 때로는 작황에 따라 해마다 급격히 달라졌다. 1805년과 1840년 사이의 평균 와인 생산량은 대략 37억 리터였는데, 그 수치는 필록세라의 영향 아래 들어가기 전인 1852~62년에 48억 리터로, 1870년대에 52억 리터로 올랐다. 1880년대에는 해마다 생산되는 와인의 양이 30억 리터밖에 안 됐다. 앞선 10년간 평균 생산량의 60%였다. 1890년대의 생산량은 36억 리터였다. 생산량은 그 시점부터 필록세라 이전 수준으로 복귀하기 시작했다.[14]

와인 부족에 직면한 많은 프랑스 와인 소비자가 비어와 스피릿으로 고개를 돌렸고, (곡물과 사탕무beet, 당밀로 만든) 스피릿 생산량이 1870년과

1890년 사이에 2배가 됐다. 많은 나라에서 철저히 금지된 최초의 알코올성 음료인 압생트(absinthe)가 이런 스피릿 중 하나였다. 압생트는 증류해서 얻은 알코올에 약쑥(wormwood)의 잎과 윗부분, 그리고 아니스(anise)와 회향(fennel) 같은 성분을 함께 넣어 불린 다음, 그걸 다시 증류해서 만들었다. 가장 인기가 좋은 형태의 압생트는 밝은 녹색 액체로, 물을 넣으면 탁한 황색으로 변했다. 기다란 구멍이 난 특별한 수저에 올린 각설탕을 통해 물을 따르는 게 보통이었다.

압생트는 1840년대에 알제리 정복전쟁에서 귀환한 병사들의 배낭에 담겨 프랑스에 처음 소개됐다. 알제리에서 이질과 열병, 말라리아의 치료제로 사용된 압생트는 1860년대와 1870년대에 파리의 비스트로(bistro, 격식을 따지지 않는 소규모 레스토랑이나 식사를 제공하는 바-옮긴이)와 바에서 인기를 얻어갔고, 사람들이 근무 후에 압생트를 마시는 오후 5시는 '녹색시간(l'heure verte, green hour)'으로 알려지게 됐다. 압생트는 빠른 시일 내에 문화계 엘리트들과 결부됐는데, 세간의 주목을 끈 압생트 소비자로는 빈센트 반 고흐, 에두아르 마네, 폴 베를렌, 기 드 모파상, 에드가 드가 등이 있었다. 19세기 말에 프랑스에서 그려진 많은 회화가, 특히 앙리 툴루즈-로트렉의 카바레 그림들이 압생트를 찬양했다.

압생트에 그토록 자자한 명성(또는 악명)을 부여한 것은 압생트를 마시면 단순히 취하는 데서—알코올 함량이 40%를 상회하는 일이 비일비재한 압생트는 독한 술이었다—머물지 않고 환각을 느끼게 된다는 믿음이었다. 압생트의 활성성분은 약쑥의 파생물인 투존(thujone)으로, 압생트를 마셨을 때 얻는 효과는 다른 알코올성 음료보다는 코카인 같은 마약이 주는 효과와 더 비슷한 것으로 묘사됐다. 사람들은 압생트를 문화적 영감을 얻게 해주는 보조제라고 믿었고, 그 특징은 압생트가 화가와 소설가, 시인들 사이에서 얻은 인기를 설명해준 듯하다. 압생트가 환각을 일으킨다는 특성은 의심의 여지없이 과장된 것이다. 무엇보다도, 압생트의 알코올 수준은 일반적으로 무척 높지만 투존의 수준은 일반적으로 너무 낮아서, 대다수 소비자는 투존의 효과를 느끼기도 전에 알코올 때문에 정신을 잃고는 한다.

압생트를 비판한 사람들은 압생트를 마시는 이들을 마약복용자보다 나을 게 없는 사람들로 묘사하면서 압생트의 중독성과 다른 유해한 특징들을 지적했다. 1890년에 나온『약쑥(Wormwood)』이라는 소설에서 압생트를 마시는 주인공은 자기 인생을 이렇게 요약한다: "나는 한 푼만 달라면서 파리 곳곳을 기어 다니는 너무도 비천한 거지보다 더 비참한 놈이다! 나는 살금살금 움직이며 발을 질질 끄는 짐승이자 반(半)원숭이 반(半)인간으로, 내 성격은 극도로 비참하고 내 몸은 망상을 보면서 덜덜 떨리며 두 눈에는 살기가 그득하다… 나는 밤에 살아난다; 나는 밤이 되면 파리의 다른 음탕한 것들과 함께 몰래 빠져나간다. 내 존재 자체가 허공에 가득한, 도덕을 더럽히는 독에 새로운 오염을 덧붙인다."[15] 압생트 중독자의 특징은 목소리는 쉬어 있고 눈은 멍하며 손은 차갑고 축축한 것이라는 얘기가 있었다.

필록세라 창궐 탓에 프랑스의 바와 카페, 비스트로를 떠받든 대들보인 와인 생산량이 감소하기 시작할 때, 프랑스의 술 소비량은 하늘로 날아올랐다. 1850년대부터 1860년대 내내, 나폴레옹 3세(Napoleon Ⅲ)의 정책은 바(bar)의 수를 줄이는 거였다. 바가 사람들이 모여 정치적인 이슈에 대해 논쟁하는 장소로 자주 사용됐기 때문이다. 1851년과 1855년 사이에만 프랑스에서 술을 판매하는 바와 비스트로의 수가 35만 곳에서 30만 곳 이하로 줄었지만, 1860년대 말에는 지역의 관리들이 법 집행에 실패하면서 36만 곳 이상으로 늘었다. 그런데 자유주의적인 제3공화국(the Third Republic) 정부는 와인공급량이 줄어들던 1880년대에 바 개업을 더 쉽게 만들었고, 1890년대 초에 음주가 가능한 시설의 수는 45만 곳―프랑스 주민 67명당 1곳―으로 급성장했다. 경쟁에 몰린 일부 바 주인은 대다수 바가 공통적으로 제공하는 기초 서비스 이상을 제공했다. 그들은 아연으로 만든 카운터를 설치하고 더 넓은 음주공간을 제공했으며 심지어는 술을 서빙하는 여성을 고용하기도 했다.

와인 공급량이 딸리면서 압생트 생산량이 치솟았고, 얼마 안 가 압생트는 파리와 프랑스의 다른 주요 도시에서 노동자들이 선택하는 술이 됐다. 압생트 소비량 증가는 믿기 어려운 수준이었다; 1874년에 70만 리터이던 소비량은 프랑스 정부가 생산을 금지시키기 2년 전인 1910년에 3,600만 리터로 솟구쳤다. 이건 당시 감소한 와인 생산량에 비하면 소량이었지만, 압생트는 와인보다 알코올 함량이 훨씬 더 많았기 때문에, 그리고 압생트는 훨씬 더 위험한 술로 여겨졌기 때문에, 사회비평가와 의료전문가, 성직자들은 압생트의 생산과 소비 증가를 규탄했다. 프랑스의 1인당 순수 알코올 소비량이 1850년에서 1890년 사이에 3배로 늘었는데, 늘어난 소비량은 대개 브랜디와 압생트, 진에서 비롯됐다는 보고서들이 있었다.[16]

오래지 않아, 압생트를 금지하라는 캠페인이 그 어떤 종류의 술에도 적용된 적이 없는 수준으로, 심지어 18세기 초에 잉글랜드에서 진을 반대하던 목소리보다도 더한 수준으로 조금씩 세를 키워갔다. 압생트가 우울증과 '신경과민'에 맞서는 데 유용할지 모른다고 주장하는 의료계의 목소리가 소수 있었지만, 무게감 있는 의견은 압생트가 마시는 이의 도덕적·육체적 건강에 위험하며 사회에 위협적인 존재라는 거였다. 절주운동 회합자리에서 순수한 압생트를 기니피그와 토끼에게 먹이자 경련을 일으키고는 죽었다. 1901년에 페르노(Pernod) 회사의 압생트 공장 한 곳에 벼락이 떨어져 압생트 한 통이 폭발했다. 불타는 알코올이 흘러나왔고,

불은 며칠간 계속 탔다. 압생트의 알코올 함량이 높다는 것을 생생하게 보여준 사건이었다.

하지만 압생트를 금지하자는 운동에 강한 힘을 실어준 것은 4년 후 스위스에서 일어난 사건이었다. 프랑스 출신 소작농으로 심한 술꾼으로 알려진 장 랑프레(Jean Lanfray)가 임신한 아내와 두 딸을 살해했다. 아내가 그의 부츠를 빛이 나도록 닦아놓지 않았다는 이유였다. 랑프레는 하루에 와인을 6병씩 꾸준히 마셨지만, 세간의 관심은 그가 추가로 마시는 압생트를 애호했다는 사실에 집중됐다. 랑프레가 재판받을 때, 그의 변호사는 그가 "압생트 때문에 생긴 망상"을 보던 중에 아내와 자식들을 쐈다고 주장했다. 와인은 유순한 술로 여겨졌기에, 그가 와인을 통해 알코올을 다량 섭취한 것은 사건하고는 무관한 일로 여겨졌다. 종신형을 선고받은 랑프레는 자살했지만, 그 무렵 그의 사건은 정치적 차원에 접어든 상태였다. 스위스 정부는 지역에서 가한 압박 때문에 1907년에 압생트 문제를 국민투표에 부쳤고, 투표참여자는 소수였지만, 2만 3,000명이 압생트 금지 찬성에, 1만 6,000명이 반대에 표를 던졌다. 스위스가 압생트 판매를 금지시킨 것은 다른 곳의 반압생트 운동가들의 용기를 북돋아줬다.[17]

1914년에 발발한 제1차 세계대전은 다른 나라가 압생트 금지에 찬성할 수 있는 정치적인 환경을 제공했다. 전쟁 발발 초기 몇 년간 온갖 종류의 술에 광범위한 제약이 가해졌다. 노동자들의 주취를 줄여 전시(戰時)생산성을 유지하기 위해 비어의 알코올 수준을 낮추라는 명령이 내려졌다. 동시에, 술 생산량도 감소됐다. 비어와 스피릿이 아니라 빵을 만들 곡물을 비축하기 위해서였다. 전시상황은 각국 정부가 평시에는 실행하기를 주저하던 정책들을 실행하는 것도 가능하게 해줬다. 프랑스 정부가 1915년 3월에 내놓은 전시 초기 법규 중 하나가 여전히 노동계급의 인기 음료였던 압생트의 생산을 금지한 거였다.

앞서 봤듯, 19세기에 노동계급의 이미지가 높은 수준의 술 소비와 결부된 것은 결코 유럽에만 국한된 현상이 아니었다. 미국에서는 1790년부터 1830년 사이에 1인당 소비량 기준으로 미국 역사의 다른 그 어떤 시기보다 훨씬 더 많은 술이 소비된 것으로 판단된다: 이 시기에 15세 이상 미국인 각자는 순수 알코올을 최소 6.5갤런 소비했을 것으로 추정되는데, 이 양은 1850년부터 1900년대 초 사이에 (2갤런과 3갤런 사이로) 절반 이상 줄었다.[18] 이런 추세의 추정치가 대체로 정확하다면, 다음과 같은 두 가지 변화를 설명할 필요가 있다: 1830년까지 이어진 높은 수준의 술 소비량, 그리고 그 수치가 이후 80년간 급격히 감소하면서 안정세를 유지한 것.

1790년부터 1830년 사이에 알코올 섭취량이 많았던 건 일반적으로 미국인 사이에 위스키 음주가 확산된 탓으로 여겨진다. 럼은 17세기와 18세기 상당기간 동안 널리 선택된 음료였다. 그런데 미국 독립전쟁기에 영국군이 카리브해 식민지에서 미국에 럼과 당밀을 공급하던 경로를 차단했다. 미국인들은 국내에서 옥수수와 호밀로 위스키를 만드는 쪽으로 방향을 틀었다. 1688년에 잉글랜드에서 윌리엄 4세(William Ⅳ)가 즉위한 후 진이 그랬던 것과 사뭇 비슷하게, 조만간 위스키는 애국적인 술로 간주됐다. 공화국의 초대 대통령 조지 워싱턴은 위스키의 위상을 보여주려는 듯, 마운트 버넌(Mount Vernon)에 있는 사유지에 옥수수위스키 증류소 5곳을 운영하고 있었다. 옥수수위스키는 특히 매력적이었다. 미국 중서부의 정착지에서 곡물이 넘쳐날 정도로 생산된 덕에, 현대의 표준 스피릿 1병에 해당하는 위스키 0.2갤런을 5센트면 살 수 있었기 때문이다.

미국인들은 사이다와 비어도 (그리고 약간의 와인도) 마셨지만, 위스키는 공화국 초기에 대중이 선택하는 음료가 됐고, 그러면서 위스키 음주는 도덕·사회개혁가들의 시선을 끌었다. 그들은 위스키가 범죄와 빈곤, 가정폭력의 원인이라고 봤고, 고용주들은 노동자들이 취한 채로 일터에 와서 값비싼 장비를 망가뜨린다고 지적했다. 육군장관(Secretary of War) 존 H. 이튼(John H. Eaton)은 1829년에 군내 폭음사건을 개탄하면서 선포했다. "다량의 알코올을 함유한 리쿼를 탐닉하는 관행이 이 나라에 너무 대중화돼 있어서 하루에 1질(약 4온스) 이상의 술을 마시지 않는 사람은 4명 중 1명도 안 되는 걸로 믿어진다; 그런데 우리가 병사들을 징병하는 곳이 바로 이 계층이다."[19]

군에 징집된 신병들은 입대하기 전에 이미 골수 술꾼이었을 것이다. 하지만 군은 그들의 행동을 바꾸려는 시도를 거의 하지 않았다. 의회는 보병과 수병에게 날마다 술을 보급한 영국군의 관행을 따라 독립전쟁 초기에 군용 비어 보급을 승인했다. 비어는 1782년에 위스키 1질로 대체됐는데, 그 자신이 훌륭한 증류소 주인이던 조지 워싱턴은 "모든 장병이 독한 리쿼를 적당히 사용하는 데서 비롯되는 이점을 체험했으며, 거기에는 이론의 여지가 없다"고 주장했다.[20] 각 병사의 연간 할당량은 13.6갤런(순수 알코올 약 4.5갤런)에 달했다. 따라서 군에 보급된 양은 이 시기 미국인이 소비한 것으로 여겨지는 순수 알코올 추정량 6.5갤런의 3분의 2 정도다. 사역(使役)을 하거나 궂은 날씨에 근무하는 병사에게 별도로 지급된 위스키나, 병사들이 민간인 장사꾼에게서 입수할 수 있었던 별도의 술은 여기에 포함되지 않았다. 위스키 보급을 비어와 와인으로 대체하려는 훗날의 시도들은 병사들의 반대로 실패했고, 이 방침은 1832년까지 그대로 남았다.

그런데 1820년대 동안에는 군내 주취를 줄이기 위해 다양한 조치들이 취해졌다. 조치의 범위는 설득(절주운동가들은 병사들에게 금욕을 맹세하라고 권상했다), 군법회의, 심지어 태형에 이를 정도로 넓었다. 일부 요새에서, 위스키 배급은 하루에 2회 행해졌다. 아침식사 전에 전부를 주는 대신, 절반은 아침식사 때, 절반은 저녁식사 때 배급했다. 병사들이 군대를 따라다니는 장사꾼에게서 날마다 살 수 있는 양은 1질로 제한됐다. 그랬는데도 군내에 주취가 폭넓게 퍼져 있다는 보고서는 끊이지 않았고, 술은 병사들 사이에서 일어나는 탈영, 불복종, 질병, 사망의 원인으로 지목됐다. 엄청난 양의 청원이 들어오면서 1832년에 새 정책이 등장했다. 커피와 차가 위스키 보급을 대체했다. 사역을 하거나 (계속 술을 받은) 입원한 병사들은 예외였다. 민간인이 병사에게 스피릿을 파는 것이 금지됐다. 새 정책의 결과에 대한 보고서의 내용은 다양했다. 일부는 규율이 개선됐다고 말한 반면, 다른 보고서는 장사꾼들이 병사들에게 그 어느 때보다 많은 리쿼를 불법으로 공급하고 있으며, 그래서 주취가 이전보다 더 널리 확산됐다고 주장했다. 어느 쪽이건, 1832년 정책은 서구 세계 최초로 공식적으로 금주령을 시행한(dry) 군대를 낳았다.

영국과 러시아, 프랑스, 독일 같은 다른 나라 군대도 계속해서 병사들에게 주기적으로 술을 보급했지만, 그들의 정책에도 비판이 없지는 않았다. 술이 군의 효율에 미치는 영향에 대한 격렬한 논쟁(12장에서 논의한다) 뿐 아니라, 술이 보병과 수병의 건강과 육체단련에 갖는 효과에 대한 논쟁도 격렬했다. 일부 나라의 해군은, 때로는 육지를 기반으로 활동하는 군대에 제공되는 것보다 훨씬 많은 술을 하루 배급량으로 나눠줬다. 수병들은 별도의 술을 입수할 기회가 훨씬 적었기 때문이다. 왕립 해군이 선택한 술은 물로 희석한 럼으로, 이 혼합물은 '그로그'라는 이름으로 알려졌다. 18세기 중반부터, 배급량은 물 1쿼트를 섞은 럼 0.5파인트(럼 1 대 물 4)로, 이걸 하루 2회씩 나눠줬다. 이 배급량은 미국 해군에도 그대로 이어졌다. 하지만 미국 해군은 1794년에 위스키 0.5파인트나 비어 1쿼트를 제공하는 식으로 방침을 바꿨다. 비어를 주는 대안은 얼마 안 가 (아마도 선상에 필요한 분량 때문에) 탈락됐고, 해군은 1805년에 1년에 스피릿 4만 5,000갤런을 마셔치우고 있었다. 이 정도 양은 그 자체로는 문제가 되지 않았을 것이다. 그러나 비판가들은 그 정도 양이면 수병들이 더 많은 양을 갈망하게 만들고, 그러면서 수병들이 선상에 술을 밀반입하는 것으로 이어진다고 주장했다.[21]

다양한 주둔지에서 제출된 보고서들은 왕립 해군의 상대적으로 적은 비율의 수병들이 금단 섬망(delirium tremens, 알코올 금단과 자주 결부되는 섬망이나 "떨림"의 한 형태)에 시달린다는 것을 보여줬다. 1858년부터 1872년 사이에 (총원이 75만 명에 가까웠던) 왕립 해군에 보고된 건수는 2,033건이었는데, 그중 112명이 사망했다. 사망률이 높은 곳은 서인도제도, 버뮤다, 캐나다, 남아메리카의 해군기지였지만, 심지어 그 수치조차 복무 중인 수병의 수에 비하면 무척이나 낮은 셈이었다. 더불어, 사망률은 1858~88년 동안 떨어졌다.[22] 어느 사학자는 결론 내리기를, "'술 취한 수병들(drunken sailors)'이라는 평판이 자자하지만, 이 시기의 수병들이 보여준 금단 섬망 사건은 적은 듯 보인다."[23]

미군 병사와 수병들이 술을 입수할 가능성을 줄이는 정책이 때맞춰 탄생했다. 민간사회에서도 규제정책들이 모습을 드러내고 있었기 때문이다. 1820년대에 시작된 절주운동은 초기에는 성공을 거둔 듯 보인다(이에 대해서는 10장에서 더 자세히 논의한다). 절주운동에서 두각을 나타낸 집단 중 일부는 솔선수범을 도구로 삼았다: 1840년에 뉴욕 주에 거주하는 개신교성직자 80%와 의사 절반이 음주를 중단했다는 얘기가 있다. 그게 진실이라면(확인할 길이 없는 종류의 주장이다), 술 소비가 극적으로 변했다는 것을 보여주는 최첨단 사례였다. 1850년 무렵에 나온 일부 보고서에 따르면, 소도시와 시골에 거주하는 인구의 절반이 술을 끊었다. 술이 17세기 초 이후로 미국인의 사회생활에 필수불가결한 존재였다는 점을 감안할 때, 그게 진실이라면 상황이 충격적으로 반전된 것일 뿐더러 다른 곳에서 비교할 대상을 찾아볼 길이 없는 사건이다. 우리가 현재 아는 것은 주(州)에서 실행한 최초의 금주령이 1851년에 메인에서 실행됐다는 것으로, 그 사건은 19세기 전반기에 생겨난 반알코올 사상의 위력을 보여준다.

미국인들이 금주하자는 아이디어를 갑작스럽게, 그러면서도 폭넓게 수용한 것을 보면, 술을 끊은 미국인들이 수분 섭취를 위해 무엇을 마시고 있었는가하는 의문이 생긴다. 미국인이 마신 지배적인 알코올성 음료가 스피릿(식민지시기에는 럼, 공화국 초기에는 위스키)였다는 점에서, 미국의 음주 문화가 거의 모든 다른 지역하고는 달랐다는 것을 인식하는 게 중요하다. 스피릿은 물로 희석시켰을 때조차도 비어나 사이다, 심지어 와인과 동일한 수분 섭취용도 아니고 그런 효과도 낳지 않는다. 스피릿의 구성성분은 대체로 물이지만, 스피릿의 높은 알코올 함량은 스피릿을 수분 섭취용으로 충분히 많이 마시면 빠르게 알코올에 중독된다는 걸 뜻한다. 물론, 위스키를 물로 충분히 희석시키면 (위스키와 물의 비율에 따라) 물이 어느 정도는 정화될 것이고, 그 음료는 수분 섭취용 음료보다 더 효과적일 수도 있다. 알코올성 음료로서는 상당히 만족스럽지 않더라도 말이다.

미국의 시골 지역에 그곳 인구가 안전하게 섭취할 수 있는 깨끗한 식수가 충분히 공급됐을 가능성이 있다. 미국의 시골과 소도시 인구의 절반이 빠르게 술을 끊었다는 주장은 진실일 리 없어 보이지만, 안전한 음용수의 입수 가능성을 생각하면 그들이 그런 대안을 갖지 못한 도시인구보다 더 쉽게 술을 끊을 수도 있었을 거라고 예상하게 된다. 도시의 물은 훨씬 더 문제가 많았고, 그래서 도시노동자들(그리고 다른 사람들)은 술을 삼가는 것을 훨씬 더 주저했을 것이다. 더불어, 더 안전하게 수분을 섭취하게 해주는 커피와 차 같은 비알코올성 음료의 소비량이 늘고 있었다.

19세기 미국인의 음주 패턴에 반알코올 운동이 끼친 영향은 10장에서 논의하지만, 미국이 그 시기에 술 소비량을 끌어올렸을 것으로 예상되는 이민의 물결을 경험하고 있었다는 것은 밝혀둘 가치가 있다. 1820년대에 당도하기 시작한 많은 독일인이 비어를 마시는 문화도 함께 갖고 왔다. 30년 후에는 고국을 휩쓴 기아를 피해 도망 온, 비어를 마시고 위스키를 마시는 아일랜드인 이민자들이 도착했다. 그 시기에 독일과 아일랜드의 술 소비량 수준은 의심의 여지없이 미국의 그것보다 높았고, 이민자들은 미국에 거주하던 인구보다 훨씬 더 많은 양을 소비했을지도 모른다. 하지만 그들의 규모는 전체 미국인의 술 소비량 수준에 영향을 줄 정도로 크지는 않았다. 두 집단이 미국의 음주 문화에 끼친 영향은 다른 방식으로 감지됐다. 1850년대부터 독일인 이민자들이 미국에서 가장 규모가 큰 비어 양조회사가 된 회사들을 설립하기 시작했다. 쿠어스(Coors), 밀러(Miller), 앤호이저부시(Anheuser-Busch), 팝스트(Pabst), 슐리츠(Schlitz) 같은 회사들이 그런 곳이었다. 아일랜드 이민자들은 아일랜드를 테마로 삼은 살롱과, 술을 중심으로 한, 아일랜드인과 비아일랜드인이 모두 즐기는 축제인 세인트 패트릭 데이(St. Patrick's Day)로 미국 문화에 기여했다.

영국과 프랑스, 미국의 사례들이 보여주듯, 술은 19세기에 폭넓게 소비됐다. 하지만 비판가들은 주로 도시의 음주와 노동계급의 음주에 초점을 맞췄다. 더 넓은 시각으로 보더라도 그랬다. 독일에서는 1850년대와 1860년대에 산업화가 한창이었고, 1870년대 중반에 노동자 6명 중 1명이 제조업에 고용돼 있었다. 제조업 성장기의 초기에 실질임금이 오르면서 술 소비량이 늘었다: 1855년부터 1873년 사이에 슈납스(Schnapps, 증류로 얻은 모든 스피릿을 가리킨다) 소비량이 50% 늘고 비어 판매량은 거의 2배가 됐는데, 이런 증가량은 인구성장비율을 훨씬 능가했다. 1인당 소비량은 1870년대 초에 절정에 달했다. 그 시기에 성인 각자는 순수 알코올을 평균적으로 10.2리터 소비했고, 비어와 스피릿은 이 양에서 비슷한 비중을 차지했다. 그런데 그 시점에 독일 경제가 제조업 불황에 들어섰고, 브랜디의 가격은 대체로 노동자의 주머니 형편으로는 사기 힘든 수준이 됐다. 비어 판매량이 1900년대 초까지 꾸준히 늘었지만, 스피릿은 가파르게 줄었고, 그러면서 순수 알코올의 1인당 소비량이 줄었다.[24]

19세기 중반의 독일에서 술은 평일에 하는 노동시간의 중간중간에 방점을 찍어줬다. 고용주들은 술이 노동규율과 생산성에 해로운 영향을 끼친다는 걸 깨닫기 전까지는 노동자에게 술을 제공했다. 1인당 소비량은 상대적인 관점에서는 높지 않았지만, 노동자들이 산업화된 도시생활을 신기하게 여기면서 꾸준히 술을 마시는 행태는 중산층 관측자들의 불안감을 자극했다. 노동자들이—영국에서 제기된 혐의처럼—술에 취하고 방탕한 사람들로 인식된 것은 아니었다. 그런데 그들의 음주는, 어느 절주운동 리더가 썼듯, 그들을 "게으르고, 믿음이 안 가며, 작업을 방해하며 불만이 많은" 사람들로 만들었다.[25] 1885년에 어느 서베이에 참여한 공장 중 3분의 2가 작업장에서 스피릿을 마시는 것을 금지시켰지만, 그중 절반은 술을 밀반입한 노동자들의 저항이라는 문제를 겪었다고 보고했다.[26]

19세기의 사회적 렌즈는 유례가 없을 정도의 규모로 성장 중인, 종종은 모든 곳에서 산업화된 경제의 사회계급을 위협하고 있는 새로운 도시 노동계급에 굳건히 초점을 맞췄다. 술은 소도시와 마을, 외딴 농장에서도 소비됐지만, 비판가들의 눈에 그런 모습은 거의 보이지 않았다. 소규모 공동체와 시골의 음주시설들은 농업노동자들이 교제하는 장소로 간주됐다. 소도시와 시골의 사회적 압력과 관습은 그런 장소들이 상당히 질서 잡힌 곳으로 남는 것을 보장할 터였다. 반면, 도시는 음주장소를 풍성하게 양산했다. 프랑스의 카바레건, 영국의 비어하우스건, 독일의 비어셀러(beer-cellar)건, 미국의 살롱(saloon)이건, 그런 곳들은 부도덕과 범죄가 행해지는 장소로 묘사됐다. 도시사회는 시골사회가 그러는 것처럼 스스로 그런 것들을 규제하지 않았고, 중산층과 상류층을 안심시킬 정도로 규모가 큰 경찰력은 19세기에는 존재하지 않았다. 19세기경, 상류층과 중산층이 제멋대로 구는 노동자로 구성된 군중의 면전에서 자택과 프라이빗 클럽(private club, 회원제로 운영되는 클럽-옮긴이)으로 퇴각함에 따라, 대단히 다양한 사회계급에 속한 사람들이 바에서 교제한다는 관념이 (일반적으로 진실이었더라도) 자취를 감췄다. 사람들은 술 자체를 문제가 많다고 여겼지만, 도시노동자의 손에 들어간 술은 특히 사회 질서와 도덕 질서에 임박한 위협으로 간주했다.

산업화된 대도시의 숫자도 늘었다. 1800년에 인구가 10만이 넘는 도시가 유럽에 22곳 있었다. 1900년에는 79곳 있었는데, 이 숫자는 더 많은 인구가 집중된 많은 곳 중에서도 규모가 큰 곳들만 따진 것이다. 도시는 사람들로 만원이라는 뜻도 있지만, 사회 질서와 보건과 관련된 문제들이 있다는 뜻이기도 했다. 상류층과 중산층은 '위험한 계급들'—노동계급과 빈민계급—로 생각되는 사람들의 행동을 개탄했다. 그들의 거주형태와 사회적 관계, 위생, 사회적인 처신은 바람직한 것과는 거리가 멀었다. 어느 프랑스 비평가가 썼듯, "야만인들은 아프리카 해안의 검둥이들과 비슷하게, 스피릿 1병을 위해 자식들과 자신을 팔아버리는 빈민계급의 가장 타락한 부분이 보여주는 열정을 품고 술을 마신다… 야만인에게 술에 취하는 것은 더할 나위 없는 행복이다; 대도시의 극빈자들에게 그건 비교할 상대가 없는 열정이고, 그것 없이는 살 수 없는 도락이다."[27]

도시의 많은 병환을 치료할 치료제는 무엇이었나? 물. 안전하고 깨끗한 식수.

물은 인간의 삶에 필수적이다. 그런데 19세기의 도시에서 물은 자주 오염됐다. 사람이 버리는 쓰레기와 산업폐기물을 처리하는 주민들에 의해 많은 강과 물줄기가 식수로 적합하지 않은 상태가 되는 일이 특히 많았다. 공급되는 물의 오염은 19세기 훨씬 전부터 시작된 일이었지만, 19세기에 그 상태는 특히 중요한 시점에 도달했다. 사학자 피터 마티아스(Peter Mathias)는 19세기 초를 "물을 마시는 게 모든 습관 중에서 가장 위험한 습관이던 시대"라고 묘사한다.[28] 19세기 중반에 수병들이 장기간 항해하는 동안 소비할 용도로 런던에서 왕립 해군의 군함에 실린 템스강(the River Thames)의 물은 이런 식으로 묘사됐다: "옹호자들은 물은 스스로 정화된다고 말한다; 어느 정도는 맞는 말이다: 그런데 정화과정은 전혀 빨리 진행되지 않고, 물은 정화되는 동안 다양한 형태의 부패와 다양한 빛깔을 보여준다. 마치 기름공장이나 하수구에서 흘러나온 물이 각각의 물통을 지배하는 듯하다."[29]

런던만 물 문제에 시달린 게 아니었다. 매사추세츠 보스턴에서 나온 1830년대 보고서는 도시에 물을 공급하는 우물 중 4분의 1이 수질이 나쁘며, 나머지도 바람직한 것과는 거리가 있다고 밝혔다. "보스턴의 우물물 때문에 대단히 불쾌한 영향을 받는 사람들이 많다. 그들은 배앓이를 한다… 물은 많은 사람에게 변비와 다른 많은… 병증을 안겨준다. 도시의 모든 주민이 이용할 수 있도록 좋은 물을 공급하는 것은 무척이나 바람직한 일이다."[30] 이건 많은 곳에서 필요한 일이었다. 잉글랜드 북부에 있는 리즈(Leeds)의 빈민층 지역에 거주하는 사람들은 거주지에서 400미터 이내에 물이 전혀 없었고, 물을 길어올 수 있는 용기(容器)를 가진 사람도 극히 드물었다.[31] 벨기에 브뤼셀의 식수는 1830년대와 1840년대에 "역한 냄새"와 "악취," "썩은 나무에서 나는 극도로 불쾌한 냄새," "욕지기나는 맛"을 가진 것으로 묘사됐다. 파리에서 1844년에 행해진 연구는 공공분수에서 가져온 물의 겨우 10%만 마시는 데 적합하다는 결론을 내렸다.[32]

중앙정부와 시정부들은 19세기 중반부터 파이프를 통해 도시로 깨끗한 물을 수송하는 시스템을 건설하는 것으로 물 문제를 다루기 시작했다. 몇 가지 고려사항이 그들을 움직이게끔 밀어붙였다. 우선, 1830년대와 1850년대 사이에 콜레라와 장티푸스 같은 수인성 전염병이 연달아 퍼졌다. 1854년에 런던의 소호(Soho) 지역에서 발발한 콜레라는 열흘 동안 500명 넘는 목숨을 앗아갔다.[33] 둘째, 지배계급은 도시의 대중에게는 자신들과 주변 환경을 깨끗하고 위생적으로 관리할 수단이 필요하다고, 그리고 그것은 몸 씻기와 세탁에 적합한 물을 공급하는 상수 시스템뿐 아니라 오수를 실어갈 하수시스템을 의미하는 거라고 믿었다. 셋째, 때로는 물의 존재 그 자체가 사망률을 개선하는 힘을 갖는다고 이해했다. 보스턴과 기타 지역의 도시계획자들은 도시설계에 분수를 포함시켰다. 물을 보고 물이 내는 소리를 듣는 것은 도시가 사람들에게 안겨주는 분노를 다스리는 힘을, 그리고 도시의 무질서와 저열함에 질서와 품위를 가져오는 힘을 갖고 있다는 근거에서였다. 넷째, 안전한 식수는 갈수록 사회적 무질서와 도덕적 무질서의 원인으로 비난받는 술의 대안이 될 터였다. 그러므로 물은 도시와 거기에 우글거리는, 육체적이고 도덕적인 병폐를 가진 이가 다수인 많은 거주자의 육체를 세척할 것이다. 영국 국교회의 존 가우드(John Garwood) 목사가 1859년에 밝혔듯, 물은 음주 문제를 바로잡을 것이다: "런던의 많은 빈곤 지역에서 순수한 식수를 획득하는 게 무척이나 어렵다는 사실이 상당히 많은 주취의 원인이다."[34]

가우드가 이런 견해를 밝힐 무렵, 잉글랜드와 스코틀랜드, 웨일스의 시정부 수십 곳이 여과한 물을 파이프를 통해 도시로, 때로는 공공분수로, 때로는 개인의 거주지로 수송하는 시스템을 만들기 시작했다. 파이프시스템과 더불어 물을 모아둘 저수지를 짓는 작업이 포함된 이런 주요 공공작업들은 완공까지 수십 년이 걸렸지만, 19세기 동안 많은 도시인구가 마시기에, 음식을 장만하기에, 씻기에 적합한 물을 서서히 공급받았다. 1840년대부터 세기말까지, 영국의 소도시와 도시 180곳이 깨끗한 물을 공급할 시스템을 만들었고, 1911년에 런던 거주자의 96%가 상수도에 연결돼 있었다. 이건 파리에 비해 훨씬 높은 비율이었다. 파리에서 물의 대부분은 개인거주지보다는 공공배출구에 파이프로 수송됐다.[35] 네덜란드에서 파이프로 수송되는 물은 1854년에 암스테르담에 처음 도입됐고, 1860년대에 로테르담과 헤이그까지 확대됐으며, 1870년대와 1880년대에 라이덴과 위트레흐트, 아른헴으로 확장됐다. 세기말까지 네덜란드 인구의 40%가 파이프를 통해 수송된 식수에 연결됐다.[36]

유럽에서 개발된 기술이 조만간 세계 전역에 적용됐다. 영국인 엔지니어가 1887년에 요코하마에서 완공된 수도사업을 감독했고, 이후 몇 년간 도쿄와 오사카, 고베를 포함한 일본 내 다른 도시들의 상수도 공사를 자문했다. 다른 유럽인들도 뭄바이와 홍콩, 콜롬보, 카라치(Karachi), 싱가포르를 포함한 아시아 도시들의 식수 공급프로젝트에 활발히 참여했다.[37] 그들은 식민지 확장이라는 이해관계의 측면에서 그 작업에 착수했다. 수도(水道)개혁에 깊이 관여한 영국인 엔지니어 헨리 코니베어(Henry Conybeare)는 신선한 물이 질 나쁜 물 때문에 빚어지는 질환을 줄일 거라고 썼다: "모든 사망마다… 거기에는… 적어도 14건의 질환사례가 있다… 병을 앓는 환자는 비생산적일뿐더러 다른 이들의 생산적인 노동에도 부담이 된다."[38]

미국에서 신선한 물 공급은 더욱 빠른 속도로 진전됐다. 뉴욕은 다양한 방법을 시도했지만, 1830년대에 뉴욕의 수량과 수질은 중요한 단계에 도달하고 있었다. 뉴욕의 주도적인 과학단체인 자연사회관(the Lyceum of Natural History)이 1830년에 제출한 보고서는 뉴욕 시가 자체적인 강과 우물에서 "좋거나 건강에 유익한 물을 적절히 공급"할 수 없다고 결론지었다. 뉴욕 하부의 지질학적 구조는 우물을 뚫기에 적합하지 않았고, 정화조에서 우물로 스며든 소변이 단단한 우물의 벽을 무르게 만들었다. 자연사회관의 과학자들은 "결벽증이 있는 사람은 우리의 입맛을 달달하게 만든 그 물을 사용하는 것에 반발할 것이다"고 밝혔다.[39] 이런 주장의 근거로 제시된 수질은 새로운 상수도시스템을 지지하기에 충분할 정도였을지도 모른다. 그런데 절주운동가들은 술의 대안으로 새로운 상수도시스템을 내세웠다. 아이러니하게도, 그들은 어쩌다보니 도시의 비어 양조업자들과 동일한 편에 서게 됐다. 뉴욕의 양조업자들은 뉴욕 지역의 물이 지역에서 빚은 비어에 안겨주는 불쾌한 오염 때문에 뉴요커들이 필라델피아에서 만든 비어로 향하고 있다고 주장했다. 술 산업은 무시해도 좋을 만한 압력단체가 아니었다. 뉴욕에 주택이 3만 채 있던 1835년에 뉴욕의 시 경계선 내에는 태번이 2,646곳 있었고(주택 12채당 태번 1곳), 증류공장은 63곳, 브루어리는 12곳 있었다.

그런데 뉴욕의 관리들이, 다른 지역에서 그런 것처럼, 서둘러 조치를 취하게 된 것은 부분적으로는 질병의 발발—이 경우에는 1832년에 수천 명의 목숨을 앗아간 콜레라—때문이었다. 3년 후, 물 공급이 딸려 처참한 화재를 진화하지 못한 사건은 위기감을 한층 키웠다. 그랬는데도 맨해튼에서 48km 떨어진 강에서 물을 운반하는 송수로는 1842년에야 완공됐다. 물은 "건강에 좋은 절주음료"로 평가됐고, 신선하고 깨끗한 물의 당도를 기념하려고 거행된 축하행사와 행진에는 반알코올 분위기가 뚜렷했다: "절주운동 협회들은… 소화전이 새겨진 럼통과 '똑바로 뒤집자'라고 적힌 뒤집힌 디캔터(decanter)가 그려진 현수막으로 높은 점수를 땄다."[40]

보스턴의 첫 수도 시스템은 개혁가들과 일반시민 사이에 몇 년간의 논쟁이 오간 후인 1848년에 완공됐다.[41] 물을 술의 대안으로서 공급하는 것은 여기에서 논의된 여러 이슈 중 하나였을 뿐이다; 깨끗하고 신선하며 마셔도 되는 공짜 물은 시민이 가져야 할 권리로 간주됐고, 건강과 도덕, 사회 질서에 유익한 것으로 묘사됐다. 보스턴의 상수도가 무리하게 작동됐고 품질이 형편없었다는 데에는 의심의 여지가 없다. 1834년 서베이는 소비자들이 시에 있는 3,000곳 가까운 우물 중 30곳이 마실 수 없는 물을 공급하는 것으로 간주한다는 것을 보여줬다. 다른 많은 우물에서 길은 물은 맛이 나빴고, 일부는 빛깔이 더러워서 그 물로 옷을 빨면 옷에 물이 들 지경이었다.

술 소비량을 줄이겠다는 소망은 보스턴 시민에게 질 좋은 식수를 공급하는 운동의 한 부분이었을 뿐이지만, 두드러진 주장이기는 했다. 일부는 질이 낮은 물을 마실만한 물로 만들려고 술을 섞는 사람들을 예로 들었다; 어느 장인(匠人)은 "스피릿을 섞지 않고는 마실 수 없을 정도로 수질이 나쁠 때 물에 스피릿을 섞는 게 보통이다"라고 말했다. 이미 수도공사를 마친 필라델피아 시민의 의견을 담은 증거도 있었다: "일상적으로 취기를 주는 음료를 마시는 습관이 있었다. 술을 물에 섞지 않고서 물만 마시는 일은 드물었다. 신선한 물이 도입된 후로는 그런 술을 활용하는 것을 거의 끊었다… 나는 술을 원치 않는다." 절주운동 지지자들이 수도(水道)운동의 배후에 있었다는 건 놀랄 일이 아니다. 그들은 물을 자연의 일부인 순수한 음료라며 칭찬하면서, 그걸 인간이 만든 알코올성 음료들과 비교했다. 어느 필자가 생생하게 지적했듯, 물은 자연의 일부로 하나님께서 주신 것이었다: "하늘에 계신 우리 아버지께서는 금방이라도 폭발할 것 같은, 연기를 뿜어내는 불길에다 독한 가스에 숨이 막히고, 몸을 상하게 만드는 악취와 코를 찌르는 오염에 둘러싸인 증류소에서가 아닌 다른 곳에서 생명에 소중한 정수(精髓)—순수한 냉수—를 준비하신다."[42]

이런 추세를 보여주는 사례를 더 많이 제시할 수 있었다. 19세기 동안 유럽과 북미의 (그리고 다른 지역의) 곳곳에서 더욱 더 많은 도시인구가, 도덕적 개혁가들이 술을 대체하기를 소망했던, 깨끗하고 신선한 식수를 미더운 마음으로 접했다. 미국인들은 유럽인보다 (몸 씻기와 마시기를 포함한) 다양한 용도로 훨씬 더 많은 물을 이용하기 시작했다. 20세기에 들어설 무렵, (런던과 파리, 베를린을 포함한) 유럽의 대도시 사람들은 날마다 물을 1인당 86리터 썼다. 미국의 주요 도시에서 그 수치는 341리터로, 1인당 소비량 기준에서 4배였다.[43] 소도시와 시골 지역의 상황은 덜 명확하다. 많은 이가 지역의 샘과 강, 자분정에서 얻은 수질이 다양한 물에 계속 의존했을 가능성이 높다.

보스턴 같은 일부 고장에서, 술을 반대하고 물을 지지하는 압력단체들이 개선된 상수도는 그 자체로 바람직할 뿐 아니라 무(無)알코올 사회의 도래를 촉진시켜서 사회에 이득을 줄 거라는 주장을 명확히 펼치려고 힘을 모았다. 그렇다고는 해도, 수도개혁을 찬성하는 절주운동의 주장에 반대자가 없었던 것 아니다. 어느 팸플릿 필자는 보스턴의 수도운동가들이 절주라는 대의로 향하는 마차에 편승하고는 "순수하고 부드러운 물이라고 씨부렁거리지만, 그들이 주장하는 말 한 마디 한 마디가 브랜디 냄새와 담배 냄새가 섞인 역한 냄새를 풍긴다"며 그들의 '뻔뻔함'을 비난했다. 그는 물이 브랜디의 적절한 대체물이 될 수 있을지 여부에 의구심을 품었다: "브랜디를 마시는 이들의 습관에 수질이 끼치는 영향은 얼마나 미미한가! 그는 그걸 핑계로 내세울 것이다. 그리고 시가 수백만 달러를 들여 이런 핑계를 제거한다면 그는 손쉽게 다른 핑계를 찾아낼 것이다."[44]

술을 마시는 사람이 깨끗한 식수를―말 그대로―언제든지 이용할 수 있다는 간단한 이유 때문에 금주 쪽으로 빠르게 이동할 가능성은 거의 없다는 점에서, 그는 아마도 옳았을 것이다. 그 세기의 나중인 1870년에 〈영국의학저널〉은 "물을 마시는 것을 지지하는 사회운동이 40년 가까이 꾸준히 전개돼 왔지만" 어디―병원, 교도소, 또는 "토요일 밤의 영국 어느 소도시의 빈민층 길거리"―를 둘러보건 "인간이 겪는 많은 형태를 띤 모든 고통의 원인 중에서 가장 두드러진 것은 술(DRINK)"이라는 분명한 증거가 있다고 개탄했다.[45]

하지만 주요 도시에 식수를 공급한 것은 술의 역사에 중요한 결과들을 가져왔다. 세계 많은 지역에서, 특히 술 남용이 무척 심각하다고 믿어졌던 산업화된 도시에서, 술이 수분을 섭취하기 위해 필수적이라는 주장은 더 이상 할 수 없었다. 그래서 술은 거의 전적으로 오락용 음료로, 딱히 해로운 결과 없이도 음주자의 재량에 따라 끊을 수 있는 음료로 볼 수 있었다. 실제로, 술이 물보다 우월하다는 몇 세기에 걸친 주장은 정반대로 뒤집을 수 있었고, 실제로 뒤집혔다: 19세기 초에는 물을 안전한 선택으로 묘사하고 술은 해로운 것으로 비난할 수 있었다. 하지만 물이 개인의 건강에 위험한 것으로 간주된 반면, 술은 사회와 도덕에 해로운 것으로 내세울 수 있었다. 따라서 안전한 식수의 공급은 19세기에 술을 향한 태도를 진정으로 변화시킬 수 있게 해주고 절주 이데올로기가 발흥하는 데 기초를 제공한 상황 중 하나였다.

10장

술의 적들, 1830~1914

절주와 금주

술이 인간의 건강과 사회 질서에 미치는 해로운 효과에 대한 우려들이 수천 년간 표명돼 왔지만, 19세기에 목청껏 터져 나온 술을 공격하는 목소리에 비하면 그것들은 속삭임 수준이었다. 1830년대에 절주운동을 벌이는 단체들이 등장했고, 50년 후에는 대규모 조직들이 알코올성 음료의 입수 가능성을 제한하고 소비를 줄이거나, 술을 아예 제거하자는 운동에 전념했다. 종교단체와 제휴한 많은 강력한 절주운동과 금주운동이 세계 많은 지역에서, 특히 미국과 캐나다, 영국, 스칸디나비아에서 폭넓은 지지를 받았다. 국가 및 지역 수준에서 활동하고 국제적으로 협력한 이 단체들은 신문과 팸플릿, 서적을 통해 자신들의 메시지를 홍보하고 연설과 강연을 통해 널리 알렸다. 술 사업을 통제하거나 아예 사업에서 몰아내자며 정부를 압박하려고 거리로 나와 시위에 나선 단체도 많았다. 그 무렵, 그건 단일한 정책적 목표를 달성하기 위해 규합된, 역사적으로 가장 큰 규모로 인력과 자원을 동원한 시민운동이었다. 이 운동은 제1차 세계대전 동안, 그리고 전후에 많은 나라에서 금주령과 준(準)금주령의 물결을 일으켰다.

사학자들은 이런 반알코올(antialcohol) 단체들과 그들의 리더십에, 그리고 더 일반적으로는 19세기의 술 관련 정책에 많은 관심을 쏟았다.[1] 하지만 반알코올 운동이 정치문화와 술 정책에 그토록 큰 영향을 줄 수 있게 해준 사회적·문화적·물질적 상황에 대해 쏟은 관심은 훨씬 적었다. 이런 상황에는 19세기의 도시화와 산업화에 동반된 폭넓은 변화들뿐 아니라, 기독교개혁운동과 젠더 관련 정치의 발흥 같은 더 구체적인 현상들도 포함된다. 물질적인 수준에서는 사람들이 비알코올성 음료—특히 식수뿐 아니라 차와 커피—를 입수하고 폭넓게 소비한 것이 술의 문화적 의미에 상당한 영향을 줬고, 점증하는 조직화된 반알코올 운동의 공격을 받은 술 소비를 취약하게 만들었다.

19세기에 등장한 이 단체들은 일반적으로 술에 대한 적대감을 공유했다. 하지만 그들의 폭넓은 전략과 당면 목표는 무척 다양했다. 우선, 단순히 적당량만 마실 것을 요구한 단체들과 소비자의 자발적인 자제를 요구한 단체들, 법으로 술의 생산과 유통, 소비를 전면적으로 금지할 것을 원한 단체들 사이에 중요한 차이점들이 있었다. 일부는 술의 건강상 위험에 큰 무게를 뒀다; 다른 단체들은 술 소비의 귀결점이라고 믿은 사회 혼란을 강조했다. 다른 단체들은 유럽의 민족주의가 심각해지던 이 시기의 중요한 고려사항이던 국가인구의 성장과 안녕에 끼치는 술의 위험성에 관심을 모았다. 종교기관과 제휴한 단체들은 경전에 호소하는 것으로 자신들의 입장을 정당화한 반면, 다른 단체들은 세속적이고 실용적인 주장에 의지했다. 마지막으로, 여성들로 구성된 반알코올 조직은 술에 취한 남자들이 여성과 아동, 성(性)도덕과 가정의 안정에 가하는 위협에 초점을 맞추는 편이었다.

반알코올 운동이 중기(中期)적으로 거둔 업적은 대체로 인상적이었지만, 관련단체들은 운동 그 자체가 그런 것처럼 이곳저곳에서 다양한 모습을 보여주었다. 가장 널리 알려진 성공사례는 미국의 전국적인 금주령이지만, 러시아와 멕시코, 캐나다, 벨기에, 핀란드 같은 여러 나라에서도 엄격성 정도가 다양한 정책을 찾아볼 수 있다(13장을 보라). 하지만 잉글랜드와 스코틀랜드 같은 나라는 술 판매와 관련한 더 엄격한 규제들 때문에 그렇게 엄격한 정책들을 거부했다. 이런 정책 중 다수가 제1차 세계대전의 발발 직후에만 도입됐다는 것을 주목해야 한다(12장을 보라). 제1차 세계대전 때, 전시(戰時)경제의 수요 때문에 각국 정부가 평시에는 집행을 주저했을 정책들을 정치적으로 집행하는 게 가능해졌다. 그렇기는 하지만, 세계적인 규모의 전쟁이 발발하기 전에도 반알코올 운동이 이런저런 업적을 거뒀다는 데에는 의심의 여지가 없다.

다양한 조직이 채택한 전략은 그들이 직면한 법률과 정책 수립기관, 음주 문화에 따라 다양했다. 미국에서는 처음에는 주정부들에 압력이 가해졌다. 살롱은 문제 소지가 있는 음주가 행해지는 주요 장소로 특히 중심적인 관심대상이 됐다. 프랑스와 독일에서, 절주운동가들은 스피릿을 금지시키라며 국가 당국에 압력을 가했다. 그런데 여기에는 몇 가지 공통적인 특징이 있었다. 모든 나라에 지배적인 조직이 1곳이나 2곳 존재하는 광범위한 조직들이 있었다. 적당한 음주를 주장하는 운동을 벌이는 이들과 전면적인 금주를 주장하는 이들 사이에 구분이 있었고, 자발적인 자제를 원한 이들과 강제적인 금주령을 선호한 이들 사이에 구분이 있었다. 개신교교회들은 일반적으로 가톨릭교회보다 반알코올 대의를 더 열렬히 받아들였고, 여성들은 대다수 운동에서 때로는 리더로서, 때로는 멤버로서 눈에 띄는 참가자였다.

19세기 초에 미국에서 일어난 광범위한 반알코올 캠페인에서 이 모든 특징을 볼 수 있다. 새로운 세기가 열린 직후, 술이 사회 안정에 끼치는 영향에 대한 중산층의 불안감에 의지하는 주(州)기반 절주단체가 다수 결성됐다. 많은 단체가 자발적인 전면 금주나 금주령을 포용하기보다는, 제한된 야망을 품었다. 당시 미국인이 소비한 알코올의 가장 큰 출처인 스피릿의 소비를 반대하는 운동을 벌인, 무절제의 억제를 위한 매사추세츠 협회(the Massachusetts Society for the Suppression of Intemperance, 1813년 창립) 같은 단체가 그랬다. 그런데 1830년대에 일부 단체가 회원들에게 술을 철저히 자제하라고(즉, 절대금주주의(teetotalism, 19세기 초에 시작된, 개인적으로 알코올성 음료를 철저히 삼가는 관행이나 그러자는 주장. 19세기와 20세기 초에 절주운동이 보편화되면서 "절주"가 더 대중적인 용어가 됐다—옮긴이)를 채택하라고) 주장하기 시작한 반면, 다른 단체들은 알코올의 모든 출처를 차단하는 것으로 세상사람 모두를 술을 끊게 만들 금주령을 내리라며 압박하기 시작했다. 이 단체들이 가한 압력은 많은 주가 엄중한 술 규제를 채택하는 데 기여했다. 1838년에 매사추세츠가 15갤런에 못 미치는 양의 스피릿을 판매하는 것을 금지시켰다(이 조치는 인구 중 다수가 개인적으로 소비할 용도로 스피릿을 소매 구입하는 것을 효과적으로 끝장냈다). 1840년대에는 다른 주들이 스피릿 판매를 규제하기 시작했다. 이런 제한들에 대한 법적인 저항이 여러 차례 제기되자, 미 대법원은 1847년에 그런 저항에 대한 반응으로, 주정부는 스피릿 판매 면허를 거부할 권한이 있다고 판결했다.

메인 주 의원들은 술에 맞서 벌이는 투쟁을 한층 더 격화시켰다. 일찍이 1837년에 주의회 산하 어느 위원회는 음주를 통제하는 가장 효과적인 방법은 알코올성 음료의 판매를 완전히 금지하는 것이라고 결정했다. 몇 차례 과도기 입법을 거친 메인은 1851년에 주 경계선 내에서 알코올성 음료를 생산하고 판매하는 것을 금지한 첫 주가 됐다. 주 관리들은 (시민 3명이 어느 개인을 상대로 불만을 제기하면) 판매용 술을 찾아 사유지를 수색

할 권한을 부여받았고, 금주령 위반으로 세 번째 유죄 판결을 받으면 법정으로 징역형에 처해졌다.[2] 하지만, 메인의 법은 술을 소비하는 것이나, 개인적으로 소비할 용도로 술을 주내로 수입하는 것은 금지하지 않았다. 이건 인접한 주에서 술을 입수할 수 있는 한, 메인의 많은 시민이 술을 상당히 잘 접할 수 있었다는 뜻이다. 뉴잉글랜드(New England, 미국 북동부에 있는 6개 주를 부르는 명칭-옮긴이)에 속한 모든 주가 1855년에 금주령을 채택했고, 뉴욕과 다른 다수의 주와 지역도 그렇게 했다. 주 기반 금주령이 이룬 이런 최초의 물결은 1850년대 동안 최고조에 달했다가 서서히 퇴조했다. 메인의 의원들은 1856년에 1851년 법을 폐지했다가 총투표 이후 1858년에 다시 제정했다. 그러다가 결국 1884년에 금주령이 주 헌법에 단단히 자리를 잡았다. 하지만 1850년대에 금주령 스타일의 법을 제정한 다른 많은 주는 1860년대 말 무렵에 그것들을 폐지했다.

남북전쟁이 끝난 후인 1870년대에 반알코올 정서의 두 번째 파도가 세를 불리기 시작했다. 가장 중요한 조직 중 1곳이 1874년에 16개 주 출신 여성들에 의해 창립된 기독교 부인 교풍회(WCTU, the Woman's Christian Temperance Union)였다.[3] 회원 자격은 술을 철저히 삼간다는 기대를 받은 여성에게만 제한됐고, 조직의 최초 명령은 살롱이라는 폐해와 싸우고 의회가 술 교역에 대해 조사하도록 로비를 하라는 거였다. WCTU는 여성들은 술의 파괴행위로부터 가족과 가정을 방어하는 데 특별한 이해관계가 있다는 근거에서 여성이 정치활동에 참여하는 것을 정당화했고, 나중(1881년)에 여성의 참정권을 의제(agenda)에 첨가했을 때도 동일한 주장을 언급했다. WCTU는 폭넓은 지지를 받았다. 1890년에 미국에서 회원이 15만 명 가량 됐다. 그리고 많은 여성에게 처음으로 정치에 참여하는 경험을 제공했다. 하지만 이 단체는 애초에 받았던 기대만큼 국가 차원의 정치에 영향을 끼치는 데는 실패했다.

WCTU는 개신교 여성들이 지배했다. 유대인 여성들은 이 단체와 거리를 두는 편이었다. 부분적으로는 유대인들이 기독교 의제를 (또는 WCTU라는 이름을) 반대했기 때문이지만, 그보다 더 큰 이유는 유대인 여성들이 안식일(Sabbath) 만찬과 사교모임에서 와인을 마셨고 유대인 공동체에서는 술을 문젯거리로 보지 않았기 때문이다.[4] 가톨릭은 대체로 이 단체와 거리를 뒀다. WCTU가 회원으로 가입하려는 사람에게 '교리 테스트'를 하지 않았던 것은 분명하지만, 많은 절주운동 지지자가 이민을, 특히 가톨릭과 아일랜드인의 이민을 반대했기 때문이다. WCTU의 가장 두드러진 지도자인 프랜시스 윌라드(Frances Willard)는 1892년에 의회에 "이미 우리 땅에 있는 구세계(Old World)의 쓰레기들을 교육시키기 전까지는 그런 자들이 우리 땅에 더 많이 몰려오는 것을" 금지시키라고 요구했다.[5] 시어볼드 매튜(Theobald Mathew, '매튜 신부')가 아일랜드에서 벌인 절주운동에서 영감을 얻은 일부 아일랜드계 미국인 가톨릭들은 독립적으로 금주라는 대의를 내걸었다. 주요한 가톨릭단체인 가톨릭 전면금주연합(the Catholic Total Abstinence Union)이 (WCTU 이전인) 1872년에 설립됐고, 1900년대 초 무렵 이 단체와 제휴단체들의 회원은 9만 명에 달했다. 절주운동은 독일계 가톨릭보다는 아일랜드계 가톨릭 사이에서 훨씬 더 인기가 좋았다. 독일계는 그런 운동을 일요일 노천 탁자(beer-garden) 같은 문화활동에 대한 위협으로 보고 있었다. 하지만 아일랜드계 가톨릭들은 절주운동을 미국 사회에 동화되는 수단이자, 그들에게 덧씌워진 불결하고 시끄러우며 싸우기 좋아하는 술꾼들이라는 선입견을 제거하는 수단으로 봤다. 그 자신이 이민자인 미네소타 세인트폴(St. Paul)의 존 아일랜드(John Ireland) 주교 같은 일부 지지자가 1882년에 자신의 동포들이 선천적으로 주취에 빠지기 쉽다고 밝힌 것은 아일랜드계가 내건 대의에 도움을 주지 못했을 것이다: "술은 우리 동포들에게 더 많은 해만 끼친다.

우리 동포의 뜨거운 속성은 훨씬 더 쉽게 불꽃을 피우기 때문이다."[6] 이 건 북미원주민 같은 일부 인구집단의 주취에 빠지는 '자연스러운' 경향에 대해 만연한 사상이 신체의 체액이론과 융합되면서 탄생한 기이한 결과물이었다.

가톨릭 단체들은 이윽고 살롱으로 관심을 돌렸다. 살롱은 미국에서 음주를 대표하는 최악의 사례로 간주되던 남성 전용 술집이었다; 1890년에 어느 사제가 살롱을 "불법적이고 도덕적으로 나쁜 사업"이라고 언급했다.[7] 3년 후, 조합교회주의(Congregationalism) 목사 H. H. 러셀(Russell)이 미국 반살롱연맹(ASLA, the Anti-Saloon League, of America)을 설립했다. 이 중요한 조직은 애초에는 집에서 하는 음주는 막지 않고 살롱을 폐쇄하는 것만을 목표로 삼았지만, 얼마 안 있어 완전한 금주프로그램을 포함시키는 쪽으로 강령을 확장했다. WCTU의 리더십이 금주령을 지원하는 정당들과 연합하는 것으로 회원 내부에 분파를 만들어낸 반면, ASLA는 초당파적인 입장을 단호히 견지하면서 얼마 안 있어 금주라는 단일 목표를 위해 활동했다. ASLA가 보기에 살롱─거친 남자들이 모여 술 마시고 불경죄를 저지르고 도박하고 다른 1,000가지 악행을 즐기는 소란스럽고 평판 나쁜 장소라는 명성을 이미 획득한 노동계급의 퍼블릭 하우스─은 술소비에 수반되는 온갖 나쁜 짓의 상징이었다.[8]

ASLA는 20세기 초에 인정을 받았다. 그 시기에 이 단체는 이질적인 단체들이 뒤섞인 미국의 금주운동에서 빈번하게 선봉에 선 단체였다. ASLA는 다른 집단들과 함께 일하면서 주(州) 수준에서 금주활동에 자금을 댔고, (부분적으로는 백만장자 금주주의자 존 D. 록펠러John D. Rockefeller의 금전적인 지원 덕에) 자체적인 서적과 팸플릿을 출판하는 인쇄소를 만들기에 충분할 정도로 부유해졌다. 일부 서적은 세기 전환기에 유럽 동부와 남부에서 미국으로 흘러들어온 이민자에게 금주운동의 메시지가 당도하도록 여러 외국어로 출판됐다.

ASLA가 개인의 음주에 끼친 영향력은 평가할 도리가 없지만, 정책제
정자들에게 끼친 영향은 평가가 가능하다. 미국의 거의 모든 주가 제1차
세계대전이 일어나기 20년 전에 술을 제한하는 정책들을 채택했고, 많
은 주가 엄격한 금주령을 제정하기까지 했다. '건조(dry)'하거나 '젖은
(wet)'(술을 엄격하게 규제하기만 한 주에는 '축축한damp'이라는 표현이 더 적절
할 것이다) 주들로 구성된 이 누더기는 ASLA의 최대성과 중 하나로 이어
졌다: 술이 젖은 주에서 건조한 주로 이동하는 것을 금지한 1913년의 웹-
케니언 법(Webb-Kenyon Act). 그런 성과를 거둔데다 주 수준의 금주령이
라는 순풍을 맞은 ASLA는 헌법 수정을 수단으로 삼아 전국적인 금주령
을 확보하려는 노력을 배가했다. 금주령에 우호적인 의회가 1916년에 전
국적인 금주령을 제정하는 수정헌법 18조(the Eighteenth Amendment)를 통
과시키는 과정에 착수했다. ASLA는 많은 반알코올 조직 중 한곳에 불과
했지만, 그 시점까지 규모와 영향력 면에서 가장 중요한 단체였고, ASLA
가 미국이 금주령을 제정하게 만드는 데 기여했다는 사실은 부인할 수 없
다.

영국의 반알코올 운동들은 미국의 그것들과 유사성과 차이점 양쪽에
서 연구해볼 만한 과제다. 스코틀랜드의 조직에서 영감을 받은 절주운동
이 1830년에 맨체스터와 브래드퍼드(Bradford) 같은 북부의 산업도시에
서 처음 시작된 후 남부로 활동범위를 넓혔다. 1831년에 그런 단체가 30
곳 있었는데, 모두들 스피릿의 과도한 소비를 막는다는 상대적으로 수수
한 목표를 갖고 있었다. 술은 악하고 술 소비는 잘못된 일이라는 생각하
고는 거리가 한참 멀어서, 영국의 1세대 술 개혁가 중 다수는 와인과 비어
를 마셨고, 심지어 스피릿을 마시는 이도 회원으로 가입할 수 있었다.[9] 이
시점에서는 그들을 술의 적이라고 부를 수 없었다. 그들이 세운 방침이

적당한 소비를 지지한 이들이 몇 백 년 동안 추구해온 것 이상을 요구하지 않았기 때문이다. '음주 문제(the drink question)'라고 알려지게 된 이런 접근방식은 제한된 결과를 달성했다. 절주운동이 술을 더 넓은 사회개혁 의제에 올려놓는 데 성공하기는 했지만, 중산층 개혁가들과 그들이 개혁의 대상이라 믿었던 사람들—노동계급 남성들—사이의 드넓은 사회적 격차는 운동의 현실적인 성공에 부정적인 영향을 끼쳤다. 더불어, 중산층 남성들은 와인과 비어를 용인하고 진과 다른 스피릿을 겨냥하면서, 노동자들이 보편적으로 즐기는 술을 악마로 묘사하고 자신들이 선호하는 알코올성 음료는 유순한 것으로 취급하는 작업을 손쉽게 수행할 수 있었다.

절주를 목표로 삼은 절제된 접근방식은, 상대적으로 단기간 내에, 술의 전면적인 자제를 포함한 더 과격한 개혁을 요구하는 목소리의 도전을 받았다. 원래 절주운동협회의 회원들 중 금주론자들은 그들만의 협회들을 결성했고, 얼마 안 가 영국의 반알코올 운동은 분열됐다. 그들을 가른 경계선은 접근방식 하나만이 아니었다: 개혁가들은 중산층에다 신심이 깊은 런던과 남부 자치구 출신이었던 반면, 전면적인 금주를 지지한 이들은 산업화된 북부 자치구 출신으로 종교적으로 엮인 곳이 없는 사람인 경우가 잦았다. 게다가 개심한 술꾼들 자신이 노동계급 출신이었다.[10] 자신들의 사회적 배경에 의존하는 절대금주론자들은 술꾼들이 음주습관을 떨쳐버리는 것을 돕는 작업을 한 반면, 중산층 개혁가들은 기존 술꾼들은 돕는다고 개선될 상태가 아니며 운동의 주요과업은 누구건 처음부터 심하게 마시는 것을 방지하는 것이라는 관점을 택했다.

노동계급의 자립적인 절대금주주의는 19세기 중반의 잉글랜드에서 반알코올 운동의 특징이 됐고, 금주는 노동하는 남성들과 그들의 가족들의 삶을 향상시키는 방법으로 묘사됐다. 일부 조직은 확실히 세속적이었다. 종교를 언급했다가는 주요 이슈로부터 멀어지면서 집중력을 산만하게 만들 거라는 두려움 때문에 종교에 대한 논의를 금지시킨 동(東)런던 차티스트 절주협회(the East London Chartist Temperance Association) 같은 곳이 그랬다.[11] 회원들은 서로서로 구직을 도왔고, 거래를 할 때면 가급적이면 회원들끼리 하라는 권고를 받았다. 다른 수준에서, 술을 삼가는 것은 노동자가 투표권과 다른 정치적 권리를 획득하기 위한 전제조건으로 묘사됐다. 일부 사회주의자도 정치적인 이유로 절대금주주의를 주장했다. 그들은 술을 고용인들이 노동자들을 고분고분한 상태로 유지시키면서 노조와 정치적인 활동에 관심을 갖지 못하게끔 만드는 수단 중 하나로 봤다.

하지만 온갖 종류의 절대금주주의자들은 힘겨운 투쟁을 하고 있었다. 음주는 영국의 노동계급 문화에 탄탄하게 자리 잡고 있었고, 퍼블릭 하우스는 노동하는 남성들(그리고 빈도는 낮았지만 여성들)이 교제하려고 이용하는 주요 장소였다. 출생과 결혼, 장례에 이르는 온갖 종류의 사건이 사교적인 음주로 축하됐고, 퍼블릭 하우스는 많은 공동체에서 주요하거나 유일한 공공 회합장소였다(많은 반알코올 단체가 회합을 위한 장소를 찾는 데 어려움을 겪었고, 부유한 단체들은 자체적으로 절주회관Temperance Hall을 지었다).[12] 술은 교환수단이기도 했고, 소소한 서비스에 대한 급여로도 제공됐다; 장례식에서 일을 거든 여성들은 관례대로 럼 1인분을 받았다. 무엇보다도, 친구들과 이웃, 직장동료들과 함께 하는 음주는 즐거웠고, 그런 점에서 술은 사회적인 윤활유이자 사회적인 접착제였다.

물론, 음주의 다른 측면도 있었다: 퍼블릭 하우스에서 도발적인 언사들이 오가고 말다툼과 주먹다짐이 일어났을 때, 그리고 개인의 저택에서 음주가 가정폭력으로 이어졌을 때, 술은 사회적 유대관계를 해체하는 데 마찬가지 효과를 낼 수 있었다. 술은 19세기에 늘어난 이혼건수의 법정 기록에 꾸준한 시냇물처럼 흘렀다. 기록들은 종종 술 취한 남편이 아내를 구타한 것을 보여주지만, 가정폭력의 옹호자들은 남성의 폭력이 때때로 여성의 음주에 의해 촉발됐다고 설명했다: "이런 사례 중 대다수에서, 고통 받는 천사는… 남편의 집을 지상의 지옥으로 만들고, 남편의 벌이를 술에 탕진하는 타락한 계급의 천사로 밝혀졌다."[13] 19세기 말에 많은 서구 국가의 (그리고 미국 여러 주의) 이혼법에는 지속적인 주취를 정당한 이혼사유로 보는 근거가 첨가됐다. 메인은 1883년에 "주취라는 역겹고 확고부동한 습관들"을 덧붙였다; 버지니아는 1891년에 "습관적인 주취"를 덧붙였고, 스코틀랜드는 (1903년에) 습관적인 주취는 사법적인 결별을 인정받는 목적에서 잔혹행위와 동등하다고 봤다.[14]

하지만 노동계급 남성의 술에 대한 인식은 압도적으로 긍정적이었고, 많은 영국 노동자가 절대금주주의자들을 적대시하면서, 그들을 멍청하면서도 사회성이 떨어지는 차(茶) 마시는 사람들로 보는 데서 그치지 않고, 암암리에 노동계급의 문화를 뒤집어엎으려는 사람들로까지 봤다. 절대금주주의자들이 노동자들이 술에 돈을 쓰는 것을 막아서 노동자의 급여를 깎을 수 있기를 원하는 고용주들로부터 돈을 받고 있다고 의심하는 사람들도 있었다. 일부 고용인들은 금주 맹세에 서명한 직원들을 해고시켰다. 계속해서 술을 마시는 노동자들 사이에서 그런 사람의 존재는 일터의 조화를 방해하고 위협했기 때문이다.

영국 노동계급 내에서 이토록 다양한 세력이 활동하는 동안, 중산층 개혁가들은 술을 반대하는 운동에 엄청난 규모의 자원을 동원하기 시작했다. 이런 활동의 원동력 중 하나가 메인에서 1851년에 통과된 금주령으로, 이 법은 영국의 단체들이 예상했던 것하고는 다른, 훨씬 더 엄격한 모델이었다. 절대금주주의자들은 도덕적인 설득에 의존하면서 광명을 보고 자발적으로 술을 끊는 것을 음주자들 몫으로 남겨뒀지만, 메인의 의원들은 음주자가 술을 끊는 것 말고는 다른 도리가 없는 모델을 제공했다. 이 모델은 술이 너무도 해로운 품목이기 때문에 주(州)가 술을 유통경로에서 배제시켜야 옳다는 것을 납득한 사람들에게 어필했고, 영국의 반알코올 운동 일부는 주목할 대상을 바꾸는 것으로 목표의 기준점을 바꿨다. 금주를 옹호한 많은 사람이 술 소비자에게 소비방식을 바꾸라고 설득하는 데 실패하면서 좌절감을 느꼈고, 그러면서 술의 입수 가능성을 심각하게 제한하거나 종지부를 찍게 만들 정책들을 모든 수준에서 제정하도록 정치인과 정부를 상대로 로비를 벌이기 시작했다. 이런 점에서, 반알코올 활동은 사회개혁을 위해 일하는 활동만큼이나 명백한 정치적 운동이 됐다.

금주령이 미국에서 인기 있는 정책이 되기는 했지만, 주가 강제적으로 술을 금지한다는 관념은 영국에서는 지지세력을 거의 찾지 못했다. 술 개혁단체 대다수가 이런 생각을 반대했고, 이런 생각은 국가는 개인의 자유를 지워버리는 게 아니라 보장해야 한다고 생각하는 지배적인 중산층의 진보주의(liberalism) 이데올로기하고도 충돌했다. 주도적인 진보주의 이론가 존 스튜어트 밀(John Stuart Mill)은 금주령은 "도저히 말도 안 되고", "개인의 정당한 자유를 불법적으로 방해하는 것"이라고 공표했다. 음주는 개인적인 선택이고, 심지어 주취는 "법으로 개입하기에 적합한 주제도 아니다"라고 그는 썼다.[15] 대다수 영국 의원이, 심지어 술에 비판적인 의원들도 이런 정서를 공유한 듯 보인다. 예를 들어, 장기간 재임한 윌리엄 글래드스턴(William Gladstone) 총리는 "우리는 우리 시대에 폭음으로부터 전쟁과 전염병, 기아를 합친 것보다 더 큰 고통을 당하고 있다"고 공표하면서도 술 대신 차를 마시라고 권하기만 했다.[16]

많은 영국 의원이 일요일에 하는 음주에 제한을 가하는 것 같은 부분적인 규제들을 제정하는 것조차 불편해했다. 1854년에 잉글랜드의 술집이 일요일 오후 2시 30분부터 6시까지, 그리고 오후 10시 이후에 문을 여는 것을 막는 법이 통과됐다. 하지만 (일요일 장사를 금지하는 법률과 함께) 그 법의 통과는 엄청난 반대를 낳았다. 1855년 6월의 어느 일요일에 하이드 파크에서 (당시 현장에 있던) 카를 마르크스 추산으로 20만 명의 노동계급 런더너로 구성된 군중이 시위를 벌였다. (이게 노동혁명의 발단이 될지도 모른다고 오판한 마르크스는 주마다 갖는 야유회를 가지러 공원에 나온 상류층 신사 일부가 점심 반주飯酒로 먹은 와인 때문에 약간 취해 있는 듯 보였다고 밝혔다.) 법이 오후 3시부터 5시까지, 그리고 오후 11시 이후로 펍의 문을 닫을 것을 요구하는 쪽으로 개정되면서, 일요일 오후의 음주시간은 애초 형태보다 90분 더 허용됐다.[17]

이 타협은 잉글랜드의 일요일 휴무 지지자들 입장에서는 부분적인 승리에 불과했지만, 영국 다른 지역에 있는 그들의 동료들은 훨씬 더 성공적이었다. 1854년에 스코틀랜드가 일요일에는 하루 종일 펍의 문을 닫으라고 명령했고, 아일랜드가 (주요 도시들은 제외하고) 1878년에, 웨일스가 1881년에 뒤를 따랐다. 잉글랜드의 반알코올 단체들이 정책이나 (우리가 알 수 있는 한계 내에서) 소비 패턴에 상당한 영향을 끼치는 데 대체로 실패하기는 했지만, 그들은 1860년대와 1870년대에 수명을 연장할 수 있는 새로운 기회를 경험했다. 새 단체들이 결성됐고, 더 중요하게는, 주요 개신교교회 다수가 이 대의에 지지를 표명했다. 1863년에 설립된 성공회 절주협회(the Church of England Temperance Society)는 세기말 무렵 7,000곳의 지회와 15만 명에서 20만 명 사이의 회원을 보유하면서 그런 종류의 조직으로는 가장 큰 조직이 됐다.[18]

이 단체는 다른 단체들과 함께 술을 규제하는 정책들을 제정하라고 압력을 가했다. 특히 그때까지만 해도 성인들만큼이나 수월하게 술을 구할 수 있었던 아동들에게 영향을 끼칠 정책들을 강조했다. 19세기의 마지막 10년간 일련의 법률이 현대 술 정책의 공통적인 특징인 최소 법정 음주연령의 확립을 향해 움직였다. 16세 미만 아동이 점포 내에서 소비할 용도로 퍼블릭 하우스에서 스피릿을 구매하는 게 1872년에 금지됐고, 13세 이하 아동이 퍼블릭 하우스에서 소비할 용도로 에일을 구입하는 게 1886년에 금지됐다. 하지만 두 경우 모두에서, 아동들은 다른 곳에서 소비하려고 술을 구입할 수 있었다. 노동계급 부모들은 자신들이 마실 술을 사오라고 종종 자식들을 심부름 보냈다. 그런데 이런 관행이 아동들이 마음껏 술을 마시는 걸 허용하는 허점을 제공할 거라는 두려움이 커지고 있었다. 에든버러의 태번을 둘러본 어느 관찰자는 "리쿼를 담을 주전자를 갖고 심부름을 온 아이들은 퍼블릭 하우스에서 나가자마자 술을 홀짝거리는 것을 즐기는 듯 보였다"고 말했다.[19] 그런 우려에 대한 반응으로, 1901년의 아동 심부름법(Child Messenger Act)은 술이 봉인된 병에 들어있지 않는 한 14세 미만 아동에게 비어나 스피릿을 파는 것을 금지시켰다.

이와 같은 법적 개혁들은 아동을 보호하려는 당시 추세의 일부였고, 반알코올 운동들은 술이 아동을 사로잡기 전에 술의 위험성에 대해 아동을 교육하는 데 상당한 에너지를 쏟았다. 헐(Hull, 요크셔)에서 절주운동을 벌이는 일꾼들이 초등학교 학생을 대상으로 "신체 능력의 저하와 알코올 중독"이라는 주제로 에세이 경연대회를 열었다. 여기에 제출된 에세이들은 다음과 같은 통찰을 보여줬다: "오늘날 많은 사람이 술기운에 자살을 시도한 죄로 감옥에 갇혀 있다"; "술 마시는 버릇을 가진 뱃사람들은 다른 선박과 충돌하기 쉽다"; "영국인들은 그리도 많은 술을 섭취하기 전에는 건장하고 튼튼하며 어깨가 떡 벌어진 사나이들이었다. 그런데 오늘날 여러분이 보는 모습은 무엇인가? 깡마르고 연약하며 어깨가 좁은 남자들이다."[20]

개혁가들은 술의 영향을 받은 아동들을 여러 가지 방식으로 봤다. 첫째, 계획에 없이 태어난 많은 아이가 여성의 음주와 술에 취한 여성을 이

용해먹으려는 남자들을 허용한 데 따른 결과라는 말을 들었다. 어느 필자는 이 과정을 "무자비함과 여성 비하, 신중하지 못한 헤픔"의 결합이라고 의미심장하게 묘사했다.[21] 둘째, 음주습관은 세대에서 세대로 유전됐다. 어느 필자가 "다행스럽게도 주취는 불임의 직접적인 원인"이라고 말했지만 말이다.[22] 셋째, 남성들이 보금자리와 음식을 사는 데 필요한 돈을 술에 탕진하기 때문에 아동(그리고 그 아이의 어머니)들은 방치와 잡종약세(pauperization)에 자주 시달렸다. 가정보호는 유럽에서부터 북미와 그 너머의 지역 어느 곳에서건 반알코올 담론의 핵심 주제였다.[23]

술은 즐거운 가족행사여야 마땅한 자리를 많이 망쳤다는 말을 들었다. 일련의 삽화들은 술이 19세기 말에 세상의 인정을 받는 축제가 된 크리스마스를 망친 방식을 묘사했다. '술꾼의 크리스마스'는 술을 마신 남자들이 잠들거나 앓아누운 술집장면을 보여줬다. 한 남자는 한눈에 봐도 아버지로, 그의 자식들은 술집 카운터 아래 웅크리고 있고, 그림 옆에는 이런 구절이 붙어있다.

여기 무절제한 폭음의 결과들을 보라.
연중 가장 행복한 이 시기에 안락이 없나니;
어린 자식들을 위한 푸딩도, 놀이도 없다네.
소중한 크리스마스에 가정도 없이 그저 선술집 신세로구나.

이와 대조되는 '절대금주주의자의 크리스마스'는 푸짐한 음식을 앞에 놓은 행복한 가족을 보여준다. 이 그림에서도 아이들은 마룻바닥에 있지만, 여기 아이들은 파이가 잔뜩 담긴 접시를 군침을 흘리며 응시하고 있다.

근면함과 절제로 식탁이 잘 차려졌고
가족의 머리위에는 근사하게 꾸며진 가정이 있구나;
여기는 풍요와 평화가 있도다. 그렇게 모두가 승리할지니,
하나님의 가호와 함께, 진을 삼가는 것으로.[24]

　다른 지역의 반알코올 운동들은 상이한 전략을 택했다. 프랑스의 절주
운동은 프랑스가 프러시아에 패한 1870년 이전까지는 진지한 수준이 아
니었다. 이 패배는, 무엇보다도, 프랑스 인구가 (특히 징집연령에 속한 젊은
남성들이) 스피릿을 소비하면서 허약해진 탓으로 여겨졌다. 그 시점까지
만 해도 프랑스의 주도적인 정치비평가와 다른 비평가들은 프랑스에는
미국이나 영국하고는 달리 음주 문제가 없다고 주장했다. 프랑스 국민은
건강에 좋은 음료인 와인을 마셨기 때문이다. 1853년에 아카데미 프랑세
즈(Académie Française)는 "프랑스에는 술꾼이 많지만, 기쁘게도 알코올중
독자는 없다"고 자신 있게 주장했다.[25] 주취 자체가 문제로 인식되지 않
았다. 술을 옹호한 사람들이 프랑스에는 특별한 종류의 술이 있다고 주장
했기 때문이다. 다른 나라 국민들이 마시는 술은 상스럽고 폭력적이지만,
프랑스의 술은 재치 있고 쾌활하며 지적이었다.
　이런 주장은 프랑스에서 절주운동이 처한 분위기를 설정했다. 프랑스
의 절주운동은 스피릿에 초점을 맞추면서 와인과 비어의 음주를 지지했
다. 와인과 비어, 그리고 다른 과일 기반 알코올성 음료들은 프랑스에서
수세기 동안 소비되면서도 문제를 일으킨 적이 없었다. 프랑스-프러시아
전쟁의 참담한 패배는 노동계급의 술로 갈수록 인기를 얻어가고 있던, 곡
물과 사탕무로 만든 스피릿 탓으로 여길 수밖에 없었다. 1890년대 무렵,
압생트가 비어와 브랜디를 밀어내면서 파리에서 와인 다음으로 인기 좋
은 술이 됐다.[26]

프랑스 절주협회(Société française de tempérance)가 1870년대 초부터 주도한 절주운동은 프랑스인에게 브랜디와 압생트 같은 '생산된' 술과 다른 곡물 기반 스피릿을 삼가고, 대신 불순물을 섞지 않은 물을 마시라고 요구했다. 이런 메시지가 나온 타이밍은 그보다 더 나쁠 수가 없었다. 메시지가 나올 무렵, 프랑스의 포도밭들은 필록세라의 충격에 휘청거리고 있었고, 와인 생산량은 곤두박질치기 시작했다(9장을 보라). 프랑스 도처의 와인 생산자들은 소비자의 수요를 충족시키려고 와인에 손을 대기 시작했다. 때로는 스페인산이나 알제리산 와인을 섞었고, 때로는 신선한 포도 대신 건포도로 와인을 빚었다. 그런데도 여전히 공급이 딸렸다. 그래서 많은 와인 소비자가 스피릿으로 방향을 틀었다. 프랑스 과학자들이 알코올은 알코올일 뿐이며, 와인으로 소비하건 비어나 스피릿으로 소비하건 일정한 양 이상을 소비하면 위험한 것은 마찬가지라고 주장하기 시작하면서 스피릿을 절제하자는 공격은 한결 더 약해졌다.

　　이 주장은 와인의 특권적인 지위를 약화시켰고, 와인을 무제한 소비하는 것은 괜찮지만 다른 스피릿을 마시는 것은 해롭다는 관념을 허튼소리로 만들었다. 하지만 1890년대 말에도 주종에 따라 술을 차별화하려는 과학자들이 여전히 있었다. 저명한 벨기에 의사는 술에는 여덟 가지 종류가 있는데, 그중에서 딱 한 가지만 무해하다고 발표했다: "순수한 비어와 순수한 와인이 이런 좋은 술에 해당된다; 하지만 모든 스피릿은, 적절하게 바로잡지 않는 한, 가장 치명적인 독성들을 함유한다."[27]

　　1895년에 새로 설립된 단체인 프랑스 반알코올연맹(UFA, Union française antialcoolique)이 비틀거리는 프랑스의 기존 절주운동 단체들을 밀어냈다. 새 단체는 와인을 포함한 모든 술의 철저한 금주를 요구하는 프로그램을 채택했다. 연맹은 어마어마한 과업에 직면했다. 프랑스는 세기 전환기 때 세계에서 가장 술 소비량이 높은 나라였기 때문이다. 프랑스의

1인당 순수 알코올 소비량 15.9리터는 영국(8.2리터)의 거의 2배였고, 미국과 러시아(각각 5.8리터와 5.2리터)의 3배였다. 대형조직이 된 UFA는 특히 여성에게 어필하기를 원했다. UFA는 여성들을 알코올에 중독된 남성들, 폭음하는 남성들의 가장 흔한 피해자로 묘사했다. 하지만 연맹은 심한 반대에 직면했다. 술 산업만 연맹을 반대한 게 아니었다. 와인이 여러 면에서 건강에 유익하다고 끊임없이 홍보하는 많은 의사도 반대했다. 의료전문가 여러 명이 지지한 어느 광고는 와인 1리터가 우유 900센티리터, 빵 370그램, (뼈를 발라낸) 고등급 고기 585그램, 달걀 5개의 영양가를 갖는다고 주장했다. 광고에는 프랑스의 저명한 인구통계학자 자크 베르티용(Jacques Bertillon)이 한 "와인 소비가 알코올중독을 억제한다"는 말이 들어 있었다.[28]

프랑스 술 산업(특히 와인 산업)이 폐쇄됐을 때 받을 경제적 충격을 우려한 정부도 와인 소비를 줄이려는 시도는 무엇이건 반대하고 나섰다. 와인은 프랑스에서 네 번째로 규모가 큰 수출품이었고, 150만 명이 포도 재배자였으며, 총 인구의 10% 가까이가 어떤 식으로건 와인 산업에 관련돼 있었다.[29] 그리고 그보다 많은 사람이 비어 양조와 증류산업에 고용돼 있었다. 재무상은 프랑스는 "술과 맞서 싸울 정도로 부유하지는 않다"고 밝혔고, 국회는 1900년에 와인을 프랑스의 국민음료라고 선언하는 결의안을 통과시켰다.[30]

와인을 옹호하는 목소리가 프랑스 곳곳에서 반향을 일으켰다. 어느 필자는 낭랑한 민족주의적 표현으로 금주를 비난했다: "젊은 남자들이나 애처로운 늙은 남자들이 물이야말로 유일하게 건강에 좋은 음료라고 옹호하면서, 숙성된 와인이나 고급 코냑을 1잔 마시는 기쁨을 향유하는 이들을 반대한다는 주장을 내뱉을지도 모른다. 그렇지 않다! 아름다운 프랑스에서, 와인과 기쁨, 개방적이고 행복한 기질의 나라에서, 우리 금욕이니 뭐니 하는 말은 꺼내지도 말자. 당신들의 물, 당신들의 검소한 음료, 당신들의 실론티나 커피, 당신들의 레모네이드와 캐모마일(camomile, 허브차※-옮긴이)은 교수형에 처해야 한다. 당신들은 형편없는 위생사에 그치지 않는다. 당신들은 형편없는 프랑스인이다." 또 다른 필자는 프랑스에서 활발하게 활동했지만 본거지는 스위스에 있던 절주운동단체인 청십자(La Croix Bleue)가 "제네바의 성직자와 인텔리들, 그리고 와인을 마시지 않아서 피부가 노란 사람들"을 대표한다고 비웃었다.[31] 청십자는 1930년에 프랑스 절주협회와 합병했다. 비어와 와인, 사이다의 적절한 소비를 강조한다는 보편적인 메시지를 홍보하기 위해서였다. 이 주장은 금주를 호소하는 것보다 더 성공적이었고, 프랑스 정부는 조직을 지지하면서, 조직이 군대와 학교에서 교육프로그램을 진행하는 것을 허용했다. 하지만 이 단체는 스피릿에 대해서는, 특히 압생트에 대해서는 강경한 반대입장을 취했고, 제1차 세계대전이 시작된 직후인 1915년에 압생트를 금지시키는 데 영향력을 행사했다.

독일의 절주운동은 가톨릭을 믿는 남부보다 개신교가 지배적인 북부에서 더 활발했다. 그들은 프랑스에서처럼 비어나 와인보다는 스피릿에 초점을 맞췄다. 19세기 중반에, 스피릿 소비량은 비어의 소비량을 잠식하면서 증가했다. 북부와 북동부에서 특히 그랬지만, 남부에서도 그에 비길 바는 못 될 정도로 늘기는 했다. 절주운동가들은 저렴한 슈납스(곡물이나 감자로 만든 스피릿)를 쉽게 구할 수 있는 현실이 범죄와 사악함, 부도덕으로 이어진다고 주장했다. 1846년에는 지역단위 절주운동 조직이 1,200곳 이상 있었는데, 이 중 상당수의 지도자는 개신교 목사였고, 대다수는 독일 북부와 동부의 시골 지역, 그리고 프러시아의 폴란드 구역에 있었다. 남성 수만 명이 절주를 맹세했다고 전해진다.[32] 이 단체들의 영향력은 미미했고, 독일이 급격한 산업화시기에 접어든 1880년대까지 절주는 정치적 논쟁의 장에 들어서지 못했다. 독일의 술 남용을 방지하기 위한 협회 (the German Association for the Prevention of Alcohol Abuse)가 1883년에 결성 됐다. 협회는 슈납스보다는 비어를 마시고 공장에서 슈납스를 금지시키 자고(Schnappsboykott) 주장했다. 프랑스에서 그랬던 것처럼, 알코올성 음료는 종류를 불문하고 많은 양을 소비할 경우 유해하다는 과학적 발견 탓에 절주 메시지는 기반이 약해졌고, 그러면서 철저한 금주를 지지하는 단체들이 전면에 나섰다. 그중 70곳이 (로비에 더욱 취약한 지방자치단체에 관할구역 내에서 술 판매를 제한할 권한을 주는) 지방선택권(local option)과 알코올중독자의 강제 불임(不妊)수술 같은 정책을 채택하라며 정부에 압력을 행사하는 강력한 협회로 통합됐다.

독일에서 금주운동이 시작된 1880년대 무렵, 술 소비량이 줄기 시작했다; 술 소비량은 독일인들이 순수 알코올을 10.2리터 소비한 1870년대 초에 절정에 달했는데, 이 시기에 독일인들은 거의 비슷한 양의 슈납스와 비어를 마시고 있었다. 그런데 그 시점부터 비어 소비량은 오른 반면, 알코올 수준이 높은 슈납스 소비량은 꾸준히 줄었다. 그렇다고는 해도, 독일인의 식단에서 모든 알코올성 음료가 차지하는 자리는 세기전환기 무렵에 축소된 듯 보인다. 1896년과 1910년 사이에 독일인의 식단에 변화가 일어났다. 내용물이 더 다양화됐고, 과일과 설탕, 쌀 같은 산물이 훨씬 더 폭넓게 소비됐다. 1인당 소비량 기준으로 보면 열대과일 소비량이 92% 늘었고, 과일 소비량은 67%, 설탕 소비량은 52% 늘었다. 쌀과 생선, 계란도 소비량이 크게 늘었다. 이와는 대조적으로, 감자(25% 감소) 같은 전통 식품들이 독일인의 식탁에 덜 올랐다. 슈납스(24% 감소)도, 심지어 8% 감소한 비어도 마찬가지였다.[33] 독일인의 감자 소비량 감소는 감자 산출량이 늘고 있을 때 일어났다. 증기기관으로 구동되는 고용량의 증류 공장들이 세워지면서 늘어난 수확량이 스피릿으로 변환됐다. 동시에, 유럽 소비자의 술 선호도가 감자 기반 스피릿에서 곡물 기반 스피릿으로 옮겨갔고, 그러면서 생산자들은 새로운 시장을 찾아야만 했다. 그들은 19세기 말부터 독일산 스피릿이 유럽인이 교역용 품목으로 활용하는 싸구려 술의 대부분을 차지하던 아프리카 식민지에서 그런 시장을 찾아냈다.[34]

절주 메시지는 일본에 입국할 길도 찾아냈지만, 유럽 술이 일본인의 음주 패턴에 영향을 끼치기 시작한 것과 같은 시기에 그랬던 건 아니었다. 독일의 방식과 스타일에 기초한 일본 내 비어의 상업적 생산은 1870년대에 시작됐고, 1890년대에는 국내시장의 상당부분을 확보했다: 외국산 비어의 수입량은 1890년에 61만 1,000리터 이상에서 1900년에 10만 리터로 떨어졌다. 동시에, 와인과 스피릿 수입량이 늘면서 강한 기세를 유지했다.[35] 1899년에 도쿄에서 최초의 비어홀이 문을 열었고, 얼마 안 돼 비어가든과 레스토랑, 다방이 비어를 제공하고 있었다. 하지만 비어 소비는 대체로 부유층에 국한돼 있었고, 과도한 음주에 대한 불만은 거의 제기되지 않았다. 도쿄에 거주하는 서구인이 터뜨린 불만은 다음이 전부였다. "일본인에게 비어 마시는 법에 대해 가르칠 필요성은 그리 크지 않지만, 일본인들은 자신들이 마시는 비어를 다루는 법을 제대로 이해하지 못한다. 비어를 여름에는 지나치게 미지근하게, 겨울에는 지나치게 차갑게 놔두는 경우가 빈번하다."[36]

서양인의 절주운동이 비어 생산과 거의 같은 시기에 일본에서 시작됐다. 1886년에 WCTU의 첫 지부가 일본에서 문을 열었다. 서양인은 일본의 WCTU와 다른 절주단체에서 술뿐 아니라 매춘도 반대하는 운동을 벌이면서 주도적인 역할을 수행했다. 『어린이를 위한 건강(Health for Little Folks)』 같은 WCTU 책자들이 일본어로 번역됐지만, 그 책들은 미션스쿨(mission school)에서만 사용됐지 공립학교나 사립학교에는 거의 진출하지 못했다.[37] 종합해보면, 절주운동은 일본에서 음주 패턴과 정부의 술 정책에 눈에 띄는 영향을 거의 끼치지 못했다. 일본에서 절주는 생판 낯선 이데올로기가 아니었다; 하지만, WCTU는 접근방식 면에서 전적으로 기독교적이었고, 일본이 청과 러시아를 상대로 전쟁을 벌인 20세기 초에 병사들에게 성경을 보내는 WCTU의 활동은 정부 당국에 그리 강한 인상을 주지 못했다.

WCTU가 일본에서 좌절을 겪은 것은 서구 국가에서 반알코올 운동들이 성공을 거둔 것과 대비된다. 서양에서는 음주 이슈가 지방자치단체와 중앙정부의 정책의제에 모습을 드러내기 시작했다. 하지만 술 정책을 변화시킨 원동력을 선사한 폭넓은 사회적·문화적 상황을 자세히 살펴보는 것은 중요한 일이다. 19세기 내내, 서구사회의 도덕적인 상태와 문화적 지향에 대한 불안감이 커졌다. 앞서 봤듯(9장), 산업화는 대규모 노동계급을 창출하면서 빈곤한 노동자로 구성된 엄청난 인구집단을 북적거리는 새로운 도시의 고된 생활로 끌어왔다. 중산층 관찰자들은 나날이 커져만 가는 노동계급에 우려를 표명하기 시작했고, 그러면서 그들을 도덕적·사회적 안정에 대한 위협으로 인식했다. 도시노동계급과 빈민층의 문화에 포함된 모든 요소가, 자제와 수양, 종교적 독실함, 모든 것에 대한 절제, 냉철함, 가족적 삶을 중시하는 가치관을 강조하면서 급성장하는 중산층이 표명한 이상하고는 반대되는 듯 보였다. 노동자들은, 시내 길거리에서 축구를 할 때건 태번 안팎에서 술을 마실 때건, 레저 활동을 할 때 잠시도 가만히 있지를 않았다. 남녀들은 결혼만큼이나 동거를 많이 하는 것 같았고, 도시의 범죄율은 19세기 동안 치솟았다. 노동자의 교회 출석률도 중산층의 그것에 미치지 못하는 것 같았다.

이 모든 경향은 사회 질서와 도덕 질서에 대한 위협처럼 보였다. 종교의 세력이 크던 시대에는 이런 경향의 원인을 단순히 악마 탓으로 돌렸겠지만, 19세기 관찰자들은 술에 초점을 맞췄다. 많은 종교비평가가 술은 그저 악마가 선택한 무기일 뿐이라고 주장할 때 이런 구분은 미미했을 테지만 말이다. 술은 음주자가 정신과 육체에 대한 통제력을 상실하게끔 만들었고, 그들이 내린 비이성적인 결정들은 그들이 빈곤과 나태, 범죄, 부도덕, 불경함을 받아들이게끔 만들었다. 술 소비를 중단하면 노동자와 빈민을 오랫동안 심하게 괴롭히고 사회의 안정을 위협하는 문제의 대부분을 해결하게 될 거라는 식으로 주장은 전개됐다. 영국의 개혁가 리처드 코브던(Richard Cobden)은 이렇게 썼다. "모든 사회적, 정치적 개혁의 토대에는 절주라는 대의가 놓여 있다."[38]

서구 인구의 타락으로 인식되는 현상에 대한 반응 중 하나가 과학적인 접근방식으로 유전 문제에 다가갔다고 주장한 우생학(eugenics) 운동이었다. 우생학 운동 내에는 여러 사상적 계파가 있었지만, 그들이 공통으로 받아들인 원칙은 육체적이거나 정서적, 지적 장애를 물려받은 인간은 전체 인류의 이익을 위해 번식을 삼가는 게 옳다는 거였다. 일부 우생학자는, 반알코올 운동세력과 더불어, 번식하지 말자는 결정은 반드시 자발적이어야 한다고 믿었지만, 일부는 강제적인 접근방식을 채택하면서 강제 불임수술을 지지했다.

많은 우생학자가—간질, 시각장애, 소위 '정신박약'이라 불리는 것을 포함한—유전적인 장애들 중에서 지속적인, 또는 과도한 술 소비 패턴을 찾아내고는 '알코올중독(alcoholism)'이라는 통칭으로 불렀다. 바람직하지 않은 음주 관련 행동이 세대에서 세대로 전해지는 한, 폭음을 하는 사람들은 인구집단에 대한 위협으로, 또는 유럽의 백인들이 종종 불렸던 명칭대로 '인류(the race)'의 건강에 대한 위협으로 비칠 수 있었다.

우생학은 19세기 말 동안 유럽에서 강화된 민족주의 및 군국주의와 밀접하게 관련을 맺게 됐다. 술이 군대의 효율과 민족의 건강에 대한 위협으로 간주되는 한, 반알코올 운동은 우생학이론이 채택한 수단인 두 주의에 다 반영됐다. 술을 반대하는 운동은 종종 군사적 메타포를 채택했다.
미국의 절주하는 형제들 연합(the United Brothers of Temperance)은 회원들
을 술에 맞서 싸우는 '전투'에 나선 "효과적인 병사들"이라고 부르면서
"신병(新兵)에게만 의존해서 안전할 수 있는 나라는 한곳도 없다"고 지적
했다. 미국에서는 많은 절주운동 집회가 독립기념일에 열렸고, 이미 세상
에 파다하게 퍼진 공화국의 분위기는 "술의 왕의 숙주들에 맞선… 전쟁"
에 대한 언급으로 한껏 고양됐다.[39] 미국인들은 자국의 독립을 쟁취하려
고 영국 국왕을 물리쳤다. 이제는 술로부터 자유를 쟁취하기 위해 그 다
음 왕을 이겨낼 터였다.

  국제적인 갈등이 고조되고 군비가 증가하던 이 시기에, 술이 군 복무
를 할 남성의 건강에 끼치는 영향에 상당한 관심이 쏟아졌고, 유럽의 군
대에 술을 공급하는 문제를 놓고 격렬한 논쟁이 벌어졌다. 영국인들은 터
키 병사들을 군대 효율성의 모델로 내세우는 일이 드물었지만, 그런 터
키 병사들조차 술을 자제한다는 이유로 칭송을 받았다. 터키군 장교들
은 "이런 치명적인 습관에서 그리 자유롭지 않다"는 말을 들었지만 말이
다.[40] 군대 효율성에 대한 숱한 서베이는 무알코올 군대의 이점들을 보여
줬다고 주장했다. 1860년대 동안 인도에 주둔한 어느 영국군 연대에서
얻은 통계치는 술을 자유로이 허용하는 방침에서 술의 입수 가능성을 제
한하다 결국에는 전면적으로 제한하는 방침으로 이행하면서, 연간 집계
된 주취사례 건수가 34건에서 7건으로 줄고 군법회의 건수는 6건에서 0
건으로 감소했음을 보여줬다.[41] 전반적인 인상만 놓고 보면, 어느 영국해
군장교는 의회 위원회에 "크림전쟁 동안 본관이 군함 선상에서 목격한
거의 모든 사건이 주취 탓이었습니다. 술은 화약보다 훨씬 더 위험했습니
다"라고 보고했다.[42]

  스피릿이, 특히 럼과 브랜디가 보병과 수병에게 공급됐다. 수분 섭취용

이 아니라(스피릿을 물로 희석시켰을 때조차 물의 양은 필요한 수분을 공급하기에는 심히 부족했다), 스피릿이 건강에 유익하다고 여겼기 때문이다. 군 당국의 입장이 이렇게 변한 것은 술에 치유적인 속성이 있다는 믿음이 일반적으로 줄어든 것을 반영해서 그런 거였다. 수천 년간, 의사들은 건강에 유익하니 술을—처음에는 와인과 비어를, 나중에는 스피릿을—적절히 섭취하라고 권했고, 그러면서 특정 질환에 특정한 형태와 분량의 술을 처방했다. 절주운동의 많은 초기 지지자가 발효음료에는 치유적인 가치가 있다고 여전히 믿은 의료인이었다. 닥터 벤자민 러시가 고안한 유명한 절주운동의 지표는 식사와 함께 적당량을 소비하는 비어와 와인은 건강에 유익하다며 허용했고, 러시 자신은 포도밭에 투자했다.

　의사들이 술을 치료법으로 활용한 사례는 20세기 초에 어느 정도 줄어든 듯하다. 예를 들어, 런던의 병원에서 소비한 술의 양은 1884년과 1904년 사이에 50%에서 90% 사이로 줄었다.[43] 솔즈베리병원(the Salisbury Infirmary)은 1865년에 와인과 비어, 스피릿에 총 302파운드를 썼지만, 1885년에는 142파운드를 썼고, 1905년에는 불과 18파운드만 썼다.[44] 이런 추세는 19세기 말에 이뤄진, 아스피린 개발 같은 약물요법의 발전을 반영한 것일지도 모른다. 이런 종류의 전매 특효약(proprietary medicine)은 과학적으로 테스트할 수 있었고 효과가 있다는 게 입증됐다. 와인과 다른 형태의 술에 대해 합리적으로 주장할 수 있던 것은 일반적으로 홍보된 내용인 육체적·지적인 행복에 좋다거나, 더 구체적으로는 소화에 도움이 된다는 게 전부였다. 예일대학에서 실행해서 1896년에 보고한 어느 조사는 소량의 술(연구자들은 위스키와 브랜디, 럼, 진을 시험했다)이 소화속도를 높였고, "주취상태에 이를 정도의 양을 무절제하게 마셨을 때만" 소화에 방해가 됐다.[45] 하지만 의사들이 특정 질환에 좋은 특별한 와인의 유익함이나 일부 병환에 좋은 브랜디에 대해 쓸 때, 그들은 술이 그들이 주장하는 결과를 이뤄내는 방법을 지배적인 과학적 용어로 설명하는 데 어려움을 겪었다.

술이 대체로 유익한 강장제라는 계속되는 인식은 어느 스위스 의사가 1903년에 집필한 술과 등산에 대한 책자에서 표명됐다. 각자의 술 소비에 대한 서베이에 응답한 알파인클럽 회원 1,200명 중 78%가 정기적으로 술을 마신다고 답했고, 72%가 등반할 때 만약의 경우에 대비해서 술을 가져간다고 주장했다. 스위스의 알파인가이드들은 화이트와인은 원기를 북돋아주고, 레드와인은 등산가가 지치기 시작할 때 원기를 되돌려주는 회복제이며, 브랜디는 용기를 주고, 뜨거운 레드와인은 거의 모든 경미한 질병을 고쳐준다고 믿었다. 저자는 술의 가치에 대해 많은 조건을 달면서 (물과 차, 레모네이드, 과일, 커피 같은) 대안들을 제안한 후, 술이 강장제로 유용할지도 모르지만, 적당한 양만 마셨을 때에만, 그리고 정말로 필요한 경우에만 그렇다는 결론을 내렸다.[46]

유럽의 의사들뿐 아니라 많은 의사가 알코올성 음료가 의학적 치유라는 영역에서 한자리를 차지한다고 계속 믿었다. WCTU는 세기전환기에 철저한 금주가 건강에 유익하다는 주장을 놓고 의학연구자들과 논쟁을 벌였다.[47] 미국에서 무작위로 선택한 의사 5만 3,900명을 대상으로 한 1921년 서베이는 응답자 중 51%가 특정 질환에 위스키를 처방하는 것을 찬성하고, 26%는 비어에 치유 효력이 있다고 생각했으며, 소수가 와인을 우호적으로 지지했음을 보여준다. 그 시절에는 다양한 물질을 넣은 다양한 '의료용' 와인이 있었다. 비터와인으로 만든 트라이너의 미국의 영약(Triner's American Elixir of Bitter Wine)이 그런 약인데, 이 약은 세기전환기에 '가정에 흔한' 변비를 해결하려고 주로 '레드와인과 의료용 허브'로 만든 완하제로 미국에서 판매됐다. 허브는 효험을 부인할 수 없는 '과학적 혼합물'이었을 뿐 아니라, 레드와인은 "창자를 튼튼하게 해주고 창자의 운동을 조절한다. 이 약은 식욕도 북돋아주고, 신체를 활성화하며 튼튼하게 해준다."[48]

상당수의 술에, 특히 스피릿에 불순물이 섞이면서 술이 건강에 안겨주는 특성에 대한 논쟁이 복잡해졌다. 반알코올 운동은 술이 순수한 상태에서도 건강에 위험하다고 주장했는데, 불순물이 섞이면서 술이 훨씬 더 위험한 수준에 도달했다는 믿음 때문이었다. 식품과 음료에 불순물을 섞는 것에 대한 불안감은 역사가 깊다. 그런데 19세기에 발전한 분석화학은 유해한 첨가물의 존재를 대단히 정확하게 파악해냈다. 쓴맛을 내려고 홉 대신 스트리크닌(strychnine, 극소량만 중추신경흥분제로 쓸 수 있는 독성물질-옮긴이)이 흔하게 첨가된다는 주장이 자주 제기됐지만, 영국 양조업자들은 이런 혐의를 부인했다.[49] 그런데 19세기 중반에 영국에서 샘플을 거둬 분석한 결과, 비어 대다수에 어떤 식으로건 용인하기 어려울 정도로 불순물이 섞였다는 게 발견됐다.[50] 와인과 스피릿의 경우, 빛깔이나 바디감, 풍미를 더하려고 채택할 수 있는 물질의 종류는 끝이 없는 듯 보였다. 미국에서 나온 어느 보고서는 불순물 첨가가 어디에서나 흔한 일이라고 경고하면서, 수입되는 모든 알코올성 음료가 순수한 상태라면 "그 양은 이 나라에서 현재 마시는 양 중 극소량에 불과할 것"이라고 주장했다. 필자에 따르면, 뉴욕시에서 해마다 팔린 '순수한 수입산 브랜디'는 모든 생산국이 수출하는 양의 3배, '순수한 수입산 와인'은 4배에 달했다. 미국 한 나라에서만 해마다 '샴페인'이 1,200만 병 가량 팔렸는데, 이는 샴페인 총 수출량 1,000만 병을 넘는 숫자였다.[51]

불순물 첨가형태 중 하나가 와인에 회반죽(석고나 황산칼슘)을 넣는 널리 퍼진 관행이었다. 회반죽은 산성(acidity)을 향상시켰고, 그 결과 방부제 역할을 했다. 또한 와인의 빛깔을 더 화사하고 맑게 해줬다. 이런 관행은 프랑스 남부와 이탈리아, 스페인에서 대량생산된 와인에 특히 흔했다.

이 와인들은 시장까지 장거리 수송되는 일이 빈번했고, 그래서 회반죽의 방부제 특성에서 혜택을 받았다. 회반죽이 1880년대에 많은 '고급' 와인에 투여됐다. 보르도의 생산자들이 필록세라 때문에 생긴 손실을 벌충하려고 회반죽을 넣은 와인을 그들이 생산한 와인과 섞었기 때문이다(1880년대 말에 유통된 보르도산 와인의 양은 그 지역에서 생산된 양의 2배였다).

회반죽 처리(plastering)는 19세기 후반기에 폭넓은 논쟁의 대상이 됐다. 회반죽을 처리한 와인을 소비한 후로 질병에 걸렸다는 보고서들이 나왔음에도, 다양한 위원회와 과학자는 이런 와인의 유해성에 동의할 수가 없었다. 1857년에, 프랑스 남부의 아베롱(Aveyron)에서 회반죽을 넣은 와인을 마신 사람이 "충족시킬 수 없는 갈증과 견딜 수 없는 목구멍의 건조함," 그리고 여러 의학적 병변을 경험했다는 보고서가 나왔다.[52] 프랑스 국회의원들은 와인 1리터 당 회반죽 2그램은 건강에 위협이 되지 않는다고 결정했지만, 와인 생산자들이 무게를 다는 수고 따위는 하지 않은 채 발효통에 회반죽을 한 움큼 던져 넣는다는 불만들이 제기됐다. 필록세라 위기가 가장 극심했던 시기인 1880년부터 1891년까지, 와인 부족 때문에 최대 2그램을 지시하는 규제가 유예됐다.

물 섞기 같은 일부 불순물 첨가형태는 상대적으로 무해했고, 실제로는 알코올 함량을 낮춰줘서 음주를 더 건강에 유익하게 만들어줬을지도 모른다. 이와 비슷하게, 한 지역에서 자란 포도를 다른 지역의 레이블이 붙은 와인을 빚는 데 사용하는 것도 건강에 위험하지 않았다. 보르도 상인들은 스페인산 포도와 론 밸리산 포도를 그들의 와인을 빚는 데 자주 사용했는데, 필록세라 때문에 생산량이 감소했을 때는 특히 더 그랬다. 하지만 그런 관행들이 더욱 더 많은 우려를 자아낸 탓에, 당국에서는 와인을 경계가 정해진 지역과 결부시키고 소비자에게 그들이 구매하는 와인의 원산지에 대한 확신을 줄 원산지 시스템(appellation system)을 향한 길을 모색했다.

하지만—와인 희석시키기와, 지역의 레이블이 붙은 와인에 외국산 와인을 섞는 것 같은—건강에 해롭지 않은 관행들도 시간이 갈수록 마시기에 부적절한 불순물 첨가로 여겨졌다. 그런 와인은 와인의 알코올 수준을 높이려고 설탕을 첨가하는 것(chaptalization), 색소를 첨가하는 것, 회반죽을 사용하는 것과 같은 방식으로 취급됐다. 소비자의 건강과 관련한 문제를 다룰 때, 각국 정부는 요즘에 소비자권리라고 부르는 것을 우려한 듯 보인다. 술을 구입한 소비자는, 와인이 별도의 물이나 회반죽을 함유하고 있지 않다는 기대를 포함한, 술의 품질에 대해 확실한 기대를 할 자격이 있다고 그들은 주장했다. 불순물 첨가에 대한 논쟁에서 프랑스 국민의회(the Chamber of Deputies)의 어느 의원이 그런 술은 "정신병원을 가득 채울 독극물들"이라고 공표하자, 농업상은 이렇게 대꾸했다. "우리는 공중보건에 대한 법이 아니라 사기행각에 대한 법을 논의하는 중입니다… 특정 법조항들이 사기행각에 맞서 싸우면서 공중보건을 보호하는 일까지도 할 수 있다면 기쁘겠습니다."[53]

반알코올 운동가들은 불순물 첨가가 의미하는 소비자 기만에 대해서는 걱정하지 않았다. 그러면서도 음주자가 순수한 상태의 알코올성 음료를 마시면서 위험을 감수하는 데서 그치지 않고, 치명적인 물질에 오염됐을 가능성이 있는 술을 소비하는 것으로 더 큰 위험에 처하게 된다는 점을 보여주는 기회로 그런 사례들을 활용했다. 일부 의사는, 불순물을 섞었건 아니건, "술이 사망을 직접적으로 초래하는 경향이 있다"고 주장했다.[54] 새로운 주장은 아니었지만, 19세기 말에 통계학—종종은 겉만 그럴싸한 통계학이었지만, 어쨌든 통계학이기는 했다—이 이와 같은 주장을 자주 뒷받침했다. 19세기 동안 여러 정부와 기관이 다양한 목적에서 사회통계자료를 체계적으로 취합하기 시작했는데, 그중에서 가장 열심히 통계를 활용한 집단이 음주를 반대하는 운동가들이었다. 사망률 통계치는 명확한 표적이었다. 술이 사람을 잡는다는 것보다 더 설득력 있는 주장은 없었기 때문이다. 사인(死因)도 활용됐지만, 특정 직업의 알코올 노출도도 활용됐다. 예를 들어, 1900년대 초에 영국의 인(inn) 주인과 인 노동자의 사망률은 납에 노출된 작업자보다 높았고, 광부의 사망률의 2배에서 3배 사이였다.[55]

통계치가 출처마다 다 다르기는 했지만, 그런 자료가 제시한 수치들은 술이 개인과 사회를 파괴하고 있다는 주장을 담은 듯 보였다. 어느 자료는 술을 전체 범죄의 4분의 3의 원인으로, 모든 빈곤의 3분의 2의 원인으로, 모든 자살 중 절반의 원인으로, 모든 정신이상의 3분의 2의 원인으로, 모든 조난사고의 10분의 9의 원인으로, 더불어 "게으름, 안식일 위반, 거짓말, 욕설, 불결함, 기타 사건 등"의 원인으로 봤다.[56] 또 다른 필자는 다른 추정치를 내놓았다: 술은 범죄의 4분의 3, 빈곤의 10분의 9, 자살의 3분의 1, 정신이상의 3분의 1, 조난사고의 3분의 1, 모든 질병의 절반과 모든 '청소년 타락'의 4분의 3의 원인이었다.[57] 우리가 심각한 통계적 분석의 영역이 아닌 걸 인상만 대충 훑는 주장의 영역에 있는 건 분명하지만, 이런 자료를 읽은 당시 독자들은 그런 주장이 내세운 액면을 그대로 받아들였을 것이다(심지어 이 두 숫자 조합보다 낮은 숫자들도 사람들에게는 좋은 경고가 됐을 것이다).

더 믿을 만한 통계치들이 이따금 등장했다. 술이 3분의 1에서 3분의 2 사이의 정신이상에 책임이 있다는 주장과는 반대되는 주장에서, 통계학자들은 둘 사이의 관계의 빈도가 덜하다는 것을 보여주는 개별 정신병원의 자료들을 모았다. 에든버러의 왕립정신병원(the Royal Asylum)은 1870년대 초에 '폭음'이 입원환자 중 13%가 겪는 정신이상의 원인이고, 정신이상의 원인이 알려진 사례 중 20%에 해당한다고 보고했다. 영국 내 다른 정신병원 대다수는 술이 입원환자 중 10% 미만의 정신질환과 관련이 있다고 보고했다.[58] 이 수치들은 파리의 대형 정신병원에서 보고한 대략 25%의 비율에 비하면 낮은 편이지만, 반알코올 운동가들이 입에 자주 올리던 3분의 1이나 3분의 2라는 숫자하고는 거리가 한참 멀다.[59] 19세기의 통계혁명은 통계학의 지위를 격상시켜 주고 정치적 담론에 신뢰성을 부여했을 것이다. 그리고 반알코올 필자들은 열광적으로 통계학을 품에 안았다.

의료인들은 술에 완전히 등을 돌리지는 않았만, 술이 질병을 치유하는 가치를 갖고 있다는 주장을 더 이상 의심 없이 받아들이지는 않았다. 대신에 술은 그 자체로 '알코올중독'이라는 질병을 낳을 수 있었다. 알코올중독이라는 상태에 대한 정의가 많다. 일반적으로 알코올중독은 술에 중독된 상태를 이르고, 드러나는 증상은 병리적 유형의 꾸준하고 과도한 음주다. 이 용어는 1849년에 스웨덴 의사 마그누스 후스(Magnus Huss)가 술의 정기적이고 과도한 소비가 개인의 사적인 생활과 작업을 관리하는 능력을 방해하는 부작용으로 이어지는 상태를 묘사하려 처음 사용했다. 알코올중독은 의지부족에서 비롯된 질병이고, 환자가 그걸 치료하려면 본인의 의지를 한껏 쏟아야 할 필요가 있었기에 '의지의 질병(disease of the will)'으로 정의됐다. 세기 말에, 알코올중독자라는 진단을 받은 사람들 대다수는 의지력이나 자제력이 거의 없다고 믿어지는 사회집단에 소속돼있었다: 빈민층 남녀 모두와 중산층과 상류층 여성들.[60] 프랑스의 어느 의사는 노동자의 의지가 천성과 작업환경, 주거환경, 식단, 소득에 의해 약화됐다고 밝혔다. 그는 음주 문제의 해법은 폭넓은 사회개혁에 있다고 밝혔다.[61]

알코올중독은 윤곽과 경계선이 불확실한 개념이었고, 지금도 그렇게 남아있다. 정기적으로 과도하게 술을 마시는 술꾼을 모두 알코올중독자로 분류할 수는 없기 때문이다. 알코올중독이 질병인지 여부, 그리고 알코올중독이 치유가 가능한지, 아니면 그저 단기적인 처리만 가능한지 여부는 지금도 지속되는 논의 주제다.[62] 이 이슈들은 19세기에 일부 절주와 금주운동 지지자의 관심을 끌었지만, 반알코올 필자 대다수는 이 용어가 생겨나자 이 용어에 달려들어 이 용어를 날마다 술을 마시는, 또는 평균 이상으로 술을 마시는 것으로 보이는 거의 모든 사람에게 적용했다. 놀랍게도, 이 용어의 과도한 사용, 그리고 이 용어의 정의를 넓히려는 경향이 용어의 위력을 약화시키지는 못했다. 오히려 용어의 위력을 약화시킨 것은 술 남용과 싸우는 전투에 착수한 많은 반알코올 조직이 술 남용을 알코올중독이라 부른 거였다.

알코올성 음료에 건강에 유익한 속성이 있다는 자신감이 19세기 동안 준 것처럼, 기독교의 성찬식 예배에서 알코올성 음료를 사용하는 것에 대해 의문이 제기되면서 알코올성 음료에 대한 반감이 커졌을 때 와인이 가진 종교적 의미도 마찬가지 일을 겪었다고 말할 수 있다. 와인이 2,000년 가까이 기독교의 이미지와 의식에서 중추적이었다는 사실은 알코올성 음료를 철저히 삼가는 것을 옹호할 때 중요한 문제를 제기했다. 일부 절주운동가는 성찬용 와인을 주기적으로 한 모금 마시는 것을 수용할 수 있었지만, 그런 그들도 스피릿에 비하면 '약한' 술인 와인이 더 독한 술로 가는 관문일지도 모른다는 관념을 놓고는 골치 아픈 씨름을 해야만 했다.

하지만 강경한 금주론을 펴는 기독교인들은 하나님께서 특정 술을 축복했을지도 모른다는 주장에, 그리고 본질적으로 사악한데다 널리 퍼진 고통과 부도덕의 원인인, 사람을 취하게 만드는 음료가 그리스도의 피를 대표한다는 주장에 질겁했다. 그들은 포도주 양조에 대한 창의력 넘치는 신학인 '두 와인 이론'을 발전시켰다. 이 이론에 따르면 성경에서 거론한 '와인'은 사실은 두 가지 별개의 음료였다. 첫째인 '좋은 와인'은 포도주스였다(반알코올 문헌은 모순적인 표현인 "발효되지 않은 와인"이라고 자주 언급했다); 그들은 그리스도가 가나의 결혼식에서 물로 창조해낸 음료이자 최후의 만찬에서 제자들이 마신 음료가 바로 이 와인이었다고 말했다. 두 번째 음료인 '나쁜 와인'은 사람을 취하게 만드는, 진짜로 발효된 알코올성 와인이었다.[63] 노아가 인사불성이 될 때까지 마시고 롯의 두 딸이 아버지와 동침할 수 있도록 아버지를 속일 때 사용한 음료가 이거였다. 달리 말해, '와인'이 성경에서 좋은 일과 결부될 때 그 와인은 포도주스였지만, 부도덕한 일과 결부된 '와인'은 그냥 와인이었다.

절대금주주의자들은 와인이 그리스도를 대표하는 것을 불경스럽다고 느끼면서, 성찬식 와인을 포도주스로 대체하자며 교회를 설득하는 운동을 시작했다. 구조적인 발전이 이런 노력을 기울이는 절대금주주의자들을 지원했다. 발효에 대한 연구를 수행한 루이 파스퇴르와 다른 과학자들은 포도주스를 가열(훗날 저온살균법pasterurization이라고 알려진 과정)하면 당분을 알코올로 변환시키는 데 필요한 이스트가 죽는다는 것을 발견했다. 이 과정 덕에 발효의 위험성에서 자유로운 안정적인 주스의 생산이 가능해졌다. 얼마 안 있어 포도주스가 상업적으로 생산됐고, 교회 당국은 이 '발효되지 않은 와인'을 성찬식용으로 구입하라는 강권을 받았다.

이 운동은 미국에서 산발적인 성공을 거뒀다. 미국의 감리교 감독교회(the Methodist Episcopal Church)가 1880년에 포도주스를 채택했다. 어느 영향력 있는 감리교 신학자는 포도주스는 "자비와 구원의 상징"이자 "축복과 생명의 심벌"이지만 와인은 "성경과 과학이 모두 선언한 독(毒)"이라고 주장했다.[64] 반면, 말일성도 예수 그리스도 교회(모르몬)는 1830년대만 해도 성찬식에 와인을 사용했고, 심지어는 자체적으로 와인을 빚으려고 포도밭을 소유하기도 했다. 그러던 신자들은 19세기 후반에 성찬식 예배 때 포도주스를 건너뛰고는 물을 쓰기로 선택했고, 1912년에는 물이 모르몬의 교단 법규가 됐다. 영국에서 성공회는 와인을 주스로 대체하려는 모든 시도에 저항했다.[65] 19세기에 술을 반대하는 운동에 주변적으로만 관여한 가톨릭교회는 와인을 계속 사용했다.

19세기 말에 입수 가능한 비알코올성 음료의 명단에 저온 살균한 과일 주스가 새로 추가됐다. 거기에 커피와 차, 초콜릿 같은 뜨거운 음료와, 그중에서 가장 중요한 물이 합류했다. 이 음료들이 널리 소비되면서, 그리고 영국과 북미의 사람들이 신선한 식수를 구할 수 있게 되면서, 술의 문화적인 의미가 영원히 바뀌었다. 19세기 무렵에 오락적인 용도로 알코올성 음료를 소비하는 것은 서구사회의 문화에 깊이 뿌리박고 있었다. 하지만 역사적으로 알코올성 음료는 기존의 수분 출처인 식수보다 더 안전한 음료로서, 유사하면서도 중요한 수분 섭취 용도도 갖고 있었다. 이건 19세기 초에 많은 곳에서 여전히 맞는 말이었고, 술 소비를 줄이려는 ―그리고 특히 술을 완전히 제거하려는― 운동들이 대안적인 음료의 입수가 가능할 때까지 전혀 진전을 이루지 못했던 것은 분명하다.

17세기에 유럽과 북미에 소개된 커피와 차는 19세기에 폭넓게 소비됐다. 둘 다 수분 섭취용으로서 술의 대안으로 간주됐다; 차는 이뇨제이기도 했지만, 종합적인 효과는 수분 섭취였다. 커피와 차는 끓은 물이나 거의 다 끓은 물을 요구했기 때문에, 커피나 차는 그걸 마드는 데 사용한 물을 그냥 마시는 것보다 안전했다. 이 두 가지 뜨거운 음료의 소비가 19세기 동안 늘었고, 일부 나라에서는 사회의 전 계층에 퍼졌다. 차가 영국(영국의 1인당 차 소비량은 1850년에서 1875년 사이에 2배 이상이 됐다)과 영국의 식민지, 그리고 러시아에서 특히 인기를 얻은 반면, 커피는 프랑스와 이탈리아, 북미에서 우세했다. 그럼에도, 무알코올 사회를 현실적으로 상상하고 옹호할 수 있으려면 안전한 물 공급이 필수적이었다. 1898년에 어느 영국인 의사가 이 점을 밝혔다: "절대금주주의자들에게 필요한 첫 품목은… 순수한 물이다."[66] 맛과 냄새가 고약한데다 마시는 사람을 병들게 만든다고 믿어지는 물을 마시려고 비어나 와인의 안전함을 포기할 사람이 어디 있겠는가? 따라서 반알코올 운동이 제대로 속도를 붙인 시점이 유럽인과 북미인에게 식수로 적합한 물을 정기적으로 공급하려는 진지한 활동이 벌어진 때라는 것은 분명 우연이 아니었다. 앞서 봤듯, 1840년대부터 마셔도 안전한 식수가 유럽과 북미, 기타 지역의 도시와 소도시 인구에게 제공되기 시작했고, 제1차 세계대전이 발발할 무렵에 도시거주자 대부분은 파이프를 통해 가정이나 공공분수로 직접 공급되는 안전한 물에 접근할 수 있었다.

두 가지 추세가 동일한 압력에 의해 추진되지는 않았다. 술에 대한 반대는 악화돼가는 사회적 상황과 그런 상황을 초래한 원인에 대한 해석으로부터 도출됐지만, 물에 대한 우려는 도시의 성장과 나날이 커져가는 전염병의 위협에서 비롯됐다. 1830년대와 1850년대에 서구세계의 많은 지역에서 창궐한 치명적인 콜레라와 이질은 세계 전역의 시정부들의 관심을 마시고 씻는 데 쓸 물을 도시인구에게 안전하게 공급할 필요성에 집중시켰다. 음주자들 중에서 우수한 식수가 공급된다는 단순한 이유 때문에 금주로 전향할 것 같은 사람은 드물었지만, 한편으로 안전한 물이 공급되지 않는 것은 술을 계속 마시는 것을 찬성하는 주장으로 활용할 수 있었다. 안전하고 우수한 물이 정기적으로 공급되기 전까지, 금주하자는 주장은 대중적인 에너지를 거의 모으지 못했다. 그런데 술이 건강과 식단에 필수적이라는 주장을 더 이상은 할 수 없게 되면서, 술은 전적으로 오락적인 음료로, 별다른 피해를 입지 않고서도 자유의지로 단념할 수 있는 음료로 볼 수 있었다. 실제로 술이 물보다 더 건강에 좋은 선택이라는 몇 세기 된 주장은 완전히 뒤집을 수 있었고, 실제로 뒤집혔다: 19세기 중반부터는 물을 안전한 선택으로 묘사할 수 있었고, 술을 해로운 것으로 비난할 수 있었다. 물은 그저 그걸 소비하는 사람의 건강에만 위험했지만, 술은 사회와 도덕 모두에 해로운 것으로 묘사할 수 있었다.

요약하면, 19세기와 20세기 초에 벌어진 반알코올 운동들은 광범위한 문화적·물질적 맥락에서 이해해야 한다. 많은 경향이 술이 가진 의료적이고 종교적인 이미지에 대한 긍정적인 입장들을 약화시켰고, 계급의 구별은 대중의 음주에 대한 불안감을 빚어냈으며, 여성과 아동, 가정을 염려하는 감정은 남성의 주취에 대한 염려를 더욱 명확하게 가다듬었다. 민족주의와 우생학은 그들 나름의 세계를 확보했다. 한편, 대안적인 비알코올성 음료의 입수 가능성은 술을 식단에 필수적인 바람직한 일부분에서 자기 재량에 따라 선택하는 품목으로 변환시키는 것을 뒷받침했다. 술의 문화적 의미가 이렇게 변한 것은 술의 역사에서 1,000년 사이에 일어난 가장 중요한 사건 중 하나로, 20세기에 술에 대한 태도와 정책의 틀을 새롭게 잡았다.

11장

술과 원주민들, 1800~1930

인종과 질서, 통제

술이 유럽에서 절주와 금주운동 옹호자들의 공격을 받는 동안에도, 유럽인들은 해외에 있는 그들의 제국에 엄청난 양의 술을 보내고 있었다. 술은 그곳에서 직물과 목걸이, 총과 함께 교역품으로 활용됐다. 술의 흐름은 19세기 동안 불어났다. 1884년에 열린 베를린회의(Berlin conference)에서 유럽 열강이 그때까지 소유권을 주장하지 못하던 지역들을 분할해 가진 이후의 아프리카에서 특히 더 그랬다. 스피릿이 원주민과 교역품으로 사용되고 팔리면서, 술은 19세기 동안 유럽인이 북미 전역으로 지배권을 확장하는 데 연루되기도 했다. 아프리카와 북미 양쪽에서, 유럽인 관리와 정부들은 원주민의 음주가 끼치는 영향을 놓고 씨름을 벌였고, 대다수는 유럽인에게 폭넓게 부과되고 있던 정책보다 이른 시기에 원주민에게 금주령을 부과했다. 유럽과 기타 지역의 절주운동이 아프리카 식민지에서 제정된 정책과 북미원주민에게 부과된 정책에 영향을 끼치는 동안, 자국에서 술을 더 강하게 규제해달라는 요구를 다루는 유럽과 미국, 캐나다의 정부들이 그에 따른 교훈들을 소화했을 가능성이 있다.

자신들의 알코올성 음료와 술에 대한 태도, 음주 패턴을 항상 지참하고 다닌 유럽인들은 아프리카에서 그들 나름의 알코올성 음료와 소비방식을 가진 원주민과 만났다. 상호작용은 복잡했고 때때로 예상하지 못한 결과들이 빚어졌지만, 식민지 사회의 권력관계가 항상 그런 결과에 영향을 끼쳤다. 이런 체계 내에서 각각의 식민지는 독특한 문화적·정치적·경제적 상황을 보여줬다. 유럽인과 아프리카인 사이의 접촉정도는 다양했고, 철도가 대륙 내부까지 확장된 지역에서조차 둘의 접촉은 극히 미미했을 수도 있었다. 교역 네트워크에서 일부 식민지는 다른 식민지보다 술을 더 많이 채택했고, 선교사들이 원주민에게 술을 철저히 삼갈 수 없을 때는 적당히만 마시라고 강권했음에도 현지의 술 소비에 대한 선교사의 영향력은 미미한 수준부터 지대한 수준까지 넓은 범위에 걸친 듯 보인다. 일부 식민지 관리는 다량의 술이 식민지로 흘러드는 것을 보면서 흡족해했다. 그 술이 그들의 금고에 꾸준한 세수(稅收)의 흐름을 안겨줬기 때문이다; 경제적이거나 도덕적인 우려에서 영향을 받은 다른 관리들은 현지 인구가 술에 접근하는 것을 통제하려고 애썼다. 아프리카의 식민주의 (colonialism)는 복잡한 이야기였는데, 술은 여기에 끊임없이 등장하는 주제였다.

술은 대륙 곳곳에서 중요한 교환수단이 됐다. 아프리카 북부의 무슬림 인구 사이에서는 남부보다 정도가 덜했다. 술은, 때로는 단독으로 때로는 다른 교역품목과 함께, 유럽인이 요구하는 다음과 같은 물품을 구매하는 데 사용됐다: 야자유(palm oil), 고무, 상아, 금, 다이아몬드, 노예. 나이지리아로 파견된 영국인 무역위원은 식민성(the Colonial Office)에 리쿼가 가장 인기 좋은 화폐이기 때문에 스피릿이 없으면 무역은 불가능하다고 보고했다.[1] 술은 노예를 획득할 때 극도로 중요한 역할을 수행했다; 때로는 노예 구입의 대가로 지불하는 실제 가격의 일부였고, 때로는 현지 지도자들이 유럽인에게 팔 노예들을 만들어내는 것을 보장하는 선물이었다. 예를 들어, 1724년에 프랑스 무역상들은 옷감, 목걸이, 총, 화약, 산탄(散彈), 브랜디를 건네고 노예 50명을 구입했다.[2] 술은 영토를 양해(territorial concession)한 데 따르는 대가를 지불하는 데도 활용됐다. 1843년에 아시니(Assinie, 코트디부아르의 작은 주)의 왕은 옷감과 화약, 총, 담배, 모자, 거울, 오르간, 목걸이, 브랜디 200리터들이 6통, 스피릿 4상자를 받고는 프랑스 왕 루이 필리프(Louis-Philippe)에게 통치권을 넘겨줬다. 1894년에 강변 부지를 20피트 확장하고 싶었던 영국 무역회사는 1년에 진 20상자를 지불하기로 합의했다.[3] 카메룬에서 해안가 주변의 추장들은 그들을 영국인의 보호가 아닌 독일인의 "보호 아래" 두는 조약에 합의했다. 독일 당국자들이 그들에게 리쿼를 제공했기 때문이다.[4]

19세기 동안, 유럽산 술의 소비는 원주민공동체 곳곳에서 보편적인 현상이 됐다. 세기 중반 무렵, 유럽에서 노동계급 사이에 만연한 술 남용에 대해 울렸던 경종과 동일한 소리가 여러 식민지에서도 울려 퍼지고 있었다. 유럽인 선교사들은 술이 원주민 문화에 가져온 일대 혼란을 보고했고, 유럽에 있는 절주운동 지지자들은 리쿼가 가정 내에서 초래하는 해로움을 더 자세히 서술하려고 여러 이야기를 출판했다. 비평가들은 아프리카의 마을에는 술에 취한 남녀가 가득하고 케이프코스트(Cape Coast)와 아크라(Accra), 라고스(Lagos) 같은 공동체의 환경은 런던과 맨체스터, 글래스고의 뒷골목의 환경보다 더 열악할 거라고 추정했다.[5] 리쿼 밀거래에 의한 원주민인종의 풍기문란을 방지하기 위한 연합위원회(United Committee for the Prevention of the Demoralization of the Native Races by the Liquor Traffic)라는 활기찬 이름을 가진 단체가 영국에서 1880년대에 결성됐고, 다른 주요한 식민세력인 프랑스와 독일에서도 비슷한 로비집단들이 결성됐다. 아직 개화되지 않은 아프리카 원주민에게 술이 끼치는 영향을 매도한 것은 알코올중독이 의지력과 자기 수양이 부족한 인구집단 사이에 더 널리 퍼져 있다는 관념을 한층 강화시켰다.[6]

많은 원주민 지도자가 술의 유입을 멈춰달라고 유럽 국가에 탄원했다. 1880년대에 나이지리아 중부에 있는 비다(Bida)의 에미르(emir, 이슬람 국가의 왕-옮긴이) 에추 말리키(Etsu Maliki)는 나이지리아 주교에게 "럼이 내 나라를 망쳤고 내 백성들을 망쳤소. 럼이 그들을 미치광이로 만들고 있소"라고 편지를 썼다. 그는 "영국 여왕에게 럼을 이 나라로 들이는 것을… 우리나라를 망가뜨리는 것을 막아달라"는 간청을 해달라고 주교에게 요청했다.[7] 에미르는 빅토리아 여왕이 행동에 나서기를 기다리는 대신, 수입된 스피릿의 판매를 불법화하고는 유럽인에게 비축해놓은 진을 없애라고 요구했다. 이 문제는 노예무역과 무기와 술의 상거래를 다루려고 소집된 1889~90년의 브뤼셀회의(Brussels conference)에 이슈로 채택됐다. 브뤼셀회의는 북위 20도와 남위 22도 사이에서 술 밀거래를, 그리고 알코올 증류가 아직 존재하지 않는 곳으로 그런 것을 확장하는 것을 금지시켰다. 남아프리카(South Africa)는 이 금지령에서 제외됐다. 남아프리카는 그 무렵에 이미 술을 생산하는 주요한 식민지인데다 내부 상황을 스스로 규제하고 있었다. 프랑스가 아프리카 북부에 갖고 있던 (알제리와 튀니지 같은) 주요 무슬림 국가도 예외였다. 회의가 열리던 시기에, 그 나라들에서 생산된 와인은 프랑스인들이 필록세라 때문에 초래된 프랑스산 와인의 부족을 해결하는 것을 돕고 있었다. 브뤼셀회의의 결정은 아프리카 대부분의 지역 곳곳으로 술 교역이 한층 더 확산되는 것을 종식시키려는 의도에서였다.

상황을 이 지경으로 몰고 온 것은 19세기 말 동안 유럽산 술이 아프리카 상당 지역의 곳곳으로 급격히 퍼진 거였다. 유럽인과 접촉하기 전에도 (그리고 접촉 이후에도 유럽인의 손이 거의 닿지 않은 많은 내륙 지역에서) 다양한 종류의 술이 아프리카의 많은 지역에서 정기적으로 만들어지고 있었고, 다양한 상황에서 소비됐다. 일부 지역에서는 일상적으로 소비하기에 충분할 정도의 술이 생산됐다. 다른 지역에서는 축제나 장례식 같은 행사에서 주로 소비됐다. 예를 들어, 아프리카 동부의, 요즘 탄자니아(Tanzania)라고 불리는 북서부에 거주하는 하야족(the Haya)은 유럽인과 접촉하기 전부터 주식(主食)인 바나나로 비어를 만들었다. 바나나의 녹말이 당분으로 변환될 때까지 바나나를 난로 위에 매달거나 며칠간 땅에 묻어 인위적으로 익게 만들었다. 그렇게 된 바나나를 으깨 과즙을 추출한 후 같은 양의 물과 섞은 다음, 그 혼합물이 발효되게끔 놔뒀다. 남성들에 의해서만 수행되는 이 과정의 결과는 결혼 협상과 조상에게 제물을 바치는 자리 같은 온갖 종류의 축하연과 의식에서 남녀가 같이 마시는 저알코올(4%에서 5% 사이) 음료였다. 성인 남성은 낮에 바나나비어를 마셔도 괜찮았다. 하야족은 그 결과로 '행복'해지는 것은 용인했지만 주취는 못마땅해했다. 하야족의 처벌형태 중에는 어떤 사람을 주취상태에 이를 때까지 술을 마시게 만든 후에 그 사람을 그에 따른 수치심에 시달리게 만드는 게 있었다.[8]

아프리카 중서부의 대서양쪽에서는 유럽인과 접촉하기 전에도 알코올성 음료 두 가지가 흔하게 만들어졌다: 야자나무 수액으로 빚은, 알코올 함량이 약 5% 정도인 (앙골라에서 말라부malavu라 불린) 희뿌연 와인, 그리고 기장이나 수수, 옥수수로 만든, 알코올 함량이 그 절반에 못 미치는 비어(왈로walo: 이 음료들 중 일부는 알코올 수준을 더 높이는 것도 가능하다) 야자와인(palm wine)은 꽤 적은 양만 만들어진 듯 보인다. 나무 한 그루가 하루에 배출하는 수액이 기껏해야 1리터이기 때문이다. 더군다나 이 와인은 생산 후 24시간 내에는 신맛이 무척 강해진 듯하다. 이 와인은 많은 용

도로 제공됐다: 식사 때 마시는 음료로 폭넓게 소비됐고, 축제나 다른 행사의 분위기 조성용으로 활용됐으며, 사회 원로에게 바치는 공물로도 활용됐다. 상대적으로 공이 덜 드는 야자와인은 남자들이 빚었지만, 일련의 양조과정을 거쳐야 하는 비어는 여성들 책임으로, 아프리카 도처에서 양조는 일반적으로 이렇게 행해졌다. 곡물이 야자나무보다 더 폭넓게 재배된다는 점에서 예상 가능하듯, 비어는 대량생산됐고 훨씬 더 폭넓게 소비됐다. 대다수 인구가 비어를 마셨던 듯 보인다. 하지만 비어 소비에 대한 문헌은 적은 편이다. 초창기 유럽인 탐험가들은 서민의 식단보다는 귀족과 왕의 식단에 더 관심이 많았기 때문이다.[9]

유럽인이 아프리카 해안 지역에 정착지를 건설하기 시작할 때, 많은 유럽인이 원주민의 음료들을 마셔봤지만, 강한 인상을 남긴 음료는 거의 없는 듯하다. 대신, 유럽인들은 자신들이 소비할 술을 직접 가져갔고, 정착 이후로는 정기적인 수송책을 마련해서 직접 소비할 술과 교역품으로 쓸 술을 공급받았다. 포르투갈인들은 앙골라에서 와인과 브랜디, 제레비타(gerebita, 설탕을 생산하고 남은 폐기물로 빚은 싸구려 럼)를—현지 리더들이 매매할 노예들을 만들어내도록 유인해서—노예를 획득하는 데 사용했을 뿐 아니라, 원주민 리더들이 그들의 영토에서 사업하기를 원하는 유럽인에게 부과한 다양한 세금을 지불하는 데도, 그리고 포르투갈인과 현지 정치 리더들 사이의 관계를 매끄럽게 만들려는 외교적 선물로도 활용됐다. 1807년과 1810년에, 루안다 총독은 중요한 노예의 출처인 카산제(Kasanje)의 왕에게 왕이 개인적으로 소비할 용도로 제레비타 59리터와 브랜디 56리터, 그리고 왕이 거느린 의원들과 공유할 제레비타 30리터를 건네서 관계에 기름칠을 하려고 애썼다.[10]

술은 17세기와 18세기에 나이지리아 남부 지역에서 노예와 금, 상아를 획득하는 데도 활용됐다. 술은 목걸이나 직물, 총, 화약 같은 다른 교역품보다 가치가 높았고, 19세기 전반기에 노예무역이 끝장난 이후에도 그 지위를 유지했다. 유럽 상인들은 영국과 독일, 다른 목적지로 수송할 고무와 야자유, 금, 상아, 기타 품목의 수송을 강화하기 위해 나이지리아 해안에 교역소를 여러 곳 세웠다. 그들은 나이지리아 중개인과 직접 협상했고, 중개인들은 내륙에서 해안으로 상품을 가져오는 공급자의 대리인 역할을 수행했다. 중개인들은 대가로 진(잉글랜드에서 곡물 기반 스피릿을 부르는 통칭)과 럼을 지불받았고, 그러면 그들은 공급자에게 같은 방식으로 대금을 치렀다. 그러면 후자는 내륙에 있는 집으로 돌아가 술 일부는 직접 마시고, 남은 술은 그들이 속한 공동체에서 교역품목으로 사용했다. 이런 식으로, 술은 식민지 도처에서 효과적으로 사용되는 화폐가 됐고, 20세기 초까지 나이지리아 남부의 수출품 중 3분의 1에서 5분의 2 사이가 술을 통해 거래됐다. 교환율은 품목의 가격이 변동될 때마다 변했다. 1890년대에 60케이스에서 75케이스 사이의 진으로 야자유 180갤런들이 1통을 교환할 수 있었다. 이는 (진 75케이스일 때) 진과 야자유를 거의 갤런 대 갤런으로 교환하는 셈이었다. 그런데 진의 가격이 오르고 야자유의 수요가 떨어지면서, 1925년에 야자유 1통의 가격은 진 20케이스밖에 안 됐다.[11]

제1차 세계대전이 시작되면서 나이지리아 남쪽에 있는 영국 식민지로 흘러드는 술의 양이 줄었지만, 19세기에는 술에서 걷은 세수가 식민지 관리비용의 상당부분을 차지할 정도로 술의 유입이 중요했다. 술은 1860년대부터 가치와 수량 면에서 아프리카 식민지로 수입되는 단일품목으로는 가장 중요한 수입품이었고, 거기서 거두는 세금은 식민지들이 거두는 총 세수의 절반부터 4분의 3까지를 차지했다. 세금이 물물교환 용도로 사용되는 술의 가치에 포함됐기 때문에 나이지리아의 생산자와 상인들은 술을 효과적인 지불수단으로 활용했다. 식민지 정부는 이런 세수를 화폐로는 절대 징수하지 못했다. 원주민들이 동전과 지폐를 꺼렸기 때문이다.

술이 나이지리아의 식민지 경제에 어찌나 큰 원동력이었던지, 서(西)적도 아프리카(Western Equatorial Africa)의 성공회 주교이자 술 통제를 강하게 주장한 허버트 터그웰(Herbert Tugwell)은 1901년에 이렇게 밝혔다. "철도는 어떻게 건설되고 있나? 진에 의해서. 카터-덴튼 다리(Carter-Denton Bridge)는 어떻게 지어졌나? 진에 의해서. 소도시의 조명은 어떻게 이뤄지나? 진에 의해서. 그리고 지금, 소도시의 하수가 배출되는 방식이나 우리가 질 좋고 깨끗한 물을 어떻게 안정적으로 공급받는지를 묻는다면? 그 대답은 진에 의해서다."[12]

술이 나이지리아 남부에서 화폐로 활용됐기 때문에 술이 완전히 소비되는 일은 없었지만, 손이 바뀔 때마다 꾸준히 소비되기는 했다. 술병의 주인은 술병을 열고는 내용물을 조금 마신 후에 그만큼의 물을 채우고는 병을 다시 봉하는 것으로 알려졌다. 이런 일이 충분히 자주 일어날 경우, 결국 술 수령인 중에는 술 1병의 가치에 해당하는 물병을 갖게 될 터였다. 그렇다고는 해도, 그리고 술 1상자의 무게와 병이 깨질지도 모르는 위험이 있었음에도, 스피릿은 이상적인 화폐였다. 와인이나 비어처럼, 또는 직물이나 담배 같은 다른 교역품처럼 질이 저하되는 일이 없었기 때문이다. 이런 '진 화폐(gin currency)'가 너무도 널리 퍼져 있던 탓에 일부 법정은 화폐교환을 제도화했고, 그러면서 유죄판결을 받은 사람이 벌금을 현금으로 내려고 진을 화폐로 바꾸는 게 가능해졌다. 더불어, 스피릿 1상자는 융통성이 있는 화폐단위였다. 상자에 손을 대지 않은 상태로 거래할 수도 있고, 상자 안에 든 12병을 병 단위로 거래할 수도 있었기 때문이다. 나이지리아 경제에 화폐를 도입한 영국인들은 원주민이 1실링은 12페니라는 원칙을 이해할 준비가 이미 돼있다는 것을 알게 됐다.[13]

그렇다고는 해도, 진 대신 화폐를 쓰는 데 저항하는 사람들이 있었다. 진은 가격이 대단히 싸서 저가품목의 가격을 지불하는 데 유용했지만, 처음에 유통된 동전은 액면가가 지나치게 컸다(당국에서는 결국 액면가가 페니의 10분의 1인 동전을 발행했다). 술은 눈에 보이는 교환가치를 갖는 실물자산으로, 약간의 가치를 대표한다고 알려진, 게다가 쉽게 잃어버리거나 도둑맞을 수 있는 금속원반이나 잘 찢어지는 종잇조각하고는 달랐다.[14] 술이 화폐로 널리 퍼진 것이, 어느 정도는, 술 소비를 억제했을지도 모른다. 술을 마시려고 구매하기 위해 돈을 쓰는 것, 따라서 돈을 간접적으로 소비하는 것과, 말 그대로 '돈'을 진의 형태로 소비하는 것은 별개의 일이다. 터그웰 주교의 주된 비판이 나이지리아 경제에서 술이 행하는 역할을, 즉 그가 부도덕하다고 규정한 역할을 겨냥했다는 것은 주목할 만하다. 다른 지역에서 활동하는 동료들과 달리, 그는 일반적으로 술과 결부되는 주취와 다른 종류의 부도덕성에 집착하지 않았다. 술이 나이지리아 남부의 경제에서 화폐로서 수행하는 역할 때문일 가능성이 있다.

대다수 식민지 정부가 주세에서 얻은 세수에 의존하고 있었기 때문에, 일반적으로 그들은 절주나 금주정책을 도입하라는 요구를 반대했다. 술은 1911년에 코트디부아르가 거둔 총 수입관세의 46%를 차지했고, 이듬해 골드코스트(Gold Coast, 현재의 가나)에서 정부가 거둔 총 세수의 38%를 차지했다.[15] 이런 세수는 자급자족이 가능한 식민지와, 식민세력(the colonial power)에 재정적으로 의존하는 식민지 사이의 차이점을 보여줬다. 모든 식민세력은 그들의 식민지가 재정을 잡아먹는 애물단지가 아니라, 수익성이 좋은 곳이기를 원했다. 그러니 그들이 주세로 대표되는 안정적인 세수를 줄일 정책을 반대한 것은 전혀 놀랄 일이 아니다.

프랑스 식민지 코트디부아르는 예외였다. 이곳 총독은 20세기 들어 첫 10년 동안 절주운동을 시작했다. 1908년에 총독이 된 가브리엘 앙굴방(Gabriel Angoulvant)은 얼마 안 있어 술을 그가 다스리는 식민지의 경제 발전을 가로막는 장애물로 봤다. 존경심이라는 사소한 문제도 있었다. 현지의 추장들이 프랑스령 서아프리카(French West Africa)의 총독을 만나러 오면서 취한 상태로 자리에 앉아 머리에 모자를 쓰고 입에 파이프를 물었기 때문이다. 철도 건설자들이 아프리카인 이주노동자에게 그랬던 것처럼, 프랑스 고용주들이 노동자에게 술을 지불하면서 주취 문제가 발생했다. 하지만 그보다 더 중요한 이슈는 앙굴방이 술이 식민지의 경제 발전에 제기한다고 생각한 위협이었다. 그는 술이 생식력을 떨어뜨리고, 질 낮은 후손을 낳으며, 다양한 질병을 야기한다는 널리 퍼진 프랑스 절주운동가들의 주장에 의지했다. 그는 만취한 아프리카 노동력이 불안정하고 비생산적이 될 거라고, 술을 마시는 아프리카인은 신뢰할 수 없는 납세자가 될 거라고 주장했다.[16] 요약하면, 술은 프랑스 식민지의 경제 발전과 그곳 주민들의 도덕성 향상을 가로막는 장애물이었다.

코트디부아르는 프랑스 식민지 연방의 일부였다. 1912년에 앙굴방은 술에 매기는 관세를 올려 술의 가격을 올리고 소비는 줄게 만들라고 연방에 속한 동료 총독들을 설득했다. 술 소비에 따른 위험을 줄이기 위해 압생트를 이들 식민지에 수입하는 것이 금지됐다. 그리고 건강에 대한 관심에서, 현지 인구가 소비하는 술의 대부분을 차지하는 값싼 네덜란드산과 독일산 스피릿의 성분을 분석했다. 그 술들은 인간이 소비하기에는 대체로 적합하지 않은 걸로 밝혀졌다. 총독들은 프랑스의 절주운동 지지자들이 보기에 안전한 음료인 와인을 더 많이 수입하는 가능성을 논의했다. 그러는 동안, 코트디부아르 도처의 식민지 관리들은 아프리카인에게 새로운 술 정책을 설명하라는 임무를 부여받았다. 그들은 술의 중독성을 경고하고 자기 수양의 필요성을 강조했으며, 코트디부아르인에게 음주의 단기적인 쾌락 이후를 생각하고 그들의 건강과 생식력, 사회의 안녕에 장기적으로 어떤 영향이 갈 것인지를 고려해보라고 충고했다. 또한 유럽산 스피릿의 줄어든 공급량을 보충하려고 야자와인을 더 많이 생산하려 드는 짓도 하지 말라고 충고했다. 우리는 여기서 식민지를 지배한 사람들의 도덕적인 이해와 경제적인 이해가 어우러지는 것을 볼 수 있다: 와인을 빚으려고 야자나무에서 지나치게 많은 수액을 뽑으면 나무가 죽고, 그러면 산업용 윤활유이자 비누의 원료로서 프랑스인에게 대단히 가치가 높은 야자유의 공급이 줄었다.[17]

앙굴방이 술을 문젯거리로 본 유일한 식민지 관리는 아니었다. 앙굴방이 코트디부아르로 유입되는 술을 줄이려고 활동하고 있을 때, 근처에 있는 독일식민지 카메룬의 총독 테오도르 자이츠(Theodor Seitz)는 술을 완전히 금지시키고 싶었지만, 그랬다가는 인접한 식민지로부터 술이 밀반입되면서 술이 더욱 통제 불능 상태가 될 거라는 두려움에 그러기를 주저했다. 대신에 그는 식민지의 많은 지역에서 스피릿의 판매를 제한하면서, 해안 가까운 작은 지역에만 제약을 받지 않는 판매를 허용했다. 그 결과는 스피릿 수입량의 감소였지만, 스피릿을 함유한 다음과 같은 품목의 수입량은 늘었다: 화장품, 특허의약품(patent medicine), 알코올 함량이 47%인 라벤더 수(lavender water)를 포함한 향수. 이 상품들은 알코올 규제를 피해 가는 데서 그치지 않고, 면세로 카메룬에 들어왔다. 상인들은 이 상품들로 짭짤한 수익을 얻을 수 있었고, 식민지 정부는 관세수입을 잃었다. 하지만 비어는 규제의 영향을 받지 않았기에 비어 수입량은 치솟았고, 스피릿에서 거두는 세수의 손실을 벌충한다는 부분적인 이유로 비어에 세금이 부과됐다. 식민지에서 술의 유통과 판매에 부과된 규제는, 그게 무엇이건, 유럽인에게는 예외였다. 그래서 이 조처는 유럽인들은 술을 원하는 만큼 갖거나 마실 자격을 갖는다는 뜻으로 이해됐다. (모든 선교사가 아닌) 일부 선교사를 제외하면, 식민지에 거주한 유럽인은 툭하면 폭음을 하는 술꾼들로 간주됐다.

19세기 동안 식민지 경제가 발전하면서, 유럽인 고용주들은 현지 노동자에게, 때로는 급여의 일부로 때로는 그들의 급여로 구매할 품목으로 술을 제공하기 시작했다. 이건 근대 초기 유럽의 관행과 비슷해 보이지만 (술로 대금을 치르거나 급여를 주는 관행은 19세기 무렵이면 거의 자취를 감췄지만), 중요한 차이점이 있었다. 유럽에서, 술(특히 와인과 비어)은 일상식단의 일부였고, 그래서 일꾼에게 술을 지급하는 것은 필수품을 제공하는 거였다. 이와 반대로, 아프리카 대부분의 지역에서, 지급되는 술의 양은 현지노동자들이 술을 지급받지 않았더라도 소비했을 양을 훨씬 상회하는 게 일반적이었다. 토착 술은, 특히 비어와 야자와인은 상대적으로 알코올 함량이 낮았다. 그에 비해 유럽인 고용주가 공급한 스피릿은 알코올 함량이 무척 높아서, 일반적으로 비어와 야자와인보다 대략 10배나 더 독했다. (식민지 고용주들은 스피릿의 알코올 대 총 분량의 비율이 높아서 다른 음료보다 수송비가 덜 든다는 점 때문에 스피릿을 선호했다.) 유럽인들이 이런 종류의 술을 활용한 것은 노동자에게 에너지를 제공하기 위해서이기도 했고, 열악한 노동환경과 주거환경의 영향을 둔화시키면서 그들을 고분고분한 순종상태에 묶어두기 위해서이기도 했다. 유럽의 사회주의자들이 술을 공장소유주들이 노동자들을 유순한 상태로 묶어두려고 사용하는 무기라고 생각한 게 옳은 생각이었다면, 식민지의 인종 기반 경제에서 그건 한층 더 옳은 생각이었다.

그런데 유럽의 식민지화에서 술이 소소한 역할만 수행한 듯 보이는 지역들이 있었다. 가나의 술 수입량은 19세기 말인 1879년부터 1895년까지 107%로 확실하게 늘었다. 그런데 그 증가율은 다른 품목들의 증가율 (206%)의 절반이었다. 리쿼가 전체 수입품 중 차지하는 비율은 줄고 있었다: 1879년에 19%, 1894년에 15%, 1910년에 7%.[18] 나이 든 가나인들의 회고를 보면 술은 세기 전환기의 구매와 소비패턴에서 다른 품목들(면제품, 소금; 담배, 화약)보다 우선순위가 뒤였다는 것을 알 수 있다. 많은 단서가 달린 어느 1인당 술 소비량 추정치는 1895년에 약 1.83리터로, 이는 동시대 유럽인의 소비량보다 한참 낮고, 다른 서아프리카 식민지들의 그것보다 낮은 수준이다.[19] 가나의 지배적인 사회인 아칸(Akan)의 경우, 여성과 젊은이(심지어 20대 젊은이)는 거의 술을 마시지 않았고, 아동은 절대로 마시지 않았다. 그래서 술 소비는 노인들에게 집중돼 있었고, 그래서 그들은 무척 많은 술에 접근할 수 있었다.

그렇다고는 해도, 그리고 우리가 그토록 문화적으로 민감한 행동에 대한 설명에 의존할 수밖에 없는 한, 주취는 드문 일이었던 것으로 보인다. 음주에 대한 사회적 통제가 강했던 듯하다. 사회적인 통제가 19세기 동안 약해지기는 했더라도, 많은 이야기가 주취를 보기 드문 일이라고 밝힌다. 절주에 관심이 있고 술을 마시지 않은 어느 감리교 신자는 1880년대에 이렇게 썼다. "케이프코스트의 길거리에서 주취가 상대적으로 보기 드문 사건이라고 말하는 데 나는 조금도 주저하지 않겠다." 그는 역시 절주운동 지지자였던 지역 경찰국장의 견해도 전했다: "그의 (식민지) 부임 첫 12개월 동안 그의 법정에서 치른 재판 수백 건 중에서 사건의 원인이 리쿼인 것으로 밝혀진 사건은 1건도 없었다." 어느 영국의 지역 관리는 1897년에 이렇게 썼다. "식민지로 (리쿼가) 어마어마한 양이 수입되지만, 술에 취한 원주민을 보는 건 정말로 예외적인 일이다… 원주민들 사이에서 주취가 존재한다는 것을 부인하는 것은 터무니없는 일일 테지만, 습관적인 주취는 사실상 알려져 있지 않다."[20] 대다수 유럽인이—특히 절주나 금주정책을 지지한 이들이—아프리카 사회를 볼 때 사용한 문화적 렌즈를 감안하면, 이 견해들은 놀랍다. (말다툼과 주먹다짐을 자주 동반하는) 대량음주와 관련된 에피소드들이 있었지만, 그런 에피소드들은 특정한 축제들과 관련이 있었던 것으로 보인다.

대륙의 북반부에 몰려 있던 무슬림 지역의 유럽 식민지에서 술은 흔하지 않은 요소였다. 그런데 술 교역은 이 지역에조차 침투했다. 모든 무슬림이 술을 삼가는 것은 아니었기 때문이고, 무슬림이 다수를 차지하는 지역에도 술을 마시는 비무슬림 구성원들이 있었기 때문이다. 대부분의 술이 술을 더 자유로이 구할 수 있는 식민지들로부터 금주령이 내려진 지역들로 밀반입됐는데, 철도가 물품과 인력의 내륙 지역 이동을 용이하게 해준 이후에는 일부가 기차로 수송됐다. 나이지리아의 절주운동은 1901년에 현지에 '불물(firewater)'로 알려진 술을 철도화물로 싣는 것을 금지시키려고 시도했다. 새로 놓은 철도가 돈을 버는 것을 보고 싶은 마음이 간절했던 총독은 술을 철도로 수송하지 않더라도 철도의 주요 경쟁 운송수단인 강(江)을 통해 수송될 거라고 지적하면서 그런 시도를 묵살했다(20세기 초에 스피릿은 철도화물의 8%에서 13% 사이를 차지했다).[21] 훗날 1913년에, 다른 총독이 철도로 수송되는 술의 수송료를 인상했지만, 금주령이 내려진 지역에 술이 당도했다는 증거는 꾸준히 나왔다. 많은 보고서가 사회 전 계층의 무슬림이 술을, 때때로 취할 지경에 이를 때까지 마신다고 밝혔다. 무슬림 지배세력 내에서 리쿼에 접근하는 것은 그 사람의 높은 지위를 보여주는 상징으로 여겨졌고, 결혼식 같은 행사에서는 대놓고 술을 마셨다. 종합해보면, 어느 사학자가 결론 내렸듯, 이런 지역에서 리쿼는 "아무런 외부적 유인책이 없이도" 소비됐다.[22]

제1차 세계대전은 많은 아프리카 식민지에 수입되는 유럽산 술의 양을 감소시켰다. 아프리카로 공급되는 술의 대부분은 네덜란드산이나 독일산 싸구려 스피릿이었다. 그런데 전쟁이 발발하면서 독일산의 공급이 차단됐다. 전쟁 동안 중립을 지킨 네덜란드의 증류업자들이 수출한 물량이 급격하게 준 것은 술병의 생산을 독일에 의존하고 있었기 때문이다. 전쟁 동안 프랑스 식민지에서 '유해한' 스피릿을 '건강에 유익한' 와인으로 대체하자는 이야기가 일부 나오기는 했지만, 프랑스산 와인이 이들 스피릿의 자리를 차지한 것도 아니었다. 프랑스 정부는 서부전선에 있는 자국 군대에 어마어마한 양(1917년에 12억 리터)의 와인을 공급했고, 이 분량이 높은 민간 소비량과 결합되면서 수출할 물량은 거의 남지 않았다. 영국 식민지들도 독일산 스피릿의 공급이 사라지면서 동일한 영향을 받았다. 아프리카 도처의 많은 식민지 관리가 주세를 대체할 세수—일반적으로 아프리카인에게 부과하는 직접세—를 늘릴 방법을 찾아냈다.[23]

전쟁 동안과 전쟁 직후에 술을 제한하려는 다양한 법령이, 유럽 내에서 그랬던 것처럼, 일부 식민지에서 시행됐다. 1917년에 나이지리아는 원주민이 수입산 술을 마시는 것을 금지하는 '금주' 지역, 허가 받은 소매상만 술을 팔 수 있는 '허가' 지역, 면허를 가진 아프리카인이 수입산 술을 팔 수 있는 '제한' 지역으로 분할됐다. 그런데 1919년에 영국의 식민지 정부들은 원주민에게 팔 용도로 수입되는 모든 스피릿의 수입을 금지하라는 지시를 받았다.[24]

제1차 세계대전 후, 유럽 열강에 아프리카를 분할해주고 술의 수입을 통제한 1880년대의 회의들에서 정한 조항들을 수정하려는 국제위원회가 설립됐다. 그래서 나온 결과가 1919년에 서명된 협약이었다. 협약은 아프리카에서 '알코올중독의 위험에 맞선 투쟁'을 지속하기 위해 리쿼 밀거래를 통제하려는 의도로 체결됐다. 협약은 아프리카 전역에서 모든 종류의 '교역용 스피릿(trade spirits)'을 수입하는 것을 금지시켰다. 남아프리카와 아프리카 북부의 무슬림국가들은 예외였다. 하지만, 어떤 스피릿을 '교역용 스피릿'으로 분류할 것인지를 결정하는 것은 각각의 식민지를 통치하는 정부들 몫으로 남겨졌다. 게다가, 각국 정부는 스피릿을 이용하지 않은 지역에 금주령을 부과하기로 합의했다. '비(非)원주민'은 개인적으로 소비할 용도로 이 지역에 술을 가져올 수 있었지만 말이다. 마지막으로, 현지에서 하는 증류도, 더불어 증류용 장비의 수입과 판매도 금지됐다. 물론 커다란 허점은 각국 정부가 자율적으로 증류음료를 교역용 스피릿으로 결정할 수 있었다는 거였다. 이런 허점 때문에 조약은 대체로 효력이 없었다. 현실적으로 여러 식민지에서 술을 입수할 수 있는 가능성에는 달라진 게 거의 없었다.

19세기 말과 20세기 초에, 유럽의 식민지들은 유럽 본토에서처럼 광범위한 술 정책과 소비 패턴을 보여줬다. 그런데 이 정책들은 유럽에서 채택된 정책들을 단순히 답습한 거였다. 현지에 있는 선교사들이, 유럽에 있는 절주운동 단체들이, 그리고 일부 식민지 관리가 술이 원주민과 그들의 문화에 끼치는 영향에 대한 우려를 지속적으로 표명됐다. 모두가 유럽에서 흐르고 있는 정서를 반영했다. 유럽의 거의 모든 정부가 술 정책을, 많은 반알코올 집단이 원했던 정도까지는 아니더라도, 더 엄격하게 집행하고 있었다. 그런데 그들은 식민지에서는 한층 더 멀리까지 나아갔다. 유럽 열강은 규제를 적용하는 데까지는 미치지 못했더라도, 최소한 수입산 스피릿에 대한 접근권을 원주민에게서 앗아가는 수준까지 금주령을 내릴 지역들을 협상했다. 영국과 프랑스, 독일은 자국 내에서는 이런 정책들을 채택한 적이 한 번도 없었지만, 저항이 거의 없을 거라 예상할 수 있는 식민지에서는 그렇게 했다. 금주령을 내릴 곳으로 지명된 지역들은 유럽산 술이 당도하지 않은 곳이었다. 그래서 금주령은 기존의 품목을 철수시키는 것보다는 술의 도착을 예방하는 쪽에 더 깊이 관여했다. 한 걸음 더 나아가, 유럽 정부들은 식민지의 신민들에게 규제가 심한 정책들을 더 쉽게 부과했다. 그들의 아우성에 정부가 직접 응답할 필요는 없었다. 그러므로 이 모든 술 정책들은 많은 고려가 상호작용한 결과로 도출됐다고 이해해야 한다: 절주를 주장하는 목소리의 수용, 경제적 손실과 이득의 계산, 식민지 인구를 바라보는 온정주의적 관점, 식민 상황에서 행사되는 권력에 대한 인식.

남아프리카는 아프리카의 식민지시기 말기와 식민지 독립 후의 기간 내내 독특한 술의 역사를 경험했다. 1910년에 남아프리카 연방(the Union of South Africa)이 결성되기 전까지는 자치공화국들로 분할돼 있었기 때문이다. 더불어, 백인에 의한 공식적인 지배는 아프리카의 다른 지역에서보다 더 오래 지속되다가 1994년에야 아파르트헤이트(apartheid, 극단적인 인종차별 정책-옮긴이) 시스템이 무너지면서 끝났다. 술의 주된 용도 중 하나가 급여를 술로 지급하는 '돕(dop)' 또는 '톳(tot)' 시스템이었다. 이 시스템의 유래는 네덜란드인들이 케이프 지역에 초기 정착지를 세우던 17세기로, 이후로 계속된 시스템은 20세기에야 끝났다. 1960년에 법으로 시스템이 폐지됐지만, 금지령은 아파르트헤이트가 끝날 때까지는 심각하게 집행되지 않았다. 유럽인들이 이 지역에서 상업적으로 금과 다이아몬드를 채굴하기 시작한 19세기 무렵, 남아프리카 노동자에게 술을 공급하는 것은 뿌리를 탄탄히 내린 관행이었다. 1891년에 킴벌리의 다이아몬드 광산에서 광산 소유주들이 아프리카 노동자에게 술을 제공하면서 얻은 수익은 이렇게 묘사됐다: "술이 든 잔에 대한 친숙함이 흑인들 사이에서 온화한 분위기를 구축한다. 한편으로 술은 그 날치 노동이 끝난 후 기분 좋게 한잔 할 수 있을 거라는 희망을 본 일꾼들에게서 더 우수한 작업을 뽑아내는 것을 허용한다… 원주민 일꾼이 그다지 많은 일을 하지 않아도 그에게 술을 공급하려고 술을 허가하는 허가증이 정기적으로 발행되며, 음료를 달라는 합리적인 요청은 기분이 좋아지고 생기를 찾은 '꼬맹이(boy, 흑인을 부르는 모욕적인 표현-옮긴이)'가 더 나은 노동자가 된다는 근거에서 친절하게 받아들여진다."[25]

남아프리카의 다른 산업에 속한 흑인 노동자들은 방대한 양의 싸구려 술을 구할 수 있었다. 1880년대부터 트란스발(Transvaal)의 금광 지역에서, 흑인 전용 매점들이 스피릿을 팔았다. 일부는 하루에 술 수천 갤런을 생산하는 대규모 증류공장에서 현지의 곡물로 만든 거였고, 일부는 독일과 네덜란드에서 수입한 스피릿을 모잠비크를 거쳐 가져온 거였다. 1902년에 성분을 분석해본 독일산 스피릿은 "내복용(internal use)으로는 적합하지 않다"고 발표됐고, 현지에서 생산한 스피릿 대다수는 '카피르 브랜디'('카피르Kaffir'는 흑인들을 가리키는 경멸적인 용어였다), '카피르 위스키', '카피르를 위한 네덜란드산 진' 같은 이름을 가진 혼합물이라는 결론이 내려졌다. 이들 중 첫째 술은 동일한 양의 프루프 스피리트(proof spirit, 표준적인 분량의 알코올을 함유한 술-옮긴이)와 물, 카옌페퍼 팅크(cayenne pepper tincture), 으깬 자두, 소량의 유황질산(sulfuric nitric acid)으로 구성됐다. 다른 술에는 오렌지껍질, 회향, 녹차, 크레오소트(creosote), 테레빈유(turpentine) 같은 첨가물이 포함됐다. 백인 노동자에게도 어느 정도 동일한 (독특한 풍미를 가미하기 위해 오크나무 톱밥 같은 첨가물을 넣은) 음료들이 공급됐지만, 그들은 급여수준이 더 나았기에 더 많은 돈을 지불해야 했다: '카피르 진저 브랜디(Kaffir Ginger Brandy)'는 12병에 16실링 6펜스에 팔린 반면, '백인' 버전의 가격은 22실링 6펜스였다.[26]

1893년에서 1896년 사이에, 비트바테르스란트(Witwatersrand)의 금광 근처 어느 증류공장은 1년에 평균 31만 8,000갤런의 스피릿을 이런 음료를 만드는 용도로 팔았고, 수십만 리터의 저질 진과 럼, 다른 종류의 술이 모잠비크로부터 국경을 넘어 흘러왔다. 광산 지역의 시장은 규모가 컸다. 1899년에 트란스발에는 흑인 광부가 10만 명 있었다. 그리고 술은 광산 소유주의 개인 용도로도 제공됐다. 흑인광부 대다수는 모잠비크 출신의 이주노동자로, 그들이 술에 더 많은 돈을 쓸수록 저축하는 돈은 적었고 집에 돌아가기 전에 광산에 머물러야 하는 기간은 길어졌다. 백인들은 술을 팔아서 수익을 올렸을 뿐더러, 광산 소유주들은 낮은 이직률 덕에 더 안정적인 노동력을 누렸다. 리쿼의 품질 때문에 사망사건이 발생하면서 일부 이직이 초래됐다. 흑백을 가리지 않고 노동자 수백 명이 그런 음료를 마시는 바람에 목숨을 잃었다. 어느 보고서는 "'꼬맹이들'이 부도덕한 상인들이 판 극악한 액체에 노출된 결과로 초원에 죽어 나자빠져 있는 것을 보는 것은 흔한 일"이라고 밝혔다. 요하네스버그(Johannesburg) 묘지의 감독관은 어느 시체를 보면서 이런 말을 했다고 한다. "이런 일이 매주 대여섯 건 일어난다. 망할 것들이 그들의 뱃속에서 타들어 가는데, 한바탕 술판을 벌이고 나면 그들은 결코 회복되지 못한다."[27]

이것이 노동자에게 제공된 술의 최악의 부작용이었다. 노동력을 끝없이 공급받은 듯한 광산 소유주에게 그건 그다지 중요하지 않았을 테지만 말이다. 몇 명의 죽음보다 그들을 더 걱정시킨 것은 술 소비가 생산성에 영향을 끼치는 정도였다. 평균적으로, 그들은 날마다 노동력의 약 15%가 술 때문에 망가졌다고 추정했고, 일부는 이 수치가 25%에 달한다고 봤다. 술이 광산에서 고분고분하고 안정적인 노동력을 창출하는 데 기여하는 동시에 광산업의 효율을 감소시켰을 때, 분명 모순이 존재했다(농업에서도 상황은 똑같았다; 일꾼들이 농장으로 일하러 온 것은 술 때문일지도 모르지만, 장기적으로 보면 술은 농장의 운영 기반을 약화시켰다).[28] 무면허 공급자를 집중 단속해서 리큐 공급을 엄격하게 규제하려는 최초의 시도를 한 후, 그러면서 광산 소유주를 노동자에게 술을 제공하는 유일하게 합법적인 공급자로 효과적으로 자리매김한 후, 그들은 광산 지역에서 술을 판매하는 것을 전면적으로 금지시키는 게 옳다는 데 합의하는 급진적인 행보를 취했다. 그들은 1896년에 효력을 발휘한 법안을 국회에서 통과시키는 데 성공했고, 그러면서 남아프리카에 준-금주령(부유한 백인들은 멀리 떨어진 곳에서 자기들이 마실 알코올성 음료를 구입할 수 있었다)이 집행되는 섬이 생겼다.

1899~1902년에 벌어진 보어전쟁(the South African War)에 뒤이어 영국

군이 권력을 장악하면서 새로운 술 정책들이 실행됐지만, 흑인들에게는 위반 시에 혹독한 형벌을 가하는 전면적인 금주령이 계속 적용됐다. 술은 광산촌에 밀반입됐다. 예상 가능하듯―금주령은 모든 곳에서 저항세력을 낳았다―광산 소유주들이 1880년대와 1890년대에 편의상 제공한 양에 비하면 그 양은 미미한 수준이었던 것으로 보인다. 바로 그 광산 소유주들이 보고한 바에 따르면, 금주령의 결과 날마다 망가진 그들의 노동력은 불과 1%만이었는데, 이는 불과 10년 전에 정상적으로 여겨졌던 15%에 비하면 큰 폭의 하락이었다.[29]

여기서 볼 수 있듯, 결과적으로 이념적이거나 문화적, 경제적인 이유로 아프리카 식민지 한 곳 한 곳의 원주민에게 일부 형태의 금주령이 부과됐다. 대체로 노예 신분으로 아메리카로 끌려간 아프리카인들에게도 유사한 정책들이 적용됐다. 뉴저지 법률은 일찍이 1692년에 아프리카계 미국인에게 럼이나 스피릿을 팔거나 주는 행위를 금지했고, 18세기 중반에 대다수 식민지는 북미원주민을 술에서 떼어놓으려고 시도한 것과 동일한 법규를 채택했다. 노예주들은 노예들이 술에 접근하는 것을 막았다. 부분적으로는 취한 노예들이 난동을 벌일 거라는 두려움 때문이었다. 예외는 크리스마스 같은 휴일로, 이 시기에는 술을 마시는 특권이 연장됐다. 여러 보고서는 노예들이 1주일간 일을 하지 않아도 됐던 이 시기에, 플랜테이션 소유주들이 노예들에게 인사불성이 될 때까지 술을 마실 것을 적극 권했음을 시사한다.[30] 분명, 사회 질서를 위협하는 것은 노예들이 서로의 생각과 행동을 조직화할 수 있는, 적당히 취할 때까지 술을 마시는 거였다. 취기가 전혀 없는 맨 정신이거나 곤드레만드레 취하는 것은 그리 위협적이지 않았다.

금주령은 19세기에 유럽인이 북미원주민에 대한 통제력을 확장할 때 설득한 정책에도 포함됐다. 유럽인 정착지가 서쪽으로 이동함에 따라, 유럽계 미국인들은 17세기와 18세기에 처음 맞닥뜨렸던 이슈들에 직면했다: 그들이 만나는 북미원주민에게 술을 제공할 것인지 여부. 그들은 북미원주민이 술을 적당히 마시지는 못할 거라는, 그들은 선천적으로 중독되기 쉽다는, 주취는 그들을 종종 폭력으로까지 치닫는 온갖 종류의 경솔한 결정들로 이끌 것이라는 믿음을 갖고 있었다. 이런 경고성 시나리오가 있었음에도, 유럽인들은 단기적인 이점 때문에 북미원주민에게 술을 꾸준히 공급했다. 술은 수익성이 매우 좋은 소매 품목이었다. 가격을 부풀릴 수 있을 때, 그리고 위스키와 럼을 희석시킬 때는 특히 더 그랬다. 중요한 교역수단이기도 했던 술은 토지 협상의 독특한 일부가 돼갔다. 원주민 협상자들은 맨 정신일 때는 동의하지 않았을 양보를 술기운에 하고는 했다. 일부 북미원주민 리더들은 이 전략을 깨달았고, 1801년에 촉토족(Choctaws) 대표들은 포트 애덤스(Fort Adams)에서 연방위원들과 만나기 전에, 만나는 동안, 만난 후에 술을 마시는 것을 거부했다.

다른 북미원주민들은 술이 그들의 공동체에 끼치는 광범위한 영향을 잘 알고 있었다. 1802년에 마이애미족(Miami) 추장 리틀 터틀(Little Turtle)이 토머스 제퍼슨(Thomas Jefferson) 대통령에게 술이 그의 공동체로 흘러드는 것을 막아달라고 탄원했다(그는 당시 관행대로 대통령을 '아버지'라고 불렀고 그의 부족사람들은 '자식들'이라고 불렀다). "당신의 자식들은 근면성이 부족하지 않습니다; 하지만 이 치명적인 독은 그들을 가난에서 벗어나지 못하게 만듭니다. 아버지시여. 당신의 자식들은 당신처럼 자제력을 갖고 있지 않습니다. 그러므로 우리를 이롭게 할 무슨 조치를 취하기 전에 이런 사악한 것부터 바로잡아야 합니다. 아버지시여. 우리의 백인형제들이 이 땅에 왔을 때, 우리 조상들은 숫자도 많아서 행복했습니다; 하지만 그들이 백인과 교류한 이후로, 이 치명적인 독이 소개된 탓에 우리는 숫자도 줄고 덜 행복해졌습니다."[31] 리틀 터틀은 북미원주민이 유럽인보다 술에 중독되기 쉽다는 것을 믿었을지도 모르고 아닐지도 모르지만, 그는 술뿐 아니라 유럽인이 가져온 질병과 문화적 강탈행위도 원주민의 인구를 감소시켰다는 것을 깨달았던 게 분명하다. 그러나 북미원주민이 면역력을 전혀 갖지 못한 질병에 대해서는 할 수 있는 일이 하나도 없었고, 따라서 유럽인의 헤게모니를 뒷받침하는 질병의 전염력에 저항하는 것은 무의미했다. 하지만 그의 부족민들을 문화적으로 악화시키는 데 중요한 역할을 수행하는 술의 유입을 막는 것은 실행이 가능한 일로 본 것 같다.

리틀 터틀 추장은 대통령에 접근하는 것으로 4반세기 앞서 미국이 개국한 결과로 생긴 주요한 변화를 인정했다. 식민지시대에 북미원주민에게 술을 공급하는 것을 제한하려는 시도들은 대개가 실패했다. 중앙정부에 그런 정책을 집행할 힘이 없었기 때문이다. 그러나 독립 이후, 의회는 북미원주민과 하는 교역을 규제할 힘을 가졌고, 그건 교역을 중단시킬 권리를 의미했다. 제퍼슨은 호의적으로 반응하면서 의회에 스피릿의 금주령을 내려달라는 북미원주민의 호소를 "자비와 관대함의 정신"에서, 그리고 그들의 우정을 얻기 위해 귀담아 들으라고 권했다. 하지만 의회는 북미원주민과 스피릿을 교역하거나 그들에게 스피릿을 파는 것을 전면적으로 금지하는 법을 부과하는 대신, 연방의 영토에서 "앞서 말한 인디언부족들 전부 또는 일부에게 증류로 얻은 리쿼를 팔거나 유통하는 것을 막거나 제한하는" 권한을 대통령에게 줬다.[32] 1805년과 1815년 사이에, 다수의 지역(인디애나, 일리노이, 미시간, 미시시피, 루이지애나)에서 북미원주민에게 스피릿을 파는 것을 금지하는 법률들이 통과됐다. 하지만 벌금과 징역형이라는 형벌을 내렸음에도 술 교역은 번성했다. 정책은 일관성이 없었다. 1817년의 어느 날, 미시간의 어느 인디언 보호관(Indian agent)은 북미원주민과 교역할 용도로 쓰는 모든 스피릿을 금지했다고 주지사에게 알렸지만, 이튿날 그는 상인에게 위스키 6갤런과 철갑상어를 교환해도 좋다는 허가를 내줬다.[33] 북미원주민의 리더 중 일부가 술을 반대하는 입장을 취했음에도, 허약한 법 집행은 상인들의 팔려는 욕망과 북미원주민의 사려는 욕망에 쉽게 압도됐다.

1815년에 연방법은 '인디언 거주지구(Indian Country)'라고 어설프게 규정된 지역에서 증류공장을 운영하는 것을 금지했다. 하지만 이 법도 효과가 없었다. 같은 시기에 아프리카에서 상인들이 그러고 있던 것처럼, 스피릿을 효율적이면서도 저렴하게 수송하는 게 어렵지 않았기 때문이다. 그럼에도, 의회가 제정한 이 법률들은 북미원주민이 술에, 특히 19세기에 쉽고 싸게 생산된 위스키에 접근하는 것을 제한하거나 차단하려는 장기간에 걸친 노력의 시발점이었다. 위스키는 알코올 함량이 높아서— 3분의 1로 희석시켰을 때도 비어보다 훨씬 더 독했다—사람을 더 잘 취하게 만들었을 뿐더러, 전체 분량에서 알코올이 차지하는 비율이 높아서 수로나 육로로 수송하기에 더 효율적이었다. 북미원주민이 술에 접근하는 것을 막으려는 활동들은 1892년에 명확한 금주령이 제정되기 전까지 계속됐다. 그때까지 행해진 북미원주민을 술에서 떼어놓으려는 다양한 시도들은 20세기에 미국과 다른 지역에서 금주령이 실패한 것과 동일한 이유로 실패했다: 술의 생산과 판매는 수익성이 좋았고, 소비자의 수요는 생산자와 상인들을 이 사업에 머물게 만들 정도로 넘쳐났다.

북미원주민의 음주를 없애기 위한 연방정부의 개입은 들쑥날쑥했다. 가끔씩 정부는 술을 토지 협상과 조약 체결을 돕는 보조제로 채택했다. 1819년에 사기나우 치폐와(Saginaw Chippewa) 조약을 협상하기 위해 위스키 662갤런이 공급됐고, 2년 후 시카고에서 오타와(Ottawa)와 치폐와, 포타와토미(Potawatomi) 조약을 위해서는 932갤런이 이용됐다.[34] 하지만 인디언 거주지구에 흘러든 술의 대부분은 민간 상인에 의해 조달됐다. 술은 특히 미주리강(the Missouri River) 같은 수로와 육로로 수송됐고, 상인들은 다양한 속임수를 동원했다. 모피교역회사들은 백인종업원이 외딴 지역에서 일하면서 생가죽을 매입할 때 위스키 보급이 필요하다는 꽤나 그럴듯한 주장을 폈다. 그들은 종업원 수와 예상 출장기간을 바탕으로 위스키를 소지해도 좋다는 허가증을 발급받았다. 양쪽 모두를 과장하는 것은 꽤나 쉬운 일이었고, 그 결과 북미원주민에게 팔 위스키를 다량 가져가는 것도 수월했다. 포트 리븐워스(Fort Leavenworth)의 사령관은 1831년에 미주리강으로 수송된 위스키의 양이 합법적으로 허가받은 양의 2배일 거라고 추산했고, 어느 인디언 보호관은 육로를 통해 인디언 거주지구로 수송된 위스키의 불과 1%만이 허가를 받은 술이라고 보고했다.[35] 이건 순전히 겉 인상만 놓고 이뤄진 추산일 뿐이지만, 관리들이 불법 술이 상당량 유입된다고 믿었음을 보여준다.

북미원주민의 음주에 따르는 유해한 결과에 대한 보고서가 늘기 시작했다. 1831년에 어퍼 미주리(Upper Missouri)의 인디언 보호관은 저명한 탐험가이자 미주리의 전 주지사였고 그 시기에는 인디언 문제 감독관이었던 윌리엄 클라크(William Clark)에게 편지를 썼다. "리쿼가 여기 미주리로 자유로이 흐릅니다… 부디, 인류를 위해, 이 품목이 이 지역에 들어오는 것을 막으려고 노력해주십시오." 1831년의 같은 날, 클라크는 인디언 거주지구에서 스피릿을 "전면적으로 철저히 금지하라"고 추천하는 것을 자신의 의무라 여긴다고 쓰고 있다. 술을 북미원주민에게 판매하는 것을 규제하는 것을 상인들이 악용해온 게 분명하다고 그는 썼다. 따라서 상인들은 "모든 곳에 존재하는 정부의 법률을 위반하는 것으로 정부를 향한 지독한 무례를 보여주고, 인디언을 보호한다는 너무도 신성한 조항을 무시하는 것으로 인디언들을 향한 인간성을 조금도 보여주지 않았다." 클라크의 결단은 북미원주민은 술에 저항할 수 없는 매력을 느낀다는 믿음

에 입각한 거였다: "인디언 중에서 (첫잔을 마신 후에) 또 다른 잔을 위해 말이나 총, 마지막 담요를 팔지 않을—또는 심지어 스피릿을 향한 열정을 충족시키려고 살인도 서슴지 않을—인디언은 1천 명 중 1명도 찾기 힘들 거라는 건 잘 알려진 사실이다."[36]

1832년에 새 연방법이 통과되면서 인디언 거주지구에서 "어떤 핑계로건" 스피릿을 구하는 것을 불법화했다. 얼마 후인 1834년에는 인디언 거주지구가 미주리와 루이지애나, 아칸소를 제외한 미시시피강 서부에 있는 미국 영토 거의 전체를 아우르는 것으로 정의됐고, 이 영역에 술을 가져온 상인은 누구건 술을 압수당했다. 이 법들은 북미원주민의 권리와 자주권을 침해하는 것으로 간주됐지만, 북미원주민에게 술을 허용하지 않겠다는 연방정부의 결심을 보여주는 법이기도 했다.[37] 아프리카의 식민지 정부들과 달리, 미국 연방정부는 북미원주민과 술 교역을 계속하는 데서 아무런 이득도 보지 못했다. 교역으로 정부가 얻는 세수는 없었다. 공동체의 안정과 공중보건에 끼치는 유해한 결과만 보였다. 북미원주민에게 술을 공급하는 것은 그들을 생산적인 시민으로 미국 사회의 주류(主流)에 통합시킨다는 정부가 공표한 목표를 가로막는 장애물이었다.

1834년에만 해도 서쪽 먼 지역에 새로운 주를 창설한다는 생각은 전혀 없었고, 인디언 거주지구라 불리는 광대한 땅은 영원토록 무알코올 지역으로 남을 거라는 예상만 있었다. 그런데 무거운 벌금을 부과하겠다고 위협했음에도 술 교역은 계속됐다. 많은 상인이 인디언 거주지구 경계선 바로 너머에 매점을 차렸기 때문이다. 나중에 북미원주민에게 술을 파는 것을 금지하는 것을 구체화하는 쪽으로 법이 개정됐다. 유럽계 미국인들은 군 인력에 술을 팔 수 있을 거라고 예상했지만, 법률 개정은 표면적으로는 북미원주민 대신 백인에게 소비용으로 파는 용도로 술이 거래되는 길을 터줬다. 요새에 주둔한 병사들은 보급 받은 물량 중 일부를 팔았고, 서쪽으로 향하는 이주민들은 개인적으로 소비할 양보다 많은 양의 위스키를 가져가서 남는 양을 북미원주민에게 팔아 쏠쏠한 이문을 남겼다.

북미원주민 리더들, 그리고 금주를 문화적이고 영적인 부활과 연계시킨 종교부흥운동(revivalist)의 예언자들은 교역을 중단시키려고 분투했다. 1829년에 창설된 체로키 절주협회(the Cherokee Temperance Society)를 시작으로 북미원주민 절주단체들이 결성됐고, 일부 북미원주민 여성이 WCTU에 가입했다.[38] 하지만 술의 흐름은 사실상 방치됐다. 유럽인 정착지의 지속적인 확장 아래 인디언 거주지구 자체가 줄었고, 심지어 '인디언'의 정의 자체에 의문이 제기됐다. 1860년대 무렵에 어느 사학자는 이렇게 썼다. "인디언 술 관련 법규를 집행하는 목적에서 볼 때, 누가 인디언인지, 또는 그런 면에서 인디언 거주지구가 어디인지를 결정하는 것은 사실상 불가능하다."[39] 결국 "인디언 거주지구"라는 용어는 지나치게 불안정한 용어가 돼서 쓸모가 전혀 없었고, 그러면서 법규에서 떨어져나갔다. 그때까지 점점 더 많은 주가 주 경계선 내에서 술의 판매를 금지하거나 심하게 규제하는 법들을 통과시키고 있었다. 절주와 금주를 주장하는 단체들이 주와 연방수준에서 인기와 정치적 지지를 얻고 있었고, 결국에는 전국적인 금주령으로 이어졌다. 유럽계 미국인에게 해로운 것으로 묘사된 술이 북미원주민에게는 엄청나게 파괴적인 충격을 가한 것으로 볼 수 있었다.

미국이 러시아로부터 알래스카를 사들인 1867년에 더 많은 원주민이 미국 정부의 사법권으로 들어왔다. 이 무렵, 그들은 수십 년간 술에 노출된 상태였다. 1824년과 1828년에 러시아와 영국, 미국 정부가 각국 정부가 통세하는 북서부 해안 지역의 원주민에게 스피릿과 화기를 파는 것을 금지하자는 데 합의하는 조약을 체결했음에도 말이다. 이 시스템은 각국 출신 상인들이 원주민 사냥꾼에게서 가죽을 사들이려고 경쟁을 벌이면서 붕괴됐다. 1835년에 허드슨만 회사(Hudson's Bay Company, 북미원주민과 모피를 거래하려고 설립된 영국 상사-옮긴이)는 스피릿 1갤런과 담요 1장을, 또는 스피릿 3갤런과 커다란 비버가죽 1장을 교환했다.[40] 1842년에 수입산 스피릿이 원주민공동체에 끼치는 영향에 대한 우려가 제기되면서, 허드슨만 회사와 러시아의 유사한 회사인 러시아-아메리카 회사(the Russian-American Company)가 북미원주민에게 스피릿을 공급하는 것을 금지하자는 데 합의했다. 같은 해에 허드슨만 회사의 책임자와 알래스카 주지사가 원주민공동체 두 곳이 술기운 탓에 충돌을 일으킨 현장을 찾아갔다. 충돌의 결과로 추장 1명이 다른 쪽 구성원 1명을 살해했다. 그러나 유럽 상인들은 이 금지령도 뻔질나게 무시했고, 1860년에 허드슨만 회사는 술을 교역품으로 활용하는 것을 재개했다. 원주민에게 금주령을 부과한다는 러시아의 공식적인 정책은 간간이 집행됐다; 러시아-아메리카 회사의 어느 직원은 1862년에 알류트족(Aleut) 두 명에게 스피릿을 파는 것을 발각당한 후 급여가 1,000루블에서 600루블로 감봉됐다.[41] 그러나 알래스카에 미치는 러시아의 통제력은 잘해야 부분적이었고, 독립적인 상인이나 조직화된 상인들은, 러시아인이건 영국인이건 미국인이건 할 것 없이, 러시아 당국이 만들었을지 모르는 규제들을 하나같이 무시하거나 쉽게 회피했다.

알래스카의 통치권이 미국으로 이양된 1867년에 통제권 확립을 위해 밀수감시정(revenue cutter) 선장이 파견됐다. 선장은 구체적인 명령이 없는 상태에서도 그 영토를 인디언 거주지구라고 여기면서, 선박을 통해 유입되는 술은 선박의 국적을 불문하고 모조리 폐기했다. 이듬해에 의회는 이 정책을 승인했다.[42] 미국의 나머지 지역에서 그랬던 것처럼 밀주 생산을 억제하려는 엄격해 보이는 시도들이 있었음에도, 술은 자유로이 원주민과 백인공동체로 흘러들었다. 연방요원들은 증류장비를 찾아 알류트족 저택들을 수색하고, 음주에 대해 벌금과 노역형을 부과했으며, 공공장소에서 술에 취했을 때는 족쇄를 채웠다. 심지어 익은 곡물의 공급이 부족할 때는 술 생산에 필수적인 성분인 설탕의 판매를 금지시키기도 했다.[43]

의회는 1892년에 미국의 사법권 아래 있는 모든 북미원주민에게 금주령을 내리는 최종적이고 포괄적인 법을 통과시켰다. 이 법에는 역사적으로 가장 문제가 많은 알코올성 음료로 간주된 스피릿뿐 아니라 와인과 비어도 포함됐다. 많은 북미원주민이 유럽계 미국인 인구가 몰린 중심지에서 한참 떨어진 외딴 지역에 더 이상은 살지 않는다는 인식이 반영된 법이었다. 더 이상 술을 장거리 수송할 필요가 없어졌다. 이제 북미원주민은 더 많은 음료와 비어, 와인을 접하고 있었다. 19세기 말 무렵, 주(州) 차원의 금주령이 내려진 주를 제외하면, 비어는 미국 전역의 공동체에서 폭넓게 양조되고 있었고, 인디애나와 오하이오, 캘리포니아에는 상당한 규모의 와인 산업이 있었다. 1892년에 인디언을 "주취상태로 만드는" 이런 알코올성 음료나 다른 음료는 종류를 불문하고 "팔거나 선물로 주거나 처분하거나 교환하거나 물물교환"하는 게 금지됐다. 이 법은 1920년에 사실상 불필요해졌다. 전국적인 금주령이 모든 미국인에게 동일하게 적용됐기 때문이다; 하지만 다른 미국인에게 적용된 금주령과는 달리, 북미원주민에게 내려진 금주령은 1933년에 폐지되지 않고 1953년까지 지속됐다.

캐나다의 원주민들도 북미원주민과 유사한 경험을 했지만, 연대순으로는 달랐다. 그들도 선천적으로 술을 남용하기 쉽다는 오해를 받았다. 하지만 19세기 초까지는 럼과 모피를 교환하는 상인들에 의해 그들에게 술이 꽤 많이 공급됐다. 18세기 말에 원주민에게 럼을 파는 것을 금지하려는 시도들이 있었다. 부분적으로는 미국의 공격을 방어하는 영국인을 돕는 인력으로서 그들의 쓸모를 보장하기 위해서였다. 1812년의 전쟁이 끝나면서 군사적인 위협도 끝나자 원주민을 관리하는 주체가 군 당국에서 처음에는 영국의 민간 당국으로, 그런 후에는 캐나다 민간 당국으로 넘어갔고, 원주민들은 '교화(civilizing)'과정을 겪게 됐다. 그들을 농사를 배우고 기독교로 개종하게 될 보호구역(reserve, 원주민의 영토로 지정된 곳)으로 보낸다는 뜻이었다.[44] 1777년부터 1860년 사이에 원주민에게 술을 판매하는 것을 제한하거나 금지하는 법령이 많이 제정됐다. 일부는 원주민 리더들의 탄원에 대한 반응이었고, 일부는 원주민공동체에서 일어나는 대량음주에 대한 유럽인의 우려를 반영한 것이었다. 미국에서처럼, 백인들은 캐나다 원주민도 대체로 게으르고 부도덕하며 술에 쉽게 취하고 술기운 탓에 폭력을 휘두르는 존재로 폭넓게 묘사했다. 그리고 이런 특징들은 그들의 땅을 무력으로 점령하는 것을 정당화하는 근거로 동원됐다.[45]

1867년에 캐나다가 연방국가로 개국되면서 원주민을 관리하는 권한이 연방정부로 넘어갔다. 1867년에 인디언 법(Indian Act)이 제정되면서 법적인 '인디언 지위'를 가진 이와 '인디언 생활양식'을 따르는 이에게 철저한 금주령이 부과됐다. 술을 소지하거나 판매하는 게 발각된 원주민은 누구건 최장 6개월간 구금할 수 있었다. 원주민이 합법적으로 술을 마실 수 있는 유일한 방법은 선거권을 갖는 거였는데, 이는 인디언 지위를 포기하고 캐나다 시민이 된다는 뜻이었다. 미국에서처럼, 원주민이 시민이 되려면 선한 품성을 보여줘야 했는데, 이는 술을 삼간다는 뜻이었다.[46] 1867년도 인디언 법의 핵심조항들은 1985년까지 계속 효력을 유지했다. 1985년에 밴드 카운실(band council, 선출직 추장과 의원들로 구성된 캐나다의 원주민 지역 회의-옮긴이)이 보호구역에서 술과 다른 향정신성 약물을 허용하거나 금지할 권한을 넘겨받았다.

아프리카 식민지의 원주민과 북미의 원주민 사이에 물질적인 환경과 문화적 환경의 차이는 엄청나게 컸다. 하지만 19세기와 20세기 초에 각각의 당국이 채택한 정책들은 상당히 비슷했다. 모든 정책이 유럽과 북미의 절주와 금주 정서의 영향을 받았지만, 유럽의 당국들은 고국에 있는 국민보다는 원주민에게 금주령을 부과할 준비가 훨씬 더 잘 돼있었다. 원주민이라는 인종을 특정한 정책을 채택한 미국의 경우는 더 복잡하고 더 불분명하다. 19세기 동안에도, 북미원주민에게 술 전면 금지령이 내려진 1892년 이전에 많은 백인이 강제적인 금주령의 대상이었기 때문이다. 그 무렵, 10여개 주가 모든 주민에게 금주령을 부과한 상태였고, 전국적인 금주령이 효력을 발휘한 1920년 이전에 더 많은 주가 그렇게 할 터였다.

유럽산 술은 아프리카와 북미 너머 아시아와 태평양 지역에서도 문화적 접촉의 한 요소였다. 아프리카에서처럼 아시아 여러 지역에서도 세금은 식민지정책을 추동하는 원동력이었다. 예를 들어, 프랑스인들은 1890년에 인도차이나에서 베트남 사람들이 가장 널리 소비하는 알코올성 음료인 쌀술(米酒, rice alcohol)에 세금을 부과하기 시작했다. 애초부터 저항이 일어나면서 세금을 징수하기가 어려웠다. 너무 많은 술이 밀주로 생산됐기 때문이다. 그런데 1902년에 어느 프랑스 회사가 쌀술을 정화(淨化)하는 법을 개발했다. 이 방법은 베트남 사람들이 흔히 쓰는 소규모 가내 생산보다 비용이 덜 들었을 뿐더러 베트남산하고도 쉽게 구별되는 술을 만들어냈다. 정부는 세수 증대를 기대하면서 이 회사에 생산 독점권을 줬다.[47] 유럽 스타일의 쌀술에 세금을 부과하려는 시도는, 예상과 달리, 미각적인 관점에서 표명된 격렬한 반대를 자주 촉발시켰다. 1907년에 식민지통치위원회의 베트남인 위원들은 프랑스 정부가 "입맛에 맞지 않으며, 아시아의 방법으로 만든 술의 그윽한 향도 나지 않는 술을 마시라고 원주민에게 강요하고 있다"고 불만을 제기했다.[48]

프랑스산 술이 베트남 사람들의 미각을 정말로 모욕했건 아니건, 또는 베트남 사람들이 세금이 붙은 음료를 사려고 돈을 지불하고 싶지 않다는 것을 드러내기 싫었든 아니든, 베트남인들은 중요한 양보를 이끌어냈다. 음료의 세율이 낮아지면서 음료가격이 낮아졌고, 증류회사는 생산품의 순도를 향상시키고(회사는 생산된 술을 40% 알코올로 희석하기 위해 품질이 미심쩍은 물을 사용했다) 향과 풍미가 전통적인 음료와 더 비슷하도록 만들라는 명령을 받았다.[49] 식민지세력이 식민지 신민을 고객으로 취급한 드문 사례였다. 뻐딱한 시각하고는 거리가 먼 입장을 취하는 사학자라면 와인에 문화적인 애착심을 가진 프랑스 관리들이 베트남인 신민의 심정에 공감할 수 있었기 때문이라고 생각할지도 모르겠다.

일본은 별개의 사례다. 유럽의 식민지가 아니었기 때문이다. 17세기 중반부터 몇 세기 동안 일본과 정기적으로 접촉한 유일한 외국인은 나가사키를 오가는 네덜란드인이었다. 네덜란드인들은 자신들이 쓸 비어를 가져갔고, 비어는 점차 일본 사회의 조그만 부문들에 스며들었다. 그러나 일본인이 소비한 주요 알코올성 음료는 단연코 사케(酒)와 자두와인(plum wine)이었다. 1854년에 일본 정부가 미국과 개방적인 외교관계를 맺기로 합의하면서 쇄국정책이 끝났다. 미국인을 대표해서 조약에 서명한 매튜 페리(Matthew Perry)는 미국의 근대성을 잘 보여주는 선물들을 가져갔다: 소형 증기기관차, 전신(telegraph), 비어 3통. 비어에 대한 일본인의 묘사는 "마술 같은 물"부터 "말의 오줌으로 만든 쓰디쓴 와인"에 이르기까지 호오가 심하게 갈렸다.[50] 일본이 교역에 문호를 개방하면서 온갖 종류의 알코올성 음료가 수입되기 시작했고, 20년 내에 일본 국내 양조산업이 생산을 시작했다. 하지만 일본인의 술 수요를 약화시키려는 미국 절주운동단체들의 시도는 근본적으로 실패했다(10장을 보라).

아시아의 많은 지역에서 술을 취급한 유럽인들이 중국에서 몰두한 것은 술이 가진 속성들을 다수 공유하는 아편이었다: 아편은 중독성이 있었고, 극도의 행복감을 안겨주는 자극제이자 도취시키는 효과를 가져왔으며, 약효가 있고 치유적인 속성을 갖는다고 믿어졌다. 그런데 아이러니하게도, 아편은 주취를 효과적으로 치료하는 것으로 여겨졌다. 중국에 간 선교사들이 내놓은 비판에서, '술'이라는 단어는 쉽게 '아편'을 대체할 수 있었다. 1856년 보고서에서처럼 말이다: "우리가 이곳의 사방에서 접한 아편이 초래한 참상은, 사람들의 도덕적인 타락은… 상당부분이 사람들을 꼬이는 이 파괴적인 약물을 사용한 탓이라고 밖에는 달리 말할 도리가 없다." 그런데 식물학자인 어느 서구의 비평가는 아편을 비판하는 사람들의 의견에 반대했다: "최근 들어 아편이라는 주제에 격한 반응을 보이는 선의를 가진 사람들에게 (럼에 젖은) 그들 자신의 동포들부터 개혁하라고 추천하고 싶다."[51]

태평양 지역에서는 유럽인과 접촉하기 전에도 일부 알코올성 음료를 알고 있었다. 그런데 유럽인들은 다른 지역에서 그랬던 것처럼 이곳에도 그들의 술을 소개했다. 하지만 19세기의 상당기간 동안, 지리적으로 멀고 상대적으로 외딴 이 식민지들로 수송되는 유럽산 술 공급량은 일관성과 거리가 멀었고, 대량음주를 하는 많은 선교사가 이 점을 개탄했다. 19세기 초에 타히티(Tahiti)의 선교사들은 생선과 빵나무 열매(breadfruit)와 물을 먹고 살았고, 술은 간간이 섬을 들르는 선박들로부터만 받았다.[52] 술은 공급량이 제한됐음에도 원주민공동체에 침투할 길을 뚫었고, 선교사들 사이에서 그 결과에 대한 우려가 커져갔다. 이미 19세기 초에 타히티인들은 진('영국인의 물')에 대한 입맛을 키웠다고 한다. 왕 포마레 2세(Pomare Ⅱ)—섬을 방문한 선장들이 자신들의 선박에 물건을 보급하려는 협상에 기름칠을 하는 방법으로 그에게 술을 자주 권했다—는 습관적인 술꾼에 머물지 않고 습관적인 주취자가 됐다고 한다.

타히티인들은 1820년대에 자신들이 소비할 스피릿을 증류하기 시작했고, 유럽인 선교사들 사이에서뿐 아니라 원주민들 사이에서도 주취가 흔했다는 보고서들이 있다. 1833년에 타히티인 절주협회(the Tahitian Temperance Society)가 결성됐다(창립자는 심하게 술을 마신다는 평판이 자자한 선교사였다). 이듬해에 타히티 의회는 스피릿을 섬에 수입하고 사용하는 것을 금지시켰다. "독한 스피릿을 1잔이라도 소지하고 있어서" 유죄판결을 받은 원주민은 돼지 10마리를 벌금으로 냈다; 외국인은 10달러 벌금을 낸 후 타히티에서 추방됐다.[53] 그 결과, 섬을 방문하는 배는 몇 척 되지 않았다. 더 이상은 술을 재공급 받지 못했기 때문이다. 미국에서 오는, 선원용 술을 전혀 싣지 않은 '절주선(temperance ships)'도 보기 힘들었다. 그런데 절주선의 선원들은 뭍에 오르면 술을 마시는 것으로 악명이 높았다. 어느 선교사는 "'절주'라는 단어는 배에만 적용될 뿐, 선원들에게는 적용되지 않았다"는 의견을 내놓기에 이르렀다.[54]

유럽인들은 태평양의 다른 지역에서도 술 문제를 다뤘다. 피지에 간 선교사들은 원주민이 (야고나yagona와 아바ava라는 다양한 이름으로도 알려진) 카바나무 뿌리로 만든, 적당한 행복감과 편안한 기분을 고취시키는 카바(kava)를 마시는 것을 발견했다. 1862년에 조지프 워터하우스(Joseph Waterhouse) 목사는 카바를 스피릿과 같은 반열에서 맹렬히 비난했다: "독한 스피릿과 더불어 야고나나 카바 뿌리는 피지에 내려진 저주다. 나는 12년간 절주를 설교했지만 헛수고였다. 오늘날의 피지인에게는 전부 아니면 전무다. 술기운에 마비되거나 냉철한 정신을 유지하거나."[55] 카바 의식에 참석한 일부 유럽인은 그 의식이 장엄하고 질서정연한 행사였다고 밝혔다. 1845년에 나온 이 보고서처럼 말이다: "카바는 신성한 것으로 간주돼 왔다; 이 섬에서 해결되는 거의 모든 분쟁의 타결은 카바 회합에서 이뤄지고, 그 과정은 대단히 질서정연하다."[56]

이런 설명은 미크로네시아(하와이와 필리핀 사이에 있는 수천 개의 작은 섬)의 상황과는 대비된다. 19세기 중반에 지위가 하찮은 많은 유럽인이 미크로네시아에 정착했다. 어느 배의 선장은 그들을 "이 계급의 남자들이라면 쉽게 상상할 수 있는 방법으로 살아가는, 통제할 법이나 교육도 없는, 그러면서 코코넛나무에서 얻은 토디를 증류해서 얻은 독한 스피릿을 무제한 마시는", "도망중인 죄수나 만기병(滿期兵), 포경선에서 탈출한 자"라고 묘사했다.[57] 무역선이 이 제도(諸島)를 체계적으로 방문하기 시작했을 때, 상당한 거래가 술을 (그리고 화기와 담배 같은 다른 품목을) 교환 수단으로 사용해서 이뤄졌다. 싸구려 진은 늘 마시는 음료였고, 원주민이 가져온 코프라와 다른 상품을 구입하는 데 사용됐다. 투아모투제도(Tuamotu islands)에서, 진주잡이 다이버들은 위스키나 럼을 급료로 받았고, 술과 화기를 거래하는 사람들이 있다는 보고서들이 있다.

1850년대 이후로 미크로네시아 곳곳에 파견된 기독교 선교사들은 그런 거래, 그리고 일반적인 술과 담배의 활용을 반대했다. 그들은 범죄와 폭력, 성적인 난잡함의 수준에 기겁했다. 그런 행동을 술 탓으로 돌린 그들은 술을 이 제도에 소개한 유럽인을 비난했다.[58] 술은 원주민 엘리트층에게 영향력을 행사하려고 경쟁한 초기 유럽인 정착민과 선교사들 사이에서 중추적인 이슈가 됐다. 자신들의 신분에 위협이 될 거라 예상한 유럽인 정착민들은 현지 리더들에게 선교사들이 정부 전복을 시도할 거라고 경고했고, 몇몇 경우 추장들은 선교사들이 뭍에 오르는 것을 금지시켰다. 하지만 대다수 선교사는 환영받았고, 시간이 흐르면서 그들은 많은 원주민을 기독교로 개종시키고 술을 끊게 만들었다. 캐롤라인제도(the Caroline Islands)의 키티(Kiti)에서, 선교사들이 금주정책을 집행할 경찰을 임명하라고 기독교인 추장들을 설득한 1876년에 일종의 금주령이 제정됐다.[59] 미크로네시아에서 금주는 기독교인의 결정적인 특징이자 기독교인과 비기독교인을 구분 짓는 특징이 됐다(술이 전혀 없던 트루크Truk제도 같은 드문 경우에 기독교인의 특징은 담배를 피우지 않는 거였다).

유럽인이 멀리 떨어진 식민지에서 술을 맞닥뜨렸을 때 특징적으로 보여준 결정적인 패턴은 없다. 각각의 사례에서, 그들이 적용한 정책은 자유방임에서 금주까지 광범위했고, 대다수 사례에서 정책들은 많은 단계를 거쳤는데, 각 단계가 보여준 강제력의 수준과 엄격성의 수준은 천차만별이었다. 식민지의 술 정책이 경합하는 이해관계들에 의해 빚어졌다는 데에는 의심의 여지가 없다. 그런 이해관계 중에서도 두드러진 것은 식민열강이 식민지에서 주세로 획득할 수 있었던 세수였다. 동시에, 그들은 현지에 있는 선교사들의 영향을 자주 받은 본국의 절주운동단체의 요구에도 대처해야 했고, (아프리카의 술 문제를 다룬 국제회의에서 벼려진 것들 같은) 많은 정책은 술 공급량을 규제하는 동시에 기존의 재정적 이득을 보호하는 것 사이에서 균형을 잡으려는 시도들을 절충한 절충안이었다.

12장

제1차 세계대전, 1914~1920

술에 맞선 전투들

제1차 세계대전(1914~18)은 유럽과 세계 역사의 전환점이었다. 전쟁은 거대한 제국들을 파괴했고, 유럽의 정치적 경계선을 급격히 재편했으며, 지구 전역의 힘의 균형을 바꿔놨고, 각국 정부가 국력을 총동원하도록 강요했으며, 새로운 사회정책들이 등장할 길을 내주고는 구체화시켰다. 전쟁은 술의 역사에서도 분수령이었다. 확장된 군사적 갈등의 압박 아래 술에 대해 점증한 우려가 확고해졌고, 많은 정부가 엄격성과 범위 면에서 유례가 없는 규제들을 도입했다. 이 정책 중 다수는 전시의 비상조치로 채택된 것이지만, 그 정책들 대개는 갈등이 종식되고 한참 뒤에도 그대로 남거나 심지어 강화됐다. 양차대전 사이의 시기에 절주와 금주정책이 서구세계 곳곳으로 확장됐다. 가장 유명한 사례는 미국으로, 미국은 1920년에 전국적인 금주령을 도입했지만, 제1차 세계대전 동안과 그 직후에 소위 술이라는 악마를 근절하려고 노력한 나라는 미국 딱 한곳뿐이었다.

　19세기 동안 구축돼 온, 술 소비가 건강과 사회 질서에 끼치는 영향에 대한 불안감은 1914년 여름에 전쟁이 발발하면서 한층 더 심해졌다. 술이 건강에 부정적인 영향을 끼친다면, 병사들이 받는 영향은 특히 더 심각할 가능성이 있었다. 병사들은 절주를 주장하는 문헌들이 일반적인 술꾼의 모습이라고 묘사하는 연약하고 가슴이 빈약하며 정신적으로 결함이 있는 표본이 아니라, 건강하고 튼튼한 남성성의 모델이라는 기대를 받았다. 민간사회 ─ 전쟁 동안 '국내전선(home front, 전시에 국내에서 일하는 사람들-옮긴이)'으로서 특히 더 중요해졌다 ─ 의 도덕 질서와 안정성을 약화시키는 술은, 남성들이 신체와 정서면에서 절정의 상태에 있어야 하고 의문의 여지없이 애국적이어야 하며 어떤 결과로 이어지건 명령에 복종할 준비가 돼 있어야 마땅한 군 사회에 일대혼란과 패배를 안겨주는 위협세력이었다.

술은 1914년부터 더 치열한 이슈가 됐다. 전시상황이 반알코올 운동가들이 그들의 주장을 더 효과적으로 펼칠 수 있는 흔치 않은 기회를 제공했기 때문이다. 절주와 금주를 주장하는 이들은 오래전부터 군대 메타포를 채택한 수사를 구사해왔다: 그들의 활동은 술이라는 적에 맞서 벌이는 작전에 전력(戰力)을 충원하는 전쟁이었다. 이 수사학은 전투가 시작된 1914년 이전과 전쟁 동안 평범한 언어가 돼버린 호전적인 민족주의적 언어와 쉽게 뒤섞였다. 절주운동 리더들과 정치적 리더들은 동시에 벌어지는 두 전쟁을 치르기 위해 한 가지 언어로 무장했다. 국경 밖에서 외적과 맞서 싸우는 전쟁, 그리고 국경 안에서 술이라는 적과 맞서 싸우는 전쟁. 이런 종류의 언명 중에서 가장 노골적인 언명은 1915년에 영국 총리 데이비드 로이드 조지(David Lloyd George)가 발표한 성명서였다: "우리는 독일과 오스트리아, 술과 싸우고 있습니다. 제가 아는 한, 이 숙적들 중에 가장 거대한 적은 술입니다."[1] 독일군에 의해 사망한 영국군 숫자가 이미 수십만 명이었다는 사실을 감안하면 믿기 어려운 언명이다. 그보다 앞선 시기에 총리를 지낸 윌리엄 글래드스턴이 술은 모든 전쟁과 역병, 기근보다 더 처참한 재앙이라고 주장하기는 했지만, 최소한 글래드스턴은 영국이 치명적인 상황에 처했을 때 그런 말을 하지는 않았었다.

전쟁은 두 부류의 음주인구—병사와 민간인—에 초점을 맞췄고, 각각에 대한 다양한 반응은 그 시절의 반알코올 수사학의 상당수가 보여준 모호성을 드러냈다. 군대의 음주를 염려하는 한, 술을 반대하는 사람들은 보병과 수병에게 나날이 술을 배급하는 몇 백 년 된 관행과 씨름해야 했다. 발효음료가 전투 지역에서 가장 안전한 음료인 경우는 비일비재했다. 전투 지역의 물은 인간의 오물과 (인간과 짐승의) 시신에 오염되는 일이 잦았고, 콜레라와 장티푸스 같은 전염병의 출처가 될 수도 있었다. 바다에서는 비어가 자주 제공됐고, 많은 나라의 해군이 럼이나 다른 스피릿을 일상배급품에 포함시켰다.

절주운동은 군대가 술을 활용하는 것에 초점을 맞추면서, 군대를 통해 젊은 남성들의 술 소비를 권장하는 것으로 보이는 국가의 부당한 행위에 관심을 집중시켰다. 일부 절주운동 지지자들은 많은 젊은 병사가 입대하기 전까지는 술을 경험해본 적이 없다고 주장했다. 현직 장교나 제대한 장교를 포함한 다른 이들은 술이 건강에 유익하다는 관습적인 가정에 도전하면서, 술 소비가 규율과 관련해서 발생하는 문제와 긍정적인 상관관계가 있다고 주장했다. 일부는 좁은 의미에서 음주가 군의 효율에 끼치는 영향에 대해 의문을 제기했다. 전직 영국 해군 장교는 군함에서 발생하는 사건의 대다수는 술에 의해 일어난 결과라고 발표했고(어느 장교는 술이 화약보다 더 위험하다고 확언했다), 육군 장교들은 술이 소총수와 포병 모두의 조준정확성을 손상시켰다고 주장했다.

제1차 세계대전 전에, 많은 나라의 군 당국이 군의 다양한 활동에 술이 끼치는 영향에 대해 독자적인 연구를 수행했다. 16일 연속으로 3만 6,000

발을 사격한 병사들을 대상으로 한 독일의 서베이는 정상적인 술 배급이 그들의 사격술에 영향을 주지는 않는다는 것을 보여줬다.[2] 프랑스군 당국은 병사들 손에서 술을 떼어놓을 기회에 대해서는 더 현실적이었던 듯하다: 그들은 술을 마신 병사들의 성공률과 그렇지 않은 병사들의 성공률을 비교하는 대신, 와인을 마신 병사와 비어를 마신 병사의 사격술을 비교했다. 그들은 두 음료 다 사격의 정확성을 떨어뜨리지만 떨어뜨리는 정도는 와인이 덜하다는 결론을 내렸다. 전쟁 동안 술이 군 효율에 미치는 영향에 대한 다른 추정치들이 많은 이의 입에 오르내렸다. 어느 설명에 따르면, 영국군 병사가 받은 럼 배급량의 절반조차 라이플 사격의 정확성을 40%에서 50% 가량 떨어뜨렸고, 해군의 럼 배급은 포격의 정확성을 30% 떨어뜨렸다.[3]

술 소비가 군 효율에 미치는 현실적인 영향에 대해 늘 등장하는 도덕적인 비난과 더 날카로운 경고가 나왔음에도, 유럽의 대다수 군대는 야전에 있는 병사들에게 스피릿이나 와인을 계속 공급했다. 전쟁에 돌입하고 16개월 후인 1915년 11월 말 무렵, 영국은 프랑스에 있는 자국군에게 럼 25만 갤런을 보낸 상태였다.[4] 그중 대부분은 배급품으로, 각 병사는 주 2회라는 준수한 배급을 받았고, 참호에 있는 병사들에게는 배급량이 더 많았으며, 날씨가 대단히 혹독할 때에도 다시 배급량이 늘었다. 이런 방침을 정당화하는 근거는 1914년에 발표된 규제안에 들어 있었다: "기동훈련이나 기타 훈련에 노출된 탓에 병력이 물에 젖거나 추위에 시달리는 등의 대단히 예외적인 경우에 럼을… 선임 의무장교가 병력의 건강을 보호하기 위해 절대적으로 필요하다고 인정할 때… 무제한 배급할 수 있다." 술이 건강에 조금이라도 유익하다는 관념을 오래 전에 포기한 반알코올 활동가들은 럼 배급을 비난했다. 그들은 따뜻한 우유와 수프 같은 진정으로 영양가 높은 식품이 그런 관행을 대체해야 마땅하다고 말했다.[5]

럼은 흥분제로 공급되기도 했고, 병력이 참호를 기어올라 무인지대를 가로질러 적진으로 '돌격'하기 전에도 추가 배급이 이뤄졌다. 어느 병사는 이렇게 회고했다. "럼이 강한 영향을 끼치기는 했지만, 각 병사에게 지급된 양은 엄격하게 제한됐고, 그 효과는 끔찍한 폭발의 충격을 겪은 후에 위스키를 마시는 것보다 약간 더 나은 정도였다. 병사 대다수가 곧 닥칠 공격에 긴장한 상태에서, 술은 그들의 감각을 무디게 만드는 게 아니라 날카롭게 만들어주는 편이었다."[6]

그럼에도 술과 군 복무를 뒤섞는 것에 대한 여러 우려가 있었다. 의회에서는 방어중인 항구와 가까운 지역에서 술을 팔 수 있는 시간을 규제할 권한과, 어느 곳에서건 군용으로 사용할 용도로 술을 압수할 수 있는 권리, 술에 취한 채로 군함에 오르는 수병에게 조치를 취할 권리를 군 당국에 부여했다.[7] 군 복무 중인 젊은 영국인 수백만 명의 복무기간이 연장되면서 대륙에서 술과 함께 지내는 기간도 함께 연장됐을 때, 영국의 개혁가들은 그들을 황폐하게 만들 도덕적인 효과를 떠올리며 질겁했다. 그들의 불안감은 유럽인(특히 프랑스인)들은 도덕적으로 해이하고 자기 수양이 부족한 사람들이라고 생각하는 영국 상류층 사람들의 경향을 반영했다. 그들은 극악무도한 군내 갈등, 지속적으로 충격을 받는 생활환경, 지독히도 끔찍한 사상자의 고통에 둘러싸인 병사들은 전혀 염두에 두지 않았다; 총리를 포함한 반알코올 활동가들은 날아오는 포탄보다는 럼을 일상적으로 배급했을 때 일어나는 효과가 더 걱정스러운 듯 보였다.

그런데 술 배급을 비판하는 영국의 절주운동가들은 자신들이 외줄을 타고 있다는 것을 잘 알았다. 그들은 주취가 군의 사기와 규율, 효율에 끼치는 유해함을 강조하고 싶었지만, 전장에 있는 영국군이 규율이 엉망이고 동기도 부족하며 비효율적인 군대라고 주장하는 비애국적인 사람들로 비치는 것은 원치 않았다. 이런 어려움에서 벗어날 한 가지 방법은 영국군과, 술 배급을 조금도 받지 않으면서 싸우는 것으로 믿어지는 다른 나라 군대를 암암리에 대비시키는 거였다.

영국의 비평가 다수가 독일에 맞서 싸우는 동맹국 러시아를 지목했다. 러시아정부가 1914년 8월에 수백만 명을 동원하는 동안 러시아의 보드카숍 2만 6,000곳의 문을 닫을 것을 명령했기 때문이다. 이건 러시아의 전통을 심각하게 단절한 조치였다. 보드카를 마시는 주연(酒宴)은 러시아 공동체가 젊은이를 군에 보낼 때 여는 보편적인 행사였기 때문이다. 러시아의 대군(大軍)은 이 시기에 질서정연하고 효율적인 방식으로 동원됐는데, 이는 앞서 있었던 동원사례에서 흔했던 술기운 풍기는 흥청망청하고는 크게 대비됐다. 그 결과 (그리고 식품으로 쓸 곡물을 보존하기 위해) 차르의 정부는 그 다음 달에 전쟁 동안 리쿼 매장의 문을 닫을 것을 명했다. 러시아군은 작전에 나선 병력이 모든 형태의 술을 소비하는 것을 금지시키라고 명령했는데, 이 역시 전통과 단절된 조치였다. 그때까지만 해도, 러시아 병사들은 연중 9차례의 휴일과 사령관이 결정한 특별행사 때 보드카를 받고 있었다. 전쟁 동안 보드카는 전통적으로 병사에게 주 3회 배급됐고(전적이 좋았을 때는 상으로 더 많은 양이 배급됐다), 러시아 수병은 바다에 있는 동안에는 날마다 보드카를 배급받았다.[8]

서구의 절주운동단체들은 러시아의 건조한(dry) 전시정책의 결과를 놀라운 일이면서도 예상 가능한 일로 묘사했다. 영국 총리 로이드 조지는 "노동자 수백만 명을 노동력에 추가시킨 듯" 러시아 국내전선의 생산성이 30%에서 50% 정도 올랐다고 말했다.[9] 전선의 경우, 러시아 병사들은 냉철한 맑은 정신이었을 때 다른 병사들이 술기운에 취해 용기를 얻었을 때만큼의 투지를 전장에서 보였다는 말을 들었다; 러시아인들은 규율이 더 잘 잡혀있고 다른 나라 병사들보다 더 잘 싸웠으며 부상당한 병사들도 더 빨리 회복됐다. "현시점에서, 튜턴인(Teuton, 게르만 민족의 하나-옮긴이) 무리가 대면하고 있는 이 군대보다 야전에서 더 냉철하거나 맑은 정신인 군대는 결코 없었다"고 어느 필자는 탄복했다. 러시아는 "가장 민주적인 나라 중 하나"라서(대다수 러시아인에게 큰 충격을 안겨줄 주장이다) "소작농에게서 보드카를 빼앗기만 하면, 그들은 마땅히 샴페인을 즐길 수 있는 더 부유한 계급이 될 것"이기에, 러시아의 모든 술 소비는 전쟁기간 동안 유예됐다.[10]

술을 마시지 않는 러시아군에 대한 이런 설명들은 전쟁 동안 동부전선에서 행해진 대량음주에 대한 묘사와 생생하게 대비된다. 술은 러시아의 국내전선에서도 두드러졌다. 기존시장(ready market)에 물량을 대려고 불법 증류공장들이 생겨났고, 소작농과 노동자들은 엄청난 양의 사모곤(samogon, 가정집에서 빚은 알코올)을 생산했다. 1916년에 모스크바 인근의 투시노(Tushino)에 불법 보드카가 어찌나 넘쳐나고 가격이 쌌던지 소작농들은 더 이상은 자기들 몫의 보드카를 빚는 수고를 하지 않았고, 전시에 제출된 보고서들은 정부가 여러 가지로 규제를 하는 데도 술은 널리 퍼진 데다 손쉽게 입수가 가능하다고 밝혔다.[11] 서구의 절주운동 지지자들은 러시아의 전시금주령의 실패는 무시하고는, 대신에 정부의 분명한 결단을 강조했다. 그들이 군대에 술을 배급하는 영국 정부의 약해빠진 정책이라고 묘사한 것을 강조하기 위해서였다.

러시아 상류층의 입맛은 19세기 동안 그들을 세계에서 가장 큰 샴페인 시장 중 한 곳으로 만들어줬는데, 그런 그들이 전쟁이 자신들의 입맛에 개입하는 것을 가만히 놔둔 것도 아니었다. 전쟁이 공급을 방해할 수 있었는데도 수입은 계속됐다: 상트페테르부르크의 황궁으로 빈티지 샴페인(에드시크Heidsieck 1907년산)을 수송하던 배 1척이 1916년에 핀란드만에서 독일군 잠수함에 의해 침몰됐다(1998년에 병들을 회수했는데, 와인은 빼어난 상태였다). 러시아 엘리트에게 샴페인이 공급되는 것을 막는 게 있었다면, 그건 전시의 의무감이나 소작농과 노동자에게 모범이 되겠다는 소망이 아니라, 1917년의 볼셰비키 혁명이었다.

러시아의 전시금주령이 낳은 진짜 패자는 소비자가 아니라(대다수는 예전보다 질이 떨어지는 술을 마셨을 테지만) 정부였다. 전쟁 전에 리쿼 판매로 거둔 세금은 러시아 국가 세수의 4분의 1 이상을 차지했다. 그런데, 당연한 일이지만 밀주 생산자들은 세금을 회피했다.[12] 국가예산에 주요한 기여를 하던 이런 세금을 상실한 것은 전쟁활동을 지탱하는 러시아의 능력을 손상시키면서, 1917년의 혁명들로 이어진 대중의 불만을 키우는 데 한몫을 했다.

프랑스인들은 군대의 술 배급에 상대적으로 우호적인 관점을 취하면서 개전 초기부터 군에 술을 공급했다. 하지만 프랑스군 병사에게 지급된 건 럼이 아니라, 프랑스의 절주운동가들조차 건강에 좋다고 인정한 음료인 와인이었다. 젊은 남성들이 군에 불려가는 바람에 전쟁이 일어나고 첫 몇 달간 아동과 여성, 노인들이 대거 수확에 참여한 1914년의 포도작황은 전년에 비해 50% 높은 유달리 좋은 수준이었다. 노동계급이 소비하는 값싼 와인을 대량으로 생산하는 남부 지역인 랑그도크(Languedoc)의 와인 생산자들은 군 병원에 배급할 용도로 와인 2,000만 리터를 군에 기부했다. 애국적인 기부이기도 했지만, 수익성이 좋은 행동이기도 했다. 프랑스군 당국이 랑그도크와인을 다량 구입해서 전쟁 내내 병사들에게 후하게 배급하게끔 만들었기 때문이다.

1914년에 프랑스군의 와인 배급량은 하루에 0.25리터로 정해져 있었지만, 전쟁이 계속되면서 전선의 상황이 악화된 1916년에는 0.5리터로 늘었다. 1918년에 장교는 0.25리터를 더 받아도 된다는 허락이 떨어졌고, 병사들은 보조금을 주는 가격에 추가로 0.25리터를 구입할 수 있는 선택권을 가졌다. 따라서 전쟁이 끝날 무렵, 프랑스 병사들은 하루에 와인 1

리터를 정당하게 구할 수 있었고, 와인과 다른 알코올성 음료를 불법으로 거래하는 활발한 거래가 있었다는 데에는 의심의 여지가 없다. 상이한 주종이 인체에 끼치는 영향에 대한 당대의 관점을 반영한 당국은 프랑스 병사들의 손에서 스피릿을 떼어놓으려고 꾸준히 전투를 벌였다. 그러기에 와인을 후하게 배급한 것은 더 독한 알코올성 음료에 대한 수요를 줄이려는 의도에서였다. 1916년에 파리의 의학아카데미(the Academy of Medicine)가 술이 힘과 따스한 온기를 준다는 식의 다수의 근거 없는 믿음을 다룬 성명서를 병사들에게 발행했다. 성명서는 스피릿에 대해서는 경고했지만, 반주로 마시는 한 하루에 남성 1명이 와인 1리터는 마셔도 된다고 허용했다.[13]

프랑스군은 1917년에 와인 12억 리터를 마시고, 전쟁이 1918년 연말까지 계속됐을 경우 1918년에 16억 리터를 소비했을 것으로 추정됐다. 프랑스군에 와인을 공급하려고 철도 탱커(tanker) 수천 개가 징발됐다. 군납은 전쟁 내내 프랑스 와인 산업을 지탱하는 데 도움을 줬다; 군 복무 중인 남성들은 주요한 음주인구였는데, 몇 년간 이 시장을 잃는 것은 와인 생산자들에게는 재앙이나 다름없었다. 병사에게 지급하려고 정부가 와인을 요청한 것은 남부의 싸구려 와인 생산자들에게는 대단히 요긴한 일이었다. 더 값비싼 와인을 생산하는 보르도와 부르고뉴 같은 지역의 와인 생산자들 입장에서는 정부가 지불하는 가격이 평시의 시가보다 한참 낮았지만 말이다.

프랑스 병사들은 레드와인을 마셨는데, 레드와인은 화이트와인보다 남성적이고 남자의 혈액에 화기(火氣)를 더 잘 집어넣는 것으로 여겨졌다. 다른 민족들은 화이트와인을 꺼림칙해하지 않는 듯했다. 오스트레일리아 병사들은 싸구려(그리고 맛이 끔찍한 게 확실한) 화이트와인을 마셨다고 하는데, 그들이 말한 뱅 블랑(vin blanc, 'van blonk')이라는 발음은 얼마 안 있어 '플롱크(plonk)'로 변해 싸구려 저질와인을 부르는 데 쓰였다. 하지만 프랑스인은 레드와인을 마셨다. 1917년에 프랑스인의 음주습관에 대해 나온 비판에 대한 반응으로 런던의 〈타임스(Times)〉에 편지를 쓴 어느 프랑스인은 이렇게 밝혔다. "갈리폴리(Gallipoli)와 프랑스에서 프랑스군의 건강상태가 좋은 것은 대체로 그들이 레드와인—우리의 순한 부르고뉴와 보르도—을 마신 덕으로 여겨집니다."[14] 이 편지는 병사들에게 공급된 와인의 대부분이 부르고뉴와 보르도 같은 명망 높은 지역산이 아니라 프랑스 남부에서 빚어진 것이라는 사실을 간과했다. 그렇다고는 해도, 와인은 최종적인 승전에 일정한 기여를 했다는 칭찬을 받았다. 전쟁이 끝날 무렵 어느 프랑스군 신문은 이렇게 선언했다. "우리의 뛰어난 장성들과 영웅적인 병사들이 승전이라는 불후의 업적을 달성했다는 데에는 의심의 여지가 없다. 그런데 그들을 끝까지 진군하게 해준, 그들에게 투혼과 용기와 끈기와 위험에 대한 경멸을 불어넣은, 그리고 그들이 '필승!'이라는 확고부동한 신념을 거듭 다짐하게 만든 평범한 와인(피나르 pinard)이 없었어도 그럴 수 있었을까?"[15]

프랑스와 동맹군들이 술 덕분에 승리했는지 술을 마셨음에도 승리한 것인지를 궁금해 하는 것은 무의미한 일이다. 적절한 와인이나 럼 배급이 전장의 상황을 더 견딜만하게끔 만드는 데 도움을 주기도 했겠지만, 음주가 군의 활동을 저해한 경우들도 있었다. 어니스트 헤밍웨이는 전쟁 때 겪은 경험에 대해 이렇게 썼다: "모두가 술에 취했다. 어둠 속에서 길을 따라 행군하는 포대 전체가 술에 취했다. 우리는 샹페인으로 향하고 있었다. 중위는 말을 계속 벌판으로 몰면서 말했다. '너희들 노인네에게 말하는데, 난 취했어. 완전히 취해버렸다고.'"[16]

결국, 전선의 술은 국내전선에서 술의 공급과 소비를 규제하는 것에 비해서는 논란이 크지 않은 이슈로 판명됐고, 유럽의 정부들은 전시 동안 이전에는 보여주지 않았던 절박함과 결단력으로 술에 대한 법적 규제를 제정했다. 규제의 대다수는 비어와 스피릿의 생산과 판매를 겨냥했다. 비어 생산을 제한해서 빵을 만들 곡물의 공급을 보호할 필요성이나, 제조업의 생산성을 최대화하기 위해 주취를 감소시킬 필요성 같은 일부 규제는 전시상황을 반영했다. 다른 경우에는 특정한 정책들이 채택됐다. 전시상황이 그런 조치를 절박하게 만들어서가 아니라, 전쟁이 평시에는 받아들일 수 없었을 규제를 부과할 기회를 제공했기 때문이다.

전쟁 관련 정책 중에 1914년에 국토방위법(the Defence of the Realm Act) 아래 공표된 영국의 술 관련 규제들이 있었다. 이 법은 술의 생산과 판매에 대한 규제를 포함한 광범위한 긴급조치들의 효시였다. 그 후인 1915년 중반에, 정부는 술 정책을 개발하고 감독한다는 구체적인 의도로 기획된 최초의 관료기관인 중앙통제위원회(the Central Control Board)를 설립했다. 의회와 내각의 명령을 통해 술이 전시활동을 방해하는 것을 막으려고 기획한 규제의 거미줄이 생겨났는데, 여러 시정부와 군 당국자들이 지역적 규제들을 공표하는 것으로 의회와 내각의 명령을 뒷받침했다. 이 규제들은 총리가 표명한 우려를 반영했다: "노동자 중 상당비율이 월요일 아침에 출근하지 못한다. 화요일에 출근한 그들의 상태는 주말에 벌인 방탕함 때문에 훨씬 더 안 좋다… 공휴일이 낄 경우 대단히 많은 남자가 1주일 내내 출근하지 못한다. 생산량이 만족스럽지 않은 것은 놀랄 일이 아니다."[17]

초기 조치에는 모든 술의 가격을 인상하고 비어의 강도를 낮추는 것이 포함됐다. 후자는 브루어리에서 소비하는 곡물의 양을 줄이려는 부분적인 이유, 그리고 너무도 중요한 전쟁 관련 산업에 종사하는 노동자들의 주취 빈도를 낮추려는 부분적인 이유에서 기획됐다. 처음에는 영국의 비어 생산량에 제한이 전혀 없었다. 하지만 생산량은 1915년에 떨어졌고,

1916년 7월에는 정부의 명령에 의해 전쟁 전 생산량의 4분의 3 정도로 감소했다. 이듬해에 내각이 다음의 두 가지 이슈를 놓고 격렬한 논쟁을 벌이는 도중에 한층 더 강한 규제들이 추가됐다: 전쟁 동안 양조산업을 국유화하느냐 아니면 단순 규제만 하느냐 여부, 그리고 희석한 제품의 생산을 전면적으로 금지하느냐 아니면 단순히 생산만 제한하느냐 여부.[18]

영국에서 전시경제의 효율을 최대화하려고 기획한 다른 조치에는 바 (bar)의 영업시간에 대한 규제도 포함됐다. 바에서 술을 제공하는 시간을 점심시간과 저녁으로 제한하면서 술을 반주로 마시는 것을 권장하는 동시에 정규 근무시간에 술을 마시는 것을 어렵게 만들었다. 음주가 여전히 군수품 생산을 저해하고 있다는 증거―〈영국의학저널〉은 "전쟁에 필요한 탄약과 무기의 공급이 글라스고의 위스키 음주 때문에 위험에 빠졌다"고 썼다―에 직면한 정부는 1915년에 추가 조치를 가했다.[19] 바가 술을 파는 시간은 그 시점까지 허용됐던 하루 16시간에서 19시간 30분 사이가 아니라(시간은 지역마다 달랐다), 하루에 5시간 30분 동안(정오부터 오후 2시 30분까지, 오후 6시부터 9시까지)만 허용됐다. 다른 규제에는 스피릿을 점포 밖에서 소비할 용도로 판매할 수 있는 시간에 대한 규제(주중에는 하루에 2시간 30분만 허용과 주말에는 완전 금지), 그리고 술을 외상으로 파는 행위와 보너스 술을 제공하고 대접하는 행위를 금지하는 내용이 포함됐다. 조선소와 군수공장 인근의 군사적으로 민감한 지역에는 추가 규제가 부과됐다. 노동자가 술을 마실 기회를 제한하는 그런 조치 외에도, 노동자에게 자제력을 행사하라는 강권도 했다. 왕실은 전쟁 동안 술을 자제하는 것으로 국민의 모범이 돼달라는 건의를 받았다.

이 정책들을 비판하는 소리가 없었던 건 아니다. 영향력 있는 〈영국의학저널〉의 에디토리얼은 군수품 공급 실패가 술 때문에 비롯된 일이 아니라고 주장했다. 에디토리얼은 술이 본질적으로 차와 커피, 설탕, 운동

부족보다 건강에 더 유해하지는 않다고 주장했다. 대신, 생산성 문제는 혹독한 잔업, 나쁜 공기와 소음, 노동자에게 가해지는 강한 압박, 단조로운 과업으로 구성된 열악한 노동환경 탓이라는 게 옳은 얘기였다. 저널의 편집자들은 음주를 환경과 확실하게 연관지었다: "과도한 스피릿 음주가 매연으로 더럽혀진 지역에서 발생하고, ―런던과 랭커셔, 글래스고, 타인사이드(Tyneside)에서― 인간의 소행이라는 먼지가 세상의 자연스러운 아름다움을 대부분 가려버린다." 에디토리얼은 산 뒤에서 떠오르는 해를 그린 그림을 보고는 "와, 퍼블릭 하우스처럼 아름다워!"라고 탄성을 내지른 어린 여자애 이야기를 들려줬다. 에디토리얼은 전시생산성을 향상시키려면, 노동환경을 개선하고 마실 수 있는 알코올 함량의 최대치를 4%로 제한하라고 정부에 제안했다. 위스키는 이미 위스키 1온스에 물 0.5파인트 비율로 희석해서 제공됐다.[20]

전쟁 동안 영국 정부 같은 각국 정부가 채택한 다양한 술 정책에는 본질적인 아이러니가 있었다. 그 정책들은 각국의 주요 음주인구의 상당부분―성인 남성―이 국내에 없는 동안 실행됐다. 1917년에 영국의 음주연령에 해당하는 남성 400만 명 가량이 해외에서 군 복무 중이었고, 18세 이상 영국인의 성비(性比)는 61:39로, 1914년의 52:48에 비해 여성 쪽으로 심하게 기울었다.[21] 절주운동가들이 오랫동안 옹호해 온 종류의 엄격한 술 정책들이 역사적으로 상대적으로 적은 술을 소비해온 광대한 두 인구 집단, 즉 여성과 아동 쪽으로 기울었다는 뜻이다.

전시에 민간인사회의 성비가 변한 것은 여성과 남성 사이에 존재하는 기존의 경계선을 여러 면에서 흐릿하게 만든 더 광범위한 문화운동의 밑바탕이 됐다. 여성 수십만 명이 전쟁 관련 산업에 채용돼 상대적으로 좋은 급여를 누렸다. 더불어 그들은 새로운 음주환경(영업시간 규제와 술의 알코올 수준 저하)도 활용했고, 그 결과 유례가 없이 많은 여성이 펍을 애용했다. 이건 '방정한' 여성—특히 매춘부로 오해받는 것을 원치 않는 독신 여성—은 펍을 피한다고 본 기존의 행동패턴이 급격하게 달라진 거였다. 1916년부터 중산층과 부유한 노동계급 여성 상당수가 대중적인 술집을 애용한 듯하다. 어느 사학자는 이 현상을 "1세기 넘는 동안에 일어난 가장 주요한 대중적인 음주습관의 변화"로 묘사했다.[22]

정부가 음주의 모든 측면을 통제하려고 세운 규제기관은 오히려 영국의 펍에서 남녀성비의 균형에 생긴 이런 변화를 장려했다. 이 기관은 일부 해군기지와 주둔지 소도시에서 군 당국이 부과한, 모든 여성의 술집 출입을 금지하는 규제들을—징집된 남성들의 아내들이 대량음주를 한다는 인식에 대처하려고 부과된 규제들을—기각했다. 공식적으로 내건 성 평등 정신이 순전히 원칙적인 문제였던 건 아니다. 여성참정권 운동은 투표권을 얻으려는 여성의 시위를 전쟁 동안 중지했지만, 운동의 리더들은 정부가 어느 영역에서건 여성에게 불리한 불평등을 조장할 경우 활동을 재개하겠다고 으름장을 놨다.

모든 형태의 술의 1인당 소비량이 줄었다. 영국이 전쟁 동안 경험한 인구통계적 변화를 반영해서 수치를 조정하더라도 그랬다. 18세 이상 인구의 소비량은 1915년에 2% 늘어난 후 1916년에 6% 줄었고 1917년에는 39% 줄었다. 하지만 스피릿과 비어의 소비량 비율 사이에는 차이점이 있었다(영국에서 와인은 극히 적은 양만 소비됐다). 스피릿 소비량은 1915년에 18% 올랐다가 1916년에 약간(1%) 떨어진 후 1917년에 급격히 30% 줄었다. 비어 소비량은 해마다 줄었다: 각각 6%, 7%, 44%.[23] 입수 가능성이 줄고 비어의 품질이 떨어지면서 일부 술꾼이—아마도 술고래들이—가격이 더 비싸더라도 스피릿으로 주종을 바꿨을 가능성이 있다. 영국의 소득과 생활수준이 전쟁 동안 (유럽의 다른 지역보다 훨씬 좋은) 활황을 유지했다는 사실은 일부 사람들이 어떻게 스피릿을 구입할 형편이 됐는지를 설명해준다.

전반적인 술 소비량 감소는 공공장소 주취로 체포된 사람의 수가 줄어든 것에 반영됐다. 그 수치는 1915년에 (1914년에 비해) 4분의 1가량 줄었고 1916년과 1917년에 다시 3분의 2씩 줄었다. 전쟁이 끝날 무렵, 잉글랜드와 웨일스에서 그런 사유로 체포된 사람의 연간 숫자는 3만 3,000명으로, 1914년의 21만 2,000명의 6분의 1에도 못 미쳤다. 대개는 음주인구의 상당부분을 차지하는 20세~40세에 속한 많은 남성이 군 복무 중이었기 때문일 것이다.[24]

전쟁 동안 스피릿의 시장점유율이 중요한 수준까지 성장했음에도, 비어는 영국 노동계급의 주요한 알코올성 음료로 남았다. 정부는 비어의 입수 가능성을 제한하는 조치를 지나치게 심하게, 지나치게 급하게 시행하는 것을 주저했다. 1917년에, 이후로 2년 내에 미국 전역에 금주령을 내리게 될 미국 정부가 더 엄격한 배급프로그램의 일환으로 비어 양조를 전면적으로 금지하자고 유럽의 동맹국들을 설득했다. 영국은 "특히 극단적인 강제배급이 시행되고 있는 시기에 전면적인 금주조치를 노동계급에 부과하는 것은 어렵고 위험하다"면서 거절했다.[25] 비어가 영국인의 식단에 더 이상은 필수불가결한 요소가 아니었더라도, 동네 펍에서 2파인트 정도의 비어를 즐기는 일은 남성 노동계급 문화에 깊이 뿌리내리고 있었다. 비어의 공급을 차단했다가는 전쟁의 마지막 2년간 독일과 다른 지역에서 식량 부족이 야기한 소란과 비슷한 소란이 벌어질지도 몰랐다.

영국의 전시행정부는 영국인이 소비하는 술을 제한하는 문제와 관련해서 조심스럽게 행동했다. 프랑스 정부는 술과 관련된 처신에 한결 더 신경을 썼다. 술은 프랑스에서 특별한 경제적·문화적 의미를 갖고 있었다. 프랑스 노동자 상당수가 포도 재배업에 고용돼 있었고, 와인과 브랜디 수출은 무역수지에 중요한 기여를 했다. 이런 고려만으로도 프랑스의 의원들은 술을 공격하는 것을 두려워했고, 스피릿과 와인이 프랑스 사회 도처에서 문화적으로 중요하다는 사실에도 신경을 썼다.

전쟁 전에 프랑스의 음주수준에 대한 공식적인 우려가 널리 퍼져 있었다. 와인과 스피릿에 포함된 알코올의 1인당 소비량은 23리터에 달했는데, 이에 비해 영국은 10리터고 독일은 7리터였다. 하지만 프랑스 정부는 심각한 규제를 가하라는 압력에 저항했다. 법은 공공장소에서 술에 취하면 처벌을 받는다고 경고하는 공식 포스터를 술집에 걸라고 요구했다. 알코올 남용과 알코올중독이 널리 퍼져 있다고 믿은 절주운동 지지자들이 보기에는 하찮기 그지없는 조치였다. 압생트 소비 수준에 대한 염려는 특히 심했지만, 전쟁 전에 집권한 여러 정부는 이에 대해서도 꾸물거리기만 했다. 부분적으로는 소비자와 생산자들이 보일 반응에 대한 두려움 때문이었다.

전쟁이 도래하면서 모든 게 달라졌다. 개전 2주 내에, 내무부장관은 압생트뿐 아니라, 페르노와 파스티스(Pastis)라는 브랜드 이름으로 알려진, 아니스로 풍미를 더한 (약쑥 없이 만든) 술 같은 유사음료의 판매를 금지하는 규제를 공표했다. 정부가 세수를 잃을 것이고 생산자와 농부들에게 막대한 보상을 해야 할 거라는 주장이 있었음에도, 건강을 진정으로 위험하게 만드는 것은 불순물을 섞은 싸구려 버전들이라는 주장들을 무시한 국민의회는 1915년 3월에 그것들의 생산과 판매를 금지하는 법안을 가결했다.

압생트는 만만한 표적이었다. 반알코올 운동가들뿐 아니라 술 자체에 적대적인 것은 아니던 (군대 같은) 집단들도 특히 위험한 음료라며 압생트를 꼭 집어 지목했다. 정부가 전쟁 중에 술을 금지시킨 것은, 많은 면에서, 전쟁 전에 술을 금지시키려다가 실패한 것보다는 덜 놀라운 일이다. 그런데 프랑스의 전시행정부는 압생트에는 단호한 조치를 취하고도 다른 알코올성 음료들에는 대단히 제한적인 규제만 채택했다. 의원들은 병사들이 날마다 와인을 후하게 배급받는 것에 대해서는 거의 문제를 제기하지 않았고, 민간인이 술을 입수할 가능성을 규제하려는 시도는 평범한 수준이었다. 민간인에게 적용된 규제로는 기존의 바와 카페의 영업시간을 규제하는 것과 전쟁 중에 술 판매 면허를 추가로 발행하지 말자는 결정이 있었다.

이런 정책들은 프랑스의 일부 절주운동가가 전쟁 동안 국가적인 참사를 생생한 시나리오로 묘사한 것에 대한 온건한 반응이었다. 절주운동가들은 군이 젊은 남성들에게 술을 소개하고 있다고 비판했고, 일부는 병사들이 전투에 돌입하기 전에 대량음주를 한다는 보고서를 제출했다. 주도적인 공중보건학술지는 술이 "뛰어난 병사를… 버릇없고 게으르며 비정상적인 사람으로" 만들었다고 주장하는 논문을 싣고는 이렇게 묻기까지 했다. "전선에서 귀환한 그 병사들은 어떻게 행동할까? 이 술꾼들의 침공의 결과는 무엇일까?"[26]

프랑스의 일부 비평가는, 영국의 동료 비평가들처럼, 술을 독일만큼 위험한 적으로 묘사하면서 양쪽 모두를 상대로 한 전쟁들은 떼어놓을 수 없는 것이라고 묘사했다. 그런데 프랑스의 반알코올 로비세력은 대량음주와 알코올중독이 생식력에 끼치는 부정적인 영향을 특히 강조했다. 이건 프랑스의 인구가 주는 것에 대한 만성적인 우려—1871년에 프랑스가 프러시아에 패하면서 강화되고, 프랑스가 훨씬 인구가 많은 독일제국을 상대한 제1차 세계대전 동안 특히 극심해진 공포—에 대한 반응이었다. 인구성장을 방해하는 장애물로 간주된 술은 프랑스를 약화시키는 내부요인이자 프랑스가 허약해지면서 독일에 패배하게 만드는 요인으로 묘사할 수 있었다.

프랑스 전시행정부는 술에 대한 이런 불안에 반응하지 않았지만, 군 일부와 지역의 민간 당국들은 반응했다. 어느 프랑스 장성은 그가 지휘하는 지역에서 모든 스피릿의 소비를 금지시켰다. 프랑스군뿐 아니라 영국군과 벨기에군, 그리고 병사의 가족을 모두 아우르는 규제였다. 일부 지역에서, 민간 당국은 태번이 (태번 주인의 자녀를 제외한) 미성년자 여성을 고용하는 것을 금지하면서, (아마도 비밀 음주를 방지하려는 의도에서) 음주자의 모습을 길거리에서 볼 수 있도록 술집에 창문을 낼 것을 요구했고, (더 이상은 합법적으로 입수하지 못하는) 압생트의 광고를 금지시켰다.[27] 하지만 이런 조치들이 효력을 미치는 범위는 지역에만 국한됐고, 그런 경우에도 스피릿만 표적으로 삼으면서 술에 대체로 긍정적인 프랑스의 문화는 거의 손대지 않은 채 남겨두는 경향이 있었다.

프랑스 민간인들이 술을 입수하면서 겪은 어려움은, 대개는, 정부가 장애물을 설치해서가 아니라 전시에 물가가 오른 탓이었다. 브랜디로 증류하려고 다량의 싸구려 와인을 생산하는 지역인 대서양 해안의 샤랑트 지역에서조차, 와인가격이 1914년에 20프랑에서 이듬해에 60프랑으로, 그런 후 1918년에 110프랑으로 올랐다. 이 정도로 가격이 많이 오른 다른 품목은 손에 꼽을 정도였다. 가격이 5배 이상 뛴 와인에 비하면, 빵은 가격이 2배가 됐고, 고기는 3배가 됐으며, 우유와 치즈는 4배가 됐다.[28]

전선의 맞은편에서, 독일 정부도 술을 제한하는 조치들을 실행했지만, 그것들도 일반적으로 평범한 수준이었다. 효율을 최대화하고 식량용 곡물을 비축하기 위해 비어 생산량을 4분의 1 감축하라고 명령했다. 모든 형태의 술의 1인당 소비량은 1914년과 1917년 사이에 3분의 2로 줄었다.[29] 하지만 종합해 보면, 소비량 감소는 정부의 규제 탓이라기보다는 생산 쪽 문제 탓이었다. 비어와 스피릿을 빚는 데 필요한 곡물이 갈수록 부족해졌기 때문이다.

전시 규제는 유럽 외부로도 확장됐다. 세계대전이라는 이름은 유럽의 교전국들이 거느린 식민지를 비롯한 지구 전역의 나라들이 전쟁에 개입하면서 붙은 것이기 때문이다. 멀리 캐나다와 남아프리카, 뉴질랜드 같은 나라들도 술 생산과 판매에 규제를 가했다. 캐나다에서, 연방정부는 전쟁이 끝나기 겨우 7개월 전인 1918년 4월에 전면적인 금주령에 가까운 시스템을 제정했다. 이 시스템은 1919년 말에 만료됐지만, 한곳을 뺀 모든 주(州, province)가 채택한 전시 규제들은 1920년대와 그 이후에도 계속됐다. 전쟁을 술에 규제를 가할 수단으로 활용하려고 애쓴 절주운동 단체들은 이런 조치들을 장려했다. 예를 들어, 1916년에 몬트리올 반알코올중독자 연맹(the Montreal Anti-Alcoholic League)은 비어를 "건강에 나쁘고 유해한 음료"라고 맹비난하면서 비어 소비로 유명한 "독일민족의 잔인성"을 증거로 인용했다. 양조산업은 신문에 실은 전면광고에서 "비어는 진정한 식품"이라고 대꾸했다. 독일에 대한 언급을 무시하고 약간의 반미(反美)분위기를 내비친 퀘벡의 양조업자들은 영국의학협회(the British Medical Association) 회장의 말을 인용했다: "식사로 먹는 빵과 치즈, 비어는 빵과 차, 잼으로 구성된 미국식 식사보다 한없이 더 과학적인 식사입니다."[30]

퀘벡은 전쟁 중에 술을 규제하는 데 있어 캐나다의 다른 주보다 뒤처졌다. 1917년에 다른 모든 주가 일부 형태의 금주령 정책을 도입했기 때문이다. 온타리오는 1916년에 (지역의 포도 재배자를 보호하려는 의도로) 주내에서 재배한 포도로 빚은 와인을 제외한 술의 판매를 금지시켰다. 법에 따라, 와인은 와이너리에서만, 최소 5갤런 분량으로만 팔 수 있었다. 와인을 다량으로 구입할 형편이 되지 않는 빈민들의 구매가 줄었을 것이다. 다른 예외도 허용됐다: 성직자는 성찬식용 와인을 입수할 수 있었다; 의사는 의학적인 이유로 스피릿과 비어, 다른 형태의 술을 처방할 수 있었다; 치과의사는 "흥분제나 원기회복제로" 술을 투여할 수 있었다; 수의사는 인간이 소비할 용도로 쓰지 않는 한 리쿼 1쿼트를 보관하는 게 허용됐다.

이와 반대로, 뉴질랜드에서 걸음마단계이던 와인 산업은 전쟁의 희생자나 다름없는 신세가 됐다. 와인 자체에 대한 반대여론 때문이 아니라, 와인 양조업의 선구자 대다수가 달마티아(Dalmatia) 출신 이민자였기 때문이다. 아드리아해 연안에 있는 달마티아는 1914년에 적국인 오스트리아제국의 일부였다. 달마티아인들이 오스트리아의 전쟁을 지지했다는 증거는 하나도 없다. 엄밀히 따지면, 그들은 달마티아가 오스트리아에서 독립하는 것을 지지한 사람들일 가능성이 크다. 하지만 뉴질랜드 정부는 그들을 적이 될 가능성이 있는 외국인으로 취급하면서 그들의 포도밭을 몰수했다.

1917년의 러시아혁명 이후 볼셰비키 당국도 훨씬 더 엄격한 술 규제를 채택했다. 그들은 1914년에 차르가 제정한 금주령 정책을 계속 이어가면서, 술 산업을 국유화하고 기존의 술 비축량은 모두 국가의 재산이라고 공표했다. 그 조치는 어느 정도는 술에 대한 이념적인 반감 때문이었다. 카를 마르크스는 술은 자본가가 노동자를 고분고분하게 만드는 수단이라고 비판했다. 마르크스는 "종교는 인민의 아편"이라고 쓴 것으로 더 잘 알려져 있지만, 그가 살아있었다면 종교에다 술도 추가했을 것이다. 전쟁 동안 공식적인 금주령이 부과됐음에도 러시아의 술 소비 수준이 혁명 당시 대단히 높았기 때문이다. 더 실용적인 관점에서 보자면, 새로 정권을 잡은 볼셰비키 당국은 술이 사회적인 활동에 차질을 빚는 효과들을 염려했다. 술은 1917년에 페트로그라드(Petrograd)에서 일어난 많은 폭동의 원인이었다. 레닌은 부르주아지가 "대학살을 위해 사회의 쓰레기와 몰락한 자들에게 술을 뇌물로 건네 취하게 만들고 있다"고 썼다. 이듬해에 붉은 근위대(Red Guards) 소속 부대들이 국유 술 창고를 약탈했다는 보고들이 있었다. 붉은 근위대는 "자유와 혁명이 와인에 압도당하는 것을 허용하지 않으려고 주취와 투쟁할 것"을 요구받았는데도 말이다.[31] 이외에도, 술 생산용이 아니라 제빵과 조리에 쓸 용도로 곡물을 비축해야 한다는 공식적인 결정도 있었다.

이런 우려들이 금주령의 필요성을 확인해줬다. 하지만 정부는 널리 퍼진 밀주 생산에 직면했다. 부유한 농민(쿨라크kulak)들이 가난한 소작농들을 볼셰비키의 반대편으로 유혹하려고 밀주를 이용하고 있다는 혐의가 제기됐다. 새로운 소비에트 국가가 될 나라에서 술 생산과 소비에 일련의 규제가 가해졌다. 1919년 12월에 정부는 리쿼 정책을 명문화하면서, 가내 양조와 증류를 최소 징역 5년형과 재산몰수로 처벌할 수 있는 범죄로 만들었다. 역사적으로 대다수 금주령이 소비자를 범죄자로 취급하지 않았다는 점에서 볼 때 특이한 조항이 있었다. 불법 생산된 술을 마시는 것을 최소 징역 1년형으로 처벌할 수 있는 범죄로 만든 것이다.[32] 바꾸는 게 거의 불가능한 것으로 판명된 (대체로 남성의) 음주 문화를 거스르는 일련의 정책의 발단이 이거였다. 술이 창출하는 세금에 대한 국가의 욕구라는 또 다른 고려가 1920년대 중반에 압력의 강도를 높이고 있었다. 이런 압력 때문에 정권을 계승한 소비에트 정부들은 술에 대한 다양한 정책을 채택하기에 이르렀는데, 술은 소련(蘇聯, Soviet Union)이 존재하는 내내 지속적인 문젯거리인 것으로 판명됐다.

제1차 세계대전에 교전국으로 참여한 또 다른 나라를 언급할 필요가 있다: 전쟁이 끝나기 1년 정도 전인 1917년에 참전을 선언한 미국이었다. 수십 년 전에 술 배급을 포기한 미군은 공식적으로는 금주령을 실시했다. 하지만 미국 원정군 사령관인 퍼싱 장군은 음주를 반대하는 명령을 공표하면서 순한 와인과 비어는 제외시켰다. 그는 회고록에서 "우리 군에서 음주는 상대적으로 하찮은 문제였고, 그나마도 독한 술을 금지한 후에는

눈에 띠게 줄었다"고 밝혔다.[33]

　다른 면에서, 미국 정부는 전쟁 동안 더 포괄적인 반알코올 정책들을 추구했다. 곡물 공급 협상에 나선 미국 관리들은 제빵용 곡물을 비축하기 위해 양조를 철저히 금지시키라고 영국과 동맹국들을 설득하려 애썼다. 미군과 함께 프랑스에 도착한 미국 정부기관 대여섯 곳이 현지에서 절주 운동을 지원했다. YMCA는 젊은 남녀가 술이 없는 건전한 환경에서 만날 수 있는 시설들을 세웠고, 록펠러 재단(the Rockefeller Foundation)은 프랑스 어린이를 위해 두 가지 생활방식을 대비시키는 브로슈어를 출판했다: 폭력과 빈곤이 포함된 술이 있는 삶과 행복과 풍요로 이어지는 술이 없는 삶.[34]

　미국 정부와 단체들이 유럽에서 발전시킨 반알코올 정책들은 미국이 전쟁에 돌입할 때 폭넓게 채택한 금주정책들을 반영했다. 기한과 엄격성 면에서는 제각기 달랐지만, 미국의 45개 주가 1916년에 금주령을 제정했다. 따라서 유럽의 나라들과 미국 사이에는 중요한 차이점이 있었다. 제1차 세계대전은 유럽의 술 정책의 전환점이었다. 전쟁 도중에 제정된 더 엄격한 규정들이, 상당부분, 이후 몇 십 년간 유지됐기 때문이다. 하지만 전쟁은 미국의 술 정책들이 밟은 경로하고는 거의 관련이 없었다. 전쟁이 발발할 무렵, 금주운동의 기세는 멈춰 세울 수 없는 것처럼 보였다. 따라서 미국이 유럽의 갈등에 20개월간 개입한 것이 금주령으로 막을 내린 과정의 속도를 늦추거나 높였다는 주장은 타당하지 않다.

13장

금주령, 1910~1935

고결한 실험들, 창피한 실패들

'prohibition(금지)'이라는 단어는 미국에서 내려진 금주령의 약칭으로 자주 쓰인다. 미국에서 금주령은 1920년부터 1933년까지 나라 전역에서 알코올성 음료의 생산과 판매를 금지하는 효력을 가진 국가적 정책이었다. 이 시기는, 이 시기가 될 때까지 이끈 반알코올 운동들과 더불어, 미국의 술 역사를 지배했다. 그런데 미국의 금주령은 미국의 술과 폭넓은 문화사에도 중요하지만, 더 폭넓은 글로벌한 맥락에서도 역시 중요하다. 이슬람이 무슬림의 (그리고 무슬림이 지배하는 영토에 거주하는 다른 이의) 술의 생산과 음주를 금지시킨 이후로, 미국의 금주령은 전국적인 기반에서 포괄적으로 제정된 정책 중에 가장 엄중한 정책이면서, 정책이 도입된 시기에 그런 종류의 정책으로는 단연 유일한 정책이었다.

많은 나라가 제1차 세계대전 동안에, 그리고 직후에 여러 금주령을 제정했다. 1914년에 전쟁이 발발하면서 금주령을 시행한 러시아, 그리고 1920년대에 제국이 정한 금주령 정책을 이어나간 계승자인 소비에트 국가가 거기에 포함된다. 일부 스칸디나비아 국가가 금주령을 통과시켰고, 멕시코의 일부 주와 캐나다의 대다수 주도 그렇게 했다. 영국 정부는 1919년에 자국의 아프리카 식민지의 원주민에게 금주령을 부과했다. 이 사례들은 시기가 대체로 동일하다. 그런데 그보다 훨씬 시기가 이른, 인종을 기반으로 한 사례들이 있었다: 미국 정부는 19세기 동안 북미원주민에게 금주령을 부과했고, 트란스발 공화국(the Republic of Transvaal)과 그걸 계승한 백인정권인 남아프리카 정부들이 1896년부터 1960년대까지 아프리카계 원주민에게 그런 정책을 폈다.

금주령은 전면적이고 철저하게 시행된 적이 거의 없었다. 게다가 금지를 얼마나 엄격하게 정의해야 하느냐에 대한 의문이 항상 제기됐다. 일부 금주정책은 순한 비어와 와인 같은 저알코올 음료들은 제외하면서 고알코올 스피릿을 금지시켰다; 일부는 생산과 판매는 금지했지만 소비는 그러지 않은 반면, 소비도 포함시킨 법률들도 있었다; 일부는 종교적이거나 의료적인 용도의 소비는 허용했다. 이슬람법 아래에서조차, 일부 해석에 따르면, 다른 대안이 가능하지 않을 때 의학적 치료제로 술을 허용하는 경우가 일부 있다.[1] 영국의 아프리카 식민지에서, 원주민들은 대체로 무해한 것으로 간주된 그들의 전통적인 곡물 기반 비어와 야자와인을 빚고 생산하는 것은 허용 받았지만, 더 독한 유럽산 알코올성 음료는 마실 수 없었다. 이 사례들은 모두 여러 조건이 달린 금주령 버전이지만, 모든 사례가 특정 인구집단에게서 술을 빼앗거나, 최소한 술을 접하는 기회를 심하게 제한하려는 진지한 시도들이었다.

러시아는 제1차 세계대전이 발발했을 때 차르 니콜라이 2세(Nicolai Ⅱ)가 전쟁 동안 술을 생산하거나 판매해서는 안 된다고 칙령을 내리면서 전국적인 금주령이 처음 도입됐다. 이 정책의 근거가 된 우려는 술을 제한하려는 다른 전시정부들을 자극한 것과 동일한 다음과 같은 우려였다: 술이 전선에서는 군의 규율을 저해하고 국내전선에서는 제조업의 효율을 손상시킬 것이라는 두려움. 영국 정부 같은 다른 참전국들이 비어의 알코올 함량을 낮추고 술을 판매하는 영업시간을 제한하는 등의 조치를 결국에는 채택했지만, 러시아는 전면적인 금주를 택했다. 차르 정부가 그럴 수 있었던 것은 국가가 보드카의 생산을 독점한 덕에 통제가 수월하다는 현실적인 이유도 있었고, 민주적인 정부라면 두려워했을 정치적인 반발에 직면할 필요가 없다고 믿은 독재정권이라서 그렇기도 했다. 예를 들어, 영국에서 로이드 조지 행정부는 지나치게 심한 술 규제를 택하는 것을 주저했다. 펍에서 비어를 1파인트 (또는 더 많이) 즐기는 것은 노동자인 동시에 유권자인 남성들의 주요한 일상이었기 때문이다.

앞서 봤듯(12장), 러시아의 술 생산 금지령은 제1차 세계대전 동안 상당히 무시됐다. 은밀하게 생산된, 그리고 그리 은밀하지 않게 생산된 보드카가 합법적인 술을 빠르게 대체했고, 소비는 (황실가족을 포함하) 민간인 사이에서만이 아니라 러시아군에서도 계속 폭넓게 퍼져 있었다. 독재적인 차르 정부는 자신들은 금주령을 포함한 전시정책에 대한 그 어떤 반발에도 끄떡없다고 믿었지만, 점증하는 불만은 차르에 대한 반감을 강화하면서 1917년 혁명으로 이어지는 길을 닦았다.

아이러니하게도, 금주령의 채택은 차르정부를, 그들을 반대한 사회주의세력이 수십 년간 옹호해온 주장과 (이유는 상이했지만) 동일한 입장에 세웠다. 정부 정책의 바탕은 전시 효율에 대한 우려였지만, 많은 노조와 사회주의 단체가 음주는 노동계급의 이익에 반하는 것이라고 오랫동안 주장해왔다. 술은 1914년 8월의 제2인터내셔널(the Second International) 회합에 논제로 채택됐고, 술 남용이 노동자에게 끼치는 영향에 대한, 일개인으로서 그들의 건강뿐 아니라 정치적으로 조직화하는 그들의 능력에 끼치는 영향에 대한 지배적인 우려가 제기됐다.[2] 러시아 사회주의자들은 노동자의 이상적인 유형 두 가지를 구분했다: 지적인 성품과 문화적인 성품이 결여된 후진적인 노동자, 그리고 자본주의에 맞선 투쟁에 정치적으로 참여하는 진보적인 노동자. 이 두 부류를 가르는 중요한 점 하나가 술 문제였다: 후진적인 노동자는 말술일 뿐더러 호색한이고 음탕하며 대체로 상스러운 반면, 선진적인 노동자는 술에 취하지 않은 맑은 정신에 옷차림이 단정하고 성적으로 자제하는 사람이었다.[3]

이런 점에서, 1917년 10월에 러시아혁명이 일어난 후에도 금주령이 지속된 것은 혁명 이전에 많은 노동자단체가 채택한 반알코올 입장과 일관성이 있었다. 새로운 볼셰비키 정권이 (1917년 11월에) 취한 최초의 조치 중 하나가 기존의 모든 증류공장과 와이너리를 폐쇄하고 모든 알코올성 음료의 생산과 판매를 금지한 거였다. "알코올중독과 도박에 맞선 투쟁을 위한" 정치위원(commissar)이 설립됐고, 적군(赤軍, the Red Army) 내에서 알코올중독은 사형으로 처벌할 수도 있는 범죄에 포함됐다. 1년 후, 비축돼있는 모든 술은 국가의 재산이라고 선포됐다. 술 수백만 루블어치가 상트페테르부르크의 창고 700곳에 저장돼있는 것으로 추산됐고, 차르의 거처에는 가치가 500만 달러에 달하는 술을 보관하는 셀러가 있었다.[4]

이 정책들의 목표는 술을 마시지 않은 인구를 양산하는 거였다. 하지만 당국에서는 오래지 않아 노동자 대다수가 술을 마시고 술이 그들의 문화에 깊이 뿌리내리고 있다는 현실에 직면했다; 음주는 사회적인 행위였고, 노동자 사이에서 건네는 술잔을 거절하는 것은 노골적인 적대감까지는 아니더라도 비우호적인 제스처로 해석됐다. 초기 소비에트 공장에서, 관리자는 노동자를 새로 고용한 대가로 보드카 1병을 요구했고, 나이 든 노동자는 그들을 훈련시키는 대가로 같은 양을 요구했다.[5] 소비에트 당국은 절주를 장려하고 과음과 주취를 도덕적인 비난의 몫으로 남겨두는 실용적인 경로를 택하는 대신, 엄격한 금주를 고집했다(많은 설명과는 반대로, 소비에트의 첫 지도자 블라디미르 레닌은 혁명 무렵에는 정치적인 이유 때문에 자신을 술을 끊은 사람으로 묘사했을지 모르지만, 사실은 와인과 비어, 보드카를 마셨다).[6]

소비에트 비평가들은 음주가 건강과 사회에 안겨주는 부정적인 결과를 지적하는 것과 더불어, 거기에 정치적인 차원도 덧붙였다: 주취는 반혁명(counterrevolution)과 동일시됐고, 폭음을 하는 자는 반역자로 묘사됐다. 1929년에 어느 소비에트 신문은 술을 마시는 노동자는 "그 자신과 그의 가족, 생산력과 국가를 상대로⋯ 범죄"를 저지른 거라고 공표했다.[7] 사생활이라는 관념을 사실상 없애버린 이 입장은 노동자의 신체에 대한 이해관계와 그들의 식단을 통제할 권리를 국가에 제공했다.

작업현장의 현실은 공식적인 처방하고는 달라도 한참 달랐다. 소비에트 시기의 금주령이 시행되는 동안, 예전처럼 교대시간을 마치고 술에 취해 도착한 노동자들의 사례는 한도 끝도 없었고, 법정에 끌려온 많은 노동자가 자신들에게는 관례적으로 인정돼온 술 마실 권리가 있다고 목청껏 항변했다. 노동자들은 암시장에 넘쳐나는 밀주를 소비했고, 혁명을 기념하는 새로운 휴일을 차르 치하의 휴일을 대하는 것처럼 대했다: 축제를 즐길, 때로는 말술을 마실 기회. 그들은 직접 마실 술을 만들지 못할 때에는(1920년대에 시골세대의 3분의 1이 보드카를 만들고 있다는 얘기가 있었다) 불법 브루어리와 증류공장 수만 곳에서 폭넓게 생산된 술에 의지할 수 있었다. 1918년에 (러시아 남서부의) 보로네시 주의 어느 마을에서 증류된 곡물의 양은 인구가 9,000명에서 1만 2,000명 사이인 소도시 한 곳을 1년간 먹여 살릴 곡물의 양과 비슷했다. 1918년 봄에 우랄산맥을 가로질러 식량으로 수송된 양의 2배에 해당하는 곡물이 시베리아에서 보드카로 증류됐다.[8]

곡물 공급량이 이렇게 대량으로 딴 곳에 투입되자 당국에서는 불법 증류만큼이나 큰 경각심을 느꼈고, 그러면서 당국은 훗날 스탈린의 탄압정책의 표적이 된 부유한 농민계급인 쿨라크를 비난했다. 밀주를 생산하면 중형이 따랐음에도(1918년에 중노동이 따르는 최소 징역 5년형으로 정해졌다), 많은 시민이 그 정도 위험은 감수할 만하다고 여긴 게 분명하다; 1922년 한 해에만 러시아 공화국에서 리쿼 관련 범죄로 50만 명 이상이 기소됐는데, 그 수는 엄격한 금주령이 내려진 후 다소 줄었다.

소비자의 저항, 불법생산을 저지할 능력의 부족, 곡물 공급에 대한 위협, 술로 거두는 세수의 상실에 직면한 소비에트 정부는 경로를 바꿔 금주령을 차츰 폐기해나갔다. 정부는 전면적인 금주령을 시행하고 7년(그 중 4년은 소비에트 시기였다)이 지난 후인 1921년 8월에 와인의 생산과 판매를 허용했고, 1922년 초에는 비어 판매를 승인했다. 1923년 1월에 저알코올(20%) 보드카의 생산이 허용됐고, 1925년에는 강도가 보통(40%)인 보드카가 허용됐다. 모든 술 생산은 국가가 독점했다. 소비에트 정부는 국민들이 술을 다시 입수할 수 있게 해주고 술이 안겨주는 세수를 최대화하고 싶었으면서도 반알코올 운동은 계속 이어갔다. 하지만 술 소비량은 계속 높은 수준을 유지했다. 레닌그라드에서 1923년에 주취로 2,000명이 체포됐지만, 1927년에 체포된 사람은 11만 3,000명이었다. 시내에 거주하는 성인 4명당 1명이 체포된 셈이다.[9] (아마도 많은 사람이 상습범이었을 것이다.) 이런 증가를 단순히 법 집행이 변해서 생긴 결과로만 설명할 수는 없을 것 같다. 이건 대량음주가 증가했다는 것을 보여주는 게 분명하다.

차르 정부와 소비에트 정부가 채택한 엄격한 금주정책들은 미국에서 금주령이 지속된 기간의 절반인 7년간(1914~21) 유지됐다. "고결한 실험"이라고 자주 언급되는 미국의 금주령이 제정된 것은 미국인들이 술을 마시는 것을 중단시키겠다는 단순한 욕망에서 비롯된 게 아니었다. 음료용 술의 생산과 판매, 수송, 수입을 금지하는 수정헌법 제18조의 기안자들을 부추긴 것은 그들이 속한 사회를 발전시키겠다는 욕망이었다. 그들은 술이 없는 미국의 시민들은 더 건강하고 더 도덕적이며 법을 더 잘 지킬 거라고 믿었다. 술 관련 사망자가 줄면서 기대수명은 늘 것이고, 술 관련 범죄율이 곤두박질치면서 인명과 재산을 대상으로 한 범죄는 줄 터이며, 사람들이 술에 쓰던 돈을 식품과 주거에 쓰면서 빈곤은 줄고 건강은 개선될 터였다. 술 때문에 벌어지는 이혼율이 떨어지면서 결혼생활은 더 안정될 것이다. 술이 미국이 겪는 거의 모든 사회적 병폐의 기초라면, 금주령은 치료제였다. 그 점이 금주령을 고결하게 만들었다.

전국적인 금주령은 정치인과 교회집단, 일반시민의 로비로 점철된 수십 년 세월의 정점으로, 개별 주들이 자체적인 금주령을 제정하기 시작하고 오랜 후에야 찾아왔다. 1919년에 27개 주가 금주령을 찬성한 상태였고 21개 주가 금주령을 반대한 채로 남아 있었다. 서부와 남부는 금주령을 가장 소리 높여 지지했고, 북동부는 가장 큰 저항 지역이었다. 연방 입법이 여러 주가 제정한 금주령을 뒷받침했다: 1913년의 웹-케니언 법은 금주령을 시행하는 주로 술을 수송하는 것을 금했다. 미국이 제1차 세계대전에 참전한 1917년에 연방정부가 한층 더 발전된 조치를 취했다. 전시 효율과 곡물 비축을 위해 증류공장들을 폐쇄했다; 그 다음에는 곡물을 브루어리로 수송하는 것을 제한했고, 비어의 알코올 수준을 최대 2.75%로 정했다. 의회는 같은 해 연말에 수정헌법 제18조를 통과시키면서 이 조항을 비준하라며 각 주에 보냈다. 그러고도 술의 흐름을 막는 것에 대단히 관심이 많았던 의회는 전쟁이 끝나고 열흘 후인 1918년 11월 21일에 전시금주법(the Wartime Prohibition Act)을 통과시켰다. 이 법은 1918년 7월 1일부로 사람을 취하게 만드는 음료의 판매를 금지시켰다. 그날이 되기 전에, 수정헌법 제18조는 48개 주 중 46개 주라는 압도적인 지지를 받았고, 전국적인 금주령이 효력을 갖는 날이 1920년 1월 1일로 정해졌다.

전국적인 금주령이 그날을 기해 효력을 발휘했을 때, 법은 많은 사람이 예상했던 것보다 훨씬 더 포괄적이었다. 금주령과 금주령 집행의 구체적인 조항들은 볼스테드 법(the Volstead Act)에 명시됐는데, 볼스테드 법은 많은 이가 예상하고 소망한 것처럼 스피릿에 초점을 맞추고 와인과 비어를 제외시키는 대신, 음료 전체 분량에서 알코올의 비중이 0.5% 이상인 모든 알코올성 음료를 금지시켰다. 전쟁 동안 내려진 명령대로 저알코올 비어를 계속 생산할 수 있기를 희망했던 비어 양조업자들의 저항은 성공하지 못했고, 그들은 금주령이 미국의 알코올성 음료산업을 사실상 말살하는 동안 발생한 피해자에 속했다.

1916년에 1,300곳이던 보통 농도(regular strength) 비어를 생산하는 브루어리 수가 10년 후에는 한 곳도 남지 않았다; 증류공장의 수는 85% 감소했다(생존자는 산업용 알코올과 의약용 알코올을 만들었다); 와이너리는 1914년에 318곳에서 1925년에 27곳으로 줄었다(생존자는 종교용 와인을 빚고 생식生食용 포도나무를 재배했다); 리쿼 도매업자 중 4%와 소매업자 중 10%만이 이런저런 종류의 사업에 남았다.[10] 정부와 개인들이 물어야 하는 경제적인 비용은 어마어마했다. 세수를 상실했다는 점에서만 그런 게 아니라, 술 산업이 거의 폐쇄되다시피 하면서 피고용인 수천 명이 일자리를 잃었기 때문이다. 유리제조업, 수송업, 접객업(살롱과 바) 같이 경제의 다른 영역에서 술과 관련된 일을 하는 노동자들도 영향을 받았다. 살롱(많은 살롱이 전략적으로 도시의 길모퉁이에 위치했다)들이 소매점으로 대체되면서 일부 새 일자리가 생기기는 했지만 말이다.

전면적인 금주령에서 예외조항은 거의 없었다. 몇 안 되는 예외는 금지령이 술을 음료용으로 활용하는 데만 적용된다는 원칙에 기초하고 있었다. 이건 알코올을 산업용 용도로 만들 수 있다는 뜻이고, (발효되거나

증류로 얻은) 알코올성 음료는 비음료용 목적에서 소량을 생산할 수 있다
는 뜻이었다. 예를 들어, 의사는 와인과 스피릿을 처방했고, 성직자와 목
사, 랍비는 종교의식을 위해 와인을 입수하고 제공할 수 있었다. 극소량
의 술만 소비될 거라 예상되는 이런 예외를 제외하면, 브루어리와 와이너
리, 증류공장은 사업에서 밀려나고 바와 살롱, 태번은 문을 닫을 터였다.

마지막으로, 가족과 집을 방문한 진짜 손님이 마실 용도로 집안에 술
을 갖고 있는 건 허용됐다. 이미 비축한 술을 활용하는 것을 허용하려는
의도로 삽입된 조항이었다. 어느 버지니아의 신문발행인은 금주령에 대
한 주(州)투표에 앞서 위스키 16갤런을 주문하면서 말했다. "내 예지력을
믿습니다. 금주론자들이 9월에 무슨 일을 할지는 모르겠지만, 어떤 경우
가 됐건 그들이 막막한 신세에 처한 내 모습을 보게끔 놔두지는 않을 겁
니다."[11] 병에 남은 마지막 한 방울을 마시고 나면 그 병에 합법적으로 술
을 채울 도리는 없었다. 금주령을 지지하는 이들은 미국인이 기존의 음주
습관을 포기하고는 집단적으로 우유와 물, 과일주스, 커피, 차처럼 사망
과 범죄, 부도덕, 사회 혼란과 연계되지 않은 건강한 음료로 전향할 거라
고 기대했다.

영화와 〈언터처블(The Untouchables)〉 같은 TV시리즈에 의해 강화된
금주령의 대중적인 이미지는 이런 이상하고는 거리가 멀어도 한참 멀었
다. 대중적인 이미지는 스피크이지(speakeasy, 남녀가 술을 마시는 비밀 술집),
문샤인(moonshine, 밀주 위스키-옮긴이)을 생산하는 불법 증류소, 주류 밀
수와 다른 형태의 술 밀반입, 법 집행 관리들과 금주령 위반자들 사이의
총격전, 알 카포네(Al Capone) 같은 갱스터들이 이끄는 조직범죄의 발흥
의 이미지다. 이 선정적인 이미지들은 미국의 금주령이 가져온 복잡한 그
림을 왜곡시키지만, 중요한 주제를 부각시키기는 한다: 러시아와 소련에
서 병사와 노동자, 농민, 중산층과 상류층이 금주령에 저항한 것처럼, 남

자건 여자건, 도시에 살건 시골에 살건, 노동자건 농부건, 전문가건 사업가건, 미국인 수백만 명도 그렇게 했다.

저항은 많은 형태를 취했다. 대다수 주가 수정헌법 18조를 비준했음에도 개별 주에서 일부 저항이 생겼다. 1920년 이전에 금주령을 제정한 주들은 연방차원에서 그 법을 채택하는 것을 흐뭇하게 바라봤지만—무엇보다도, 연방법은 다른 주에서 술을 수입하는 것에 종지부를 찍겠다고 약속했다—얼마 안 있어 일부 주의 의회가 연방의 리쿼체제에 끌려들어가는 것에 반발했다. 대여섯 개 주가 볼스테드 법을 기각하려고 시도했다; 매사추세츠와 뉴욕, 뉴저지 의회는 1920년에 와인과 순한 비어를 각자의 주에서 판매하는 것을 허용하는 법을 통과시켰다. 그러나 각각의 사례에서, 연방대법원은 주 의회들의 결정을 폐기시키면서 금주령을 전국적인 차원에서 유지시켰다.

일부 주는 수동적으로 금주령에 저항하면서 주-연방의 합동 금주령 집행을 약화시켰다. 메릴랜드는 집행력 있는 규제를 결코 통과시키지 않았고, 뉴욕을 필두로 다수의 주가 1923년에 각각의 규제법안들을 폐지했다. 1927년에 48개 주 중 27개 주가 금주령 집행에 필요한 예산관련 조항을 하나도 만들지 않았다. 그런 행위가—또는 행위를 하는 데 실패한 것이—금주령의 효과를 약화시키기는 했지만, 그렇다고 시민들이 합법적인 술을 입수하는 권리를 복원시키지는 못했다.

더 많은 저항이 와이너리와 비밀 증류공장에서 비롯됐다. 다수의 와이너리가 건조시킨 포도와 농축된 포도주스를 팔기 시작했는데, 둘 다 평범한 포도주스로 변환시킨 다음 이스트를 첨가해 와인으로 발효시킬 수 있었다. 이런 환경에서 만들어진 와인은 고품질은 고사하고 상업적으로 성공할 가능성도 없었을 것이다; 하지만 그래도 와인은 와인이었고, 알코올도 함유하고 있었다. 군소 문샤인 제조자(불법 증류업자)들과 그보다는 수가 적은 대형 비밀 증류공장들이 무척 많은 술을 생산했다. 위스키는 암시장에서 판매되는 주요한 술이었다. 분량에 비해 상당히 높은 알코올 수준 때문에 저장과 수송에 훨씬 더 효율적이었기 때문이다. 이 정도로, 이 시기는 비어에서, 그리고 역사적으로 미국에서 인기 2위와 격차가 한참 떨어진 3위를 차지했던 와인에서 급격히 멀어진 시기였다.

미국에서 불법적으로 생산된 술 말고도 나라 밖에서 밀반입된 양도 상당했다. 일부는 캐나다에서 들어왔다. 캐나다의 주들은 1915년부터 금주령을 제정하기 시작했다. 그런데 캐나다 정부는 국내에서 술의 생산과 주간(州間) 이동을 규제하는 동안에도, 증류공장과 브루어리, 와이너리가 수출용 알코올성 음료를 생산하는 것은 계속 허용했고, 이렇게 생산된 양의 상당부분이 비밀리에 미국으로 보내졌다. 일부는 온타리오호(Lake Ontario)를 가로질러 뉴욕의 북부기슭으로 수송됐고, 동부 해안에서는 럼이 노바스코샤(Nova Scotia)에서 뉴잉글랜드로 수송됐다. 1920년대는 어업(漁業)의 불황기라서 밀수가 환영받는 소득원이었다. 1925년에 루넨버그(Lunenberg, 노바스코샤)에 있는 100척으로 이뤄진 어선단 중 절반이 럼 교역에 관여하고 있다는 보도가 있었다. 그중 다수는 1달에 2,500달러를 받고 미국 신디케이트에 배를 임대하고 있었다.[12] 그런데 그보다 많은 술이 유럽에서 미국에 당도했다. 와인과 스피릿을 가득 실은 선박들이 미국의 금주령 집행관과 연안경비대(the Coast Guard)의 관할 범위 너머인 미국 영해 바깥에 정박하면, 밤중에 소형보트로 구성된 소함대가 술을 뭍으로 운반했다.

멕시코에서 미국 국경선 너머로 운반된 술은 더 많았다. 멕시코의 많은 주가 1910년 혁명 이후에 금주령을 도입했지만, 금주령은 인기가 없었고 공식적인 지지조차 거의 없었다. 미국에서 금주령이 채택된 1920년대 무렵, 멕시코의 금주정책 대다수는 폐기되고 있었고, 술 생산은 다시

금 한창 무르익고 있었다. 일부 멕시코산 술이 살롱에서 술을 마시러 멕시코로 여행을 간 미국인의 배에 담겨 국경을 넘어왔다. 미국인들을 먹이려고 멕시코의 살롱이 급격히 늘면서 술 관광이라는 새로운 현상이 생겼지만, 술의 대부분은 그냥 국경 너머로 밀반입됐다. 대부분은 비어였다. 미국산 비어와 더 이상은 경쟁할 필요가 없어진 멕시코의 비어 양조산업은 미국의 금주령 동안 번창했다. 더불어, 많은 미국인이 미국에 리쿼를 밀반입하는 것을 목표로 국경을 맞댄 멕시코의 주들에 증류공장을 설치했다. 멕시코인과 미국인이 공동 소유한 위스키 증류공장이 1920년에 코아윌라(Coahuila, 멕시코 북부의 주-옮긴이)의 피에드라스 네그라스(Piedras Negras)에 문을 열었고, 콜로라도 출신의 주인들이 차린 또 다른 공장이 6년 후에 시우다드 화레스(Ciudad Juárez, 멕시코 북부의 도시-옮긴이)에서 생산을 시작했다.[13]

금주령 동안 미국으로 끊임없이 흘러든 술―훗날 흘러든 마약의 선구자―은 강한 수요가 있었다는 점 말고도, 연방의 법 집행이 효과가 없었다는 것을 웅변한다. 금주령 집행은 재무부(the Treasury Department) 관할로, 재무부요원들은 밀주를 만들거나 판매하거나 운반하는 데 사용되는 재산(저택과 차량 포함)은 무엇이건 압수하거나 폐쇄하거나 매각할 권한을 부여받았다. 초범은 벌금 1,000달러와 최장 6개월 징역형으로 처벌할 수 있었고, 재범은 벌금 1만 달러에 징역 5년형까지 처벌할 수 있었다.

볼스테드 법은 연방정부와 주정부가 전체적인 법 집행을 공유할 것을 명했다. 주 경찰과 법정이 부담의 대부분을 감당한다는 암묵적인 이해도 있었다. 그런데 실제로는 많은 주가 여기에 참여하는 것을 주저했다. 앞서 봤듯, 대다수 주는 1927년까지 법 집행에 예산을 대는 것을 철저히 외면했다. 결과는 모든 부담이 연방집행사무국에 떨어진 것이다. 그런데 그들은 예산이 부족했다. 그들의 연간 예산이 1920년대 동안 300만 달러에서 1,500만 달러로 오르기는 했지만, 집행은 미미했고, 그 기간을 통틀어 현장에서 뛰는 요원이 3,000명을 넘은 적은 한 번도 없었다. 또 다른 문제는 집행 인력의 높은 이직률이었다. 경험 많은 요원이 드물었다는 뜻이다. 1920년부터 1930년 사이에 1만 8,000명 가까운 인력이 이 직위에 임명됐는데, 그중 다수는 해고된 요원을 대체하는 인력이었다. 요원 12명중 1명이 해고당했다. 대개는 주취나 뇌물 수수 때문이었다. 1920년대가 저물 때 교육과 전문성이 개선된 듯 보이기는 하지만 말이다.

많은 관찰자가 보기에 법 집행은 들쭉날쭉하고 제멋대로인데다 변덕스러운 듯 보였지만, 연방법이 효력을 발휘하기 전에 금주정책을 제정한 주들에서는 상당히 효과적이었을 듯하다. 캔자스가 1881년에 주 금주령을 제정했을 때 (어느 비평가가 묘사했듯 "출렁거리는 영토에 완전히 둘러싸인 섬"에서 살던)[14] 많은 캔자스인이 인근의 다른 주에서 리쿼를 가져왔지만, 전국적인 금주령이 시행되자 캔자스 도처에서 느닷없이 밀주 생산이 시작됐다. 금주령 관리들에 따르면, 그중 대부분은 에테르와 클로로포름, 가용성 오일(fusil oil) 같은 유독한 성분을 함유하고 있었다. 관리들은 캔자스로 흘러드는 술의 양을 소량으로 줄였다고 주장했지만, 그들은 자신들이 거둔 성공을 과장한 것 같다. 효과적이고 효율적인 것처럼 보여야할 이해관계가 있는 사람들이었기 때문이다.

문샤인(불법 리쿼) 생산을 적발하고 기소하는 것은 종종은 요원들의 부지런함에 달려 있었고, 잘 봐줘야 일관성이 없었다. 많은 경우, 요원들은 소규모 생산자를 적발하고 기소하는 데 효과를 보였다. 그래서 체포건수는 인상적인 수준이었다. 하지만 그들은 밀주의 주요 출처를 찾아내는 데 필요한 수사를 할 만한 자원을 갖지 못했다(또는 그걸 활용하는 데 실패했다). 정보원(informer)도 중요했다. 일부 경우에는 술을 반대하는 시민들이 당국에 불법 증류소의 존재를 알렸지만, 시민의식이 적은 다른 정보원들은 의도가 달랐다. 일부 문샤인 생산자는 자신들의 시장점유율을 높이려고 경쟁자들을 밀고했고, 일부 고객은 외상을 주는 것을 거부한 생산자를 밀고했으며, 플로리다의 어느 여성은 남편의 대량음주가 가족의 행복에 영향을 끼치고 있다는 이유로 남편을 고발했다.

기소건수가 일부 법정시스템을 압도했다. 1921년에 플로리다의 남부 지역에서 연방법원이 다룬 형사 소추건수는 551건이었는데, 그중 463건이 연방독주법 위반사건이었다. 1928년에는 1,319건이 기소됐는데, 그중 85%가 리쿼와 관련이 있었다. 플로리다는 기다란 해안선 때문에 술 밀반입의 확연한 목적지였고, 이런 지리적인 특징은 법원의 사건일람표에서 리쿼 기소가 높은 비율을 차지하는 데 기여했다. 1928년에 거의 3,000건 가까이 밀린 사건을 처리하기 위해 남부 지역에 제3의 판사가 임명됐다.[15]

미국 전역의 대다수 금주령 형사사건은 소규모 생산자가 대상이었지만, 많은 사람이 리쿼 생산과 유통에 조직범죄가 관여하는 것을 우려했다. 범죄 신디케이트와 금주령 사이의 관계는 사학자들 사이에서 논쟁의 대상이다. 조직범죄는 금주령과 함께 태동되지 않았고, 금주령이 폐지된 후에 사라지지도 않았다. 둘의 관계는 역사적으로 조직범죄가 금주령기간의 술뿐 아니라 매춘과 도박, 화기, 마약을 포함한, 불법이지만 수요가 존재하는 재화와 서비스를 활용해왔다는 정도에 머문다. 그럼에도, 범죄 신디케이트의 활동과 착취는 1920년대 동안 언론의 상당한 취재대상이었다. 가장 충격적인 사건 중 하나가 1929년 2월에 시카고에서 일어난 성 밸런타인데이 학살(the St. Valentine's Day Massacre)이었다. 시카고의 갱단 중 한곳과 관련된 남자 7명이 사살됐는데, 범인은 갱단 보스 알 카포네의 부하였던 게 분명하다. 이 사건은 영역다툼의 일환으로, 피해자의 신디케이트가 카포네가 수송하는 리쿼를 중간에서 강탈한 게 계기였을 것으로 생각된다. 시민들은 이 사건에 격분했고, 리쿼의 공급에서 조직범죄가 행하는 역할에, 특히 스피크이지에 시선이 쏠렸다. 이 학살은 범죄 신디케이트에 대한 분노를 촉발시킨 것 외에도, 법률이 범죄의 급증을 초래하고 있다는 것을 근거로 삼은, 저알코올 음료를 허용하기 위해 금주령의 폐지를 요구하는—또는 최소한 정책을 완화하자는—목소리에도 힘을 실어주었다.

금주령이 공공장소에서 보이는 주취에 주된 초점을 맞추는 동안 소비자들도 법의 위력을 피부로 느꼈다. 필라델피아에서 주취, 주취와 무질서한 행위, 습관적인 주취로 체포되는 사례가 1920년대 동안 급격히 늘었다. 1919년에 총 2만 3,740명이던 것이 1922년에 (1921년에 신설된 분류항목인 음주운전자 포함) 4만 4,746명으로 늘었고, 1925년에는 5만 8,000명 이상이 됐다.[16] 달리 말해, 1920년대 중반에 (인구가 약 130만 명이던) 필라델피아에서 공공장소 주취로 체포된 사람이 1주일에 1,000명 이상이었다는 뜻이다. 물론 이들 통계치가 반드시 주취의 증가를 반영하는 것은 아니라는 점을 명심해야 한다; 법을 더 엄격하게 집행한 것이 일부 체포 건수 증가를 설명할지도 모른다. 금주령 동안 집에서 소비한 술이 전보다 많았을 가능성도 있고, 이런 소비와 사교패턴의 변화가 공공장소 주취사건을 줄였을 가능성도 있다.

금주령이 의도하지 않은 결과 중 하나가 공공장소 음주의 정상화(normalization)라고 불러도 무방한 경향이었다. 19세기 동안 반알코올 운동은 음주를 병리적인 행동으로 묘사하는 데 꽤나 성공했다. 수세기 동안 그래왔던 것처럼 축제나 다른 행사에서 사회적으로 공유하는 행위였던 공공장소 음주는 서서히 살롱과 남성들의 음주로 국한돼갔다. 그런 후, 살롱은 술기운에 힘입은 남성들이 욕설을 내뱉고 도박하고 가족을 도외시하며 대체로 상스럽고 음탕하며 범죄적으로 행동하는 공간으로서 악마 취급을 당했다. 금주령은 살롱들의 문을 닫게 만들었지만, 우연히도 술을 중심으로 한 새로운 사교장인 스피크이지를 낳았다. 경찰의 급습을 당하고 비축해둔 술을 압수당할 위험이 상존했음에도 스피크이지는 많은 도시에서 번성했고, 금주령을 반대하는 세력의 주도적인 중심지 중 한 곳인 뉴욕시의 경찰은 1931년에 스피크이지 32,000곳이 영업 중일 거라고 추정했다.

스피크이지는 외톨이 남성들의 음주를 부추기는 지하의 어두침침한 바부터, 칵테일을 제공하고 밴드와 가수가 고객의 흥을 돋우는 환한 클럽까지 범위가 넓었다.[17] 아이러니하게도, 스피크이지는 평판이 나빠질 거라는 두려움 때문에 살롱에는 절대로 발을 들여놓지 않았을 여성들을 포함한 중산층과 상류층 고객을 끌어 모았다. 여성들은 19세기 미국에서 눈에 보이지 않는 음주자였다: 살롱에서 효과적으로 배제되면서 각자의 집에서 개인적으로 술을 마시기 때문에 물리적으로 보이지 않았다; 반알코올 운동이 동원한 수사가 남성들은 술꾼이고 여성들은 술을 마시지 않는다는 인상을 줬기 때문에 문화적으로 보이지 않았다. 스피크이지의 클럽 스타일은 여성들에게 훨씬 더 환영받았다. 여성들은 그곳에서 부도덕하다고 간주되는 일 없이 술을 마실 수 있었다. 그렇게 하면서 범죄행각을 뒷받침하고 있는 것은 사실이었지만. 일부 여성이 집에서 (밀주인) 술을 계속 마시는 대신 스피크이지를 자주 찾았다는 사실은 금주령 동안 의도치 않게 새로운 음주 문화가 등장했다는 것을 웅변한다.

1930년대와 1940년대에 등장한 클럽과 카바레의 선구자였던 스피크이지의 낭만은 미국의 소규모 공동체와 시골 지역에서 밀주를 마시는 행위에는 거의 깃들지 않았다. 시골에서 금주령을 위반하는 경험은 조무래기 생산자들의 네트워크를 통해 이뤄졌다. 그들은 집이나 헛간에서, 또는 숲이나 늪에 숨겨진 판잣집에서 5갤런들이 우유캔이나 50갤런들이 철제 드럼, 아니면 그런 일에 쓰는 다른 용기로 위스키를 생산했다. 생산자는 가난했는데, 기소된 생산자 중에는 대다수가 가난했다. 플로리다에서 문샤인 생산으로 유죄판결을 받은 사람들의 샘플을 보면, 그들 중 4분의 3의 평균 순자산(net worth)은 고작 74달러 50센트였다; 다수가 여성이었고, 일부는 금주령 때문에 밀주가 정기적인 소득을 약속하는 활동이 되면서 문샤인을 만드는 일에 뛰어든 흑인이었다. 그들이 빚은 술을 마시는 고객은 술의 맛과 품질을 오직 상상만 할 수 있을 뿐이었고, 어쩌면 몸에 위험했을지도 모르는 음료의 가격으로 1파인트에 50센트 안팎을, 또는 1갤런에 3달러를 지불했다.

그런데 금주령을 현실화한 볼스테드 법은 음료 목적으로 술을 생산하고 판매하는 것은 범죄로 규정했지만, 한편으로는 '리쿼'를 "일부 알려진 질환을… 완화하기 위한" 의료용 목적으로 처방할 수 있다고 구체적으로 규정했다. 그 양은 10일 동안 1파인트로 제한됐고(하루에 약 1.5온스), 처방은 단 1회만 발행할 수 있었다. 의사가 리쿼 처방전을 발행하려면 연방관리가 발행하는 허가증이 필요했다. 많은 의사가 그 조항을 반대했다. 금주령에 반대해서가 아니었다(이 이슈에 대한 의료인들의 의견은 갈렸다). 법이 의사가 의료행위를 하는 과정에 개입할 권한을 정부에 효과적으로 부여했기 때문이다.

법이 '리쿼'만 언급하고 비어는 언급하지 않는 바람에 또 다른 이슈가 생겼다. 많은 의사와 일반인이 비어에는 병을 치유하는 특성이 있다고 믿었다. 처방에 대한 정부의 규제를 반대하는 운동을 이끈 저명한 의사 중 1명으로 뉴욕의학협회 사무국장인 존 패트릭 데이빈(John Patrick Davin)은 비어가 빈혈과 탄저병 중독 같은 다양한 질병을 치료하는 효능을 보여 왔다고 주장했다.[18] 금주령이 시행되고 이어진 몇 달간, 의사들은 비어를 처방하기 위한 신청서를 다량 제출하는 것으로 정부 당국을 몰아쳤고, 검찰총장은 법의 의도가 의사들을 규제하려는 게 아니기 때문에 의사 각자는 치유적인 목적에서 환자 각자에게 필요한 비어의 양을 자유로이 설정해도 된다고 밝혔다. 어느 정부 서베이는 "많은 의사가 건강 회복을 돕기 위해 하루에 비어 1병에서 3병 사이를 마셔야 하는 환자들이 자신들에게 있다고 말했다"고, 그리고 비어는 "여성들의 특정 질환"에 특히 유용하다고 밝혔다.[19]

이 의사들은 돌팔이가 아니었다; 20세기 들어서도 미국의 주류(主流) 의사들은 술에 병을 치유하는 특성이 있다고 믿었던 게 분명하다. 의사 5만 3,900명을 무작위로 선택해서 실시한 1921년도 서베이는 51%가 위스키를 처방하는 것을 찬성했고, 26%가 비어는 "치료효과가 있는 필수적인 매체"라고 생각한다는 것을 보여줬다. 의사 중 적은 규모는 와인을 지지했다; 유럽에서는 치료제로서 오랜 전통을 가진 와인이었지만, 미국에서는 위스키와 비어만큼 널리 소비되지 않았다. 그럼에도, 텍사스의 어느 의사는 성홍열의 일부 증상을 치유하는 데 샴페인을 성공적으로 활용했다고 말했다. 의약용 술을 찬성하는 그런 주장이 반드시 금주령을 반대하는 폭넓은 입장의 일부였던 것은 아니다. 어느 응답자가 서베이에서 한 다음과 같은 주장을 많은 의사가 공유했다. "위스키는 의약으로서는 훌륭하지만, 음료로서는 절대적으로 불필요하다." 다른 이들은 볼스테드법이 "국가의 의료 관리(state medicine)"를 창출하고 있다고 비난했고, 일부는 술을 빼앗긴 환자들이 불필요한 고통을 겪고 심지어는 세상을 떠나기도 한 사례들을 토로했다.[20]

최초의 입법안을 가다듬은 앤드루 볼스테드(Andrew Volstead)는 1921년 4월에 의약용으로 비어를 처방하는 것을 금지하고 스피릿의 치유용 활용을 훨씬 더 엄격하게 규제하는 수정법안을 통과시키려 애썼다. 치유용 비어를 허용한 허점은 금주령을 무력화하려고 위협했다. 의사들이 환자 1인당 하루에 3병을 처방할 수 있어야 한다는 추정치가 있었고, 상황이 그러니 정부가 비어 양조를 합법화하는 게 나을지도 모른다는 주장도 있었다. 그들이 속한 공동체에 영향력을 행사할 수 있는 의료인들을 화나게 만들었다가는 정치적인 결과가 좋지 않을 거라는 우려가 있었음에도, 의회는 1921년 11월에 비어의 처방을 허용하는 허점을 막아버리는 법안을 통과시켰다. 그에 따른 결과 하나가 1917년에 금주령을 지지했고 치유용 술에 반대하는 입장을 보였던 미국의학협회가 입장을 뒤집은 거였다. 의사들은 술 처방 문제를 멀리 대법원까지 가져가며 투쟁에 나섰지만, 대법원은 1926년에 의견이 갈린 끝에 정부 편을 들었다.

약사들도 금주령에서 수행하는 역할 때문에 의사만큼이나 기분이 나빴다. 알코올은 많은 조제약에서 가장 중요한 단일 성분이었다. 술을 소지하려면 면허를 받아야 했으므로, 전국의 약사 5만 명이 의사가 술을 처방하면 위스키 형태를 띤 알코올을 조제하는 책임을 부여받았다. 약사가 이걸 하려면 25달러가 드는 면허를 신청해야 했다. 그러기를 주저하는 사람이 많았지만, 대다수는 부업을 잃을지도 모른다는 두려움 때문에 그렇게 했다. 약사들은 그들 자신이 리쿼 소매업자가 돼가는 것처럼 보이는 것을 싫어하는 데서 그치지 않았다. 리쿼를 조제하면서 생기는 수익이 상당하다는 것을 깨달은 기업형 약국이 급격히 늘었다. 정부는 이런 경향에 대처하기 위해 리쿼 처방으로 얻는 수익을 약국 매출의 최대 10%로 제한하는 법규를 통과시켰다.[21]

금주령이 1933년에 폐지됐을 때에도 금주령의 범위와 법 집행은 여전히 발전하는 중이었다. 1932년 대통령선거에 출마한 민주당 후보 프랭클린 D. 루스벨트는 1920년대 동안 변한 대중의 정서를 반영한 금주령 폐지공약을 내걸었다. 워싱턴 D.C.에서 금주령을 지지하는 목소리가 줄어든 것 외에도, 여러 주에서 가하는 압력의 강도가 세지고 있었다. 일부 주는 1928년에 미국을 강타한 대공황이라는 경제적·재정적인 현실에 몰리고 있었다. 제조업과 농업의 생산량은 감소하고 실업률은 치솟았으며, 연방과 주, 시의 예산은 줄었고, 정치인들은 금주령 이전에 알코올성 음료가 안겨주던 세수에 대한 향수를 키워갔다. 스피릿에서 거둔 연방세수는 1929년에 1,300만 달러 미만으로, 1919년에 징수한 3억 6,500만 달러하고는 격차가 커도 너무 컸다. 1929년에 비어와 와인에서 거둔 세수는 사실상 0이었는데, 이에 비해 10년 전에 거둔 세수는 1억 1,700만 달러였다.[22] 술 생산 재개는 정부를 부유하게 만들 뿐더러 직간접적으로 미국인 수백만 명을 고용했던 산업에 활력을 되돌려줄 터였다.

금주령의 경험 중에는, 무엇보다도, 많은 미국인이 사생활이라고 여기던 것을 정부가 엄청나게 침해한 것으로 묘사되는 경험도 있었다. 금주령 지지자들은 일부 질병과 질환의 발생건수가 줄었고 교통사고가 덜 발생했으며 살인율이 떨어졌다는 식의 눈에 보이는 이점들을 지적했다. 하지만 금주령은 미국인 수백만 명을 전과자로 만들기도 했다. 실업자들이 생계수단으로 밀주를 생산해서 파는 쪽으로 방향을 틀면서 조무래기 문샤인 생산자 수가 대공황 동안 늘어난 듯하다. 1932년에 일자리를 찾아 조지아에서 플로리다로 간 어떤 남자는 일자리를 전혀 구하지 못하자 "검둥이들에게 1파인트 당 50센트를 받고 위스키를 파는 일"을 시작했다.[23]

대공황의 도래는, 그 자체로, 금주령을 지지하는 목소리의 기반을 흔들었다. 술 없는 미국은 평화와 행복, 번영으로 가득한 곳이어야 했다. 하지만 1930년대가 시작되면서, 미국에는 비참한 이들과 가난한 사람들만 사는 듯 보였다. 물론, 금주령이 대공황의 원인일 수는 없었다. 그렇지만 금주령은 절망적인 분위기를 몰고 왔다. 지극히 평범한 의미에서, 금주령은 적당량을 마시는 평범한 미국인들에게서, 그렇지 않아도 암울한 상황에서 조금이나마 기쁨을 제공할지 모르는 비어 1병이나 위스키 1잔을 앗아갔다.

1929년에 결성돼서 여성들이 금주령을 한목소리로 지지하는 것은 결코 아니라는 것을 보여준 전국 금주령 개혁을 위한 여성조직(WONPR, the Women's Organization for Nation Prohibition Reform) 같은 새로운 운동단체가 등장했다. WONPR은 창립 2년 내에 30만 명 이상의 회원을 거느렸고, 금주령이 폐지된 1933년에는 회원수가 130만 명이라고 주장했다. WONPR은 금주령을 지지하는 주장을 거꾸로 뒤집으면서, 금주령이 적절한 음주로 향하는 추세를 가로막고는 술 남용을 자극하며 범죄와 정치적 타락, 법에 대한 불손함을 권장하는 것으로 가정과 여성, 아동, 가족에게 해를 끼쳐왔다고 주장했다. WONPR의 회원 대다수는 중산층과 상류층 여성들로, 중요한 사회적·도덕적 이슈들을 우습게 보는 사람들이 아니었다. 그들의 활동은 금주령 폐지운동이 품위 있는 운동으로 자리매김하는 데 기여했다. 골수 금주주의자들은 금주령 폐지운동을 살롱에서 자기들 멋대로 술을 마시던 끔찍했던 옛날로 돌아가기만을 원한, 무슨 수를 써도 바뀌지 않을 남자들이 펼치는 운동이라고 묘사해왔었다.

금주령에 대한 반감과 환멸은, 더 전반적인 변화를 바라는 욕망과 더불어, 1932년에 루스벨트가 대통령에 당선되는 데 기여했다. 루스벨트가 1933년 1월에 취임하고 처음 취한 조치 중 하나가 알코올 수준 3.2% 이하인 알코올성 음료의 생산과 판매를 허용하도록 볼스테드 법을 개정한 거였다. 브루어리들이 문을 열기 시작했고, 얼마 안 있어 미국인들은 '니어 비어(near-beer, 알코올 함량이 0.5%인 약한 비어-옮긴이)'를 즐기고 있었다. 술 관련 기소건수가 급격히 줄었다. 그해 연말에 의회는 수정헌법 18조를 폐지하는 수정헌법 21조(the Twenty-First Amendment)를 통과시켰고, 이로써 전국적인 금주령은 종말을 맞았다. 술 정책에 대한 책임은 다시 주에 맡겨졌고, (술의 주간州間 수송을 포함한) 연방의 감독권은 알코올 담배화기국(the Bureau of Alcohol, Tobacco, and Firearms)에 귀속됐다.

미국의 금주령이 성공이었는지 실패였는지 결정하기는 어렵다. 성공과 실패를 규정하는 방법이 명확하지 않기 때문에 특히 그렇다. 단순한 기준은 음주의 감소가 될 것이지만, 소비량 수준을 자신 있게 측정하는 건 불가능하다. 금주령 기간 동안 소비된 술은 거의 대부분 불법이었고, 정의에 따르면 그 분량은 대개가 공식적인 통제와 기록에서 벗어나있다. 예외는 당국에서 압수한 술이었지만, 그게 시장에서 거래된 밀주의 총량을 어느 정도나 대표하는지는 알 길이 없다. 금주령이 가져온 결과에 대한 어느 연구는 술 소비량의 변화를 계산하려고 우회적으로 다른 추세를 활용했다: 간경변과 알코올중독에서 기인한 사망자 수, 알코올성 정신병으로 입원한 환자 수, 주취로 체포된 건수. 이 필자들은 금주령이 제정된 직후에 술 소비량이 금주령 이전 수준의 20~50%로 떨어졌지만, 얼마 안 있어 1920년대 말에는 소비량이 늘기 시작하면서 금주령 이전 소비 수준의 약 70%에 도달했다고 결론지었다.[24] 이 추세에는 나름의 논리가 있다. 비밀 생산설비와 술을 조달하는 외국의 출처를 개발하는 데, 그리고 유통 채널과 소매 매장을 조직하는 데 시간이 조금 걸렸다는 것이다.

　금주령 동안 술 소비량 수준이 어느 정도였는지 확신을 갖고 파악할 도리는 없지만, 모든 증거는 그 수준이 금주령 전보다 낮기는 했지만 여전히 상당한 수준이었음을 가리킨다. 소비량 수준이 낮아진 데 대한 설명은 꽤나 간단해 보인다. 술은 더 이상은 공개적으로 입수가 가능하지 않았고 비밀리에 구매해야 했다; 소비자들은 그걸 파는 사람이나 그걸 소비할 수 있는 장소를 알아내야 했다. 뒷마당에서 파는 문샤인이건 스피크이지에서 파는 위스키건 술의 구매와 소비 자체는 범죄가 아니었지만, 어쨌든 술을 구매하는 것은 범죄행각에 참여하는 것을 뜻했다. 술의 가격은 일반적으로 금주령 이전 시기에 비해 상당히 비쌌다. 일부는 500% 더 비쌌다고 한다. 관련비용을 가격에 포함시키고 리스크를 반영한 생산자와 판매자들이 술의 가격을 판매자 시장(sellers' market, 상품 부족으로 판매자가 유리한 시장-옮긴이)에 맞게 설정했기 때문이다. 이렇게 문화적으로, 금전적으로 제약이 많은 상황에서도 미국인들이 계속 술을 마셨고, 상대적인 소비량도 높은 수준이었다는 것은 그리 놀랄 일이 아니다.

금주령이 폐지된 후에도 지속된 소비량 수준의 변화 너머에는 미국 음주 문화의 변화가 있었다. 많은 비밀 술집이 남성들에게 술을 공급하면서 금주령 이전에 살롱이 갖췄던 기본적인 설비를 제공했다. 그런데 고급 스피크이지는 사람들을 공개적인 음주의 새로운 형태로 안내했다. 불법적이고 비밀스러운 음주를 공개적인 음주라고 부를 수 있다면 말이다. 이런 장소에서 '방정한' 여성들이 남성들과 어울렸다. 이 스피크이지들은 주로 술을 입수할 수 있는 장소로 존재했지만, 식사와 엔터테인먼트도 제공했다. 우리는 여기서 술이 성별을 불문한 공개적인 사교행위로 통합돼 들어가는 것을 볼 수 있다. 이건 미국에서 새롭게 생겨난 현상이었다. 그러므로 금주령의 종합적인 이미지는 복잡하고, 쉽게 일반화하기 어렵다. 미국인이 금주령을 어떻게 체험했느냐는 그들이 거주한 지역과 금전적인 상황, 그들의 성별과 인종, 연령에 따라 달랐다. 결국, 많은 미국인이 금주령의 폐지를 원하면서 그걸 위해 효과적으로 표를 던졌다.

미국에서 주와 연방수준에서 금주령이 발전한 것과 비슷한 일이 미국의 국경선 밖에서 일어나고 있었다. 멕시코에서 1910년 혁명은 다양한 주에 금주령의 시대를 열었다. 미국에서처럼 대중적인 압력 때문에 금주령이 내려진 것이 아니라, 소련에서처럼 새로운 정치 리더십이 금주령을 지지했기 때문이다. 멕시코의 신흥 정치 엘리트들은 음주 수준이 걱정스러웠다. 그들은 음주가 멕시코의 빈곤과 후진성의 원인에서 상당부분을 차지하고 있다고 믿었다. 그래서 그들은 금주령을 사회개혁의 필수적인 일부로 봤다. 술 통제를 열렬하게 지지한 이 중에는 럼산업이 번창한 주인 유카탄(Yucatán)의 주지사 살바도르 알바라도(Salvador Alvarado)가 있었다. 알바라도는 1915년에 금주법(La Ley Seca)으로 알려진 갈수록 엄격해진 일련의 규제를 통과시켰다. 그는 여성과 미성년자에게 술을 판매하는 것을 금지하는 법으로 시작했다. 그런 다음에는 여성들이 칸티나(cantina, 술집)에서 일하거나 술을 마시는 것을 금지했고, 나중에는 레스토랑에서 술을 파는 것을 금지시켰다. 이제 유일한 술의 출처가 된 칸티나는 학교에 가까이 있을 경우 자리를 옮겨야 했다. 그랬는데도 음주가 용인하지 못할 수준을 계속 유지하자, 주지사는 시에스타(siesta) 동안, 오후 10시 이후, 일요일, 국경일에 술을 판매하는 것을 금지시켰다. 모두 술을 마시기에 좋은 시기였다. 그가 보기에 대량음주라고 보이는 행위가 계속되자, 그는 알코올 함량이 5%를 넘는 모든 음료의 생산과 판매를 금지시켰다.[25]

이 정도 알코올 수준은 5년 후에 미국에서 채택한 0.5%라는 벤치마크에 비하면 관대한 수준이었지만, 유카탄 시민들은 훨씬 더 독한 술을 갈망했다. 금주령이 부과됐을 때면 등장하는 매우 친숙한 시나리오대로, 비밀 리쿼 산업이 갈증에 시달리는, 새 술을 선뜻 받아들이는 시장에 봉사하기 위해 급격히 생겨났다. 그러나 동시에, 많은 여성이 대중적인 반알코올 운동을 지지하려고 결집했다. 반알코올 운동이 힘을 받은 것은 부분적으로는 럼 음주가 널리 퍼진 (남성들의 바람기를 포함한) 사회 문제들의 원인이라는 믿음 때문이었고, 부분적으로는 지주들이 강제노동시스템을 창출하려고 럼을 활용했기 때문이다: 가난한 농민들은 칸티나에서 외상을 쌓을 수 있었고, 그러면 고용인들은 농민들이 지주의 땅에 살면서 일을 해서 빚을 까나가는 조건으로 외상 빚을 떠맡고는 했다.

경제적 착취와 술 사이의 관계는 멕시코 사회주의자들이 금주령을 선호하는 경향을 강화시켰고, 1918년의 제1차 사회주의노동자회의(the First

Socialist Workers' Congress)에서 여성대표들은 금주령을 의제의 맨 위로 밀어 올렸다. 그러나 멕시코에서 금주령은 간간이만 제정되는 정책으로 남았고, 금주령 제정은 특정 지역의 특유한 상황과 리더십에 의해 좌우됐다. 1918년에 유카탄의 신임 사회주의자 주지사가 어느 마을을 방문했을 때 여성들이 그를 포위했다. 여성들은 "칸티나에서 남편들이 모든 급여를 탕진하고는 그들과 자식들을 옷이나 먹을 게 없는 상태로 방치하기 때문에" 칸티나를 모두 폐쇄할 것을 요구했다. 주지사는 칸티나를 폐쇄했다. 그러자 마을의 남자들은 그에 대한 보복으로 마을의 성직자를 추방했다. 신심이 깊은 아내들에게서 종교의식을 빼앗은 것이다. 1922년에 유카탄 주의 다른 마을 7곳이 술을 금지시켰다(그러면서 성직자가 없어졌다).[26]

상황이 이랬음에도 사회주의자들은 유카탄에서 금주령을 엄격하게 집행하지는 않았다. 당의 남성 지도자들은 이념적으로는 헌신적인 사람들이었지만, 현실에서는 사교를 위한 음주라는 오래도록 지속된 관행에 도전하는 것을 주저했다. 그들은 술을 제공하는 것이 사회주의 정당(the Socialist Party)을 지지하라며 남성들을 설득하는 효과적인 방법이라는 것도 알게 됐다. 후보들은 칸티나에서 회합을 열었고, 당선된 많은 사회주의자 관리가 술의 불법 교역에서 이득을 챙겼다. 1923년에 군사 쿠데타가 일어났다. 저항군 정부가 취한 초기 조치 중 하나가 술에 대한 규제를 없애는 거였다. 이듬해에 권좌에 복귀한 사회주의자들은 술 소비에 대한 통제권을 사실상 포기하면서, 많은 정치 리더에게 이득이 되는 부패 시스템 내에 술을 뿌리내리게 만든 정권을 창조했다. 유카탄의 금주령은 애초에는 그 주의 인기 있는 운동으로서 여성들을 동지로 끌어들였지만, 10년 후에는 사실상 실패하고 말았다.

1910년 혁명이 일어난 후 멕시코의 다른 곳을 보면, 두랑고(Durango)

주는 술의 생산과 소비를 금지시켰고, 멕시코시티 시내의 모든 풀케리아 (pulquería, 풀케 판매소-옮긴이)가 폐쇄됐다. 치와와(Chihuahua)와 시날로아 (Sinaloa)에서 금주령 위반은 사형으로 처벌할 수 있었다. 그렇기는 해도, 보편적인 평가는 금주령이 멕시코에서 느슨하게 집행됐고 준수하는 사람도 거의 없었다는 것이다. 주정부들은 주세로 거두는 세수가 필요했고, 금주령은 광범위한 부패와 번성하는 암시장을 만들어냈다.[27]

앞서 봤듯, 멕시코의 금주령은 미국 관리들에게 중요했다. 미국인에게 금주령이 부과됐을 때, 멕시코는 결국 밀주의 출처가 됐다. 그런데 그보다 훨씬 앞선 시기에도 멕시코에서 술을 입수할 수 있다는 가능성은 미국의 반알코올 운동가들 사이에서 불안감을 불러 일으켰다. 1915년에 캘리포니아 임페리얼 밸리(Imperial Valley)의 WCTU 지부 회원들은 그들의 공동체에 공급되는 물의 발원지가 미국 국경 근처 멕시칼리(Mexicali, 멕시코 북서부에 있는 도시-옮긴이)의 소도시에서 가까운 곳이라는 것을 깨달았다. 멕시칼리의 많은 술집에 의해 물이 오염될지도 모른다고 두려워한 그들은 금주령을 캘리포니아뿐 아니라 멕시코의 소도시까지 확대시키려는 로비에 나섰다. 술맛이 느껴지는 물이 임페리얼 밸리의 수도꼭지에서 흘러나온다는 얘기는 터무니없는 소리로 들렸지만, 이 생각을 심각하게 받아들인 미국 국무장관이 멕시코 정부와 논의에 착수하기까지 했다.[28]

캐나다의 술 정책들도 유사한 이유에서 미국 정부의 관심사였다. 캐나다와 미국 사이의 기다란, 그리고 (당시에는) 상대적으로 감시가 약한 국경선은 미국에 술을 밀반입할 기회를 대단히 많이 제공했다. 그래서 최상의 방지책은 캐나다의 금주령이었다. 금주령을 시행한 캐나다 정권 아래에서 불법으로 생산된 술은 현지에서 판매되고는 했다. 생산자들이 자신들의 상품을, 허점이 많은 곳이기는 했지만, 국경선 너머로 이송하는 큰 리스크를 감수하지는 않으려 했기 때문이다. 문제는, 술을 규제한 주체가 주로 주정부들이었는데, 모든 주가 금주령을 채택한다는 확신이 없었다. 19세기 말부터, 모든 주가 시(市)정부들이 술 판매를 투표에 붙이는 것을 허용했다. 그러면서 제1차 세계대전 무렵 많은 지역이 금주령을 시행하는 쪽을 택했다. 금주령 찬성 단체들은 더 포괄적인 규제를 가하라고 압력을 넣었고, 전쟁 동안, 다른 많은 정부가 그런 것처럼, 캐나다의 주들도 압력에 굴복했다. 전면적인 금주령을 제정한 주는 몇 곳 안 됐지만 말이다.

1915년에 서스캐치원(Saskachewan)이 모든 음주시설을 폐쇄하면서, 술을 허용하는 시에서는 술을 판매하는 장소를 정부가 소유한 매장으로만 제한했다. 그런 매장들조차 이듬해에 국민투표의 결과로 폐쇄됐다. 역시 1916년에 앨버타(Alberta)와 매니토바(Manitoba), 브리티시컬럼비아(British Columbia)가 금주령을 택했고, 온타리오와 노바스코샤, 뉴브런즈윅(New Brunswick) 정부가 투표 없이 금주령을 제정하기로 합의했다. 여전히 영국 식민지였던 뉴펀들랜드가 같은 해에 금주령을 가결했고, 연방 정부는 뚜렷한 결과를 내지 못한 국민투표를 실시한 후인 1918년에 유콘 준주(Yukon Territory)까지 이 정책을 확장했다. 퀘벡은 아웃사이더였다. 퀘벡 정부와 주민들은 금주령에 냉담했다. 1918년 초에 정부는 1919년 5월부터 술의 소매 판매를 금지하기로 일정을 짰고, 그때까지는 평소처럼 사업을 하는 것을 허용했다. 그런데 정부는 판매를 전면적으로 금지하는 이 조치가 시작되기 1달 전에 입장을 철회하고는, 정책을 스피릿에만 적용했다; 와인과 순한 비어, 사이다는 판매가 가능했다.[29] 온타리오에서도 금주령은 선별적이었다; 포도와 와인 생산자의 압력 아래, 정부는 와인 판매를 허용했지만, 와이너리에서만 판매가 가능했고 최소 판매 분량은 5갤런이었다. 그러면서 가난한 이들은 합법적인 술 시장에서 사실상 배제됐다.

캐나다의 이런 누더기 주별 금주정책들은 주의 관할권 내에 있지 않은 술 정책을 통제한 연방의 규제들에 의해 한 뭉텅이로 누벼졌다. 1918년에 캐나다로 술을 수입하는 게 금지됐고, 술의 생산과 주간 교역도 마찬가지였다. 모든 정책은 전쟁이 끝나고 1년이 지날 때까지, 결국 1919년 11월까지 지속됐다. 약 18개월 동안 온타리오와 퀘벡을 제외한 모든 주의 캐나다인들은, 주에 따라, 알코올 수준이 1.5%나 2% 이상인 음료는 합법적으로 접하지 못하고 살았다. 하지만 더 독한 알코올성 음료를 수출용으로 생산할 수 있었고, 그중 대부분은 비밀리에 미국으로 운송됐다. 화물의 겉에 표시된 목적지는 다른 곳이었지만.

전쟁이 끝나고 캐나다 연방의 규제도 효력이 소멸되면서, 주들은 전시에 채택한 술 정책들을 계속할 것인지 수정할 것인지 포기할 것인지를 결정해야 했다. 퀘벡과 뉴브런즈윅의 투표는 기존 정책을 승인했지만, 브리티시컬럼비아와 퀘벡은 술 판매를 자유화하는 쪽을 택했다. 연방정부와 주정부들은 1919년과 1923년 사이에 여러 법안을 휘몰아치면서 술의 이동을 규제하고 주세를 급격히 올렸다. 캐나다는 미국이 그랬던 것처럼 국가적인 차원에서 포괄적인 금주령을 제정한 적이 결코 없었다. 하지만 반알코올 세력들은 캐나다가 글로벌 운동의 일부라고 확신했다. 1925년에 캐나다의 WCTU 회장은 "세계는 금주령으로 향하고 있습니다"라고 공표했다.[30]

이 발언은 1925년 당시에도 공허한 주장이었다. 대여섯 개 주가 금주령을 포기하고 주 소유 매장에서 술을 판매하는 것을 허용했기 때문이다. 퀘벡이 1919년에 그렇게 했다; 브리티시컬럼비아와 매니토바, 앨버타, 유콘이 1925년에 뒤를 따랐다; 온타리오가 1927년에 그 뒤를 이었다. 1930년에 금주령을 포기하지 않은 캐나다의 유일한 주는 프린스에드워드아일랜드(Prince Edward Island)로, 이 주는 1948년까지 금주령을 유지했다. 술의 소매 판매를 허용한 주들은 그 다음에는 바와 태번, 다른 허가 받은 시설에서 공개적으로 술을 마시는 것을 빠르게 허용했다; 1920년대에 거의 모든 주가 그렇게 했다.

대서양 건너에서, 유럽 국가 중 극히 일부만 금주령을 시도했다. 술 소비가 대다수 성인 남성의 일상생활의 일부였던 영국이나 프랑스, 이탈리아, 독일, 스페인 같은 곳에서 그건 문제가 될 가능성이 전혀 없었다. 하지만 금주령은 사회 개혁의 전통이 강한 스칸디나비아에서는 미약하나마 시행됐다. 핀란드가 1919년에 정부가 알코올 수준 2%를 넘는 모든 음료를 금지시키면서 가장 엄격한 규제를 채택했다. 이 정책은 광범위한 저항에 맞닥뜨리면서 폐지된 1932년까지 지속됐다. 술 소비량은 금주령 기간 동안 오른 것으로 보고됐다. 핀란드인들이 지역에서 만든 술을 소비했을 뿐 아니라 해안의 국경선 밖에서 밀반입해온 양도 상당했기 때문이다.

노르웨이의 시민들은 금주령에 대한 지역 단위 투표에 참가했고, 1916년에 불과 9개 소도시만이 술 판매를 허용했다. 그해에 전시의 식량 부족에 직면한 정부는 스피릿을 금지시켰고, 이듬해에는 (순한 비어를 포함한) 비어를 금지시켰다. 1919년에는 금주령에 대한 국민투표가 있었다. 노르웨이인 62%가 스피릿과 강화와인의 판매는 금지하지만 식사용 와인과 비어는 허용하자는 데 표를 던졌다. 그런데 강화와인의 생산자들(특히 스페인과 포르투갈)이 노르웨이가 그들의 상품을 사지 않으면 노르웨이산 생선과 해산물을 수입하지 않겠다고 고집했다. 이런 상황은 의사와 수의사가 스피릿을 진지하게 처방하는 행위와 더불어 정책의 경로를 변화시켰다. 1923년에 강화와인에 대한 금지령이 풀렸고, 4년 후에는 1916년에 스피릿을 허용한 소도시에서 스피릿 판매가 허용됐다.[31]

스웨덴의 술 관련 법안은 술을 통제하자는 주장의 광범위한 지지 위에 구축됐다. 20세기 초에 스웨덴 전체 인구의 10%가 절주협회 회원이었고,

여성단체들은 가정생활을 개선하는 수단으로 절주와 금주를 받아들였으며, 노동운동의 주도적인 분파들은 부르주아지가 노동자를 통제하려고 술을 활용한다고 주장했다. 그들이 지역적인 수준에서 벌인 활동은, 소매업자들이 술 판매를 부추기는 원인이라 믿었던 이익 동기(profit motive)를 제거하려고 많은 공동체가 술 판매의 관리권을 인수하는 것으로 이어졌다. 이런 "사심 없는 관리(disinterested management)" 시스템은 주주들에게 준수한 수익(약 5%)을 보장했고, 잔여수익은 공동체 활동에 지출됐다. 이 시스템을 처음으로 채택한 공동체 중 한 곳인 시의 이름을 따서 "예테보리 시스템(Gothenburg System)"으로 불린 이 방식은 1905년에 스웨덴 전역에서 의무사항이 됐다.[32]

이 시스템이 술 소비량을 줄였을지는 모르지만, 스웨덴의 대중적인 의견은 철저한 금주를 선호했다. 금주주의자들은 1909년에 일어난 총파업 기간 동안 금주령을 부과하자고 정부를 설득하는 데 성공했다. 술은 노사분규를 악화시키기만 할 거라는 근거에서였다. 5주간의 금주령이 끝난 후, 절주운동 단체들은 금주령을 영구화하려는 비공식적인 국민투표를 시행했다. 어느 사학자는 "결과가 충격적이었다"고 말했다: 스웨덴 성인 55%가 투표에 참여했고, 그중 99%가 금주령을 찬성했다.[33] 하지만 그런 정책을 스웨덴 의회에서 통과시키는 건 훨씬 더 어려운 일이었다. 하원은 지방정부들이 관할권 내에 금주령을 부과하는 법을 제정하고, 술이 허용되는 곳에서 개인의 음주를 규제하기 위해 통장(passbook) 시스템을 도입하는 것을 허용하기로 합의했다. 하지만 상원은 고용과 경제에 미칠 결과가 두려워 지방선택권을 거부했다.

예테보리는 1913년에 개인의 술 구매를 통제하려고 통장 시스템을 확립하면서, 1인당 소비량을 3개월 당 알코올성 음료 5리터로 제한했다; 이 시스템의 성공은 전국단위와 지방단위의 금주령이라는 대안을 약화시켰다. 1917년에 오랫동안 대기하던 술 관련 법안을 통과시킨 의회는 통장 시스템을 택했다. 부분적으로는 지역의 금주령이 국가 세수에 상당한 영향을 끼칠 것이 두려웠기 때문이다. 1922년에 금주령에 대한 국민투표가 실시됐을 때, 결과는 1909년에 비공식적으로 행했던 여론조사하고는 달라도 한참 달랐다: 스웨덴인 49%만이 금주령에 찬성했는데, 이는 가결 하한선인 3분의 2에 한참 못 미치는 수치였다.[34]

시정부나 지방정부가 술 생산과 유통에 금지령이나 규제적 법률을 부과할 권한인 '지방선택권'은, 종종 중앙정부가 그런 정책을 전체인구에 적용할 수 없거나 그럴 의지가 없을 때 내세우는 절충안이었다. 이게 1921년에 지방선택권 시스템을 규정한 법안을 통과시킨 인도의 해결책이었다. 절주운동은 인도의 일부 지역에서 대대적인 지지를 받았다. 인도에서 절주운동은 사람을 취하게 만드는 물질을 피해야 한다는 힌두교의 법규에 따랐다. 술은 20세기 초에 제국주의를 비판한 인도민족주의의 비판대상에 속하기도 했고, 마하트마 간디 같은 민족주의자들이 금주령을 받아들였다. 1937년에 간디는 주세를 교육자금으로 쓰는 것을 개탄했다: "가장 잔인한 아이러니는… 리쿼에서 거둔 수입에 의존하는 것 말고는 우리에게 우리 아이들을 교육시킬 다른 대안이 없다는 사실에 있다… 이 문제에 대한 해법이, 어떤 비용을 치르게 되건, 금주령이라는 이상을 양보하는 타협안에 얽매여서는 안 된다."[35]

1937년에 마드라스(Madras) 주에 금주령이 도입됐다. 법은 술의 생산과 판매를 금지했을 뿐더러 "리쿼나 다른 향정신성 약물을 소비하거나 구입하는" 사람을 모두 아울렀다. 형벌은 최대 징역 6개월과 벌금 1,000 루피였다. 더불어, 알코올성 음료의 정의가 대다수 지역에서보다 더 포괄적이었다: "토디, 와인으로 빚은 스피릿, 메틸을 섞은 스피릿(methylated spirits), 와인, 비어, 그리고 알코올로 이뤄지거나 알코올을 함유한 모든 액체."[36] 금주령은 인도의 다른 지역으로 확대됐고, 식민지가 독립을 얻은 1947년에는 금주령 신조가 헌법에 포함됐다.

크기도 상당히 작고 인구도 꽤 적은 나라인 벨기에가 1918년에 단기간 동안 금주령을 도입했다. 증류로 얻은 알코올성 음료에만 적용됐다. 이 법에는 금주령 운동을 벌인 벨기에 노동자당(the Belgian Worker's Party) 의원의 이름을 따서 '반데르벨데 법(the Vandervelde law)'이라는 이름이 붙었다. 그런데 이듬해에 (와인과 비어의 판매를 허용한) 이 제한적인 형태의 금주령은 20세기 대부분의 기간 동안 지속된 더 영구적인 시스템을 위해 수정됐다. 개정법안은 소매업자가 판매하는 스피릿의 최소량을 2리터로 허용했고, 그러면서 빈민들이 술을 접하는 것을 막았다. 법은 바와 카페에서 독주(알코올을 22% 이상 함유한 음료)의 판매를 금지하는 조항을 유지했다.[37]

다른 나라들은 금주령 아이디어를 만지작거렸다. 금주령을 부과하는 데 가장 근접한 나라는 뉴질랜드로, 뉴질랜드에서는 20세기 대부분 동안 국민투표를 실시할 때마다 리쿼 정책이 의제에 올랐다. 1911년에 투표자 56%가 금주령을 찬성했지만, 통과 문턱은 60%로 설정돼 있었다. 1919년에 금주령에 대한 투표는 유효 투표수에 불과 3,000표 모자랐고, 전쟁에서 귀환한 병사들의 반금주령 투표 덕에 뉴질랜드는 금주령을 모면했다. 그 후로 금주령에 대한 지지는 꾸준히 줄어서 1930년대 중반의 국민투표에서는 30%로 떨어졌고, 찬성률은 시간이 흐를수록 낮아졌다.[38]

멕시코와 미국, 캐나다, 핀란드, 아이슬란드, 노르웨이, 인도, 러시아/소련은 모두 1914년과 1933년 사이의 기간에 금주령을 진지하게 실험했었다. 다른 나라들도 술의 생산과 유통, 소비에 대한 광범위한 규제를 시행했다. 반알코올 운동이 펼쳐지고 수십 년이 지난 후, 금주령이 지배한 순간이 꽤나 빠르게 왔다가 지나갔다. 그런데 국가적인 금주령 사례들은 초국가적인(transnational) 반알코올 운동과 연계됐고, 어느 사학자는 금주령의 파도를 "퍼펙트 스톰(perfect storm)"이라고 묘사했는데, 이 퍼펙트 스톰 속에서 세계대전은 "광범위한 정책 입안이라는 국가기관의 채널들을 통해, 국제적으로 공유하던 절주운동 아이디어를 구체적인 정책으로 과격하게 해석하는 데 필요한 공통의 시약(試藥, reagent)을 제공했다."[39]

금주령으로 진행한 실험과 금주령 경험은 많은 나라의 술 정책과 음주 문화에 지속적인 결과를 낳았다. 금주령이 실패한 정책으로서 거부됐더라도, 술은 서구 세계 도처에서 엄격한 규제를 받는 품목으로 남았다. 일부 국가와 지역에서 (특히 캐나다와 스칸디나비아에서) 금주령은 금주령 이전까지만 해도 술을 자유로이 거래하던 시장이 있던 곳을 국가의 술 독점으로 대체시켰다. 아마도 훨씬 더 중요한 것은, 금주령 시대의 교훈이 더 일반적으로 응용되면서, 많은 사람이 소비자의 수요가 상당한 규모인 (마약 같은) 물품이나 (매춘 같은) 서비스를 금지하려는 시도가 무익하다는 점을 납득하게 됐다는 것이다.

14장

금주령 이후, 1930~1945

술의 정상화

20세기의 첫 20년 동안 앞선 2,000년보다 더 체계적인 규제가 술의 생산과 소비에 가해졌다. 러시아/소련과 미국이 행한 고결한 실험과 그리 고결하지 않은 실험들, 그리고 캐나다와 스칸디나비아, 멕시코 일부 지역에서 행한 준(準)금주령이 거기에 해당된다. 제1차 세계대전 동안 많은 나라가 특별한 난국을 해결하려고 제정했지만 이후로도 오래도록 유지한, 거미줄처럼 복잡한 규제―생산과 음주연령, 태번과 바의 영업시간에 대한 규제―들도 있었다. 1920년대 중반부터 1960년대까지 이어지는 몇십 년 동안, 많은 나라의 의원들이 공중보건과 사회 질서를 위해 술의 소비를 제한하려고 노력하는 동시에 더 자유로운 술 관련 제도로 돌아가려는 내재하는 갈등을 붙들고 씨름했다. 술의 생산과 소비는 때때로 이런 정책을 반영했지만, 불황과 번영이라는 경기순환, 권위주의국가가 채택한 계급이나 인종 기반 정책, 그리고 제2차 세계대전의 영향도 받았다.
　프랭클린 D. 루스벨트 대통령은 1933년 12월에 36개 주가 비준한, 미국 내 금주령에 종지부를 찍은 수정헌법 21조가 효력을 발휘해야 한다고 발표했다. 그러면서도 술이 다시금 자유로이 유통될 거라는 사실에 지나치게 의기양양한 모습을 보이지 않으려고 조심한 루스벨트는 조심스레 중간선을 달렸다. 개인에게 자유를 되돌려준 수정헌법을 찬양하면서도 무책임한 술 관련 정책을 채택하는 것은 조심스럽게 반대한 것이다. 수정헌법은 주나 지역의 법을 위반하면서까지 술을 반입하는 것을 금지한다고 구체적으로 명시했다. 사실상 개별 주들에 각자의 주 경계선 내에서 시행할 술 정책에 대한 통제력을 제공한 것이다. 하지만 루스벨트는 반알코올 로비세력들이 예전 정책의 최악의 측면들로 간주한 것을 복원하는 데에는 반대한다고 조언하면서, 이렇게 말했다. "저는 특히 어떤 주도 법이나 그 외의 수단에 의해, 예전 형태 그대로의 살롱이건 현대화된 외양을 띤 살롱이건, 살롱의 귀환을 허용해서는 안 된다고 요청하는 바입니다." 루스벨트는 금주령 지지자들에게 보내는 추가적인 제스처로서, 시민들에게 책임 있는 음주를 할 수 있도록 교육을 받으라고, 금주령이 명문화되기 이전 시대에 만연했던 "불쾌한 상황"으로 돌아가는 일을 막아달라고 당부했다.[1] 금주령 지지자들의 우려가 타당하다는 것을 인정하는 동시에 그들이 내놓은 해법은 거절하는 조심스러운 언명이었다.

　이제 술 관련 정책은 각각의 주의 손에 곧바로 들어간 상태였지만, 연방정부는 술의 주간 상거래와 와이너리와 브루어리의 면허 발급 같은 문제에 대한 관할권을 그대로 유지했다. 연방정부는 이런저런 이슈들을 관리하기 위해 연방주류관리국(FACA, the Federal Alcohol Control Administration)을 창설했지만, 이 기관은 (그리고 그것을 계승한 기관들은) 대체로 불간섭주의 입장을 취했다. 금주령을 경험해본 연방정부는, 의심의 여지없이, 술 관련 정책을 추진하려는 욕구를 거의 느끼지 못했다. FACA의 초대(初代) 국장은 술 문제에 대한 대중의 관심이 그냥 사라져버리기를 바랐던 게 분명하다. 금주령 동안 행해진 음주의 상당수는 불법적인 일을 한다는 사실에서 느껴지는 매력을 반영한 것이었다고, 술을 다시금 자유로이 입수할 수 있게 되면 소비량이 줄 것은 거의 확실하다고 그는 말했다. 하지만 관리들은 소비량이 지나치게 많거나 지나치게 빠르게 감소하지는 않기를 은밀히 바랐을 게 분명하다; 루스벨트 행정부가 경제 불황에서 나라를 건져내는 것을 도우려는 의도로 실행한 공공근로 프로젝트들의 자금을 마련하기 위해, 정부는 주세로 거두는 세수가 간절히 필요했다. 미국 시민들은 그에 화답했다: 스피릿 1갤런 당 2.60달러와 비어 1배럴 당 5달러의 세금은 1936년에 연방정부가 거둔 총 세수의 13%를 차지했다.

수정헌법 21조는 결국 금주령 이전에 존재하며 효력을 발휘한 누더기 규제들과 동일한 효과를 낳았다. 일부 주는 건조했고 다른 주는 습했지만, 각각의 주는 자체적인 면허와 소비 규제를 채택했다. 하지만 1920년 이전에 금주정책을 채택했던 많은 주가 금주령이 폐지된 후에는 술을 허용하는 쪽을 택했다. 금주령을 13년간 경험한 이후로 많은 주의 의원들이 술 공급을 전면 금지하려고 애쓰는 것은 헛된 일이라고 여긴 게 분명했다. 금주령을 시행한 주는 대다수가 남동부에 있었다; 금주령을 유지한 마지막 주인 미시시피는 한참 후인 1966년에 습한 쪽으로 향했다. 일부 주의 의원들은 술을 다시금 입수 가능하게 만드는 것을 주저하지 않았지만, 다른 주에서는 절주운동 단체들이 술이 그들의 주에 새로이 흐르는 것을 막으려는 운동에 나서면서 금주령 폐지가 새로운 갈등의 불을 댕겼다.

다른 대다수 주보다 리쿼 밀반입에 더 많이 노출됐고 술 관련 사건들이 관내 법정에 쇄도했던 플로리다가 그런 사례다. 금주령이 끝날 것이라는 게 갈수록 자명해지면서, 금주령 지지자와 금주령 폐지 지지자들이 결집해서 플로리다의원들을 상대로 압력을 가했다.[2] 여론조사들은 이 이슈에 대한 플로리다 주민의 의견이 갈린다는 것을 보여줬다. 1933년 4월에 의회가 알코올성 음료의 정의를 알코올 함량 0.5%에서 3.5%로 올렸다. 그리고 1달 이내에 주 의회는 '니어 비어'와 순한 와인, 유사한 음료의 생산과 유통, 판매, 광고를 합법화했다. 이런 제한적인 형태로나마 술 산업을 복원하는 것이 수천 명에게 일자리를 제공하고 주 재정이 너무도 필요로 하는 세수를 제공할 것이라는 주장이 금주령 지지자들이 발휘한 여력의 상당부분을 압도했다. 주에서 발행되는 신문들은 술 광고에서 얻는 이득을 예상하면서 이 조치를 지지했다(실제로 이득을 봤다). 1933년에 연방정부가 수정헌법 21조를 비준하라고 각각의 주에 요구했을 때, 플로리다협의회의 대표자들은 만장일치로 찬성에 표를 던졌고, 그러면서 플로리다는 비준이 필요한 36개 주 중에서 33번째 주가 됐다.

금주령이 일단 사라진 후, 플로리다 연방법원은 밀반입과 주류 밀매와 관련된 미결 사건들을 기각하기 시작했다. 기각된 사건 중 1건에서 피고들은 1933년에 압수당한 리쿼 75갤런을 돌려달라는 소송을 1935년에 걸었다. 리쿼에 부과된 세금을 지불한다는 조건 아래 리쿼가 피고들에게 반환됐다. 그러나 어느 연방판사는 술이 일단 합법적으로 다시 입수 가능해지면, 법원은 무허가 술 생산자들을 금주령 아래에서 그랬던 것보다 훨씬 더 엄하게 다스려야 한다고 경고했다. 1934년에 문샤인을 생산했다가 기소된 어느 남자는 "금주령은 더 이상 없지만… 독주 증류소를 운영하면서 세금을 납부하지 않는 것은 부당합니다… 이 사업은 중단돼야 마땅합니다"라는 말을 들었다. 플로리다는 수정헌법 21조가 효력을 발휘하고 거의 1년이 지난 1934년 11월에야 주 전체적인 금주령을 폐지했다. 플로리다 주민들은 투표 끝에 2:1의 비율로 술 통제권을 개별 카운티(county)에 돌려주는 데 찬성했다. 많은 주가 이 정책을 채택하면서, 술에 대한 규제는 주들 사이에서만큼이나 주 내부에서도 다양해졌다.

음주는 점잖은 사람들이 하기에는 부도덕하고 부적절한 행위라고 묘사하는 수십 년간 행해진 선전활동(propaganda)을 감안해 보면, 술은 미국중산층의 주류(主流)문화에 너무도 수월하게 긍정적인 이미지로 등장하는 듯 보였다. 얼마 안 있어 비어와 와인, 스피릿의 광고들이 신문의 페이지들을 가득 채웠고, 1935년에 〈뉴욕타임스〉에 실린 광고 중 5분의 1이 비어와 와인 광고였다. 도시의 네온사인과 고속도로 옆 광고판은 대중의 눈에 계속 술을 선보였다. 1930년에 도입된 영화 제작규범(production code)이 1934년에 수정됐는데(규범은 1960년대 이전까지 효력을 발휘했다), 절주운동 지지자들은 제작규범이 스크린에 등장하는 술에 대한 묘사를 다룰 거라 기대했다. 하지만 제작규범이 강조한 것은 온전히 섹슈얼리티와 성에 대한 묘사였다. 제작규범 관계자들은 〈카사블랑카(Casablanca)〉(1942) 제작과정에 개입했다. 두 주인공 캐릭터 릭과 일자가 성관계를 가졌다는 것을 암시하는 것은 무엇이건 자르기 위해서였다. 하지만 영화의 배경이 살롱의 특징인 과시적인 요소를 많이 가진 바(영화에서는 '진-조인트gin-joint'라 부른다)일 뿐더러, 술과 음주를 담은 신들이, 그리고 도박과 살롱에서 하는 다른 활동들에 대한 언급이 영화에 넘쳐나는 것에는 아무런 반대도 하지 않았다.

금주령 동안 미국의 상당수 도시의 가정집과 스피크이지에서 발달한 새로운 도시의 음주 문화가 금주령 폐지 이후 표면으로 떠올랐다. 금주령 시기에 유통된 리쿼 중 상당량의 질이 떨어지는 것을 은폐하는 수단으로 인기를 얻은 칵테일이 금주령 폐지 이후에도—특히 희석하지 않은 스피릿은 너무 독하다는 생각이 널리 퍼진 여성들 사이에서—인기를 유지했다(스피릿을 스트레이트나 온더락on the rocks으로 마시는 것은 남성성과 결부되는 이미지였다). 세련된 형태의 스피크이지가 (그런 곳이 드물기는 했지만) 칵테일 라운지와 서퍼 클럽(supper club, 식사와 음료를 제공하는 고급 나이트클럽-옮긴이)으로 대중화됐다. 이 새로운 음주장소들은 막돼먹은 남성들이 장악한 곳이라는 살롱이 가진 문화적 찌꺼기는 전혀 갖고 있지 않았다. 이곳들은 남녀가 추문(醜聞)의 기미를 전혀 풍기지 않으면서 교제할 수 있는 장소였다. 집에서 술을 마시는 것도 더욱 대중화됐다. 집에서 술을 마시지 않는 것처럼 가장할 필요성이 더 이상은 없어졌다는 의미였다. 여성지(誌)들은 디너파티에서 칵테일과 와인을 내놓는 것에 대한 기사를 실으면서, 알코올성 음료와 관련된 에티켓에 대한 조언을 제공했다.

당연한 말이지만, 우리는 자칫했다가는 금주령이 끝나면서 눈에 띄게 된 문화적인 변화를 과장할 수도 있다. 미국에는 계급과 성별, 인종, 종교, 지역을 바탕으로 한 음주 문화가 대단히 많았기 때문이다. 미국인구 중 상당한 규모가 술을 자제했다; 많은 사람이 술을 도덕과 사회 질서에 대한 위협으로 간주하거나, (모르몬처럼) 종교적인 원칙에 따라 삼갔다. 술 광고의 상당수가 남성들을 표적으로 삼으면서 음주를 사냥이나 승마 같은 남성적인 활동과 결부시켰다. 모든 음주가―또는 음주의 대다수가―반드시 세련된 것은 아니었다. 동네 태번과 바, 라운지('살롱'이라는 단어는 조심스레 회피됐다)가 노동계급 남성들이 만나고 교제하는 장소가 됐지만, 그곳들이 1920년 이전에 너무도 흔했던, 툭하면 싸움이 벌어지는 장소가 되는 일은 예전보다 덜했다. 1930년대의 다양한 음주 문화가 그런 뉘앙스를 풍기는 것은 분명하지만, 금주령 이전의 선조들하고는 사뭇 달랐던 듯 보인다.

1930년대의 세련된 음주의 이미지는 대개가 미국의 도시 중산층과 상류층에게 국한된다. 하지만 국경 북쪽의, 즉 금주령 이후 캐나다의 동일한 계층에서는 그런 모습이 거의 보이지 않았다. 각각의 주는 술 판매 독점권과 술 생산 면허와 음주장소들의 면허를 규제할 권한을 주정부에 부여하는 리쿼 소매시스템(liquor retailing system)으로 제1차 세계대전 동안 제정된 절주나 금주 법규들을 대체했다. 캐나다에서 가장 큰 주인 온타리오에서 1927년에 창설된 온타리오 리쿼 통제위원회(LCBO, the Liquor Control Board of Ontario)는 술에 접근하는 것을 규제하려고 허가수첩(permit book)시스템을 만들었다; 이 시스템은 1960년대 초까지 다양한 변화를 겪으면서도 효력을 유지했다. 21세가 넘은 온타리오 주민 중 술을 구입하기를 원하는 사람은 (여권을 닮은) 허가수첩을 신청해야 했고, LCBO의 매장 직원은 그 수첩에 그들의 모든 구매상황을 기록했다.[3] 매장 지배인은 그 수첩을 아무 때나 검사할 수 있었고, 고객의 직업(허가수첩에 직업이 기록됐다)과 소득을 고려할 때 뭔가가 잘못됐다—어느 고객이 지나치게 많은 술을 구입하고 있거나 적당하다 판단되는 비용보다 많은 돈을 지출하고 있는 듯 보일 때—고 생각될 때면 손님과 면담할 권한을 위임받았다. 지배인은 의심스러운 고객에게 경고하거나 (매장직원이 더 효과적으로 감시할 수 있도록) 개인이 LCBO 매장 딱 한곳에서만 술을 구입할 수 있도록 허가수첩을 제한할 수 있었다. LCBO가 술을 남용하고 있다고 결정한 사람은 '차단 리스트(interdiction list)'에 등재됐다. 그들이 술을 구입하는 것을 1년간 허가하지 않는다는 뜻으로, 그 기간이 지나면 그들의 사례는 검토대상이 됐다. 차단리스트에 오른 사람들(1930년대에 해마다 400명에서 500명 사이)의 이름이 경찰과 모든 LCBO 매장에 회람됐다.

일부 온타리오 주민이 술 관련 행동 때문에 술을 사는 특권을 차단당할 수도 있었던 반면, 다른 이들은 단순히 그들의 신분을 기반으로 그런 권리를 박탈당했다. '좋은 품성'을 가진 남녀만이 허가수첩을 입수할 수 있었다. 그러면서 알코올중독자나 대량음주자라는 평판이 난 사람들은 배제됐다. 원주민은 다른 법안 때문에 술을 마실 자격을 박탈당했다. 직장이 없는, 따라서 독립적인 소득이 없는 유부녀는 남편의 직업에 대한 정보를 제공할 때에만 허가수첩을 손에 넣을 수 있었다. 한편, 관광객과 단기 체류자는 온타리오에 머무는 동안 사용할 임시 허가수첩을 신청할 수 있었다.

유럽에서는 몇 안 되는 나라만이 술 규제 정책을 완화했을 때 생기는 것으로 인식된 난점들에 대처해야 했다. 스웨덴과 노르웨이, 핀란드는 모두 국유 리쿼 매장을 설립했는데, 이 매장들은 현재까지 남아 있다. 영국과 프랑스, 이탈리아에서는 제1차 세계대전 동안 온건한 규제 정책을 채택했고, 영국에서 술집의 영업시간을 제한한 것과 프랑스에서 압생트 생산을 폐지한 것 같은 많은 정책은 양차대전 사이 기간과 그 이후에도 내내 유지됐다. 소비 패턴은 대규모 실업이 구매력을 급격히 떨어뜨린 대공황 같은 경기순환에 따라 요동쳤다.

영국 정부가 면허 관련 법률과 술 소비의 사회적·경제적 영향을 연구하기 위해 1929년에 왕립위원회를 설치했다. 하지만 이건 사회적 비상사태라는 인식에 대한 반응이 아니었다. 1929년의 1인당 알코올 소비량은 30년 전보다 상당히 낮았기 때문이다: 1899년 이후로 스피릿 소비량은 1갤런에서 0.25갤런으로 떨어졌고, 비어 소비량은 예전의 절반으로 줄었다. 절주운동은 이런 조치들에 힘입어 영국의 대중적인 음주 패턴에 주요한 발판을 확보했다.

1932년에 발행된 위원회의 보고서는 경종을 울릴 이유를 거의 내놓지 않았다. 위원회는 제1차 세계대전 동안 부과된 퍼블릭 하우스의 영업시간 제한을 그대로 유지하라고 권고했다. 런던 경찰국장과 다른 이들이 펍을 (점심과 저녁 사이에 문을 닫게 만드는 대신) 오후 내내 영업하게 놔둬도 사회적인 문제가 생길 것 같지는 않다고 주장했는데도 말이다. 영국인의 음주습관에 대해, 위원들은 "술 소비량이 전반적으로 감소하면서 주취행동이 눈에 띄게 줄었다"고 밝혔다. 그들은 젊은 사람들이 더 책임감 있게 술을 마신다고 딱 꼬집어 지적했다. 위원회는 높은 세율, 술에 든 알코올 함량의 저하, 제조업의 기계화 요구, 대공황시기의 실업 같은 요인들이 술 소비량 저하에 기여했다고 지적하는 한편으로, "주취는 유행이 지났다"고 발표했다.[4] 위원들은 낙관적이기는 했을지언정 순진하지는 않았다; 술 남용을 멀리하려는 광범위한 문화적 변화가 있었던 반면에 폭넓은 주취도 여전히 존재했고, 그래서 그들은 허가 받은 음주장소의 수를 줄이는 것, 펍의 성격을 개선하는 것, 술에 대한 교육을 더 많이 실시하는 것을 포함한 조치들을 권고했다.

이 권고들은 여러 면에서 이미 시행되는 중이었다. 1920년대 초부터, 영국의 비어 양조업자들은 규모가 더 크고 더 안락한 펍을, 종종 튜더(Tudor) 양식이나 조지 왕조(Georgian) 스타일로 짓는 것으로 음주 문화를 바꾸기 시작했다.[5] 많은 펍이 런던의 주요 호텔에서 데려온 셰프들이 조리한 고급 음식을 먹는 식당(dining room)과, 술을 제공할 수 없는 기나긴 오후 시간 동안에는 비알코올성 음료를 제공하는 다실(茶室, tearoom)을 특징으로 내세웠다. 내부를 개조한 많은 펍이 내세운 핵심적인 혁신 사항은 라운지였다. 카펫을 깔고 천이나 가죽으로 장식한 가구로 안락하게 꾸민, 벽에는 판화와 그림을 건 라운지는 상당히 고루한 중산층의 거실 이미지를 창출했다. 그런 펍은 집에서 술을 마신다는 안전한 느낌을 창조했고, 여성들에게는 공개적으로 술을 마시는 것도 점잖은 일이라는 것을 확신시켰다. 영국에서 가장 큰 비어 양조업자 중 하나인 휘트브레드(Whitbread)의 설명은 공간의 이런 여성화(feminization)를 솜씨 좋게 요약했다: "저렴한 공간은 고정된 가구와 벽지, 육중한 벽걸이, 유명한 경주마와 권투선수, 고인이 된 정치인의 초상화와 다른 벽화들 같은 '예술작품'들로 구성돼야 한다."[6]

개량형 펍 중 다수는 늘어나는 자동차 대수를 수용하려고 건설되던 주요 고속도로와 우회도로에 위치했다. 영국의 자동차 소유대수는 1925년에 58만 대이던 것이 제2차 세계대전 전야에 200만 대 이상으로 늘었고, 더 많은 차주(車主)가 동네 펍에서 술을 마시는 전통과 결별할 수 있게 된 상당한 규모의 고객을 구성했다. 자동차는 새로운 부류의 음주장소인 로드하우스(roadhouse, 길가 술집-옮긴이)를 낳았다. 차를 모는 부유층에 어필하려고 기획된 로드하우스는 펍보다, 심지어 개량형 펍보다 더 호사스러웠고, 더 넓은 범위의 레저용 편의시설을 제공했다. 많은 로드하우스가 수영장과 고급 레스토랑, 정장을 입고 참석하기를 권장하는, 인기 좋은 밴드들이 연주하는 댄스플로어를 갖췄다. 술은 도처에서 제공됐지만, 로드하우스의 특징은 비어와 와인, 스피릿에다 칵테일도 제공한다는 거였다. 동시대 베를린의 음탕한 클럽들하고는 거리가 멀면서도 미국의 많은 칵테일 바하고는 그리 다르지 않았던 로드하우스는, 음주와 가무가 동반된 불법적인 소일을 할 수 있는 약간 위험한 장소로서 사람들의 상상력을 사로잡았다. 그곳들은 상대적으로 규모도 작고 재미없는 펍 라운지의 음주 문화하고는 거리가 한참 멀었다.

개량형 펍과 로드하우스의 등장은 불가피하게 음주운전이라는 문제를 제기했다. 과하게 술에 열중한 음주자가 운전대에 앉기 전에 잠을 자서 술기운을 없앨 숙소를 두 곳 모두 제공하지 않았기 때문이다. 왕립위원회는 1929년에 이 주제에 고작 15줄만 할애하면서, 버스와 트럭, 다른 상업용 차량의 운전자는 근무할 때 술을 삼가야 한다는 평범한 권고만 했다. 이건, 최소한 영국에서는 주취상태로 운전하는 것이 심각한 문제로 간주되지 않았다는 걸 보여준다. 주취상태에서 운전하는 것을 막는 법률들은 제1차 세계대전이 끝난 후에야 통과됐고, 1930년대 전까지는 주취를 측정하는 표준적인 방법이 없었기 때문에, 음주운전을 했다는 증거는 경찰의 상식적인 평가에 바탕을 뒀다: 혀가 꼬였고 비틀거리지 않고 똑바로

걷거나 집게손가락으로 자기 코를 만지는 것 같은 행위를 못하는 것은 음주 때문에 생긴 운동능력 손상의 표지로 받아들여졌다.

1929년에 왕립위원회가 내놓은 주요 권고사항 중 하나인 술에 관한 교육은 이 시기에 많은 나라에서 실행한 술 정책의 특징이 됐다. 이 권고는 자국 인구가 앞서 몇 십 년간 자행된 대량음주의 관행으로 되돌아갈 것이라는 각국 정부의 지속적인 불안감을 반영했다. 각국 정부는 조기교육이 이후로 몇 세대의 술 남용을 억제할지도 모른다고 인식했다. 유래가 1909년으로 거슬러 올라가는, 영국의 학교에서 채택한 술에 대한 최초의 공식적인 강의요강은 절주운동의 훈계가 스며든 약간은 엄격한 접근방식을 채택했다. 1922년에 수정된 강의요강은 술을 광범위한 맥락에 배치했고, 술 남용은 식품 남용과 관련지어졌다; 책임감 있게 술을 마시는 것은 건강한 삶을 사는 데 필요한 보편적인 자기 수양의 일환으로 묘사됐다. 최초의 공식교과서인 『술: 인체에 끼치는 영향(*Alcohol: Its Action on the Human Organism*)』이 1918년에 발행돼 양차대전 사이 기간에 영국의 학교와 대학에서 널리 활용됐다. 하지만 이 책은 거의 술 소비의 생리적 영향만 다루는 건조하고 기술적인 책이었다. 책은 술이 음식이 아니고 영양가도 거의 없다는 것을, 술이 신경계에 끼치는 영향은 희석시켜서 마시거나 반주로 마시는 것으로 완화시킬 수 있다고 강조했다.[7]

이 시기에 젊은 독자들을 위해 집필된 많은 책에서 에두르는 표현 따위는 하지 않는 솔직한 조언을 찾아볼 수 있다. 1930년대에 출판된 어느 미국서적도 알코올 남용을 식품 남용과 같은 반열에 배치했다: "일부 소년과 소녀들이 식초와 소금, 정향(丁香), 커피, 향신료와 기타 물질들을 향한 부자연스러운 식욕을 키우고 발전시켜서는 신체를 약화시키고 병들게 만들었다… 그런 습관은 일찍 버리지 않으면 은밀하고 사회적인 악행으로 이어지고, 그런 습관을 들인 사람을 언제든지 무절제에 빠질 수 있게 만들면서, 영구히 남는 부상을 입히거나 심할 경우 패가망신으로 향하는 길에 오르게끔 만든다." 정향(丁香: 한방에서 정향나무의 꽃봉오리를 약제로 이른 말)을 마약중독에 이르는 초기 약물로 단언한 이 글은 계속 이어진다: "먹는 데 참인 것은 마시는 데도 참이다. 건강에 유익한 것만 마시도록 하라. 샘에서 흘러나온 수온 그대로인 순수한 물은 젊은이나 노인 모두가 마시기에 가장 좋은 형태다… 사람을 취하게 만드는 술은 어떤 형태가 됐건 절대 마시지 마라. 자신을 돌아보고, 럼이 다른 이들의 삶에 불러온 파멸을 눈여겨보라."[8]

이 책들의 전반적인 취지는, 양차대전 사이 기간의—술을 완전히 끊지 못하겠다면 술 소비량을 제한하기라도 하라고 시민들에게 강권한—대다수 정부 정책처럼, 프랑스 정부가 술의 역사에서 상당히 흔치 않은 에피소드를 연출한, 프랑스 소비자에게 와인을 더 많이 마시라고 설득하는 캠페인을 벌인 1931년에 더욱 두드러졌다.[9] 프랑스의 와인 생산자들은 5, 6년간 풍작을 경험했지만, 미국에서 여전히 행해지는 금주령과 다른 지역의 경기불황과 높은 실업률 탓에 해외에 와인을 파는 데 어려움을 겪어왔다. 보르도와 부르고뉴, 샴페인의 고급 와인 생산자들은 제1차 세계대전과 러시아혁명의 여파로 독일과 오스트리아, 러시아의 귀족적인 시장 중 상당부분이 사라진 것에서, 그리고 전쟁이 영국의 중산층과 상류층에 끼친 금전적인 충격에서 영향을 받았다. 프랑스의 와인수출량은 1924년에 2억 리터 이상에서 1932년에 불과 7,000만 리터로 폭락했고, 그 결과 풍작이 생길 경우 가뜩이나 많은 잉여량이 더욱 커지기만 할 판이었다. 잉여량이 늘면서 가격이 떨어졌고, —소규모 포도 재배자 수백만 명을 포함한—생산자들, 그리고 와인의 수송과 판매에 관련된 일을 하는 사람들의 소득도 마찬가지였다.

위기가 너무도 광범위한 탓에 정부로서는 위기를 무시할 수가 없었다.

1931년에서 1935년 사이에, 정부는 와인 과잉에 대한 관례적인 반응을 법률로 제정해서 1920년대 동안 증가한 생산량을 제한하려고 시도했다. 높은 수확량에 세금이 부과됐고, 10년간 포도나무를 새로 심는 게 금지됐으며, 와인을 연료 제조용으로 강제 증류하라는 명령이 내려졌다. 마지막 조항은 "샤토 디쿠엠(Château d'sYquem)의 진주나 샹베르땡(Chambertin)의 루비들이… 자동차 연료통에 투입되는 것"은 "신성모독"이 될 것이라는 항의의 목소리가 드높은 가운데 제정됐다.[10] 프랑스 정부는 공급량을 줄이는 것 외에도, 늘어가는 와인 과잉이 제기한 문제들에서 벗어나기 위해 와인을 마시라며 시민들을 설득하기로 결정했다. 이는 지나치게 낙관적인 목표였다. 1931년에 성인 1인당 연간 206리터인 프랑스의 와인 소비량은 세계에서 가장 높은 수준이었다. 그래서 프랑스 전역의 와인통에 축적되고 있는 와인의 양에 상당한 영향을 주기에 충분할 정도로 와인 소비량을 늘리는 것은 가능하지 않은 일로 보였다.

주종이 무엇이건 알코올성 음료의 소비량을 늘리려는 시도는 당대의 거의 모든 추세에 역행하는 거였다. 미국이 금주령을 포기하기 직전이었던 건 맞지만, 미국이나 다른 지역의 어느 누구도 음주량을 늘리라고 요구하고 있지는 않았다. 예외라면 영국 양조업자협회(England's Brewers' Society) 회장 에드거 샌더스 경(Sir Edgar Sanders)으로, 그는 비어 소비를 늘리자는 캠페인을 시작했다. 캠페인의 목표는 우리가 그런 로비단체에서 예상할 법한 그런 것이나 다름없었지만, 이 캠페인의 주장은 유별나게 노골적인 방식으로 표현됐다. 샌더스의 의도는 "제대로 된 비어의 맛을 알지 못하는 젊은이 수천 명, 거의 수백만 명이 비어를 마시는 습관을 들이게 만드는 것"이었다.[11] 양조산업은 비어의 건강에 유익한 특징들을 강조하는 캠페인을 시작했다. 1920년대에 기네스(Guinness)가 흑맥주의 영양가를 강조하면서 펼친 광고 캠페인을 그대로 따라 한 것이다.

프랑스에서 건강에 유익한 음료는 비어가 아니라 와인이었다. 프랑스인들은 와인(천연음료이자 건강에 좋은 음료)과 스피릿을 뜻하는 "알코올"(건강과 사회에 문제를 일으킨다고 믿었다) 사이를 구분하는 오랜 전통을 갖고 있었다. 프랑스의 의료전문가들은 와인을 건강에 유익한 음료라고 묘사하는 것을 계속하면서 동시대 다른 지역의 추세를 거슬렀고, 그들이 와인이 건강에 유익한 점이라고 주장한 내용은 와인 소비량을 늘리려는 캠페인에서 한복판을 차지했다. 저명한 의사들이 와인의 의사 친구들(Médecins amis du vin)이라는 협회를 결성했다. 신문사에 서신을 보내고 글을 기고하는 것으로 정부의 와인 소비 캠페인을 지지하기 위해서였다. 광고들은 와인이 건강에 유익하다는 점을 강조했다; 어느 광고는 와인을 마시는 사람의 평균 기대수명은 65세인 반면, 물을 마시는 사람은 59세이고, 100세가 넘은 사람의 87%가 와인을 마시는 사람이라고 주장했다.[12]

프랑스의 천연음료로 선포된 와인은 (프랑스의 순교자들의 피로 간간이 적셔진) 프랑스의 토양에 뿌리를 내리고 있다고, 따라서 와인을 소비하는 것은 건강에 좋은 오락일 뿐더러 애국적인 의무이기도 하다는 메시지가 이 주제를 편들었다. 와인을 마시는 게 애국적인 일이라면, 와인을 더 많이 마시는 것은 더욱 애국적인 일이 될 수 있었다. 실제로, 어느 의사가 대단히 불합리한 추론에서 주장했듯, 와인은 프랑스라는 나라의 존재 그 자체와 결부됐다: "1,000년 넘는 동안, 와인은 프랑스의 국민 술이었다. 프랑스인은 주위를 둘러싼 외적들에 맞서 다른 민족보다 더 많은 전쟁을 해왔지만, 거기서 살아남았을 뿐더러 세계에서 가장 중요한 두세 민족 중 하나이기도 하다."[13]

와인을 더 많이 마시자는 캠페인은 메시지 전달을 위해 다양한 수단—포스터, 기차역의 게시판, 신문광고, 지역 축제, 콘퍼런스—을 활용했고, 새로운 매스미디어도 열심히 받아들였다. 번쩍거리는 네온사인 400개가 파리에 세워져 "와인을 선호하는 술로 만드세요"와 "와인 없는 식사는 햇빛 없는 하루와 같습니다" 같은 간결하지만 함축적인 메시지를 전했다. 프랑스 영화에서, 간접광고(PPL, Product Placement)의 초기 형태로, 와인에 대해 언급하는 것도 장려했다. 1934년과 1937년 사이에, 새로운 국영 라디오방송이 와인을 통해 프랑스 역사를 기술하는 내용으로 일련의 토크쇼를 방송했다. 청취자들은 루이 16세가 왕으로서 성공하지 못한 것은 국가재정을 잘못 관리해서 프랑스혁명을 불러온 탓이 아니라, 와인을 물로 희석시켜 마시는 바람에 깊이 있는 생각을 충분히 하지 못한 탓이라는 것을 배웠다. 계몽주의라는 위대한 사상의 경우, 그 사상은 와인의 영향력 아래 탄생한 거였다.

더 많은 와인을 마실 수 있을 것 같은 인구집단 중에 캠페인의 시선을 모면한 곳은 단 한 곳도 없었다. 젊은 남성들은 군에서 복무할 때 와인 마시기를 배웠다. 캠페인은 일부 교사집단의—그리고 당연히도 절주운동 협회들의—반대를 누르면서 학교에까지 당도했다. 받아쓰기를 하는 아동들은 와인이 건강에 좋은 점에 대한 루이 파스퇴르의 금언을 받아 적었고, 지리시간에는 프랑스의 와인 산지의 위치에 대해 배웠다. 수학시간에는 "식품으로서 알코올 도수 10%인 와인 1리터는 우유 900그램, 빵 370그램, 고기 585그램, 계란 5개에 상응한다" 같은 방정식이 등장했다. 점심시간과 휴식시간에 아동에게 와인을 제공해야 한다는 주장까지 나왔다. 프랑스 올림픽위원회는 선상(船上)에 올라 요구했다. 1932년 로스앤젤레스 올림픽에 참가하는 프랑스 선수들은 "미국 항구에 기항한 프랑스 선원들과 동일한 배려를 받아야 한다"고, "즉, 그들은 하루에 와인 1리터를 공짜로 받아야 한다." 선수단에는 프랑스 요리사들이 있었지만, "와인이 없으면, 식사는 결코 이전과 같지 않을 것이다."[14]

프랑스 대도시 외에, 식민지도 와인 소비가 저조한 곳으로 간주됐다. 와인 찬성 운동가들은 식민지로 이주한 본토인만 시야에 둔 게 아니라, 원주민을, 특히 프랑스가 마구 집어삼키고 있던 북아프리카의 원주민을 염두에 뒀다. 당연한 말이지만, 그들은 많은 사람이 술을 마시지 않는 무슬림이었다. 그래서 그들은 프랑스 포도를 더 많이 먹고 비발효 포도주스를 마시는 것으로 국가적인 대의를 도울 수 있다고 여겨졌다. 1936년에 튀니스(Tunis)에서 이런 목표를 추구하기 위한 콘퍼런스가 열렸는데, 회의에 나선 연사들은 포도주스 만드는 법과 보관법 같은 주제에 대해 연설했다. 하지만 캠페인의 주요세력은 프랑스 본국에 있는, 이미 와인을 마시는 사람들이었다. 레스토랑은 식사 가격에 와인을 포함시키고 와인의 가격을 정직하게 매기라는 권고를 받았다. 더 많은 소매매장—공공광장에서 영업하는 와인 트럭 포함—이 제안됐고, 바에 대한 많은 규제가 완화됐다.

간간이 나온—초등학생에게 와인을 주자는 주장과 투르 드 프랑스(Tour de France) 경주 중에 와인을 마시는 모습을 보여준 사이클 선수에게 돈을 지불하자는 주장 같은—터무니없는 제안들이 아니더라도, 와인 소비를 늘리자는 캠페인은 믿기 힘든 일이었다. 양차대전 사이 기간의 많은 추세에 직접적으로 역행하는 거였기 때문이다. 루스벨트 대통령이 금주령을 폐지한 이후로 생길지도 모르는 도덕적으로 나쁜 왕년의 복귀에 대해 경고하고 있을 때, 그리고 캐나다의 주들이 시민들의 술 소비량을 꼼꼼히 감시하고 제한하고 있을 때, 프랑스 정부는 시민들에게 와인을 마시고, 마시고, 더 마시라고 강권하고 있었다. 그 모든 노력과 비용을 들였음에도, 캠페인은 다른 많은 나라보다 조금 늦은 1931년에 프랑스를 강타한 불황이라는 경제적 현실 앞에서 실패했다. 1920년대에, 성인 1인당 와인 소비량은 1년에 평균 224리터였다; 1930년대에는 광범위한 캠페인을 벌였음에도 평균 203리터였다. 급격한 감소는 아니었지만, 감소는 감소였고 정부가 원한 증가는 아니었다.

프랑스의 와인 위기는 높은 소비량으로 이어지지는 못했더라도, 프랑스 와인의 변신에 기여하기는 했다. 포도밭들을 퇴출시키는 계획이 실행됐고, 1934년도 법은 상업용 와인을 빚는 데 잡종포도를 쓰는 것을 금지했다; 잡종포도로 빚은 와인은 정신이상으로 이어질 수 있다는 식으로 법률을 정당화하는 주장이 있기는 했지만, 그런 포도는 생산자의 가족 소비용 와인에만 쓸 수 있었다. 훨씬 더 중요한 것은 와인의 원산지를 보장하는 조치들이었다. 가격이 떨어지자 일부 상인이 가격이 낮은 지역에서 빚은 와인에다 높은 가격을 호령하는 와인을 생산하는 지역에서 빚은 와인의 레이블을 붙였기 때문이다; 어느 상인은 스페인의 라만차(La Mancha) 지역의 와인을 부르고뉴 북부의 샤블리(Chablis)산 와인으로 팔았다. 1935년도 법은 원산지를 보장하는 방법을, 즉 지금도 프랑스법에 중추적인 시스템이자 나른 많은 나라의 와인 관련 법률의 모델인 원산지 통제명칭(Appellation d'sOrigine Contrôlée) 시스템을 확립했다. 프랑스에서는 일찍이 1905년에 필록세라 위기 동안 폭넓게 자행된 와인 사기행각에 대한 반응으로 다양한 형태의 법률이 제정됐다. 그런데 1935년도 법은 명칭시스템을 확장하고 명문화하면서 수백 개의 명칭이 창조되는 길을 열었다. 법적 규제는 각각의 명칭에서 사용할 수 있는 포도품종, 품종의 배합비율, 최소 알코올 수준, 포도밭 헥타르 당 최대 와인 생산량 같은 이슈들을 다뤘다.

유럽과 북미의 민주적인 나라들도 음주가 풀기 힘든 난제라는 인식에 대해 다양한 반응을 보였지만, 양차대전 사이기간에 유럽에 등장한 많은 권위주의 정권에게도 술은 마찬가지로 걱정거리였다. 예를 들어, 독일에서 제1차 세계대전 후에 모습을 드러낸 자유주의적인 바이마르 공화국이 1933년에 나치 정권에 자리를 내주면서 정책이 눈에 띠게 달라졌다. 1920년대 내내 중도좌파 정당들이 우세했던 바이마르 정부는 술 생산을 제한하는 독일의 전시정책들을 계승했지만, 생활환경이 정상화되자 재빨리 그것들을 없앴다. 술을 자유로이 구할 수 있게 됐다. 그런데 역설적이게도 소비량은 역사적으로 낮은 수준까지 줄었다. 1인당 소비량이 1년에 순수 알코올 3리터나 4리터밖에 안 됐을 것이다. 독일인 대다수가 직면한 약한 구매력이라는 현실도 분명 이렇게 된 이유 중 하나였다. 그들은 우선은 전후의 빈곤에 맞닥뜨렸고, 그런 후인 1923년에는 제멋대로 날뛰는 인플레이션이 가져온 참담한 결과에 직면했다. 그 뒤를 1929년부터 이어진 불경기와 높은 실업률, 상당히 줄어든 구매력이 따랐다. 독일의 비어 생산량은 1914년 이전의 20년 동안은 1년에 약 70억 리터 수준을 꾸준히 유지했지만, 1919년부터 1933년 사이에는 40% 줄어든 평균 41억 리터밖에 안됐다.[15]

나치 정권은 바이마르 공화국의 자유주의적인 술 관련 정책들과는 반대로, 대체로 알코올을 반대하는 입장을 채택했다. 대개는 급진적인 인종정책의 기저를 이룬 우생학 이론을 바탕으로 한 거였다. 우생학자들은 술이 개인과 사회의 건강에 위험하다는 점을 뻔질나게 강조했다. 그들이 "알코올중독"이라고 폭넓게 정의한 것—평균적인 알코올 소비량을 상회하는 양을 정기적으로 소비하는 경우를 뜻할 때가 잦았다—은 정신이상, 범죄, 부도덕, 간질 같은 분명한 퇴화의 표지로 간주됐다. 독일의 많은 알코올이론가가 중독을 환경과 사회상황에 대한 반응으로 보기보다는, (어떤 종류의 중독이건) 중독은 선천적으로 그런 성향을 가진 사람에게만 뿌리를 내린다는 우생학적 원칙을 받아들였다; 대다수 사례에서 알코올중독은 그 자체로는 질환이 아닌, 더 근본적인 병리가 보여주는 증상으로 간주됐다. 이런 관점은 알코올중독 중 대다수는 의료적이거나 치유적인 방법을 활용해서 예방하거나 치료할 방법이 없다는 중요한 결론으로 이어졌다.

흔히 하는 음주—휴식이나, 축제나 결혼식 같이 간간이 폭음을 하게 되는 사회적인 행사에서 적당한 양의 술을 정기적으로 소비하는 것—는 완전히 다른 문제로 취급됐다. 나치는 비어와 슈납스(와인은 한참 뒤떨어진 3위)를 즐기는 것은 독일 문화와 사교생활에 필수적인 일이라고 인식했다. 나치가 초창기에 벌인 사건인 1923년의 '비어홀 폭동(beer-hall putsch)'은 술자리에서 비롯됐다. 아돌프 히틀러가 추종자들을 이끌고 거리로 나서기 전에 비어를 약간 소비했을 거라는 짐작이 가능하다. (히틀러는 술을 거의 마시지 않았다. 그가 자신을 술을—그리고 고기와 섹스를—삼가는 사람으로 묘사한 것은 육체적 욕정을 철저히 통제하면서 조국과 국민의 안녕에 한껏 헌신하는 남자라는 이미지를 구축하기 위해서였다.)

나치는 (결근과 질병, 가정폭력, 범죄, 교통사고를 포함한) 음주의 개인적이고 사회적인 결과 때문에 일반적으로 음주에 비판적이었지만, 술을 금지하려고 노력하는 것이 그랬을 때 얻는 가치보다 더 큰 갈등과 저항을 초래할 것이라고 판단하기에 충분할 정도로 실용적이기도 했다. 나치는 미국에서 금주령이 폐지된 바로 그해에 정권을 잡았다. 그래서 그들은 금주령의 결과를 살펴보는 특권을 누리는 입장에 있었다. 나치 리더들은 술은 유대인이 독일 민족을 허약하게 만들려고 채택한 물질이라는 것 같은, 그들 내부에서 제기된 일부 과격한 주장에도 그다지 많은 관심을 보이지 않았다.

그러는 대신, 나치는 애초부터 온건한 반알코올 입장을 받아들이고는 동시대 유럽의 상당 지역에서 친숙한 정책들을 채택했다. 규제에는 술에 대한 접근 제한, 시민들을 상대로 술의 위험성에 대해 교육하기, 광고 규제, 경찰의 음주장소 감시, 음주운전 엄중 단속이 포함됐다. 술 산업에는 포도주스 같은 비알코올성 음료를 생산할 것을 요구했고, 술을 마시지 않는 이들을 위해 무알코올 레스토랑이 설립됐다.

강제적인 조치를 보면, 주취상태에서 평화를 방해한 죄로 유죄판결을 받은 사람은 바나 태번에 입장하는 것을 금지당할 수 있었고, 일간지에 실린 '무책임한 술꾼' 리스트에 포함되는 공개적인 망신을 당할 수도 있었다. 더 심각한 위반자들은 법적으로 정상생활이 불가능한 자로 선포되면서 요양원이나 노동수용소, 강제수용소(concentration camp, 이 시기에는 본질적으로 노동수용소였다)에 억류될 수도 있었다. 주취상태에서 범죄를 저지른 사람은 교도소나 구빈원, 또는 강제수용소를 뜻하는 경우가 잦은 '안전한 유치장'에 갇히는 것을 포함한, 법의 위력을 한껏 실감했다. 음주 운전은 특별한 관심을 받았다(나치는 자동차 페티시가 있었다). 독일 경찰은 1938년에 스웨덴 과학자 에릭 비드마르크(Eric Widmark)가 불과 6년 전에 개발한 혈중 알코올 테스트를 처음으로 채택했다.[16]

이 정책들은 나치가 정의하는 평범하고 건강한 독일인이 술을 남용했을 때 일어나는 문제들에 대처하려고 기획됐다. 알코올중독은 이와는 완전히 다른 문제로, 더 엄격한 대응을 요구했다. 기본적인 정책은 나치가 정권을 잡은 직후인 1933년에 공포된, 유전질환에 영향을 받는 후손을 방지하기 위한 법(the Law for the Prevention of Descendants affected by Hereditary Disorders)에 깊이 뿌리내렸다. 이 법은 알코올중독을 정신이상, 정신분열, 신체적 기형, 시각장애, 기타 유전에 의해 일어난 것이라고 여겨지는 상황과 동일한 기반에 올려놓았다. 법은 알코올중독자에게 치료를 제공하기 위해서가 아니라(일반적으로 나치는 치료를 헛수고라고 생각했다), 장래에 알코올중독이 일어날 건수를 최소화하려고 기획됐다. 이런 목표는 알코올중독자라는 진단을 받은 사람은 누구나 불임시술을 하는 것으로 달성할 수 있었다. 1933년도 법에 대한 해설은 이렇게 밝혔다.

"술꾼에게 불임시술을 하면 다가올 세대들에서는 정신적으로 열등한 개인의 수가 줄어들고, 유전자 풀(pool)에서 그런 술꾼의 유전자가 제거된다."[17]

일반적으로 의무장교나 술 문제를 다루는 기관의 관리들이 알코올중독자를 불임시술하자는 진정서를 제출했고, 판사 1명과 의사 2명으로 구성된 패널이 시술 여부를 결정됐다. 유전에 의한 알코올중독임을 보여주는 증거는 하나도 필요치 않았고, 불임시술을 단행하자는 주장은 대체로 대량음주, 그와 더불어 범죄와 가정이나 국가에 대한 의무의 방치, 손상된 작업습관 같은 행동에 바탕을 뒀다. 진정서의 90%가 승인됐고 알코올중독 진단을 받은 1만 5,000명에서 3만 명 사이의 사람이 이 법 아래 불임시술을 당한 것으로 추정된다.

비유전적 알코올중독자 진단을 받은 사람들은 불임시술을 당하지는 않았지만, 결혼이 금지됐다. 1935년에 제정된 결혼건강법(the Marriage Health Law)은 "정신적인 장애"에 시달리는 사람의 결혼을 금지하면서, "결혼한 부부와 자식 모두가 공동체와 유익하게 공존하는 것을 불가능하게" 만드는 요인으로 알코올중독을 꼭 집어 지목했다. 법은 밝히기를, 알코올중독자는 "자식의 평화로운 부양과 가정의 경제적 상황을 위태롭게 만든다."[18] 1938년에 새로 제정된 독일의 이혼법은 알코올중독을 결혼을 해체하는 타당한 이유로 만들었다.

나치는 술을 반대하는 운동을 그렇게 벌였으면서도, 생산과 소비는 적당히만 규제했다. 그들이 권력을 쥔 후부터 독일의 술 소비량은 꾸준히 늘었다. 스피릿 소비량은 1933년과 1939년 사이에 2배가 됐고, 비어 생산량은 1920년대의 하락세를 반전시켰다. 나치정권이 대규모 공공작업과 군비 프로그램에 착수한 덕에 경제상황이 개선되고 취업률이 높아진 게 반영됐을 가능성이 있다.[19] 더불어 정부는 와이너리(와인 생산량은 1930년대에는 떨어졌다)와 태번 같은 술 산업의 일부 부분을 실제로 지원하기까지 했다; 정부는 그들이 일자리를 제공한다고 치하했고, 국가는 모든 형태의 술에서 거두는 세금이 필요하다고 고마워했다.

소련의 공산당도 같은 시기에 술 문제를 놓고 씨름했지만, 시간적인 순서와 동기는 달랐다. 차르정부에서 물려받고 소비에트 시기의 처음 몇 년간 유지한 금주령 정책들로부터 서서히 멀어져 온 스탈린 정부는 국유 회사들이 생산한 술에 사람들이 쉽게 접근하는 것을 허용하는 정책들을 채택했다. 하지만 당국은 1920년대 내내 불법 생산된 보드카인 사모곤의 생산에 맞서 분투했다. 그 10년 내내 제출된 보고서들은 다량의 곡물이 이 술을 만드는 데 전용됐다고 주장했다. 1922년에 재판인민위원회(the Commissariat for Justice)는 "사모곤 생산은… 공화국의 여러 지역에서 대규모 사업이 됐다; 사모곤 생산은 국가의 건강을 해치고, 곡물과 다른 식량의 무의미한 낭비와 손상을 초래한다"고 밝혔다.[20] 정부는 생산자 중 다수가 국가를 전복하기 위해서라면 자신들의 곡물로 무슨 일이건 하려고 드는 정치적 반대자들이라고 의심했다. 정부는 사모곤 생산자를 종종 쿨라크와 동일시했다. 쿨라크는 스탈린이 훗날 박해의 표적으로 삼으면서 집단농장 캠페인 동안 추방한 부유한 농민계급이었다.

술은 소비에트의 정치 환경에 확고히 자리 잡았다. 밀주는 불법일 뿐더러, 사람들에게서 곡물을 앗아가고 반사회적 행동을 조장했다. 1922년에 국가가 통제하는 신문인 〈프라우다〉는 명료한 정치적 용어로 사모곤에 맞선 캠페인을 시작했다: "사모곤에 맞선 투쟁은 노동자의 대의다… 밀주업자는 노동계급의 기생충이다. 놈들을 향해 무자비한 전쟁을!" 밀주업자 수십만 명이 체포돼 재판을 받았지만―1923년에 러시아 공화국 한 곳에서만 19만 1,000명―(미국에서 금주령이 효력을 발휘했을 때처럼) 법정에 서게 된 그들 중 대다수는 조무래기들로 밝혀졌다. 경찰은 1923년 3

월의 전반기에 소련 곳곳에서 1만 3,748명을 체포하고 사모곤 2만 5,114 갤런을 압수했는데, 이는 체포된 생산자 1인당 2갤런에 못 미치는 양이다.[21] 1926년에 현실에 굴복한 당국은 개인적으로 소비할 용도로 사모곤을 생산한 사람들을 처벌대상에서 제외하면서 대규모 상업적 생산자에게 초점을 맞췄다.

밀주에 맞선 소비에트의 캠페인은 공식적인 금주령의 맥락 내에서 일어난 게 아니라, 합법적인 술을 자유로이 입수할 수 있는 시기에 일어났다는 점에서 독특했다. 1923년 연말부터 물을 전혀 섞지 않은 술이 허용됐다. 따라서 술의 존재와 소비는 그 자체로는 문제가 아니었다. 오히려 국가는 합법적으로 생산된 술의 가격의 대부분을 구성하는 세금이라는 세수를 잃고 있었다. 소련은 제조업경제를 발전시킬 돈이 필요했다. 그러면서도 외국 대출기관에서 고리(高利)로 자금을 빌리는 대안은 거절하던 스탈린은 1925년에 어쩔 수 없이 이런 대안을 제시했다: "우리는 빚진 노예와 보드카 사이에서 선택해야 한다."[22] 그러면서도 이오시프 스탈린은 보드카의 국가 독점을 재개하는 것을 정부가 곤경을 헤쳐 나가는 것을 돕는 임시적인 조치로 간주했다. 다른 세원(稅源)이 자리를 잡자마자 보드카 생산량을 줄인 후에 완전히 제거할 참이었다.

따라서 소비에트의 술 관련 정책들은 목표(금주)와 수단(술의 자유로운 흐름) 사이의 모순을 구현했다. 따라서 정책들이 때로는 음주가 건강과 사회 질서에 미치는 영향을 줄이기 위해 공급 감소를 찬성하고, 때로는 세수를 최대화하기 위해 공급을 증가시키는 것을 찬성하는 식으로 심하게 요동쳤다는 것은 놀랄 일이 아니다. 예를 들어, 1929년의 공산당회의는 "경제의 탈(脫)알코올화"를 위한 프로그램을 승인하는 것으로 술 남용의 확산에 대한 두려움에 반응했다. 그런데 두어 달 후에 당 중앙위원회는 이전 결의안을 무효화했고, 이듬해에 스탈린은 보드카 생산량을 "최

대한으로 증가"시키라고 명령했다.[23]

먼저는 금주령을 포기하는 쪽으로, 그 다음에는 물을 섞지 않은 술을 생산하는 쪽으로 회귀한 것의 기저에는 술 소비에 대해 달라진 소비에트의 사고가 깔려 있었다. 공산주의자들은 노동자의 술 이용이 자본가가 그들에게 부여한, 술이 없으면 참을 수 없는 혹독한 상황을 반영한 증상이라고 주장하면서, 자본가들이 노동자들을 더 온순하게 만들려고 음주를 권장했다고 주장하면서 권력을 장악했다; 폭음이 결근으로 이어지더라도, 술을 제대로 공급받은 노동자는 혁명적인 활동에 나서는 경향이 덜했다. 하지만 금주령을 반포하면서 차르 정부가 경험한 것과 동일한 저항에 직면하자, 더불어 세수도 필요하자, 소비에트 정부는 서서히 술을 재도입했다. 이념적인 관점에서 보면, 그들은 노동자들이 소비에트 사회의 개선된 노동환경과 생활환경에 적응해가는 동안 술을 마시는 일이 점차 사라질 거라고 가정한 듯하다. 하지만 그와 동시에, 노동자들은 더 이상은 자본가의 압제에 항의하는 방법으로서 술을 남용하는 것을 정당화할 수 없었다. 노동자는 술의 영향을 받아 저지른 자신의 행동에 대해 책임을 져야 했다. 이 점은 주취, 그리고 가해자가 취중에 저지른 범죄를 더욱 가혹하게 처벌하는 것을 정당화했다.

1920년대 내내 공식적인 보드카보다 훨씬 더 인기가 좋았던 사모곤의 생산은 1930년대에 급격히 줄어든 듯하다. 집단농장화가 개인의 활동범위를 훨씬 좁히고 사회적인 감시의 눈길을 더 많이 제공했기 때문일 가능성이 있다. 이와 반대로, 국가가 후원하는 보드카의 생산량은 1930년대 내내 꾸준히 늘었다. 1932년에 3억 6,500만 리터이던 것이 1939년에 9억 4,500만 리터가 됐다. 독일군의 침공 전야인 1940년에 소련에서는 술을 파는 소매매장이 육류와 과일, 야채를 파는 가게를 합한 것보다 많았다고 한다.[24]

높은 수준의 술 소비량은 소련을 수십 년간 괴롭혔고, 1980년대에는 경제 위축과 붕괴에 기여하기까지 했다. 그런데 술 소비를 완전히 종식시키는 게 불가능하다는 것이 일단 명확해진 세계의 모든 지역에서 '알코올중독'—일반적으로 평범한 대량음주 형태가 이렇게 언급되는 경우가 잦았다—은 더욱 두드러진 치료 대상이 됐다. 양차대전 사이에 출현한 가장 중요한 금주단체 중 하나가 알코올중독자자활협회(Alcoholic Anonymous)였다. 이 단체의 독특한 점은 절주와 금주를 주장한 이들의 담론을 지배한, 알코올중독에 대한 도덕주의적인 접근을 포기했다는 점이다. 알코올중독자가 "맑은 정신을 유지하면서 다른 알코올중독자들이 술을 끊는 것을 돕게" 만든다는 게 주요 목표인 알코올중독자자활협회가 미국에서 창설된 건 1935년이었지만, 이 단체가 제대로 도약한 것은 1940년대 초였다. 1945년에 미국 도처에 있는 556개 지역 그룹에 회원이 1만 2,986명이었고, 5년 후에는 3,500개 이상이 그룹에 회원이 9만 6,000명이었다.

　이 단체는 초기의 몇 년간 알코올중독자자활협회 방식(method)에 전념한 사람 중 4분의 3 가량이 성공을 거뒀다고 추정했다. 그 방식은 술을 철저히 끊는 거였다. 술 1잔이 알코올중독자를 만성적인 대량음주라는 가파른 비탈로 다시 밀어버릴 가능성이 무척 크다는 믿음에서였다. 이런 믿음은 알코올중독자는 늘 알코올중독자라는 가정하에, 그런데 세상에는 술을 마신 알코올중독자와 그러지 않은 알코올중독자가 있다는 가정에 입각했다. 회원들이 참석하는 정기회합에는 연사들이 있었고 논의가 진행됐다. 새로 온 회원은 자신의 알코올중독 사연을 들려줘야 했다. 회원 각자는 술을 마시고 싶다는 느낌이 들 때 조언과 지원을 해 줄, 쉽게 접촉이 가능한 다른 회원과 짝 지워졌다. 알코올중독자자활협회가 회원 각자의 영적인 발달과 인격의 발달의 중요성을 강조하기는 했지만, 이 단체는 특정 종교와 동일시되려 하지 않은 방향으로 운영됐다.

알코올중독자자활협회는, 엄밀히 말하면, 술에 반대하지 않았고, 반알코올 운동이 지대한 영향력을 행사했던 제1차 세계대전 이전에 비해 회원수와 영향력 양쪽 다 감소세였던 시기에 등장했다. 제2차 세계대전이 술의 역사에 또 다른 휴지기를 제공하기는 했지만, 그게 제1차 세계대전이 대표했던 삭막한 휴지기는 결코 아니었다. 전쟁과 절주 및 금주의 에너지가 교차하면서 술에 대한 접근을 막거나 제한하는 많은 정책을 양산하던 그 시기에 반알코올 운동은 전성기를 누리고 있었다. 하지만 1930년대 중반에 많은 나라가 많은 정책을 포기하거나 물타기를 한 것은 대중의 태도와 정치적인 입장이 달라졌음을 보여줬을 뿐더러, 반알코올 단체들을 실패의 아우라로 오염시키기도 했다. 미국 WCTU의 회원수는 1920년에 200만 명 이상에서 20년 후 50만 명 미만으로 줄었다. 이건 반알코올 단체들을 향한 지지가 약해졌다는 것을 보여주는 한 가지 사례일 뿐이다.

제2차 세계대전이 일부 국가의 술 생산과 소비에 끼친 영향은 제1차 세계대전보다 훨씬 덜했다. 영국에서 주세가 엄청나게 인상되면서 술의 가격이 치솟았다; 비어 1배럴당 세금이 1939년에 48실링이던 것이 1943년에는 138실링으로 올랐다. 고알코올 비어에 붙는 세금이 더 많았기 때문에, 양조업자들은 비어의 가격을 가급적이면 소비자 형편에 맞추려고 알코올 함량을 낮췄다. 비어의 소비량은 제2차 세계대전 동안 늘었는데, 제2차 대전은 연합군의 유럽대륙 침공이 시작된 1943년 이전까지는 전체 인구에서 젊은 남성—비어를 마시는 중요한 인구집단—이 대거 이탈하지 않았다는 점에서 제1차 세계대전과 달랐다. 심지어 영국의 젊은 남성들이 대륙으로 떠났을 때에도, 영국에는 1942년부터 입국한 미군을 비롯해서 전쟁 내내 다른 나라에서 돌아가며 입국한, 술을 마시는 병사들이라는 반가운 인구집단이 있었다.

1914년부터 1918년 사이에 일어났던 일처럼, 여성들이 전쟁 동안 펍에서 더 자주 술을 마시기 시작했다. 그런데 전쟁 동안 펍에서 술을 마신 여성 중 대다수는 1930년대에 그랬던 여성들보다 젊었다. 많은 여성이 남성들이 하던 일을 했는데, 경제적으로 독립된 그들은 부모의 통제에서 자유로워졌고, 펍에서 남자를 만나는 것이 점점 더 사회적으로 용인되는 일이 돼갔다.[25] 1940년대 초에 펍을 대상으로 실시한 서베이는 손님의 약 5분의 1이 여성이고, 여성들이 주중보다는 주말에 거기서 더 많은 술을 마신다는 것을 보여줬다. 서베이의 필자는 여성들이 특별휴게실(parlor)과 라운지만 차지하기 때문에, "술을 마시는 손님 중 절반이 여성인 방을 심심치 않게 보게 된다"고 밝혔다.[26] (그는 여성이 펍에서 주취로 체포된 취객 중에서 상대적으로 엄청나게 작은 비율을 차지한다고도 밝혔다.)

1939년부터 1945년 사이의 전시가 술의 생산과 소비에 영향을 끼치지 않았다는 말이 아니다. 1939년부터 1945년까지 독일이 점령한 유럽의 광대한 지역 곳곳에서 경제 전체와 일상생활의 패턴이 교란됐다. 독일, 이탈리아, 영국, 소련, 그리고 다른 많은 나라의 경제가 소비재가 아니라 전쟁 물자를 생산할 태세를 갖췄다. 이런 상황에서 술 생산과 소비가 영향을 받지 않는다는 것은, 또는 전쟁활동을 최대화하려는 정책들을 채택한 정부들이 그것을 방치한다는 것은 있을 수 없는 일이었다.

1939년에 전쟁이 도래하면서 독일군 내부가, 그리고 제조업과 농업에 종사하는 민간인들이 더 엄격한 규율을 보여야 할 필요가 있다고 판단한 나치정부는 술을 관용하는 정도의 폭을 줄였다. 독일이 폴란드를 침공한 1939년에 술과 담배의 위험 대책 사무국(the Bureau against the Dangers of Alcohol and Tobacco)이 설립됐고, 이 기관은 독일에서 술을 통제하기 위해 새로운 규제 네트워크를 발전시켰다. 술의 생산과 판매에 새로운 제한

이 가해졌고, 주세가 인상됐다. 전쟁 동안 엄격한 법규들이 군에 복무하는 모든 이의 술 소비를 다뤘다. 독일군 병사와 경찰에 폭넓게 공급된 술과 마약은 그들이 정부가 세운 잔인무도한 정책들을 실행할 수 있게 해줬다. 폴란드의 밀폐된 막사에서 유대인 남성과 여성, 아동 수만 명을 사살하는 일을 책임진 예비경찰대대(the Reserve Police battalion)에 복무하는 남성들에게는 작전을 수행하는 동안과 작전을 끝낸 후에 술이 특별 배급됐고, 그 술은 그들이 작전을 수행하면서 겪는 공포를 감당하는 것을 도왔다.[27]

이제 독일의 국내전선에서 음주 탓으로 여길 수 있는 반사회적 행동─결근, 생산성 감소나 손상, 방공호에서 제멋대로 구는 것, 또는 등화관제 중에 일어난 교통사고에 연루된 것─은 평시보다 국가에 훨씬 더 해로운 행동거지로 간주됐다. 정권은 "국가와 당은… 그 어떤 위험천만한 알코올중독자도, 술의 영향력 아래 들어간 그 어떤 사람도 모른 채 남겨두지 않을 것이다"라고 공표했다.[28] 의사와 노조 관리, 공장의 간호사를 포함한 정권 측 입장에 선 광범위한 사람들은 '알코올성 질환에 걸린 사람'이거나 '위험천만한 알코올중독자'로 의심되는 사람을 경찰에 신고하라는 요구를 받았다. 형벌에는 강제수용소 구금 등이 포함됐다.

독일군이 점령한 유럽의 많은 지역에서, 특히 동유럽과 러시아에서, 이전에 존재하던 술의 생산과 교환, 소비 패턴은 산산조각 났다. 현지 주민들의 욕구는, 잘 봐주더라도, 무시당했다. 전쟁 전의 술 관련 식단과 사교생활의 명맥이 거의 끊겼다고 가정해야 옳다. 유럽 북부와 서부에서 비유대인 인구가 겪은 교란은 상대적으로 덜 인상적이었다. 독일군은 (독일에 합병된) 알자스(Alsace)와 보르도, 부르고뉴, 코냑 같은 중요한 술 생산 중심지를 점령했다.

독일에 의지하는 부역국가(the collaborationist state)이지만 독일군에 점령당하지는 않았던 비시 프랑스(Vichy France) 정부가 술을 대하는 태도는 달랐다. 그 정부의 수도인 비시는 (영화 〈카사블랑카〉의 마지막 장면이 상기시키듯) 치료효과가 있는 물과 마실 수 있는 광천수와 밀접히 결부된 도시로, 술이 자리 잡을 가망이 거의 없어 보이는 곳이다. 한편, 비시정부의 수장은 1918년에 프랑스산 와인이 승전에 기여했다고 찬양한 1차 세계대전의 영웅 필리페 페탱(Philippe Pétain) 원수였다: "병사들 입장에서 와인은 도덕적인 힘과 더불어 육체적인 힘을 자극하는 자극제였다. 와인은 나름의 방식으로 우리가 승리를 거두는 것을 도왔다."[29]

그러던 페탱이 1940년에는 술 전반과, 그리고 와인과 복잡한 관계를 맺은 우익 권위주의정부를 설립했다. 페탱은 프랑스의 토양이 일궈낸 산물이라며 와인을 높게 평가하면서 포도 재배를 프랑스인의 성품이 가진 우수한 면을 모두 대표하는 것으로 봤다: 고된 노동, 땅과 전통을 향한 헌신. 부르고뉴의 유명한 와인 도시인 본(Beaune)은 페탱이 와인을 높게 평가한 데 대한 답례로 명망 높고 값비싼 오스피스 드 본(Hospices de Beaune) 지구(地區)의 포도밭(Clos du Maréchal Pétain)을 그에게 선사했다.[30] 페탱은 와인에 대한 이런 사상을 모두 받아들였음에도, 와인을 마시는 사람들과는 문제가 있었다. 와인은 비시의 배급 프로그램에 포함됐다(제1차 세계대전 때는 배급이 없었다). 와인공급량에는 여유가 있었지만, 비시정부는 전용해서 증류할 와인과, 와인 부족을 벌충하기 위해 포도당(grape sugar)으로 변환시킬 포도주스가 엄청나게 많이 필요했기 때문이다. 기름을 얻으려고 포도씨도 압착했다.[31]

프랑스 입장에서도 심각했던 비시 정부의 와인 산업 개입—수명이 4년밖에 안 된 단명 정부가 와인과 관련해서 공표한 포고령과 법, 장관 칙령이 50개가 넘었다—은 포도 재배자와 와인 생산자, 와인 소비자에게 소외감을 안겼다. 무엇보다도, 새 법들은 생산자가 가족끼리 소비할 용도로 보관하는 면세용 와인의 분량을 줄였다. 당국이 음주를 엄중 단속한 것도 제대로 진행되지 않았다. 페탱은 알코올중독을 프랑스가 타락했다는 징후로 간주하면서, 그가 제1차 세계대전 후에 표명했던 와인 친화적인 입장을 뒤집었다. 그는 1940년에 프랑스가 패배한 원인을 와인 탓으로 돌렸다. 그의 비시 행정부는 그해와 이듬해에 카페와 다른 음주장소에 새로운 제한을 가했다.

프랑스인들이 비시 정부를 지지하지 않은 이유는 많지만,—몇 년 전에 와인을 더 많이 마시자고 캠페인을 벌이다가 급격히 입장을 바꾼— 와인의 입수 가능성에 심하게 간섭한 게 비시 정부가 혐오감을 사는 데 기여한 것은 분명하다. 비시 정부의 이전 정권인, 대체로 좌파에 경도된 제3공화국과 전시의 레지스탕스는 그와는 반대로 와인과 끈끈한 관계를 유지하면서, 비시 정부가 국민의 와인을 훔쳐갔다는 점을 빈번하게 강조했다.

미국에서, 다가오는 전운은 금주령 지지자들이, 제1차 세계대전 때 성공적으로 그랬던 것처럼, 자신들의 입장을 강조하도록 부추겼다. 미국이 1941년에 일본과 독일을 상대로 선전포고를 한 후, 콜게이트대학(Colgate University) 총장은 이런 발언을 했다. "술과 전쟁은 술과 가솔린보다 더 잘 섞이지 않는다… 명쾌한 사고에서 유래한 사기와 결단력, 용기로 충만한 맑은 정신인 국가는 결국 히틀러와 쪽발이들(the Japs)을 물리칠 수 있지만, 술에 취한 국가는 절망의 구렁텅이를 헤매고 다니다 불가피한 패배의 위험에 몰리게 될 것이다."[32] 군에 복무하는 남성들을 대상으로 금주령을 제정하려는 시도가 여러 차례 있었지만, 군 지휘관들은 병사들이 술을 빼앗기는 것을 싫어할 것이며 어떤 식으로건 술을 입수할 방법을 찾아낼 거라고 성공적으로 주장했다. 결국 양조업자들이—어느 비어 기업 경영자가 경건하게 밝혔듯 "절제하는 음료이자 국가적인 사기의 보조제로서"—국내 및 해외 소비용 비어를 생산하는 것이 허용됐다.[33] 증류공장들은 1942년에 산업용 알코올을 생산하라는 지시를 받았지만, 1944년과 1945년에 단기간 알코올성 음료를 생산하는 게 허용됐다. 미국의 비어 소비량은 1940년과 1945년 사이에 50% 증가했다. 리쿼의 공급량이 줄어든 데 따른 결과였을 것이다.

미국이 상대적으로 자유방임적인 술 정책들을 채택하면서 전국적인 금주령에서 벗어난 이 무렵, 미국인들은 거의 아무런 제약 없이 자유로이 술을 구입하고 마셨다. 앞서 봤듯, 주마다 상황은 제각각이었지만, 1933년 이후에 금주령을 택하기로 한 주의 수는 전국적으로 금주령이 시행되기 전보다는 상당히 적었다. 금주령에 뒤이어 채택된 전국적인 정책들이 앞선 정책들보다 더 자유방임적이었다는 점에서 미국은 예외적인 사례였다: 노르웨이와 스웨덴, 소련, 핀란드, 캐나다의 여러 주에서, 국가는 금주령이 폐지된 후에도 술 소비를 규제하기 위해 술 소매를 직접 통제하는 권한을 쥐했다. 금수령 정책을 실행한 석이 없던 국가들소차 술과 관련해서는 20세기의 대부분의 기간 동안에 이전에 그랬던 것보다 더 규제적인 정책을 채택했다. 예를 들어 영국과 뉴질랜드에서, 제1차 세계대전 동안 부과됐던 (퍼블릭 하우스의 영업시간 같은) 일부 술 관련 규제들은 20세기가 저물 때까지 유지됐다. 이런 다양한 방식으로, 금주령 이후의 세계는 금주령의 실행 경험, 그리고 그와 관련된 절주 아이디어들에 의해 오래도록 영향을 받았다.

15장

현대 세계의 술

규제와 소비 추세

전후 세계에서 술 소비와 관련 정책은 광범위한 사회적·문화적·경제적 변화뿐 아니라 국가와 지역 각각에 특유한 상황들도 반영했다. 거의 모든 서구국가 인구의 연령구조를 바꿔놓은 베이비붐 세대와 출생률 하락이 그런 상황에 해당된다. 독특한 음주나 비음주 패턴을 가진 비유럽인 수백만 명의 이주 같은 인구이동이 유럽의 많은 사회에 영향을 끼쳤다. 1960년대 이후로 술 소비를 향한 공식적인 입장은 일반적으로 더 자유주의적인 방향으로 이동했지만, 그런 흐름에 역행하는 음주운전과 폭음(binge-drinking) 같은 특유한 이슈들과 관련된 경향들도 있었다. 마지막으로, 일부 사회는 술과 관련된 심각한 난제들에 직면하고는 더 엄격한 통제로 대응했다. 소련 정부와 소련을 계승한 국가인 러시아 정부는 국민들의 술 소비량을 줄이고 술 소비의 사회적·경제적 효과를 줄이려고 애쓴 1세기에 걸친 대하소설을 계속 집필해나갔다.

1945년부터 대략 1960년까지의 전후시기에, 술은 대다수 서구사회의 일상생활에서 보편적인 특징으로 남거나, 그런 특징이 됐다. 금주령시대의 특징이던 칵테일은 미국에서 다른 나라에서보다 더 좋은 인기를 계속 유지했고, 중산층 남성들은 (그리고 소수의 여성들은) 근무가 끝나면 '칵테일 아워(cocktail hour)'를 즐겼다. 인기 좋은 칵테일들—마티니(martini), 맨해튼(manhattan), 올드 패션드(old-fashioned)—은 비즈니스와 교외의 사교생활을 상징하는 이미지가 됐다. 바나 라운지, 컨트리클럽—중산층이 공개적으로 술을 마신 주요 장소들—과 자택 사이의 구분은 흐릿해졌다. 갈수록 많은 광고가 위스키와 다른 스피릿을 집에 온 손님에게 대접하는 음식의 일부로 등장시켰다.[1] 19세기와 20세기 내내 많은 미국인이 자택에서 술을 마셨다는 것은 당연한 사실로 여겨야 옳다. 하지만 19세기 중반 이후로 미국을 지배한 담론들이 음주를 병리적인 행동에 아주 가까운 것으로 묘사했다는 점도 명심해야 한다. 금주령이 가져온 의도하지 않은 결과 두 가지는 공개적인 음주와 여성의 음주가 정상화된 것일 테지만, 대중의 감시의 눈길에서 벗어나 자택의 프라이버시 속에서 술을 마시는 것은 다른 종류의 위험을 제기했다.

교회와 절주운동 단체들은 여성은 가정 도덕의 보고(寶庫)이자 수호자라는 오래 지속된 믿음을 반영하면서, 자택에서 마시는 술의 양이 적당량을 유지하게끔 만드는 책임을 여성들에게 돌렸다. 여성은 어머니로서는 술을 실험해보려는 유혹들로부터 자녀들을 멀리 떼어 놓아야 했다; 아내로서는 남편이 어떻게 스트레스 가득한 직장 때문에 술을 심하게 마시게 됐는지를 이해해야 했다; 손님을 맞은 안주인으로서는 손님들이 대접받은 술을 적당량만 마시도록 신경을 써야 했다. 이런 난점들을 성공적으로 해결하는 게 쉬운 일이 아닌 건 분명했다: 1950년대에 행해진 서베이들은 최소 음주연령에 못 미치는 젊은이 중 상당한 비중이 술을 마셨고, 그중 다수는 부모의 동의하에 그랬다는 것을 보여줬다. 1953년에 대학생을 대상으로 실시한 서베이는 남성 중 79%에서 92% 사이와 여성 중 40%에서 89% 사이가 어느 정도 빈도로 술을 마신다는 것을 보여줬는데, 그 빈도는 가족의 소득에 비례했다. 이듬해에 롱아일랜드의 나소 카운티 (Nassau County)에서 수행된 연구는 24세 인구 중 68%가 집에서 술을 마시는 것을 부모로부터 허락 받았고, 29%는 가끔씩 집밖에서 술을 마시는 것을 허락 받았다는 것을 발견했다.[2] 1950년대에 음주는 미국에서 150년 만에 처음으로 문화적으로 받아들일 만한 일이 된 듯하다. 그걸 계량적으로 측정하고 적절하게 묘사하기는 어렵지만 말이다. 당연한 말이지만, 대량음주와 알코올중독에 대한 경고는 꾸준히 나왔다. 하지만 이 행동들이 가져오는 최악의 효과 중 하나—여성을 향한 가정폭력—는 1970년대가 되기 전까지는 거의 언급되지 않았다.

미국과 프랑스는 술을 향한 태도 면에서 자주 대비됐다: 미국인은 술을 불신한다고, 금주령을 (결국에는 철회했지만) 기꺼이 지지한다고, 정책 면에서 신중하다고 여겨져왔나; 반면, 프랑스인은 느긋하면서 삶의 환희 (joie de vivre)로 가득하고, 술을 직장생활과 사생활에 매끄럽게 통합시킨, 말술을 마시면서도 행복한 음주자로 여겨졌다. 독일의 점령과 파시스트 비시 정부를 겪은 뒤로 전후 프랑스 정부들이 전쟁 동안 페탱 원수가 채택한, 술 생산과 소비에 가한 엄격한 규제들로부터 시민들을 해방시켰을 거라고 예상할지도 모르겠다. 샤를 드골(Charles de Gaulle) 장군의 과도정부는 그러는 대신 비시의 정책들을 받아들이면서, 바의 숫자를 제한했고 (1940년에 45만 5,000곳 이상에서 1946년에 31만 4,000곳으로 줄었다), 프랑스의 주요 반알코올 단체들을 금전적으로 지원했다.[3] 하지만 의원내각제와 보통선거가 돌아오자 프랑스 행정부들은 정책을 자유화하기 시작했다. 비시정부가 1941년에 제정한 근본적인 규제들이 1951년에 폐지됐고, (심지어 파스티스 같은 스피릿 기반 음료의) 술 광고가 다시 허용됐다. 와인 생산자가 포도밭을 확장하는 것이 허용됐고, 국가가 온갖 종류의 술 생산을 장려했다. 와인은 다시금 프랑스의 국민음료로 칭송받았다. 코카콜라의 프랑스 시장 진입이 와인과 경쟁해야 한다는 두려움 때문에 5, 6년간 지연되기까지 했다.[4]

이런 조치들은 프랑스의 전후 경제와 수출 재건(프랑스산 와인은 세계 어디서든 최상품으로 간주됐다)에 필수적인 일로 이해할 수 있지만, 정부는 대량음주에 따른 비용도 치러야 한다는 점을 인정했다. 정부는 술 소비를 장려하는 한편으로, 1954년에 개인에게나 사회에 위험한 존재였던 알코올중독자에게 의무적으로 치료를 제공하는 법률을 통과시켰다. 와인이 건강에 유익한 음료라는 것을 보여주려는 프랑스 의료전문가 집단의 단호한 시도들에 직면한 새 정부는 술 생산과 소비, 술 관련 교육 프로그램에 대한 규제를 포함한 더 폭넓은 접근방식을 채택했다.[5] (피에르 망데스 프랑스Pierre Mendès France 총리는 국회 연단에 올라가면서 도발적으로 우유 1잔을 가져갔다.) 프랑스의 술 관련 정책은 1950년대 내내 반알코올 원칙의 영향을 그 어느 때보다 많이 받았다. 술을 제공하는 바와 카페의 수는 꾸준히 줄었지만, 프랑스 국민의 1인당 순수 알코올 소비량이 눈에 띄게 변하지는 않았다. 그 수치는 1951년에 26.7리터였다; 1955년에 28.8리터로 정점을 찍었고, 1961년에는 27.7리터였다. 24.8리터를 기록한 1971년이 될 때까지는 26리터 이하로 떨어지지 않았다.[6]

영국의 비어 생산량은 1945년에 1940년대 동안 가장 높은 수준에 달했다가, 1950년대의 상당기간 꾸준히 준 후 1960년대에 반등했다. 생산량은 1970년대에야 1945년 수준을 넘어섰는데, 이 생산량은 당연하게도 상당히 불어난 인구 덕분이었다. 동시에, 1950년대 동안과 1960년대 초에 영국에서 공공장소 주취가 늘었다는 인식이 두루 퍼졌다. 1955년과 1957년 사이에 공공장소에서 술에 취한 것으로 유죄판결을 받은 건수가

27% 늘었고, 1960년과 1962년 사이에는 23% 늘었다. 각각의 사례는 뒤이어 감소했지만, 감소폭은 작았다. 증가의 상당부분은 전후 베이비붐 때문에 인구에서 10대가 차지하는 수가 기록적인 수준에 이른 탓으로 여겨졌다.[7]

술 관련 정책들은 1960년대에 서구사회 도처에서 성적인 행동과 전반적인 사회생활을 다루는 정책들처럼 자유화되기 시작됐다. 1960년대와 이어지는 몇 십 년 동안, 많은 나라가 법정 최소 음주연령을 낮췄고, 술에 남아있던 부정적인 이미지 중 다수가 사라졌다. 1970년대와 1980년대 이후로 세계의 상당 지역에서 술 소비량이 대체로 안정적인 수준을 유지한 것이 사람들이 음주 패턴에 대한 우려를 덜 하게끔 만든 행동적인 배경이었다. 일부 국가에서는 와인 소비량 증가와 비어와 스피릿 소비량 감소 같은 식으로 서로를 상쇄하는 추세들이 보였지만, 모든 출처를 통해 소비된 순수 알코올의 총량은 종합적으로 거의, 또는 전혀 변하지 않았다. 그렇기는 하지만, 국가와 지역 기준으로 보면 광대한 차이점들이 있다; 때때로 이런 차이는 (많은 무슬림나라에서처럼) 술 소비를 철저히 금지하는 정책들을 반영하고, 때로는 술에 대한 접근을 거의 제한하지 않는 정책들을 보여준다. 굉장히 보편적인 관점에서, 성인의 술 소비량이 가장 낮은 지역(연간 순수 알코올 소비량 7.5리터 이하)은 아프리카와 중동, 동남아시아다. 평균 이하로 소비하는 지역(7.5리터에서 9.9리터 사이)은 북미와 브라질, 남아프리카다. 평균보다 높은 소비자들(10리터에서 12.5리터 사이)은 아르헨티나와 나이지리아, 오스트레일리아, 스페인, 이탈리아, 스웨덴이고, 술 소비량이 가장 높은 수준인 나라들(성인 1인당 연간 순수 알코올 소비량 12.5리터 이상)은 러시아, 포르투갈, 프랑스, 그리고 유럽 중부와 동부의 거의 모든 나라다.[8]

이런 통계는 술 소비량 패턴의 글로벌 분포라는 종합적인 아이디어를 제공하지만, 지역과 계급, 성별, 세대에 따라 국가들 내부에 존재하는 중요한 편차들을 은폐한다. 예를 들어, 이탈리아에서 술 소비량은 1960년대에 20리터로 정점을 찍은 후에 꾸준히 줄어 2006년에는 그 절반 수준에도 못 미쳤다. 그런데 이탈리아의 술 소비량은 노년층 남성 사이에서 소비된 양이 젊은 소비자가 소비한 양보다 많다. 젊은 소비자가 나이를 먹으면서 술 소비량을 늘리지 않는다면, 이탈리아의 전반적인 소비량은 계속 줄어들 거라 예상할 수 있다. 세계의 거의 모든 지역에서처럼, 이탈리아에서도 여성은 남성보다 술을 상대적으로 덜 소비했다. 이탈리아 여성 중 4분의 1이 앞선 12개월 동안 술을 마시지 않았다고 보고했는데, 이에 비해 이에 해당하는 남성은 10%였다.[9] 동일한 효과는 영국에서도 발견된다. 2010년에 영국의 45세와 64세 사이의 남성은, 다른 연령대의 남성에 비해, 술을 가장 정기적으로, 가장 많이 마시는 사람들이었다. 같은 경향이 여성들에게서도 발견됐다.[10]

미국의 술 소비량은 전체 시기 내내 이탈리아보다 낮았다. 순수 알코올 소비량은 1961년에 8리터에서 1981년에 10리터로 오른 후에 2006년에 9리터로 떨어졌다. 미국인의 금주 비율은 이탈리아의 그것보다 훨씬 높았다: 미국 여성의 5분의 2와 남성의 4분의 1 이상이 전년도에 술을 전혀 마시지 않았다고 보고했다.[11] 그러므로 넓게 보면, 미국 성인 중 3분의 1 가량이 술을 마시지 않는데, 이에 비해 이탈리아인의 비율은 5분이 1 이하다.

국가적·지역적·인구학적 차이에 대한 설명 중 일부는 자명해 보인다. 많은 무슬림 국가가 술 소비량이 전무하다고 보고하는 것은 술이 금지됐기 때문이고, 소비량이 조금이라도 있다면 그건 비밀리에 소비된 양이다. 미국에서 술을 삼가는 수준이 상대적으로 높은 것은 부분적으로는 600만 명의 신자를 거느린 말일성도 예수 그리스도 교회(모르몬)처럼 술을 피하는 교단이 대여섯 개 존재하기 때문이다. 미국에 소비량이 낮은 민족 집단들이 존재하는 것도 금주율에 기여한다고 볼 수 있다. 그런데 술 소비량이 낮은 집단으로 빈번하게 여겨지는 '아시아인'과 '히스패닉' 같은 광범위한 인구집단들이 음주의 전통과 역사, 문화가 다양한 많은 상이한 인구집단으로 구성돼 있는 것도 분명하다. 더불어, 때때로 마이너리티에 속한 인구가 지배적인 문화에 더 잘 동화되면서 음주 패턴이 변하기도 한다. 프랑스에서 1960년대 이후로 아프리카 북부에서 이주해 온 무슬림이 증가한 것은—인구가 6,600만 명인 나라에 무슬림이 500만 명에서 600만 명 사이로, 이 중 3분의 1 가량은 독실한 신자다—프랑스의 1인당 술 소비량의 수준을 꾸준히 떨어뜨리는 데 기여했다. 프랑스에서는 모든 출처에서 얻은 총 술 소비량이 1961년에 1인당 25리터에서 2006년에 14리터로 떨어졌는데, 이는 거의 전부가 와인 소비량이 감소한 결과였다. 이런 추세가 가져온 결과는 카페와 바 수만 곳이 사라진 것, 그리고 술을 중심으로 한 사교 패턴이 크게 달라진 거였다.[12]

술 소비량은 많은 나라에서 안정세를 유지했고, 다른 나라에서는 떨어졌으며, 몇 안 되는 나라에서만 늘었다. 그러면서 많은 정부가 술 관련 정책을 완화했다. 이렇게 규제를 완화한 것이, 여러 사회가 더 이상은 역사적으로 최대 분량의 술을 소비하지 않기 때문에 술에 대한 경계심을 늦출 정도로 여유가 생겼다는 것을 반드시 인정하는 건 아니다. 규제 완화는 시민들의 사생활에 규제를 덜 가하려는 일반적인 추세의 일부일 것이다. 1960년대 이후로 성적인 행동과 성적 취향과 관련된 법률들이 완화됐고, 검열은 약해졌으며, 사람들을 민족과 성별을 바탕으로 차별하는 법률들은 폐지됐다.

술과 관련해서 일어난 변화 중 하나가 국가가 술 판매에서 수행하는 역할이 줄어든 거였다. 많은 나라와 지방단체(주)에서 술 판매는 정부가 소유한 소매매장에서 수행돼 왔고, 이는 일반적으로 리쿼 전매(liquor monopoly)로 알려졌다. 이들 시스템 중 다수가, 종종 상당한 대중적인 논란 후에, 1960년대부터 해체되거나 수정됐다. 소매를 민간에 이양한 데 따른 보편적인 결과 하나가 술을 구입할 수 있는 장소가 상당히 많아졌다는 것으로, 술을 입수하는 게 쉬워지면서 소비량 수준이 늘어났다는 것을 보여주는 증거가 일부 있다. 하지만 종합적으로 보면, 리쿼 소매의 민영화가 높은 수준의 술 소비로 이어진다는 만고불변의 철칙은 없다; 몇몇 곳에서는 이런 일이 일어났지만, 다른 곳에서는 민영화 이후로 소비량이 변하지 않거나 감소했다. 미국에서는 일련의 주가 술 판매를 민간 소매업자에게 넘겨줬다. 캐나다에서는 앨버타—그런 일을 한 최초이자 유일한 주—가 1944년에 술을 소매하는 역할을 포기했지만, 다른 주들은 주 차원의 술 관련 시스템을 유지하면서도 민간 소유의 리쿼 매장이 영업하는 것도 허용하기 시작했다.

1960년대 이후로 자유화된 또 다른 영역이 법정 음주연령이 폭넓게 낮아진 것으로, 그 시점까지만 해도 세계의 거의 모든 지역에서 음주가 허용되고 합법적으로 술을 구입할 수 있는 최저 연령은 21세였다(술 소비가 금지된 무슬림 국가에서는 법정 최저 음주연령이라는 게 불필요하다). 미국에서는 거의 모든 주가 금주령 폐지에 뒤이어 21세를 법정 최저 음주연령으로 정했다. 하지만 1971년에 투표 가능연령을 18세로 낮추는 것으로 미국헌법이 수정된 후, 많은 주가 음주연령도 같은 나이로 낮췄다. 1975년에 29개 주(전체 주의 절반 이상)가 그렇게 했다. 일부 주는 음주연령을 19세나 20세로 낮췄지만 말이다. 이런 조치에 시민단체들이 반응했다. 그들이 펼친 주장의 근거는, 대개, 음주연령을 낮추면 자동차사고가 는다는 거였다. 1976년에서 1983년 사이에 19개 주가 최저 법정 음주연령을 21세로 다시 올렸다. 최저 음주연령을 정하는 건 개별 주의 관할이었다.

하지만 각각의 주에서는 연령에 미달되는 젊은이들이 합법적으로 술을 살 수 있는 다른 주로 차를 몰고 갈지도 모른다고 두려워했고, 그래서 연방정부가 개입했다. 연방정부는 1984년에 균일 음주연령법(the Uniform Drinking Age Act)을 통과시켰다. 이 법의 내용은 21세 법을 따르지 않는 주에는 그들에게 지불할 연방고속도로기금(federal highway fund, 미국 연방정부가 연료세를 거둬서 모은 기금으로, 미국의 주간 고속도로 시스템과 기타 도로에 들어가는 비용의 재원으로 사용한다-옮긴이) 중 10%를 주지 않는다는 거였다. 저항하던 모든 주가 연방정부와 보조를 맞췄다.

미국의 개별 주들은 최저 음주연령 면에서는 상이한 궤적을 따라왔다. 예를 들어, 버지니아는 금주령이 폐지된 1934년에 술을 구입하거나 마실 수 있는 연령을 21살로 정했다. 그러다가 1974년에는 비어를 구매할 수 있는 나이를 18살로 낮췄다. 1981년에 비어를 (바 안에서처럼) 구입처에서 소비할 경우 비어와 관련된 음주연령은 18살로 유지됐지만, 비어를 다른 곳에서 소비하려고 구입할 경우에는 19살로 연령을 높였다. 1983년에 모든 비어 구입에 대해 최저 연령이 19살로 높아졌다. 연방의 균일 음주연령법이 나온 뒤인 1985년에 최저 연령이 21살로 높아졌지만, 21살 이하인 사람 중에 이전에 비어를 구입할 수 있었던 사람들은 비어를 계속 합법적으로 구입하는 게 허용됐다. 이전에 비어를 살 수 있었던 19세거나 20세인 사람이 21세가 되기 전까지 그렇게 하는 것을 금지당하는 상황을 피하기 위해서였다. 1987년에는 버지니아에서 모든 알코올성 음료를 합법적으로 마실 수 있는 연령이, 50년쯤 전에 그랬던 것처럼, 21세로 되돌아갔다.[13]

글로벌 수준의 편차는 최저 음주연령 분야에서만 있었던 게 아니었다. 알코올성 음료를 정의하는 방법에서도 국가별 차이가 상당했다. 알코올성 음료를 아예 정의하지 않은 나라는 몇 나라 안 되는 반면, 대부분의 나라가 술의 총량에서 알코올이 차지하는 백분율로 알코올성 음료를 정의한다. 대다수 나라가 음료에 알코올이 최소 4.5% 함유돼 있으면 그 음료를 알코올성으로 분류한다. 하지만 그보다 낮은 문턱을 택한 나라도 많다. 예를 들어, 독일과 프랑스에서는 알코올이 차지하는 비중이 1.2%면 알코올성 음료다; 미국과 캐나다, 영국에서는 0.5%다; 이탈리아는 훨씬 더 엄격해서 총량 중에 알코올이 0.1%만 있어도 그 음료를 알코올성으로 정의한다. 이와 반대로, 문턱을 더 높여 잡은 나라들도 있다. 헝가리와 에리트레아(5%), 벨라루스(6%), 도미니카 공화국(9%), 니카라과(12%) 같은 나라들이 그렇다.[14] 이 사례들에서는 비어 같은 상대적으로 저알코올성 음료는 판매와 소비를 규제할 알코올성 음료로 간주하지 않는다. 말할 나위도 없지만, 이런 편차는 국가간 술 소비량 수준을 비교할 때 여러 가지 난점을 낳는다.

최저 음주연령의 설정과 설정 연령의 변화에 대한 논쟁은 극히 작은 규모의 인구에 초점을 맞춘다. 최저 연령을 21세에서 19세로 떨어뜨린 것은, 본질적으로 19세와 20세인 사람들은 술을 책임 있게 소비하기에 충분할 정도로 나이를 먹은 것으로 간주한다는 의견을 표명한 것이다. 운전을 하거나 투표를 하거나 군복무를 하기에 충분할 정도로 책임감이 있다고 간주되는 사람은 술을 사고 마시기에 충분할 정도로 나이를 먹은 것이 분명하다. (미국을 제외한) 일반적인 경향은 최저 음주연령을 낮추는 거였지만, 젊은이와 술 사이의 관계에 대해서는 폭넓은 대중적인 논쟁과 정책에 대한 논란이 있었다. 이것이 술의 역사에서 새롭게 나타난 현상이라고 주장해도 무방할 듯하다. 젊은 소비자와 주로 결부되는 특별한 이슈가 두 가지 있다: 음주운전, 그리고 앉은자리에서 표준적인 알코올성 음료를 4잔이나 5잔을 소비하는 것으로 정의되는 경우가 잦은 폭음.

제2차 세계대전이 끝난 후 세계 모든 곳에서 자동차 소유가 급격히 증가했다. 1970년대 무렵에 도로에서 발생한 사상자 수는 심각한 우려를 불러일으키고 있었다. 예를 들어, 잉글랜드와 웨일스에서 (운전하기에 부적합한 상태로 운전하는 것과 술기운의 영향 아래 운전하는 것 같은) 술이 관련된 교통위반은 1953년의 3,257건에서 1963년의 9,276건으로, 1973년의 6만 5,248건으로 늘었다.[15] 이런 증가추세는 부분적으로는 도로를 달리는 자동차대수가 늘어난 것으로 설명할 수 있지만, 알코올성 장애(alcoholic impairment)를 더 정확하게 정의한 결과이기도 했다. 1962년 법률은 법정에서 혈중 알코올 테스트를 사용하는 것을 경찰에 허용했다. 혈액 100ml당 알코올 150mg이라는 결과가 나오면 운전능력이 손상된 증거로 간주됐다(이 기준은 1967년에 알코올 80mg으로 낮춰졌다). 하지만 혈액 테스트는 사고가 일어났을 때에만 허용됐고, 이외의 사례에서 경찰은 (손가락을 코에 대거나 일직선을 똑바로 걸을 수 있는지 같은) 인상에 의존한 다른 증거를 계속 활용해야 했다. 운전능력 손상에 대한 더 확실한 조치는 운전대에 앉기에는 부적합한 운선사를 더 많이 제포하는 거였을 테지만, 음주운전이 급속히 확산되고 있다는 것은 많은 사람의 눈에 자명해 보였다. 미국 연방정부가 1984년에 균일한 최저 음주연령을 21살로 채택하라며 주들을 강제하게끔 만든 정서적 분위기가 바로 이거였다.

음주운전에 대한 우려를 반영하고 강화한 중요했던 (그리고 중요한) 시민단체 중 하나가 음주운전에 반대하는 어머니들(MADD, Mothers Against Drunk Driving)이다. 1980년에 술에 취한 운전자에 의해 딸을 잃은 어느 여성이 캘리포니아에서 창설한 MADD는 미국에서 균일한 최저 음주연령을 채택하게 만든 주요 배후세력이었을 뿐더러, 거의 모든 주가 음주운전과 관련된 법률을 엄격하게 강화하도록 영향력을 행사했다. 미국의 많은 주가 음주운전자에게 지나치게 관대하다는 인상을 줬다(MADD 창설자의 딸을 죽인 운전자는 징역 2년형을 받았다). 일부 주가 초범에게 징역형을 명령하기 시작했다. 연방정부가 MADD와 기타 단체들의 압력 아래 2000년에 다시 술 관련 정책에 개입했다. 이번에는 운전자의 혈중 알코올농도 최대치를 0.08%로 정할 것을 주들에 요구했다. 그 시점에, 보편적인 혈중 알코올 최대치는 0.15%였는데, 그 수준에서 차를 유능하게 몰 수 있는 성인은 드물었다. 새 최대치는 그것의 절반으로, 연방정부는 새 수준을 채택하라고 주를 설득하는 데 연방고속도로기금을 철회하겠다는 위협을 다시금 활용했다: 주가 명령에 따르는 데 오랜 시간이 걸릴수록, 그들에게 지급되는 연방고속도로기금 액수가 더 많이 줄었다.

MADD는 1980년대와 1990년대에 특히 젊은이들이 술을 마신 후에 운전하는 것을 중단시키려고 더욱 널리 추진된 캠페인의 일부였다. 이 캠페인은 교육을 강조했고, 운전능력이 손상된 채로 운전하는 데 따르는 책임을 강조했다. MADD는 미국과 캐나다에서 긍정적인 평판을 얻었고, 그 지역에서 학교와 경찰과 제휴하여 다양한 프로젝트를 진행했다. 하지만 2000년 이후로 이 단체는 초점을 음주운전에서 음주 자체로 옮겼다는 비판을 받았다. MADD는 운전에 대한 언급은 전혀 하지 않으면서 미성년자의 음주에 조치를 취하라는 목소리를 높이고 있다.

다른 나라들도 이 시기에 음주운전과 높은 수준의 고속도로 사망률 때문에 조치를 취했다. 대다수 나라는 혈중 알코올 농도 한계를 0.05%에서 0.08% 사이로 정했지만, (노르웨이와 스웨덴, 러시아, 브라질을 비롯한) 여러 나라가 무관용제도(zero-tolerance regime)를 확립했다. 그런 나라에서는 혈액에 든 알코올의 흔적이 극미량이더라도 기소로 이어질 수 있다. 브라질에서, 2008년의 금주령(the Lei Seca)은 혈중 알코올 농도가 0.02%일 경우 운전자를 체포해서 기소하는 것을 허용했다. 처벌로는 최대 징역 3년형과 고액의 벌금, 운전면허 1년 정지가 있었다. 이 법은 연방도로와 고속도로 옆의 시골 지역에서 알코올성 음료를 파는 것도 금지했다.[16]

취중 운전 빈도에 대한 우려는 술과 관련해서는 상당히 관대한 나라 중 하나였던 프랑스조차 1990년대에 더 제한적인 법률을 채택하게끔 이끌었다. 담배와 술을 모두 다룬 (보건부 장관의 이름을 딴) 에뱅 법(the Evin Law)은 프랑스의 술 소비량이 꾸준히 줄고 있을 때 통과됐다. 에뱅법은 TV와 극장에서 술 광고를 하는 것을 금지하고 광고의 메시지와 이미지를 엄격하게 통제하며, 모든 광고에 술을 남용하면 건강에 위험하다는 메시지를 포함시킬 것을 요구하는 것으로 술 광고를 직접 강타했다. 술 광고는 젊은이를 직접 겨냥할 수 없었고, 알코올성 음료의 생산자는 스포츠 이벤트를 후원할 수 없었다. 옥외광고판과 와인페어 같은 이벤트에서 하는 광고는 여전히 허용됐다. 이 법은 2009년에 프랑스 기반 웹 사이트에서 젊은이를 겨냥하지 않는 한 술 광고를 할 수 있게 허용하는 쪽으로 수정됐다.

그 다음으로 주요한 술 관련 이슈는 젊은이와 결부된 것이었다. 폭음, 또는 가끔씩 행해지는 내량음주는 술에 취하는 것을 수된 목표로 삼아 단기간에 상당한 양의 술을 마시는 것을 가리킨다. 폭음(일부 술 정책 입안자들은 이 용어를 거부한다)에 대한 우려는, 18세기 초 잉글랜드의 진 광풍이 불러일으켰을 법한 도덕적인 패닉과 일부 행동유형에 대한 과장된 평가 같은 특성을 갖는다. 그 시기에 중산층과 상류층 남성들은 여성과 노동자, 빈민들이 공개적인 자리에서 술을 마시는 풍토를 개탄했다. 그리고 의심의 여지없이 그런 상황을 과장했다. 그들 자신도 집이나 클럽처럼 프라이버시가 지켜지는 상태에서 정기적으로 인사불성이 될 정도로 술을 마셨을 텐데도 말이다.

그와 비슷하게, 젊은이가 폭음 수준으로 술을 마시는 것(미국에서는 보통 앉은자리에서 남성이 표준적인 술을 5잔, 여성이 4잔을 마시는 것으로 정의한다)에 집중하는 요즘 추세는 일반적으로 많은 노인이 저녁자리에서 많은 술을 주기적으로 소비하는 현실을 무시한다; 저녁자리에서 알코올이 14.5% 함유된 와인 반병을 소비하면 거의 그 수준에 다다른다. 영국에서는 남자는 8잔, 여자는 6잔이라는 더 포괄적인 기준이 널리 활용되지만, 일부 단체는 개인의 혈중 알코올 농도가 합법적으로 운전할 수 있는 보편적인 기준인 0.08%에 달하면 언제든 폭음을 한 거라고 주장한다. 이 마지막 정의는 술이 소비되는 기간과 운전자의 상태, 술을 반주로 마셨느냐 술만 마셨느냐 여부를 더 효과적으로 고려한다. 일부 정의는 1, 2시간의 휴식기를 가진 술자리와 밤새 마신 술자리 사이를 구분하지 않고 앉은자리에서 마신 구체적인 잔 수를 거론한다.

어떻게 정의하건, 폭음은 2000년대 초에 여러 나라에서 젊은이에게 영향을 끼치는 문젯거리로 대두됐고, 합법적인 최저 음주연령 미만인 학생과 20대 초반인 젊은이에게 특히 더한 관심이 쏟아졌다. 2004년에 학생 건강을 주제로 시행된 국제 서베이는 많은 나라에서 13세와 15세 사이 학생 중 많은 수가 앞선 30일 동안 최소 1번은 술을 마셨다는 것을 발견했다. 해당자 비율의 분포는 남녀 중 10% 미만인 세네갈과 미얀마부터 50%를 넘는 세이셸(Seychelles), 우루과이, 아르헨티나, 카리브해 지역의 여러 나라까지 넓었다.[17] 유럽에서 이 비율은 체코공화국의 75%에서 아이슬란드의 17%까지 다양했다. 1995년 서베이에서, 폭음과 관련해서는 15세에서 17세 사이 유럽 학생 중 29%가 앞선 30일 동안 앉은자리에서 알코올성 음료를 5잔 이상 소비했다고 보고했다. 동일한 서베이는 그 비율이 2007년에 41%로 늘었다고 보고했고, 2011년에는 38%로 약간 감소했다. 스웨덴 딱 한 나라에서만 폭음 면에서 여성이 남성을 능가했다.[18]

폭음의 유행이라고 묘사된 현상에 대한 반응은 다양했다. 캐나다와 미국의 대학 당국들은, 술 소비량이 역사적으로 높은 시기인—개강 첫 주 같은—학년 초에 특히, 술 소비에 재갈을 물리려고 시도해왔다. 영국 정부는 2011년에 알코올 함량이 2.8%거나 그 이하인 비어에 붙는 세금을 낮추고, 7.5%거나 그보다 높은 비어에 붙는 세금을 올렸다. 목표는, 농도가 중간 정도인 비어를 선택한 대다수 비어 음주자를 처벌하지 않으면서, 음주문제로 이어지는 것으로 여겨지는 고알코올 비어의 활용을 그만두게 만들고 저알코올 비어의 소비를 장려한다는 거였다. 프랑스의 에뱅법도 젊은이를 겨냥한 미디어에서 술 광고를 하는 것을 금지하는 것으로 젊은이의 음주 문제를 다뤘다.

전후시기 술 관련 정책의 다른 개혁은 나라와 지역의 상황에 따라 다양했다. 뉴질랜드에서 제1차 세계대전 동안 당국은 술집들에게 월요일부터 금요일까지 오후 6시에 문을 닫게 하고, 토요일과 일요일에는 영업을 하지 말 것을 요구했다. 애초의 의도는 전시에 야간 음주 때문에 직장에 결근하는 것을 막자는 거였다. 이 정책은 이후로 반세기 동안 다른 이유에서 유지됐다. 제도에 관성이 붙은 것이 한 가지 이유였고, 이 법이 남성들에게 친구들과 술을 마시며 저녁을 보내기보다는 가정과 가족에게 돌아갈 것을 권장한 것도 이유 중 하나였다. 덜 긍정적인 측면을 보자면, 술집 문을 그렇게 일찍 닫는 것은 뉴질랜드에서 '6시 폭주(the six o'clock swill)'로 알려진 현상을 낳았다. '6시 폭주'란 거의가 남성인 술꾼들이 퇴근시간과 오후 6시 사이의 1시간이 채 안 되는 시간 동안 주량보다 훨씬 많은 양을 마신 것을 가리킨다. 그 결과, 이 정책은 성인의 폭음을 대규모로 촉진시켰다.

그러나 이 정책은 1960년대 무렵에는 쓸모도 없고 옹호도 할 수 없는 듯했다. 뉴질랜드에 레스토랑 문화가 생긴 것은 손님들이 심야가 될 때까지 식사를 하면서 술을 마실 수 있다는 걸 뜻했고, 프라이빗 클럽은 오후 6시 넘어서도 술을 제공하는 게 허용됐다. 늘어나는 외국인 관광객은 술집이 오후 6시에 문을 닫는 것을 짜증나고 불편한 일로 받아들였다. 1967

년 국민투표에서 유권자 3분의 2가 음주시간을 오후 10시로 연장하는 것을 지지했다. 이는 이후로 행해진 일련의 음주시간 연장의 첫 사례였다.

소련에서는 20세기의 마지막 20년간 더 심각한 술 관련 이슈들이 생겼다. 높은 1인당 술 소비량이 공중보건과 경제에 피해를 주기 시작했고, 1980년대 무렵에 음주는 소련의 경제와 정치 시스템을 붕괴시킨 주요 요인이었다.[19] 앞서 봤듯, 이게 새로운 현상은 아니었다: 대량음주는 몇 세기 동안 러시아/소련의 특징이었다. 물론, 불규칙하게 영토를 확장한, 여러 나라로 구성된 제국이라 지역적·민족적인 편차는 컸다. 무슬림 지역들은 유대인 인구처럼 소비량이 훨씬 낮은 수준이었던 반면, 보드카를 주로 마신 라트비아인들은 총 술 소비량에서 와인을 마시는 조지아인들을 쉽게 능가했다. 하지만 전체적으로 고려해보면, 소비에트 시민들은 세계에서 술 소비량이 가장 많은 국민에 속했고, 그보다 중요한 것은 1950년대부터 1980년대까지 소비량이 다른 그 어떤 나라보다 더 빨리 치솟았다는 것이다. 합법적인 출처와 불법적인 출처에서 나온 술의 (14세 이상 인구 1인당) 소비량을 가장 잘 추정한 수치는 1955년에 순수 알코올 7.3리터이던 것이 1965년에 10.2리터로 치솟고, 1975년에 14.6리터로, 1979년에 15.2리터로 올랐다는 것을 보여준다.[20]

1952년에 스탈린이 사망한 후 권좌에 오른 모든 소비에트 지도자는 소비량을 통제하려는 미온적인 시도들을 했다. 니키타 흐루쇼프(Nikita Khrushchev)는 1958년에 알코올중독에 맞선 캠페인을 요구하면서 술에 대한 교육프로그램을 시작했고, 매장과 레스토랑에서 술을 판매하는 것을 제한했다. 1960년에 1회 이상 주취로 유죄판결을 받은 사람을 의무적으로 치료하기 위해 형법이 개정됐다. 레오니트 브레주네프(Leonid Brezhnev, 1964년부터 1982년까지 재임한 소비에트 연방 서기장이자 음주로 악명이 높았던 인물)의 지휘 아래, 정부는 ('폭력행위hooliganism'라는 용어 아래)

공공장소 주취에 대한 처벌을 강화했고, 상습범들을 보내 강제노동을 포함한 치료를 시킬 갱생캠프를 연달아 설립했다. 정부는 1972년에 보드카 생산량을 줄이고 독한 보드카의 생산을 단계적으로 완전히 중지하라고 명령하면서, 그걸 벌충할 와인과 비어, 비알코올성 음료의 생산량을 늘리라고 지시했다.

브레주네프를 계승한 단명한 두 정부(1982년과 1885년)—그중 한 정권의 서기장인 콘스탄틴 체르넨코(Konstantin Chernenko)는 아마도 만성적인 대량음주에 의한 간경변증으로 사망했을 것이다—는 고도의 술 남용이라는 사회적 문제에 더 과격한 접근방법을 채택하기 시작했다. 이 접근방법은 소비에트 사회의 상태에 대해 개방적인 논의를 하는 것으로 시작됐다. 혁명이 끝난 후 60년이 지났는데도, 마르크스주의자들이 오랫동안 자본주의 사회와 결부시켜 온 이슈들인 성 불평등과 알코올중독 같은 문제점을 여전히 없애지 못했다는 인식이 그 뒤를 따랐다. 결근을 줄이려는 시도를 포함한 술 남용을 줄이려는 캠페인과 더 체계적인 반알코올중독 운동이 등장하기 시작했다. 이 중 어느 것도 지나치게 때 이른 게 아니었다; 1980년대에 술은 널리 퍼진 건강문제와 소비에트 경제의 허약함을 야기한 주된 요인이었다. 실제로 소련의 사망률이 올랐다. 기근이나 전쟁 같은 주된 재앙의 맥락이 아닌 상황에서 그런 일이 일어난 것은 처음이었다. 40세 이상 남성의 사망률이 1965년과 1989년 사이에 20%에서 25% 증가했고, 50세 이상 여성의 사망률도, 증가세가 조금 덜했지만, 올랐다. 술이 이런 변화를 초래한 유일한 원인은 아니었지만—흡연과 형편없는 의료 서비스도 원인이었다—술이 큰 몫을 하기는 한 것으로 여겨진다.

1985년에 권좌에 오른 소련의 마지막 서기장 미하일 고르바초프(Mikhail Gorbachev)는 초기에 성공의 조짐—소비량과 술 관련 범죄의 소폭 감소—을 일부 보인 반알코올 캠페인을 계승했다. 그러면서 그는 이 문제를 그의 정부가 추진할 우선순위 중 하나로 채택했다. 고르바초프는 이따금씩 제기되는 전면 금주령이라는 과격한 제안들을 피하면서 권고와 강제를 아우르는 복잡한 정책을 지지했다. 교육적인 측면에서는 과학 아카데미(the Academy of Sciences)와 교육학 아카데미(the Academy of Pedagogy) 같은 다양한 단체에 음주가 건강과 사회 질서, 도덕, 경제에 끼치는 해로움을 잘 보여줄 캠페인을 시작하라는 과업을 하달했다. 특히 젊은이들이 음주의 대안을 더 많이 가질 수 있도록 레저와 스포츠 시설을 개선하려는 활동을 벌였다. 신문과 라디오, 텔레비전은 반알코올 메시지를 강화하라는 지시를 받았고, 영화감독이 대량음주를 긍정적인 관점에서 묘사하는 걸 금지시켰다.[21]

새 캠페인의 강제적인 측면을 보면, 새로운 규제들은 술의 판매시간(평일에는 오후 2시 이후에만), 한 사람이 살 수 있는 양, 그걸 소비할 수 있는 장소를 규제했다. 공공장소 음주는 벌금형을 받았고, 작업장 음주도 마찬가지였다. 너무 취해서 밤새 구금된 사람에게는 숙박비가 청구됐다. 전국적인 절주운동이 부활했고, 1986년 중반에 그 운동은 소련 도처에 35만 개 지부를 두고 회원이 1,100만 명이라고 주장했다. 공산당은 국가적 이벤트와 외교적 이벤트를 포함한 공개행사에 술을 금하는 것으로, 그리고 술을 남용하거나 남용을 용인한 당원과 관리에 대해 (해고를 포함한) 훨씬 더 엄격한 조치를 채택하는 것으로 솔선수범했다. 캠페인이 힘을 얻는 동안 당에서 수천 명이 제명됐다.[22] 이 광범위한 캠페인의 핵심은 술의 입수 가능성을 줄이는 거였다. 1985년 중반에 시작된 1단계는 보드카와 다른 리큐의 가격 인상이었지만, 알코올 함량이 낮은 비어와 와인은 해당되지 않았다. 1년 후에는 가격이 더 큰 폭으로 인상됐다. 국가가 생산하는 보드카의 생산량이 1985년의 2,380만 리터에서 1988년에 1,420리터로 줄었고, 와인 생산량도 거의 반 토막 났다.[23]

소련 정부는 1986년 말에 인상적인 결과를 보고했다: 보드카와 와인 소비량이 3분의 1로 줄었고, 직원의 결근도 마찬가지인 동시에, 범죄는 4분의 1로 줄었다. 그러나 나라 곳곳에서 올라온 보고서는 복합적이었다. 일부 지역에서는 음주에 재갈을 물리려는 시도들이 실패하면서 소비량이 계속 늘고 있다는 묘사가 올라왔다; 다른 지역에서는 광부들로 구성된 집단 전부가 술을 완전히 끊었다는 등의 경이로운 성공사례를 담은 거의 믿기 힘든 보고서가 제출됐다. 그런 지역에서는 생산량이 올랐고, 생산성 쿼터도 초과 달성됐다는 말이 나왔다. 인구통계적인 측면에서 보면, 1980년대 말에 진정한 발전이 있었다. 1970년대 이후로 꾸준히 오르던 사망률이 반전됐고, 작업장 사고로 인한 사망자 수가 줄었다. 치명적인 심장질환 건수는 떨어졌고, 알코올중독에 의한 사망과 더 포괄적인 술 관련 원인에 의한 사망이 절반으로 줄었다. 출생률이 올랐고, 유아의 건강과 출생 첫해 생존율도 두드러지게 향상됐다.[24]

하지만 빌수의 비밀 생산은 술에 맞서 벌이는 캠페인의 기반을 약화시켰다. 술을 자유로이 입수할 수 있었을 때, 시골 지역에서 널리 생산되는 불법 리쿼인 사모곤은 소련에서 소비되는 술의 총량 중 3분의 1가량을 차지한 것으로 추정됐다. 1988년 무렵, 일부 추정치는 사모곤 생산량이 (줄어든) 국가 생산량의 50%에 이를 것으로 봤다. 합법적인 술의 입수 가능성이 줄면서, (라트비아처럼) 밀주 생산을 사실상 모르던 지역과 도시들로 밀주 생산이 퍼졌다. 이 방대한 지하산업은 소련에서 사탕무(beet)로 엄청난 양을 생산하던 설탕의 공급량에 의존했다. 1987년 무렵에는 소련의 설탕 생산량의 10분의 1이 사모곤 생산에 활용되고 있었던 걸로 추정된다. 불법 리쿼를 구하지 못한 절박한 시민들이 알코올을 함유한 품목들—오드콜로뉴, 헤어 토닉(hair tonic), 창문 닦는 세정제 등—로 향하면서 심각한 결과를, 때로는 치명적인 결과를 자주 맞았다.

정부로 흘러든 많은 보고서는 진정한 성취와 심각한 실패 양쪽 모두를 상세히 기술했을 게 분명하다. 그들은 서로를 상쇄했던 듯하다. 1988년에 캠페인이 "사회에 더 유익한 도덕적 분위기"를 낳았지만 "급격한 변화"를 일으키는 데는 실패했다는 판정이 내려졌기 때문이다. 그런데 정부는 캠페인을 힘껏 추진하는 대신, 캠페인의 규모를 축소시켰다. 대중의 지지가 약해지고 있다는 느낌이 있었고, 술 생산량이 처음에 예상했던 것보다 더 큰 폭으로 감소하면서 수요와 광범위한 밀주 생산량이 증가했다. 국가가 주세로 거둘 수 있었던 추정 세수 20억 루블을 놓쳤다는 사실도 한몫했다. 캠페인은 계속됐지만 강제적인 집행보다는 교육과 권고를 강조하는 쪽으로 초점이 이동했다. 비판자들은 탄압적인 조치들을 1930년대에 행해진 강제집단화 프로그램에 비유하면서, 경찰의 사모곤 엄중 단속을 인민을 상대로 벌이는 전쟁이라 불렀다. 원칙적인 반론 너머에는 러시아가 또 다시 술을 상대로 지는 전쟁을 하고 있다는 인식이 있었다.

캠페인의 최초 수정안은 와인과 비어, 브랜디를 식품매장에서 파는 것을 다시 허용했고, 곧이어 리큐와 와인의 생산량을 늘리는 것도 허용했다. 보드카와 다른 스피릿의 생산량이 1988년부터 1990년 사이에 50% 늘었고, 소비량도 늘기는 했지만 캠페인 이전 수준에 도달하지는 못했다. 1985년에 러시아인들은 술을 1인당 8.8리터 마셨다. 이 수치는 1987년에 3.9리터로 떨어졌지만, 규제가 완화된 이후인 1990년에 5.6리터로 올랐다.[25] 캠페인이 한창 실행될 때 보고된 건강과 다른 이점들의 추세는 빠르게 반전됐다. 사망률은 오르고 출생률은 떨어졌으며, 소련 인구는 1991년에 실제로 감소했다.

1991년에 소련이 해체되면서 러시아 연방(the Russian Federation)에 더 자유로운 술 시장이 도입됐다. 국가의 생산 독점은 끝났고, 1992년에 가내양조가 처벌대상에서 제외됐다. 수입산 술이 더 자주 등장하기 시작했고, 오래지 않아, 수입 보드카가 러시아 시장의 60%를 차지했다. 이런 상황에서, 술 생산과 소비는 늘기 시작했다. 1991년에 합법적인 순수 알코올 7리터이던 소비량은 1995년에 11리터에 달하고는 2006년까지 10리터 안팎을 맴돌았다. 합법적인 술에 불법 주류도 더해야 한다. 불법 주류는 합법적인 분량의 3분의 1에서 절반에 가까울 것으로 추정된다. 이렇게 계산하면 2000년대 초에 러시아 성인의 순수 알코올 평균 소비량은 약 16리터 정도인데, 이에 비해 유럽인 평균은 약 12리터였다.[26] 달리 말하자면, 평균적인 러시아 시민은 보드카를 이틀에 1병씩 마셨다.[27] 그런데 금주하는 사람의 비율 40%를 고려하면, 러시아의 평균적인 음주자는 보드카를 날마다 거의 1병씩 마셨다. 술 관련 범죄와 결혼생활 파탄이 앞선 시기의 비율로 회귀하고 주취 탓으로 여겨지는 교통사고가 급격히 증가한 것은 전혀 놀라운 일이 아니었다.

블라디미르 푸틴(Vladimir Putin, 2000년부터 2008년, 그리고 2012년부터)의 집권 아래, 술을 상대로 한 새로운 캠페인이 시작됐다. 술의 생산과 판매를 금지하자는 논의가 일부 있었다; 그러는 동안 주세가 인상돼 2012년과 2014년 사이에 거의 4배가 됐다. 푸틴은 술 소비량을 줄이려고 했지만 성공하지 못한 과거의 캠페인들로부터 교훈을 얻었다는 것을 보여줬다. 주세를 급격히 올리는 대신 서서히 올리면 밀주 생산량이 증가할 가능성도 줄어들 거라고 주장한 것이다.[28] 2012년에 러시아 인터넷에서 모든 술 광고가 금지됐고, 2013년에 신문에 술 광고를 싣는 것이 더 이상 허용되지 않았다.

소형 소매업자와 대형 소매업자를 포함한 다양한 세력이 정부가 벌이는 캠페인을 반대했다. 2013년에 인도(人道)와 길가 키오스크(매점 따위로 쓰이는 간이 건조물)에서 비어를 파는 게 금지됐는데, 비어 판매는 키오스크의 수입의 약 40%를 차지했다. 이론적으로만 보면 이런 조치는 대형 매장에 이득이었다. 하지만 대형 매장의 (그들의 총 수입의 4분의 1을 차지하는) 술 판매량도 타격을 받았다. 동일한 법이 보드카 0.5리터의 최저가격을 36% 올렸고 비어를 식품에서 알코올성 음료로 재분류했기 때문이다.[29] 이건 어느 매장이건 오후 11시에서 오전 8시 사이에는 비어를 팔 수 없다는 뜻이었다.

이런 개혁들이 오랫동안 집필돼온 러시아 술 관련 정책의 대하소설에 등장한 최근 에피소드다. 하지만 러시아 당국만 홀로 술 소비 패턴과 수준을 우려하는 건 아니라는 것도 분명하다. 술 관련 행동―음주운전이건 젊은이의 음주건 술이 경제 생산성에 미치는 영향이건―은 국경과 이념적인 전선을 넘나든다. 제임스 니콜스(James Nicholls)가 영국에 대해 한 말―'음주 문제'는 1940년대 이후로 약해졌지만, "음주는 21세기가 시작되면서 맹렬한 속도로 정치 의제에 복귀했다"―은 지리적인 범위를 더 넓히더라도 맞는 말이다.[30]

이와 동시에, 적절한 술 소비는 건강에 유익하다는 주장들이 복귀했다. 20세기에 의료전문가들은 술을 과거 그 어느 때보다도 더 미심쩍은 태도로 취급했다. 일반적으로 술은 개인의 건강에 유익한 점보다 더 많은 문제를 안겨주는 것으로 간주됐다. 특정한 와인과 스피릿을 특정한 병환에 처방하던 시절하고는 한참 다르게도, 술은 추천된다 하더라도―조심스럽게 적당량만 마실 경우에만―일상생활의 스트레스를 완화시킬지도 모르는 오락용으로 추천됐다. 의사들이 환자에게 술을 마시지 말라고 권고하는 사례가 늘고 있었다.

1991년에 미국 TV에서 방영된 〈프렌치 패러독스(the French Paradox)〉에 대한 묘사는 술을 향한 의료계의 (그리고 사회의) 태도를 바꿔놓은 중대한 사건이었다. 패러독스의 내용은, 프랑스인의 식단과 라이프스타일을 보면 심장질환에 걸릴 가능성이 높아야 마땅한데, 프랑스인의 심혈관계

질병 발생률은 미국인의 3분의 1 수준밖에 안 된다는 거였다. 프랑스인은 미국인보다 담배를 더 많이 피웠고 육체적인 운동은 덜했으며 치즈와 튀김음식, 지방이 풍부한 식단을 먹었다. 술도 더 많이 마셨다. 그런데 큰 차이점은 그들이 섭취하는 알코올은 상당부분 와인에서, 특히 레드와인에서 비롯된다는 거였다. 프랑스의 주도적인 의학자들은 검은 포도의 껍질에서 발견된 페놀(phenol)로, 레드와인에 다양한 정도로 농축돼서 들어 있는 레스베라트롤(resveratrol)이 레드와인을 많이 소비하는 인구집단에서 심장질환이 발생하는 건수가 낮은 이유라고 주장했다.

1991년에 미국의 인기 TV프로그램 〈60분(Sixty Minutes)〉에서 이런 발견들이 방송되자 레드와인 판매량이 늘었다: 이듬해에 미국의 레드와인 판매량이 40% 늘었다. 영향은 다른 나라들로 퍼졌고, 많은 사람이 건강상의 문제를 예방하려고 정기적으로 레드와인을 마시기 시작했다. 술을 마시고 싶지 않은 사람들을 위해, 레드와인 2잔과 동일한 효능을 제공한다고 주장하는, 가루 와인으로 만든 정제가 나왔다.[31]

프렌치 패러독스는 술에 대한 의료계의 사고(思考) 추세에 정면으로 역행하는 것이라서, 격렬한 논쟁의 대상이 됐다. 프랑스의 심장질환 통계가 극도로 축소됐고, 따라서 패러독스 같은 건 없다는 주장이 나왔다: 프랑스인이 튀김음식을 먹는 전통은 오래되지 않았고, 그에 따른 효과가 인구집단에 일단 자리를 잡고 나면 심장질환 비율이 오를 것이라는 주장도 있었다; 복잡한 문제를 설명하려고 레스베라트롤 같은 한 요소만을 따로 분리하는 것은 불가능하다는 주장도 나왔다. 미국에서 전국적으로 술을 규제하는 연방기관인 알코올 담배 화기국이 프렌치 패러독스를 처음 방송한 TV프로그램에 출연했던 중요한 프랑스 과학자 세르주 르노(Serge Renaud)에게 레드와인에 대한 그의 주장을 입증하라고 요구했다. 1994년에 르노는 하루에 20그램에서 30그램(두세 잔)의 와인은 심장질환에 의한 사망위험을 40% 가량 줄여줄 수 있다는 것을 보여주는 연구결과를 명망 높은 영국 의학저널 〈랜싯(Lancet)〉에 발표했다. 그는 와인이 혈액의 혈소판에 작용하면서 혈전이 생기는 것을 예방한다고 주장했다. 프랑스 중년 남성들로 이뤄진 대규모 샘플을 대상으로 한 르노의 이후 연구는 프렌치 패러독스를 강화하는 데서 머물지 않고, 레드와인의 적당한 소비는 대다수 암을 예방하기도 한다는 것을 보여줬다.

　최근의 의학적인 견해는 와인을 정기적으로 적당량을 마시는 것은 많은 사람이 심장질환과 일부 암에 걸리지 않게끔 예방해준다는 쪽이다. 다른 모든 변수를 일정하다고 가정하면, 적당히 마시는 술은 술을 삼가는 것보다 건강에 더 유익한 대안이다. 하지만 적당한 수준을 넘어선 술 소비는 그런 이점들을 무효화할뿐더러 개인에게 다른 의학적인 문제를 안겨준다. 이런 관점에서, 술―특히 와인―은 19세기 이전에, 그러니까 의사들이 특정 목적에서 술을 처방할 뿐 아니라 일반적인 강장제로서 효능을 인정하던 때에 차지했던 자리를 되찾았다.

　많은 점에서, 현대세계의 술은 지난 몇 세기와 밀레니엄 내내 추적해볼 수 있는 이슈들을 상기시킨다. 소비에 대한 친숙한 우려들이 있다. 일부 지역에서는 이런 우려가 다른 지역에서보다 더 날카롭게 표명되지만, 아무튼 세계의 거의 모든 곳에 이런 우려가 존재한다. 오늘날 술의 위험성은 훨씬 더 정확한 용어들로, 때로는 상이한 용어들로 묘사된다: 간(肝)질환과 심장질환에 걸릴 위험성은 생생하게 설명되고, 음주운전의 위험성도 마찬가지다. 여성의 음주와 그들의 도덕성에 미치는 영향에 대한 우려는 무척이나 준 반면, 남성들이 여성들을 성적으로 착취하는 수단으로 술을 활용하는 행각이 한층 더 강조된다. 일반적으로 젊은이의 술 소비에 대한 우려는 훨씬 심해졌다. 긍정적인 면을 보면, 술은 거의 100년 정도의 휴지기를 보낸 후에 약국으로 돌아왔다. 프렌치 패러독스는 판도라의 상자를 열었다. 얼마 안 있어, 레드와인만이 아니라 적당량을 소비하는 한 모든 와인이 건강에 유익하다는 주장이 나왔다. 남용이나 과음에 대한 논의는 하나같이 용인 가능한 술 소비량 수준을 넌지시 내비친다. 적당량이 얼마인지를 찾아내려는 조사는 술을 철저히 금지하지는 않은 거의 모든 나라의 정책에 영향을 미쳤고, '적당함'의 정의와 사람들에게 적당히 마시라고 설득하는 수단들을 찾으려는 노력은 술의 역사의 심장부에 자리 잡고 있다.

결론

수백 년, 수천 년에 걸쳐 많은 지역의―술을 인식하고 가치를 평가하고 소비한 방식들을 포함하는―술 문화를 조사할 때, 시간과 장소를 불문하고 항상 존재하는 것처럼 보이는 점 하나가 술은 고도로 논란이 심한 물품이라는 것이다. 한편에서 술은―때때로 신이 베풀었고 종종 종교와 긍정적으로 결부된 음료로서, 그리고 건강과 치유에 좋은 잠재력을 가지고 모든 수준의 공동체에서 사교생활을 지원해주는 음료로서―좋은 물품을 대표했다. 다른 한편에서 술은 부도덕과 불경, 사회 혼란, 형편없는 육체적·정신적 건강, 범죄를 통해 표현되는 개인과 사회의 재앙을 초래할 잠재력을 가졌다.

  이 다양한 가능성이 실현되는 방식은 술을 소비하는 방식에 달렸고, 술의 역사에서 가장 중요한 차원은 아마도 적당한 지점을, 그러므로 안전한 음주에서 과음과 위험한 음주로 넘어가는 지점을 규정하려는 당국들의 지속적인 시도에 놓여 있다. 많은 사례에서, 이 지점은 사건이 일어난 이후에야, 음주자가 그 지점을 넘어서면서 취한 후에야 규정됐다. 다른 때에는, 현재 많은 나라의 공중보건 당국이 하루 알코올 섭취 최대량에 대한 가이드라인을 제공하는 것처럼, 특정한 최대량이 정의됐다. 일부 경우, 당국들은 무슬림과 모르몬의 사례에서처럼 보편적으로 적용되는 금주 정책이나, 식민지 사회의 원주민처럼 특정 인구집단을 표적으로 삼은 금주정책을 실행했다.

이런 다양한 정책은 술이 좋거나 나쁠 가능성에 대한 지배적인 평가에 기초했다. 과거에나 현재에나, 금주령은 술을 오용한 사람들 때문에 초래되는 위험이, 술을 소비할 수 있어야 마땅하다고 느낄 다른 소비자들의 권리보다 더 크다는 가정에 기초한다. 덜 엄격한 규제 정책들은 사람들이 술을 소비하는 것을 허용할 방법을 찾거나, 연령이나 성별, 민족을 기준으로 술에 대한 접근을 제한하거나, 술의 구입이나 소비시점을 제한하는 것을 통해 술의 위험성을 완화시키려고 노력하는 것에서 개인이나 사회가 누릴 혜택을 이끌어낼 방법을 강구한다.

앞서 본, 고대 메소포타미아와 아프리카의 영국 식민지, 현대 프랑스와 19세기 미국 같은 다양한 맥락에서 표명된 술에 대한 대체적인 불안감은 근본적으로 사회 질서에 대한 광범위한 불안감이었다: 술 소비가 개인들이 언어와 신체에 대한 통제력을 잃는 것으로 이어질 수 있다면, 술의 대량 소비는 더 광범위한 신체인 사회의 규율 상실을 불러올 수 있다. 이런 불안감은 거의 모든 문화에 등장하지만, 우리는 지속적으로 등장하는 주제들 내부에 존재하는 편차에 초점을 맞춰야 한다.

보편적으로 존재하는 불안감은 여성들의 음주를 향한 남성들의 태도다. 역사적으로, 남성들은 여성들의 음주를 불안해했다. 일반적인 이유는, 남성들이 술기운의 영향 아래 놓인 여성은 성적인 억제에서 해방되거나 금제(禁制)에서 벗어난다고 믿었기 때문이다. 알코올의 효과 중 하나가 모든 종류의 억제를 완화하는 것이기 때문에, 이건 충분히 합리적인 가정이다. 하지만 여성들의 신체가 남성들의 그것과 다른 비율로 알코올을 흡수하고 대사시키기는 하지만, 알코올이 효과 면에서 성별을 차별하지는 않는다. 다른 모든 것이 동일하다면, 여성들은 술기운의 영향 아래에서 위험한 행동이나 성적인 행동 등을 남성들보다 더 많이 하지는 않는다(문화적인 영향이 여성들이 남성들보다 더 많은 성적인 리스크를 감수하게끔 만드는 경우를 더 자주 연출한다고 주장할 수는 있다). 술을 마시는 남성들이 여성들의 음주에 반대하는 것은, 기본적으로, 성도덕의 이중 잣대를 표현한 것이다.

여성의 술 소비에 대한 남성들의 불안감은 역사적으로는 꾸준한 듯하지만, 상이한 시기에 상이한 형태를 취했다. 고대 로마에서, 방점은 결혼한 여성의 와인 소비에 찍혔다. 술에 취한 부인이 간통을 저질러 아이를 임신했을 때, 그녀의 남편이 친자식이 아닐지도 모르는 아이를 키우게 될 거라는 공포 때문에 그랬을 가능성이 크다. 여성이 술을 마셨을 때 내리는 처벌—때로는 사형, 어떤 때는 이혼—이 불륜을 저지른 여성에게 부과된 것과 동일한 형벌이었다는 것은 주목할 만하다. 이와 반대로, 18세기 초 영국에서 진 소비에 대한 패닉은 아내로서 여성이 아니라 어머니로서 여성에 초점을 맞췄다. 앞서 봤듯, 진은 마더 진이나 마더스 폴리(Mother's Folly)로 알려졌고, 호가스의 유명한 판화 〈진 레인〉은 아이를 돌보는 어머니를 중심 이미지로 묘사했다. 출생률과 인구 증가가 18세기에 가장 큰 걱정거리에 속했고, 당시에 출판된 많은 소책자가 진이 아동과 출생률에 끼치는 해로운 영향을 강조했다는 게 우연일 수 있을까?

제1차 세계대전 동안과 직후에 출현한, 젊은 여성들이 술을 마시는 것에 대한 불안감에서는 약간 다른 점을 강조할 수 있다. 전쟁 동안 새로운 취직 기회와 증가한 소득이라는 혜택을 입은 여성들이 퍼블릭 하우스의 단골이 되기 시작했다는 점은 널리 알려져 있다. 그전까지만 해도 대체로 남성들과 결부되던 이 행동은 남성적이라고 간주된 여성들의 의상과 헤어스타일의 변화와 동시에 일어났다. 전쟁이 끝나자 여성들을 다시 여성화하려는 다양한 시도가 있었다. 제대한 병사들을 위한 공간을 만들기 위해, 여성들이 일하던 많은 제조업 일자리에서 여성들을 해고한 게 특히 그랬다. 이 시기에 여성의 음주에 대한 불안감은 전시 상황 때문에 무너졌다고 판단된 성간(性間) 경계선을 다시 세울 필요가 있다는 분위기를 반영했다.

이런저런 사례에서, 근본적인 반대는 여성의 술 소비를 향한 거였다. 하지만 각 시기에 등장한 반대여론을 정확하게 표현하자면, 그런 여론이 여성들의 술 소비에 의해 위협받는다고 인식된 성(性)질서의 일부 측면에 대한 폭넓은 문화적 불안감을 반영했다는 것이다. 여성이 술을 마시는 것을 허용한 곳에서는, 우리가 살펴본 시대와 지역, 계급을 불문하고, 여성들은 일반적으로 남성들보다 술을 덜 마신 것으로 보인다. 이 책이 다룬 시기 중 상당한 기간의 경우, 그런 음주실태를 뒷받침하는 증거는 깔끔하지 못하고 종종 형편없는 수준이지만 말이다. 아무튼 그런 성별 소비량의 차이는 술을 마시지 않는다고 밝힌 여성이 남성보다 훨씬 많은 오늘날에도 맞는 말인 게 확실하다: 미국에서 여성의 40% 대 남성의 30%; 이탈리아에서 25% 대 10%; 중국에서 45% 대 13%.[1] 금주는 과거의 아동들에게는 특히 더 잘 맞는 말이었다. 아동에 대한 정의가 시간의 흐름에 따라 변해왔다는 것을 잘 인식해야 하지만 말이다. 근대 초기 유럽의 젊은 사람들은 10대 초반에 도제로 취직해서 풀타임 작업을 시작했을 때 술을 마시는 것도 시작했을 것이다.

따라서 술 소비량의 역사적인 추세를 일반화하는 것은 위험한 일이다. 그렇긴 하지만, 많은 지역과 시대에서 얻은 자료들을 꼼꼼히 살펴보면 세계의 일부 중요한 지역들이, 술 소비량이 역사적으로 낮은 수준에 도달했다는 점에서 '포스트 알코올(post-alcohol)'시대라 생각할 만한 시대로 진입했다는 결론을 얻게 된다.

알코올성 음료는 수백 년간 유럽과 아시아, 아메리카뿐 아니라 오스트레일리아와 뉴질랜드, 남아프리카의 성인 인구의 상당부분이 일상적으로 먹는 식단의 일부였다. 앞서 봤듯, 유럽과 북미에서 깨끗한 식수에 정기적으로 접근하는 것은 19세기에 주요 공공급수 프로젝트들이 완료되기 전까지는 해결되지 않은 난제였다. 그때까지, 비어와 와인은 입수가 가능한 물보다 더 안전한 대안으로 받아들여졌고, 인간의 건강에 해로운 일부 박테리아를 죽이려고 물에 스피릿을 첨가하기도 했다. 술의 역사와 물의 역사는 이 정도로 의미심장하게 함께 흘렀다.

사학자들이 오염된 물보다 더 안전한 대안으로서 알코올성 음료의 중요성을 주장해왔지만, 문화적인 고려와 물질적인 고려가 건강에 긴요한 것보다 우선시되는 경우가 자주 있었던 듯하다는 점도 인정해야 한다. 우리가 연구할 수 있는 거의 모든 시대의 거의 모든 문화에서, 성인 남성들이 정기적으로 적당한 양의 술에 접근했었다는 데는 의문의 여지가 없다. 하지만 앞서 봤듯, 여성의 음주에 대한 극심한 불안감과 아동의 술 소비에 대한 반감도 자주 등장했다. 이런 상황은 우선순위에 대한 의문을 제기한다. 알코올성 음료가 입수 가능한 물보다 안전했다는 건 폭넓게 인정됐다; 우리는 청교도들이 비축해 둔 비어와 물이 동났을 때 아메리카의 식수에 대해 전망하면서 직면한 두려움을 떠올려야 한다. 그런데 술 관련 정책을 만들어낸 남성들은 여성과 아동(어쨌든 20대가 되지 못한 소년)들에게 술을 삼가라고, 그 결과 질병에 걸릴 위험을, 심지어는 죽음을 맞을 위험을 감수하라고 권고할 때 꽤나 편한 심정이었던 듯 보인다.

18세기 내내 서구세계를 지배한 의학사상에 따르면, 술은 아동에게는 적합하지 않은 것으로 여겨졌다. 당시의 의학사상은 그렇잖아도 뜨거운 아동의 신체에 체온을 높이는 술의 특징이 부정적으로 작용할 거라고 생각했다. 앞서 봤듯, 이 주장은 일반적으로 성인 여성의 음주를 반대하는 데까지 발전했다. 술이 성인 여성들이 성적인 금제를 내던지도록 만들기 때문이다. 남성들도 술을 마시고 나면 성적으로 무분별해질지 모르지만, 대체로 그들은 문제가 있더라도 문제가 있다는 식으로 간주되지 않았다. 여성들이 (또는 그들의 남편들이) 성적인 위반을 저지르게끔 만드는 도덕적인 위험에 처하게 만드는 것보다는, 여성들을 물을 마셨을 때 뒤따르는 것으로 믿어진 질병이나 그보다 나쁜 처지에 빠질 위험에 몰아넣는 게 더 낫다는 식의 도덕적인 계산을 한 듯하다. 결혼한 남성의 입장에서 보면, 다른 남자와 간통한 아내의 남편이 되는 것보다는 홀아비가 되는 편이 더 나았다.

여성과 아동이 술을 마시는 것을 금지당하거나 소비할 수 있는 양을 엄격히 제한당하는 일이 잦았지만, 역사적으로 인구의 상당부분이 다른 대안이 없다는 이유로 술을 삼갔던 것도 분명하다. 술은―고대 로마의 노동자와 병사들이 소비했던 물을 탄 시큼한 와인 같은 저질 와인이나 18세기 초에 잉글랜드에서 위조된 불순물을 섞은 진일지라도―하나같이 돈이 든다. 반면에 물은, 공공우물에서 길어온 것이건 강이나 호수같은 천연 식수원에서 얻은 것이건, 공짜였다. 와인이나 비어를 축제에서 무료로 얻는 드문 경우를 제외하면, 가난한 이들은 정기적으로 알코올성 음료를 접하지 못했다. 빈자의 식단에 술이 없는 것, 그리고 그에 따라 질낮은 물에 의지하는 것은, 일반적으로 결핍된 식단과 생활환경과 더불어, 분명히 그들의 짧은 기대수명에 기여했을 것이다.

이것들이 과거 사람들이 알코올성 음료를 마신 것은 그게 물보다 안전했기 때문이라는 보편적인 역사적 일반화에 붙는 커다란 조건들이다. 중세부터 19세기까지 유럽의 인구 같은, 이 많은 인구집단 중 다수는 젊은 이가 큰 비중을 차지했다. 그와 달리 요즘의 많은 인구집단에는 나이 든 세대가 지배적이다. 우리가 이 인구에서 여성과 가난한 남성들을 제외시키면, 술을 정기적으로 상당량 마실 수 있는 집단은 마이너리티만 남는다. 비어와 와인이 기존의 공급된 물보다 건강에 좋고 안전한 것은 사실이었겠지만, 사회에 만연한 문화적 상황과 금전적인 상황 때문에 전체인구 중 소수집단만이 더 안전한 대안을 이용할 수 있었을 것 같다. 이 점을 감안하면, 술이 질 낮은 물을 대체할 수 있는 보편적인 대안이라는 관념이 대단히 불안해 보이기 시작한다.

이 시나리오가 우리가 그럴 법한 관행이라고 알고 있는 것을 반영하기는 하지만, 그걸 뒷받침할 소비 패턴에 대한 믿음직한 통계치는 거의 없다. 대부분의 경우, 우리가 가진 것은 특정한 몇 년 동안 일부 소도시의 1인당 소비량의 추정치이거나 특정 시기에 (수녀와 인쇄업자, 변호사를 포함한) 특성 십난의 1인당 소비량의 추정치뿐이다. 그런 역사적인 1인당 소비량의 추정치들은 거의 항상 잘 봐줘야 근사치에 불과한 두 가지 통계에 기초하고 있다: 19세기 중반 이전의 통계인 경우에는 믿음이 가지 않는 편인 인구 수, 그리고 술 생산량이나 유통량 추정치. 이 중에서 후자도 역시 믿음이 가지 않는 경우가 잦고, 비밀리에 생산되거나 유통되거나 소비된 술에 대해서는, 또는 일부 방법에 따라 공식기록에서 벗어난 술에 대해서는 결코 설명하지 못한다. 그런 약점을 넘어선 1인당 소비량의 수치들은 성별이나 계급, 연령, 지역에 따라 존재하는 광범위한 소비량의 편차를 은폐한다. 여성의 술 소비가 금지되거나 강하게 만류되는 문화에서는, 그리고 처방에 의해서야 그런 관행이 이뤄지는 것처럼 보이는 문화에서는 남성만의 1인당 소비량을 계산하는 게 더 타당하다.

요약하면, 역사적인 술 소비량 패턴에 대한 우리의 지식에는 커다란 공백들이 존재한다. 장기적인 추세에 대한 결론을 어떤 식으로건 도출하려고 한다면, 크고 작은 정도의 추측을 해야만 한다. 그런 작업은 세계의 일부 중요한 지역들이 포스트 알코올 시대에 진입했다는 것을 보여준다. 약 1500년부터 1800년까지 근대 초기 동안, 유럽과 북미의 술 소비는 왕성했던 듯하다. 일반적인 소비량 수준을 확신을 갖고 추정할 수는 없다. 그 시대에 대량음주를 개탄한 많은 견해를 액면 그대로 받아들이는 것은 조심해야 한다. 그러나 무게 있는 증거들은 술이 남성과 여성에 의해 (남성의 소비량이 훨씬 더 많았지만) 널리 소비됐고, 하루 내내 소비됐다는 것을 보여준다.

시정부들이 도시 주민에게 믿음직한 음용수를 공급하기 시작한 19세기 중반에 모든 게 변했다. 이 때가 술의 장기적인 역사의 전환기였다. 이 상황은 물의 대안으로 술을 마실 필요성을 제거하면서 술의 문화적인 의미를 바꿔놓기 시작했다. 대중이 마신 (차와 커피 같은) 다른 비알코올성 음료의 소비량 증가, 그리고 술에 수천 년간 결부돼 온 긍정적인 종교적·의료적 이미지가 (완전히 사라진 게 아니라) 침식된 것이 이런 변화를 뒷받침했다. 술은 신선한 식수에 접근할 수 있게 된 사람이 반드시 마셔야 할 음료가 아니라, 재량에 따라 선택하는 음료가 됐다.

하지만 술 소비가—퇴근하고 집에 가는 길에 펍이나 태번에서 비어나 스피릿 1잔을 마시는 것부터 결혼식이나 국빈 만찬석상 같은 다양한 행사에서 와인을 들고 건배를 하는 것까지—식단과 문화에 단단히 뿌리내리고 있었기 때문에, 술은 자취를 감추지는 않았다. 금주령에 의해 식탁에서 밀려났을 때조차 말이다. 알코올성 음료는 수분 섭취를 위한 가치 말고도 대중적으로 인기가 있었다. 알코올성이라는 단순한 이유에서인데, 우리는 소비자들이 역사적으로 술을 마신 다양한 이유에 대해 얘기할 때 이런 단순한 이유를 자주 망각한다. 술은 흥겨운 느낌을 주고, 많은 사람이 교제하는 것을 도우며, 긴장을 풀고 금제에서 벗어나는 것을 돕는다 (역사적으로 술이 높게 평가되고 종종 사람들이 술을 추구하게 만든 효과들).

술이 그런 효능을 갖고 있더라도, 그리고 우리가 역사적인 소비량 수준이 불안정하다는 것을 알고 있기는 하지만, 오늘날의 술 소비량은 경제적으로 발전한 많은 나라에서 역사적으로 낮은 수준이고, 앞으로도 더 낮아질 것으로 보인다. 통계학적 증거의 신뢰성이 훨씬 높은 시기인 20세기 초 이후로 많은 서구 국가에서 술 소비량은 확실히 감소해왔다. 젊은이의 음주에 대한 우려가 있기는 하지만, 오늘날 이들 나라의 높은 술 소비량 수준은 일반적으로 노년층 집단에서 비롯된다. 술 소비량은 금전적인 자원과 함수관계일 수도 있지만, 젊은 세대가 술이 제공하는 상태를 성취하려고 술이 아닌 다른 수단들을 채택했을 가능성도 있다. 많은 종류의 마약, 특히 마리화나가 널리 인기를 얻고 있고, 젊은이들은 카페인으로 (때로는 카페인과 알코올 모두로) 강화한 음료도 흔하게 소비한다. 젊은이들은 앞선 세대보다 음주운전과 관련한 법규를 더 잘 준수하는 경향도 있다. 종합해 보면, 젊은 세대들이 나이를 먹으면서 상당히 많은 술을 마시기 시작하지 않는다면, 소비량이 많았던 세대들이 세상을 떠남에 따라 1인당 소비량이 훨씬 더 줄어들 거라는 예상이 가능하다.

이 패턴들은 경제적으로 가장 발전한 일부 사회에서 무척 자명하다. 하지만 술 소비량이 줄었다는 증거가 전혀 없는 사회들도 있다. 글로벌한 관점에서 보면, 술은 절멸하기 직전은 아니다. 하지만 많은 사회에서 사회적 이슈로서 갖는 술의 중요성은 앞으로 닥칠 몇 십 년간 상당히 많이 줄어들 것 같다.

역자 후기

    이슬을 뜻하는 한자(露)를 보면 옛사람들은 이슬을 길가에 모습을 드러낸(路) 빗방울 같은 존재(雨)라고 본 듯하다. 이 책에 따르면, 인류가 처음으로 술을 접한, 또는 발견한 순간은 과일이 떨어져 부패한 자리에 생긴 발효액체를 우연히 맛본 때였다. 제법 그럴법한 주장이라고 생각하는데, 그렇게 치면 술은 이슬과 별반 다를 바 없는 존재가 된다. 전통 소주를 만드는 과정을 소개하는 자료에서 술 방울이 증류기 윗부분에 이슬처럼 맺혔다 떨어지는 것을 본 적이 있다. 이슬 로(露)라는 글자에 "좋은 술"이라는 뜻도 있는 것은 그래서일까? 오늘날 우리는 인공적으로 만든 많은 이슬을 마시고 있다. 그것들이 모두 "좋은 술"인지 여부는 모르겠지만, 아무튼 그것들이 인류가 최초로 발견했던 이슬의 후예들인 것만큼은 분명하다.

    같은 이슬도 소가 마시면 우유가 되고 뱀이 마시면 독이 된다. 소처럼 유순한 사람도 술이라는 이슬을 적당한 수준 이상으로 마시면 맹독을 가진 뱀으로 변신할 수 있다. 문제는 "적당한 수준"이 어느 정도냐 하는 것이다. 사람이 술을 마시는 단계와 술이 술을 마시는 단계, 술이 사람을 마시는 단계를 구분하는 경계선을 정하는 것은, 책에서도 언급하듯 술이 인간에게 제기한 골치 아픈 난제로, 아마도 인류는 영원토록 이 난제를 풀지 못할 것이다.

해골에 담긴 물에 대해 생각해본다. 칠흑같이 어두운 곳에서 목이 타듯 갈증이 심할 때 마신 물은 꿀처럼 달콤했다. 하지만 갈증을 달래고 잠들었다 깨어난 후 밝은 햇빛 아래서 보니 그건 해골바가지에 고인 역겨운 썩은 물이었다. 우리는 처한 상황이 달라지고, 입장이 달라지고, 그래서 관점이 달라질 때마다 세상만물을 다르게 판단하고 평가한다. 술도 마찬가지다. 술을 곡차(穀茶)라는 재치 있으면서도 겸연쩍은 명칭으로 부를 때, 은은한 불빛과 잔잔한 음악이 흐르는 가운데 마음이 맞는 사람(들)과 함께 와인의 맛을 음미할 때, 권주가(勸酒歌)를 목청껏 부를 때, 맛좋은 소맥이 탄생하는 소주와 맥주의 황금 배합비율에 대해 술자리에 앉은 모든 이가 요란하게 갑론을박할 때, 술은 사람 사는 재미와 흥겨움을 안겨주는 하늘이 내린 선물이다. 그런데 술을 마신 사람이 심한 주사(酒邪)를 부려 당사자와 주변사람 모두를 난처하고 힘들게 만들 때, 술 때문에 건강을 잃을 때, 음주운전 때문에 불행한 일이 벌어질 때, 술은 그 모든 불행을 초래한 원흉이자 악마가 만든 치명적인 독극물이다.

이 책은 인류가 이슬과 비슷한 존재인 술을 발견한 이야기부터 시작한다. 그리고 나서는 유사 이래로 시간이 흐르는 동안 종교적·정치적·경제적·문화적 상황이 달라질 때마다 인류가 술을 해골에 담긴 물처럼 대해왔음을 보여주고, 한편으로는 온갖 종류의 술이 인류의 역사에 어떤 영향을 끼쳤는지를 보여준다. 책에 등장하는 술과 관련된 단어들을 대충 열거하자면 이렇다. 종교, 연회, 예식, 문명과 야만, 결혼, 교역, 과학, 군대, 전쟁, 항해, 노예제, 제국주의, 식민지, 착취, 혁명, 예술, 질병, 의학, 법규, 범죄, 유흥, 음주운전, 알코올중독, 그리고 살아있는 인간은 누구도 피할 길이 없다는 죽음과 세금 등. 책은 역사의 굽이굽이마다 앞에 열거한 단어들과 술이 맺은 이런저런 관계들을 탄탄한 근거자료와 예리하고 합리적인 관점으로 깔끔하게 정리해서 보여준다.

저자는 지역적으로는 유럽과 북미를 중심으로 삼고는 이슬람 문화권과 아프리카, 남미를 곁들여 설명하는 식으로 논의를 전개한다. 아시아의 경우는 중국과 일본, 인도와 베트남이 짤막하게 언급할 뿐이고 우리나라는 언급조차 하지 않는다. 글로벌한 관점에서 술의 개략적인 역사를 살피느라 그랬을 텐데, 긍정적으로 보자면 우리 술의 역사에 대한 새로운 책을 쓸 기회를 남겨둔 거라고도 볼 수 있다. 누군가 이 책이 논의하는 내용을 담은 우리나라 버전의 책을 집필해줬으면 하는 바람이다.

10년 전쯤에 연암서가 권오상 대표와 이런저런 얘기를 하던 중에 번역해보고 싶은 흥미로운 주제가 있느냐는 질문을 하기에 "미국의 금주령"을 다룬 책이 있으면 번역해보고 싶다는 얘기를 드린 적이 있다. 본문에도 등장하듯, 사람들의 수요와 욕구가 강한 상품을 법으로 금지시켰을 때 어떤 현상이 일어나는지 자세히 알고 싶었기 때문이다. 강산이 한 번 변한 지금, 금주령에 몇 장을 할애한 이 책을 번역하면서 작은 소원 하나를 이룬 셈이 됐다. 그걸 가능하게 해준 연암서가에 감사드린다.

| 주석 |

1장

1. Robert Dudley, "Evolutionary Origins of Human Alcoholism in Primate Frugivory," *Quarterly Review of Biology* 75, no. 1(March 2000): 3-15.

2. Ibid., 4.

3. John T. *Krumpelmann*, "Sealsfield's Inebriated Robins," *Monatschefte* 46, no. 4(1954): 225에서 인용했다.

4. Steve Morris, David Humphreys, and Dan Reynolds, "Myth, Marula and Elephant: An Assessment of Voluntary Ethanol Intoxication of the African Elephant(Loxodonta Africana) following Feeding on the Fruit of the Marula Tree(Sclerocarya Birrea)," Physiological and Biochemical Zoology 78(2006), http://www.jstor.org/stable/10.1086/499983(2012년 4월 26일에 접속했다).

5. 창세기 9장 20절.

6. William Younger, *Gods, Men and Wine*(London: Michael Joseph, 1966), 27.

7. Mu-Chou Poo, "The Use and Abuse of Wine in Ancient China," *Journal of the Economic and Social History of the Orient* 42(1999): 123-24.

8. Carrie Lock, "Original Microbrews: From Egypt to Peru, Archaeologists Are Unearthing Breweries from Long Ago," *Science News* 166(October 2004): 216-18.

9. F. R. Allchin, "India: The Ancient Home of Distillation?," *Man* 14(1979): 55-63.

10. Patrick E. McGovern, *Uncorking the Past: The Quest for Wine, Beer and Other Alcoholic Beverages*(Berkeley: University of California Press, 2009), 38-39.

11. Patrick E. McGovern et al., "Chemical Identification and Cultural Implications of a Mixed Fermented Beverage from Late Prehistoric China," *Asian Perspectives* 44(2005): 251.

12. Patrick E. McGovern et al., "Fermented Beverages of Pre- and Proto-Historic China," *Proceedings of the National Academy of Sciences* 101, no. 51(December 21, 2004): 17597.

13. Poo, "Use and Abuse of Wine in Ancient China," 127.

14. Patrick E. McGovern, *Ancient Wine: The Search for the Origins of Viticulture*(Princeton: Princeton University Press, 2003), 65-68.

15. http://news.nationalgeographic.com/news/2011/01/110111-oldest-wine-press-making-winery-armenia-science-ucla/(2012년 5월 5일에 접속했다).

16. Max Nelson, *The Barbarian's Beverage: A History of Beer in Ancient Europe*(London: Routledge, 2005), 12-13.

17. McGovern, *Uncorking the Past*.

18. Rod Phillips, *A Short History of Wine*(London: Penguin, 2000), 18.

19. Ibid., 22.

20. Tim Unwin, *Wine and the Vine: An Historical Geography of Viticulture and the Wine Trade*(London: Routledge, 1996), 64-66.

21. Nelson, *Barbarian's Beverage*, 21-24.

22. Unwin, *Wine and Vine*, 71-73.

23. Jean Bottéro, "Le Vin dans une Civilisation de la Bière: la Mésopotamie," in *In Vino Veritas*, ed. Oswyn Murray and Manuela Tecuşan(London: British School at Rome, 1995), 30.

24. M. Civil, "A Hymn to the Beer Goddess and a Drinking Song," in *Studies Presented to Leo Oppenheim*(Chicago: Oriental Institute of the University of Chicago, 1964), 67-89.

25. Phillips, *Short History of Wine*, 26.

26. Michael M. Homan, "Beer and Its Drinkers: An Ancient Near Eastern Love Story," *Near Eastern Archaeology* 67(2004): 85에서 인용했다.

27. Patrick M. McGovern, "The Funerary Banquet of 'King Midas,'" *Expedition* 42(2000): 21-29.

28. Justin Jennings, Kathleen L. Antrobus, Sam J. Antencio, Erin Glavich, Rebecca Johnson, German Loffler, and Christine Luu, "'Drinking Beer in a Blissful Mood': Alcohol Production, Operational Chains, and Feasting in the Ancient World," *Current Anthropology* 46(2005): 275.

29. Rachel Fulton, "'Taste and see that the Lord is sweet'(Ps. 33:9): The Flavor of God in the Monastic West," *Journal of Religion* 86(2006): 169-204.

30. Patrick E. McGovern, Armen Mirzoian, and Gretchen R. Hall, "Ancient Egyptian Herbal Wines," *Proceedings of the National Academy of Sciences of the United States of America*, 2009, www.pnas.org/cgi/doi/10.1073/pnas.0811578106(2011년 2월 12일에 접속했다).

31. Phillips, *Short History of Wine*, 25.

32. Poo, "Use and Abuse of Wine in Ancient China," 139.

33. Ibid., 139-40.

34. Ibid., 131.

35. Mu-Chou Poo, *Wine and Wine-Offering in the Religion of Ancient Egypt*(London: Kegan Paul International, 1995), 32.

36. Leonard H. Lesko, "Egyptian Wine Production during the New Kingdom," in *Origins and Ancient History of Wine*, ed. Patrick McGovern et al.(London: Routledge, 1996), 217.

2장

1. Max Nelson, *The Barbarian's Beverage: A History of Beer in Ancient Europe*(London: Routledge, 2005), 13-15.

2. Christian Vandermersch, *Vins et Amphores de Grande Grèce et de Sicile IVe-IIIe Siècles avant J.-C.*(Naples: Centre Jean Bérard, 1994), 37.

3. Patrick E. McGovern et al., "Beginning of Viticulture in France," *Proceedings of the National Academy of Sciences* 110(2013): 10147-52.

4. Trevor Hodge, *Ancient Greek France*(Philadelphia: University of Pennsylvania Press, 1999), 214-15.

5. Nelson, *Barbarian's Beverage*, 38-39.

6. Christopher Hook, Helen Tarbet, and David Ball, "Classically Intoxicated," *British Medical Journal* 335(December 22-29, 2007): 1303에서 인용했다.

7. Ibid.

8. Hugh Johnson, *The Story of Wine*(London: Mitchell Beazley, 1989), 44.

9. Nelson, *Barbarian's Beverage*, 16.

10. Ibid., 17에서 인용했다.

11. Ibid., 33-34.

12. Ibid., 35.

13. Ibid., 42-44.

14. Alison Burford, *Land and Labour in the Greek World*(Baltimore: Johns Hopkins University Press, 1993), 214.

15. Arthur P. McKinlay, "'The Classical World' and 'Non-Classical Peoples,'" in *Drinking and Intoxication: Selected Readings in Social Attitudes and Control*, ed. Raymond McCarthy(Glencoe, Ill.: Free Press, 1959), 51.

16. Nicolas Purcell, "The Way We Used to Eat: Diet, Community, and History at Rome," *American Journal of Philology* 124(2003): 336-37.

17. Keith Nurse, "The Last of the (Roman) Summer Wine," *History Today* 44(1993): 4-5.

18. McGovern et al., "Beginning of Viticulture in France," 10147.

19. Thomas Braun, "Emmer Cakes and Emmer Bread," in *Food in Antiquity*, ed. John Wilkins, David Harvey, and Mike Dobson(Exeter: University of Exeter Press, 1995), 34-37.

20. Peter Jones and Keith Sidwell, eds., *The World of Rome: An Introduction to Roman Culture*(Cambridge: Cambridge University Press, 1997), 182.

21. Nicholas F. Hudson, "Changing Places: The Archaeology of the Roman *Convivium*," *American Journal of Archaeology* 114(2010): 664-65.

22. McKinlay, "'Classical World' and 'Non-Classical Peoples,'" 59.

23. Stuart J. Fleming, *Vinum: The Story of Roman Wine*(Glen Mills, Pa.: Art Flair, 2001), 71 에서 인용했다.

24. Johnson, *Story of Wine*, 64.

25. Rod Phillips, *A Short History of Wine*(London: Penguin, 2000), 57.

26. Marie-Claire Amouretti, "Vin, Vinaigre, Piquette dans l'Antiquité," in *Le Vin des Historiens*, ed. Gilbert Garrier(Suze-la-Rousse: Université du Vin, 1990), 75-87.

27. N. Purcell, "Wine and Wealth in Ancient Italy," *Journal of Roman Studies* 75(1985): 13.

28. André Tchernia, *Vin de l'Italie Romaine: Essaie d'Histoire Economique d'après les*

Amphores(Rome: Ecole Française de Rome, 1986), 16.

29. Nelson, *Barbarian's Beverage*, 69에서 인용했다.

30. Ibid.

31. Ibid., 70-71.

32. Dan Stanislawski, "Dionysus Westward: Early Religion and the Economic Geography of Wine," *Geographical Review* 65(1975): 432-34.

33. Simon Hornblower and Anthony Spaworth, eds., *Oxford Classical Dictionary*(Oxford: Oxford University Press, 1996), 229.

34. *Apicius: Cookery and Dining in Imperial Rome*, ed. and trans. Joseph Dommers Vehling(New York: Dover, 1977), 45-47.

35. Marcius Porcius Cato, *On Agriculture*(London: Heineman, 1934), 105.

36. Ulpian, *Digest*, ⅩⅩⅩⅢ: 6, 11. Phillips, *Short History of Wine*, 51에서 인용했다.

37. Tchernia, *Vin de l'Italie Romaine*, 36.

38. Yvon Garlan, *Vin et Amphores de Thasos*(Athens: Ecole Française d'Athènes, 1988), 5.

39. T. J. Santon, "Columnella's Attitude towards Wine Production," *Journal of Wine Research* 7(1996): 55-59.

40. Tchernia, *Vin de l'Italie Romaine*, 36.

41. Pliny the Elder, *Histoire Naturelle*(Paris: Société d'Edition "Les Belles Lettres," 1958), bk. 4, 20-76.

42. *Hippocrates*(London: Heinemann, 1967), 325-29.

43. Hornblower and Spaworth, *Oxford Classical Dictionary*, 56.

44. Louis E. Grivetti and Elizabeth A. Applegate, "From Olympia to Atlanta: A Cultural Historical Perspective on Diet and Athletic Training," *Journal of Nutrition* 127(1997): 863-64.

45. Nelson, *Barbarian's Beverage*, 71-73.

3장

1. Max Nelson, *The Barbarian's Beverage: A History of Beer in Ancient Europe*(London: Routledge, 2005), 75.

2. 창세기 14장 18절.

3. 전도서 9장 7절.

4. 디모데전서 5장 23절.

5. 누가복음 10장 34절.

6. 누가복음 1장 15절.

7. 잠언 23장 20절.

8. 디모데전서 3장 8절.

9. 창세기 9장 20-27절.

10. Devora Steinmetz, "Vineyard, Farm, and Garden: The Drunkenness of Noah in the Context of Primeval History," *Journal of Biblical Literature* 113(1994): 194-95.

11. 창세기 9장 21절에 대한 Midrash Agadah의 글.

12. 창세기 19장 32-35절.

13. 신명기 14장 26절.

14. 레위기 23장 13절.

15. 시편 104편 15절.

16. 이사야서 24장 7절, 11절.

17. 예레미야서 8장 13절.

18. Michael D. Horman, "Did the Ancient Israelites Drink Beer?" *Biblical Archaeological Review*, September-October 2010, 23.

19. 잠언 31장 6-7절.

20. Randall Heskett and Joel Butler, *Divine Vintage: Following the Wine Trail from Genesis to the Modern Age*(New York: Palgrave, 2012), 88-97.

21. Saint Augustine, *On Christian Doctrine*, bk. 4, chap. 21.

22. 이 모자이크는 Hugh Johnson, *The Story of Wine*(London: Mitchell Beazley, 1989), 58 에 다시 실려 있다.

23. 요한복음 2장 1-11절.

24. Nelson, *Barbarian's Beverage*, 75-76.

25. Ibid., 79.

26. Ibid., 87.

27. Ibid., 89.

28. Edward Gibbon, *The History of the Decline and Fall of the Roman Empire*, ed. David Womersley(London: Penguin, 1994), 238.

29. Tim Unwin, "Continuity in Early Medieval Viticulture: Secular or Ecclesiastical Influences?," in *Viticulture in Geographical Perspective*, ed. Harm de Blij(Miami: Miami Geographical Society, 1992), 37.

30. Ann Hagen, *A Handbook of Anglo-Saxon Food*(Pinner, U.K.: Anglo-Saxon Books, 1992), 94.

31. Kathy L. Pearson, "Nutrition and the Early-Medieval Diet," *Speculum* 72(1997): 15.

32. Richard W. Unger, *Beer in the Middle Ages and the Renaissance*(Philadelphia: University of Pennsylvania Press, 2004), 26. 중세시대 초기에 대한 언급은 대체로 pp.15-36을 보라.

33. Nelson, *Barbarian's Beverage*, 104.

34. Eigil, *Life of Sturm*, www.Fordham.edu/halsall/basis/sturm.html(2012년 6월 13일에 접속했다).

35. Marcel Lachiver, *Vins, Vignes et Vignerons: Histoire du Vignoble Français*(Paris: Fayard, 1988), 46.

36. Desmond Seward, *Monks and Wine*(New York: Crown Books, 1979), 25-35.

37. Lachiver, *Vins, Vignes et Vignerons*, 45-46.

38. Rod Phillips, *A Short History of Wine*(London: Penguin, 2000), 71.

39. Seward, *Monks and Wine*, 25-35를 보라.

40. Kathryn Kueny, *The Rhetoric of Sobriety: Wine in Early Islam*(Albany: State University of New York Press, 2001), 1.

41. 코란 5장 92절.

42. Kueny, *Rhetoric of Sobriety*, 43.

43. Nurdeen Deuraseh, "Is Imbibing *Al-Khamr*(Intoxicating Drink) for Medical Purposes Permissible by Islamic Law?," *Arab Law Quarterly* 18(2003): 356-60.

44. Ibid., 360-64.

45. *Kitab Al-Ashriba*(*The Book of Drinks*), no.4977, http://www.usc.edu/org/cmje/religious-texts/hadith/muslim/023-smt.php(2013년 4월 7일에 접속했다).

46. Kueny, *Rhetoric of Sobriety*, 35-36.

47. Lufti A. Khalil and Fatimi Mayyada al-Nammari, "Two Large Wine Presses at Khirbet Yajuz, Jordan," *Bullettin of the American Schools of Oriental Research* 318(2000): 41-57.

48. Raymond P. Scheindlin, *Wine, Women and Death: Medieval Hebrew Poems on the Good Life*(Philadelphia: Jewish Publication Society, 1986), 28-29. 이 시기에 알코올 함유량을 측정한 방법이 무엇인지는 분명하지 않다.

49. Oleksander Halenko, "Wine Production, Marketing and Consumption in the Ottoman Crimea, 1520-1542," *Journal of the Economic and Social History of the Orient* 47(2004): 507-47.

50. M. B. Badri, *Islam and Alcoholism*(Plainfield, Ind.: American Trust Publications, 1976), 6.

51. Philip F. Kennedy, *The Wine Song in Classical Arabic Poetry: Abu Nuwas and the Literary Tradition*(Oxford: Clarendon Press, 1997), 105.

52. Thomas A. Glick, *Islamic and Christian Spain in the Early Middle Ages*(Princeton: Princeton University Press, 1979), 80.

53. Scheindlin, *Wine, Women and Death*, 19-25.

54. Omar Khayyam, *The Ruba'iyat of Omar Khayyam*, trans. Peter Avery and John Heath-Stubbs(London: Allen Lane, 1979), 68.

55. John T. McNeill and Helena M. Gamer, *Medieval Handbooks of Penance*(New York: Octagon Books, 1965), 230.

56. Ibid., 286.

57. Itzhak Hen, *Culture and Religion in Merovingian Gaul, AD* 481-751(Leiden: Brill, 1995), 240.

4장

1. Ian S. Hornsey, *A History of Beer and Brewing*(Cambridge: Royal Society of Chemistry, 2003), 290.

2. Richard W. Unger, *Beer in the Middle Ages and the Renaissance*(Philadelphia: University of Pennsylvania Press, 2004), 38-42.

3. Ibid., 42.

4. Ibid., 46-48.

5. Hornsey, *History of Beer and Brewing*, 293.

6. Judith M. Bennett, *Ale, Beer and Brewsters in England: Women's Work in a Changing World*, 1300-1600(New York: Oxford University Press, 1996), 18-19.

7. Ibid., 28, fig. 2.3.

8. Ibid., 43-45.

9. Ibid., esp. 145-57.

10. Unger, *Beer in the Middle Ages and the Renaissance*, 59.

11. Christopher Dyer, "The Consumer and the Market in the Later Middle Ages," *Economic History Review* 42(1989): 309.

12. Unger, *Beer in the Middle Ages and the Renaissance*, 61.

13. *The Exchequer Rolls of Scotland*, ed. George Burnett(Edinburgh: H.M. General Register House, 1883), 6:644.

14. F. W. Carter, "Cracow's Wine Trade(Fourteenth to Eighteenth Centuries)," *Slavonic and East European Review* 65(1987): 537-78.

15. Ibid.

16. Jan Craeybeckx, *Un Grand Commerce d'Importation: Les Vins de France aux Anciens Pays-Bas*(XⅢe-XⅥe Siècle)(Paris: SEVPEN, 1958), 9.

17. Koen Deconinck and Johan Swinnen, "War, Taxes, and Borders: How Beer Created Belgium," *American Association of Wine Economists: Working Paper No.* 104(*Economics*), April 2012.

18. Antoni Riera-Melis, "Society, Food and Feudalism," in *Food: A Culinary History from Antiquity to the Present*, ed. Jean-Louis Flandrin and Massimo Montanari(London: Penguin, 2000), 260-61.

19. Constance Hoffman, *Medieval Agriculture, the Southern French Countryside, and the Early Cistercians: A Study of Forty-Three Monasteries*(Philadelphia: American Philosophical Society, 1986), 93.

20. Béatrice Bourély, *Vignes et Vins de l'Abbaye de Cîteaux en Bourgogne*(Nuits-St-Georges: Editions du Tastevin, 1998), 101.

21. Philip Ziegler, *The Black Death*(New York: John Day, 1969), 96-109.

22. Emmanuel Le Roy Ladurie, *Montaillou: Cathars and Catholics in a French Village*,

1234-1324(London: Penguin, 1980), 9, 15.

23. Martine Maguin, *La Vigne et le Vin en Lorraine*, ⅩⅣ-ⅩⅤe *Siècle*(Nancy: Presses Universitaires de Nancy, 1982), 199-215.

24. P. W. Hammond, *Food and Feast in Medieval England*(Stroud: Allan Sutton, 1993), 13-14.

25. Billy Kay and Caileen MacLean, *Knee-Deep in Claret: A Celebration of Wine and Scotland*(Edinburgh: Mainstream Publishing, 1983), 9.

26. Patricia Labahn, "Feasting in the Fourteenth and Fifteenth Centuries: A Comparison of Manuscript Illumination to Contemporary Written Sources"(Ph.D. diss., St. Louis University, 1975), 60.

27. Georges Duby, *Rural Economy and Country Life in the Medieval West*(London: Hutchinson, 1952), 65.

28. Unger, *Beer in the Middle Ages and the Renaissance*, 129.

29. Christopher Dyer, "Changes in Diet in the Late Middle Ages: The Case of Harvest Workers," *Agricultural Historical Review* 36(1988): 26, table 2.

30. Yuval Noah Harari, "Strategy and Supply in Fourteenth-Century Western European Invasion Campaigns," *Journal of Military History* 64(2000): 302.

31. Hornsey, *History of Beer and Brewing*, 291-92.

32. Vernon L. Singleton, "An Ecologist's Commentary on Ancient Wine," in *Origins and Ancient History of Wine*, ed. Patrick E. McGovern et al.(London: Routledge, 2004), 75.

33. Hammond, *Food and Feast*, 54.

34. Unger, *Beer in the Middle Ages and the Renaissance*, 127.

35. A Lynn Martin, *Alcohol, Violence and Disorder in Traditional Europe*(Kirksville, Mo.: Truman State University Press, 2009), 57. table 3.8.

36. Susan Rose, *The Wine Trade in Medieval Europe*, 100-1500(London: Continuum, 2011), 113-32에 와인 소비량 통계치가 잘 요약돼있다.

37. Emilio Sereni, *History of the Italian Agricultural Landscape*(Princeton: Princeton University Press, 1997), 98에서 인용했다.

38. "와인들의 전투"는 Marcel Lachiver, *Vins, Vignes et Vignerons: Histoire du Vignoble Français*(Paris: Fayard, 1988), 102-5에 묘사돼있다.

39. Ibid., 104.

40. Geoffrey Chaucer, *The Canterbury Tales*, trans. Nevill Coghill(Harmondsworth: Penguin, 1951), 271.

41. Hammond, *Food and Feast*, 74.

42. C. Anne Wilson, *Water of Life: A History of Wine-Distilling and Spirits*, 500 BC-AD 2000(Totnes, U.K.: Prospect Books, 2006), 147-48.

43. Hammond, *Food and Feast*, 83.

44. Ibid., 74.

45. Hornsey, *History of Beer and Brewing*, 287.

46. John M. Bowers, " 'Dronkenesse is ful of stryvyng': Alcoholism and Ritual Violence in Chaucer's *Pardoner's Tale*," *English Literary History* 57(1990): 760.

47. Chaucer, *Canterbury Tales*, 269-71.

48. James du Quesnay Adams, *Patterns of Medieval Society*(Englewood Cliffs, N.J.: Prentice Hall, 1969), 111.

49. Jean Dupebe, "La Diététique et l'Alimentation des Pauvres selon Sylvius," in *Pratiques et Discours Alimentaires à la Renaissance*, ed. J.-C. Margolin and R. Sauzet(Paris: G.-P. Maisonneuve et Larose, 1982), 41-56.

50. Rose, *Wine Trade in Medieval Europe*, 138에서 인용했다.

51. Ibid.

5장

1. Mack P. Holt, "Wine, Community and Reformation," *Past and Present* 138(1993): 58-93.

2. Mack P. Holt, "Europe Divided: Wine, Beer and Reformation in Sixteenth-Century Europe," in *Alcohol: A Social and Cultural History*, ed. Mack P. Holt(Oxford: Berg, 2006), 26-30.

3. Ibid., 33.

4. John Calvin, *Theological Treatises*, ed. J. K. S. Reid(London: SCM Press, 1954), 81.

5. Heinz Schilling, *Civic Calvinism in Northwestern Germany and the Netherlands: Sixteenth to Nineteenth Centuries*(Kirksville: Sixteenth Century Journal Publishers, 1991), 47, 57.

6. Holt, "Europe Divided," 34.

7. Ibid., 35.

8. Jean Calvin, *Institutes of the Christian Religion*, ed. J. T. McNeill(London: SCM Press, 1961), 2:1425.

9. Jim West, "A Sober Assessment of Reformational Drinking," *Modern Reformation* 9(2000): 38-42.

10. Richard W. Unger, *Beer in the Middle Ages and the Renaissance*(Philadelphia: University of Pennsylvania Press, 2004), 130.

11. Rod Phillips, *A Short History of Wine*(London: Penguin, 2000), 133.

12. *Benjamin Franklin's Autobiography: A Norton Critical Edition*, ed. J. A. Leo Lemay and P. M. Zall(New York: Norton, 1986), 58.

13. 뒤에 이어지는 아스널에 대한 부분은 주로 Robert C. Davis, "Venetian Shipbuilders and the Fountain of Wine," *Past and Present* 156(1997): 55-86을 참조했다.

14. Ibid., 75.

15. Ibid.

16. Ibid., 84.

17. Unger, *Beer in the Middle Ages and the Renaissance*, 128, table 4.

18. Ibid., 127-29.

19. A. Lynn Martin, *Alcohol, Violence and Disorder in Traditional Europe*(Kirksville, Mo.: Truman State University Press, 2009), 55, table 3.5, and 57, table 3.8.

20. Carl I. Hammer, "A Healthy Meal? The Prison Diets of Cranmer and Latimer," *Sixteenth Century Journal* 30(1999): 653-80.

21. 예를 들어, Thomas Brennan, "The Anatomy of Inter-Regional Markets in the Early Modern Wine Trade," *Journal of European Economic History* 23(1994): 581-607; H. F. Kearney, "The Irish Wine Trade, 1614-15," *Irish Historical Studies* 36(1955): 400-442; and George F. Steckley, "The Wine Economy of Tenerife in the Seventeenth Century: Anglo-Spanish Partnership in a Luxury Trade," *Economic History Review* 33(1980): 335-50을 보라.

22. Ken Albala, *Eating Right in the Renaissance*(Berkeley: University of California Press, 2002), 8.

23. Daniel Rivère, "La Thème Alimentaire dans le Discours Proverbial de la Renaissance Française," in *Pratiques et Discours Alimentaires à la Renaissance*, ed. J.-C. Margolin and R. Sauzet(Paris: G.-P. Maisonneuve et Larose, 1982), 201-18.

24. William Harrison, *The Description of England*, quoted in William T. Harper, *Origins and Rise of the British Distillery*(Lewiston: Edwin Mellon, 1999), 38.

25. F. W. Carter, "Cracow's Wine Trade(Fourteenth to Eighteenth Centuries)," *Slavonic and East European Review* 65(1987): 568-69.

26. Tim Unwin, *Wine and the Vine: An Historical Geography of Viticulture and the Wine Trade*(London: Routledge, 1996), 223-24.

27. William Shakespeare, *Henry IV, Part II*, act 4, pt. 3.

28. Steckley, "Wine Economy of Tenerife," 342, fig. 3.

29. Ibid., 342에서 인용했다.

30. *Englands Triumph; or, The subjects joy*(London, 1675), 1.

31. Fynes Moryson, *At Itinerary containing his Ten Yeeres Travel through the Twelve Dominions of Germany, Bohmerland, Sweitzerland, Netherland, Denmarke, Poland, Italy, Turky, France, England, Scotland, Ireland*(Glasgow: James MacLehose, 1908), 43.

32. Phillips, *Short History of Wine*, 138, 245-46.

33. Carter, "Cracow's Wine Trade," 555.

34. Ian S. Hornsey, *A History of Beer and Brewing*(Cambridge: Royal Society of Chemistry, 2003), 324에서 인용했다.

35. Judith M. Bennett, *Ale, Beer and Brewsters in England: Women's Work in a Changing World*, 1300-1600(New York: Oxford University Press, 1996), 117.

36. Ibid., 93.

37. Hornsey, *History of Beer and Brewing*, 334. 숙성된 와인을 담는 데 사용된 파이프(포르투갈식 술통)는 지역에 따라 사이즈가 다양했지만, 운송에 쓰는 표준형 파이프는 용량이 535리터였다.

38. Mendelsohn, *Drinking with Pepys*(London: St. Martin's Press, 1963), 51.

39. Chole Chard, "The Intensification of Italy: Food, Wine and the Foreign in Seventeenth-Century Travel Writing," in *Food, Culture and History* I, ed. Gerald Mars and Valerie Mars(London: London Food Seminar, 1993), 96.

40. Mendelsohn, *Drinking with Pepys*, 47.

41. Jean-Louis Flandrin, "Médicine et Habitudes Alimentaires Anciennes," in Margolin and Sauzet, *Pratiques et Discours Alimentaires*, 86-87.

42. Ibid., 87.

43. Piero Camporesi, *The Anatomy of the Senses: National Symbols in Medieval and Early Modern Italy*(Cambridge: Polity Press, 1994), 80.

44. Rudolph M. Bell, *How to Do It: A Guide to Good Living for the Renaissance Italians*(Chicago: University of Chicago Press, 1999), 162.

45. Flandrin, "Médicine et Habitudes," 85.

46. Sarah Hand Meacham, "'They Will Be Adjudged by Their Drink, What Kind of Housewives They Are': Gender, Technology, and Household Cidering in England and the Chesapeake, 1690 to 1760," *Virginia Magazine of History and Biography* III(2003): 120-21. Louise Hill Curth, "The Medicinal Value of Wine in Early Modern England," *Social History of Alcohol and Drugs* 18(2003): 35-50도 보라.

47. Michel Reulos, "Le Tremier Traité sur le Cidre: Julien le Paulmier, De Vino et Pomace, traduit par Jacques de Cahaignes(1589)," in Margolin and Sauzet, *Practiques et Discours Alimentaires*, 97-103.

48. Henri de Buttet, "Le Vin des Invalides au Temps de Louis XIV," in *Les Boissons: Production et Consommation aux XIXe et XXe Siècles*(Paris: Comité des Travaux Historiques et Scientifiques, 1984), 39-51.

49. Holt, "Europe Divided," 35-36.

50. Peter Clark, *The English Alehouse: A Social History*, 1200-1830(London: Longman, 1983), 32-34, 40-44.

51. Ibid., 49.

52. Patricia Funnerton, "Not Home: Alehouses, Ballads, and the Vagrant Husband in Early Modern England," *Journal of Medieval and Early Modern Studies* 32(2002): 493-518.

53. Thomas E. Brennan, ed., *Public Drinking in the Early Modern World: Voices from the Tavern*, 1500-1800(London: Pickering & Chatto, 2011), 1:51.

54. *A Dreadful Warning for Drunkards*(London, 1678), A2.

55. John Taylor, *The Unnatural Father*(London, 1621), 1.

56. Buckner B. Trawick, *Shakespeare and Alcohol*(Amsterdam: Editions Rodopi, 1978).

57. Beat Kumin, "The Devil's Altar? Crime and the Early Modern Public House," *History Compass* 2(2005), http://wrap.warwick.ac.uk/289/I/WRAP_Kumin_Devils_altar_History_Compass.pdf(2013년 5월 27일에 접속했다).

58. Old Bailey records online, April 29, 1674, Oldbaileyonline.org(2012년 1월 14일에 접속했다). 이것과 다른 언급들은 내 전 제자인 키건 온(Keegan On)이 취합한 것이다.

59. 이어지는 설명은 Beverly Ann Tlusty, "Gender and Alcohol Use in Early Modern Augsburg," in *The Changing Face of Drink: Substance, Imagery and Behaviour*, ed. Jack S. Blocker Jr. and Cheryl Krasnick Warsh(Ottawa: Publications Histoire Sociale/Social History, 1977), 21-42에서 가져왔다.

60. Hornsey, *History of Beer and Brewing*, 343.

6장

1. 일부 학자들은, 알코올 증류는 아니더라도, 증류가 이보다 훨씬 더 일찍 실행됐다고 생각한다. C. Anne Wilson, *Water of Life: A History of Wine-Distilling and Spirits*, 500 BC-AD 2000(Totnes, U.K.: Prospect Books, 2006), 17-34를 보라.

2. F. R. Allchin, "India: The Ancient Home of Distillation?" *Man* 14(1979): 55-63.

3. Fernand Braudel, *Civilisation and Capitalism*, 15th-18th Centuries(New York: Harper & Row, 1985), 1:241.

4. William T. Harper, *Origins and Rise of the British Distillery*(Lewiston: Edwin Mellen, 1999), 11.

5. Allison P. Coudert, "The Sulzbach Jubilee: Old Age in Early Modern Europe and America," in *Old Age in the Middle Ages and the Renaissance: Interdisciplinary Approaches*, ed. Albrecht Classen(Berlin: de Gruyter, 2005), 534.

6. Harper, *British Distillery*, 11에서 인용했다.

7. Ibid., 13-17.

8. Wilson, *Water of Life*, 149-50.

9. *The Exchequer Rolls of Scotland*, ed. George Burnett(Edinburgh: H.M. General Register House, 1883), 10:487.

10. B. Ann Tlusty, "Water of Life, Water of Death: The Controversy over Brandy and Gin in Early Modern Augsburg," *Central European History* 31, no.1-2(1999): 8-11.

11. Walter Ryff, *The New Large Book of Distilling*(1545). *Public Drinking in the Early Modern World: Voices from the Tavern*, 1500-1800, ed. Thomas E. Brennan(London: Pickering & Chatto, 2011), 2:423에서 인용했다.

12. Brunschwig Hieronymus, *Das Buch zu Distilieren*(Strasburg, 1532), fol. 39.

13. Harper, *British Distillery*, 26.

14. Rod Phillips, *A Short History of Wine*(London: Penguin, 2000), 124.

15. 세실 경(Lord Cecil)은 Harper, *British Distillery*, 42에서 인용했다.

16. Ibid., 26-30.

17. Charles MacLean, *Scotch Whisky: A Liquid History*(London: Cassell, 2003), 20(필자 번역).

18. Brennan, *Public Drinking in the Early Modern World*, 2:7.

19. Harper, *British Distillery*, 27.

20. Brennan, *Public Drinking in the Early Modern World*, 2:173.

21. Ibid., 2:172.

22. Tlusty, "Water of Life," 17.

23. Ibid., 15.

24. Brennan, *Public Drinking in the Early Modern World*, 2:162.

25. Tlusty, "Water of Life," 18.

26. John Burnett, *Liquid Pleasures: A Social History of Drinks in Modern Britain*(London: Routledge, 1999), 161.

27. A. D. Francis, *The Wine Trade*(London: A&C Black, 1972), 74.

28. Brennan, *Public Drinking in the Early Modern World*, 1:51.

29. 진이라는 이름은 오 드 쥐니에브르(eau de genièvre, 주니퍼-물)에서 유래했는데, 영국 군 병사들은 이 원어를 "제네바(geneva)"로 변형시켰고, 이후로는 "진"으로 축약해서 썼다.

30. MacLean, *Scotch Whisky*, 29.

31. Burnett, *Liquid Pleasures*, 160-61.

32. MacLean, *Scotch Whisky*, 33, 35.

33. Richard Foss, *Rum: A Global History*(London: Reaktion, 2012), 27.

34. Frederick H. Smith, *Caribbean Rum: A Social and Economic History*(Gainesville: University Press of Florida, 2005), 26.

35. Patricia Herlihy, *Vodka: A Global History*(London: Reaktion, 2012), 38-40.

36. William Pokhlebkin, *A History of Vodka*(London: Verso, 1992), 172-74.

37. Herlihy, *Vodka*, 46-47.

38. Dr. Duncan of the Faculty of Montpellier, *Wholesome Advice Against the Abuse of Hot Liquors, Particularly of Coffee, Chocolate, Tea, Brandy, and Strong-Waters*(London, 1706), 12, 16-17, 55.

39. Ibid., 16-17.

40. Richard Short, *Of Drinking Water, Against our Novelists, that Prescribed it in England*(London, 1656), 17-87 passim.

41. *A Proposition for the Serving and Supplying of London, and other Places adjoyning, with a Sufficient Quantity of Good and Cleare Strong Water*(London, [1675]), n.p.

42. *Salt-Water Sweetened; or, A True Account of the Great Advantages of this New Invention both by Sea and Land*(London, 1683), 5-10.

43. *A Dissertation upon Drunkenness··· Shewing to What an Intolerable Pitch that Vice is ar-*

riv'd at in this Kingdom(London, 1708), 2.

44. 제시카 워너(Jessica Warner)는 통계적인 이슈들을 "Faith in Numbers: Quantifying Gin and Sin in Eighteenth-Century England," *Journal of British Studies* 50(2011): 76-99에서 논의한다.

45. M. Dorothy George, *London Life in the Eighteenth Century*(London, 1925), 51.

46. *An Impartial Inquiry into the Present State of the British Distillery*(London, 1736), 7.

47. Jessica Warner, Minghao Her, and Jürgen Rehm, "Can Legislation Prevent Debauchery? Mother Gin and Public Health in 18th-Century England," *American Journal of Public Health* 91(2001): 378.

48. Peter Clark, "The 'Mother Gin' Controversy in the Early Eighteenth Century," *Transactions of the Royal Historical Society*, 5th ser., 38(1988): 64.

49. 18세기 초 잉글랜드에서 사용된 갤런은 3.76리터에 해당한다. 1갤런은 1824년에 약 4.5리터로 표준화됐다.

50. *Distilled Spirituous Liquors the Bane of the Nation*(London, 1736), 35-36.

51. *A Dissertation on Mr. Hogarth's Six Prints Lately Publish'd*(London, 1751), 14.

52. Ibid.

53. Jonathan White, "The 'Slow but Sure Poyson': The Representation of Gin and Its Drinkers, 1736-1751," *Journal of British Studies* 42(2003): 44에서 인용했다.

54. Ibid.에서 인용했다.

55. Ibid., 41에서 인용했다.

56. White, "'Slow but Sure Poyson'," 51에서 인용했다.

57. Clark, "'Mother Gin' Controversy," 68-70.

58. Ibid., 70.

59. Warner, Her, and Rehm, "Can Legislation Prevent Debauchery?," 381-82.

7장

1. José C. Curto, *Enslaving Spirits: The Portuguese-Brazilian Alcohol Trade at Luanda and Its Hinterland, c.*1550-1830(Leiden: Brill, 2004), 45.

2. Rod Phillips, *A Short History of Wine*(London, Penguin, 2000), 173-77.

3. B. S. Platt, "Some Traditional Alcoholic Beverages and Their Importance to Indigenous African Communities," *Proceedings of the Nutrition Society* 14(1955): 115.

4. Curto, *Enslaving Spirits*, 33.

5. Susan Diduk, "European Alcohol, History, and the State in Cameroon," *African Studies Review* 36(1993): 2-3.

6. Curto, *Enslaving Spirits*, 60-61.

7. Emma Sánchez Montañés, "Las Bebidas Alcohólicas en la América Indígina: Una

Visión General," in *El Vino de Jerez y Otras Bebidas Espirituosas en la Historia de España y América*(Madrid: Servicio de Publicaciones del Ayuntamiento de Jerez, 2004), 424.

8. Frederick H. Smith, "European Impressions of the Island Carib's Use of Alcohol in the Early Colonial Period," *Ethnohistory* 53(2006): 545.

9. Ibid., 545–46.

10. Michael Owen Jones, "What's Disgusting, Why and What Does It Matter?," *Journal of Folklore Research* 37, no. 1(2000): 53–71.

11. Smith, "European Impressions," 547–48.

12. Sánchez Montañés, "Las Bebidas Alcohólicas en la América Indígina," 426–28.

13. Peter C. Mancall, *Deadly Medicine: Indians and Alcohol in Early America*(Ithaca: Cornell University Press, 1997), 134.

14. Lidio M. Valdez, "Maize Beer Production in Middle Horizon Peru," *Journal of Anthropological Research* 62(2006): 53–80.

15. Henry J. Bruman, *Alcohol in Ancient Mexico*(Salt Lake City: University of Utah Press, 2000), 71–72.

16. Ibid., 71.

17. Ibid., 63.

18. Daniel Nemser, "'To Avoid This Mixture': Rethinking *Pulque* in Colonial Mexico City," *Food and Foodways* 19(2011): 102.

19. José Jesús Hernández Palomo, "El Pulque: Usos Indígenas y Abusos Criollos," in *El Vino de Jerez y Otras Bebidas*, 246.

20. Juan Pedro Viqueira Albán, *Propriety and Permissiveness in Bourbon Mexico*(Wilmington, N.C.: Scholarly Resources, 1999), 131.

21. Ibid., 132.

22. Nemser, "'To Avoid This Mixture.'"

23. Rick Hendricks, "Viticulture in El Paso del Norte during the Colonial Period," *Agricultural History* 78(2004): 191.

24. Phillips, *Short History of Wine*, 156–58.

25. Ibid., 157–58.

26. Prudence M. Rice, "Wine and Brandy Production in Colonial Peru: A Historical and Archaeological Investigation," *Journal of Interdisciplinary History* 27(1997): 465.

27. Thomas Pinney, *A History of Wine in America: From the Beginnings to Prohibition*(Berkeley: University of California Press, 1989), 17.

28. Ibid., 31.

29. Robert C. Fuller, *Religion and Wine: A Cultural History of Wine Drinking in the United States*(Knoxville: University of Tennessee Press, 1996), 12.

30. William Wood, *New England's Prospect*(Boston: Prince Society, 1865), 1:16.

31. 조지 퍼시(George Percy)의 말은 Sarah Hand Meacham, "'They Will Be Adjudged by

Their Drink, What Kinde of Housewives They Are': Gender, Technology, and Household Cidering in England and the Chesapeake, 1690 to 1760," *Virginia Magazine of History and Biography* III(2003): 123에서 인용했다.

32. James E. McWilliams, "Brewing Beer in Massachusetts Bay, 1640-1690," *New England Quarterly* 71, no. 4(1998): 544.

33. Meacham, " 'They Will Be Adjudged by Their Drink,'" 117.

34. Phillips, *Short History of Wine*, 163.

35. Thomas E. Brennan, ed., *Public Drinking in the Early Modern World: Voices from the Tavern*, 1500-1800(London: Pickering & Chatto, 2011), 4:80.

36. Ibid., 4:82.

37. Mark Lender, "Drunkenness as and Offense in Early New England: A Study of 'Puritan' Attitudes," *Quarterly Journal of Studies on Alcohol* 34(1973): 359-61.

38. Brennan, *Public Drinking in the Early Modern World*, 4:94.

39. Ibid., 4:84.

40. Ibid., 4:100.

41. Gregg Smith, *Beer in America: The Early Years*, 1587-1840(Boulder: Siris Books, 1998), 23.

42. Mancall, *Deadly Medicine*, 64.

43. Mark Edward Lender and James Kirby Martin, *Drinking in America: A History*(New York: Free Press, 1987), 24.

44. Mancall, *Deadly Medicine*, 43에서 인용했다.

45. Dean Albertson, "Puritan Liquor in the Planting of New England," *New England Quarterly* 23, no. 4(1950): 483.

46. Ibid., 484.

47. Mancall, *Deadly Medicine*, 44.

48. Brennan, *Public Drinking in the Early Modern World*, 4:297.

49. Mancall, *Deadly Medicine*, 67.

50. Ibid., 67-68.

51. Maia Conrad, "Disorderly Drinking: Reconsidering Seventeenth-Century Iroquois Alcohol Abuse," *American Indian Quarterly* 23, no. 3&4(1999): 1-11.

52. Ibid., 7.

53. Mancall, *Deadly Medicine*, 68.

54. Ibid., 139-40.

55. D. C. Dailey, "The Role of Alcohol among North American Indian Tribes as Reported in the Jesuit Relations," *Anthropologica* 10(1968): 54.

56. Gananath Obeyesekere, *Cannibal Talk: The Man-Eating Myth and Human Sacrifice in the South Seas*(Berkeley: University of California Press, 2005). 식인풍습에 대한 이야기는 때때로 술 소비와 연관된다.

57. Mancall, *Deadly Medicine*, 6-8.

58. Ibid., 2에서 인용했다.

59. Albertson, "Puritan Liquor," 485에서 인용했다.

60. Brennan, *Public Drinking in the Early Modern World*, 4:98.

61. Albertson, "Puritan Liquor," 486에서 인용했다.

62. C. C. Pearson and J. Edwin Hendricks, *Liquor and Anti-Liquor in Virginia*, 1619-1919(Durham, N.C.: Duke University Press, 1967), 6.

8장

1. "도덕과 육체를 재는 온도계"는 여러 책에 다시 실렸다. 예를 들어, Mark Edward Lender and James Kirby Martin, *Drinking in America: A History*(New York: Free Press, 1987), 39를 보라.

2. Dana Rabin, "Drunkenness and Responsibility for Crime in the Eighteenth Century," *Journal of British Studies* 44(2005): 459에서 인용했다.

3. David Hancock, "Commerce and Conversation in the Eighteenth-Century Atlantic: The Invention of Madeira Wine," *Journal of Interdisciplinary History* 29(1998): 207.

4. Ibid., 215.

5. Ibid.

6. Andrea Stuart, *Sugar in the Blood: A Family's Story of Slavery and Empire*(New York: Knopf, 2013), *New York Times Book Review*, March 31, 2013, 11에서 인용했다.

7. Rod Phillips, *A Short History of Wine*(London: Penguin, 2000), 188.

8. Ibid., 188-89.

9. Hugh Johnson, *The Story of Wine*(London: Mitchell Beazley, 1989), 293-304.

10. Thomas B. Gilmore, "James Boswell's Drinking," *Eighteenth-Century Studies* 24(1991): 340-41.

11. *Oxford Today* Ⅱ, no. 2(Hilary Term, 1999): 63.

12. Phillips, *Short History of Wine*, 191-92.

13. Vivien E. Dietz, "The Politics of Whisky: Scottish Distillers, the Excise, and the Pittite State," *Journal of British Studies* 36(1997): 45.

14. Charles MacLean, *Scotch Whisky: A Liquid History*(London: Cassell, 2003), 61-65.

15. J. B. Gough, "Winecraft and Chemistry in Eighteenth-Century France: Chaptal and the Invention of Chaptalization," *Technology and Culture* 39(1998): 96-97.

16. Barbara Ketcham Wheaton, *Savoring the Past: The French Kitchen and Table from 1300 to 1789*(New York: Touchstone, 1983), 215.

17. Charles Ludongton, "'Claret is the Liquor for boys; port for men': How Port Became the 'Englishman's Wine,' 1750s to 1800," *Journal of British Studies* 48(2009): 364-90에서 인용

했다.

18. Rabin, "Drunkenness and Responsibility," 457-77.

19. Ibid., 463에서 인용했다.

20. Ibid., 458 n 3.

21. 이 통계치는 내 전 제자 키건 온의 연구에서 가져왔다.

22. Rabin, "Drunkenness and Responsibility," 473.

23. Roderick Phillips, *Family Breakdown in Late Eighteenth-Century France: Divorces in Rouen*, 1792-1804(Oxford: Clarendon Press, 1980), 116-17. 이 절(節)에 등장하는 다른 언급의 출처는 다 이 책이다.

24. 이 주제에 대해서는 Paul E. Kopperman, "'The Cheapest Pay': Alcohol Abuse in the Eighteenth-Century British Army," *Journal of Military History* 60(1996): 445-70을 보라.

25. Ibid., 447-48.

26. Ibid., 450.

27. Ibid., 452.

28. Ibid., 450.

29. Ibid., 453.

30. Ibid., 454.

31. A. J. B. Johnston, "Alcohol Consumption in Eighteenth-Century Louisbourg and the Vain Attempts to Control It," *French Colonial History* 2(2002): 64.

32. Kopperman, "'Cheapest Pay,'" 464.

33. Ibid., 463.

34. Ibid., 467.

35. Ibid., 460.

36. Benjamin Rush, "An Account of the Disorder occasioned by Drinking Cold Water in Warm Weather, and the Method of Curing it," in Benjamin Rush, *Medical Inquiries and Observations*, 2nd ed.(Philadelphia: Thomas Dobson, 1794), 1:183.

37. Ibid., 186-87.

38. Kopperman, "'Cheapest Pay,'" 467.

39. Lender and Martin, *Drinking in America*, 205-6.

40. *Global Status Report on Alcohol and Health*(Geneva: World Health Organization, 2011), 140.

41. Dietz, "Politics of Whisky"를 보라.

42. David O. Whitten, "An Economic Inquiry into the Whiskey Rebellion of 1794," *Agricultural History* 49(1975): 495-96.

43. Ibid., 493-94.

44. 이 수치를 총량 2.58갤런이 비어(1.34), 스피릿(0.9), 와인(0.34)으로 구성된 1985년도 수치와 비교해보라. Lender and Martin, *Drinking in America*, 205를 보라.

45. Whitten, "Economic Inquiry," 497에서 인용했다.

46. Ibid., 501.

47. Denis Jeanson, ed., *Cahiers de Doléances, Région Centre: Loire-et-Cher*, 2 vols.(Tours: Denis Jeanson, 1989), 2:480.

48. Phillips, *Short History of Wine*, 208-11.

9장

1. Scott C. Martin, "Violence, Gender, and Intemperance in Early National Connecticut," *Journal of Social History* 34(2000): 318-19.

2. James Samuelson, *A History of Drink: A Review, Social, Scientific, and Political*(London, 1880), 170-75, 192-93.

3. Daryl Adair, "Respectable, Sober and Industrious? Attitudes to Alcohol in Early Colonial Adelaide," *Labour History* 70(1996): 131-34에서 인용했다.

4. Kevin D. Goldberg, "Acidity and Power: The Politics of Natural Wine in Nineteenth-Century Germany," *Food and Foodways* 19(2011): 294-313.

5. Thomas Brennan, "Towards a Cultural History of Alcohol in France," *Journal of Social History* 23(1989): 76.

6. Brian Harrison, *Drink and the Victorians: The Temperance Question in England, 1815-1872*(Pittsburgh: University of Pittsburgh Press, 1971), 66-67.

7. 1830년 법률과 그 결과에 대해서는 Nicholas Mason, "'The Sovereign People Are in a Beastly State': The Beer Act of 1830 and Victorian Discourses on Working-Class Drunkenness," *Victorian Literature and Culture* 29(2001): 109-27을 보라.

8. Ibid., 115에서 인용했다.

9. Ibid., 118에서 인용했다.

10. "Alcoholism in the Upper Classes," *British Medical Journal* 2, no. 716(September 19, 1874): 373.

11. Edmond Bertrand, *Essai sur l'Intempérance*(Paris: Guillaumin, 1872), 81.

12. 필록세라에 대해서는 Rod Phillips, *A Short History of Wine*(London: Penguin, 2000), 281-87을 보라.

13. Patricia E. Prestwich, *Drink and the Politics of Social Reform: Antialcoholism in France since 1870*(Palo Alto: Society for the Promotion of Science and Scholarship, 1988), 24-26.

14. Marcel Lachiver, *Vins, Vignes et Vignerons: Histoire du Vignoble Français*(Paris: Fayard, 1988), 617-18.

15. Doris Lander, *Absinthe: The Cocaine of the Nineteenth Century*(Jefferson, N.C.: McFarland, 1995), 15에서 인용했다.

16. *British Medical Journal* 2, no. 1665(November 26, 1892), 1187. Michael Marrus, "Social Drinking in the Belle Epoque," *Journal of Social History* 7(1974): 115-41도 보라.

17. 랑프레 사건에 대해서는 Jad Adams, *Hideous Absinthe: A History of the Devil in a Bottle*(London: Tauris Parke, 2008), 205-7을 보라.

18. 이 추산은 여러 자료에 널리 실린 미국의 술 소비량 표를 바탕으로 했다. Mark Edward Lender and James Kirby Martin, *Drinking in America: A History*(New York: Free Press, 1987), 205-6을 보라.

19. Mark A. Vargas, "The Progressive Agent of Mischief: The Whiskey Ration and Temperance in the United States Army," *Historian* 67(2005): 201-2.

20. Ibid., 204.

21. Harold D. Langley, *Social Reform in the United States Navy*, 1798-1862(Urbana: University of Illinois Press, 1967), 211-12.

22. D. H. Marjot, "Delirium Tremens in the Royal Navy and British Army in the 19th Century," *Journal of Studies on Alcohol* 38(1977): 1619, table 1.

23. Ibid., 1618.

24. James S. Roberts, *Drink, Temperance and the Working Class in Nineteenth-Century Germany*(Boston: Allen & Unwin, 1984), 43-45.

25. Ibid., 48.

26. James S. Roberts, "Drink and Industrial Work Discipline in 19th-Century Germany," *Journal of Social History* 15(1981): 28.

27. Louis Chevalier, *Labouring Classes and Dangerous Classes in Paris during the First Half of the Nineteenth Century*(London: Routledge & Kegan Paul, 1973), 360.

28. Peter Mathias, "The Brewing Industry, Temperance, and Politics," *Historical Journal* 1(1958): 106.

29. *A Transport Voyage to Mauritius and Back*(London: John Murray, 1851), 24.

30. Loammi Baldwin, *Report on the Subject of Introducing Pure Water into the City of Boston*(Boston: John H. Eastburn, 1834), 74.

31. Henry R. Abraham, *A Few Plain but Important Statements upon the Subject of the Scheme for Supplying Leeds with Water*(London: C. Whiting, 1838), 4.

32. Jean-Pierre Goubert, *The Conquest of Water*(Princeton: Princeton University Press, 1986), 41-42.

33. James Salzman, *Drinking Water: A History*(New York: Overlook Duckworth, 2012), 87.

34. John Broich, "Engineering the Empire: British Water Supply Systems and Colonial Societies, 1850-1900," *Journal of British Studies* 46(2007): 350-51.

35. Goubert, *Conquest of Water*, 196.

36. Theo Engelen, John R. Shepherd, and Yang Wen-shan, eds., *Death at the Opposite Ends of the Eurasian Continent: Mortality Trends in Taiwan and the Netherlands, 1850-1945*(Amsterdam: Aksant, 2011), 158-59.

37. Broich, "Engineering the Empire," 356-61.

38. Ibid., 357.

39. 뉴욕에 대한 이 부분은 대체로 Gerard T. Koeppel, *Water for Gotham*(Princeton: Princeton University Press, 2000), 141에 의지했다.

40. Ibid., 282.

41. 보스턴에 대한 이 부분은 Michael Rawson, "The Nature of Water: Reform and the Antebellum Crusade for Municipal Water in Boston," *Environmental History* 9(July 2004): 411-35에 의지했다.

42. Ibid., 420-21에서 인용했다.

43. Goubert, *Conquest of Water*, 196.

44. *Thoughts about Water*(n.p., n.d.), 15.

45. *British Medical Journal* 1, no. 492(June 4, 1870): 580.

10장

1. 필자는 이 다양한 단체들을 "반알코올"이라고 부른다. 일부 단체가 술을 용인했고 많은 단체가 술이 남용된다고 믿어지는 현실에 우려를 표명했지만, 어쨌든 그들은 알코올성 음료의 소비를 제한하자는 목표를 내세운 전반적인 운동의 일부였다.

2. John Sterngass, "Maine Law," in *Alcohol and Temperance in Modern History: An International Encyclopedia*, ed. Jack S. Blocker Jr., David M. Fahey, and Ian R. Tyrrell(Santa Barbara: ABC-CLIO, 2003), 1:393-94.

3. James D. Ivy, "Woman's Christian Temperance Movement(United States)," in Blocker, Fahey, and Tyrell, *Alcohol and Temperance in Modern History*, 2:679-82.

4. Marni Davis, *Jews and Booze: Becoming American in the Age of Prohibition*(New York: New York University Press, 2012), 41-42.

5. Dierdre M. Moloney, "Combatting 'Whiskey's Work': The Catholic Temperance Movement in Late Nineteenth-Century America," *U.S. Catholic Historian* 16(1998): 5.

6. Ibid., 8-9.

7. John F. Quinn, "Father Mathew's Disciples: American Catholic Support for Temperance, 1840-1920," *Church History* 65(1996): 635.

8. K. Austin Kerr, "Anti-Saloon League of America," in Blocker, Fahey, and Tyrell, *Alcohol and Temperance in Modern History*, 2:48-51.

9. Lilian Lewis Shiman, *Crusade against Drink in Victorian England*(New York: St. Martin's Press, 1988), 9-10.

10. Ibid., 18-24.

11. Ibid., 33.

12. Andrew Davidson, "'Try the Alternative': The Built Heritage of the Temperance Movement," *Journal of the Brewery History Society* 123(2006): 92-109.

13. Edward Cox, *Principles of Punishment*(London, 1877), 99.

14. Roderick Phillips, *Putting Asunder: A History of Divorce in Western Society*(New York: Cambridge University Press, 1988), 497.

15. Shiman, *Crusade against Drink*, 81-82.

16. Neal Dow and Dio Lewis, "Prohibition and Persuasion," *North American Review* 139(1984): 179.

17. Tim Holt, "Demanding the Right to Drink: The Two Great Hyde Park Demonstrations," *Brewery History* 118(2005): 26-40.

18. Shiman, *Crusade against Drink*, 107.

19. Richard Cameron, *Total Abstinence versus Alcoholism*(Edinburgh, 1897), 3.

20. *Souvenir of the Essay Competition in the Hull Elementary Schools, on "Physical Deterioration and Alcoholism,"* May 1906(Hull: Walker's Central Printing, 1906), 11-13.

21. John Charles Bucknill, *Habitual Drunkenness and Insane Drunkards*(London: Macmillan, 1878), 1.

22. Ibid., 69.

23. Mimi Ajzenstadt, "The Changing Image of the State: The Case of Alcohol Regulation in British Columbia, 1871-1925," *Canadian Journal of Sociology* 19(1994): 441-60.

24. [George Gibbs], *Diprose's Christmas Sketches*(London: Diprose and Bateman, 1859), 1, 4.

25. Patricia E. Prestwich, *Drink and the Politics of Social Reform: Antialcoholism in France since 1870*(Palo Alto: Society for the Promotion of Science and Scholarship, 1988), 37.

26. W. Scott Haine, *The World of the Paris Café: Sociability among the French Working Calss*, 1789-1914(Baltimore: Johns Hopkins University Press, 1996), 95-96.

27. Dr. de Vaucleroy, *The Adulteration of Spirituous Liquors*(London: Church of England Temperance Society, 1890), 3.

28. 이 광고는 Rod Phillips, *A Short History of Wine*(London: Penguin, 2000)의 p. 176과 p.177 사이에 실려 있다.

29. Prestwich, *Drink and the Politics of Social Reform*, 7-10.

30. Owen White, "Drunken States: Temperance and French Rule in Cote d'Ivoire, 1908-1916," *Journal of Social History* 40(2007): 663.

31. Prestwich, *Drink and the Politics of Social Reform*, 24에서 인용했다.

32. James S. Roberts, *Drink, Temperance and the Working Class in Nineteenth-Century Germany*(Boston: Allen & Unwin, 1984), 26-27.

33. Ibid., 114, table 6.1.

34. Susan Diduk, "European Alcohol, History, and the State in Cameroon," *African Studies Review* 36(1993): 7.

35. Jeffrey W. Alexander, *Brewed in Japan: The Evolution of the Japanese Beer Industry*(Vancouver: University of British Columbia Press, 2013), 44. table 4.

36. Ibid., 49.

37. Elizabeth Dorn Lublin, *Reforming Japan: The Woman's Christian Temperance Union in the Meiji Period*(Honolulu: University of Hawai'i Press, 2010), 134–35.

38. Shiman, *Crusade against Drink*, 9에서 인용했다.

39. James M. Slade, *An Address Explanatory of the Principles and Objects of the United Brothers of Temperance*[July 3, 1847](Vergennes, Vt.: E. W. Blaisdell, 1848), 7–9.

40. J. N. Radcliffe, *The Hygiene of the Turkish Army*(London: John Churchill, 1858), 29.

41. *A Plea for the British Soldier in India*(London: William Tweedie, 1867), 19.

42. *The Curse of Britain*(n.p., n.d. [1857]), 왼쪽 페이지에서 인용했다.

43. Catherine B. Drummond, *An Outline of the Temperance Question*(London: Church of England Temperance Society, 1906), 10–11.

44. Victor Horsley, *What Women Can Do to Promote Temperance*(London: Church of England Temperance Society, n.d.), 11.

45. *British Medical Journal* 2, no.1870(October 31, 1896): 1342.

46. "Alcohol and Mountaineering," *British Medical Journal* 9(July 1910): 102.

47. Jonathan Zimmerman, "'When the Doctors Disagree': Scientific Temperance and Scientific Authority, 1891–1906," *Journal of the History of Medicine* 48(1993): 171–97.

48. 필자가 소유한 "Triner's American Elixir of Bitter Wine"(1910) 포스터.

49. Thomas Graham and A. W. Hofmann, *Report on the Alleged Adulteration of Pale Ales by Strychnine*(London: Schulz and Co., 1852).

50. William Alexander, *The Adulteration of Food and Drinks*(London: Longman, 1856), 30.

51. *The Bordeaux Wine and Liquor Dealers' Guide: A Treatise on the Manufacture and Adulteration of Liquor*, by a Practical Liquor Manufacturer(New York: Dick and Fitzgerald, 1857), vi–ix.

52. *Science* 12(August 24, 1888): 89.

53. Alessandro Stanziani, "Information, Quality, and Legal Rules: Wine Adulteration in Nineteenth-Century France," *Business History* 51, no.2(2009): 282.

54. Walter Johnson, *Alcohol: What It Does; and What It Cannot Do*(London: Simpkin, Marshall, and Co., n.d. [1840s]), 40.

55. Drummond, *Outline of the Temperance Question*, 13.

56. Joseph Harding, *Facts, Relating to Intoxicating Drinks*(London: J. Pasco, 1840), 1–2.

57. *Curse of Britain*, 오른쪽 페이지.

58. Bucknill, *Habitual Drunkenness*, 5.

59. Patricia E. Prestwich, "Drinkers, Drunkards, and Degenerates: The Alcoholic Population of a Parisian Asylum, 1867–1914," in *The Changing Face of Drink: Substance, Imagery and Behaviour*, ed. Jack S. Blocker Jr. and Cheryl Krasnick Warsh(Ottawa: Publications Histoire Sociale/Social History, 1977), 120–21.

60. Mariana Valverde, "'Slavery from Within': The Invention of Alcoholism and the Question of Free Will," *Social History* 22(1997): 251–53.

61. Edmond Bertrand, *Essai sur l'Intermpérance*(Paris: Guillaumin, 1872).

62. Mark Keller, "The Old and the New in the Treatment of Alcoholism," in *Alcohol Interventions: Historical and Sociocultural Approaches*, ed. David L. Strug et al.(New York: Haworth, 1986), 23-40.

63. 예를 들어, William Cooke, *The Wine Question*(London: J. Pasco, 1840)을 보라.

64. Jennifer L. Woodruff Tait, *The Poisoned Chalice: Eucharistic Grape Juice and Common-Sense Realism in Victorian Methodism*(Tuscaloosa: University of Alabama Press, 2010), 102.

65. Phillips, *Short History of Wine*, 275.

66. *British Medical Journal* 2, no.1960(July 23, 1898): 222.

11장

1. Susan Diduk, "European Alcohol, History and the State in Cameroon," *African Studies Review* 36(1993): 3.

2. John D. Hargreaves, *France and West Africa: An Anthology of Historical Documents*(London: Macmillan, 1959), 74.

3. Lynn Pan, *Alcohol in Colonial Africa*(Uppsala: Scandinavian Institute of African Studies, 1975), 7-8.

4. Diduk, "European Alcohol," 7-8.

5. Raymond E. Dumett, "The Social Impact of the European Liquor Trade on the Akan of Ghana(Gold Coast and Asante), 1875-1910," *Journal of Interdisciplinary History* 5(1974): 72.

6. Ibid., 71.

7. Pan, *Alcohol in Colonial Africa*, 11에서 인용했다.

8. Robert G. Carlson, "Banana Beer, Reciprocity, and Ancestor Propitiation among the Haya of Bukoba, Tanzania," *Ethnology* 29(1990): 297-300.

9. José C. Curto, *Enslaving Spirits: The Portuguese-Brazilian Alcohol Trade at Luanda and Its Hinterland, c.*1550-1830(Leiden: Brill, 2004), 19-41.

10. Ibid., 155.

11. Simon Heap, "'A Bottle of Gin Is Dangled before the Nose of the Natives': The Economic Uses of Imported Liquor in Southern Nigeria, 1860-1920," *African Economic History* 33(2005): 75.

12. Ibid., 71에서 인용했다.

13. Ibid., 78.

14. Ibid., 80-81.

15. Owen White, "Drunken States: Temperance and French Rule in Cote d'Ivoire, 1908-1916," *Journal of Social History* 40(2007): 663-66.

16. Ibid., 668-99.

17. Ibid., 669-70.

18. Dumett, "Social Impact of the European Liquor Trade," 76-77.

19. Ibid., 78-79.

20. Ibid., 88-92.

21. Ayodeji Olukoji, "Prohibition and Paternalism: The State and the Clandestine Liquor Traffic in Northern Nigeria, c.1898-1918," *International Journal of African Historical Studies* 24(1991): 354.

22. Ibid., 361.

23. White, "Drunken States," 674.

24. Diduk, "European Alcohol," 10.

25. Charles van Onselen, "Randlords and Rotgut, 1886-1903: An Essay on the Role of Alcohol in the Development of European Imperialism and Southern African Capitalism, with Special Reference to Black Mineworkers in the Transvaal Republic," *History Workshop* 2(1976): 50에서 인용했다.

26. Ibid., 45-47.

27. Ibid., 52.

28. Pamela Scully, "Liquor and Labor in the Western Cape, 1870-1900," in *Liquor and Labor in Southern Africa*, ed. Jonathan Crush and Charles Ambler(Athens: Ohio University Press, 1992), 69-70.

29. Van Onselen, "Randlords and Rotgut," 81.

30. Kenneth Christmom, "Historical Overview of Alcohol in the African American Community," *Journal of Black Studies* 25(1995): 326-27.

31. William E. Unrau, *White Man's Wicked Water: The Alcohol Trade and Prohibition in Indian Country*, 1802-1892(Lawrence: University of Kansas Press, 1996), 9에서 인용했다. 19세기 미국의 술을 다룬 이어지는 내용의 상당부분은 이 저작에 의지했다.

32. Ibid., 17.

33. Peter Mancall, "Men, Women and Alcohol in Indian Villages in the Great Lakes Region in the Early Republic," *Journal of the Early Republic* 15(1995): 440.

34. Unrau, *White Man's Wicked Water*, 9.

35. Ibid., 21.

36. Ibid., 35-36.

37. John R. Wunder, *"Retained by the People": A History of American Indians and the Bill of Rights*(New York: Oxford University Press, 1994), 23.

38. Izumi Ishii, "Alcohol and Politics in the Cherokee Nations before Removal," *Ethnohistory* 50(2003): 670.

39. Unrau, *White Man's Wicked Water*, 97.

40. Andrei V. Grinëv, "The Distribution of Alcohol among the Natives of Russian America," *Arctic Anthropology* 47(2010): 73.

41. Ibid., 75.

42. Nella Lee, "Impossible Mission: A History of the Legal Control of Native Drinking in Alaska," *Wicazo Sa Review* 12(1997): 99.

43. Ibid., 100.

44. Robert A. Campbell, "Making Sober Citizens: The Legacy of Indigenous Alcohol Regulation in Canada, 1777-1985," *Journal of Canadian Studies* 42(2008): 106-7.

45. Mimi Ajzenstadt, "The Changing Image of the State: The Case of Alcohol Regulation in British Columbia, 1871-1925," *Canadian Journal of Sociology* 19(1994): 443-44.

46. Campbell, "Making Sober Citizens," 108; Kathryn A. Abbott, "Alcohol and the Anishinaabeg of Minnesota in the Early Twentieth Century," *Western Historical Quarterly* 30(1999): 25-43.

47. Erica J. Peters, "Taste, Taxes, and Technologies: Industrializing Rice Alcohol in Northern Vietnam, 1902-1913," *French Historical Studies* 27(2004): 569.

48. Ibid., 590.

49. Ibid., 594-95.

50. Jeffrey W. Alexander, *Brewed in Japan: The Evolution of the Japanese Beer Industry*(Vancouver: University of British Columbia Press, 2013), 9.

51. Julia Lovell, *The Opium War*(London: Picador, 2011).

52. Neil Gunson, "On the Incidence of Alcoholism and Intemperance in Early Pacific Missions," *Journal of Pacific History* 1 (1966): 50.

53. Ibid., 58.

54. Ibid.

55. Ibid., 60.

56. Charles F. Urbanowicz, "Drinking in the Polynesian Kingdom of Tonga," *Ethnohistory* 22(1975): 40.

57. Mac Marshall and Leslie B. Marshall, "Holy and Unholy Spirits: The Effects of Missionization on Alcohol Use in Eastern Micronesia," *Journal of Pacific History* 15(1980): 142.

58. Ibid., 152.

59. Ibid., 160.

12장

1. John Stevenson, *British Society*, 1914-45(Harmondsworth: Penguin, 1984), 71.

2. 이 정보는 플로리다대학(University of Florida)의 지오프리 가일스(Geoffrey Giles) 교수가 제공했다.

3. Sir Victor Horsley, *The Rum Ration in the British Army*(London: Richard J. James,

1915), 7.

4. Ibid., 4.

5. *British Medical Journal* 1, no. 2822(January 30, 1915): 203-6.

6. John Ellis, *Eye Deep in Hell*(Glasgow: Collins, 1976), 95.

7. Henry Carter, *The Control of the Drink Trade: A Contribution to National Efficiency*, 1915-1917(London: Longman, 1918), 282-83.

8. Patricia Herlihy, "'Joy of the Rus': Rites and Rituals of Russian Drinking," *Russian Review* 50(1991): 141.

9. *British Medical Journal* 1, no. 2825(February 20, 1915): 344.

10. Horsley, *Rum Ration*, 7.

11. George E. Snow, "Socialism, Alcoholism, and the Russian Working Classes before 1917," in *Drinking: Behavior and Belief in Modern History*, ed. Susanna Barrows and Robin Room(Berkeley: University of California Press, 1991), 257.

12. David Christian, "Prohibition in Russia, 1914-1925," *Australian Slavonic and East European Studies* 9(1995): 99-100.

13. "Alcohol and the Soldier," *British Medical Journal* 1, no. 2876(February 12, 1916): 247.

14. *Times*(London), January 11, 1917. Catherine J. Kudlick, "Fighting the Internal and External Enemies: Alcoholism in World War I France," *Contemporary Drug Problems* 12(1985): 136에서 인용했다.

15. *The Echo of the Trenches. Histoire Sociale et Culturelle du Vin*, ed. Gilbert Garrier(Paris: Larousse, 1998), 366에서 인용했다.

16. Ernest Hemingway, *In Our Time*(New York: Scribners, 1986), 13.

17. David Lloyd George, *War Memoirs of David Lloyd George*(London: Nicholson and Watson, 1933), 324-25.

18. L. Margaret Barnett, *British Food Policy during the First World War*(Boston: Allen & Unwin, 1985), 105-6.

19. *British Medical Journal* 1, no. 2833(April 17, 1915): 687.

20. Ibid., 688.

21. E. M. Jellinek, "Interpretation of Alcohol Consumption Rates with Special Reference to Statistics of Wartime Consumption," *Quarterly Journal of Studies on Alcohol* 3(1942-43): 277.

22. David W. Gutzke, "Gender, Class, and Public Drinking in Britain during the First World War," in *The Changing Face of Drink: Substance, Imagery and Behaviour*, ed. Jack S. Blocker Jr. and Cheryl Krasnick Warsh(Ottawa: Publications Histoire Sociale/Social History, 1977), 293.

23. Jellinek, "Alcohol Consumption Rates," 277.

24. Gwylmor Prys Williams and George Thompson Brake, *Drink in Great Britain*, 1900-1979(London: Edsall, 1980), 375.

25. Barnett, *British Food Policy*, 179-80.

26. Kudlick, "Fighting the Internal and External Enemies," 147.

27. Ibid., 148.

28. Jean-Jacques Becker, *The Great War and the French People*(Leamington Spa: Berg, 1985), 128.

29. Jellinek, "Alcohol Consumption Rates," 279-80.

30. Shirley E. Woods Jr., *The Molson Saga*(Scarborough, Ontario: Avon, 1983), 232-33.

31. Helena Stone, "The Soviet Government and Moonshine, 1917-1929," *Cahiers du Monde Russe et Soviétique* 27(1986): 359.

32. Ibid., 362.

33. John Joseph Pershing, *My Experiences in the World War*(New York: Frederick A. Stokes, 1931), 282.

34. Kudlick, "Fighting the Internal and External Enemies," 133-36.

13장

1. Nurdeen Deuraseh, "Is Imbibing *Al-Khamr*(Intoxicating Drink) for Medical Purposes Permissible by Islamic Law?," *Arab Law Quarterly* 18(2003): 355-64.

2. Ricardo Campos Marin, *Socialismo Marxista e Higiene Publica: La Lucha Antialcohólica en la* II *Internacional*(1890-1914/19)(Madrid: Fundación de Investigaciones Marxistas, 1992), 119-39.

3. Laura L. Phillips, "Message in a Bottle: Working-Class Culture and the Struggle for Political Legitimacy, 1900-1929," *Russian Review* 56(1997): 25-26.

4. Stephen White, *Russia Goes Dry: Alcohol, State and Society*(Cambridge: Cambridge University Press, 1996), 16.

5. Kate Transchel, "Vodka and Drinking in Early Soviet Factories," in *The Human Tradition in Modern Russia*, ed. William B. Husband(Wilmington, N.C.: Scholarly Resources, 2000), 136-37.

6. Carter Elwood, *The Non-Geometric Lenin*(London: Anthem Press, 2011), 133-35.

7. Phillips, "Message in a Bottle," 32.

8. Helena Stone, "The Soviet Government and Moonshine, 1917-1929," *Cahiers du Monde Russe et Soviétique* 27(1986): 360.

9. White, *Russia Goes Dry*, 21-22.

10. Jack S. Blocker, "Did Prohibition Really Work?," *American Journal of Public Health* 96(2006): 236.

11. James Temple Kirby, "Alcohol and Irony: The Campaign of Westmoreland Davis for Governor, 1909-1917," *Virginia Magazine of History and Biography* 73(1965): 267.

12. Ernest R. Forbes, "The East-Coast Rum-Running Economy," in *Drink in Canada: Historical Essays*, ed. Cheryl Krasnick Warsh (Montreal: McGill-Queen's University Press, 1993), 166-67.

13. Gabriela Recio, "Drugs and Alcohol: US Prohibition and the Origin of the Drug Trade in Mexico, 1910-1930," *Journal of Latin American Studies* 34(2002): 32-33.

14. Alfred G. Hill, "Kansas and Its Prohibition Enforcement," *Annals of the American Academy of Political and Social Science* 109(1923): 134.

15. John J. Guthrie Jr., "Hard Times, Hard Liquor and Hard Luck: Selective Enforcement of Prohibition in North Florida, 1928-1933," *Florida Historical Quarterly* 72(1994): 437-38.

16. Joseph K. Willing, "The Profession of Bootlegging," *Annals of the American Academy of Political and Social Science* 125(1926): 47.

17. 케임브리지대학(Cambridge University)의 W. 딕슨(Dixon) 교수는 칵테일이 인기를 얻은 것은 "남녀 젊은이에게 특히 치명적"이라고 비난했다. "칵테일 음주자 중에서 비중이 큰 집단인 그들이 칵테일을 마신 것은 부분적으로는 부끄러움을 떨치기 위해서였고 부분적으로는 허세를 부리기 위해서였다… 칵테일은 과도한 음주습관을 다른 어떤 유형의 음료보다 더 잘 부추긴다."(*British Medical Journal*, January 5, 1929, 31).

18. Jacob M. Appel, " 'Physicians Are Not Bootleggers': The Short, Peculiar Life of the Medicinal Alcohol Movement," *Bulletin of the History of Medicine* 82(2008): 357.

19. Ibid., 361.

20. Ibid., 361-66.

21. Ambrose Hunsberger, "The Practice of Pharmacy under the Volstead Act," *Annals of the American Academy of Political and Social Science* 109(1923): 179-92.

22. Blocker, "Did Prohibition Really Work?," 236.

23. Guthrie, "Hard Times, Hard Liquor," 448.

24. Jeffrey A. Miron and Jeffrey Zwiebel, "Alcohol Consumption during Prohibition," *American Economic Review* 81(1991): 242-47.

25. Ben Fallaw, "Dry Law, Wet Politics: Drinking and Prohibition in Post-Revolutionary Yucatán, 1915-1935," *Latin American Research Review* 37(2001): 40-41.

26. Ibid., 46.

27. Recio, "Drugs and Alcohol," 29-30.

28. Ibid., 27-28.

29. Craig Heron, *Booze: A Distilled History* (Toronto: Between the Lines, 2003), 179-81.

30. Ibid., 183.

31. Sturla Nordlund, "Norway," in *Alcohol and Temperance in Modern History: An International Encyclopedia*, ed. Jack S. Blocker Jr., David M. Fahey, and Ian R. Tyrrell (Santa Barbara: ABC-CLIO, 2003), 2:459-60.

32. Mark Lawrence Shrad, *The Political Power of Bad Ideas: Networks, Institutions, and the Global Prohibition Wave* (Oxford: Oxford University Press, 2010), 96-97; Halfdan Bengtsson,

"The Temperance Movement and Temperance Legislation in Sweden," *Annals of the American Academy of Political and Social Science* 197(1938): 134-53.

33. Shrad, *Political Power of Bad Ideas*, 97.

34. Ibid., 97-103.

35. "Atreya," *Towards Dry India*(Madras: Dikshit Publishing, 1933), 82-83.

36. Ibid., 143.

37. Thomas Karlsson and Esa Österberg, "Belgium," in Blocker, Fahey, and Tyrell, *Alcohol and Temperance in Modern History*, 1:105.

38. Charlotte Macdonald, "New Zealand," in Blocker, Fahey, and Tyrell, *Alcohol and Temperance in Modern History*, 2:454.

39. Shrad, *Political Power of Bad Ideas*, 9.

14장

1. Mark Edward Lender and James Kirby Martin, *Drinking in America: A History*(New York: Free Press, 1987), 135.

2. 이 논의는 John J. Guthrie Jr., "Rekindling the Spirits: From National Prohibition to Local Option in Florida, 1928-1935," *Florida Historical Quarterly* 74(1995): 23-39에 의지했다.

3. 이 부분은 Scott Thompson and Gary Genosko, *Punched Drunk: Alcohol, Surveillance and the LCBO*, 1927-1975(Halifax: Fernwood Publishing, 2009)에 의지했다.

4. Gwylmor Prys Williams and George Thompson Brake, *Drink in Great Britain*, 1900-1979(London: Edsall, 1980), 83-84.

5. 이 부분은 David W. Gutzke, "Improved Pubs and Road Houses: Rivals for Public Affection in Interwar England," *Brewery History* 119(2005): 2-9에 의지했다.

6. Ibid., 3.

7. *Alcohol: Its Action on the Human Organism*, 3rd ed.(London: HMSO, 1938).

8. Sylvanus Stall, *What a Young Boy Ought to Know*(Philadelphia: John C. Winston Co., 1936), 135-37.

9. Sarah Howard, "Selling Wine to the French: Official Attempts to Increase French Wine Consumption, 1931-1936," *Food and Foodways* 12(2004): 197-224.

10. Ibid., 203.

11. John Burnett, *Liquid Pleasures: A Social History of Drinks in Modern Britain*(London: Routledge, 1999), 136.

12. Howard, "Selling Wine to the French," 209 fig. 1.

13. Ibid., 211.

14. Eugene, Ore., *Register-Guardian*, June 15, 1932, 6.

15. B. R. Mitchell, *European Historical Statistics*, 1750-1975, 2nd rev. ed.(London:

Macmillan, 1981), 495.

16. Hermann Fahrenkrug, "Alcohol and the State in Nazi Germany, 1933–45," in *Drinking: Behavior and Belief in Modern History*, ed. Susanna Barrows and Robin Room(Berkeley: University of California Press, 1991), 315–34.

17. Ibid., 322.

18. Ibid., 323.

19. Geoffrey J. Giles, "Student Drinking in the Third Reich: Academic Tradition and the Nazi Revolution," in Barrows and Room, *Drinking*, 142.

20. Helena Stone, "The Soviet Government and Moonshine, 1917–1929," *Cahiers du Monde Russe et Soviétique* 27(1986): 362–63.

21. Ibid., 364.

22. Joseph Barnes, "Liquor Regulation in Russia," *Annals of the American Academy of Political and Social Science* 163(1932): 230.

23. Stephen White, *Russia Goes Dry: Alcohol, State and Society*(Cambridge: Cambridge University Press, 1996), 26–27.

24. Ibid., 27, 197 n. 133.

25. C. Langhammer, "'A Public House Is for All Classes, Men and Women Alike': Women, Leisure and Drink in Second World War England," *Women's History Review* 12(2003): 423–43.

26. Tom Harrison, *The Pub and the People*(London, 1943; repr., London: Cresset, 1987), 135.

27. Christopher R. Browning, *Ordinary Men: Reserve Battalion* 101 *and the Final Solution in Poland*(New York: HarperCollins, 1992), 93, 100.

28. Fahrenkrug, "Alcohol and the State," 331.

29. Howard, "Selling Wine to the French," 206에서 인용했다.

30. Don Kladstrup and Petie Kladstrup, *Wine and War: The French, the Nazis and the Battle for France's Greatest Treasure*(New York: Broadway Books, 2001), 76–77.

31. Charles K. Warner, *The Winegrowers of France and the Governments since* 1875(New York: Columbia University Press, 1960), 158–62.

32. Lori Rotskoff, *Love on the Rocks: Men, Women, and Alcohol in Post-World War* II *America*(Chaple Hill: University of North Carolina Press, 2002), 47–48에서 인용했다.

33. Ibid., 49.

15장

1. Lori Rotskoff, *Love on the Rocks: Men, Women, and Alcohol in Post-World War* II *America*(Chapel Hill: University of North Carolina Press, 2002), 194–203.

2. Ibid., 208-9.

3. W. Scott Haine, "Drink, Sociability, and Social Class in France, 1789-1945: The Emergence of a Proletarian Public Sphere," in *Alcohol: A Social and Cultural History*, ed. Mack P. Holt(Oxford: Berg, 2006), 140.

4. Patricia E. Prestwich, *Drink and the Politics of Social Reform: Antialcoholism in France since* 1870(Palo Alto: Society for the Promotion of Science and Scholarship, 1988), 258-60.

5. Kim Munholland, "*Mon docteur le vin*: Wine and Health in France, 1900-1950," in Holt, *Alcohol*, 85-86.

6. Prestwich, *Drink and the Politics of Social Reform*, 300, table F.

7. Gwylmor Prys Williams and George Thompson Brake, *Drink in Great Britain, 1900-1979*(London: Edsall, 1980), 132-33.

8. *Global Status Report on Alcohol and Health*(Geneva: World Health Organization, 2011), 4.

9. Ibid., 188.

10. National Health Service(United Kingdom), *Statistics on Alcohol* 2012, 14, 16. https://catalogue.ic.nhs.uk/publications/public-health/alcohol/alco-eng-2012/aclo-eng-2012-rep.pdf(2013년 2월 25일에 접속했다).

11. *Global Status Report on Alcohol and Health*, 140.

12. Haine, "Drink, Sociability, and Social Class in France."

13. http://www.abc.state.va.us/facts/legalage.html(2012년 8월 11일에 접속했다).

14. *Global Status Report: Alcohol Policy*(Geneva: World Health Organization, 2004), 13-15.

15. Williams and Brake, *Drink in Great Britain*, 387, table Ⅲ.10; 516, table Ⅲ.139.

16. *Global Status Report on Alcohol and Health*, 47.

17. Ibid., 11.

18. http://www.espad.org/Uploads/ESPAD_reports/2011/The_2011_ESPAD_Report_SUMMARY.pdf(2012년 9월 5일에 접속했다).

19. 소련에 대한 설명 중 상당부분은 Stephen White, *Russia Goes Dry: Alcohol, State and Society*(Cambridge: Cambridge University Press, 1996)에 의지했다.

20. Vladimir G. Treml, *Alcohol in the USSR: A Statistical Study*(Durham, N.C.: Duke University Press, 1982), 68, table 6.1.

21. White, *Russia Goes Dry*, 70-73.

22. Ibid., 91.

23. Ibid., 103, table 4.1.

24. Ibid., 103.

25. Ibid., 141, table 6.1.

26. *Global Status Report on Alcohol and Health*, 203.

27. White, *Russia Goes Dry*, 165.

28. *Pravda*, April 4, 2011, http://english.pravda.ru/business/finance/04-04-2011/117436-alcohol_tobacco-o/(2012년 8월 11일에 접속했다).

29. RiaNovosti, April 5, 2012, http://en.rian.ru/business/20120405/172627949.html(2012년 8월 11일에 접속했다).

30. James Nicholls, *The Politics of Alcohol: A History of the Drink Question in England*(Manchester: Manchester University Press, 2009), 1.

31. "French Paradox Now Available in Tablets," *Decanter*, June 7, 2001, http://www.decanter.com/news/wine-news/488845/french-paradox-now-available-in-tablets(2013년 2월 21일에 접속했다).

결론

1. *Global Status Report on Alcohol and Health*(Geneva: World Health Organization, 2011), 140, 188, 234.

| 참고 문헌 |

알코올과 알코올 관련 주제에 대한 참고문헌은 엄청나게 방대한 수준인데다 계속 늘고
있다. 이 참고 문헌은 이 책을 준비하는 데 대단히 유용했던 자료들만 포함하고 있다.

참고 연구

Blocker, Jack S., Jr., David M. Fahey, and Ian R. Tyrrell, eds. *Alcohol and Temperance in Modern History: An International Encyclopedia.* 2 vols. Santa Barbara: ABC-CLIO, 2003.

Brennan, Thomas E., ed. *Public Drinking in the Early Modern World: Voices from the Tavern, 1500-1800.* 4 vols. London: Pickering & Chatto, 2011.

Fahey, David M., and Jon S. Miller, eds. *Alcohol and Drugs in North America: A Historical Encyclopedia.* Santa Barbara: ABC-CLIO, 2013.

Smith, Andrew F., ed. *Oxford Encyclopedia of Food and Drink in America.* 2nd ed. New York: Oxford University Press, 2013.

서적

Adams, Jad. *Hideous Absinthe: A History of the Devil in a Bottle.* London: Tauris Parke, 2008.

Albala, Ken. *Eating Right in the Renaissance.* Berkeley: University of California Press, 2002.

Alexander, Jeffrey W. *Brewed in Japan: The Evolution of the Japanese Beer Industry.* Vancouver: University of British Columbia Press, 2013.

Apicius: Cookery and Dining in Imperial Rome. Edited and translated by Joseph Dommers Vehling. New York: Dover, 1977.

Badri, M. B. *Islam and Alcoholism.* Plainfield, Ind.: American Trust Publications, 1976.

Bablor, Thomas, et al. *Alcohol: No Ordinary Commodity.* 2nd ed. Oxford: Oxford University Press, 2010.

Barr, Andrew. *Drink: A Social History of America.* New York: Carroll & Graf, 1999.

Bennett, Judith M. *Ale, Beer and Brewsters in England: Women's Work in a Changing World, 1300-1600.* New York: Oxford University Press, 1996.

Blocker, Jack S., Jr., and Cheryl Krasnick Warsh, eds. *The Changing Face of Drink: Substance, Imagery and Behaviour.* Ottawa: Publications Histoire Sociale/Social History, 1977.

Bourély, Béatrice. *Vignes et Vins de l'Abbaye de Cîteaux en Bourgogne.* Nuits-St-Georges: Editions du Tastevin, 1998.

Brennan, Thomas. *Burgundy to Champagne: The Wine Trade in Early Modern France.*

Baltimore: Johns Hopkins University Press, 1997.

Bruman, Henry J. *Alcohol in Ancient Mexico*. Salt Lake City: University of Utah Press, 2000.

Brunschwig Hieronymus. *Das Buch zu Distilieren*. Strasburg, 1532.

Bucknill, John Charles. *Habitual Drunkenness and Insane Drunkards*. London: Macmillan, 1878.

Burford, Alison. *Land and Labour in the Greek World*. Baltimore: Johns Hopkins University Press, 1993.

Burnett, John. *Liquid Pleasures: A Social History of Drinks in Modern Britain*. London: Routledge, 1999.

Campos Marin, Ricardo. *Socialismo Marxista e Higiene Publica: La Lucha Antialcoholica en la II Internacional*(1890–1914/19). Madrid: Fundación de Investigaciones Marxistas, 1992.

Carter, Henry. *The Control of the Drink Trade: A Contribution to National Efficiency*, 1915–1917. London: Longman, 1918.

Cato, Marcius Porcius. *On Agriculture*. London: Heineman, 1934.

Christian, David. *Living Water: Vodka and Russian Society on the Eve of Emancipation*. Oxford: Oxford University Press, 1990.

Clark, Peter. *The English Alehouse: A Social History*, 1200–1830. London: Longman, 1983.

Conroy, David W. *In Public Houses: Drink and the Revolution of Authority in Colonial Massachusetts*. Chapel Hill: University of North Carolina Press, 1995.

Craeybeckx, Jan. *Un Grand Commerce d'Importation: Les Vins de France aux Anciens Pays-Bas*(X IIIe–XVIe Siècle). Paris: SEVPEN, 1958.

Crush, Jonathan, and Charles Ambler, eds. *Liquor and Labor in Southern Africa*. Athens: Ohio University Press, 1992.

Curto, José C. *Enslaving Spirits: The Portuguese–Brazilian Alcohol Trade at Luanda and Its Hinterland, c.*1550–1830. Leiden: Brill, 2004.

Dannenbaum, Jed. *Drink and Disorder: Temperance Reform in Cincinnati from the Washington Revival to the WCTU*. Urbana: University of Illinois Press, 1984.

Davis, Marni. *Jews and Booze: Becoming American in the Age of Prohibition*. New York: New York University Press, 2012.

de Blij, Harm Jan, ed. *Viticulture in Geographical Perspective*. Miami: Miami Geographical Society, 1992.

de Garine, Igor, and Valerie de Garine, eds. *Drinking: Anthropological Approaches*. New York: Berghahn, 2001.

Dion, Roger. *Histoire de la Vigne et du Vin en France des Origines au X i Xe Siècle*. Paris: Flammarion, 1977.

A Dissertation upon Drunkenness··· Shewing to What and Intolerable Pitch that Vice is arriv'd at in this Kingdom. London, 1708.

Distilled Spirituous Liquors the Bane of the Nation. London, 1736.

Fagan, Brian. *Elixir: A History of Water and Humankind.* New York: Bloomsbury, 2011.

Fenton, Alexander, ed. *Order and Disorder: The Health Implications of Eating and Drinking in the Nineteenth and Twentieth Centuries.* Edinburgh: Tuckwell Press, 2000.

Flandrin, Jean-Louis, and Massimo Montanari, eds. *Food: A Culinary History from Antiquity to the Present.* London: Penguin, 2000.

Fleming, Stuart J. *Vinum: The Story of Roman Wine.* Glen Mills, Pa.: Art Flair, 2001.

Foss, Richard. *Rum: A Global History.* London: Reaktion, 2012.

Francis, A. D. *The Wine Trade.* London: A & C Black, 1972.

Fuller, Robert C. *Religion and Wine: A Cultural History of Wine Drinking in the United States.* Knoxville: University of Tennessee Press, 1996

Garlan, Yvon. *Vin et Amphores de Thasos.* Athens: Ecole Française d'Athènes, 1988.

Garrier, Gilbert, ed. *Histoire Sociale et Culturelle du Vin.* Paris: Larousse, 1998.

—. *Le Vin des Historiens.* Suze-la-Rousse: Université du Vin, 1990.

Gately, Iain. *Drink: A Cultural History of Alcohol.* New York: Gotham, 2008.

Global Status Report: Alcohol Policy. Geneva: World Health Organization, 2004.

Global Status Report on Alcohol and Health. Geneva: World Health Organization, 2011.

Goubert, Jean-Pierre. *The Conquest of Water.* Princeton: Princeton University Press, 1986.

Gusfield, Joseph R. *Contested Meanings: The Construction of Alcohol Problems.* Madison: University of Wisconsin Press, 1996.

—. *Drinking-Driving and the Symbolic Order.* Chicago: University of Chicago Press, 1981.

Gutzke, David, ed. *Alcohol in the British Isles from Roman Times to 1996: An Annotated Bibliography.* Westport, Conn.: Greenwood, 1996.

Gutzke, David W. *Pubs & Progressives: Reinventing the Public House in England, 1896-1960.* DeKalb: Northern Illinois University Press, 2006.

Guy, Kolleen M. *When Champagne became French: Wine and the Making of a National Identity.* Baltimore: Johns Hopkins University Press, 2003.

Haine, W. Scott. *The World of the Paris Café: Sociability among the French Working Class, 1789-1914.* Baltimore: Johns Hopkins University Press, 1996.

Hames, Gina. *Alcohol in World History.* London: Routledge, 2012.

Hammond, P. W. *Food and Feast in Medieval England.* Stroud: Allan Sutton, 1993.

Hancock, David. *Oceans of Wine: Madeira and the Emergence of American Trade and Taste.* New Haven: Yale University Press, 2009.

Harper, William T. *Origins and Rise of the British Distillery.* Lewiston: Edwin Mellon, 1999.

Harrison, Brian. *Drink and the Victorians: The Temperance Question in England, 1815-1872.* Pittsburgh: University of Pittsburgh Press, 1971.

Harrison, Tom. *The Pub and the People.* London, 1943. Reprint, London: Cresset, 1987.

Herlihy, Patricia. *Vodka: A Global History*. London: Reaktion, 2012.

Heron, Craig. *Booze: A Distilled History*. Toronto: Between the Lines, 2003.

Heskett, Randall, and Joel Butler. *Divine Vintage: Following the Wine Trail from Genesis to the Modern Age*. New York: Palgrave, 2012.

Hippocrates. London: Heinemann, 1967.

Hodge, Trevor. *Ancient Greek France*. Philadelphia: University of Pennsylvania Press, 1999.

Hoffman, Constance. *Medieval Agriculture, the Southern French Countryside, and the Early Cistercians: A Study of Forty-Three Monasteries*. Philadelphia: American Philosophical Society, 1986.

Hornsey, Ian S. *A History of Beer and Brewing*. Cambridge: Royal Society of Chemistry, 2003.

Horsley, Sir Victor. *The Rum Ration in the British Army*. London: Richard J. James, 1915.

Hurley, Jon. *A Matter of Taste: A History of Wine Drinking in Britain*. Stroud: Tempus, 2005.

An Impartial Inquiry into the Present State of the British Distillery. London, 1736.

Johnson, Hugh. *The Story of Wine*. London: Mitchell Beazley, 1989.

Kay, Billy, and Caileen MacLean. *Knee-Deep in Claret: A Celebration of Wine and Scotland*. Edinburgh: Mainstream Publishing, 1983.

Kennedy, Philip F. *The Wine Song in Classical Arabic Poetry: Abu Nuwas and the Literary Tradition*. Oxford: Clarendon Press, 1997.

Kladstrup, Don, and Petie Kladstrup. *Wine and War: The French, the Nazis and the Battle for France's Greatest Treasure*. New York: Broadway Books, 2001.

Koeppel, Gerard T. *Water for Gotham*. Princeton: Princeton University Press, 2000.

Kueny, Kathryn. *The Rhetoric of Sobriety: Wine in Early Islam*. Albany: State University of New York Press, 2001.

Lachiver, Marcel. *Vins, Vignes et Vignerons: Histoire du Vignoble Français*. Paris: Fayard, 1988.

Lander, Doris. *Absinthe: The Cocaine of the Nineteenth Century*. Jefferson, N.C.: McFarland, 1995.

Lender, Mark Edward, and James Kirby Martin. *Drinking in America: A History*. New York: Free Press, 1987.

Loubère, Leo. *The Red and the White: The History of Wine in France and Italy in the Nineteenth Century*. Albany: State University of New York Press, 1978.

Lozarno Armendares, Teresa. *El Chinguirito: El Contrabando de Aguardiente de Caña y la Política Colonial*. Mexico: Universidad Nacional Autónima de México, 2005.

Lublin, Elizabeth Dorn. *Reforming Japan: The Woman's Christian Temperance Union in the Meiji Period*. Honolulu: University of Hawai'i Press, 2010.

Lukacs, Paul. *Inventing Wine: A New History of One of the World's Most Ancient Pleasures*.

New York: Norton, 2012.

MacLean, Charles. *Scotch Whisky: A Liquid History*. London: Cassell, 2003.

Mager, Anne Kelk. *Beer, Sociability, and Masculinity in South Africa*. Bloomington: University of Indian Press, 2010.

Maguin, Martine. *La Vigne et le Vin en Lorraine*, XIV-XVe Siècle. Nancy: Presses Universitaires de Nancy, 1982.

Mancall, Peter C. *Deadly Medicine: Indians and Alcohol in Early America*. Ithaca: Cornell University Press, 1997.

Martin, A. Lynn. *Alcohol, Violence and Disorder in Traditional Europe*. Kirksville, Mo.: Truman State University Press, 2009.

Mathias, Peter. *The Brewing Industry in England*, 1700-1830. Cambridge: Cambridge University Press, 1959.

McCarthy, Raymond, ed. *Drinking and Intoxication: Selected Readings in Social Attitudes and Control*. Glencoe, Ill.: Free Press, 1959.

McGovern, Patrick E. *Ancient Wine: The Search for the Origins of Viticulture*. Princeton: Princeton University Press, 2003.

—. *Uncorking the Past: The Quest for Wine, Beer and Other Alcoholic Beverages*. Berkeley: University of California Press, 2009.

McGovern, Patrick E., et al., eds. *Origins and Ancient History of Wine*. London: Routledge, 2004.

Meacham, Sarah Hand. *Every Home a Distillery: Alcohol, Gender, and Technology in the Colonial Chesapeake*. Baltimore: Johns Hopkins University Press, 2009.

Mendelson, Richard. *From Demon to Darling: A Legal History of Wine in America*. Berkeley: University of California Press, 2009.

Mittelman, Amy. *Brewing Battles: A History of American Beer*. New York: Algora, 2008.

National Health Service(United Kingdom). *Statistics on Alcohol* 2012. https://catalogue. ic.nhs.uk/publications/public-health/alcohol/alco-eng-2012/alco-eng-2012-rep.pdf. Accessed February 25, 2013.

Nelson, Max. *The Barbarian's Beverage: A History of Beer in Ancient Europe*. London: Routledge, 2005.

Nicholls, James. *The Politics of Alcohol: A History of the Drink Question in England*. Manchester: Manchester University Press, 2009.

Nourrisson, Didier. *Le Buveur du XIXe Siècle*. Paris: Albin Michel, 1990.

Ogle, Maureen. *Ambitious Brew: The Story of American Beer*. Orlando: Harvest, 2006.

Pan, Lynn. *Alcohol in Colonial Africa*. Uppsala: Scandinavian Institute of African Studies, 1975.

Paul, Harry W. *Bacchic Medicine: Wine and Alcohol Therapies from Napoleon to the French Paradox*. Amsterdam: Rodopi, 2001.

Pearson, C. C., and J. Edwin Hendricks. *Liquor and Anti-Liquor in Virginia*, 1619-1919. Durham, N.C.: Duke University Press, 1967.

Pliny the Elder. *Histoire Naturelle*. Paris: Société d'Edition 'Les Belles Lettres,' 1958.

Phillips, Rod. *A Short History of Wine*. London: Penguin, 2000.

Pinney, Thomas. *A History of Wine in America: From the Beginnings to Prohibition*. Berkeley: University of California Press, 1989.

—. *A History of Wine in America: From Prohibition to the Present*. Berkeley: University of California Press, 2005.

Plack, Noelle. *Common Land, Wine and the French Revolution: Rural Society and Economy in Southern France, c.1789-1820*. London: Ashgate, 2009.

Pokhlebkin, William. *A History of Vodka*. London: Verso, 1992.

Poo, Mu-Chou. *Wine and Wine-Offering in the Religion of Ancient Egypt*. London: Kegan Paul International, 1995.

Prestwich, Patricia E. *Drink and the Politics of Social Reform: Antialcoholism in France since 1870*. Palo Alto: Society for the Promotion of Science and Scholarship, 1988.

Roberts, James S. *Drink, Temperance and the Working Class in Nineteenth-Century Germany*. Boston: Allen & Unwin, 1984.

Rose, Susan. *The Wine Trade in Medieval Europe, 100-1500*. London: Continuum, 2011.

Rotskoff, Lori. *Love on the Rocks: Men, Women, and Alcohol in Post-World War II America*. Chapel Hill: University of North Carolina Press, 2002.

Rush, Benjamin. *Medical Inquiries and Observations*. 2nd ed. Philadelphia: Thomas Dobson, 1794.

Salzman, James. *Drinking Water: A History*. New York: Overlook Duckworth, 2012.

Scheindlin, Raymond P. *Wine, Women and Death: Medieval Hebrew Poems on the Good Life*. Philadelphia: Jewish Publication Society, 1986.

Seward, Desmond. *Monks and Wine*. New York: Crown Books, 1979.

Shiman, Lilian Lewis. *Crusade against Drink in Victorian England*. New York: St. Martin's Press, 1988.

Short, Richard. *Of Drinking Water, Against our Novelists, that Prescribed it in England*. London, 1656.

Shrad, Mark Lawrence. *The Political Power of Bad Ideas: Networks, Institutions, and the Global Prohibition Wave*. Oxford: Oxford University Press, 2010.

Smith, Andrew. *Drinking History: Fifteen Turning Points in the Making of American Beverages*. New York: Columbia University Press, 2013.

Smith, Frederick H. *Caribbean Rum: A Social and Economic History*. Gainesville: University Press of Florida, 2005.

Smith, Gregg. *Beer in America: The Early Years, 1587-1840*. Boulder, Colo.: Siris Books, 1998.

Smyth, Adam, ed. *A Pleasing Sinne: Drink and Conviviality in 17th-Century England.* Cambridge: D. S. Brewer, 2004.

Stuart, Andrea. *Sugar in the Blood: A Family's Story of Slavery and Empire.* New York: Knopf, 2013.

Tait, Jennifer L. Woodruff. *The Poisoned Chalice: Eucharistic Grape Juice and Common-Sense Realism in Victorian Methodism.* Tuscaloosa: University of Alabama Press, 2010.

Tchernia, André. *Vin de l'Italie Romaine: Essaie d'Histoire Economique d'après les Amphores.* Rome: Ecole Française de Rome, 1986.

Thompson, H. Paul. *A Most Stirring and Significant Episode: Religion and the Rise and Fall of Prohibition in Black Atlanta, 1865-1887.* DeKalb: Northern Illinois University Press, 2013.

Thompson, Scott, and Gary Genosko. *Punched Drunk: Alcohol, Surveillance and the LCBO, 1927-1975.* Halifax: Fernwood Publishing, 2009.

Trawick, Buckner B. *Shakespeare and Alcohol.* Amsterdam: Editions Rodopi, 1978.

Treml, Vladimir G. *Alcohol in the USSR: A Statistical Study.* Durham, N.C.: Duke University Press, 1982.

Trotter, Thomas. *An Essay Medical, Philosophical, and Chemical on Drunkenness and its Effects on the Human Body.* London, 1804.

Unger, Richard W. *Beer in the Middle Ages and Renaissance.* Philadelphia: University of Pennsylvania Press, 2004.

Unrau, William E. *White Man's Wicked Water: The Alcohol Trade and Prohibition in Indian County, 1802-1892.* Lawrence: University of Kansas Press, 1996.

Valverde, Mariana. *Diseases of the Will: Alcohol and the Dilemmas of Freedom.* Cambridge: Cambridge University Press, 1998.

Vandermersch, Christian. *Vins et Amphores de Grade Grèce et de Sicile IVe-IIIe Siècles avant J.-C.* Naples: Centre Jean Bérard, 1994.

Vidal, Michel. *Histoire de la Vigne et des Vins dans le Monde, XIXe-XXe Siècles.* Bordeaux: Féret, 2001.

Le Vin à Travers les Ages: Produit de Qualité, Agent Economique, Bordeaux: Feret, 2001.

Viqueira Albán, Juan Pedro. *Propriety and Permissiveness in Bourbon Mexico.* Wilmington, N.C.: Scholarly Resources, 1999.

Warner, Charles K. *The Winegrowers of France and the Government since 1875.* New York: Columbia University Press, 1960.

Warner, Jessica. *Craze: Gin and Debauchery in an Age of Reason.* New York: Random House, 2002.

White Stephen. *Russia Goes Dry: Alcohol, State and Society.* Cambridge: Cambridge University Press, 1996.

Wilkins, John, David Harvey, and Mike Dobson, eds. *Food in Antiquity.* Exeter: University of Exeter Press, 1995.

Williams, Gwylmor Prys, and George Thompson Brake. *Drink in Great Britain*, 1900–1979. London: Edsall, 1980.

Willis, Justin. *Potent Brews: A Social History of Alcohol in East Africa*, 1850–1999. London: British Institute in Eastern Africa, 2002.

Wilson, C. Anne. *Water of Life: A History of Wine-Distilling and Spirits*, 500 BC–AD 2000. Totnes, U.K.: Prospect Books, 2006.

Younger, William. *Gods, Men and Wine*. London: Michael Joseph, 1966.

Zhenping, Li. *Chinese Wine*. Cambridge: Cambridge University Press, 2010.

Zimmerman, Jonathan. *Distilling Democracy: Alcohol Education in America's Public Schools*, 1880–1925. Lawrence: University Press of Kansas, 1999.

논문과 에세이

Adair, Daryl. "Respectable, Sober and Industrious? Attitudes to Alcohol in Early Colonial Adelaide." *Labour History* 70(1996): 131–55.

Ajzenstadt, Mimi. "The Changing Image of the State: The Case of Alcohol Regulation in British Columbia, 1871–1925." *Canadian Journal of Sociology* 19(1994): 441–60.

Albertson, Dean. "Puritan Liquor in the Planting of New England." *New England Quarterly* 23, no. 4(1950): 477–90.

Allchin, F. R. "India: The Ancient Home of Distillation?" *Man* 14(1979): 55–63.

Amouretti, Marie-Claire. "Vin, Vinaigre, Piquette dans l'Antiquité." In *Le Vin des Historiens*, edited by Gilbert Garrier, 75–87. Suze-la-Rousse: Université du Vin, 1990.

Appel, Jacob M. " 'Physicians Are Not Bootleggers': The Short, Peculiar Life of the Medicinal Alcohol Movement." *Bulletin of the History of Medicine* 82(2008): 355–86.

Bennett, Norman R. "The Golden Age of the Port Wine System, 1781–1807." *International History Review* 12(1990): 221–48.

Blocker, Jack S. "Did Prohibition Really Work?" *American Journal of Public Health* 96(2006): 233–43.

Bowers, John M. " 'Dronkenesse is ful of stryvyng': Alcoholism and Ritual Violence in Chaucer's Pardoner's Tale." *English Literary History* 57(1990): 757–84.

Brennan, Thomas. "The Anatomy of Inter-Regional Markets in the Early Modern Wine Trade." *Journal of European Economic History* 23(1994): 581–607.

—. "Towards a Cultural History of Alcohol in France." *Journal of Social History* 23(1989): 71–92.

Broich, John. "Engineering the Empire: British Water Supply Systems and Colonial Societies, 1850–1900." *Journal of British Studies* 46(2007): 346–65.

Campbell, Robert A. "Making Sober Citizens: The Legacy of Indigenous Alcohol Regulation in Canada, 1777–1985." *Journal of Canadian Studies* 42(2008): 105–26.

Carter, F. W. "Cracow's Wine Trade (Fourteenth to Eighteenth Centuries)." *Slavonic and East European Review* 65(1987): 537–78.

Chard, Chole. "The Intensification of Italy: Food, Wine and the Foreign in Seventeenth-Century Travel Writing." In *Food, Culture and History* 1, edited by Gerald Mars and Valerie Mars. London: London Food Seminar, 1993.

Christian, David. "Prohibition in Russia, 1914–1925." *Australian Slavonic and East European Studies* 9(1995): 89–118.

Christmom, Kenneth. "Historical Overview of Alcohol in the African American Community." *Journal of Black Studies* 25(1995): 318–30.

Clark, Peter. "The 'Mother Gin' Controversy in the Early Eighteenth Century." *Transactions of the Royal Historical Society*, 5th ser., 38(1988): 63–84.

Conrad, Maia. "Disorderly Drinking: Reconsidering Seventeenth-Century Iroquois Alcohol Abuse." *American Indian Quarterly* 23, no. 3&4(1999): 1–11.

Dailey, D. C. "The Role of Alcohol among North American Indian Tribes as Reported in the Jesuit Relations." *Anthropologica* 10(1968): 45–59.

Davidson, Andrew. "'Try the Alternative': The Built Heritage of the Temperance Movement." *Journal of the Brewery History Society* 123(2006): 92–109.

Davis, Robert C. "Venetian Shipbuilders and the Fountain of Wine." *Past and Present* 156(1997): 55–86.

Deuraseh, Nurdeen. "Is Imbibing *Al-Khamr*(Intoxicating Drink) for Medical Purposes Permissible by Islamic Law?" *Arab Law Quarterly* 18(2003): 355–64.

Diduk, Susan. "European Alcohol, History, and the State in Cameroon." *African Studies Review* 36(1993): 1–42.

Dietz, Vivien E. "The Politics of Whisky: Scottish Distilleries, the Excise, and the Pittite State." *Journal of British Studies* 36(1997): 35–69.

Dudley, Robert. "Evolutionary Origins of Human Alcoholism in Primate Frugivory." *Quarterly Review of Biology* 75, no. 1(March 2000): 3–15.

Dumett, Raymond E. "The Social Impact of the European Liquor Trade on the Akan of Ghana(Gold Coast and Asante), 1875–1910." *Journal of Interdisciplinary History* 5(1974): 69–101.

Dupebe, Jean. "La Diététique et l'Alimentation des Pauvres selon Sylvius." In *Pratiques et Discours Alimentaires à la Renaissance*, edited by J.-C. Margolin and R. Sauzet, 41–56. Paris: G.-P. Maisonneuve et Larose, 1982.

Dyer, Christopher. "Changes in Diet in the Late Middle Ages: The Case of Harvest Workers." *Agricultural Historical Review* 36(1988): 21–37.

—. "The Consumer and the Market in the Later Middle Ages." *Economic History Review* 42(1989): 305–27.

Fallaw, Ben. "Dry Law, Wet Politics: Drinking and Prohibition in Post-Revolutionary Yucatán, 1915-1935." *Latin American Research Review* 37(2001): 37-65.

Funnerton, Patricia. "Not Home: Alehouses, Ballads, and the Vagrant Husband in Early Modern England." *Journal of Medieval and Early Modern Studies* 32(2002): 493-518.

Gilmore, Thomas B. "James Boswell's Drinking." *Eighteenth-Century Studies* 24(1991): 337-57.

Gough, J. B. "Winecraft and Chemistry in Eighteenth-Century France: Chaptal and the Invention of Chaptalization." *Technology and Culture* 39(1998): 74-104.

Grinëv, Andrei V. "The Distribution of Alcohol among the Natives of Russian America." *Arctic Anthropology* 47(2010): 69-79.

Grivetti, Louis E., and Elizabeth A. Applegate. "From Olympia to Atlanta: A Cultural-Historical Perspective on Diet and Athletic Training." *Journal of Nutrition* 127(1997): 861-68.

Gunson, Neil. "On the Incidence of Alcoholism and Intemperance in Early Pacific Missions." *Journal of Pacific History* 1(1966): 43-62.

Guthrie, John J., Jr. "Hard Times, Hard Liquor and Hard Luck: Selective Enforcement of Prohibition in North Florida, 1928-1933." *Florida Historical Quarterly* 72(1994): 435-52.

—. "Rekindling the Spirits: From National Prohibition to Local Option in Florida, 1928-1935." *Florida Historical Quarterly* 74(1995): 23-39.

Gutzke, David W. "Improved Pubs and Road Houses: Rivals for Public Affection in Interwar England." *Brewery History* 119(2005): 2-9.

Halenko, Oleksander. "Wine Production, Marketing and Consumption in the Ottoman Crimea, 1520-1542." *Journal of the Economic and Social History of the Orient* 47(2004): 507-47.

Hammer, Carl I. "A Hearty Meal? The Prison Diets of Cranmer and Latimer." *Sixteenth Century Journal* 30(1999): 653-80.

Hancock, David. "Commerce and Conversation in the Eighteenth-Century Atlantic: The Invention of Madeira Wine." *Journal of Interdisciplinary History* 29(1998): 197-219.

Heap, Simon. "'A Bottle of Gin Is Dangled before the Nose of the Natives': The Economic Uses of Imported Liquor in Southern Nigeria, 1860-1920." *African Economic History* 33(2005): 69-85.

Hendricks, Rick. "Viticulture in El Paso del Norte during the Colonial Period." *Agricultural History* 78(2004): 191-200.

Herlihy, Patricia. "'Joy of the Rus': Rites and Rituals of Russian Drinking." *Russian Review* 50(1991): 131-47.

Hernández Palomo, José Jesús. "El Pulque: Usos Indígenas y Abusos Criollos." In *El Vino de Jerez y Otras Bebidas Espirituosas en la Historia de España y América*, 246. Madrid: Servicio de Publicaciones del Ayuntamiento de Jerez, 2004.

Hill Curth, Louise. "The Medicinal Value of Wine in Early Modern England." *Social*

History of Alcohol and Drugs 18(2003): 35-50.

Holt, James B., et al. "Religious Affiliation and Alcohol Consumption in the United States." *Geographical Review* 96(2006): 523-42.

Holt, Mack P. "Europe Divided: Wine, Beer and Reformation in Sixteenth-Century Europe." In *Alcohol: A Social and Cultural History*, edited by Mack P. Holt, 25-40. Oxford: Berg, 2006.

—. "Wine, Community and Reformation." *Past and Present* 138(1993): 58-93.

Holt, Tim. "Demanding the Right to Drink: The Two Great Hyde Park Demonstrations." *Brewery History* 118(2005): 26-40.

Homan, Michael M. "Beer and Its Drinkers: An Ancient Near Eastern Love Story." *Near Eastern Archaeology* 67(2004): 84-95.

Hook, Christopher, Helen Tarbet, and David Ball. "Classically Intoxicated." *British Medical Journal* 335(December 22-29, 2007): 1302-4.

Howard, Sarah. "Selling Wine to the French: Official Attempts to Increase French Wine Consumption, 1931-1936." *Food and Foodways* 12(2004): 197-224.

Hudson, Nicholas F. "Changing Places: The Archaeology of the Roman *Convivium*." *American Journal of Archaeology* 114(2010): 663-95.

Hughes, James N., III. "Pine Ridge, Whiteclay, and Indian Liquor Law." University of Nebraska College of Law, Federal Indian Law Seminar, December 13, 2010. http://www.jdsupra.com/documents/4c1267de-b226-4e76-bd8a-4a2548169500.pdf. Accessed April 26, 2012.

Ishii, Izumi. "Alcohol and Politics in the Cherokee Nations before Removal." *Ethnohistory* 50(2003): 671-95.

Jellinek, E. M. "Interpretation of Alcohol Consumption Rates with Special Reference to Statistics of Wartime Consumption." *Quarterly Journal of Studies on Alcohol* 3(1942-43): 267-80.

Jennings, Justin, Kathleen L. Antrobus, Sam J. Antencio, Erin Glavich, Rebecca Johnson, German Loffler, and Christine Luu. "'Drinking Beer in Blissful Mood': Alcohol Production, Operational Chains, and Feasting in the Ancient World." *Current Anthropology* 46(2005): 275-303.

Joffe, Alexander H. "Alcohol and Social Complexity in Ancient Western Asia." *Current Anthropology* 39(1998): 297-322.

Johnston, A. J. B. "Alcohol Consumption in Eighteenth-Century Louisbourg and the Vain Attempts to Control It." *French Colonial History* 2(2002): 61-76.

Kearney, H. F. "The Irish Wine Trade, 1614-15." *Irish Historical Studies* 36(1955): 400-442.

Keller, Mark. "The Old and the New in the Treatment of Alcoholism." In *Alcohol Interventions: Historical and Sociocultural Approaches*, edited by David L. Strug et al., 23-40.

New York: Haworth, 1986.

Khalil, Lufti A., and Fatimi Mayyada al-Nammari. "Two Large Wine Presses at Khirbet Yajuz, Jordan." *Bulletin of the American Schools of Oriental Research* 318(2000): 41-57.

Kirby, James Temple. "Alcohol and Irony: The Campaign of Westmoreland Davis for Governor, 1909-1917." *Virginia Magazine of History and Biography* 73(1965): 259-79.

Kopperman, Paul E. "'The Cheapest Pay': Alcohol Abuse in the Eighteenth-Century British Army." *Journal of Military History* 60(1996): 445-70.

Kudlick, Catherine J. "Fighting the Internal and External Enemies: Alcoholism in World War I France." *Contemporary Drug Problems* 12(1985): 136.

Kumin, Beat. "The Devil's Altar? Crime and the Early Modern Public House." *History Compass* 2(2005). http://wrap.warwick.ac.uk/289/1/WRAP_Kumin_Devils_altar_History_Compass.pdf. Accessed May 27, 2013.

Lacoste, Pablo. "'Wine and Women': Grape Growers and *Pulperas* in Mendoza, 1561-1852." *Hispanic American Historical Review* 88(2008): 361-91.

Langhammer, C. "'A Public House Is for All Classes, Men and Women Alike': Women, Leisure and Drink in Second World War England." *Women's History Review* 12(2003): 423-43.

Larsen, Carlton K. "Relax and Have Homebrew: Beer, the Public Sphere, and (Re)Invented Traditions," *Food and Foodways* 7(1997): 265-88.

Lee, Nella. "Impossible Mission: A History of the Legal Control of Native Drinking in Alaska." *Wicazo Sa Review* 12(1997): 95-109.

Lender, Mark. "Drunkenness as an Offense in Early New England: A Study of 'Puritan' Attitudes." *Quarterly Journal of Studies on Alcohol* 34(1973): 353-66.

Lock, Carrie. "Original Microbrews: From Egypt to Peru, Archaeologists Are Unearthing Breweries from Long Ago." *Science News* 166(October 2004): 216-18.

Ludington, Charles. "'Claret Is the Liquor for Boys; Port for Men': How Port Became the 'Englishman's Wine,' 1750s to 1800." *Journal of British Studies* 48(2009): 364-90.

Lurie, Nancy Oestreich. "The World's Oldest On-Going Protest Demonstration: North American Indian Drinking Patterns." *Pacific Historical Review* 40(1971): 311-32.

Mäkelä, Klaus, and Matti Viikari. "Notes on Alcohol and the State." *Acta Sociologica* 20(1977): 155-79.

Mancall, Peter. "Men, Women and Alcohol in Indian Villages in the Great Lakes Region in the Early Republic." *Journal of the Early Republic* 15(1995): 425-48.

Marjot, D. H. "Delirium Tremens in the Royal Navy and British Army in the 19th Century." *Journal of Studies on Alcohol* 38(1977): 1613-23.

Marrus, Michael. "Social Drinking in the Belle Epoque." *Journal of Social History* 7(1974): 115-41.

Marshall, Mac, and Leslie B. Marshall. "Holy and Unholy Spirits: The Effects of

Missionization on Alcohol Use in Eastern Micronesia." *Journal of Pacific History* 15(1980): 135-66.

Martin, Scott C. "Violence, Gender, and Intemperance in Early National Connecticut." *Journal of Social History* 34(2000): 309-25.

Mason, Nicholas. " 'The Sovereign People Are in a Beastly State': The Beer Act of 1830 and Victorian Discourses on Working-Class Drunkenness." *Victorian Literature and Culture* 29(2001): 109-27.

Mathias, Peter. "Agriculture and the Brewing and Distilling Industries in the Eighteenth Century." *Economic History Review* 5(1952): 249-57.

—. "The Brewing Industry, Temperance, and Politics." *Historical Journal* 1(1958): 97-116.

McGahan, A. M. "The Emergence of the National Brewing Oligopoly: Competition in the American Market, 1933-1958." *Business History Review* 65(1991): 229-84.

McGovern, Patrick E. "The Funerary Banquet of 'King Midas'" *Expedition* 42(2000): 21-29.

McGovern, Patrick E., Armen Mirzoian, and Gretchen R. Hall. "Ancient Egyptian Herbal Wines." *Proceedings of the National Academy of Sciences*, 2009. http://www.pnas.org/cgi/doi/10.1073/pnas.0811578106. Accessed February 12, 2011.

McGovern, Patrick E., et al. "Beginning of Viticulture in France." *Proceedings of the National Academy of Sciences* 110(2013): 10147-52.

—. "Chemical Identification and Cultural Implication of a Mixed Fermented Beverage from Late Prehistoric China." *Asian Perspectives* 44(2005): 249-70.

—. "Fermented Beverages of Pre- and Proto-Historic China." *Proceedings of the National Academy of Sciences* 101, no. 51(December 21, 2004): 17593-98.

McKee, W. Arthur. "Sobering Up the Soul of the People: The Politics of Popular Temperance in Late Imperial Russia." *Russian Review* 58(1999): 212-33.

McWilliams, James E. "Brewing Beer in Massachusetts Bay, 1640-1690." *New England Quarterly* 71, no. 4(1998): 543-69.

Meacham, Sarah Hand. " 'They Will Be Adjudged by Their Drink, What Kinde of Housewives They Are': Gender, Technology, and Household Cidering in England and the Chesapeake, 1690 to 1760." *Virginia Magazine of History and Biography* III(2003): 117-50.

Miron, Jeffrey A., and Jeffrey Zwiebel. "Alcohol Consumption during Prohibition." *American Economic Review* 81(1991): 242-47.

Mitchell, Allan. "The Unsung Villain: Alcoholism and the Emergence of Public Welfare in France, 1870-1914." *Contemporary Drug Problems* 14(1987): 447-71.

Moffat, Kirstine. "The Demon Drink: Prohibition Novels, 1882-1924." *Journal of New Zealand Literature* 23(2005): 139-61.

Moloney, Dierdre M. "Combatting 'Whiskey's Work': The Catholic Temperance Movement in Late Nineteenth-Century America." *U.S. Catholic Historian* 16(1998): 1-23.

Morris, Steve, David Humphreys, and Dan Reynolds. "Myth, Marula and Elephant: An Assessment of Voluntary Ethanol Intoxication of the African Elephant(Loxodonta Africana) following Feeding on the Fruit of the Marula Tree(Sclerocarya Birrea)." *Physiological and Biochemical Zoology* 78(2006). http://www.jstor.org/stable/10.1086/499983. Accessed April 26, 2012.

Moseley, Michael E., et al. "Burning Down the Brewert: Establishing and Evacuating an Ancient Imperial Colony at Cerro Baúl, Peru." *Proceedings of the National Academy of Sciences* 102, no. 48(2005): 17264-71.

Nemser, Daniel. " 'To Avoid This Mixture': Rethinking *Pulque* in Colonial Mexico City." *Food and Foodways* 19(2011): 98-121.

Nurse, Keith. "The Last of the (Roman) Summer Wine." *History Today* 44(1993): 4-5.

Olukoji, Ayodeji. "Prohibition and Paternalism: The State and the Clandestine Liquor Traffic in Northern Nigeria, c.1898-1918." *International Journal of African Historical Studies* 24(1991): 349-68.

Osborn, Matthew Warner. "A Detestable Shrine: Alcohol Abuse in Antebellum Philadelphia." *Journal of the Early Republic* 29(2009): 101-32.

Pearson, Kathy L. "Nutrition and the Early-Medieval Diet." *Speculum* 72(1997): 1-32.

Peters, Erica J. "Taste, Taxes, and Technologies: Industrializing Rice Alcohol in Northern Vietnam, 1902-1913." *French Historical Studies* 27(2004): 569-600.

Phillips, Laura L. "In Defense of Their Families: Working-Class Women, Alcohol, and Politics in Revolutionary Russia." *Journal of Women's History* 11(1999): 97-120.

—. "Message in a Bottle: Working-Class Culture and the Struggle for Political Legitimacy, 1900-1929." *Russian Review* 56(1997): 25-32.

Platt, B. S. "Some Traditional Alcoholic Beverages and Their Importance to Indigenous African Communities." *Proceedings of the Nutrition Society* 14(1955): 115-24.

Poo, Mu-Chou. "The Use and Abuse of Wine in Ancient China." *Journal of the Economic and Social History of the Orient* 42(1999): 123-51.

Purcell, N. "Wine and Wealth in Ancient Italy." *Journal of Roman Studies* 75(1985): 1-19.

Purcell, Nicolas. "The Way We Used to Eat: Diet, Community, and History at Rome." *American Journal of Philology* 124(2003): 329-58.

Quinn, John F. "Father Mathew's Disciples: American Catholic Support for Temperance, 1840-1920." *Church History* 65(1996): 624-40.

Rabin, Dana. "Drunkenness and Responsibility for Crime in the Eighteenth Century." *Journal of British Studies* 44(2005): 457-77.

Rawson, Michael. "The Nature of Water: Reform and the Antebellum Crusade for Municipal Water in Boston." *Environmental History* 9(2004): 411-35.

Recio, Gabriela. "Drugs and Alcohol: US Prohibition and the Origin of the Drug Trade in Mexico, 1910-1930." *Journal of Latin American Studies* 34(2002): 27-33.

Reséndez, Andrés. "Getting Cured and Getting Drunk: State versus Market in Texas and New Mexico, 1800–1850." *Journal of the Early Republic* 22(2002): 77–103.

Rice, Prudence M. "Wine and Brandy Production in Colonial Peru: A Historical and Archaeological Investigation." *Journal of Interdisciplinary History* 27(1997): 455–79.

Roberts, James S. "Drink and Industrial Work Discipline in 19th–Century Germany." *Journal of Social History* 15(1981): 25–38.

Sánchez Montañés, Emma. "Las Bebidas Alcohólicas en la América Indígina: Una Visión General." In *El Vino de Jerez y Otras Bebidas Espirituosas en la Historia de España y América*, 424–28. Madrid: Servicio de Publicaciones del Ayuntamiento de Jerez, 2004.

Santon, T. J. "Columnella's Attitude towards Wine Production," *Journal of Wine Research* 7(1996): 55–59.

Saracino, Mary E. "Household Production of Alcoholic Beverages in Early–Eighteenth–Century Connecticut." *Journal of Studies on Alcohol* 46(1985): 244–52.

Smith, Frederic H. "European Impressions of the Island Carib's Use of Alcohol in the Early Colonial Period." *Ethnohistory* 53(2006): 543–66.

Smith, Michael A. "Social Usages of the Public Drinking House: Changing Aspects of Class and Leisure." *British Journal of Sociology* 34(1983): 367–85.

Stanislawski, Dan. "Dionysus Westward: Early Religion and the Economic Geography of Wine." *Geographical Review* 65(1975): 427–44.

Stanziani, Alessandro. "Information, Quality, and Legal Rules: Wine Adulteration in Nineteenth–Century France." *Business History* 51, no. 2(2009): 268–91.

Steckley, George F. "The Wine Economy of Tenerife in the Seventeenth Century: Anglo–Spanish Partnership in a Luxury Trade." *Economic History Review* 33(1980): 335–50.

Steinmetz, Devora. "Vineyard, Farm, and Garden: The Drunkenness of Noah in the Context of Primeval History." *Journal of Biblical Literature* 113(1994): 193–207.

Steel, Louise, "A Goodly Feast ⋯ A Cup of Mellow Wine: Feasting in Bronze Age Cyprus." *Hesperia* 73(2004): 281–300.

Stone, Helena. "The Soviet Government and Moonshine, 1917–1929." *Cahiers du Monde Russe et Soviétique* 27(1986): 359–81.

Tarschys, Daniel. "The Success of a Failure: Gorbachev's Alcohol Policy, 1985–88." *Europe–Asia Studies* 45(1993): 7–25.

Thorp, Daniel B. "Taverns and Tavern Culture on the Southern Colonial Frontier: Rowan County, North Carolina, 1753–1776." *Journal of Southern History* 62(1996): 661–88.

Tlusty, B. Ann. "Water of Life, Water of Death: The Controversy over Brandy and Gin in Early Modern Augsburg." *Central European History* 31. no 1–2(1999): 1–30.

Transchel, Kate. "Vodka and Drinking in Early Soviet Factories." In *The Human Tradition in Modern Russia*, edited by William B. Husband, 130–37. Wilmington, N.C.: Scholarly Resources, 2000.

Unwin, Tim. "Continuity in Early Medieval Viticulture: Secular or Ecclesiastical Influences?" In *Viticulture in Geographical Perspective*, edited by Harm de Blij, 37. Miami: Miami Geographical Society, 1992.

Urbanowicz, Charles F. "Drinking in the Polynesian Kingdom of Tonga." *Ethnohistory* 22(1975): 33–50.

Valdez, Lidio M. "Maize Beer Production in Middle Horizon Peru." *Journal of Anthropological Research* 62(2006): 53–80.

Valverde, Mariana. " 'Slavery from Within': The Invention of Alcoholism and the Question of Free Will." *Social History* 22(1997): 251–68.

van Onselen, Charles. "Randlords and Rotgut, 1886–1903: An Essay on the Role of Alcohol in the Development of European Imperialism and Southern African Capitalism, with Special Reference to Black Mineworkers in the Transvaal Republic." *History Workshop* 2(1976): 33–89.

Vargas, Mark A. "The Progressive Agent of Mischief: The Whiskey Ration and Temperance in the United States Army." *Historian* 67(2005): 199–216.

Warner, Jessica. "Faith in Numbers: Quantifying Gin and Sin in Eighteenth-Century England." *Journal of British Studies* 50(2011): 76–99.

Warner, Jessica, Minghao Her, and Jürgen Rehm. "Can Legislation Prevent Debauchery? Mother Gin and Public Health in 18th-Century England." *American Journal of Public Health* 91(2001): 375–84.

White, Jonathan. "The 'Slow but Sure Poyson': The Representation of Gin and Its Drinkers, 1736–1751." *Journal of British Studies* 42(2003): 35–64.

White, Owen. "Drunken States: Temperance and French Rule in Cote d'Ivoire, 1908–1916." *Journal of Social History* 40(2007): 663–84.

Whitten, David O. "An Economic Inquiry into the Whiskey Rebellion of 1794." *Agricultural History* 49(1975): 491–504.

Zimmerman, Jonathan. " 'One's Total World View Comes into Play': America's Culture War over Alcohol Education, 1945–64." *History of Education Quarterly* 42(2002): 471–92.

—. " 'When the Doctors Disagree': Scientific Temperance and Scientific Authority, 1891–1906." *Journal of the History of Medicine* 48(1993): 171–97.

옮긴이 **윤철희**

연세대학교 경영학과와 동 대학원을 졸업하고, 영화 전문지에 기사 번역과 칼럼을 기고하고 있다. 옮긴 책으로는 『로저 에버트: 어둠 속에서 빛을 보다』, 『위대한 영화』, 『스탠리 큐브릭: 장르의 재발명』, 『클린트 이스트우드』, 『히치콕: 서스펜스의 거장』, 『제임스 딘: 불멸의 자이언트』, 『런던의 역사』, 『도시, 역사를 바꾸다』, 『지식인의 두 얼굴』, 『샤먼의 코트』 등이 있다.

알코올의 역사

2015년 6월 30일 초판 1쇄 발행
2016년 12월 15일 초판 2쇄 발행

지은이 로드 필립스
옮긴이 윤철희
펴낸이 권오상
펴낸곳 연암서가
등 록 2007년 10월 8일(제396-2007-00107호)
주 소 경기도 고양시 일산서구 호수로 896, 402-1101
전 화 031-907-3010
팩 스 031-912-3012
이메일 yeonamseoga@naver.com
ISBN 978-89-94054-71-1 03900

값 23,000원